退溪 先生 說話

退溪先生說話

강재철·홍성남·최인학 편

nosvos

책머리에

본서는 저명한 도학자들의 서사적 형상화에 대한 종합적 연구가 서사문학 연구사상 하나의 큰 테마가 될 것이라는 믿음에서 출발하였다. 퇴계 선생 탄신 500주년이 되던 해인 2001년 강재철이 퇴계 선생에 관한 구비전승설화를 지상에 발표하면서 본서의 출간이 기획되었다.(『퇴계학연구』 13~15합집, 단국대학교 퇴계학연구소, 2001.8) 그 후 '뉴밀레니엄'의 출발과 더불어 지난 10여 년 동안 10회에 걸쳐 강재철과 홍성남이 문헌전승설화까지 틈틈이 수합 분류한 것을 최인학 선생님이 최종적으로 재분류하여 상재(上梓)한 것이다.

구비설화와 문헌설화는 설화의 전승사에서 불가분의 관계에 있다. 설화의 존재 양상은 구비전승과 문헌전승의 상호 재귀적(再歸的) 양상의 총화이기 때문이다. 그런 점에서 볼 때, 퇴계 선생과 관련된 구비전승설화와 문헌전승설화를 총 집성한 본서는 설화채록학상 의의가 클 뿐만 아니라, 한 인물을 중심으로 한 구비설화와 문헌설화의 생성·변이·대비·전승 양상 등 상호 영향 관계를 실증적으로 구명할 수 있게 하였다는 점에서 자료사적 의의가 크다고 할 것이다. 또한 퇴계 선생의 도학적인 삶과 인간적인 삶의 실체를 구명해 볼 수 있게 했을 뿐 아니라 우리나라 특유의 색목(色目)에 따른 설화의 전승 양상을 살펴볼 수 있게 했다는 점에서도 본서가 지닌 자료사적 의의가 크다고 할 것이다.

한 인물에 관한 구비설화 자료와 문헌설화 자료를 함께 묶은 설화집으로서는 설화학사상 본서가 처음인 바, 앞으로 이를 계기로 율곡·하서·남명 등 도학자들은 물론 황희나 맹사성 등 저명한 분들에 관한 인물설화집이 나와 우리나라 도학자들은 물론 저명한 분들의 서사적 형상화에 대한 총체적 연구가 이루어질 수 있기를 바란다.

'견오백(絹五百) 지천년(紙千年)'이란 말이 있다. 비단은 오백년 가고 한지는 천년 간다는 뜻으로, 헝겊이 종이보다 오래 갈 것 같지만 그렇지 않다는 말이다. 결국 비단에 써 놓은 글은 오백년 가고 한지에 써 놓은 글은 천년 간다는 뜻이 되겠는데, 편자는 이에 '구비만년(口碑萬年)'을 보태어 '견오백 지천년 구비만년(絹五百 紙千年 口碑萬年)'이란 일문을 입언해 보고자 한다. '헝겊이나 종이는 몇 백년에서 천년 정도 가지만, 구비(口碑)는 철비(鐵碑)나 석비(石碑)보다도 훨씬 더 오래 가 만년 간다'는 뜻으로, 본서에 수록된 퇴계선생설화가 구비의 원천으로서 영구적인 텍스트가 되기를 바란다.

한편 본서가 출간되기까지에는 아주 많은 사람들의 암묵적·헌신적인 동행과 협업이 필요했다. 수많은 제보자와 채록자, 문헌전승자들의 참여는 물론 출판을 위한 협력자가 있어 완성된 '동행과 협업의 산물'이다. 고로(故老)·동학(同學)·사제(師弟)와의 동행과 협업 등, 본인이 알고 모르고 허락하고 허락하지 않고, 원하고 원하지 않고 좋아하고 좋아하지 않고[지부지 허불허, 원불원 호불호(知不知 許不許, 願不願 好不好)]를 떠난 갖가지 형태의 아름다운 동행과 협업이 있었기에 가능한 일이었다. 참여해 주신 모든 선인(先人)·선학(先學)·동학(同學) 여러분에게 감사의 말씀을 드린다.

특히 본서의 자료를 지상에 발표할 때마다 크게 도와준 박상진 박사와 본서의 출판을 결정한 후 전 과정을 책임지다시피 애써 준 이영수 교수에게 감사드린다. 그리고 본서의 출판을 위해 당신과 제자가 채록한 자료의 전재(轉載)를 허락해 주고 관심을 가져 주신 임재해 교수님과 제자(題字)를 써 주신 김용귀 선생님께 감사의 말씀을 올린다.

끝으로 일반인들이 읽을 만한 설화를 선정하여 음영 처리하였음을 밝혀 둔다.

2011년 12월

편자 대표 강재철 삼가 쓰다

일러두기

1) 본서는 크게 문헌전승 자료와 구비전승 자료로 구분하고, 각각의 자료를 주제별로 분류하여 수록하였다.
2) 수록 자료는 원칙적으로 한글로 표기하되, 고유명사나 독자의 이해를 돕기 위해 필요한 한자는 ( ) 안에 한글과 함께 병기하였다.
3) 문헌전승 자료의 경우, 각 편의 배열은 제목, 번역문, 원문, 출전 순으로 하였다.
4) 구비전승 자료의 경우, 제보자가 구술한 내용을 발음대로 적었으며, 간혹 듣기 어려운 곳은 (청취불능)이라고 표시하였다.
5) 각 편은 다음과 같은 순서로 편집하였다.
   ① 제목 : 채록 당시 설정한 제목대로 하였다.
   ② 채록 상황 : 채록 당시의 환경과 정황을 설명한 부분으로, 원래대로 수록하였다.
   ③ 본문 : 원래대로 수록하였다.
   ④ 채록 데이터 : 제보자의 이름, 채록 일시, 채록 장소 또는 채록자와 지도교수 등과 출전을 밝혔다.
   ⑤ 참고사항 : 해당 설화를 이해하는 데 참고가 되는 사항을 밝혀놓았다. 그리고 연구자들의 도움을 위해서 중국·일본, 그리고 유럽의 유사한 설화 모티프의 출처를 밝혔다(예를 들면 AT는 민담유형표, Eberhard는 중국유형번호이며, 관경오(關敬吾)는 일본유형번호이다. 자세한 것은 참고자료문헌을 참조하기 바란다).
   ⑥ 일반 독자들이 읽을 만한 설화 57편을 선정하여 표시(음영 처리)를 하였다.

차 례

3 구비 전승 자료

1 퇴계선생설화 자료 개관

1. 퇴계의 생애

퇴계 이황(1501~1570) 선생은 우리나라뿐만 아니라 중국·일본·미국·독일 등 세계적으로도 널리 알려진 유학자이다. 이러한 퇴계 선생의 학문이나 덕행 등에 관한 이야기가 문헌과 구비를 통해 많이 전승되어 왔는 바, 이는 도학자에 대한 후세 사람들의 인식을 살펴볼 수 있다는 점에서 소중한 유산임에 틀림없다.

이황은 조선 중기의 문신이자 학자로, 본관은 진보(珍寶), 자는 경호(景浩), 호는 퇴계(退溪), 퇴도(退陶), 도수(陶叟)이다. 경상도 예안현 온계리(지금의 경상북도 안동군 도산면 온혜리)에서 좌찬성 이식(李埴)의 7남 1녀 중 막내아들로 태어나 생후 7개월 만에 아버지의 상(喪)을 당하였다. 12세에 작은 아버지인 이우(李堣)로부터 『논어』를 배웠고, 14세경부터 혼자 독서하기를 좋아하였는데, 특히 도연명의 시를 사랑하고 그 사람됨을 흠모하였다. 27세인 1527년(중종 22)에 향시(鄕試)에서 진사시와 생원시 초시에 합격하고, 어머니의 소원에 따라 과거에 응시하기 위해 성균관에 들어가 다음해 진사 회시에 급제하였다.

33세인 1533년에 재차 성균관에 들어가서 김인후(金麟厚, 1510~1560)와 교유하고, 이 해에 귀향 도중 김안국(金安國, 1478~1543)을 만나 성인군자에 관한 견문을 넓혔다. 34세에 문과에 급제하고 승문원부정자(承文院副正字)가 되면서 관계에 발을 들여놓는다. 37세에 어머니 상을 당하자 향리에서 3년간 복상하였고, 39세에 홍문관수찬이 되었는 바 곧 사가독서(賜暇讀書)의 명을 받았다. 중종 말년에 조정이 어지러워지자 낙향

하는 친우 김인후를 한양에서 떠나보내고, 자신도 이 무렵부터 관계를 떠나 산림에 은거할 결의를 굳힌 듯하다. 43세인 10월 성균관사성으로 승진하자 성묘를 핑계 삼아 사가를 청해 귀향했다. 을사사화 후 병약함을 구실로 모든 관직을 물리치고, 46세(1546, 명종 1)에 고향인 낙동강 상류 토계(兎溪)의 동암(東巖)에 양진암(養眞庵)을 얽어서 산운야학(山雲野鶴)을 벗 삼아 독서에 전념하는 구도 생활에 들어갔다. 이때 토계를 퇴계(退溪)라 개칭하고, 자신의 아호로 삼았다.

48세에 충청도 단양군수가 되었으나, 형이 충청감사가 되어 옴을 피해 봉임 전에 청해서 경상도 풍기군수로 전임하였다. 1년 후 퇴임하고, 어지러운 정계를 피해 퇴계의 서쪽에 한서암(寒棲庵)을 지어 다시금 구도 생활에 침잠하다가, 52세에 성균관대사성의 명을 받아 취임하였다. 60세에 도산서당(陶山書堂)을 짓고 아호를 '도옹(陶翁)'이라 정했다. 이로부터 7년간 서당에 기거하면서 독서·수양·저술에 전념하는 한편, 많은 제자들을 훈도하였다. 67세 때 명나라 신제(新帝)의 사절이 오자, 조정에서 이황의 내경(來京)을 간절히 바라 어쩔 수 없이 한양으로 갔다. 명종이 돌연 죽고 선조가 즉위해 퇴계를 부왕의 행장수찬청당상경(行狀修撰廳堂上卿) 및 예조판서에 임명하였다. 하지만 신병 때문에 부득이 귀향하고 말았다. 69세(1569, 선조 2)에 이조판서에 임명되었으나 사양하고, 번번이 환고향(還故鄕)을 간청해 마침내 허락을 받았다. 환향 후 학구(學究)에 전념하였으나, 다음해 11월 종가의 시제 때 무리를 해서인지 환우가 악화되었다. 그 달 8일 아침, 평소에 사랑하던 매화분에 물을 주게 하고, 침상을 정돈시킨 후, 일으켜 달라하여 단정히 앉은 자세로 역책(易簀 : 학덕이 높은 사람의 죽음)하였다.[1)]

---

1) cf. 『한국민족문화대백과사전』 18(한국정신문화연구원, 1991), pp.377～

퇴계 선생이 생존했던 16세기는 훈구세력(勳舊勢力)과 사림세력(士林勢力) 간의 주도권 다툼으로 빚어진 기묘사화(1519년), 을사사화(1545년) 등이 일어나 시국이 어수선한 때였다. 이러한 정치적인 난국의 시기를 살았던 퇴계는 미완성의 주자학을 크게 발전시켜 '동방(東方)의 주부자(朱夫子)'라는 칭송을 받았으며, 교육가로서도 타의 추종을 불허하는 대가였다. 문하에서 368명의 대학자, 그리고 대정치가와 대경륜가들이 배출되었으며, 「주자서절요(朱子書節要)」, 「성학십도(聖學十圖)」, 「이학통록(理學通錄)」 등의 명저들을 남겼다. 이러한 퇴계의 경학사상과 인품을 학자가 아닌 사람이 그가 남긴 저술을 통해 그를 이해하기는 매우 어려운 일이지만, 그에 관한 수많은 일화를 통해 인간 이퇴계를 이해하기는 비교적 쉬운 일이 될 것이다.[2)]

2. 문헌전승 퇴계설화

본서는 면면히 전승되어온 퇴계 선생에 관한 문헌전승 일화와 구비전승 일화를 집성(集成)한 설화집이다. 강재철과 홍성남이 10여년간 10회에 걸쳐 틈틈히 수합·수집하여 지상(紙上)에 분류 발표한 것을 최인학이 마지막으로 재분류하여 상재(上梓)한 것이다.

문헌설화는 구비설화의 대칭어로서, 이야기의 구비적 성격이 소거(消去)되고 문헌으로 정착된 설화를 말한다. 구비설화는 그 자체가 구비전승을 전제로 하는 것으로 문자 이전의 서사형

---

378. 자세한 사항은 본서 뒤 「퇴계 이황 선생 연보」을 참조 바람.

2) cf. 정비석, 「退溪逸話選(1)」, 『퇴계학보』 12-1(퇴계학연구원, 1976), pp.52~53.

태 내지 탈문자의 서사형태로 간주할 수 있다. 그럼에도 불구하고 구비설화는 그 전승의 어느 역사적 시기에 이르면 문자로 정착하게 됨으로써 스스로의 구비 기능을 대부분 유보해 버린다. 이른바 문자로 쓰여진 문학(Writtern Literature)의 영역에 안주하게 되는 것이다.[3]

퇴계 선생과 관련된 문헌설화의 기술화(記術化) 과정에서 설화 운반의 몇 가지 단계를 설정해 볼 수 있다.[4] 첫째가 발생초기의 구비설화단계로 아직 문자로 기술되지 않은 시기이며, 둘째가 기술화의 본격적 단계로 한문으로 기술되는 시기이다. 셋째가 기술화의 변개와 재창작되는 단계로 전승자 내지 운반자가 설화의 내용을 변용하여 한문으로 전승하게 되는 시기이다. 위에서 설정한 세 가지 단계는 설화 전승과 운반에 대한 하나의 표본으로, 반드시 위에서 설정한 그대로 진화론적 방향으로 이루어지는 것은 아니다. 설화의 전승과 전파의 현상은 도식화 할 수 있도록 그렇게 직선적인 단순한 발전을 하는 것이 아니라 오히려 그 발전은 보다 다양하고 다기화(多岐化) 된 변화로 나타날 수 있기 때문이다.[5]

문헌설화의 경우도 구비설화와 마찬가지로 전승과정에서 설화의 내용이 변형되고 첨삭되며 새롭게 개작되기도 하는데, 이러한 문헌설화는 문헌의 선후에 따라 설화의 변화된 양상을 살펴볼 수 있다는 나름의 장점을 지닌다.[6] 이러한 현상은 퇴계 선생과 관련된 문헌설화를 통해서도 확인할 수 있다.

본서에 수록된 퇴계 선생 관련 설화 중에서 문헌설화는 홍성

3) cf. 황패강, 『新羅佛敎說話硏究』(일지사, 1976), p.210.
4) Ibid., pp.180~181의 내용을 참고하여 설화운반 단계를 재정리한 것이다.
5) Ibid., p.181.
6) cf. 김현룡, 『한국문헌설화 1』(건국대학교출판부, 2009), p.9.

남이 2006년 8월부터 2008년 8월까지 3회에 걸쳐 『퇴계학연구』에 발표한 것과 강재철·홍성남이 2011년 2월에 『동양학』에 발표한 것을 취합하여 정리한 것으로 모두 153편이다.[7] 우리나라의 경우 주지하다시피 이른 시기부터 문헌설화집이 편찬되었는 바, 퇴계 관련 설화의 경우는 16세기 후반에 편찬된 『을사전문록』(잡록집)으로부터 20세기 초반에 편찬된 『청야담수』(야담집)에 이르기까지 다양한 문헌설화집에 등장한다. 이들 문헌설화집에는 각종 역사적 사건이나 전고(典故), 인물 행장, 시화(詩話), 패설(稗說), 잡록 등 민간에서 구전되던 이야기와 전대(前代) 문헌에 수록된 일화 등을 찬자(撰者)가 부연·윤색·변개한 이야기가 실려 있다.

『을사전문록(乙巳傳聞錄)』의 편자는 이사온(李士溫)이다. 이사온은 을사사화의 피해자 가운데 한 사람인 이중열(李中悅, 1518~1547)의 아들로, 본서는 을사사화와 관련된 99명의 전(傳)과 4명이 쓴 상변서(上變書), 1인이 쓴 상소문, 2개의 전지(傳旨)를 모은 책이다. 이황 등이 입전 대상으로 서술되어 있다.

『해동잡록(海東雜錄)』의 편자는 권별(權鼈, 1589~1671)로, 그의 아버지 권문해(權文海, 1534~1591)가 『대동운부군옥(大東韻府群玉)』을 저술하기 위해 수집한 방대한 서적과 자료들을 이용하여 기자 조선에서 고려 말까지 왕실의 사적(事蹟)과 조

---

7) 홍성남,「퇴계 선생일화자료선(7)」, 『퇴계학연구』 20집(단국대학교 퇴계학연구소, 2006. 8), pp.183~201.
홍성남,「퇴계 선생일화자료선(8)」, 『퇴계학연구』 21집(단국대학교 퇴계학연구소, 2007. 8), pp.109~121.
홍성남,「퇴계 선생일화자료선(9)」, 『퇴계학연구』 22집(단국대학교 퇴계학연구소, 2008. 8), pp.85~130.
강재철·홍성남,「퇴계 선생일화자료선(10)」, 『동양학』 49집(단국대학교 동양학연구소, 2011. 2), pp.225~242.

선 초까지의 인물들을 집대성한 책이다. 퇴계의 행적, 퇴계의 묘갈명에 관한 기문이 실려 있다.

『동각잡기(東閣雜記)』는 이정형(李廷馨, 1549~1607)이 편찬한 야사집으로, 조정의 정치사와 명신만을 기술한 책이다. 퇴계의 생애에 대한 평, 임종에 임한 퇴계가 시자(侍子)를 시켜 분매(盆梅)에 물을 주게 한 일화, 퇴계가 유언으로 무덤 앞에 비석을 세우지 말라는 일화 등이 실려 있다.

『월정만필(月汀漫筆)』은 윤근수(尹根壽, 1537~1616)가 편찬한 잡록으로, 중국과 우리네 역사를 고증하고, 풍속·문장·필법·점·인물 등에 대한 잡다한 사실이나 이야기를 수록한 책이다. 특히 본서에는 기묘사화와 을사사화의 전말이 정확하게 기록되어 있다. 공헌대왕(恭憲大王 : 명종)의 청시(請謚)의 행장을 제진(製進)한 퇴계의 일화, 윤근수에게 정문일침(頂門一針)을 준 퇴계, 퇴계를 존경한 임형수(林亨秀), 퇴계가 김안국·신광한의 시를 차운(次韻)한 일화가 실려 있다.

『죽창한화(竹窓閑話)』는 이덕형(李德泂, 1566~1645)이 편찬한 잡록집으로, 조선시대 여러 인물의 일화와 구비전승되던 설화 등이 풍부하게 수록되어 있는 책이다. 이 책은 비단 설화나 고사에 그치지 않고, 문장 하나하나에 담겨진 권선징악적인 필치가 독자들에게 많은 교훈을 준다. 퇴계의 노송(老松)을 헐뜯은 정인홍(鄭仁弘)의 일화가 실려 있다.

『석담일기(石潭日記)』는 찬자인 이이(李珥, 1536~1584)가 명종 10년(1555)부터 선조 14년(1581) 11월까지 중요한 시사를 일기체로 기록한 책이다. 이 일기는 왕도정치의 시행, 과거제도의 쇄신, 인재등용의 공정, 당쟁(黨爭)의 조정, 시폐(時弊)의 개혁, 향약(鄕約)을 통한 향촌의 부흥 운동 등 율곡 선생이 몸소 체험했던 생생한 기록을 첨술한 책이다. 본 일기에는 퇴계의 생애와 학문, 환로(宦路)에 나오기를 바라는 임금의 명령이 퇴계에게 내리자 사람들이 기뻐했다는 일화, 환로에 나오기를 바라는 율곡의 제안을 거부한 퇴계의 일화, 퇴계가 허엽(許曄)의 학식을 조롱한 일화, 백인걸(白仁傑)과 이이가 조광조와 퇴계의 우열을 논한 일화가 실려 있다.

『상촌잡록(象村雜錄)』은 찬자인 신흠(申欽, 1566~1628)이 관직생활을 그만두고 한가로이 지낼 때 생각나는 것을 기록한 책이다. 그 내용은 고려와 조선시대 특히 선조조(宣祖朝)부터 인조(仁祖) 연간의 중요한 사적(史蹟)을 중심으로 임진왜란 당시의 충절에 대한 사적, 학자 명상(名相) 등에 관한 야사와 논평, 과거제도의 폐단, 사화(士禍), 풍수(風水), 귀화인(歸化人) 사적 등 단편적인 것들이다. 본서는 분량은 적지만 문장이 유려(流麗)하고 직절(直切)한 필치로 풍자를 겸한 서술이라는 점에서 귀한 사료적 가치가 적지 않다. 선조(宣祖)가 즉위하여 퇴계를 조성에 불러들이자 조야(朝野)의 많은 사람들이 성정(性情)과 예용(禮容)을 갖게 되었다는 일화가 실려 있다.

『오음잡설(梧陰雜說)』은 편자인 윤두수(尹斗壽, 1533~1601)가 직접 견문한 당대의 주요 명신, 명사 및 사우(師友)들에 대한 야사가 기록되어 있는 책으로서, 정치 이면의 진솔한 모습을 엿볼 수 있는 책이다. 퇴계와 이준경(李浚慶, 字는 原吉, 1499~1572) 두 사람 간에 껄끄러운 만남을 기술한 일화가 실려 있다.

『어우야담(於于野談)』은 유몽인(柳夢寅, 1559~1623)이 1621년에 편찬한 책으로서, 세상에 전해오거나 찬자 주변의 잡록과 설화를 모아 놓은 책이다. 본서는 조선후기에 성행한 야담의 효시로 평가된다. 퇴계 이황과 남명 조식 간의 색에 대한 담론이 수록되어 있다.

『성호사설(星湖僿說)』은 이익(李瀷, 1681~1763)이 독서 잡기 및 흥미로운 사실을 기록한 것을 조카들이 정리하여 1760년경 완성한 백과사전 같은 유서(類書)의 성격을 지니는 책이다. 퇴계가 세상을 개탄한 일화 등 다수가 수록되어 있다.

『사소절(士小節)』은 이덕무(李德懋, 1741~1793)가 영조 51년(1775)에 편찬한 책으로, 선비·부녀자·아동 등의 수신(修身) 교과서로 널리 활용된 책이다. 본서는 조선후기와 그의 교육 사상을 살필 수 있는 양저(良著)로 평가받고 있는 책이다. 근엄하신 퇴계 모친의 일화, 퇴계의 청렴을 살필 수 있는 이웃집 밤나무에 얽힌 일화가 실려 있다.

『동패락송(東稗洛誦)』은 노명흠(盧命欽, 1713~1775)이 편찬한 책으로, 1774년에서 1775년 사이에 지어진 것으로 추정된다. 본서는 초기 야담집의 성격을 지닌 책으로 야담이 중심이 되고, 패설(稗說)은 종속적인 경향을 띠고 있는 책이다. 과부가 된 며느리를 개가 시킨 이황의 일화가 실려 있다.

『송천필담(松泉筆譚)』은 필기잡록(筆記雜錄)으로 심재(沈𨧀, 1722~1784)가 정조 5년(1781) 무렵 지은 책이다. 본서는 조선후기의 변모하는 사회상을 반영한 설화 외에는 대부분 다른 서적에서 인용한 것이다.「퇴도언행록(退陶言行錄)」에 실린 하늘의 재앙에 대한 퇴계의 견해, 부석사(浮石寺)에 있는 영수(靈樹)를 읊은 퇴계의 일화 등이 수록되어 있다.

『청구야담(靑邱野談)』(규장각 소장의 한글본)은 김경진(金敬鎭, 1815~1873)이 헌종 9년(1843)에 편찬한 책이다. 여러 이본이 현전하는데, 한문본은 찬자 미상(未詳)이다. 『청구야담』은 조선후기의 여러 야담집 가운데 드물게 한글본을 남기고 있는 점, 『계서야담』에 비해 정제된 설화가 주류를 이루고 있는 점, 『동야휘집』에 비해 상대적으로 자료의 형태는 덜 다듬어져 있지만 찬자의 취향에 의해 설화가 보수적인 성향으로 변개된 점 등 『청구야담』은 조선후기 야담집의 한 전형적인 모습을 두루 보여주고 있다. 퇴계를 낳은 산실 등의 일화가 실려 있다.

『동야휘집(東野彙輯)』은 이원명(李源命, 1801~1887)이 편찬한 책이다. 본서는 『청구야담(靑邱野談)』, 『계서야담(溪西野譚)』과 함께 조선후기 3대 야담집으로 일컬어지는 바, 야담집으로서는 드물게 고종 6년(1869)이라는 편찬 연대가 밝혀져 있다. 본서는 『어우야담(於于野談)』 등의 전대(前代) 문헌설화집과 중국 필기(筆記)인 심기봉(沈起鳳)의 『해탁(諧鐸)』까지 두루 수합하여 체제와 내용을 체계적으로 충실하게 기술한 점에서 전대의 야담집들과는 변별성이 인정되는 책이다. 그러나 내용면에서 이전의 생동감 있는 이야기를 수용하는 과정에서 편자가 조선후기의 역동성을 고려하지 않은 점이 흠으로 지적된다. 선녀가 방을 정하고 유현(儒賢)을 낳았다는 퇴계에 관한 일화가 실려 있다.

『금계필담(錦溪筆談)』은 서유영(徐有英, 1801~1874)이 조선의 역대 국왕과 조신(朝臣)들의 일사(逸事)·일화(逸話)를 모아 놓은 책이다. 고종 10년(1873) 금계(錦溪 : 현 충청남도 금산 錦山)에서 저술한 것으로, 퇴계와 처사(處士)로 그려진 정희량(鄭希良) 간의 신이성(神異性)이 결부된 일화가 수록되어 있다.

『임하필기(林下筆記)』는 이유원(李裕元, 1814~1888)이 관직생활하는 동안 틈틈이 기술한 것을 모아 고종 8년(1871) 우거지(寓居地)인 천마산(天馬山) 가오곡(嘉梧谷) 임하려(林下廬)에서 편찬한 책이다. 각종 제도, 문물, 인물, 역사, 시문 등 조선후기 지성사의 대미를 장식한 최후의 백과사전식 저술이다. 남보다 먼저 세금을 납부한 퇴계 등의 일화가 상당수 수록되어 있다.

『기이재상담(紀伊齋常談)』은 편자 미상으로, 조선시대의 다양한 사람들의 성생활을 다룬 책이다. 2008년 일본의 소메야 도모유키(染谷智幸)가 후쿠오카의 한 고서점에서 찾아낸 것을 정병설이 입수하여, 번역본으로 간행한 바 있다. 본서에 함께 수록된 『유년공부(酉年工夫)』는 아메노모리 호슈(雨森芳洲, 1688~1715)가 경북 왜관에서 기록한 조선의 음담패설집이다. 『기이재상담(紀伊齋常談)』에 수록된 낮 퇴계 밤 토끼 이야기는 17세기 조선의 성풍속은 물론이고 도학자(道學者) 이황의 디오니소스(Dionysos)적인 측면을 엿볼 수 있게 해주는 자료이다.

『대동기문(大東奇聞)』은 강효석(姜斅錫, 1869~1946)이 편찬한 책으로, 20세기 초반(1926년) 서울 한양서원(漢陽書院)에서 발간된 책이다. 본서는 조선 태종으로부터 고종조에 이르기까지 역대 군왕과 명신들을 순서대로 나열하고 그들의 전기(傳記), 일화, 시문(詩文) 등을 모아 놓은 책이다. 퇴계가 사후에 자신의 묘 앞에 비석을 세우지 말라는 유언, 퇴계의 청렴과 벼슬살이에 대한 담론 등의 일화가 수록되어 있다.

『청야담수(青野談藪)』는 편자 미상의 책으로, 다른 야담집 대다수가 한문(漢文) 필사본(筆寫本)으로 표기된 것과는 달리 20세기에 들어와 현토본(懸吐本)으로 간행된 야담집이다. 『동패락송(東稗洛誦)』, 『기문총화(記聞叢話)』, 『동야휘집』 등 전대(前代)의 야담집에서 원천 자료를 취하되, 『기문총화』에서 가장 많은 자료를 가져온 책이다. 퇴계가 과부가 된 며느리를 개가(改嫁)시킨 일화가 실려 있다.

상기(上記)의 퇴계선생설화는 편자의 색목(色目)의 메카니즘 차원에서 이해되어야 할 것이 있을 것이다. 이상의 문헌에 수록된 퇴계 선생 관련 설화는 기존에 4유형으로 분류하였으나[8], 최인학이 이야기의 내용에 따라 〈1. 탄생에 관한 설화〉,

〈2. 생애와 학문에 관한 설화〉, 〈3. 학문과 정치에 대한 태도〉, 〈4. '죽음'에 대하여〉, 〈5. 타인의 퇴계 선생에 대한 평〉, 〈6. 퇴계 선생의 타인에 대한 평〉, 〈7. 꾸짖음·칭찬·신임〉, 〈8. 문학(시)에 관한 일화〉, 〈9. 여성에 대한 설화〉, 〈10. 기타〉 등 모두 10개의 유형으로 나누어 153편의 문헌설화를 재배치하였다.

본서에 수록된 퇴계 선생 관련 문헌설화를 유형별로 간략하게 정리하면 다음과 같다. 〈1. 탄생에 관한 설화〉는 153편의 설화 중 2편이 이에 해당된다. 두 편 모두 퇴계 선생의 외할아버지가 나병환자 여인에게 선행을 베풀어 큰 인물을 낳을 산실을 마련하게 되었고, 그곳에서 퇴계 선생이 태어났기 때문에 후에 큰 인물이 되었다고 한다. 〈2. 생애와 학문에 관한 설화〉는 28편이 이에 속하며, 주로 퇴계 선생의 청렴과 검소, 그리고 강직함을 볼 수 있는 내용의 설화들이다. 〈3. 학문과 정치에 대한 태도〉는 모두 18편으로, 퇴계 선생이 열과 성을 다해 학문을 했으며, 정치에는 큰 뜻이 없었으나 국가를 위해서는 충언을 아끼지 않았다는 내용의 설화들이다. 〈4. '죽음'에 대하여〉는 12편이 이에 속하며, 퇴계 선생이 죽음에 당면하여 제자를 불러 화분에 물을 주게 하였다는 여유로움과 나라를 걱정하고, 제자를 아끼며 검소한 생활을 했다는 면모를 볼 수 있는 내용의 설화이다. 〈5. 타인의 퇴계 선생에 대한 평〉은 모두 28편이며, 이이와 정철, 임형수 등이 퇴계 선생을 평한 것이다. 〈6. 퇴계 선생의 타인에 대한 평〉은 퇴계 선생이 다른 사람을

---

8) 관련 인물을 중심으로 크게 Ⅰ. '퇴계 선생 본인'에 관한 일화, Ⅱ. '퇴계 선생 부인'에 관한 일화, Ⅲ. '퇴계와 율곡'에 관한 일화, Ⅳ. '퇴계와 기타인물'에 관한 일화 등 4개 유형으로 구분하였다. 이 유형 구분은 강재철의 퇴계 선생 관련 구비설화자료 분류 기준에 따른 것이다.

평한 것으로, 11편이 이에 속한다. 〈7. 꾸짖음·칭찬·신임〉은 세상을 살아가는 가운데 정도의 중요함을 강조한 것으로, 28편이 이에 속한다. 〈8. 문학(시)에 관한 일화〉는 퇴계가 지은 시와 다른 사람의 시에 대한 퇴계의 평, 그리고 퇴계와 이이 등 퇴계와 다른 사람이 문답을 통해 주고받은 시에 관한 설화로, 모두 16편이 이에 속한다. 〈9. 여성에 대한 설화〉는 6편으로, 이것은 다시 가족에 대한 설화 3편과 기생에 대한 설화 1편, 그리고 색(色)에 대한 담론 2편으로 세분할 수 있다. 〈10. 기타〉는 퇴계 선생과 관련한 운명론, 자연관, 선견지명에 관한 것으로 모두 4편이 이에 속한다.

3. 구비전승 퇴계설화

구비설화는 문자로 정착할 가능성을 가지며, 문헌설화는 설화 전승자나 운반자에 의해 구비로 재구(再構 : reconstruction)되어 전승될 가능성을 항상 갖고 있다. 이를 황패강은 '구비적(口碑的) 재귀(再歸)'라고 명명한 바 있다.[9] 구비설화는 구비설화대로 문헌설화는 문헌설화대로 전승되기도 하지만, 이 두 유형의 설화가 상호 영향을 미치면서 역동적으로 전승되기도 한다. 일반적으로 구비와 문헌을 이행 과정으로 볼 때, 다음의 4가지 유형으로 분류할 수 있을 것이다. 첫째는 구비에서 구비로, 둘째는 구비에서 문헌으로, 셋째는 문헌에서 구비로, 넷째는 문헌에서 문헌으로 이행하는 과정이다. 이상은 편의상의 구분으로, 실제로 선행 자료를 구명(究明)하는 연구 과정에서 실감하

9) 황패강, op. cit., p.184.

는 것은 이 4가지 형태가 뚜렷이 구분되어 있는 것이 아니라 서로 혼합된 경우가 있다는 것이다.[10)]

구비설화를 조사하는 방식에는 필기도구를 이용하여 글로 채취(採取)하는 방법인 서취식(書取式), 녹음기를 이용하여 음성으로 채취하거나 그것을 다시 글로 적는 방법인 녹취식(錄取式), 비디오카메라 등을 이용하여 동영상으로 채취하거나 그것을 다시 글로 적는 방법인 촬영식(撮影式)이 있다.[11)] 그리고 채록된 설화를 정리하는 방식에는 크게 1) 채화(採話)의 태도에 따른 자료 정리방식과 2) 채록 데이터(data)의 기록방식에 따른 자료 정리방식으로 2대별할 수 있다.

채화(採話)의 태도에 따른 자료 정리방식은 녹음기가 없던 시절, 들은 작품의 원문을 그대로 보고하지 않고, 그 줄거리만 보고하며, 작품의 말을 방언 그대로 보고 하지 않고 표준말로 바꾸어 보고 하는 경우인 개략식(槪略式), 녹취의 경우 군더더기 말을 제외시켜 의미가 잘 통하게 정리하는 방식인 정제식(整齊式), 설사 말이 틀리고 순서가 뒤바뀌었어도 말한 그대로 정리하는 방식인 전사식(轉寫式)이 있을 수 있다. 그리고 원화(原話)나 과거의 문헌설화를 재화(再話)하는 경우도 자료 정리방식의 하나가 될 수 있다.[12)]

채록 데이터(data)의 기록방식에 따른 자료 정리방식은 다시 일반적 형식과 기행문 형식으로 나눌 수 있다.

일반적 형식은 설화 낱낱에 항목식으로 채록 데이터를 붙이는 방식이다. 현재 일반적 형식은 학술적 보고문 형식을 취하

---

10) cf. 최인학, 『구전설화연구』, 새문사, 1994, pp.12~13.

11) 강재철, 『한국설화문학의 탐구-한국설화의 전통적 접근-』(단국대학교출판부, 2009), pp.142~152.

12) Ibid., pp.149~150.

는 것이 원칙이 되었으나 1970년대 이전까지는 대체로 그 중요성을 인식하지 못하였다. 설령 인식하였더라도 몇몇 학자의 '조사지역, 조사일자, 제보자' 기재가 고작이었다. 그러나 상세한 일반적 형식을 대신하여 단편적인 기행문 형식으로 남기기도 하였다.[13)]

일반적 형식은 다음과 같은 내용이 담겨야 한다. 즉, 조사지역, 조사 일자, 전승 창조자 또는 제보자의 명시(제보자의 성명, 연령, 직업, 교육 정도 등도 밝혀야 하지만, 성격, 경력, 구비문학에 관한 관심과 견해, 구비문학을 알고 있는 범위까지도 조사), 그리고 구연상황(어떤 청중이 모인 자리에서, 어떤 반응에 따라서 구연)과 구연방식('자연적 조건'인가 '인공적 조건'인가 여부), 뿐만 아니라 민요의 경우에는 작품의 기능, 구연할 때의 음악이나 억양까지도 조사해야만 작품을 온전히 이해할 수 있다. 설화의 경우도 이 모든 것을 분별해서 조사할 필요가 있고 그래야만 자료 보고서를 보고서도 실제의 구연 현장을 알 수 있으며, 작품에 대한 이해가 빗나가지 않을 수 있다. 구비문학 자료를 분류하거나 분석할 때 가장 중요한 고찰 대상은 물론 작품이겠지만, 제보자, 구연상황과 방식, 기능, 음악 또한 중요한 단서를 제공해 주는데, 이에 대한 자료 보고가 없는 보고서는 온전한 것일 수 없다.[14)]

기행문 형식은 채록 데이터(data)를 통합식으로 제공하는 방식이라 할 수 있다. 일기형식, 편지형식, 수필형식 등으로 쓰여지는데 일반적 형식에 비해 매우 범박(汎博)하고 통합적이다. 어떤 면에서는 데면데면하여 구체적이지 못하고 범위가 넓

---

13) Ibid., pp.150~151.

14) cf. 조동일,「'1. 총론' 중 '1-3 현지조사방법개관'」, 『구비문학 조사방법』(한국정신문화연구원, 1979), pp.21~23.

으며 뭉뚱그려 보고하는 형식이다. 그러나 채록기의 생명이 '육하원칙(六何原則)'에 있음을 감안해 볼 때 설화 전반을 파악할 때는 일반적 형식이 지니지 못한 장점도 있을 수 있다. 단 총체적인 채록기라서 여기에서 설화 하나하나의 채록 데이터를 추출하여 일목요연하게 재구성하는 작업이 필요할 뿐이다.[15)]

본서에 수록된 퇴계 선생 관련 설화 중에서 구비설화는 강재철이 2001년 8월부터 2005년 8월까지 6회에 걸쳐 『퇴계학연구』에 발표한 것과 강재철·홍성남이 2011년 2월에 『동양학』에 발표한 것을 취합하여 정리한 것으로 모두 190편이다.[16)] 퇴계 선생 관련 구비설화는 『한국구비문학대계』, 『한국구전설화』, 『퇴계일화선』, 『한국속담의 근원설화』, 『용인 중부지역의 구비전승』, 『한국 지명의 신비』, 『영남 구전 자료집』, 『한국인 이야기』, 『경북 안동시 풍산읍 서미2리 민속지 : 까치구멍집 많고 도둑 없는 목현마을』 등을 비롯한 각종 구비 자료집과 김재중의 석사논문인「안동의 인물전설에 나타난 인물형상화와 전승의식」[17)]의 부록으로 수록된 현지조사자료 중에서 퇴계 선생 관련

15) 강재철, op. cit., p.151.

16) 강재철,「퇴계 선생일화자료선(1)」, 『퇴계학연구』 13·14·15합집(단국대학교 퇴계학연구소, 2001. 8), pp.193~299.
강재철,「퇴계 선생일화자료선(2)」, 『퇴계학연구』 16집(단국대학교 퇴계학연구소, 2002. 8), pp.195~234.
강재철,「퇴계 선생일화자료선(3)」, 『퇴계학연구』 17집(단국대학교 퇴계학연구소, 2003. 8), pp.121~175.
강재철,「퇴계 선생일화자료선(4)」, 『국문학논집』 19집(단국대학교 국어국문학과, 2003. 12), pp.239~256.
강재철,「퇴계 선생일화자료선(4)」, 『퇴계학연구』 18집(단국대학교 퇴계학연구소, 2004. 8), pp.205~225.
강재철,「퇴계 선생일화자료선(6)」, 『퇴계학연구』 19집(단국대학교 퇴계학연구소, 2005. 8), pp.123~161.
강재철·홍성남,「퇴계 선생일화자료선(10)」, 『동양학』 49집(단국대학교 동양학연구소, 2011. 2), pp.225~242.

설화를 발췌한 것이다. 그리고 강재철이 2001학년도 2학기 〈민속학개론〉과 2002학년도 2학기 〈설화문학론〉 강의 때 학생들이 직접 조사한 퇴계 선생 관련 설화를 모아 정리한 것이다.

『한국구비문학대계』[18]는 한국정신문화원이 전국적인 범위에 걸쳐 구비문학의 자료를 수집해서 펴낸 것으로, 1980년부터 1988년까지 모두 82책으로 일단 완간되었다. 전국의 군 가운데 약 4할인 60개 군을 조사하였으며, 조사지역은 도시와 농촌, 내륙과 해안에서 고루 선정하여 어느 한쪽으로 치우치지 않게 고려하였다. 『대계』는 미리 계획된 바에 따라 어느 책이든지 조사지역의 역사적 유래, 사회적 상황, 민속 및 구비문학의 특징을 개관하고 마을 선정의 원칙과 조사일정을 제시하였다. 그리고 각 면별로 조사한 마을을 소개하고, 제보자에 관한 인적 사항을 정리하였다. 자료는 설화와 민요, 그리고 무가의 순으로 일련번호를 부여하여 수록했으며, 면별로 정리하였다. 각 자료마다 조사일자, 조사장소, 제보자, 조사자를 명시하였으며, 어떤 상황에서 이야기가 구술되었는지 또는 노래하였는지를 알 수 있게 구연상황을 설명하였다. 자료의 본문은 실제로 구연된 그대로 방언으로 적고, 구연자의 태도와 청중의 반응까지도 본문에 삽입하였다. 그리고 화자가 구술한 내용 중에서 어려운 말에는 주를 달아놓아 독자들의 이해를 도왔다. 이렇게 해서 조사자가 축약하거나 윤색하지 않은, 온전히 구술한 내용을 수록하도록 하였다. 그 결과 설화 15,107편, 민요 6,187편, 무가 376편, 기타 21편을 수집 채록하였다.[19] 『대계』

17) 김재중,「안동의 인물전설에 나타난 인물형상화와 전승의식」, 안동대학교 대학원 석사학위논문, 2002. 2.

18) 이하 『대계』로 약함.

19) cf. 조동일,「'한국구비문학대계' 자료 수집과 설화 분류의 기본 원리」, 『대계-별책부록(1)』(한국정신문화연구원, 1989), pp.1~3.

에 수록된 설화는 조사 방식 중에서 '녹취식'에, 정리 방식은 채록 데이터(data)의 기록방식 중 '일반적 형식'에 해당하는 것으로 학술적 가치를 지닌 설화들임을 알 수 있다.

『임석재전집-한국구전설화』[20]는 1987년 〈평안북도편 Ⅰ〉을 시작으로 1993년 〈경상북도편〉을 출판, 모두 12권으로 이루어졌다. 이 자료집에 수록된 설화는 설화 채록 시기를 기준으로 크게 1927년 이전의 것과 1927년에서 1945년 사이의 것, 그리고 1960년 이후의 것으로 나누어 살펴볼 수 있다. 1927년 이전의 설화는 편자인 임석재가 유년기에 들었던 이야기 중에서 생생하게 기억할 수 있는 것만을 채기(採記)한 것이다. 설화를 청취한 시기와 이를 채기한 시기 사이에 길게는 10여 년의 시차가 있는 것도 있으나 편자는 그것이 크게 문제시 될 것이 없다고 한다. 그것은 편자가 각 설화를 구술한 화자의 어성(語聲)·표정·풍모·성명·연령이며 구술 장소 등을 생생하게 회상할 수 있기 때문이라고 하였다. 1927년에서 1945년 사이의 설화는 편자가 동료와 지우(知友), 학부형에게서 청취한 것과 신성학교 학생들이 방학 때마다 고향에 돌아가서 채록하여 제공한 것으로 이대별 할 수 있다. 이중에서 학생들이 제공한 설화가 압도적인 양을 차지하고 있다. 1960년대 이후의 설화는 제보자의 구술을 녹음기에 녹음하여 이를 필사한 것이지만, 설화내용에 직접 관계가 없거나 쓸데없이 길어지거나 부정확한 사견적 부연서술은 제거하거나 생략한 것이다. 오늘날의 구비설화 채록의 조건과 기준에서 보면 『한국구전설화』에 수록된 설화는 여러 가지 면에서 한계를 지니고 있다. 하지만 일제강점기라는 시대적 상황 하에서 이만큼 훌륭한 설화자료를 한데 묶어 자료집으로 출판할 수 있었던 것은 임석재의 설화연구에 대한 애정

20) 『임석재전집-한국구전설화』 전12권, 평민사, 1987~1993.

이 그만큼 컸음을 보여주는 것이다. 특히 이 자료집 전12권 중 4권이 집약적이고 총체적인 북한의 설화자료집이라는 점에서 그 의의가 크다.[21)]

앞에서 살펴본 『한국구비문학대계』와 『임석재전집-한국구전설화』가 전국적인 규모의 설화 조사를 통한 자료집이라면, 『영남 구전자료집』과 『용인 중부지역의 구비전승』 등은 특정 지역을 선정하여 이들 지역에 대해 현지조사를 실시하고 여기서 얻어진 구비자료를 책으로 엮은 것이다. 『영남 구전 자료집』[22)]은 국민대학교 국어국문학과에서 1988년부터 〈구비문학개론〉 수업의 일환으로 10년간 영남지역을 현지 조사해서 얻은 구술자료를 모아 엮은 책으로 모두 8권으로 되어 있다. 조사지역은 『대계』에서 빠진 영남 지역 중에서 비교적 도시화가 덜 진행된 군(郡) 단위를 조사지역으로 선정하고, 각 면에 조사단을 파견하여 구비설화 위주로 채록하였다. 『용인 중부지역의 구비전승』[23)]은 1995년 5월부터 2000년 6월 사이에 용인시 중부지역인 시내지역, 양지면 내의 전 리를 대상으로 조사한 구비설화와 민요를 한 권의 책으로 엮은 것이다. 『영남 구전자료집』과 『용인 중부지역의 구비전승』은 『대계』의 기술방법을 원칙으로 하고, 자료마다 일련번호, 테이프번호, 조사장소, 조사자, 제보자의 성명(나이, 성별), 조사날짜 등을 명시하고 있다. 전체적으로 자료집의 내용을 보면 녹음테이프에 수록된 내용을 충실히 활자화한 것으로 보인다. 이들 자료집에 수록된 퇴계설화는 현장성을 확보한 자료라는 점에서 학술적인 가치가 충분하

---

21) 최인학,「임석재 선생 구전설화 조사의 의의-『임석재전집: 한국구전설화』를 중심으로-」, 『비교민속학』 20집(비교민속학회, 2001. 2), p.59.

22) 조희웅 외, 『영남 구전자료집』 전8권, 도서출판 박이정, 2003.

23) 박종수·강현모, 『용인 중부지역의 구비전승』, 태학사, 2000.

다고 하겠다. 이밖에 『경북 안동시 풍산읍 서미2리 민속지 : 까치구멍집 많고 도둑 없는 목현마을』[24]과 성균관대학교 국어국문학과의 『(제1·2차 3개년계획) 안동문화권학술조사보고서』[25]와 단국대학교 국어국문학과의 『국문학논집』2(안동·봉화지방 학술답사보고)[26]와 『국문학논집』5 · 6합집(71·72년도 학술답사보고)[27], 그리고 단국대 어문학부 한국어문학전공의 『도솔어문』14집[28]에 수록된 퇴계 선생 관련 구비설화도 현장성을 확보한 것들이다.

『퇴계일화선』[29]은 소설가 정비석이 「퇴계학보」에 연재했던 이야기를 한 권의 책으로 엮은 것으로, 개중에는 이전에 발간했던 『퇴계소전』의 내용과 중복되는 것도 있다. 우리는 일상에서 퇴계라는 말을 많이 듣고 살아가지만, 정작 퇴계가 어떤 인물인가는 모르고 지내는 것이 현실이다. 『퇴계일화선』은 이러한 퇴계 이황의 사상과 인품을 그에게 남겨진 허다한 일화를 통해 살펴보고자 편찬한 것이다. 이 책의 퇴계설화는 야담집에 수록되어 있는 것을 일반인이 읽기 쉽게 유려한 필치로 재화(再話)한 것이라는 점에서 주요 가치가 있으나, 야담집과 마찬가지로 구술 자료로써의 가치는 상실한 것이라고 하겠다. 설화

24) 안동대학교 민속학연구소 편, 『경북 안동시 풍산읍 서미2리 민속지 : 까치구멍집 많고 도둑 없는 목현마을』, 2002. 6.
25) 성균관대학교 국어국문학과, 『(제1차 3개년계획) 안동문화권학술조사보고서』, 1967. 2.
성균관대학교 국어국문학과, 『(제2차 3개년계획) 안동문화권학술조사보고서』, 1971. 11.
26) 단국대학교 국어국문학과, 『국문학논집』2(안동·봉화지방 학술답사보고), 단국대학교출판부, 1968. 11.
27) 단국대학교 국어국문학과, 『국문학논집』5 · 6합집(71·72년도 학술답사보고), 단국대학교출판부, 1972. 12.
28) 단국대 어문학부 한국어문학전공, 『도솔어문』14집, 2000. 5. 15.
29) 鄭飛石, 『退溪逸話選』, 퇴계학연구원, 1983.

의 현장성을 상실하였다는 점에서 1차적 구술 자료로써의 가치는 상실한 것이나, 이를 통해 또 다른 퇴계 관련 구비설화를 생산하였다는 점에서는 그 나름대로 의미를 갖는다고 하겠다. 이것은 『한국속담의 근원설화』[30], 『한국 지명의 신비』[31], 『한국인 이야기』[32]에 수록된 퇴계설화의 경우도 마찬가지이다.

이밖에 본서의 구비전승 자료에 수록된 퇴계설화 중에서 〈이황 선생 아호의 유래〉는 향당백(香塘白)이 윤문한 것으로 «매일신보» 1928년 1월 1일자 4면에 실린 것이다.[33] 이 설화는 윤색의 과정을 거치기는 했지만, 구비가 문자로 정착되는 과정을 여실히 보여주고 있다는 점에서 중요한 자료이다. 설화의 내용을 살펴보면, 구비와 문헌의 중간 단계 정도로 상정해 볼 수 있는데, 퇴계 선생 관련 구전설화 중에서는 구비의 한글문헌 정착의 효시라고 할 수 있다. 이에 대해서는 추후의 작업을 통해 본격적으로 구명(究明)해 볼 필요가 있다.

구비설화는 입에서 입으로 전승되는 까닭에 온전하게 한 편의 이야기가 구술되는 경우는 드물다. 오늘날 구연 현장에서 전승되는 설화의 면면을 살펴보면, 주요 모티프를 토대로 이야기가 단편적으로 구술되거나 아니면 다른 이야기가 첨가하여 변형된 형태로 전승되는 것이 보편적인 현상이다. 이러한 현상은 산업화에 따른 핵가족화와 라디오, 텔레비전 등의 대중매체의 보급과 무관하지 않다. 핵가족화와 대중매체의 발달로 설화

30) 강재철, 『한국속담의 근원설화』, 백록출판사, 1980.
31) 김기빈, 『한국 지명의 신비』, 지식산업사, 1989.
32) 김현룡, 『한국인 이야기』3·7, 자유문학사, 2001.
33) 香塘白 潤文(出典 : 「每日新報」, 1928. 1. 1, 부록 其一 4쪽) 단국대학교 동양학연구소 편, 『(개화기에서 일제강점기까지 한국문화자료총서)구비문학 관련 자료집(신문편)』(동양학총서17집), 민속원, 2009. p.418.

전승집단에서 청자의 존재가 유명무실하게 되었으며, 화자에게 있어서 청자의 상실은 이야기의 구연 기회를 박탈하게 된다. 현재의 제반 여건상 구비설화는 많은 변화를 겪으면서 전승하게 되는데,[34] 이러한 현상은 퇴계 선생과 관련된 구비설화에서도 찾아볼 수 있다. 퇴계 선생 관련 구비설화 중에서 이야기의 전개 과정과 내용적인 측면에서 축약 내지 변이된 형태의 설화가 많이 눈에 띄는 것도 이러한 현상과 무관하지 않은 것이다.

이밖에 본서에 수록된 퇴계 관련 구비설화 중에는 마치 문헌설화를 읽는 듯한 착각을 일으키게 하는 설화들이 눈에 뜨인다. 이것은 화자가 문헌설화의 내용을 토대로 청자에게 구술한 것으로 보이는 바, 이것은 기록으로 전해지던 문헌설화가 전승자 내지 운반자에 의해 구비화(口碑化) 과정을 거쳐서 한 편의 구비설화로 자리매김할 수 있음을 보여주는 것이다. 이렇듯 구비설화가 문지로 기록되어 문헌설화로 정착하게 되는 과정을 '문헌적 재귀(再歸)'라고 한다면, 이와 반대로 문헌설화가 화자에 의해 구술되어 한 편의 구비설화로 재창작되는 과정을 '구비적 재귀(再歸)'라고 할 수 있을 것이다.

퇴계 선생 관련 구비설화도 앞에서 살펴본 문헌설화와 같이 강재철이 4개 유형으로 분류했던 것을 설화의 내용에 따라 최인학이 〈1. 탄생에 관한 설화〉, 〈2. 아호의 유래〉, 〈3. 퇴계의 학문〉, 〈4. 스승과 제자〉, 〈5. '죽음'에 대하여〉, 〈6. 성격에 대하여〉, 〈7. 문학(시)에 관한 일화〉, 〈8. 여성에 대한 설화〉, 〈9. 설화에 등장하는 퇴계 선생〉, 〈10. 기타〉 등 총 190편의 설화를 10개 유형으로 세분화하였다.

---

34) cf. 이영수,「전승시기에 따른 설화의 변이 양상에 관한 연구-〈공쥐팥쥐〉 설화를 중심으로-」, 『인하어문연구』 7호(인하대학교 인하어문연구회, 2006. 2), pp.333~355.

〈1. 탄생에 관한 설화〉는 190편의 구비설화 중 모두 9편으로, 문헌설화와 마찬가지로 퇴계 선생의 외할아버지가 선행을 베풀고 얻은 산실에서 태어났기에 퇴계가 훌륭한 인물이 될 수 있었다는 것과 조상의 묘를 명당에 쓴 덕분에 퇴계와 같은 훌륭한 인물이 나올 수 있었다는 내용의 설화들이다. 퇴계의 탄생담이 문헌설화에 비해 다채로운 형식으로 구연되고 있다. 〈2. 아호의 유래〉는 7편이 이에 속하는데, 퇴계라는 호가 유래하게 된 내력을 설명하고 있다. 〈3. 퇴계의 학문〉은 모두 11편으로, 퇴계 선생의 학문에 대한 열정과 천문학에도 조예가 깊었다는 내용의 설화가 포함되어 있다. 〈4. 스승과 제자〉는 15편이 이에 속하며, 스승과 제자의 도리에 관한 이야기와 함께 제자를 사랑하는 퇴계 선생의 마음을 읽을 수 있는 내용의 설화들이다. 〈5. '죽음'에 대하여〉는 모두 3편으로, 퇴계 선생은 죽음 앞에서도 초연한 모습을 보였으며 퇴계 선생이 운명할 때 별안간 눈이 내려 하늘도 선생의 죽음을 슬퍼했다는 내용의 설화가 포함되어 있다. 〈6. 성격에 대하여〉는 모두 53편으로, 퇴계 선생 관련 구비설화 중 선생의 성격과 관련된 설화가 가장 많은 부분을 차지한다. 설화의 내용은 남을 배려할 줄 알면서도 그 자신은 검소하고 청렴하게 생활하였다는 것과 강직하면서도 온화한 성품의 소유자인 퇴계에 관한 내용이 대부분이다. 〈7. 문학(시)에 관한 일화〉는 7편으로, 퇴계에게 문인적 기질이 있음을 보여주는 설화들이라고 할 수 있다. 〈8. 여성에 대한 설화〉는 다시 1) 가족에 대한 설화, 2)기생에 대한 설화, 3) 색(色)에 대한 담론으로 나눌 수 있는데, 43편이 이에 속한다. 1) 가족에 대한 설화는 43편 중 30편인데, 어리석기 짝이 없는 부인에 대한 이야기와 며느리의 재혼에 관한 이야기가 대부분이며, 2) 기생에 대한 설화는 6편으로, 퇴계 선생을 사모한 기생이 수청을 들었다는 설화들이다. 그리고 3) 색(色)에 대한 담론은 7편으로, 잠자리에서는 인간적인 면모를 여실히 보여주었다는 내용의 설화가 주를 이룬다. 〈9. 설화에 등장하는 퇴계 선생〉은 설화성이 가장 두드러지게 나타나는 것으로, 43편이 이에 속한다. 이 유형의 설화는 문헌설화에서는 볼 수 없는 내용으로 퇴계 선생의 비범성을 강조하고 있다. 〈10. 기타〉는 설화에 퇴계 선생이 등장하나 그 역할이 대수롭지 않은 경우로, 5편이 이에 속한다.

4. 퇴계설화의 총집성(總集成)-퇴계설화의 구비전승과 문헌전승의 '상호 재귀적(再歸的)' 양상의 총화(總和)-

본서는 퇴계 선생과 관련된 구비전승설화와 문헌전승설화를 총망라한 자료집이다. 따라서 한 인물을 중심으로 한 구비설화와 문헌설화의 생성·변이·대비·전승 양상 등 상호 영향관계를 실증적으로 구명(究明)할 수 있게 했다는 점에서 설화학계에서 차지하는 본 자료집의 자료사적(資料史的) 의의가 크다 할 것이다. 왜냐 하면 '일반적으로 설화의 존재 양상은 구비전승과 문헌전승의 상호 재귀적(再歸的) 양상의 총화(總和)'이기 때문이다. 그리고 한국사상사에서 중시되는 유학자들의 도학적인 삶과 인간적인 삶의 실체를 구명해 볼 수 있게 했다는 점에서, 한국인들에게 진정한 삶의 정신적 지표를 제공하는데 크게 기여할 수 있을 것이다.

2 문헌 전승 자료

1. 탄생과 성장에 관한 설화

1-1. 퇴계를 낳은 산실

퇴계 선생[1]의 외할아버지는 함창(咸昌)에 살았다. 집은 부유하였으며 그의 사람됨이 후덕하고 완급의 풍취[2]가 많았으므로 고을에서는 그를 영남의 부자(夫子)[3]라고 칭하였다.

바람이 몹시 불고 눈이 많이 내린 어느 엄동설한에, 문 밖에서 문득 나병을 앓는 한 아녀자가 남루한 옷을 입고 재워주기를 애걸하였다. 그녀의 용모와 행동거지가 어찌나 흉악하고 추하였던지 사람들은 모두 코를 막고 얼굴을 돌렸다. 온 집안의 모든 사람들이 손을 내저어 그녀를 몰아 쫓아낸 뒤 문 밖에서 한 발자국도 근접하지 못하게 하사 퇴계의 외할아버지인 그 노인이 말하였다.

"쫓아내지 마라. 저 여자가 비록 나쁜 병을 앓고 있지만 날도 저문 데다 엄동설한인 이 때 어찌 차마 쫓아낼 수 있겠느냐? 만일 우리 집에서 받아들이지 않는다면 다른 사람인들 또 누가 기꺼이 받아들이겠느냐?" 밤이 깊자 그 아녀자는 추워죽겠다고 울부짖었다. 노인은 또 차마 그냥 볼 수 없어서 그녀를 방안으로 불러들여 윗목에서 잠자도록 하였다. 그 여인은 노인이 잠든 틈을 타가지고 조금씩 아랫목으로 굴러와 혹 그녀의 발을 노인 이불 속에 넣기도 하였다. 그 때마다 노인은 잠에서 깨어나 반드시 양손으로 그녀 발을 들어 이불 밖으로 내놓았는데, 그렇게 한 것이 서너 차례였다. 날이 밝자 그녀는 간다는 말도 없이 곧장 가버렸다가 며칠 간격으로 또 왔는데, 노인은 조금도 괴로워하는 기색 없이 여전히 같이 잤으므로 온 집안사람들이 이 일을 몹시 근심하였다.

하루는 부인이 갑자기 선연한 미인의 모양을 하고 왔는데, 전날의 문둥병과 남루한 의복을 모두 벗어버린 것 같았다. 노인 역시 몹시 의아해 하며 조용히 물었더니 여인이 말하였다.

"나는 사람이 아니라 천상의 선녀입니다. 잠시 생원님 댁에 나타나 생원님의 심덕(心德)을 시험해 보았을 뿐이요 그 외에 별다른 뜻은 없었습니다."

노인은 부지불식간에 선녀를 존경하여 머뭇거리며 감히 올려다보지 못하는지라 여인이 말하였다.

"저번에 며칠 밤을 이불 속에서 이미 내 수족을 가까이 하였는데 어찌 다시 남녀의 분별을 두십니까? 나는 이미 생원님과 더불어 전생에 인연이 있었으니 조금도 의심하거나 괴이하게 생각하지 마십시오."

말을 마치고 함께 동침하였다. 이렇게 열흘 정도를 지내자 온 집안사람들은 모두 괴이하게 생각하였고, 혹자는 사특한 도깨비로 지목하기도 하였으나 노인은 조금도 동요되지 않고 한결같이 성심껏 대하였다.

하루는 여인이 말하였다. "오늘 나는 생원님과 작별해야 합니다."

노인이 말하였다. "이 무슨 말이오? 인간세계에 귀양 온 기한이 이미 다 찼소? 아니면 나의 정성과 예의가 점점 떨어져서요?"

여인이 말하였다. "모두 아니옵니다. 그러나 사소한 곡절을 이루 다 말씀드릴 수 없는지라 한 가지만 말씀드리겠사오니 생원님께서는 반드시 이를 따르셔야지 어겨서는 안 됩니다."

다짐을 받은 뒤 여인은 말하였다. "안 뜰에 모 좌향[4)]으로 집 한 칸을 지어 정결하게 도배한 후 굳게 자물쇠를 채워 한만(汗

漫)하게 사용하지 말고, 반드시 주인댁과 동성의 임산부가 분만할 때를 기다렸다가 분만할 때 당해서 그 곳에 들어가 거처하여 산실로 삼으십시오."

말을 마치고 문을 나갔는데 문득 보이지 않았다. 노인은 이 일을 이상하게 여기고 한결같이 그녀의 말을 따라 안뜰에 모좌향으로 정결하게 집을 한 채 지었다. 비록 긴요하고 절박한 일이 있어도 그 곳에 들어가 거처하지 않았으며, 자손 중 임신하여 해산에 임박한 자가 있으면 그로 하여금 그 곳에 들어가 거처하게 한 즉, 그들은 어김없이 몹시 고통스러워하며 해산하지 못하였고 다른 방으로 옮긴 이후에야 비로소 분만하였다. 노인은 그녀의 말이 맞지 않는 것을 이상하게 여겼으나 그래도 감히 그 집을 한만하게 사용하지는 않았다.

노인의 사위는 예안(禮安) 사람이었다. 그의 아내가 처음 임신을 하여 분만하려고 할 즈음 부인을 데리고 왔다. 노인은 그들을 맞아 집안에 두었는데, 산달이 되자 갑자기 몸에 병이 생겨 몹시 앓았다. 백방으로 치료하였으나 만에 하나도 효과가 없는지라 온 집안사람들이 당황하고 있었는데, 하루는 그 병자가 연로한 아버지에게 청하였다.

"제가 일찍이 들으니, 선녀가 강림하였을 때 산실을 새로 지어 놓으라고 말했다더군요. 지금 산달을 당해 우연히 병을 얻어 회생할 희망이라곤 만무하니, 만일 저 방에 거처한다면 혹시 살아날 길이 있을는지요? 엎드려 바라옵건대 저를 그 방으로 옮겨주십시오."

노인은 곰곰이 생각해보니 선녀가 예전에 말했던 '주인과 동성'인 자는 앞에 있는 바로 이 임산부였다. 비록 며느리와 손자며느리일지라도 이들은 모두 타성이었던 까닭에 이곳으로 옮겨 거처하였어도 영험함이 없었던 것이요 지금 이 딸은 비록 출가

하였지만 본래는 동성인지라 아마 틀림없이 효험이 있을 것 같았다. 선녀의 말은 바로 이 딸을 가리킨 것이 틀림없었다.

마침내 딸로 하여금 산실로 들어가 거처하게 하였더니, 들어가 거처한지 며칠 만에 신병이 쾌유하였고 또 순산하여 아들을 얻었으니 그가 곧 퇴계 선생이었다. 퇴계는 동방의 대유(大儒)가 되어 문묘(文廟)[5]에 배향되었으니 대현(大賢)의 강생(降生)은 이처럼 자별(自別)한 것이었다.

降大賢仙娥定産室 退溪先生之外祖 居于咸昌 而家富 其爲人 有厚德 多緩急之風 鄕中 以嶺南夫子稱之 時當嚴冬 風雪大作 門外忽有癩瘡一婦女 衣襤褸乞宿 其容貌擧止 無非凶醜 人皆掩鼻回面 渾室上下 皆揮手駈逐 不使近門外一步地 其老人曰 勿逐也 彼雖有惡疾 當此日暮雪寒 何忍逐之 若不容於吾家 則他人又誰肯容之乎 又當夜深其婦女呼寒欲死 老人又不忍 招入房中 使宿于上堗 其女人 乘老人之睡 轉輾于下堗 或以其足 納于老人衾中 老人覺之 必兩手擧而出之如是者 數四次矣 及其明曉 不告而直去 間數日又來 老人少無苦色如前接宿 擧室深以爲悶 一日 婦人忽作嬋姸美娥樣而來 向日癩瘡及襤褸衣服 殆同脫殼 老人亦甚疑訝 從容問之 女人曰 吾非人也 乃是上天仙娥 暫現生員主宅 以試生員之心德而已 此外別無他也 老人不覺尊敬 逡巡有不敢仰視之意 女人曰 向者 數宵衾中 旣親吾之手足則更有何男女之別哉 吾旣與生員 自有前緣 少勿疑怪 仍與同寢 將至旬餘 一家人 皆以爲怪 或以魍魎邪怪目之 老人少不動念 一向待之誠信 一日 女人曰 今日 吾與生員 作別矣 老人曰 是何說耶 人間謫限已滿乎 吾之誠禮 漸隳乎 女人曰 皆非也 然些少曲折 不可煩說 第有一言 生員必從而無違也 仍曰 內庭 以某坐向 作室日間 精潔塗褙 緊鎖之 勿爲汗漫用之 必待主人宅同姓有産婦 當解娩之期 須入處 以爲生産之室也 語畢出門 仍忽不見 老人異之 一從其言 內庭中 依坐向精搆一屋 雖有緊切之事 不爲入處 子孫中 有受胎當産者 使之入處

則必苦痛 不得解娩 移他房而後始娩 老人怪其言之不中 而猶不敢汗漫用之 老人之婿 卽禮安人也 爲其妻初産將娩 率其妻以來 老人迎置于家中 當其産朔 忽以身恙大痛 百方治療 萬無一效 擧家遑遑 一日其病人 請於老父曰 曾聞仙娥降臨之時 有産室新搆之擧云 見今産月當朔 偶然得病 萬無回甦之望 若得 處彼房 則庶或有生道 伏望移我于彼房云云 老人尋思 仙娥旣言 主人同姓 則前此産婦 雖是吾家子婦與孫婦 俱是他姓 故移處而無靈 今此女息 雖爲出嫁 而本是同姓 似應有效 仙娥之言 莫非指此女之謂乎 遂使之入處 入處數日 身病快愈又得順産得璋 是爲退溪先生 爲東方大儒 從祀文廟 大賢之降生 自異於凡人矣.

[출전] 이월영·시귀선 역, 『청구야담(靑邱野談)』, 한국문화사, 1995, 원문(320~321면).

1) 퇴계 선생 : 李滉(1501-1570). 조선조 중기의 학자. 자는 景浩, 季浩. 호는 퇴계, 陶翁, 淸涼山人. 본은 眞寶. 朱子의 학설을 주로 한 理氣二元論을 주장했음.
2) 완급지풍(緩急之風) : 느려야 할 때 느리고 빨라야 할 때 빠르며, 관대해야 할 때 관대하고 엄해야 할 때 엄하여 조화를 잘 이루는 풍치를 이름.
3) 부자(夫子) : 덕행이 높아 모든 사람의 스승이 될 만한 사람에 대한 경칭.
4) 좌향(坐向) : 묏자리나 집터 따위의 위치의 등진 方位에서 앞으로 바라보이는 방향.
5) 문묘(文廟) : 孔子를 받드는 사당. 곳에 따라 四聖, 공자의 제자, 역대의 巨儒 및 신라 이후의 우리나라 선비들을 함께 모신 곳도 있음.

① 퇴계 선생의 외할아버지는 나병환자 여인을 후하게 대접한다. 이 여인은 선녀가 변신한 것으로, 그녀의 시험을 무사히 통과한 외할아버지는 그녀와 동침하게 된다. 선녀

는 후에 큰 인물이 낳을 산실을 마련해 주고 하늘로 올라간다. 설화에서는 하늘의 왕자나 공주가 득죄하여 지상에 기한이 찰 때까지(1년 혹은 3년) 추악한 몸으로 변신하여 머물다 인간의 호의로 탈피되어 승천하는 모티프가 많다. 이러한 경우에 하늘에서 하강한 존재는 자신의 승천을 도운 인간에게 반드시 보답을 하기 마련이다. 이것은 퇴계 선생의 출생담에서도 그대로 드러나고 있다.(손진태 지음, 최인학 역편, 〈4-2 우렁이 아가씨, 207 용녀〉, 『조선설화집』, 민속원, 2009)

② 산실을 만들고 동성의 여인이 거하게 되면 아들을 낳는다는 예언에 따라 딸이 퇴계를 낳았다는 것이다. 이것은 퇴계 선생이 나면서부터 비범한 아이일 것임을 입증하는 것이다.(〈1-2. 선녀가 집을 정하고 유현을 낳았다〉는 내용과 부분적으로 일치한다)

③ Eberhard 35, 96, AT 402, 465, 關敬吾 110, 112, 114, 117, 120B

1-2. 선녀가 집을 정하고 유현을 낳다

퇴계 이문순(李文純) 공의 위(諱)는 황(滉), 자(字)는 경호(景浩)로 진성 이씨이다. 타고난 자품(姿稟)[1]이 순수하고 천성이 온순하여 정금미옥(精金美玉)[2]과 같았다. 문장이 일찍이 성취되어 젊은 나이에 과거에 급제하여 세상에 이름이 드러났다. 만년에 산에서 도를 지키며 벼슬하기를 즐기지 않았다. 예안에 물러나 살며 한결같이 학문에 정진하여 나아갈 때는 어렵게 하고, 물러날 때는 쉽게 하니 당시 사람들이 태산의 북두처럼 우러러 보았다. 말년에 도산에 집을 짓고 자못 임천(林泉)에 취미를 즐기는 뜻이 있었다. 평소에 스스로 자랑을 일삼는 기색이 없어서 마치 보통 사람들과 심히 다를 바가 없었으나 출처사수(辭受)의 절개에 있어서는 감히 일호(一毫)의 과실도 없었다.

그가 한성에 임시로 거주할 때였다. 이웃집에 밤나무가 있었는데 밤나무의 몇 가지가 담장을 넘어 익은 밤이 선생의 정원에 떨어졌다. 공은 아이들이 밤톨을 주워 먹을까 염려하여 밤을 담장 밖으로 던졌으니 그의 성품이 굳고 깨끗함은 그 무엇에도 더할 수는 없었다.

일찍이 조정의 부름을 받들어 서울에 입성하였을 때에 비록 총애하고 공경함은 더 높아졌으나 말은 채용되지 아니하여 돌아갈 뜻을 더욱 결단하게 되었다. 이에 선현들이 만드신 도를 모으고 자신의 뜻을 보충하여 『성학십도(聖學十圖)』를 만들어 진상하니, 의론이 매우 정밀하고 소상하였다. 항상 말하기를, '내가 나라의 은혜에 보답할 것은 단지 이 『성학십도』일 뿐이다.'라고 하였다.

선생의 외할아버지 모공(某公)이 함창에 살았는데 집이 부유하고 그 사람됨이 후덕하고 높은 의리가 있어 온 고을이 모두 다 군자라 칭하였다. 마침 몹시 추운 겨울을 당하여 사나운 바람과 모진 눈이 내려 추위가 맹위를 떨치는데 문 밖에서 갑자기 거지가 매우 처절하게 부르는 소리가 들렸다. 한 아녀자가 먹을 것과 재워주기를 구하였다. 흐트러진 머리와 때 묻은 얼굴에 해진 옷을 군데군데 기워 입고 곱사등이 같이 곁걸음으로 걸었으며, 이미 문둥병에 또한 부스럼까지 겹쳐서 그 추악한 모습은 비록 옛날의 거제(籧除) [sic-篨] 와 척시(戚施)[3], 모무(嫫毋)[sic -母]와 비휴(仳倠)[4]라 할지라도 그보다 더할 수 없었으니 사람들이 모두 코를 막고 달아났다.

낭하[5)]에서 종들이 갑자기 나오더니 손을 내저으며 꾸짖어 쫓아내고 문 앞에 근접하지 못하게 하자 노주인이 말했다. '이와 같이 하지 마라. 저 아녀자는 비록 나쁜 질병을 앓고 있지만 날도 저물고 눈 내린 추운 겨울인 이 때 만일 우리 집으로부터 쫓겨남을 보면 누가 즐겨 가까이 용납하겠느냐? 반드시 길에서 넘어져 얼어 죽을 것이다. 내가 차마 그 아녀자를 쫓아내어 죽음으로 가게 할 수 없다. 남은 밥을 주고 빈 방에서 머물러 잠자게 하라.'고 하였다. 밤이 깊어지자 그 여자가 아이 추워 아이 추워하며 끙끙 앓는 소리로 하소연하니 또 그 소리를 견디며 들을 수가 없었다. 노인이 이에 방안으로 불러들여 윗목에서 잠자도록 하였다. 몸소 이불과 요를 가지고 아랫목으로 옮겨 누워 잤다. 그 아녀자는 노인이 잠든 틈을 타서 엎치락뒤치락 굴러 아랫목으로 이르더니 혹 노인의 배 위에 손을 올려놓기도 하거나 혹은 그녀의 발을 이불속으로 밀어 넣기도 하였다. 노인이 그 때마다 잠에서 깨어나 웃으며 말했다. '병든 손님의 잠자리에 어찌하여 정신이 없음이 이 지경까지 이르렀는가?' 하고는 이에 양손으로 서서히 그녀의 팔과 다리를 이불 밖으로 내놓았는데 이와 같이 한 것이 서너 차례였다. 날이 밝아 그 곳을 보니 여자는 있지 아니하고 마침내는 어디로 갔는지 알 수가 없었다.

수일 후 또 그 여자가 왔는데 형체와 모습의 추악하기가 전과 견주니 더욱 심하여 사람으로 하여금 구토증을 일으키도록 하였고, 또 놀랍고 두려워할만 하였다. 노인만은 조금도 괴롭게 여기는 기색이 없었다. 예전과 같이 연이어 자게 하니 온 집안사람들이 주인옹을 모두 허물하고, 그 여자가 자주 찾아오는 것을 꾸짖었다. 새벽에 이르자 또 그 여자는 말도 없이 가

버렸다.

어느 날 석양에 노인이 바야흐로 창을 밀치고 달을 구경하는데 문득 특이한 향기가 심하게 나는 것을 느꼈다. 한 부녀자가 있는데 나이가 스무 살 남짓이었다. 용모가 절세의 미인이었는데 옷은 구름 같은 치마와 노을빛과 같은 저고리에서 뿜는 광채가 나는데 눈을 뜨지 못하게 하였다. 그 여자는 노인 앞으로 오더니 절하며 말하였다. '나는 바로 전날 병든 아낙이옵니다. 공이 나를 멀리 내치지 않으신 은혜를 입어, 옛날에 앓던 병이 지금은 모두 나아서 본래의 모습을 되찾은 까닭에 지금에야 이렇게 찾아와 감사한 말씀을 전하여 올립니다.' 라고 하였다. 노인이 눈을 씻고 똑바로 앉아 다시 보니 옛날 부스럼자리와 남루한 옷들을 살펴보니 허물을 벗어버린 것이 아니면 애벌레가 나비로 변화한 것 같아서 판연히 다른 사람이었다. 노인의 마음이 심히 의아해 하며 그 이유를 묻자 이에 대답하기를, '나는 이 세상 사람이 아닙니다. 바로 봉래궁 선녀입니다. 지난날 추악한 모습으로 나타나 공의 심덕을 시험하여 숙세(宿世)(전 세상)의 인연을 마치고자 한 것이지 별반 다른 뜻은 없으니 모름지기 놀라 묻지 마십시오.' 노인은 갑작스럽게 두려움을 느끼며 감히 말도 하지 못하고 조용히 물러나 앉았다. 여자는 점차 앞으로 나오더니 무릎을 가까이 맞대었다. 말이 매우 온화하고 웃으며 하는 말이 매우 기쁨이 넘쳤다. '공과 함께 삼생(전생·현생·후생)의 아름다운 약속이 있으니 응당 회합될 것입니다. 비록 능히 크게 도움이 될 것은 없겠지만, 또한 서로 해가 될 일도 없을 것입니다. 바라건대 깊이 의심하지 마십시오. 밤이 이미 깊어졌으니 공께서 취침하기를 청하옵니다.'

노인은 아직 옷을 벗지도 않았는데 향기 나는 속옷을 걸친 여자가 웃으며 말하기를, '예전의 밤에 이불속에서 이미 수족을 맞대었으니 다시 무슨 거리낌 같은 것이 있겠습니까?' 라고 하였다. 마침내 여자는 노인을 모시고 잠자리를 같이 하였다.

여자가 새벽에 일어나 작별을 알리며 말했다. '운명상 서로 만나기가 참으로 쉽지 않았습니다. 이후로는 서로 즐겁게 만나고 거리감을 두지 마시오. 공은 오직 생각만 한 번 하시면 저는 곧 달려올 것입니다. 다만 공의 뜻이 견고하지 못한 것이 공의 복이 되지 못할까 걱정일 뿐입니다.' 그리고 표연히 사라져 버렸다. 노인이 변색(黎明을 말함)에 잠자리에서 일어나더니 스스로 의심하여 말하기를, '어찌 그것이 꿈일런가 보냐?' 하였다.

날이 밝자 여자의 화장 자국이 팔뚝에 남아 있고, 이상한 향기가 옷에서 나는데 황홀하여 자신의 존재를 잃어버릴 정도였는데 그 까닭을 알 수가 없었다. 이로부터 때때로 어쩌다가 그 여자의 생각을 일으키면 향기가 나면서 여자가 번번이 찾아왔다. 여자와 동침을 함께 할 때면 천상의 일과 신선의 술법으로 변화하는 것을 얘기하는데 기묘한 말이 많아 세상에서는 들을 수 있는 말이 아니었다. 노인은 점차 마음과 정이 미혹에 빠져 하루라도 오지 않으면 즐거워하지 않았다. 집안사람들이 모두 괴이하게 여겨서 어쩌다가 사악한 귀신이나 여우의 넋으로 지목하였다. 노인만은 한결같이 성심으로 그 여자를 대하였다.

하루는 여자가 말하기를, '지금 당장 영원히 이별해야 됩니다.' 라고 하자 노인이 몹시 놀라며 말했다. '이 말이 무슨 말인가? 인간 세상으로 귀양 온 기한이 이미 다 찼느냐? 내가 너에게 정성으로 다하는 예가 점차 희박해져 있느냐?' 하니 여자가 말하기를, '모두 그렇지 않습니다.' '내가 문창제군[6]의 명을 받들어서 공의 집안일을 부탁할 일이 있었습니다. 지금 장차 복명할 때가 되어 이에 말씀드리오니 반드시 제 말에 따라 하시고, 어김이 없도록 하십시오.' 노인이 말하기를, '무슨 일을 어떻게 하느냐?' 라고 하자 여자가 말하기를, '공의 집 후원에 방 한 칸을 마련하되 어느 방향으로 좌향으로 짓고 정결하게 꾸미시고 함부로 방만하게 쓰는 일이 없게 하고, 더러운 일들을 가까이 말며, 임시로 폐쇄하여 두십시오. 그리고 반드시 주인댁과 성씨가 같은 해산이 임박한 부인이 있으면 부인을 기다렸다가 들어가 해산을 하는 것이 좋을 것입니다.' 말을 끝내고 문을 나섰는데 갑자기 그대로 보이지 않았다.

노인이 이를 이상히 여기며 그 말을 따라서 후원 한 가운데 방 한 칸을 정성스럽게 짓되 다른 사람들은 입실을 허락하지 않았다. 자손과 며느리 가운데 당장 해산에 임박한 임산부를 들어가 머물도록 하면 반드시 질병이 생겨 고통스러워하여 해산하지 못하다가 다른 방으로 옮긴 후에 비로소 해산하였다.

노인이 이를 매우 의아하게 여겨 그 방을 닫고 감히 늘 예사롭게 거처하지 못하게 하였다. 노인의 사위는 바로 예안 사람인데 그 처가 장차 아이를 낳으려고 하자 그 처를 처가에 데리고 와서 머물게 하였다. 그 처가 아이를 낳을 시기를 당하자 처가 갑자기 병이 생겨 백방으로 약을 써서 치료해도 만에 한 가지도 효험이 없었다. 온 집안이 갈팡질팡 어쩔 줄 모르는데 급히 병든 여자가 늙은 아버지에게 청하여 말하기를, '일찍이 집안에 새로 지은 산실이 있다는 소문을 들었습니다. 만일 저를 그곳으로 옮기면 어찌 복과 덕이 되지 않겠습니까?' 라고 하니 노인이 마침내 옛 선녀의 말을 생각해보니 이미 주인과 동성이라고 말하였으니 비록 내 자손의 며느리들은 다른 성인 까닭에 여기서 아이를 낳을 수 없을 것이다. 지금 이 여식은 본시 나와 동성이니 아마도 효험이 있을 것이 아니겠는가? 하고는 마침내 그 집으로 들어가 있게 하니 병이 곧바로 나았고,

또한 산모가 사내아이를 순산했는데 이 아이가 바로 퇴계 선생이 된다. 벼슬은 문형찬성에 이르고 70세의 수를 누렸으며 문묘에 배향되었다. 외사씨는 말한다. 하늘이 점지한 큰 현인이 태어날 때에는 반드시 기이한 징조가 있기 마련이다. 두 마리의 용이 집을 둘러싸고 오성이 규성(奎星)[7]에 모이는 것은 예전부터 그러했다.[8] 송나라 정주(程朱)이후로 정학(正學)이 실전되었는데, 하늘이 상서로운 운수를 열어 주셔서, 오도가 조선에 건너 왔다. 드디어 우리나라에 수백 년 뒤에 퇴계 선생이 태어나시어 이낙(伊洛)의 떨어진 실마리를 능히 찾아내어 사문(斯文)으로 하여금 반짝반짝 다시 밝아지게 하였다. 퇴계 선생이 탄생할 때부터 보통 사람과 달라 선녀가 해산할 방을 미리 정해 주었으니 일이 매우 신기하다. 어찌 공자가 천상의 기린을 싸서 보낸 상서로움이 아니겠는가?

仙女定室降儒賢

退溪 李文純公 諱滉 字景浩 眞城人也 天姿純粹 性度溫醇如精金美玉 文章夙成 少年登科顯揚 晩來守道山樊不樂仕宦 退居禮安 專精學問 難進易退 時人仰之若泰山北斗 季年築室于陶山 頗有林泉之趣 平居不矜持 若無甚異於人 而其於出處辭受之節 不敢分毫過差 其僑居漢城也 隣家有栗樹 數枝過墻 子熟落于庭 公恐兒童取食 拾而投之墻外 其介潔不可尙已 嘗承召入京 雖加寵敬 而言不採用 歸意益決 乃集先賢所作之圖 補以己意 爲聖學十圖以進議論精詳 常曰 吾之報國 只此而已 先生之外祖某公 居于咸昌家富饒 其爲人有厚德多高義 一鄕咸以君子稱之 適値深冬 饕風虐雪 寒威栗烈 門外忽聞流丐呼號聲 甚凄切 有一婦女 求食乞宿 蓬頭垢面 懸鶉百結 旁行踽僂 旣癩且瘡 其醜惡之狀 雖古之籧除 [sic-篨] 戚施 嫫毋 [sic-母] 仳倠 蔑以加也 人皆掩鼻以避之 廊下蒼頭突出揮手叱逐 不使近前 老主人曰 勿如是也 彼雖有惡疾 當此日暮雪寒 若自吾家見出 則誰肯容接 必凍

僵於路 吾不忍其被逐而就死 可饋以餘飯 止宿於空廊也 抵夜 其女呼寒波咤之聲 又不堪聞 老人乃招入房內 俾宿于上堗 自持衾褥 移臥下堗而宿 其女乘老人之睡 轉輾至下堗 或以手加于老人腹上 或以足納于衾中 老人覺之 笑曰 病客之睡 何昏困至此 乃以兩手徐擧其臂脚而出之 如是者數四 及明曉視之 女不在矣 竟莫知去處 後數日又來 形貌之醜惡 較前尤甚 令人欲嘔 又可驚怖 老人少無厭苦之色 如前接宿 渾室之人 皆咎主翁 而詈其女之頻來 抵曉 又不告而去 一夕 老人方推窓玩月 忽聞異香酷烈 有一婦 年可卄餘 姿色絶世 雲裳霞裾 光彩奪眼 來拜于前曰 吾卽曩者病婦也 荷公不我遐棄之恩 昔疾 今瘳 還他本形 故今玆來謝 老人拭目危坐 更視舊日之瘡疥褸縷 若非蛻殼 便是蝶化 判爲二人 心甚疑訝 仍叩其由 乃曰 吾非世間人也 卽蓬萊宮仙娥也 向日 現以醜形 試公心德 而欲了宿世之緣 別無他意 不須駭問 老人遽惶懼 不敢措辭 修謹退坐 女稍前促膝 辭致溫婉 笑語款洽曰 與公三生佳約 應得諧合 雖不能大有補益 亦非相禍者 幸毋深疑 宵已分矣 請公就寢 老人猶未敢解衣帶而襯香澤 女笑曰 疇昔之夜 衾裯中旣親手足 則更何別嫌之有 遂薦枕席 女晨起 告別曰 時運相從良非容易 此後歡會無間 公擧一念 身卽却來 但憂公意不堅 未爲公福耳 因飄然而去 老人辨色而興 自疑曰 豈其夢耶 及明 靚粧在臂 異香在衣恍然 自失莫省其故 自是時 或擧念 則香氣發而女輒來 同寢時 說天上事及仙人變化 言多奇妙 非世所聞 老人情志稍迷惑 一日不來 不樂也 家人咸以爲怪 或以魔邪狐精目之 老人一以誠信待之 一日 女曰今則當永別 老人愕然曰 是何說耶 人間謫限已滿乎 吾之誠禮漸隳乎曰皆非也 吾奉文昌帝君之命 有付托於公家之事 今將復命 第此布陳必從此而無違也 老人曰 何事 女曰 公家後園 作室一間 以某方爲坐向 精潔修飾 毋作汗漫之用 毋近鄙穢之事 姑爲閉鎖 必待主人宅同姓□(人) 有臨蓐之婦 入處解娩可也 語畢 出門 仍忽不見 老人異之 從其言 園中精搆 [sic-構] 一室 不許他人入室 子孫婦中當産者 使之入處 則必疾作苦痛 不得解娩 移他房而後 始生産 老人甚訝之 閉其

室母 [sic-毋] 敢尋常居處 老人之女婿 即禮安人 而爲其妻將娩 挈留妻家 當其産期 妻忽有病 百方治療 萬無一效 擧家遑遑 病女請於老父曰 曾聞家中有新搆之蓐室 若移我於彼所 則安知不爲福德方乎 老人尋思 仙娥旣言主人同姓 則雖吾子孫之婦係是他姓 故頃不得解娩於此室 而今此女息 則本係同姓 倘或有效否 遂使之入處 病卽快愈 又得順娩弄璋 是爲退溪先生 官至文衡贊成 壽七十 從享文廟 外史氏曰 天生大賢 必有奇徵異兆 二龍之繞室 五星之聚奎 自昔然矣 自宋程朱以後 正學失傳 天開瑞運 吾道遂東 退溪生於屢百載之後 而克尋伊洛之墜緖 使斯文煥然復明 粤自降生 異於凡人 仙姬之告 定以蓐室事甚神奇 豈非孔子抱送天上麒麟之瑞也.

[출전] 李源命 原著, 鄭明基 編, 『原本 東野彙輯』 上, 寶庫社, 1992, 24~30면.

1) 사람 된 바탕과 타고난 성품.
2) 인품(人品)이나 또는 시문(詩文)이 맑고도 아름다움을 비유적으로 이르는 말.
3) 천상바라기와 꼽추라는 뜻으로 추악한 사람을 이르는 말.
4) 劉安等 編著, 高誘注 『淮南子』 脩務訓 19卷(上海古籍出版社, 1989), 211면. 曼頰皓齒 形夸骨佳 不待脂粉芳澤而性可說者 西施陽文也 啳月癸哆口爲蘧除 [sic 篨] 戚施 雖粉白黛黑 弗能爲美者 嫫母仳倠也. cf. 李錫浩 역, 『淮南子』(도서출판 세계사, 1994), 487~488면.(역문)
5) 행랑.
6) 귀성(鬼星) : 중국에서 사람의 祿籍이나 文章을 맡았다는 神.
7) 28숙의 하나, 문을 맡았다고 함.
8) 『孔子家語』 漢文大系本(學民文化社, 2001), 528면. 孔子未生時 有麒麟 …(中略)… 懷妊十一月生 廣記 先聖誕顔之夕 有二龍繞室 五老降庭 五老者 五星之精也.

① 앞집 밤나무 가지가 담장 너머로 드리웠다. 밤이 떨어지

자 아이들이 주워 먹을까 하여 밤을 주워 앞집으로 던져 준다. 이 밤나무의 모티프는 설화에서도 유사한 것이 있다. 설화에는 감나무로 되어 있고 이 감나무의 주인은 감나무 가지가 양반집 마당으로 뻗었기 때문에 매년 큰 손해를 본다. 한 꾀 많은 소년이 할아버지의 고민을 듣고 양반집으로 가서 창문으로 주먹을 밀어 넣는다. 그때 양반이 방안에서 "어떤 놈이냐?" "이 주먹이 누구의 것입니까?:" "그야 네 것이지." "어떤 놈이 이 주먹이 제 것이라고 따 가는 놈이 있으면 그래도 참고 있어야 합니까?" "그야 그를 수 없지" 이런 대화를 마친 후 양반집 주인은 그동안 따먹은 감을 변상했다는 설화상의 모티프이다. 결국 유사 모티프라고 할 수 있다.(김상덕, 『한국동화집』, 숭문사, 1959, 423~429면)

② 關敬吾 614, 稻田浩二 665.

③ 하인들이 문둥병환자를 쫓아내려고 하자 그럴 수 없다고 하면서 방에 들여다 재운다. 그녀의 본체는 선녀였고, 산실을 정해주어 퇴계 선생을 낳게 한다. 하늘의 왕자나 공주가 득죄하여 일정기간 지상으로 내려와 어떤 계기가 되어 하늘로 되돌아간다는 모티프는 여러 이야기에 나온다. 예컨대, 어떤 효녀가 노모의 약을 구하러 갔다 오면서 발끝에 쓰러진 누추한 할머니를 만나게 되어 집으로 모셔와 간병을 한다. 이튿날 할머니는 온데간데없고 노모의 약을 구하던 효녀가 후에 왕비가 된다는 설화의 모티프도 이와 유사한 것이다.(유증선, 『영남의 전설』, 형설출판사, 1976, 287~288면)

2. 생애와 학문에 관한 설화

2-1. 이황의 생애와 학문

12월 신축일. 숭정대부(崇政大夫) 판중추부사(判中樞府事) 이황이 세상을 떠났다. 이황의 자는 경호요, 성품과 도량이 온순하여 수연하기가 옥과 같았다. 젊을 적에 과거로 발신(發身)하였으나 나중에는 성리학에 뜻을 두어 벼슬하기를 즐기지 않았다. 을사사화 때 이기(李芑)가 그 명성을 꺼려하여 (임금에게) 아뢰어 관작을 삭탈하니, 그것을 억울하게 생각하는 사람들이 많았다. 이기가 다시 아뢰어 복작(復爵)시켰다.

이황이 권간(權奸)들이 세력을 잡고 있는 것을 보고는 더욱 조정에 설 마음이 없어 벼슬을 시킬 때마다 사직하고 나오지 않기 일쑤였다. 명종은 그가 마음을 편안히 가지고 벼슬을 사양함을 가상하게 여겨 작계(爵階)를 여러 급 올려 자헌(資憲, 正二品)까지 되었다. 이황은 예안의 퇴계촌에 살면서 퇴계라 호하고 의식을 이어갔으며 담박한 것을 즐겼고, 세리와 화려한 것은 뜬구름 같이 보았다.

말년에 도산(陶山)에 집을 지으니 자못 임천(林泉)의 정취가 있었다. 명종 말년에 여러 번 불렀으나 굳이 사퇴하고 나오지 않았다. 명종이 "어진 이를 불러도 오지 않는다는 탄식(招賢不至歎)"으로 시제(詩題)를 내어 근신(近臣)을 시켜 시를 짓게 하고 화공을 시켜 이황이 사는 도산의 경치를 그려 오게 하여 그것을 볼 만큼 그 경모하는 정도가 이와 같았다.

이황의 학문은 문(文)으로 인하여 도(道)로 들어갔고, 의리가 정밀하여 한결같이 주자의 훈(訓)을 준수하고 여러 가지 학설의 이동(異同)을 이리 저리 통하였으나 모두 주자의 학설에 절충시키지 않은 것이 없었다. 한가한 곳에 홀로 거처하면서 경전 밖에는 다른 것을 마음에 두지 않았다. 가끔 수석(水石) 사이에 산책하며, 성정대로 시를 읊으며 한가한 흥을 풀었다. 배우는 이들이 물으면 아는 대로 다 말해 주었으나 제자를 모아 선생으로 자처하지 않았다.

평소에 긍지를 가지려 애쓰지 않아 보통 사람과 크게 다른 점이 없는 것 같았으나 (세상에) 나섬과 들어감, 나아옴과 물러남(出處進退)과 사양함과 받음, 취함과 줌(辭受取與)의 지조에 있어서는 털끝만큼이라도 어긋나는 일이 없었고, 남들이 선사하는 것도 의가 아니면 받지 아니하였다. 한성에 우거해 있을 때 이웃집에 밤나무가 있어 두어 가지가 담을 넘어와 밤이 익어 뜰에 떨어지니, 아이들이 주워 먹을까 하여 손수 주어서 담 밖으로 던져 주었다. 그 청렴하고 깨끗한 점에는 더할 것이 없었다. 금상(今上)이 즉위하자 조야(朝野)에서는 아주 잘 다스려지는 정치(至治)를 바라, 사론(士論)이 한결 같이 이황이 아니면 성덕을 성취시키지 못한다고 하였고, 임금도 이황에게 마음을 두었으나, 이황은 스스로 자기 재지(才智)가 대사를 감당하지 못할 것이라 생각하고, 또 말세에 유자가 일하기 어렵고, 임금의 마음 역시 잘 다스려 보려는 정성이 부족하여 대신 또한 학식이 없는 터이라 한 가지도 믿을 것이 없었기 때문에 작록(爵祿)을 굳이 사양하고 기어이 물러가곤 했다.

도산으로 간 뒤에는 당시 정사를 말하지 않았으나, 여론이 다시 나오기를 바랐는데 갑자기 별세하니 나이 70세였다. 조야가 애통해 하고 부고가 대궐에 이르자 임금도 매우 슬퍼하고서 영의정을 추증하시고 1등의 예(例)로 장사하라 명하였다. 이황의 아들 준(寯)이 유언에 따라 예장(禮葬)을 사퇴하였으나, 조정에서 허락하지 않았다. 태학(성균관)의 여러 학생들이 제전(祭奠)과 제문을 갖추어 가지고 가서 제사하였다. 이황은 특별한 저서는 없으나, 그 논의에 있어서 성현의 교훈을 발휘·선양한 것이 세상에 많이 행한다. 중종 말년에 화담처사(花潭處士) 서경덕(徐敬德, 1489~1546)이 도학으로 당시에 유명하였는데 그 이론에 기(氣)를 이(理)라고 인정한 것이 많았다. 이황이 이것을 병통이라 생각하여 글을 지어 변박(辨駁)하니, 그 논지가 밝고 통달하여 배우는 자들이 믿고 복종하였다. 이황은 당세 유가의 종주로서 조광조(趙光祖, 1482~1519) 뒤로는 그에 비할 사람이 없었다. 이황의 재주와 국량은 조광조를 따르지 못하나, 의리를 깊이 연구하여 지극히 정미한 점에서는 또 조광조가 그를 따르지 못하는 것이다.

十二月辛丑 崇政大夫判中樞府事李滉卒 滉字景浩 性度溫醇□□□□ [粹然如玉] 少以科第發身 晚乃志于性理之學 不樂仕宦 乙巳之難 李芑其名 奏削官爵 人多稱枉 芑還復爵 滉見權奸執柄 尤無立朝之意 拜官多辭不就 明廟嘉其恬退 累加其階 以至資憲滉卜居于禮安之退溪 因以自號 衣食僅足味於淡泊 勢利芬華 視之若浮雲 然季年築室于陶山 頗有林泉之趣 明宗末 累下召命 滉固辭不至 明廟以賢士嘆爲題 命近臣賦之 又命畵工 模滉所居陶山爲圖而進之其景慕如此 滉之學因文入道義理精密 一遵朱子之訓 諸說之異同 亦得曲暢旁通 而莫不折衷於朱子 居閒處獨 典墳之外 他不掛懷 有時逍遙水石間 吟咏性情以寓蕭散之興 學者有問 輒罄所得 亦不聚徒以師道自處也 平居不務矜持 若無甚異於人 而其於出處進退辭受取與之節 不敢分毫差過 人有所遺 非其義終不取 其僑居漢城也 隣家有栗樹數枝過墻 子熟落于庭 滉恐兒童取食 拾而投之墻外 其介潔不可尙已 今上初卽位 朝野顒望至治 士論皆以爲 非滉不能成就聖德 上意亦屬於滉 滉自度才智不堪當大事 又見世衰俗末 儒者難以有爲 上心求治不誠 大臣又無學

識 無一可恃 故懇辭爵祿 期於必退 旣居陶山 言不及時政 輿情猶望其復起 而滉遽卒 年七十 朝野痛之 訃聞 上震悼 命贈領議政 葬以一等之例 滉子寯以遺言辭禮葬 朝廷不許 大學諸生供具奠爲文往祭之滉雖無別著祉書 而議論之發揮聖謨闡揚賢訓者 多行於世 中廟末 有花潭處士徐敬德 亦以道學名世 其論多認氣爲理 滉病之 爲說以辨之辭旨明達 學者信服焉 滉爲世儒宗 趙光祖之後 無與爲比 滉之才調器局 雖不及光祖 至於深究義理以盡精微 則又非光祖之所及矣.

[출전] 石潭日記 上, 『국역 大東野乘』, 民族文化推進會, 1985, 원문(18면), 역문(80~81면).

2-2. 퇴계를 부르는 임금의 명령이 내리자 사람들이 다 기뻐하다

이황으로 동중추부사(同中樞府事)를 삼고, 전지를 내리기를, "내가 부민(不敏)한 탓으로 현인을 좋아하는 정성이 모자라는 듯하다. 전부터 여러 번 불렀으나, 매번 노병이라 하여 사퇴하니 내 마음이 편하지 않다. 경은 나의 지극한 심회를 알고 빨리 오라." 하였다. 이황은 어릴 때부터 도를 즐기어, 만년에는 더욱 힘써서 학문이 심히 정밀했으며, 벼슬하는 것을 즐거워하지 않고 예안에 물러나 있으며 나오기를 어려워하고 물러나기를 쉬이 하니, 당시 사람들이 태산이나 북두칠성 같이 우러러 보았다. 이 때에 윤원형이 죽고, 사림들은 교화의 정치를 바라고 있었으므로, 이황을 부르는 명령이 내리자 사람들이 모두 기뻐하였다.

以李滉爲同中樞府事 有旨曰 予以不敏似 乏好賢之誠 自前累累召每辭以老病 予心不寧 卿其體予至懷 斯速上來 滉自少樂道 晩境尤勉

勵 學問甚精密 不樂仕宦 退居于禮安 難進易退 時人仰之若泰山北斗 至是元衡旣死 士林想望治化 及召滉之命一下 人皆懽忭.

[출전] 石潭日記 上, 『국역 大東野乘』, 民族文化推進會, 1985, 원문(3~4면), 역문(17면).

2-3. 조정에서 벼슬하기를 바라는 율곡의 제안을 부정한 퇴계

이황으로 예조판서를 삼았다. 이황은 산릉에서 도를 지켜 인망이 날로 무거워져 명종이 누차 불렀으나 오지 않다가, 말년에 이황을 불러 중국 사신을 접대하게 하니, 이황이 올라와 미처 명령을 받기 전에 명종이 승하하시니, 이황은 조정에 있으면서 명종의 행장(行狀)을 지었다. 그러다가 종백(宗伯, 예조판서)을 시키자 병으로 사직했다. 임금께서, "경의 어진 덕을 들은 지 오래요, 이렇게 새로 정치를 시작하는 때에 경이 만일 벼슬에 나오지 않는다면 어찌 마음이 편하겠소. 사직하지 마오." 하고 일렀으나, 이황은 끝내 직을 맡을 의사가 없었다.

이이(李珥, 1536~1548)가 이황을 뵙고서, "어린 임금님이 처음 서시고 시사(時事)에 어려움이 많으니 분수와 의리를 보더라도 선생께서 물러나지 말아야 합니다." 말했더니, 이황은, "도리로는 물러날 수 없지만 내 몸을 볼 것 같으면 물러나지 않을 수 없소. 몸에 병도 많고 재주도 할 능력이 없소." 하였다. 그때 성혼(成渾, 1535~1598)으로 참봉을 시켰으나 나오지 않았으므로, 좌석에 있던 한 사람이, "성혼은 왜 오지 않소?" 물으니, 이이가, "성혼은 병이 많아 관직에 종사하지를 못하오. 만약 강제로 벼슬하라 하면 그것은 그를 괴롭히는 것이지요."

했더니, 이황은 웃으면서 말하기를, “숙헌(叔獻)[1]은 어째 성혼은 후하게 대접하면서 나에게는 그리 박하게 대접하오?” 하니, 이이가 이에 답하기를, “그렇지 않습니다. 성혼의 벼슬이 선생과 같다면야 일신의 사계(私計)를 생각해 줄 여지가 없습니다. 성혼으로 하여금 낮은 벼슬에 분주하도록 한대야 나라에 무슨 도움이 되겠습니까. (그러나) 만약 선생께서 경연(經筵)에 계신다면 나라에 이익이 클 것입니다. 벼슬이란 남을 위한 것이지 어찌 자기를 위한 것이겠습니까.” 하니, 이황이 말하기를, “벼슬은 진실로 남을 위한 것이요. 그러나 만약 남에게는 이로움이 미치면서도 자신에게 병통이 절실하게 되면 할 수 없는 것이요.” 하니, 이이가 말하기를, “선생이 조정에 계시면 가령 아무 계책하는 것이 없다 하더라도 임금님이 중하게 생각하여 의지하신다면 다른 사람들도 기뻐하며 힘입을 것이니, 이 역시 이익이 남에게 미치는 것입니다.” 하였으나, 이황은 받아들이지 않았다.

以李滉爲禮曹判書 滉守道山樊 人望日重 明宗累召不至 末年召滉接待華使 滉乃至 未及拜命 明宗升 [sic-昇] 遐 滉在朝撰 明宗行狀及拜宗伯 乃辭以疾 上曰 聞卿賢德久矣 如此新政之 卿弱不仕 豈安於心乎 宜勿辭 滉終無供職之意 李珥謁滉曰 幼主初立 時事多艱 揆之分義 先生不可退去 滉曰 道理雖不可退 以吾身視之 不可不退 旣多病 才亦無能爲也 時成渾爲參奉而不來 座客有言 成渾何以不來 珥曰 成渾多病不堪從宦 若强之仕 則是苦之也 滉笑曰 叔獻珥字何其待成渾厚而待我薄耶 珥曰 不然 成渾之仕 若如先生 則一身私計不足恤也 使渾趨蹌末官 何補於國若先生在經席之上 則爲益甚大 使者爲人豈爲已乎 滉曰 仕者固是爲人 若利不及人 而患切於身 則不可爲也 珥曰 先生在朝 假使無所猷 爲心上倚重 人情悅頼 此亦利及於人也

滉不肯.

[출전] 石潭日記 上,『국역 大東野乘』, 民族文化推進會, 1985, 원문(6면), 역문(26~27면).

1) 이이의 자.

2-4. 임금이 퇴계의 관직 사양을 아쉬워하다

대사성 민기(閔箕, 1504~1568)가 명나라에 사신으로 가기 때문에 관직이 갈리자 대신이 당하관(堂下官) 중에 글에 능하고 재주와 조행이 있는 자를 선택하여 임명하기를 계청(啓請)하여, 이에 부응교(副應教) 이황으로서 제수하였더니 황이 얼마 안 되어 병을 핑계로 사직하고 돌아갔다. 좌상 상진(尙震, 1493~1564)이 경연에서 아뢰기를, "이황은 몸가짐이 맑고 간소하여 서울에 있을 때에도 한사(寒士)와 같았으니 마땅히 불러와야 합니다." 하고 지경연사(知經筵事) 조사수(趙士秀, 1502~1558)가 아뢰기를, "이황의 사람됨이 퇴폐해가는 풍속을 돌이킬 만하니, 조정에서 오랫동안 버려두어서는 안 될 것입니다." 하니 상이 분부하기를, "이황과 같은 맑고 간소한 사람이 병으로 물러갔으므로 위에서도 또한 유념하여 잊은 때가 없었다." 하고 이어서 친필 글월을 내려 이르기를, "너는 탁월하고 맑고 간소하고 세상에 드문 문장으로 공명을 탐하지 아니하고, 시골에 한가로이 거하므로 욕심 없고 사양하는 지조를 가상히 여겨 항상 서울에 돌아올 날을 바랐으나, 현인을 구하는 나의 정성이 부족하여 조정에 나와 벼슬하지 아니하니, 내 마음이 섭섭하여 생각에 잊혀 지지 않는다. 내가 비록 주문왕의 덕[1]이 없으나 네가 어찌 부춘산(富春山)에 숨어 사는 것[2]을 좋아하랴? 속히 올라와서 간절히 바라는 뜻에 맞추어주오." 하였다.

大司成閔箕 以赴京遞大臣啓請 以堂下官能文有才行者擇差 乃以副應敎李滉擬差 滉未幾謝病而歸 左相尙震 啓於經席曰 李滉持身淸簡 在京之時 蕭然若寒士 宜可徵之 知經筵事趙士秀啓 滉之爲人 可扶偸俗 朝廷不可久棄也 上敎曰 如李滉淸簡之人 以病退去 自上亦留念不置 仍下手札 諭之曰 惟爾卓越淸簡 間世文華 不貪功名 閑居林巷 嘉其恬退之志 常冀其返洛之日 而誠乏求賢 不仕于朝 予心缺然 未忘于懷 予雖周文之德 爾豈好富春之隱 斯速上來 以副懇求之意.

[출전] 東閣雜記 下, 『국역 大東野乘』, 民族文化推進會, 1985, 원문(99면), 역문(517~518면).

1) 周文王이 姜太公을 얻어서 나라를 일으켰다. 어진 이를 등용하는 덕.
2) 東漢 때에 嚴子陵이 諫議大夫의 벼슬을 마다하고 富春山에 숨었다.

2-5. 선조와 이황

선조(穆陵)가 즉위하자 드디어 퇴계 이황을 불렀다. 이때 임금은 바야흐로 몸을 가다듬어 학문에 힘쓰니 조정 안에 맑은 의논이 한창 일어나고 또 체동(螮蝀)[1]의 가림이 없으니 사서인(士庶人)들이 역시 모두 그 바람에 휩쓸려 사모하고 그 포의(布衣) 위포(韋布)의 선비들이 위로 성명(性命)을 말하고, 아래로 예용을 갖지 않는 자가 없었다. 계속하여 율곡 이이·우계 성혼이 모두 한 때에 일어나서 비록 원기가 잠깐 흐렸지만 풍속이 크게 변했었다. 이 두 분이 한 분은 죽고 혹 한 분은 배척당하니 세상에는 학문을 들어 말하는 자가 거의 없었다.

穆陵卽位 召退溪李滉是時 上方勵己向學 朝廷之間 淸議方興 有蠕蝀之干翳 士庶亦望風嚮慕 韋布之徒 無不上談性命下持禮容 繼而栗谷李珥愚 [sic-牛] 溪成渾 並起一時 雖元氣乍漓而風俗不變 兩公或歿或擯 而世無有以學爲言者矣.

[출전] 象村雜錄, 『국역 大東野乘』, 民族文化推進會, 1985, 원문(56면), 역문(258~259면).

1) 무지개를 말하는데 소인들에게 비유하여 썼음.

2-6. 퇴계의 행적

이황 본관은 진성으로 자는 경호이며 퇴계라 스스로 호하였다. 중종(中廟) 때에 등제하였으며, 천분(天分)이 심히 높고 학문은 정하고 깊으며 고정(考亭)[1]을 높이 믿어 그의 학문을 깊이 체득하였다.

여러 번 임금의 부름을 받았으나 나아가고 물러가매, 도의로써 진퇴를 결정하였고, 도산에서 여러 제자들에게 도를 강의하여 문인들이 많이 성취하여 동방 이학(理學)의 조종이 되었다. 벼슬이 좌찬성에 이르렀으며 특지로 영의정에 추증되었다. 시호는 문순(文純)이고, 이학통록(理學通錄)·주자서절요(朱子書節要)·계몽전의(啓蒙傳疑)·성학십도(聖學十圖)를 찬술하여 세상에 전한다. 선생은 조금 자라서는 언어와 동작이 반드시 예법에 맞았으며 더욱더 애친(愛親)을 돈독히 하였다. 닭이 울면 일어나 세수하고 양치질하고 의대를 반드시 갖추고 모부인을 살폈다. 말소리는 부드러웠고 나지막하였으며 상냥스럽고 기쁜 안색으로 혼정(昏定)[2)]할 때까지 이와 같이 하였다. 잠자리를 펴고 이부자리를 개드리는 일도 반드시 몸소 하였다.

李滉 眞城人 字景浩 自號退溪 我中廟朝登第 天分甚高 學問精深 尊信考亭 深得蘊奧 累下徵召 進退以義 與諸子講道陶山 門人多有成就 爲東方理學之宗 官至左贊成 特贈領議政 謚文純所撰 理學通錄 朱子書節要 啓蒙傳疑 聖學十圖 行于世 先生稍長 言語動止 必以禮法 而尤篤愛親 鷄鳴盥漱 衣帶必飭 以省母夫人 怡聲下氣 婉容愉色 至昏定亦如之 枕席之設 衣衾之斂 心身親爲之行迹.

[출전] 海東雜錄 5, 『국역 大東野乘』, 民族文化推進會, 1985, 원문(101면), 역문(508면).

1) 주자(朱子)의 호.
2) 저녁에 부모를 위해 잠자리를 보아 드림.

2-7. 문순공 이황

문순공 이황이 소시로부터 도학에 뜻을 두었다. 명종 때에 벼슬하다가 물러가서 고향인 예안에 살아 호를 퇴계라 하였다. 성현의 경서에 정밀히 연구하지 않은 것이 없고, 더욱 주자의 글에 힘을 써서 벼슬하고 그만두는 것, 진(進)하고 퇴(退)하는 것을 오로지 주자를 표준으로 삼았다. 명종 때에 여러 관직을 거쳐 공조판서에까지 발탁되어 임금이 친필의 글을 내려 불렀으나, 취임하기도 하고 취임 않기도 하였다. 금상이 즉위하자 찬성(贊成)으로 승진시켜 두 번이나 교서(敎書)로 불렀다. 무진년[1]에는 부름을 받고 와서 사직하였으나 허락하지 아니하니, 봉사(封事) 수천자를 올렸는데, 모두 시국에 적절한 것이었다. 또 『성학십도』를 바치매 상(上)이 심히 성의로 대우하였다. 얼마 안 되어 늙고 병들었다 하여 잇달아 글을 올려 물러가기를 청하니, 상이 만류할 수 없는 것을 알고 인견(引見)하고 물품을 하사하고, 역마로 호송하게 하고 또 본도로 하여금 식물(食物)을 주게 하였다. 이듬해 경오년에 나이 70이 넘은 것으로써 세 번이나 글을 올려 치사하기를 청하였으나, 허락되지 아니하였다. 죽으매, 영의정을 증직하였다. 예안·안동·영천에 모두 서원을 세워 제사지냈다. 그의 저술한 시(詩)·문(文) 및 서(書)·소(疏) 30여 권이 세상에 전한다.

李文純滉 自少有志學問 明廟朝 退去于禮安 號退溪 聖賢經書 靡不硏究致精 尤用力於朱子書 出處進退 一以朱子爲準 明廟朝 累擢工曹判書 降手札徵之 或就不就 今上卽位 陞拜贊成 再以敎書徵 戊辰乃就召 辭職不許 上封事累千言 皆切時務 又進聖學十圖 上甚虛己待之 未幾 以老病連上狀乞退 上知不可留 引見賜物 馳驛護送 又令本道給食物 翌年庚午 以年耋 三上章乞致仕 不許而卒 命贈領議政 禮安安東榮川 皆立書院以祀之 所著詩文及書疏 三十餘卷 行于世.

[출전] 東閣雜記 下, 『국역 大東野乘』, 民族文化推進會, 1985, 원문(101면), 역문(524~525면).

1) 선조 1년(1586).

2-8. 제사 음식에는 신의 은혜가 들어 있다

퇴계 선생이 시골에 있을 적에 현교(縣校)[1]에서 석채례(釋菜禮)[2]를 행한 다음이면 반드시 교생[3]을 시켜 선생에게 조(胙)[4]를 보냈는데, 선생은 의관을 갖추고 조를 받아 마루 위에 놓고 뜰 밑에서 절한 다음에 올라왔다. 교생이 잔을 들고 꿇어앉으면 선생은 그 잔을 받아 꿇어앉아서 마시고, 선생이 다시 꿇어앉아 교생에게 잔을 건네면 교생도 잔을 받아 꿇어앉아서 마셨다. 대저 신(神)의 은혜를 공경하여 그 예가 또한 근실하였으니, 마땅히 후학이 따를 바이다.

神惠 退溪李先生居鄉 縣校行釋菜禮 必使校生致胙 先生具衣冠置胙子堂 拜於庭下乃升 校生執盞跪 先生受盞跪飮 先生復跪送盞 校生受盞跪飮也 夫敬神之惠 其禮亦勤矣 宜後學所遵.

[출전] 李瀷 原著, 『국역 星湖僿說(성호사설)』 Ⅳ, 민족문화추진회, 1977, 원문(119면), 역문(400~401면).

1) 향교.
2) 공자를 제사지내는 의식.
3) 향교의 유생.
4) 제사지내고 분배하는 고기.

2-9. 퇴계 선생이 세상을 개탄함

혹자가 퇴계 선생에게, "비록 가까운 자(子)·서(婿)·제(弟)·질

(姪)이라도 엄격히 가르치지 못하는 것은 세상이 말세가 되고 풍속이 각박하여 인심이 순고(淳古)하지 못한 데서 원인이 된 것이다."라고 하니, 선생의 대답에, "그렇다. 나도 또한 그러한 실정이다. 다만 세상이 말세가 되었을 뿐만 아니라, 내가 박덕하여 저희들로 하여금 공경하고 두려워하는 마음을 갖도록 하지 못한다. 옛사람들은 비록 소원한 자질배에게도 반드시 신칙하는 이가 있었는데, 얼마나 훌륭한 덕이 있기에 그러하였는지 알 수 없다."고 하였다. 이 구절은 곧 선생의 겸손 하는 말이며 개탄하는 뜻으로서, 간재록(艮齋錄)[1]에는 나와 있는데, 이제 새로 발견된 『도산어록』에는 실리지 않았으니, 아마 박덕하다는 겸사와 신칙하지 못했다는 말을 혐의하여 삭제해 버린 듯한데, 이는 그릇된 처사이다. 이것이 어찌 선생에게 혐의스러울 바가 되겠는가? 대개 당시에 퇴계 보기를 후인들이 퇴계를 존경하듯 하지 않았으므로, 명성이 그러하고 덕망이 그러한 데도 그 가까운 자·서·제·질들도 오히려 말을 듣지 않았던 것이고, 선생은 사실에 의거하여 말한 것이니, 이 어찌 홀로 선생만 그러했겠는가? 옛날 성인도 또한 그러했다. 백어(伯魚)는 성문(聖門)의 맏아들인데도 출모(出母)의 상사(喪事)를 위하여 기년(朞年) 후에 오히려 곡하였다. 공자가 듣고, "너무 심하다." 하자, 백어가 그제야 그쳤으니,[2] 성인이 어찌 그 처음에 말하지 않았겠는가? '심하다'는 말로 본다면 좇지 않았던 것을 알 수 있다. 그 당시 넓은 천하에 참다운 안목을 가진 이는 오직 70 제자뿐이었는데, 그 가운데에도 오히려 난잡한 자가 있어, 그 지혜가 족히 성인을 알아보지 못했던 것이다. 하물며 성인의 경지에 이르지 못한 자는 약간의 허물이 있을 수도 있는 일이며, 흠모하는 자가 비록 많더라도 자질(子姪)들 가운데에도 간혹 진심으로 복종하지 않는 자도 있는 것이다. 만약 이들이 후세의 정

론이 이와 같을 줄을 미리 알았던들 어찌 추호라도 이런 기미가 있었겠는가? 선생은 처세하는 도를 깊이 터득하여 겸손한 말로 인도하고 좇지 않는 자에게도 강요하지 않았던들, 사물을 수응하는 이외에 비록 문중의 예절도 일찍이 자기의 의견만을 내세우지 않았다. 그러므로 선생의 증조(曾祖) 신주(神主)에 대하여 족질(族姪)의 아들 대에 이르러서는 주사자(主祀子)가 문중의 의론만 고수하고 조천(祧遷)[3]하기를 꺼리면서 선생의 말을 일체 듣지 않자, 선생이 고봉(高峰)[4]과 함께 이 일을 반복 논의하고 심지어 말하기를, "사람을 효유하여 그 사람이 즐겨 들어 주면 좋거니와, 만약 사람을 이끌어 억지로 시행하게 하는 것은 왕후의 하는 일이요, 필부로서는 감히 할 바가 아니다."라고 하였다. 이는 퇴계의 퇴계다운 바이니, 달리 논평할 수가 없는 일이다.

退溪先生嘅世 或言於退溪先生曰 雖有切近子弟 不能嚴敎者 實由於世衰俗薄 人心不古也 先生曰 然 吾亦如此 非但世衰 我且德薄 不能使之敬畏 古人雖疎遠子弟 必有檢勅者 不知有何許盛德而然歟 此條卽先生謙言 而嘅世之意 見於艮齋錄 今新刊陶山語錄不載意者 因德薄之語嫌其不能檢勅而然耳 何其誤也 此豈有歉于先生哉 盖當時之視退溪 猶不若後人之尊之 故名位如此德業如此 其切近子弟猶或不能聽順 先生乃據實而言之 此何獨先生爲然 古之聖人亦然 伯魚聖門之嫡子 爲出母期而猶哭 子聞之曰 甚矣 伯魚於是除之 其始聖人豈不言之耶 甚矣之辭 其不從可見 當時天下之廣有眞目者 惟七十子 其間猥雜尙多 未必皆智足以知聖人也 況不爲聖人者 過差之微容 或有之 悅慕者雖衆 子姪之間 或不能無恰然厭服者在也 若使此輩果知後來之定論如是 先寧復有一毫幾微哉 乃若先生深得處世之道 巽語以導之 其不從者 亦不强其日用應酬之外 雖家間禮節 亦不曾必立己見 故先生曾祖神主 至族姪之子孫 而主祀者守門議 不肯祧遷斷 不從先生之言 先生

與高峰反覆論此 至曰論人而人自樂從 亦無不可 若欲率人而强之必行先乃王公能檢勅非匹夫所敢爲也 此退溪所以爲退溪 而無可改評矣.

[출전] 李瀷 原著, 『국역 星湖僿說(성호사설)』 VI, 민족문화추진회, 1977, 원문(50면), 역문(161~162면).

1) 간재(艮齋)는 퇴계의 문인 이덕홍(李德弘)의 호.
2) 이 대문은, 『禮記』 檀弓(단궁) 상에, "출모의 상사에 기년 후에도 곡하는 것은 예절에 어긋난다."는 데서 인용한 것이다.
3) 조천(祧遷) : 부·조·증조·고조 4代의 제사를 모시다가 5代孫에 이르러서는 세대가 바뀌므로 오대조의 신주는 지손(支孫)이 맡아다가 모시는 것을 말한다.
4) 기대승(奇大升)의 호.

2-10. 인종의 기일에 산에 들어가 통곡한 김인후

퇴계 이황과 하서 김인후는 인종의 세자 시절 함께 세자빈객으로 있었다. 인종이 승하하자, 여러 대신들이 이런 말을 주고받았다. "하늘이 없어졌으니, 우리들은 후세에 나설 수가 없다." 인종이 승하한 날은 7월 초하루였다. 김인후는 매년 이 날이 되면 산에 들어가 통곡을 하였다.

선조 초년에 이황이 임금의 부름에 응하면서 탄식하고 말하였다. "내가 벼슬길에 다시 나가는 것은 부끄럽게도 진실한 벗을 저버리는 것이다." 고봉 기대승(奇大升, 1527~1572)은 김인후의 문하에서 배운 사람이었다. 김인후는 스스로 경학을 연구하는 학자로 행세하지 않았다. 그런데 기대승이 이황과 더불어 헛되이 사단칠정론을 주고받으면서 내린 결론은 모두 김인후가 일러준 것이었다.

김인후는 이황이 사단칠정론에 관해 써 보낸 편지를 볼 때마다 탄식하며 말하였다. "경호의 인품은 매우 좋으나, 그가 내는 견해는 그다지 훌륭하지 못하군."

退溪李滉河西金獜 [sic 麟] 厚仁廟忌日入山慟哭

退溪李滉與河西金麟厚 同爲仁宗東宮官矣 仁廟昇遐 諸賢相謂曰 天之所廢 吾輩不出後世矣 仁廟國忌七月一日也 河西每値此日 入山痛哭 宣廟初年 退溪一應召命嘆曰 吾之出脚 慚負良友 高峰奇大升學於西河 [sic 河西] 者也 河西不以經學自處 而高峰與退溪 浮以四七往復 下論皆河西所教也 河西每見退溪四七書則歎曰 景浩人品甚好 見解非其所長云.

[출전] 拙翁 盧命欽(1713~1775), 『東稗洛誦』, 김동욱 역, 『국역 東稗洛誦』, 아세아문화사, 1996, 원문(425면), 역문(424~425면).

2-11. 퇴계 선생의 인품

퇴계 선생이 한성에 의거할 때, 이웃집의 밤나무의 몇 가지가 담으로 넘어와 밤이 뜰에 떨어졌다. 퇴계 선생은 아이들이 주워 먹을까 염려하여 주워서 담 밖으로 던져 버렸다.

退溪先生 僑居漢城 隣家栗樹數枝 過墻 子熟落庭 恐兒童取食 拾而投之墻外.

[출전] 李德懋 지음, 士小節 性行, 『국역 靑莊館全書』, 民族文化推進會, 1980, 원문(3면), 역문(11면).

2-12. 도학의 연원[원제는 사문연원(師門淵源)]

우리나라의 도학은 반드시 정암(靜菴) 조광조(趙光祖)·퇴계 이황·우계(牛溪) 성혼(成渾)·율곡(栗谷) 이이(李珥)를 말하는데, 남명(南冥) 조식(曺植, 1501~1572)의 경의(敬義)는 해와 달과 같다. 그의 명(銘)에, "안으로 밝히는 것이 경이고(內明者敬), 밖으로는 끊는 것이 의이다(外斷者義)" 라고 하였다. 그러나 그의 학문은 조사(祖師)와 같아서 불립문자(不立文字)[1] 직지인심(直旨人心)[2]의 성향이 있으니 이는 불교이다.

我朝道學 必曰靜退牛栗 而南冥之敬義如日月 其銘曰 內明者敬 外斷者義 然其學猶祖師 不立文字 直指人心是佛也.

[출전] 조재삼 지음, 강민구 옮김, 『校勘國譯 松南雜識』, 소명출판사, 2008, 원문(350면), 역문(180면).

1) 불도의 깨달음은 마음에서 마음으로 전하는 것이므로 말이나 글에 의지하지 않는 말.
2) 교리를 생각하거나 모든 戒行을 닦지 아니하고, 직접 사람의 마음을 지도하여 佛果를 이루게 함.

2-13. 도학자의 취향[원제는 전도통(傳道統)]

또 『순오지(旬五志)』에서 말하였다. 한훤당(寒暄堂)[1]·정암(靜菴)[2]·율곡(栗谷)[3]은 『소학(小學)』을 덕으로 들어가는 문으로 삼았고 퇴계는 『심경』을 초학(初學)의 종주로 삼으니 이는 선배의 취한 바가 다른 것이다. 퇴계와 율곡은 매양 거처를 정할 때 반드시 산수의 취향을 중시하니 도산(陶山)과 석담(石潭)이 그곳이다. 우계(牛溪)는 "푸른 산과 흰 돌이 비록 문 앞에서 비추고 빛난다고 한들 나의 심신과 도덕에 무슨 도움이 되겠는가?"라고 하였다. 이 역시 군자의 기호와 숭상함이 다른 것이다.

又甸五志曰 寒暄靜菴栗谷 以小學爲入德之門 退溪以心經爲初學之宗 此則先輩所取之不同也 退溪栗谷 每卜居 必以山水之趣爲重陶山石潭是也 牛溪則曰靑山白石 雖照輝於門前 何益於吾身心道德之上 此亦君子好尙之異也.

[출전] 조재삼 지음, 강민구 옮김, 『校勘國譯 松南雜識』, 소명출판사, 2008, 원문(349면), 역문(183면).

1) 김굉필(金宏弼)의 호.
2) 조광조(趙光祖)의 호.
3) 이이(李珥)의 호.

2-14. 밤을 주워 돌려줬다

퇴계가 일찍이 한성에 있을 때에, 이웃집 밤이 뜰 가운데에 떨어지면 주워서 돌려주게 하였다.

退溪 嘗在漢城 隣家栗子 落于庭中 令拾而還之.

[출전] 李裕元 原著, 『국역 임하필기(林下筆記) 2』, 민족문화추진회, 1999,

원문(43면), 역문(118면).

2-15. 사람의 일상적인 일(1)

퇴계 이황은 음식을 먹을 적에 말소리나 수저소리를 내지 않았다. 제자들이 앞에 나아가 배울 때에는 온화한 기운이 훈훈하였고 자상하게 가르쳐 주어서 처음부터 끝까지 의심스럽거나 막히는 부분이 없이 분명하였다.

人日

李退溪飮食之際 不得聞言語匙箸之聲 諸生進前受學 和氣薰然 誨諭諄諄 從頭至尾 洞然無疑晦.

[출전] 李裕元 原著, 『국역 임하필기(林下筆記) 2』, 민족문화추진회, 1999, 원문(33면), 역문(92면).

2-16. 사람의 일상적인 일(2)

퇴계 이황이 일찍이 말하기를, "젊었을 때에 분발하여 학문에 몰두하느라 밤낮으로 쉬지도 않고 자지도 않다가 결국 고질병을 얻어 폐인이 되고 말았다. 배우는 자들은 반드시 자기의 기력을 헤아려서 잠을 잘 때에는 잠자고 일어나 어느 때 어느 곳이든 늘 살펴서 이 마음을 방일(放逸)하지 않게 한다면 괜찮다." 하였다.

人日

退溪嘗言 少時發憤爲學 終日不輟 終夜不寐 遂得沈痼之疾 未免病

廢之人 學者須量其氣力 當寢而寢當起而起 隨時隨處 每每觀省 不使此心放逸而已可也.

[출전] 李裕元 原著, 『국역 임하필기(林下筆記) 2』, 민족문화추진회, 1999, 원문(33면), 역문(92면).

2-17. 야매(夜寐)

어떤 사람이 퇴계에게 묻기를, "선생이 청량산(淸凉山) 절에 계실 때에, 아무리 캄캄한 밤중이라도 혼자 절 밖으로 나갈 때에 조금도 놀라거나 두려워하는 뜻이 없으셨으니, 어렸을 때부터 마음이 안정되고 이치에 밝았던 것을 볼 수 있습니다." 하니, 선생이 말하기를, "이 일은 참으로 소년이었을 때 멋대로 행한 일이니, 비록 달리 두려운 것은 없었지만 유독 사나운 짐승에 대한 걱정도 없었겠는가." 하였다.

퇴계는 평소 잠자리와 독서하는 곳은 다른 사람들과 함께하지 않아 강학(講學)하거나 응대해야 할 때가 아니면 좌우에 사람이 없이 조용하였다. 일찍이 말하기를, "혼자 완락재(玩樂齋)에서 자다가 한밤중에 일어나 창을 열고 앉았더니, 달은 밝고 별은 희미한데 강산은 텅 비고 몹시 고요해서 천지가 나뉘기 전 상태와 같다는 생각이 들었다." 하였다. 또 말하기를, "게으르면, 욕정이 성하게 일어나서 편안히 쉬지 못하니, 오직 공경해야 심기가 맑아지고 안정되어 편안하게 지내며 호흡을 고르게 할 수가 있다. 그러므로 사람이 편안히 쉴 때에도 게을리하지 말고 공경해야 한다는 것을 잘 안다면 함께 공경의 이치를 논할 수 있을 것이다." 하였다.

夜寐

或問退溪曰 先生寓清凉山寺 雖夜深昏黑 獨出寺外 熕無驚懼意 可見自少心定理明處 先生曰 此實少年忘作事 雖無他懼 獨不念惡獸乎.

退溪 平日寢處讀書之所 不與人同 非講學應對之時 左右靜無人焉 嘗言獨寢玩樂齋 中夜而起 拓窓而坐 月明星槪 [sic 稀] 江山寥廓 凝然寂無 有未判鴻濛底意思 又曰 盖怠惰 則慾熾情流 而不宴不息 惟能敬 則心淸氣定 而可以安養調息 故人能知宴息亦以敬而非以怠惰 則可與論敬之理矣.

[출전] 李裕元 原著, 『국역 임하필기(林下筆記) 2』, 민족문화추진회, 1999, 원문(33면), 역문(93면).

2-18. 일욕(逸欲)

퇴계가 말하기를, "어수선하고 소란스러울 때에 욕심이 가장 잘 옮겨지는 법이다. 나는 일찍이 이 점에 힘을 썼는데, 사인(舍人)이 되었을 때 춤추고 노래하는 기생들이 가득하자, 곧 좋아하고 기뻐하는 마음이 한 자락 있는 것을 깨달았다. 비록 통렬하게 욕심을 막고자 하더라도 겨우 최악의 상황만을 면할 뿐이니, 그 기틀은 삶과 죽음의 갈림길이라고 하겠다." 하였다. 또 말하기를, "밭을 사면서 값을 따질 적에 공평하게 하는 것은 이치상 면할 수 없다. 다만 조금이라도 자기를 이롭게 하고 남을 이기려는 마음이 있으면 곧 이로 인하여 순(舜) 임금과 도척(盜跖)으로 나뉘게 되는 것이니, 모름지기 정신을 집중하여 의(義)와 이(利)를 판단해야 한다. 만약 조금이라도 군자의 테두리에서 벗어나면 바로 소인이 되는 것이다." 하였다.

逸欲

退溪曰 紛華波蕩之中 最移人 余嘗用力於此 爲舍人 聲伎滿前 便覺有一端喜悅之心 雖痛加窒欲 僅免坑塹 其幾生死路頭也 又曰 買田計直 納濫從平 理所不免 但一有利已克人之心 便是舜蹠所由分 須緊着精采 剖判義利 才免爲君子 卽是爲小人.

[출전] 李裕元 原著, 『국역 임하필기(林下筆記) 2』, 민족문화추진회, 1999, 원문(37면), 역문(104면).

2-19. 처세(處世) 검약(儉約)

퇴계는 우아하고 고상하면서도 검소하였다. 도자기에 세수를 하고 부들자리에 앉았으며, 베옷을 입고 끈으로 띠를 하며, 칡으로 만든 신을 신고 대나무 지팡이를 짚는 등 마음이 담박하였다. 시냇가에 있던 집은 겨우 십여 가(架)로서 매서운 추위와 더위, 비올 때에 사람들이 견딜 수 없을 정도였는데, 선생은 여유 있게 그곳에 거처하였다.

處世 儉約

儉約 退溪尙儉素 盥用陶器 坐以蒲席 布衣條帶 葛屨竹杖泊如也 溪上之宅 僅十餘架祁寒暑雨 人所不堪處之裕如也.

[출전] 李裕元 原著, 『국역 임하필기(林下筆記) 2』, 민족문화추진회, 1999, 원문(40면), 역문(111면).

2-20. 처세(處世)

학문에 뜻을 둔 고을 사람이 품관(品官)의 반열을 따르는 것을 부끄럽게 여겼는데, 퇴계가 말하기를, "향당(鄕黨)은 부모와 종족이 계신 곳이니, 나이 많은 것을 귀하게 여긴다. 비록 아래에 거한다 하더라도 예(禮)로 보나 의(義)로 보아 안 될 것이 뭐가 있겠는가." 하였다. 고향에 있을 때에, 반드시 하호(下戶)보다 먼저 세금을 실어 보냈는데, 이서(吏胥)들은 영달한 집안이라는 것을 알지 못했다. 일찍이 시냇가에 앉아 있었는데, 색부(嗇夫)가 와서 고하기를, "올해 잣나무 숲을 단속하는 일은 나리 댁이 맡았나 봅니다." 하니, 선생은 웃으면서 대답하지 않았다.

處世

鄕人志學者 恥隨品官之列 退溪曰 鄕黨 父母宗族之所在 所貴者齒 雖居下 於禮於義 有何不可 居鄕賦役 必先下戶而輸之 吏胥不知爲達官家 嘗坐溪邊嗇夫來告曰 今年柏林之禁進賜戶當之 先生笑而不答.

[출전] 李裕元 原著, 『국역 임하필기(林下筆記) 2』, 민족문화추진회, 1999, 원문(42~43면), 역문(117~118면).

2-21. 퇴계가 남보다 먼저 세금을 납부하다

이황이 고향에 살 때에 무릇 조역(調役)과 정부(征賦)를 반드시 하호(下戶)보다 먼저 실어 보내고 한 번도 포흠(逋欠)을 내거나 기한을 어긴 적이 없었으므로, 이서들조차 자기 마을에 달관(達官)[1]의 집이 있다는 것을 알지 못할 정도였다. 일찍이 시냇가에 나가 앉아 있노라니, 마을의 촌부가 말하기를, "잣나무 숲의 벌목을 단속하는 일을 나리 댁이 맡았나 봅니다." 하므로, 이황이 웃으면서 대답하였다.

退溪納稅先於人

李滉居鄉 凡調役征賦 必先下戶而輸之 未嘗有逋稽 里胥亦不知有達官家 嘗出坐溪邊 里夫來告曰 柏林之禁 進賜戶當之 滉笑而答之.

[출전] 李裕元 原著, 『국역 임하필기(林下筆記) 5』, 민족문화추진회, 1999, 원문(10면), 역문(30면).

1) 벼슬이 현달한 고관.

2-22. 지신(持身)

권질(權礩, 1483~1545)은 퇴계의 장인인데, 집이 서울 서소문 안에 있었다. 이 집을 퇴계에게 주고자 하였는데, 선생이 사양하고 받아들이지 않았다. 뒤에 서울에 들어가서 다른 집에서 임시로 머문 적은 있었지만 거기에서 머문 적은 없었다.

持身

權公礩 退溪舅也 其宅在京西小門內 嘗欲與之 先生辭不取後入都 嘗僑寓他處 未嘗居之.

[출전] 李裕元 原著, 『국역 임하필기(林下筆記) 2』, 민족문화추진회, 1999, 원문(40면), 역문(112면).

2-23. 박순과 이황

선조조에 고상(故相) 박순(朴淳, 1523~1589)이 대제학이 되고 선정(先正) 이황이 제학이 되었다. 박순이 아뢰기를, "나이 많은 큰 선비가 도리어 작은 소임에 거하고 후진 초학(初學)의 선비가 중요한 자리에 있으니, 저의 소임을 바꾸어 그에게 주소서." 하니, 대신들에게 의논할 것을 명하였다. 모두 박순의 말을 옳게 여기자, 이에 서로 맞바꿀 것을 명하였는데, 이황이 마침내 늙고 병들었음을 이유로 연일 애써 사양하여 요청이 받아들여졌다.

朴淳 李滉

宣祖朝 故相朴淳 爲大提學 先正李滉爲提學 朴淳啓曰 高年碩儒反居小任 而後進初學之士 乃處重地 請遞其任 以授之 命議大臣 皆以淳言爲然 於是命與相換 滉遂以老病 連日力辭得請.

[출전] 李裕元 原著, 『국역 임하필기(林下筆記) 2』, 민족문화추진회, 1999, 원문(72면), 역문(186면).

2-24. 청렴하고 근신하는 관리로 뽑힌 사람

청렴하고 근신하는 관리로 뽑힌 사람으로 호조판서 안현(安玹, 1501~1560), 우참찬 박수량(朴守良, 1491~1554), 평안감사 홍섬(洪暹, 1504~1585), 형조판서 조사수(趙士秀, 1502~1558), 대사성 이명(李蓂, 1496~1572), 예조참의 이몽필(李夢弼, 150

7~1562), 좌승지 홍담(洪曇, 1509~1576), 우승지 성세장(成世章, 1506~1583), 대사간 윤춘년(尹春年, 1514~1567), 판교 윤현(尹鉉, 1514~1578), 좌통례 윤부(尹釜, 1510~1571), 장령 유혼(柳渾, ?~?), 제영감 정 우세겸(禹世謙), 사복시 정 박영준(朴永俊, 1510~?), 사복시 부정 임보신(任輔臣, ?~1558), 교리 정종영(鄭宗榮, 1495~1554), 부교리 박민헌(朴民獻, 1516~1586), 공조 정랑 이증영(李增榮, ?~1563), 사섬시 직장 김몽좌(金夢佐, 1688~1728) 등 19인은 연회에 참석하였다.

대사헌 이준경(李浚慶, 1499~1572), 동지 임호신(任虎臣, 1506~1556)과 주세붕(周世鵬, 1495~1554), 동부승지 김개(金鎧, 1504~1569), 전 대사성 이황(李滉), 전한 송찬(宋贊, 1510~1601), 부장(部將) 허세린(許世麟, 1507~1579), 군기시 별좌 안잠(安潛), 행사용(行司勇) 김팽령(金彭齡), 사재감정 강윤권(姜允權) 등 10인은 병으로 연회에 참석하지 못하였다. …(후략)…

廉謹吏被選人 廉謹被抄人 戶判安鉉 [sic 玹] 右參贊朴守良 平安監司洪暹 刑判趙士秀 大成李蓂 禮曺參議李夢弼 左承旨洪曇 右承旨成世章 大諫尹春年 判校尹鉉 左通禮尹釜 掌令柳渾 濟用正禹世謙 司僕正朴永俊 司僕副正任輔臣 校理鄭宗榮 副校理朴民獻 工曺正郞李增榮 司贍直長金夢佐等十九人參宴 大司憲李浚慶 同知任虎臣周世鵬 同副金鍾 [sic 鎧] 前大成李滉 典翰宋贊 部將許世麟 軍器別坐安濟 [sic 潛] 行司勇全 [sic 金] 彭齡 司宰正姜□(允)權等十人 病不參宴. …(後略)…

[출전] 李裕元 原著, 『국역 임하필기(林下筆記) 4』, 민족문화추진회, 1999, 원문(78~79면), 역문(196면).

2-25. 방상(方喪)[1]에 대한 고실(故實)

정현왕후(貞顯王后)[2]의 국휼(國恤) 때에 이귀정(李龜禎)이 증산현령(甑山縣令)으로 있었는데, 그의 아내가 병이 들어서 고기를 먹고 싶어 하였으나, 아직 국휼의 졸곡이 지나지 않았다 하여 이귀정이 기어코 주지 않았다. 구례(舊例)에 의하면 국휼 때에 유생은 복(服)을 입지 않고, 다만 삼 년 동안 의관(衣冠)을 하는 것으로 되어 있다. …(중략)… 명종이 승하하니 대행(大行)으로 계실 때에 이황이 신병을 핑계로 벼슬을 버리고 남쪽으로 돌아갔는데, 사람들이 다들 그의 거취에 대하여 의심하자 이황이 말하기를, "옛날에 고정(考亭)[3] 또한 환장각(煥章閣)의 대제(大制)로서 효종의 발인을 기다리지 않고 떠난 일이 있다. 의리상 당연히 떠나야 할 만한 사유가 있으면 떠나지 않을 수 없다." 하였다. …(후략)…

方喪故實

貞顯王后國恤時 李龜禎爲甑山縣令 其妻有病 思食肉 以國恤未卒哭 龜禎執不與 舊例 國恤 儒生無服 只白衣冠三年 …(中略)… 明宗大行 李滉引疾南歸 人皆疑其去就 滉曰 昔考亭 以煥章閣待制 不待孝宗發引而行 義所當去 不得不爾. …(後略)…

[출전] 李裕元 原著, 『국역 임하필기(林下筆記) 3』, 민족문화추진회, 1999, 원문(80면), 역문(243~245면).

1) 방상(方喪) : 자신의 부모를 섬기는 상례(喪禮)로써 임금의 상례를 섬기는 일을 이른다.
2) 성종의 계비 윤씨(尹氏).

3) 주희(朱熹).

2-26. 근언(謹言)

퇴계는 친구의 허물에 대하여 말하는 사람을 보면 정색하고 대답하지 않았다.

謹言
退溪 見人有道故舊之過 則正色不答.

[출전] 李裕元 原著, 『국역 임하필기(林下筆記) 2』, 민족문화추진회, 1999, 원문(39면), 역문(107면).

2-27. 퇴계의 청렴

선생이 서울에 우거할 때 일이다. 이웃집에 밤나무 몇 그루가 있는데 담을 넘어 가지가 뻗어 있었다. 밤이 익어 선생의 집 뜰에 떨어지면 선생은 아이들이 주워 먹을까 걱정하여 주워서는 담 너머로 되던지곤 하였으니 그 청렴함이 이 정도였다.

임금으로부터 여러 차례 부름을 받았지만 진퇴를 오직 의리에 따라 행하였으니, 관직은 우찬성에 이르렀고 세상에서는 그를 동방의 주자라고 불렀다.

타고난 자질이 매우 높았고 도덕을 온전히 갖추었으며 주희의 학문을 존숭하여 성리학에 깊은 조예를 쌓았다. 제자들과 함께 안동 도산서원에서 유학을 강론하여 이룬 바가 많았으니

동방의 유학을 집대성하여 성리학의 으뜸으로 솟았던 것이다. 영의정으로 특별히 추증되었으며 시호는 문순이고 문묘에 배향되었다. 대동운부군옥.

先生 僑居漢城也 隣家 有栗樹數株 過墻子熟 落于庭中 先生 恐兒童取拾食 拾而投之墻外 其廉潔 如此 屢下召命 進退以義 官室右贊成 世稱東方朱子 天資甚高 道德純備 尊信考亭 深得蘊奧 與門人 講道于陶山 多有成就 集東儒而大成 卓然爲理學之宗 特贈領相 號文純 從祀文廟. 大東韻玉

[출전] 姜斅錫, 김성연 역주, 『大東奇聞』, 국학자료원, 2001, 원문(482-483면), 역문(483면).

2-28. 벼슬살이에 대한 담론

(이황이 벼슬을 버리고 향리로 은퇴하려 하자) 이이가, “어리신 임금께서 이제 갓 왕위에 오르셔서 나라에 어려움이 많은 지금, 의리에 비추어 본다면 벼슬을 물러나는 게 옳지 못합니다.” 하며 말렸다. 선생은, “도리로 본다면 은퇴가 불가하나 내 자신으로 본다면 어쩔 수 없이 물러나야 하오. 몸에 병이 많고 재주 또한 능함이 없소이다.”고 하였다. 마침 성혼이 참봉에 제수되었으나 벼슬에 나아가지 않았다. 어떤 사람이 혼이 왜 벼슬에 나아가지 않는가고 물으니, 이이는 “혼이 병이 많아 감히 관직을 맡지 않은 거요. 만약 억지로 벼슬살이를 시킨다면 그건 그에게 큰 고역이 될게요.” 라 변명해 주었다. 선생이 웃으며, “숙헌이 어찌 성혼에게는 후하고 나에게는 박한 거요?”

하고 말하니 이이가 이렇게 말했다. "그렇지 않습니다. 성혼에게 준 벼슬이 선생만큼 된다면 그 일신상의 사사로운 계획을 불쌍히 여길 이도 없었을 겁니다. 만약 하찮은 벼슬을 주어 혼으로 하여금 남에게 굽실거리고 바쁘게 돌아다니게 만든다면 나라에 무슨 도움이 되겠습니까? 그러나 만약 선생께서 높은 지위에 계속 남으신다면 나라에 이익 됨이 심히 클 것입니다. 벼슬살이란 것은 남을 위하는 일이지 자신을 위한 일이 아니지 않습니까?" 그러자 선생이 말했다. "벼슬이란 게 정말 남을 위한 것이긴 하오. 그러나 이로움이 사람들에게 미치지 아니하고 병이 몸에 사무친다면 벼슬을 계속할 수는 없는 거요. 석담일기

李珥曰 幼主初立 時事多艱 揆之分義 不可退去 先生曰 道理雖不可退 以吾身觀之 不可不退 身旣多病 才亦無能爲也 時成渾 拜參奉而不來 客有言 渾何不來 珥曰 渾多病 不敢從官 若强之仕則是苦之也 先生笑曰 叔獻 何其待成渾厚而待我薄乎 珥曰 不然 成渾之仕若如先生則一身私計 不足恤也 使渾 趨蹌末官 何補於國 若先生 在位席之上則爲益甚大 仕者 爲人 豈爲己乎 先生曰 仕者固是爲人 若利不及人而患切於身則不可也. 石潭日記

[출전] 姜斅錫, 김성언 역주, 『大東奇聞』, 국학자료원, 2001, 원문(481면), 역문(482면).

3. 학문과 정치에 대한 태도

3-1. 퇴계가 공헌대왕의 청시의 행장을 제진하다

공헌대왕(公憲大王)의 청시(請諡) 행장은 퇴계가 제진(製進)한 것이다. 감정(勘定)할 때에 경복궁의 춘추관에 일제히 모였는데, 직책이 춘추관의 일을 겸한 자는 모두 회의 좌중에 있었으므로 다 기억할 수 없고, 다만 참판 김중회(金重晦, 1526~1582) 공이 참여한 것은 기억된다. 행장의 끄트머리에, "왕의 선형(先兄) 영정왕(榮靖王) 모비(母妃)의 일족이 죄를 입고 죽기도 하고 더러는 귀양 간 사람도 있었는데, 다 은혜를 베풀어 신원해 주고, 또 석방하여 돌아오게 하였다."는 말이 있었다. 그 당시 논의는, 영정왕 모비의 일족이 죄를 입었다는 것은 중국 조정에서는 모르는 일이니, 지금 이 말을 제기하여 중국 조정이 알게 할 필요는 없는 것이라고 하자, 퇴계는 말하기를, "여러분의 의사가 이미 이렇다면 이 한 줄거리는 삭제하자." 하고 즉시 그 자리에서 지워버렸다. 이어서 말하기를, "이것은 실로 선왕의 훌륭한 업적이다. 비록 중국 조정에서는 숨기더라도 우리나라에서는 빠뜨려서 없애버릴 수 없는 일이니, 국승(國乘)에 분명히 기재하여 후세에 알도록 해야 한다."고 하였다 한다.

公憲大王請諡行狀 卽退溪所製進也 勘定時 齊會景福宮之春秋館 職兼春秋者 皆在列坐中 未能記 只記金叅判重晦公與焉 行狀之末 有王之先兄榮靖王母族 有被罪死或流竄者 盡推恩伸雪放還之語 坐中多以榮靖王母族被罪 天朝所不知 今不須提起此語 今天朝知之也 退溪曰 諸君意如此 則此一段可刪 卽於坐上抹去 仍曰 實先王聖德事 雖

諱之天朝 我國則所當明載國乘 令後世知之也云.

[출전] 月汀漫筆, 『국역 大東野乘』, 민족문화추진회, 1985, 원문(59면), 역문(325면).

3-2. 편지로 하는 토론이 대화보다 낫다

무릇 학문하는 데는 연속적으로 공부하는 것을 중히 여긴다. 한번이라도 그 맥이 끊어지게 되면 정신이 새어나가고 성의가 흩어져 버리니, 어떻게 깊이 온축된 뜻을 꿰뚫어 볼 수 있겠는가? 벗끼리 북돋워 주는 것으로는 함께 모여 학문을 강론하는 것보다 더 나은 것이 없다.

그러나 퇴계는 말하기를, "가슴 속에 가득 차 있는 풀리지 않는 의문이나 난해한 부분에 대해서 서로 만나 질문하고 싶은 마음이 반드시 있게 마련이다. 그러나 막상 만나고 나면 그것을 말로 다 표현할 수 없고, 또 며칠 지나고 나면 마음속에 있는 생각과 입으로 하는 말이 서로 다르게 나온다."라고 하였으며, 또 "얼굴을 마주하고 강론하는 것이 좋기는 하지만, 항상 마음속의 생각을 다 드러내지 못하고 만다. 그러니 의문이 드는 부분을 뽑아 기록해서 벗에게 보내, 전일한 마음으로 자세히 살펴볼 수 있게 하는 것만 못하다."라고 하였으니 그 뜻이 참으로 옳다. …(후략)…

書牘勝面論

凡爲學 貴乎工夫接續 一或間斷 精神漏泄 誠意消散 如何能透看底蘊 朋友麗澤 宜莫如盍簪講訂 然退溪則曰 滿腹疑難 必有相見質問之

心 及其見之 不能形於言 至三五日 心與口 不相應 又왈曰 面論雖好 恒未盡意 不如抄寫寄示 可以專意細考 其意良是. …(後略)…

[출전] 이익 原著, 최석기 역, 『성호사설』, 한길사, 1999, 원문(146면), 역문(144~145면).

3-3. 조광조와 이황의 처신의 다름

『문견록』[1]에 다음과 같은 기록이 전한다. 정암은 중종 때 어긋나고 그릇된 것을 바로잡음을 자신의 소임으로 여겼다. 그는 간쟁할 때 임금의 하답(下答)을 듣지 않으면 멈추지 않았다. 또한 악을 미워하고 선을 치켜세움에 돌려 말하거나 회피함이 없었다. 그가 말하였다. "나는 바른 도로써 임금을 섬기다가, 다행히 살게 되면 살고 불행히 죽게 되면 죽을 것이다. 화와 복은 하늘에 달린 것이니 내가 무엇을 두려워하겠는가?" 선조가 퇴계 이황을 대할 때 예로써 대우함이 매우 융숭했으나, 퇴계가 조정에 나아가는 일은 매우 드물었으며 나아가더라도 곧바로 돌아오면서 말했다. "요순시대에는 군신의 뜻이 잘 맞아서 천고에 이와 견줄 만한 시대가 드문데도 '도유우불(都兪吁咈)'[2]의 일이 있었다. 지금 주상께서 늙은 신하의 말에 가부를 묻지 않고 모든 것을 그대로 따르시니, 내가 이 때문에 감히 머물지 못하는 것이다." 두 분의 처신이 이처럼 달랐다.

聞見錄 靜菴當中廟朝 以弼違格非爲己任 其於諫諍之際 不得兪旨則不止 且嫉惡揚[3]善 無所回避 曰 吾以直道事君 幸而生則生 不幸而死則死 禍福在天 吾何畏焉 宣廟之待李退溪 禮遇甚隆 而退溪造朝

甚稀 來亦卽歸 曰 唐虞之際 君臣契合 千古罕比 猶有都兪吁咈之事 今者主上於老臣之言 不問可否 輒皆從之 吾是以不敢留之耳 兩公處身之不同如此.

[출전] 심재 原著, 신익철·조융희·김종서·한영규 공역, 『교감역주 송천필담』 권3, 보고사, 2009, 원문(244~245면), 역문(위의 책, 권2, 161~162면).

1) 정재륜(鄭載崙)의 『공사문견록(公私聞見錄)』을 말함.
2) 都와 兪는 찬성의 뜻. 吁와 咈은 반대의 뜻을 표하는 감탄사로, 요순이 신하들과 정사를 논하면서 사용하였다. 『書經』 堯典.
3) 규장각본에는 없는 글자인데, 고대본에 의거하여 추가해 넣었음.

3-4. 이황의 치도에 관한 상소

판중추부사 이황이 상소하기를, "조종(祖宗)이 만든 법률이나 전장(典章) 제도라도 오래되어 폐단이 생긴 것은 다소 변통하지 않을 수 없습니다. 그러나 혹 좋은 법의 아름다운 뜻까지 모두 다 변경하면 필시 큰 걱정거리가 이를 것입니다. 기존의 것을 따르기만 하는 수구의 신하에게 전적으로 맡기면 지치(至治)를 떨쳐 일으키기에 방해가 될 것이며, 일 만들기 좋아하는 신진의 신하에게만 맡겨도 충동질해서 난리를 일으키게 될 것입니다."고 하였다.

李滉治道

判中樞府事李滉上疏曰 祖宗之成憲舊章 積久而生弊者 不可不稍變通 然或幷與其良法美意 而一切紛更之必 致大患 專倚於守舊循常之

臣 則有妨於奮興至治 偏任於新進喜事之人 則亦至於挑生亂階.

[출전] 李裕元 原著, 『국역 임하필기(林下筆記) 2』, 민족문화추진회, 1999, 원문(45면), 역문(123면).

3-5. 교화(敎化)

선정 이황이 아뢰기를, "옛날에 향대부의 직책은 덕행과 도예(道藝)로써 인도하고 가르침에 따르지 않는데 대한 형벌로써 규제하는 것이었으며, 선비 된 사람도 반드시 집에서 닦아 고을에 드러난 뒤에 나라에 천거된 것이 이와 같았습니다. 효제와 충신은 사람의 도리에 큰 근본이며 집과 향당(鄕黨)은 사실 그것을 행하는 장소입니다. 선왕의 교육은 이것을 중요시하였기 때문에 그 법을 세움이 이와 같았습니다. 후세에 이르러 법제는 비록 폐해졌지만 타고난 인륜의 법칙은 본래 그대로입니다. 어찌 옛날과 지금의 합당한 점을 참작하여 권면하고 징계하지 않아서야 되겠습니까."라고 하였다.

敎化

先正李滉曰 古者 鄕大夫之職 導之以德行道藝 而糾之 以不率敎之刑爲士者 亦必修於家 著於鄕而後 淂以賓興於國 若是者哉哉 [sic 衍字] 孝悌忠信人道之大本 而家與鄕黨實其所行之地也 先王之敎 以是爲重 故其立法如是 至於後世 法制雖廢而彝倫之則 固自若也 惡可不酌古今之宜 而爲之勸懲哉.

[출전] 李裕元 原著, 『국역 임하필기(林下筆記) 2』, 민족문화추진회, 1999, 원문(83면), 역문(210~211면).

3-6. 독서(讀書)(1)

퇴계가 말하기를, "독서할 때에는 다른 뜻을 깊이 연구할 필요가 없다. 다만 본문에 나아가 현재 있는 뜻을 구하기만 하면 된다."고 하였다.

讀書
退溪曰 讀書不必深究異義 只就本文上 求見在之意而已.

[출전] 李裕元 原著, 『국역 임하필기(林下筆記) 2』, 민족문화추진회, 1999, 원문(34면), 역문(95면).

3-7. 독서(2)

퇴계가 말하기를, "『주역(周易)』은 바로 이치의 연원이 되는 책이니, 참으로 읽지 않아서는 안 된다. 그러나 학자에게 간절하여 날마다 해야 하는 공부인 『논어』, 『맹자』, 『중용』, 『대학』만 못하기 때문에 선정(先正) 가운데 혹 '급히 배울 책이 아니다.'고 하였으나, 실은 이치를 궁구하고 본성을 극진히 하는 학문에 있어서 이 책보다 더 시급한 것이 없다."고 하였다. 또 말하기를, "도에 들어가는 문을 알고자 한다면 『주자대전(朱子大全)』 중에서 찾아야 할 것이니, 그렇게 하면 쉽게 힘쓸 곳을 알게 될 것이다."고 하였다. 또 학자들에게 말하기를, "반드시 먼저 체단(體段)을 알아야 한다." 하고 『태극도설(太極圖說)』, 『서명(西銘)』, 『역학계몽(易學啓蒙)』 등의 글을 많이 가르쳤다. 또 스스로말하기를, "19세에 처음으로 『성리대전(性理大全)』을 얻어서 처음부터 끝까지 세 권 읽었다. 깊이 생각하여 몸소 깨달아 점점 문로(門路)를 얻게 되었고, 비로소 의리의 학문에 대하여 알게 되었다."라고 하였다.

讀書

退溪曰 易乃理數淵源之書 誠不可不讀 但不始語孟庸學之切於學者日用工夫 故先正或以爲非學之急 其實莫急於窮理盡性之學也 又曰欲知入道之門却於朱子大全中求之 則而淂用力之地矣 又謂學者曰 不可不先識體段 多敎以太極西銘啓蒙等書 又自言十九歲 初淂性理大全首尾三卷讀之 深思體認 漸淂門路 始知義理之學.

[출전] 李裕元 原著, 『국역 임하필기(林下筆記) 2』, 민족문화추진회, 1999, 원문(34면), 역문(95~96면).

3-8. 사자(寫字)

퇴계는 어렸을 때부터 반드시 글자를 반듯하게 써서 과문이나 잡서를 베낄 때라 하더라도 대충대충 베낀 적이 드물었다. 일찍이 손자 이안도(李安道, 1541~1584)에게 보낸 편지에서 말하기를, "모든 일은 삼가야 한다. 지금 네가 김이정(金而精)[1] 에게 준 편지를 보니, 글자를 크게 쓰면서 흘러 썼더구나. 조심해서 추잡하고 멋대로 하는 행동을 하지 마라." 하였다.

寫字

退溪 自少時書字必楷正 雖傳鈔科文雜書 鮮有胡寓 嘗與其孫安道書曰 凡事當謹愼 今見汝寄金而精書 大字亂草 愼勿爲麤狂之態.

[출전] 李裕元 原著, 『국역 임하필기(林下筆記) 2』, 민족문화추진회, 1999, 원문(35면), 역문(96면).

1) 김취려(金就礪)를 가리킴.

3-9. 작문(作文)

어떤 사람이 글을 지었는데, 퇴계가 말하기를, "말은 의사만 충분히 전달되게 하면 되니, 학자는 문장(文章)에 대해 몰라서는 안 된다. 만약 문장에 대해 알지 못하면 비록 문자를 조금 안다 하더라도 자기의 뜻을 말로 제대로 전달할 수 없을 것이다." 하였다.

○ 또 말하기를, "유가의 의미는 각별하니, 문예(文藝)를 전공하는 것이 유가가 아니며, 과거에 급제하는 것도 유가가 아니다. 세간의 허다한 영재들이 속학(俗學)에 빠져 있으니, 다시 어떤 사람이 능히 이 구덩이에서 벗어날 수 있겠는가."라고 하였다.

作文

或作文退溪曰 辭達而已 學者不可不解文章 若不解文章 雖曰粗知文字 未能達意於言辭矣 ○ 又曰 儒家意味自別 工文藝非儒也 取科第非儒夜 世間許多英才 混汨俗學 更有甚人 能罷脫潟此科臼也耶.

[출전] 李裕元 原著, 『국역 임하필기(林下筆記) 2』, 민족문화추진회, 1999. 원문(35면), 역문(97면).

3-10. 논경(論敬)

퇴계가 말하기를, "경(敬)에 대해 말한 것이 비록 많지만, 정자(程子), 사현도(謝顯道), 윤순(尹淳), 주자(朱子)의 설보다 간절한 것은 없다. 초학자를 위한 방책으로는 정제(整齊)하고 엄숙히 하는 공부를 하는 것이 가장 좋으니, 찾아서도 안 되고 안배해서도 안 된다. 다만 올바른 법도에 입각하여 잠깐 동안이나 은미한 사이에도 계신공구(戒愼恐懼)하여 이 마음이 방일(放逸)하게 되지 않도록 할 것이니, 이렇게 오래하면 자연히 흐릿하지 않고 깨어 있게 될 것이다." 하였다.

論敬

退溪曰 敬之爲說雖多 而莫切於程謝尹朱之說 爲初學計 莫若就整齊嚴肅上做工夫 不容尋覓不容安排 只是立脚於規矩繩墨之上 戒愼恐懼於須叓隱微之際 不使此心有所放逸 則久而後自然惺惺不昏.

[출전] 李裕元 原著, 『국역 임하필기(林下筆記) 2』, 민족문화추진회, 1999, 원문(36면), 역문(101면).

3-11. 경신(敬身)

퇴계는 어려서부터 말년에 이르기까지 여러 사람들과 함께 있는 것을 좋아하지 않고 방 안에 혼자 앉아서 본원을 함양하였다. 사람을 대할 때에는 비록 오만한 기색을 두지 않았지만 절로 범하기 어려운 기색이 있었다.

敬身

退溪自少至老 不喜群居 獨處一室 涵養本原 待人之際 雖不立崖崖 自有難犯之色.

[출전] 李裕元 原著, 『국역 임하필기(林下筆記) 2』, 민족문화추진회, 1999, 원문(38면), 역문(105면).

3-12. 군신(君臣)

판중추부사 이황이 경연에서 아뢰기를, "예로부터 군주가 처음 정사할 때는 맑고 현명해서 올바른 사람이 등용됩니다. 올바른 사람은 군주에게 과실이 있으면 간쟁을 하는데, 그러면 군주는 필시 싫어해서 괴롭게 여기는 마음이 생기게 됩니다. 이 때에 간사한 사람들이 틈을 타서 비위를 맞추면, 군주는 마음에, '만일 이 사람을 쓰면 내가 원하는 것을 하고 싶은 대로 할 수 있으리라.'는 생각이 들게 됩니다. 이로부터 소인들과 뜻이 맞아서 올바른 사람이 손을 댈 수 없게 되니, 그런 뒤에 간사한 신하들이 뜻을 얻어 못하는 짓이 없게 되는 것입니다. 지금은 처음으로 정사하는 때이니, 간쟁하는 것들에 대해 성상께서 모두 뜻을 굽혀 따르시어 큰 과실이 없습니다. 그러나 오래되어 성상의 마음이 혹 변하게 되면 어찌 오늘날과 같을 지를 보장할 수 있겠습니까. 이와 같이 되면 간사한 사람들이 반드시 이겨서 처음 정사할 때와 필시 크게 상반되게 될 것입니다. 당(唐) 현종(玄宗)의 경우 개원(開元) 연간에는 어진 신하들이 조정에 가득하여 태평성대를 이룩하였습니다. 그러나 현종의 욕심이 많은 것을 틈타 이임보(李林甫, ?~752)와 양국충(楊國忠, ?~756) 같은 자들이 한결같이 비위를 맞추었기 때문에 군자들이 모두 떠나고 소인들만 남아서 결국 천보(天寶) 연간의 난리가 일어나게 되었습니다. 한 인군인데도 그 일이 두 사람 같은 것은 처음에는 군자와 뜻이 맞았고, 나중에는 소인들과 뜻이 맞았기 때문입니다. 원컨대 성상께서는 이것을 크게 경계하시어 선한 부류를 보호하여서 소인들이 빠뜨리게 하지 마소서. 이렇게 된다면 종묘사직과 신민의 복이 될 것 입니다."하였다.

○ 또 아뢰기를, "고인이 이르기를, '잘 다스려지는 세상을 걱정하고, 명철한 인군을 위태롭게 여긴다.'고 하였습니다. 대개 명철한 인군은 남보다 뛰어난 자질을 갖고 있는데, 세상이 잘 다스려져서 걱정하여 대비할 것이 없으면, 혼자만의 지혜로 사람들을 다스리고 아랫사람들을 가볍게 여기는 교만한 마음이 생기게 됩니다. 오늘날은 비록 태평성대 같지만 남쪽과 북쪽에 문제가 있고 백성들이 곤란을 겪고 있으니, 걱정하여 대비할 것이 없다고 말할 수 없습니다. 그리고 성상의 자질이 고명하시니, 신하들의 재주와 지혜가 성상의 뜻을 채우기에 부족합니다. 그리하여 논의하지 않아 식자들은 이미 그것을 걱정하고 있습니다. 신이 전에 올린 말 중에 '건괘(乾卦)를 보면, 「비룡재천(飛龍在天)」 위에 「항룡유희(亢龍有悔)」라는 말이 있다' 하였는데, 인군이 지나치게 잘났다고 자만해서 신하들과 마음과 덕을 함께 하려고 하지 않으면 어진 이들이 아래 지위에 있으면서 보좌해 주지 않는 것이 이른바 '항룡유회'입니다. 그러나 반드시 학문에 힘쓰는 공부를 폐하지 않은 뒤에야 사사로운 뜻을 이겨서 이러한 병통이 의당 없어지게 될 것입니다."고 하였다.

君臣

判中樞府事李滉筵白曰 自古人君 初政淸明 正人見用 君有過則諫 有失則爭 人主必生厭苦之意 於是奸人乘隙而逢迎之 人主之心以爲 若用此人則吾所欲無不如意 自此與小人合 而正人無着手處然後 奸臣 得志無所不至矣 今新政之初 凡所諫諍 皆屈意從之 無大過矣 久而聖 心或移 安能保其如今日乎 如此 則奸人必勝而與初政 必大相反矣 唐 玄宗開元時 賢臣滿朝 以致太平 而緣玄宗多慾 而李林甫楊國忠 一意 逢迎 由是君子盡去 而小人獨留 終致天寶之亂 一君之身 而其事如二 人者 初與君子合 終與小人合故也 願上以此爲大戒 保護善類 勿使小 人陷之 此宗社臣民之福也 ○ 又曰 古人云 憂治世而危明主 蓋明主 有絶人之資 治世無可憂之防 則獨智御衆 有輕率郡下之心 而驕侈之 心生矣 今世雖似治平 南北有釁 生民困悴 不可謂無可憂之防也 聖質 高明 群臣才智不足以滿聖意 故論議處事之間 不無獨智御世之漸 識 者預以爲慮 臣前日所上乾卦飛龍在天之上 又有亢有悔之言 人君過自 高亢 不肯與臣下同心同德 則賢人在下位而無輔 所謂亢龍有悔也 然 必學問之功不廢然後 私意可勝 而此等病痛 當消釋.

[출전] 李裕元 原著, 『국역 임하필기(林下筆記) 2』, 민족문화추진회, 1999. 원문(59면), 역문(154~155면).

3-13. 도산정사(陶山精舍)를 그려 올리다

이황이 예안으로 물러나 지내면서 여러 차례 불러도 오지 않았다. 이에 '초현부지난(招賢不至難)'이라는 제목으로 근신들에게 시를 짓도록 하였다. 또 여성위(礪城尉) 송인(宋寅, 1516~1584)에게 명하여 이황이 살고 있는 도산정사를 그리도록 하였다. 또 이황이 지은 도산기(陶山記) 및 시편(詩篇)을 써서 병풍을 만들어 올리도록 하여 늘 침전에 두었다.

畫進陶山精舍

李滉退居禮安 屢召不起 上以招賢不至難爲題 命近臣賦之 又命礪城尉宋寅 使畵所居陶山精舍 又書滉所作陶山記及詩篇 作屛風以進 常置寢殿中.

[출전] 李裕元 原著, 『국역 임하필기(林下筆記) 4』, 민족문화추진회, 1999, 원문(10면), 역문(26면).

3-14. 성학십도를 짓다

선묘조(宣廟朝) 때, 이황이 선왕조 때부터 여러 차례 불러도 오지 않자 상이 정성을 다하여 불러와 이공(貳公)의 자리에 발탁하였다. 이에 이황이 자신을 알아줌에 감격하여 『성학십도』와 『서명고증(西銘考證)』을 짓고 손수 정자(程子)의 사물잠(四勿箴)을 베껴 써서 올렸다. 상이 잘 베껴 써서 병풍으로 만들도록 명하고는 좌우에 두고서 아침저녁으로 살펴보았다. 또 아무 때나 소대(召對)하여 자연스럽게 강론하였다. 졸하자 슬퍼해 마지 않았으며 하교하기를, "이황의 한 마디 말 한 마디 글자라도 모두 후세에 전할 만한 것이니, 유사(有司)로 하여금 모아 간행하도록 하라." 하였다.

撰聖學十圖

宣廟朝 李滉 自先王朝屢召不至 上盡誠招致 擢置貳公 滉感激知遇

撰聖學十圖而西銘考證 手寫程子四勿箴以進 上命皆繕寫爲屛 置諸左右 朝夕觀省 不時召對 從容講道 及卒 傷悼不已 下敎曰 滉之片言隻字皆可傳後 其令有司裒集刊行.

[출전] 李裕元 原著, 『국역 임하필기(林下筆記) 4』, 민족문화추진회, 1999, 원문(10면), 역문(26~27면).

3-15. 사원의 시초

중종(中宗) 36년(1541)에 풍기군수(豊基郡守) 주세붕이 문성공(文成公) 안유(安裕, 1243~1306)가 살았던 옛 집터에 사우(祠宇)를 건립하여 봄과 가을에 제향을 하고서 이름을 백운서원(白雲書院)이라고 하였다. 서원의 좌우에 글방[序]을 두고 백성들 중에 준수한 자를 모아 학문을 강습하였다. 저곡(儲穀)에서 이자를 취하여 학비를 제공하고 나머지는 경서와 사서를 사다가 강독에 대비하였다. 명종(明宗) 경술년(1550)에 문순공(文純公) 이황이 계속하여 본군(本郡)을 맡아 다스렸는데, '교육이 위로부터 말미암지 않으면 나중에 반드시 추락하여 폐지될 것이다'고 여기고서, 글을 감사(監司)에게 보내어 임금에게 알려서 송(宋) 나라 때 백록동(白鹿洞)의 고사[1]에 따라 사액하고 반서(頒書)하고 아울러 토지와 노비를 떼어 주어 배우는 자들로 하여금 진덕수업(進德修業) 할 수 있게 해 달라고 청하였다. 감사 심통원(沈通源, 1499~?)이 그 말을 따라 계문(啓聞)하니, 소수서원(紹修書院)이라고 사액하고 대제학 신광한(申光漢)에게 명하여 기문(記文)을 짓도록 하였으며, 이어 사서오경과 『성리대전(性理大全)』 등의 서적을 내려 주었다.

祠院之始

中宗三十六年 豊基郡守 周世鵬 因文成公安裕舊基 建祠宇 享以春秋 名曰白雲書院 左右有序 聚凡民俊秀者 而講習學問 儲穀取贏以供廪 餘貿經史以備講讀 明宗庚戌 文純公李滉繼莅本郡 以爲敎不由上則後必墜廢 以書遺監司 請轉聞于上 而依宋朝白鹿洞故事 賜額頒書兼給土田藏獲 俾學子進修 監司沈通源從其言啓聞 賜額曰紹修書院 命大提學申光漢作記 仍頒四書五經性理大全等書.

[출전] 李裕元 原著, 『국역 임하필기(林下筆記) 5』, 민족문화추진회, 1999, 원문(20~21면), 역문(59~60면).

1) 백록동(白鹿洞)의 고사(故事) : 백록동은 중국의 여산(廬山)에 있는 지명인데, 남당(南唐) 때 이 곳에 학교를 세우고 여산국학(廬山國學)이라고 불렀고, 송대(宋代)에는 서원을 설치하여 백록국학(白鹿國學)이라고 불렀다. 송나라 주희(朱熹)가 남강군지사(南康軍知事)로 재임할 때 이 곳에서 강학(講學)하면서 학규(學規)를 정하였다. 『廬山通志』, 『宋史 卷429 朱熹列傳』.

3-16. 서원에 대한 논의

이황이 말하기를, “대체로 왕궁과 국도(國都)로부터 열군(列郡)에 이르기까지 학교가 없는 곳이 없다. 그런데 서원에서 취하는 것은 무엇이겠으며, 중국에서 저와 같이 숭상하는 것은 어째서인가? 시골에 은거하면서 뜻을 구하는 선비들이나 도를 강하며 학업을 닦는 무리들은 거의 대부분 세속의 시끄럽고 경쟁하는 것을 싫어하여 분책(墳策)을 간직한 채 넓고 한가한 들판이나 조용하기 그지없는 물가로 달아나서 선왕의 도를 노래

하고 읊조림으로써 그 덕을 기르고 그 인을 성숙시킬 것을 생각한다. 이러한 것을 즐거움으로 여기기 때문에 서원에 즐겨 나아가는데, 그것이 국학과 향교가 조시(朝市)[1]와 성곽 안에 있어서 앞에는 학령(學令)의 구애됨이 있고 뒤에는 이물(異物)의 천탈(遷奪)함이 있겠는가. 이로 말미암아 말하건대, 오직 선비가 학문을 함에 있어서만 서원에서 힘을 얻는 것이 아니라, 국가가 어진 이를 얻는 일도 반드시 이 곳에서 얻으니, 저 곳보다 우월한 셈이다."고 하였고, 또 말하기를, "송조(宋朝)에 네 서원[2]을 세운 뒤로 남도(南渡)[3]한 시기에 점차 성해졌고 원나라와 명나라 때에 크게 성하였는데, 국가의 학교는 서원이 전적으로 현자를 존숭하고 도를 강론하는 아름다운 뜻과 같지 못하기 때문이다. 그러므로 혹은 사사로이 세운 것을 인하여 총명을 해주기도 하고, 혹은 나라에서 설립을 명하여 인재를 골라 교양하기도 하는 것이다."라고 하였다.

書院之論

李滉曰 夫自王宮國都 以及列郡 莫不有學 顧何所取於書院 而中國之所尙如彼 何哉 隱居求志之士 講道肄業之倫 率多厭世之囂競 抱負憤 [sic 墳] 策 思遁於寬閑之野寂寞之濱 以歌詠先王之道 以畜具德以熟其仁 以是爲樂 故樂就於書院 其視國學鄕校 在朝市城郭之中 前有學令之拘碍 後有異物之遷奪 其功效 豈可同日而語哉 由是言之 非惟士之爲學 得力於書院 國家之得賢者 必於此□ [而] 優於彼也 又曰 自宋朝四書院之後 漸盛於南渡 而大盛於元明之世 國家學校 不若書院之可專於尊賢講道之美意 故或因私立而寵命之 或因□ [國] 命之而擇人敎養也.

[출전] 李裕元 原著, 『국역 임하필기(林下筆記) 5』, 민족문화추진회, 1999, 원문(21면), 역문(60~61면).

1) 조정과 저자.
2) 송조(宋朝)에 네 서원(書院) : 송대(宋代)의 숭양서원(嵩陽書院), 악록서원(嶽麓書院), 수양서원(睟陽書院), 백록동서원(白鹿洞書院)을 이른다.
3) 남도(南渡) : 북송(北宋) 말기에 휘종(徽宗)과 흠종(欽宗)이 금(金)나라 군대에게 사로잡혀 가자, 고종(高宗)이 변경(汴京)으로부터 남쪽의 양자강(揚子江)을 건너 임안(臨안)으로 천도(遷都)한 일을 이른다. 이 이후의 시기를 남송(南宋)이라고 칭한다.『宋史 卷24 高宗紀』

3-17. 팔진도(八陣圖)

퇴계가 팔진도(八陣圖)를 언급하여 말하기를, "이것은 격물치지(格物致知)하는 한 가지 일이니, 독서하는 겨를에 연구하면서 볼 수 있다." 하였다.

八陣圖
退溪語及八陣圖曰 此亦格致一端 讀書之暇 可以究觀也.

[출전] 李裕元 原著,『국역 임하필기(林下筆記) 2』, 민족문화추진회, 1999, 원문(34면), 역문(99면).

3-18. 출입(出入)

퇴계는 항상 고요함을 지키고 단정하게 지내서 출입을 하지 않았지만, 사문(斯文)의 고상한 술자리나 동리의 잔치에는 또한 때때로 갔다. 친척 간에 만약 길사나 흉사, 경사나 조사가 있으면 가까운 곳은 반드시 직접 갔고, 먼 곳은 사람을 시켜 예를 표하게 하였는데, 늙어서도 이렇게 하는 것을 폐하지 않았다. 일찍이 말하기를, "내가 처음 벼슬에 나가 서울에 있을 때에 사람들에게 끌려서 매일 술자리에 나아가 술을 마셨는데, 조금 한가한 날이면 문득 무료한 마음이 생겼다. 그러나 밤에 생각해 보면, 마음에 부끄럽지 않은 적이 없었다." 하였다. 또 자중(子中) 정유일(鄭惟一, 1533~1576)에게 답한 편지에 말하기를, "현재의 효상(爻象)은 정혼만 하고 아직 시집가지 않은 처자와 같으니, 어찌 경솔하게 스스로 가서 만나볼 수 있겠는가. 안으로는 만 길이나 되는 절벽같이 우뚝하게 뜻을 세우되 세상에 행할 때에는 매번 남보다 한 걸음 뒤로 물러서고 머리 하나만큼 낮추는 것을 제일의 의리로 삼아야만 한다. 문을 닫고 스스로를 지키며 천명을 따르기를 이와 같이 했는데도 혹 험난한 일이 있게 되는 것은 명(命)이라고 할 것이니, 자기가 불러들인 것이 아니기 때문이다. 후진이 선진의 문에 오를 적에 주인은 비록 믿을 수 있지만, 문하에 있는 빈객들이야 모두 믿을 수 있겠는가. 그러므로 한 발짝 내딛거나 한 마디 할 때에 칭찬을 받지 않으면 반드시 비난을 받으니, 비난을 받는 것이 참으로 두려운 일이지만 칭찬을 받는 것은 더 걱정스러운 일이다. 고인이 후진을 경계하여 말하기를. '오늘 인군 앞에서 표창을 받고 내일 재상이 있는 곳에서 칭찬을 받으면, 이로 인하여 스스로 잘못되는 경우가 많다.'고 하였는데, 이것이 참으로 절실한 의논이다."라고 하였다.

出入

退溪常守靜端居 未嘗出入 而若斯文雅飮 里社宴集 則亦時往焉 親戚若有吉凶慶弔 則近必親往 遠必使人致禮 至老不廢 嘗言吾初出身

在京師 每爲人所牽援 逐日燕飮 少有暇日 輒生無聊之心 而夜來思之 未嘗不有愧於心 又答鄭子中曰 方今爻象如聘而未行之處子 何可輕自往見 正須內植其志 壁立萬仞 而所以行於世者 則每以退人一步 低人一頭 爲第一義 閉門自守 聽天命如是 而或有險難 可謂之命 以其非自召也 後進登先進之門 主人雖是可信 其在門賓客 皆可信耶 故於一投足一開口之間 不得譽則必得毁 得毁固可畏 得譽更可憂 古人戒後進曰 今日人主前得一奬 明日宰相處得一譽 因而自失者多矣 此誠切至之論.

[출전] 李裕元 原著, 『국역 임하필기(林下筆記) 2』, 민족문화추진회, 1999, 원문(41~42면), 역문(114~115면).

4. 죽음에 대하여

4-1. 퇴계가 영면에 즈음하여 시자를 시켜 분매에 물을 주게 하다

퇴계가 병이 위독하매, 문생들을 불러 영결하였다. 자제들이 말리니, 선생이 말하기를, "사생(死生)의 즈음에 보지 아니할 수 없다." 하고, 명하여 상의를 몸 위에 입히게 하고 여러 문생에게 말하기를, "평일에 나의 견해를 가지고 제군들과 강론한 것이 또한 쉬운 일이 아니었다." 하였다. 죽든 날 아침에 시자를 시켜 분매(盆梅)에 물을 주게 하고, 저녁에 누웠던 자리를 바르게 하고 붙들어 일으켜 앉아서 조용히 숨졌다. 융경(隆慶) 경오 12월 초8일이었다.

退溪病亟 召門生與之訣 子弟勸止之 先生曰 死生之際 不可不見 命加上衣 語諸生曰 平日以謬見 與諸君講論 亦不以事 卒之期 令侍人灌盆梅 夕整臥席 扶起而坐 恬然而逝 隆慶子 [sic-午] 十二月初八日辛丑也.

[출전] 東閣雜記 下,『국역 大東野乘』, 민족문화추진회, 1980, 원문(103면), 역문(535면).

① 죽음에 당면하여 제자를 불러 화분에 물을 주게 하는 여유로움은 신선과 같다.
② 『삼국사기』 문무왕조에 보면, 문무왕이 유언하기를 "내가 죽거든 동해에 장사하라 나는 호국용이 되어 불법을 받들고 나라를 수호하리라"고 하였다. (유증선, 〈238 문무왕

의 호국전설〉, 『영남의 전설』, 형설출판사, 1971.)
③ 퇴계 선생의 유언은 나라를 걱정하고, 제자를 아끼며 검소한 생활의 단면을 볼 수 있다. 평소에 가꾸던 화분에 물을 주라고 할만치 생명의 존귀함을 드러낸다.

4-2. 퇴계의 유언

퇴계가 본시 은퇴할 뜻이 있었으니, 비록 여러 대의 조정의 은혜를 입어서 벼슬이 숭품(崇品)에 이르렀으나 그 본의가 아니었다. 일찍이 아들 준(寯)에게 부탁하되, 무덤 앞에 비석을 쓰지 말고 다만 작은 돌로 전면에 '퇴도만은진성이공지묘(退陶晩隱眞城李公之墓)' 라고 쓰라 하였다. 남명(南溟) 조식(曺植)이 듣고 씩 웃으며 말하기를, "퇴계는 이 칭호에 마땅하지 못하다. 나 같은 이도 은사라 칭하는 데는 오히려 부끄러움이 있다."고 하였다.

退溪雅有退休之志 雖承累朝恩眷 官至崇品 非其志也 嘗戒子寯 勿用碑石 只以小石題其前曰 退陶晩隱眞城李公之墓 南溟曹[sic-曺]植聞而哂之曰 退溪不足以當此號也 如我輩 稱爲隱士 猶有愧也.

[출전] 東閣雜記 下, 『국역 大東野乘』, 민족문화추진회, 1985, 원문(103면), 역문(535면).

4-3. 퇴계의 자작 묘명

퇴계가 자기의 묘명을 스스로 지었는데 이러하다. "나서부터 매우 어리석고, 장성해서는 병이 많았다. 중년에는 어찌 학문을 즐겼으며, 만년에는 어찌 관직을 외람되이 얻었는고. 학문은 구할수록 더욱 멀어지고, 벼슬은 사양할수록 더욱 걸려들었네. 진행하다 자빠지고, 물러나 감추기를 굳게 하였네. 임금의 은혜에 깊이 부끄럽고, 오로지 성인의 말씀을 두려워했네. 산은 높디높고, 물은 줄줄 흐른다. 벼슬 버리고 돌아와 소요하매, 여러 사람의 비방을 벗어났네. 나의 회포는 막혔는데 나의 패물을 누가 구경하리. 내 옛사람 생각하니, 참으로 나의 생각하는 바를 네가 먼저 얻었네. 후세의 사람들이 오늘의 내 마음 모를 줄 어찌 알리. 근심하는 중에 즐거움이 있고 즐거운 중에 근심이 있네. 조화를 타고 돌아가매, 다시 무엇을 구하리."

退溪自作墓銘曰 生而大癡 壯而多疾 中何嗜學 晩何叨爵 學求猶邈 爵辭猶嬰 進行之路 退藏之貞 深慚國恩 亶畏聖言 有山嶷嶷 有水源源 婆娑初服 脫略衆訕 我懷伊阻 我佩誰玩 我思古人 實獲我心 寧知來世 不獲今兮 憂中有樂 樂中有憂 乘化歸盡 復何求兮.

[출전] 東閣雜記 下, 『국역 大東野乘』, 민족문화추진회, 1985, 원문(103면), 역문(535~536면).

4-4. 퇴계의 묘갈명

묘갈명(墓碣銘) 선생이 스스로 지은 명에, "나서는 아주 어리석고 좀 커서는 병이 났으니 중년에 어찌 배우는 데 좋아하겠으며 만년에는 어찌 벼슬을 탐하겠는가. 배움을 구하매 더욱 아득하고 벼슬 사양함에 오히려 얽혀지고, 나아가 행하니 난처하고 물러나 숨기를 굳게 하였다. 국은을 깊이 부끄러워하고 임금님 말씀 진실로 부끄럽네. 산은 높디높고 물은 끊임없는데, 처음 옷[初服]으로 한가히 거닐며, 여러 비방을 못 들은 척하네. 나의 회포 막히니, 나의 패(佩) 누가 구경할거나. 고인 생각하니 실로 마음 얻었으니, 오는 세상 지금 세상보다 못할 줄 어이 알리. 걱정 가운데 즐거움 있고 즐거움 가운데 걱정 있으니, 자연의 조화 타고 돌아가니 어찌 다시 구할거나." 하였다.

墓碣銘先生自銘 生而大癡 壯而嬰疾 中何嗜學 晚何叨爵 學求猶邈 爵辭猶嬰 進行之跲 退藏之貞 深慚國恩 亶聖言 有山嶷嶷 有水源源 婆娑初服 脫略衆訕 我懷伊阻 佩誰玩 我思古人 實獲我心 寧知來世 不獲今兮 憂中有樂 樂中有憂 乘化歸盡 復何求兮.

[출전] 海東雜錄 5, 『국역 大東野乘』, 민족문화추진회, 1985, 원문(105면), 역문(528면).

4-5. 군자유종

퇴계 선생이 병환이 위독하게 되자, 점을 쳤는데 '군자유종'이란 괘사가 나오자, 문인들이 책을 덮으며 경악하였고, 허미수(許眉叟, 1595~1682)[1]가 병이 들었을 때, 또한 이 괘효가 나오자, 미수가 말하기를, "내가 비록 군자는 못되지만 죽겠구나!" 하였더니 과연 죽었다. 나도 매양 남의 병을 위하여 점쳤을 때 이 괘효가 나온 사람은 모두 일어나지 못했다.

君子有終 退溪先生之疾 革筮之 得君子有終之辭 門人掩卷驚愕 許眉叟有疾 亦得此爻 眉叟曰 余雖非君子 其死矣 夫果不諱 余每爲人筮疾 得此者 皆不起.

[출전] 李瀷 原著, 『국역 星湖僿說(성호사설)』 X, 민족문화추진회, 1977, 원문(110면), 역문(353면).

1) 미수는 허목(許穆)의 호.

4-6. 비석을 세우지 말라고 유언으로 경계한 이황

이황은 이해(李瀣, 1496~1550)의 동생이고, 자는 경호, 호는 퇴계이다. 12세에 숙부(叔父)인 송재(松齋)

이우(李堣, 1469~1517)에게서 『논어(論語)』를 배웠다. 이우가 늘 그를 칭찬하였다.

"집안의 명성을 유지시킬 자는 이 아이이다."

중종 23년(1528)에 진사시에 합격하고 6년 뒤에 문과에 급제하였다. 선조 원년에 대제학 박순(朴淳, 1523~1589)이 아뢰었다.

"신이 대제학이 되고 이 아무개가 제학이 되었는데, 나이가 많은 큰 선비에게 도리어 작은 임무를 맡게 하고 신진 초학의 선비에게 중요한 직위를 차지하게 하는 것은 조정의 인재 기용이 이보다 더 전도될 수 없습니다. 교체시켜 임명하시기 바랍니다."

임금이 대신들에게 물어보니 모두 박순의 말이 옳다고 하였다. 그러자 임금이 이황과 박순의 관직을 서로 바꾸도록 명하였다.

이황이 대제학이 되어 『성학십도(聖學十圖)』를 올리고 선조 3년에 죽으니, 나이 70세였다. 비석을 세우지 말라고 유언으로 경계하였으며, 단지 조그마한 돌에다 '퇴도만은진성이공지묘(退陶晚隱眞城李公之墓)'라고 쓰게 하였다. 이황은 항상 도연명(陶淵明, 365~427)의 시를 애송하며 그의 사람 됨됨이를 사모하며 야당시(野塘詩)를 읊었다.

露草夭夭繞水涯　이슬 젖은 고운 풀이 물가에 둘렸는데
小塘淸恬淨無沙　연못의 활수는 모래 없어 깨끗하네
雲飛鳥過元相管　구름 날고 새 지나니 원래 서로 얽매어라
只怕時時 蹴波　때때로 물결 차는 제비가 두렵다네

이황이 예조판서의 임명을 받았으나 병으로 사직하니, 이이가 찾아뵙고 말하였다.

"어린 임금이 처음 즉위하여 국가에 어려운 일이 많으니 분수와 의리를 헤아려 보면 물러나는 것이 옳지 않습니다."

"도리로 보면 물러날 수 없다고 하겠지만 내 몸을 볼 것 같으면 물러나지 않을 수 없다."

당시 성혼이 참봉에 임명되었는데도 나오지 않으므로 어떤 사람이 물었다.

"성혼은 왜 나오지 않소?"

이이가 대답했다.

"성혼은 병이 많아 감히 벼슬에 종사할 수 없을 것이오. 만약 그더러 억지로 벼슬하라고 하면 이는 그를 괴롭히는 것이오."

선생이 웃으면서 말하였다.

"숙헌(叔獻)[1]이 어찌 성혼은 후하게 대접하면서 나에게는 그리 박하게 대접하오."

"그렇지 않습니다. 성혼의 벼슬이 선생과 같다면야 일신의 사사로운 계책을 염려해 줄 여지가 없습니다. 하지만 성혼을 말단의 벼슬에 나아가게 한들 국가에 무슨 도움이 되겠습니까? 그러나 선생께서 높은 벼슬에 계신다면 국가에 보탬이 매우 클 것입니다. 벼슬이란 남을 위하는 것이지 어찌 자신을 위한 것이겠습니까?"

이황이 답하였다.

"벼슬은 진실로 남을 위하는 것이오. 그러나 만약 이로움이 남에게 미치지 않으면서 자신에게 병통이 절실하게 되면 할 수 없는 것이오."

이황이 서울에 임시로 살 때에 이웃집에 밤나무 몇 그루가 있었는데 그 밤나무 가지가 담장을 넘어와 밤이 달리고 영글어 뜰에 떨어지자 선생이 혹시 아이들이 그 밤을 주워 먹을까 싶어 주워서 담장 너머로 던져 버렸다. 그의 청렴결백함이 이와 같았다.

여러 차례 임금이 부르는 명을 내렸지만 진출과 은퇴를 의리로 하였으며, 벼슬은 좌찬성에 이르렀다. 세상에서는 동방의 주자(朱子)라고 칭송하였다. 선생은 타고난 자질이 매우 고상하고 도덕이 순수하게 갖추어졌으며, 주자를 높이고 믿어 학문의 오묘한 이치를 깊이 체득하였다.

그리하여 제자들과 도산서원(陶山書院)에서 유교를 강론하여 성취한 이가 많았고, 동방학자들의 학설을 모으고 크게 완성하여 우뚝한 이학(理學)의 마루가 되었다. 특별히 영의정에 추종되었으며, 시호는 문순(文純)이고 문묘(文廟)에 종사되었다.

[출전] 강효석 편, 『대동기문1—조선왕조 오백년의 선비정신』, 화산문화, 1995.

1) 이율곡의 자.

4-7. 퇴계의 만사를 지은 권응인

권송계(權松溪) 송계 권응인(權應仁)은 성주에 살았는데 퇴계 선생의 제자이다. 퇴계가 죽으매 응인이 만사(挽詞)를 지었는데 여러 제자들이 응인을 서얼이라 하여 고의로 배척하고 쓰지 않았다. 그러자 응인이 그 만사를 장대에 걸어 문 밖에 꽂아 놓고 길에 나앉아 3주야 동안을 곡했다. 그런데 밤이면 반드시 장대 위에서 서광이 내쏘였으므로 제자들이 그것을 기이하게 여겨 시험 삼아 그 만사를 쓰도록 허락하였다. 응인은 장대하고 괴위(魁偉)하여 범인과 달랐으며 문장에 능하였다. 그래서 일곱 차례나 북경에 들어갔으며 세 차례나 대마도에 사신으로 다녀왔다. 그가 일찍이 퇴계에게, "선생님은 조금 담박(澹薄)한 풍월과 농흑한 초서에도 유의하시면 도덕이 더욱 높아질 것입니다." 고 하였는데, 풍월이란 우리나라 풍속에서 시를 이르는 말이다. 이것은 비안(庇安) 사람 진사 김득후(金得厚)가 한 말이다.

權松溪 權松溪應仁 居星州 退溪先生弟子也 退溪沒 應仁作挽詞 群弟子以應仁庶孼也 故斥而不用 應仁以竿揭其詞 挿于門外 露哭三晝夜 夜必竿上放瑞光 群弟子異之 試許用其斯 應仁壯大魁梧 [sic-偉] 異於凡人 能文章七入燕京 三使馬島 嘗言于退溪曰 先生 少正澹薄風月 濃黑草書 則先生之道德益高 風月者 東俗所謂詩也 庇安金進士得厚云.

[출전] 李德懋 지음, 『국역 靑莊館全書』, 민족문화추진회, 1980, 원문(14면), 역문(41면).

4-8. 퇴계의 죽음으로 인한 조식의 비애

명현(名賢)이 같은 시기에 장원했다. 퇴계와 남명(南冥)[1]이 다 같이 경상도에 살면서 같은 시기에 모두 좌도(左道) 또는 우도(右道)의 초시에 응시하여 각각 장원하였으니 훌륭한 일이다. 두 선생이 같은 시대에 출생하여 같은 도에 살면서 평생에 서로 만나지 못했으니, 퇴계가 돌아갔을 적에 남명의 비애가 심했으리라.

名賢一時居魁 退溪南冥 同居慶尙道 一時俱忝左右道初試各爲壯元盛事也 兩先生 生幷一世同居一道 而一生末由相邊 退溪之沒 南冥痛悼甚也.

[출전] 李德懋 지음, 『국역 靑莊館全書』, 민족문화추진회, 1980, 원문(33면), 역문(76면).

1) 조식(1501~1572)의 호.

4-9. 유언으로 비석을 세우지 못하게 하다

이황이 죽음에 임박하여 유언하기를, "비석을 세우지 말고 다만 예(禮)에서 말한 바와 같이 향리와 세계, 지행과 출처등에 대해서만 간략하게 서술하도록 하라. 그리고 만약 남에게 비문을 부탁하면 필시 없는 사실들을 장황하게 늘어놓아서 세상 사람들로부터 비웃음을 사게 될 것이다. 내가 일찍이 생각한 바를 스스로 서술하고자 하여 먼저 명문(銘文)부터 지었으나, 그 나머지는 미루기만 하다가 결국 완성을 보지 못하고 말았다. 그러니 다만 자그마한 돌에다 그 앞면에 '도산으로 물러나와 만년에 은둔하여 살다가 간 진성 사람 이공의 무덤(退陶晩隱李公之墓)'이라고 쓰고, 이 명문을 사용하도록 하라. 또한 예장(禮葬)을 사용하도록 하라." 하였다. 이황이 세상을 떠나자 아들 이준(李寯)이 유언을 이유로 예장을 사양하였으나 허락하지 않았다.

遺令勿用碑 李滉臨卒 遺令勿用碑石 略敍鄕里世系志行出處 如禮中所云 此事 若托他人製述 必張皇無實之事 以取笑於世矣 嘗欲自述所志 先製銘文 其餘 因循未就 只以小石 題其前曰 退陶晩隱眞城李公之墓 用其銘可也 又令辭禮葬 及卒 子寯 以遺言辭禮葬 不許.

[출전] 李裕元 原著, 『국역 임하필기(林下筆記) 3』, 민족문화추진회, 1999, 원문(133면), 역문(399~400면).

4-10. 사관(史官)이 한임(閑任)이 되다

민인백(閔仁伯)이 말하기를, "국가에서 예문관(藝文館)을 설치하여 오로지 기거주(起居注)[1]를 관장하게 하였는데, 요즘에는 사관이 전혀 일을 하지 않고 있다. 경대부(卿大夫)의 졸(卒)을 기록하는 것은 곧 그 사람의 일생 동안 행사한 것을 판단하는 것으로서 매우 관계가 중한 일인데, 이황이 졸하였을 때에도 졸을 기록하지 않았다. 춘추관(春秋館)을 전최(殿最)할 때 춘추관 당상이 나가서 펼쳐 보니, 단지 날씨만 기록하였을 뿐이었고, 한 가지 일도 전혀 기록하지 않았다. 후세에 무엇을 근거로 하여 역사를 편찬하겠는가."라고 하였다.

史官作閒任

閔仁伯曰 國家設藝文館 專掌起居注 邇來 史官專不事事 卿大夫書卒 乃春斷秋人館一生行事 甚爲關重 而李滉之卒 亦不書卒 春秋館殿最時 春秋館堂上出而繙閱 則只是書陰晴而已 了不識一事 後世何據而爲史乎.

[출전] 李裕元 原著, 『국역 임하필기(林下筆記) 5』, 민족문화추진회, 1999, 원문(54면), 역문(152~153면).

1) 기거주(起居注) : 본래 주대(周代)에 좌우(左右) 사관(史官)의 직책을 이르는 말인데, 한대(漢代)에는 여자 사관이 천자(天子)의 언행을 기록한 글을 가리키는 말로 쓰였다. 당(唐) · 송(宋) 때에는 문하성(門下省)에 기거랑(起居郞)을 두고 중서성(中書省)에 기거사인(起居舍人)을 두었으며, 명대(明代)에는 기거주(起居注) 2인을 두고 한림원(翰林院)이 겸하여 맡게 되었다. 『史通 史官 建置』, 『通典 卷21 職官 3』.

4-11. 스승을 위하여 복상(服喪)하다

…(전략)… 조목(趙穆, 1524~1606)은 이황을 위하여 1년 동안 소식을 하고 3년 동안 내실에 들어가지 않고 연례(宴禮)에 참여하지 않았다. 이덕홍(李德弘, 1541~1596) 또한 심상 3년

을 하였으며, 김륭(金隆, 1549~1593)도 심상 3년을 하였는데 그의 어머니로 하여금 이를 알지 못하게 하였으나 어머니 정씨(鄭氏)가 이를 알아차리고 별도로 소찬을 만들어 주었다. …(후략)…

爲師服喪 …(前略)… 趙穆爲李滉 朞年行素 三年不入內 不與宴 李德弘亦心喪三年 金隆心喪三年 而不使其母知之 母鄭氏覺之 別具素饌以與之. …(後略)…

[출전] 李裕元 原著, 『국역 임하필기(林下筆記) 3』, 민족문화추진회, 1999, 원문(133면), 역문(394면).

4-12. 이황이 자신의 무덤에 비석을 세우지 말라고 유언하다

이황은 해의 동생으로 자는 경호, 호는 퇴계였다. 열두 살에 숙부인 송재 이우에게서 논어를 배웠는데, 우가 "우리 집안을 지킬 사람은 필시 이 아일 거다" 하며 탄복했다.

중종 무자년 진사과에 합격하고 갑오년 문과에 올랐다.

선조 무진년에 대제학 박순이 이렇게 아뢰었다. "신이 대제학이고 이 아무개가 제학 자리에 있습니다만, 이는 나이 많고 훌륭한 선비를 낮은 벼슬에 두고 이제 갓 공부를 시작한 저 같은 신진을 중요한 지위에 앉힌 처사로서, 조정의 사람을 쓰는 법이 크게 전도된 것이 이보다 심할 수 없습니다. 바라옵건대, 자리를 바꾸어 주십시오." 임금이 대신들에게 물으니 모두 박순의 말이 옳다고들 하였다. 이에 박순의 자리와 서로 바꾸게 하니 황이 대제학이 되어 『성학십도』를 지어 바쳤다. 경오년에 죽으니 나이 일흔이었다. 유언하기를, 무덤에 비석을 세우지 말고 다만 작은 돌에다가 '퇴도만은진성이공의묘'라고만 새기라고 하였다. 늘 도연명의 시를 즐겨 읊었으며 그 사람됨을 흠모하였다. 그가 지은 〈들 연못〉 시는 이러하다.

이슬 맺힌 예쁜 풀 물가를 에웠고
맑고 조용한 작은 연못 티끌 없이 고요하네.
구름 날고 새 지나도 아무 거리낌 없으되
두렵기는 제비를 간혹 물차는 것 일뿐. 문집

李滉遺戎 [sic 戒] 勿用碑石 李滉 瀣弟 字景浩 號退溪 年十二受論語于叔父松齋堣 堣曰 持門戶者 必此兒也 中宗戊子 進士 甲午文科 宣祖戊辰 大提學朴淳 啓曰 臣爲主文而李某爲提學 高年碩儒反居小任而新進初學之士 乃處重地 朝廷用人 顚例莫甚 請遞任以授之 上 問大臣 皆以淳言 爲然 於是 命與淳相換 滉爲大提學 上聖學十圖 庚午卒 年七十 遺戎 [sic 戒] 勿用碑石 只以小石題曰 退陶晩隱眞城李公之墓 常愛淵明詩 慕其爲人 詠野塘詩曰 露草夭夭繞水涯小塘淸恬淨無沙 雲飛鳥過無相管 只怕時鷰蹴波. 文集

[출전] 姜斅錫, 김성언 역주, 『大東奇聞』, 국학자료원, 2001, 원문(480면), 역문(480~481면).

5. 타인의 퇴계 선생에 대한 평

5-1. 이황 선생전

이퇴계 선생전(李退溪先生傳) 선생의 휘는 황이요 자는 경호이며, 본관은 진보인데 예안에서 살았다. 갑오년에 과거에 올라 벼슬이 의정부 좌찬성에 이르렀는데, 영의정에 증직되고 시호는 문순공이다. 선조 묘정에 배향하고 문묘에 종사되었으며, 퇴계집을 세상에 펴냈다. 을사년 10월에 좌의정 이기(李芑, 1476~1552)가 사론(士論)이 자기와 같지 않을 것을 알고, 자기와 다른 이를 다 제거해서 여러 사람의 입을 막으려고 하여, 대궐에 나아가서 아뢰기를, "근일에 죄를 정한 것은 모두 정당하였으나, 다만 조정 선비로서 파직에 연좌되어 일을 다 하지 못한 바가 있으니, 이천계(李天啓)·이황(李滉)·이담(李湛, 1510~1575)·정황(丁熿, 1512~1560)들을 아울러 파직하기를 청합니다."하여, 이에 선생과 여러 사람이 모두 삭직되고, 조야에서 놀라고 분해하였다. 같은 달 10일에 인종대왕 재궁(梓宮)이 산릉으로 발인할 적에 선생은 반차(班次)에 들어가지 못하여, 홀로 교외에 나가서 망곡(望哭)하고 예를 행하였다. 이기의 조카 이원록(李元祿, 1514~1574)이 본시 선생을 중히 여겨, 이기에게 힘써 간하기를, "이 아무는 마음이 고요하고 욕심이 없어, 시속 논의에 참여하지 않았었다." 하였고, 임백령(林百齡, ?~1546)도 이기에게 말하기를, "이 모는 몸을 삼가 스스로 지키는 것은 남이 다 아는 바인데, 지금 만약 이 사람에게 죄를 주면, 반드시 전일에 죄를 입은 이가 다 억울하게 무고된 것이라 말할 것이다." 하였더니, 10여 일을 지나서, 이기가 또 대궐에 나아가서 아뢰기를, "다시 물어 본즉, 이 모는 옳고 그름을 알지 못하는 이가 아니니, 삭직의 명을 도로 거두기를 청합니다." 하니, 위에서 서용(敍用)을 명했다.

退溪李滉先生傳 先生諱滉字景浩 眞寶人居禮安 登甲午科 官至議政府左贊成 贈領議政 謚文純公 配享宣祖廟庭 從祀文廟 有退溪集 行於世 乙巳十月 左相李芑知士論不與 欲盡去異己以箝制衆口 詣闕啓曰 近日定罪 各適其當 但朝士坐罷者 有所未盡 李啓天李滉李湛丁熿謂並罷 於時先生與諸人皆削職 朝野駭憤 同月十二月 仁廟梓宮發引山陵 先生不得入班次 獨出郊外 望哭行禮 芑姪校理李元祿素重先生 力諫於芑 以爲李某恬退與時論 林百齡亦言於芑曰 李某謹愼自守 人所.

[출전] 乙巳傳聞錄, 『국역 大東野乘』, 민족문화추진, 1985, 원문(97~98면), 역문(394~395면).

5-2. 기대승이 지은 퇴계의 묘지

고봉 기명언(奇明彦)[1] 퇴계의 묘지(墓誌)를 지었으니 이러하다. "선생은 휘는 황이요, 자는 경호다. 예안에 살았고 선대는 진보 사람이다. 소시로부터 학문을 좋아하였고, 벼슬은 좋아하지 않았다. 나이 70에 한가로이 은거하였다. 아! 선생은 벼슬이 높았으나 스스로 구한 것 아니요, 학문에 힘썼으나 스스로 척하지 않았다. 머리 숙여 부지런히 하여, 허물없기를 기하였다. 옛적 선현과 비교하매 누구와 낫고 못한가. 산은 평지 되고, 돌은 썩을지언정 선생의 이름은 천지와 함께 오래 갈 것을 나는 아노라. 선생의 옷과 신(履)이 이 언덕에 묻혀 있으니, 천추만세에 혹시라도 짓밟음이 없을지어다."

奇高峰明彦 作退溪墓誌曰 先生諱滉 字景浩 居于禮安 係出進寶 自少好學 不喜爲官 行年七十 考槃之寬 嗚呼先生 官雖高而不以自取 學雖力而不以自有 俛焉孜孜 庶幾無咎 視古先民 孰與先後 山可夷石可杇 [sic-朽] 吾知先生之名 與天地並久 嗚呼維衣與履兮 托在玆阜 千秋萬歲 無或躪蹂也.

[출전] 東閣雜記 下, 『국역 大東野乘』, 민족문화추진회, 1985, 원문(103면), 역문(536면).

1) 기대승(奇大升, 1527~1572)의 자.

5-3. 퇴계의 정문일침

내가 젊을 적에 황화지(皇華紙)로 책자를 만들어 퇴계 선생에게 법서(法書)를 청했더니, 선생께서 소강절(邵康節)[1]의 시만 써주었다. 그 중의 한 율시에, "부름에 자주 사양해도 버리지 아니함은(相招多謝不相遺), 가슴에 품은 경륜 씀직해서 그렇지만(將謂胸中有所施). 나아간들 어찌 금리의 임무 감당하리(若進豈能禁吏責), 한가로운 바에야 명예 다시 무엇하리(旣閑安用更名爲). 다행히 요순 같은 착한 임금 만났으니(幸逢堯舜升平日), 당우의 태평성대에 달갑게 늙으려네(甘老唐虞比屋時). 청렴하고 어진 이 조정에 가득한데(滿眼淸賢在朝列), 나라 일에 늙은 이야 무슨 소용 있으리(老夫無以繫安危)"라고 하였다. 그의 시는 부정공(富鄭公)[2]에게 화답한 것이 많았는데, 부공이 강절에게 벼슬하기를 권하자, 강절은 벼슬을 원하지 않는다는 작품인 것이다. 다른 시도 거의 모두가 이런 내용이어서, 온 책이 모두 한가로움을 사랑하고 명리에 나아가지 않는 내용의 말이었다. 내가 관직을 사랑하여 물러나기를 좋아하지 않을 것을 퇴계께서 미리 아시고 주신 정문일침(頂門一針)일 줄이야 어찌 알았겠는가?

余少時以黃華紙作冊 淸法書于退溪先生 先生惟寫邵康節詩 其中一律有云 相招多謝不相遺 將謂胸中有所施 若進豈能禁吏責 旣閑安用更名爲 幸逢堯舜升平日 甘老唐虞比屋時 滿眼淸賢在朝列 老夫無以繫安危 其詩多答寄富鄭公之作 盖富公勸康節從宦 而康節不願仕之作也 他詩率多此意 滿冊皆愛閑不趨名利之詩 豈退溪預知我愛官職不肯退之意 而於頂門上加一針耶.

[출전] 月汀漫筆, 『국역 大東野乘』, 민족문화추진회, 1985, 원문(64면), 역문(348면).

1) 소옹(邵雍)의 시호.
2) 성은 富, 이름은 弼, 자는 彦國, 宋의 名相으로서 英宗 때 鄭國公에 봉해짐.

5-4. 이황을 스승으로 높인 이이

이이가 평생에 높인 것이, 송나라에 있어서는 주자를 스승으로 삼고, 동방에 있어서는 이황을 스승으로 삼았습니다. 그러므로 지난 경오년(선조 3, 1570) 겨울에 해주에 있다가 이황의 죽음을 듣고 분향 통곡하고 흰 옷과 흰 띠로 수일 동안 강학을 정지하였고, 인하여 시 4운을 지었습니다. 그 첫구에 이르기를, "좋은 금과 정한 옥같이 순수한 기질을 품수하였고(良金精

玉稟氣純), 참 근원의 분파는 관민(關閩)[1]으로부터 왔도다(眞源分派自關閩)." 하였고, 그 끝구에 "남쪽 하늘 아득하여 유명이 막혔으니(南天渺渺幽明隔), 서해 가에서 눈물이 다하고 창자가 끊어지다(涙盡腸摧西海濱)."고 하였습니다. 이황을 스승으로 높인 이가 이이보다 더한 사람이 있겠습니까?

李珥平生所尊在宋朝 則以朱子爲師 在東方 則以爲李滉爲師 故往在庚午冬在海州 聞李滉之卒 焚香痛哭 素服素帶 輟講數日 因賦詩四韻 其首句曰 良金精玉稟氣純 眞源分派自關閩 其末句曰 南天渺渺幽明隔 涙盡腸摧西海濱 其尊師李滉 孰有加李珥者乎.

[출전] 混定編錄 3, 『국역 大東野乘』, 민족문화추진회, 1985, 원문(45면), 역문(206~207면).

1) 關은 張橫渠를 가리킨 것이고, 閩은 朱子를 가리킨 것인데, 모두 살던 지명을 가리켜 말한 것임.

5-5. 퇴계를 전송한 정철(1)

가정(嘉靖)[1] 정묘(명종 22, 1567) 6월에 퇴계 선생이 소명을 받고 도성에 들어왔는데 사은도 하기 전에 명묘(明廟)가 승하하였다. 8월에 선생이 예조판서(宗伯)의 임명을 사퇴하여 체임(遞任)되자 즉시 광나루에 나가서 배를 타고 동으로 돌아가니, 당시 사부(士夫)들은 다 섭섭하여 무엇을 잃은 것 같았다. 이조정랑 정철(鄭澈, 1536~1593)이 광나루까지 뒤쫓아 갔으나 미치지 못하고, 시를 짓기를, "뒤쫓아 광진 위에 이르니(追到廣津上), 신선의 배는 이미 아득하네(仙舟已杳冥). 가을바람 가득한 생각으로(秋風滿腔思), 사양(斜陽)에 홀로 정자에 오르네(斜日獨登亭)."라고 하였는데, 자못 사람들의 전해 외우는 바가 되었다.

嘉靖丁卯六月 退溪先生赴召入都 未及謝恩 而明廟昇遐 八月先生辭宗伯之命 旣遞 卽出廣津乘舟東還 一時士夫 皆悵然如失 吏曹正郞鄭澈 追至廣津不及 作詩曰 追到廣津上 仙舟已杳冥 秋風滿腔思 斜日獨登亭 頗爲人所傳誦.

[출전] 雲巖雜錄, 『국역 大東野乘』, 민족문화추진회, 1985, 원문(118면), 역문(622면).

1) 明 世宗의 연호.

5-6. 퇴계를 전송한 정철(2)

이에 앞서 퇴도선생(퇴계)이 벼슬을 사퇴하고 고향에 돌아가니 당시의 사대부들이 모두 강가에 나와 전송을 하였다. 이때 공은 직학(直學)으로 있었는데, 공이 강가에 도착하였을 때는 선생이 이미 멀리 떠난 뒤였다. 공이 아래와 같은 시를 지었다. 뒤쫓아 광나루(廣陵)에 오니(追至廣陵上), 신선의 배(仙舟) 이미 아득하네(仙舟已杳冥). 봄바람 강에 가득한 생각으로(春風滿江思), 석양에 홀로 정자에 오르네(斜日獨登亭).

前此退陶先生辭退還山 一時搢紳之士 皆祖于江上 公以直學追別 先生已遠矣 公作詩曰 追至廣陵上 仙舟已杳冥 春風滿江思 斜日獨登亭.

[출전] 長貧居士胡撰, 『국역 大東野乘』, 민족문화추진회, 1985, 원문(10면),

역문(47~48면).

5-7. 퇴계와 이원길의 껄끄러운 만남

퇴계가 서울에 들어왔을 때 경사대부들이 조석으로 그 문간에 대기하여 앞을 다투어 서로 인사드리므로, 퇴계는 일일이 다 접견하느라 조금도 틈이 없었다. 최후에 정승 이원길(李原吉, 1499~1572)을 찾아보았더니 이 정승이 말하기를, "공이 서울에 들어온 지 이미 오래되었는데, 어찌하여 일찍 상면하지 않았소?" 하매, 퇴계가 대답하기를, "찾아오는 사람들을 접대하느라 시간이 없었소." 하니, 이 정승이 얼굴을 찡그리며 말하기를, "지난 기묘년(중종 14, 1519)[1] 에 있어서도 선비들의 버릇이 이러하였는데, 그 중에는 또한 양질호피(羊質虎皮)[2]의 사람도 없지 않아 결국 화를 매개하는 폐단이 있었소. 조정암 같은 분 외에는 내가 취하지 않소." 하였다.

退溪入來時 卿士大夫朝夕候其門 爭相現謁 退溪一皆接見小無間歇 最後往見李相原吉 李相曰 公之入城已久 何不早爲相見耶 退溪答以接遇無間之事 李顰蹙曰 往在己卯士習如此 其間亦有羊質虎皮 終有媒禍之端 如趙靜庵外 吾不取也云.

[출전] 梧陰雜說, 『국역 大東野乘』, 민족문화추진회, 1985, 원문(67면), 역문(369~370면).

1) 기묘사화가 일어난 해.

2) 본 바탕은 아름답지 못하면서 겉만 훌륭함.

5-8. 퇴계를 존경한 임형수

임금호(林錦湖)[1]는 동배들을 업신여기는 버릇이 있어, 아무리 선배일지라도 모두 버릇없는 말을 퍼부었다. 그러나 퇴계에게만은 존경하면서 감히 함부로 굴지 못하였다. 신영천(申靈川)[2]의 죽화(竹畵)에 쓰기를, "영천이 그려낸 푸른 대나무는(靈川筆下碧琅玕), 소상 어귀 높은 표지 눈과 달이 차갑구나(湘口高標雪月寒). 시인을 추려본들 어느 누가 근사하리(揀得詩人誰得似), 청수한 그 아취는 퇴계와 함께 보리라(淸癯宜幷退溪看)" 하였으니 그를 지극히 높인 것이다. 그 뒤에 제주로 귀양 가서 퇴계의 편지에 시로써 화답하기를, "그대의 높은 의리 나로서는 어림없나니(高義吾君我不如), 편지에 담긴 인정 너무도 간절하구나(書來情款溢言餘). 변씨의 옥월자(玉刖者)[3]됨은 원래부터 알고 있는데(本知卞玉能成刖), 양장(羊腸)[4]이라 반드시 수레 넘어지는 것 아니라네(未必羊腸可覆車). 바다 섬 벼슬살이 이제는 괴롭기만 해(浮海宦情今已苦), 산 사서 돌아갈 계획[5] 응당 소홀하지 않으리라(買山歸計未應疎). 강매화 피고 짐을 누구와 얘기하리(江梅落盡誰相問), 만리 밖에서 속절없이 편지만 전할 뿐이네(萬里空傳尺素書)." 하였다.

林錦湖侮儕慢輩 雖先進皆以慢語加之 獨於退溪 則尊敬而不敢 嘗題申靈川畵升云 靈川筆下碧琅玕 湘口高標雪月寒 揀得詩人誰得似 淸癯宜幷退溪看 其後謫濟州 退溪寄以詩和韻 高義吾君我不如 書來情款溢言餘 本知卞玉能成刖 未必羊腸可覆車 浮海宦情今已薄 [sic-苦] 買山歸計未應疎 江梅落盡誰相問 萬里空傳尺素書.

[출전] 月汀漫筆, 『국역 大東野乘』, 민족문화추진회, 1985, 원문(55면), 역문(303~304면).

1) 임형수(林亨秀, 1504~1547))의 호.
2) 이름은 潛.
3) 周나라 楚人 卞和는 楚山에서 璞玉을 얻어 厲王에게 바쳤더니, 거짓이라 하고 그의 왼발을 베었다. 그 후 武王에게 다시 바쳤으나 역시 거짓이라고 그의 오른발을 베었다. 뒤에 文王에게 바쳐서 玉人이 쪼았더니 과연 寶玉이 들었었다는 고사.
4) 중국 山西省 交城縣 동남에 있는 경사진 비탈 이름. 전국시대 趙나라의 요새지며, 마치 양 창자처럼 구불구불하다고 한다.
5) 은둔할 계획을 뜻함. 『世說新語』에 支道林이 深公에게 산을 사자고 하였더니 심공이, "巢由가 산을 사 놓고 은둔했다는 말을 듣지 못하였다."고 하였다.

5-9. 퇴계의 노송나무와 정인홍의 비방

퇴계 선생의 옛집은 서울 서소문동에 있었다. 뜰에 늙은 노송나무(檜)가 있는데 길이가 수십 길이나 되었다. 난리를 치른 뒤에 서울 안에 있던 큰 나무들이 남은 것 없이 다 없어졌건만, 유독 이 나무만은 그대로 있어 푸른빛이 하늘에 닿으므로 원근에서 모두 쳐다볼 수 있었다. 이 나무가 신해년(광해 3, 1611) 봄에 갑자기 꺾어졌다. 사람들은 모두 괴상히 여겼다. 그 해 여름에 정인홍(鄭仁弘, 1535~1623)이 박여량(朴汝樑, 1554~1611)·박건갑(朴乾甲, 1558~) 등을 시켜서 소를 올려 퇴계를 헐뜯어 못하는 짓이 없었다. 그래서 사림들이 모두 분하게 여기고, 8방의 유생들이 모두 대전 아래에 모여들어 소를 올려 그 원한을 풀려 했으니, 이 어찌 사문의 큰 불행한 일이 아니겠느냐? 노송나무가 꺾인 변고가 이때에 이르러 비로소 맞았던 것이다.

退溪先生舊宅 在於京中西小門洞 庭有老檜長數十丈 兵火之後都下喬木蕩然無餘 獨此樹猶存 蒼翠磨空遠瞻望 辛亥春忽然摧折 人咸怪訝其夏鄭仁弘嗾朴汝樑朴乾甲輩 上疏詆毁退溪無所不至 士林齊憤 八方儒生坌集闕下 投疏伸雪 豈非斯文之大不幸 折檜之變於時始驗矣.

[출전] 竹窓閑話, 『국역 大東野乘』, 민족문화추진회, 1985, 원문(55면), 역문(247면).

5-10. 윤근수의 교제에 분개한 기대승

퇴계는 고봉을 극히 추중하였는데, 이것은 그의 왕복한 서신을 보아도 알 수 있다. 선인은 고봉보다 아홉 살 아래요, 소시부터 글을 배우며 선생으로 불렀다. 평상시에, 고봉 윤월정(尹月汀=尹根壽, 1537~1616)과 함께 호당(湖堂)에 숙직할 때에 고봉이 기를 올려 율곡을 흠잡으매, 선인이 조용히 말하기를, “선생은 이미 이모와 도의의 교제를 허락하였으니, 매양 헐뜯는 것은 부당합니다.”고 하였으나 고봉은 더욱 분이 풀리지 않았다. 월정의 말

退溪之於高峰 極其推重 觀其往復書札可知 先子少高峯九歲 而自少受書 稱以先生 平時與高峯及尹月汀 同直湖堂 高峯盛氣 瑕點栗谷 先子從容言 先生旣與李某 許以道義 不當每加訾毁高峯愈恚不釋 月汀言.

[출전] 畸翁漫筆, 『국역 大東野乘』, 민족문화추진회, 1985, 원문(108면), 역

문(565면).

5-11. 이언적과 이황을 헐뜯는 정인홍을 승정원이 계사를 올리다

4월 8일 맑음. 요사이 좌찬성 정인홍이 사직하는 차자를 올려 힘써 회재(晦齋)[1]와 퇴계를 헐뜯으니, 듣는 이마다 놀랍고 분하게 여겼다. 승정원이 계사를 올리매 비답하기를, "사람은 각기 소견이 있으니 몰아쳐서 뇌동(雷同)[2]게 하는 것은 옳지 않다. 그 차자는 내리지 않았으니 승정원의 계는 이르지 않느냐……." 라고 하였다. 좋고 싫음을 시원히 가리지 않고 도리어 승정원의 계사를 이르다 하니, 인심이 더욱 격동하였다.

四月初八日晴 頃日左贊成鄭仁弘上辭職箚 力詆晦齋退溪 聞者莫不駭憤 政院爲啓辭 答曰 人各有所見 不可驅策 使之雷同 厥箚不下 政院之啓 無乃早乎云云 不快施好惡 而反以政院啓辭爲早 人心益激.

[출전] 凝川日錄 1, 『국역 大東野乘』, 민족문화추진회, 1985, 원문(5면), 역문(24~25면).

1) 이언적(李彦迪, 1491~1553)의 호.
2) 스스로 뜻이 서 있지 않고 남의 주장에 따라감.

5-12. 허엽이 서경덕과 이황을 비교하여 말하다

이에 앞서 허엽(許曄, 1517~1580)이 이황에게 말하기를, "화담[서경덕(徐敬德), 1489~1546] 횡거(橫渠)[1]에 비길 만하오." 하니, 이황이 말하기를, "화담의 저술 가운데 어느 글이 「정몽

(正蒙)」에 비할 것이며 어느 것이 「동서명」에 비할 만한가?" 하니, 허엽이 그만 말이 없었다. 그러다가 이때에 와서는 과장이 더욱 심하여 소옹(邵雍)·장재(張載)·정이(程頤)·주희(朱熹)의 학문을 겸하였다고 하기에까지 이르니, 가위 알지도 못하고 망언한다고 하겠다.

先時曄謂李滉曰 花潭可比橫渠 滉曰 花潭所著何書可比正蒙 何書可比東西銘 曄無語 至時誇張益甚 至以爲兼邵張程朱之學 可謂不知而妄言矣.

[출전] 石潭日記 上, 『국역 大東野乘』, 민족문화추진회, 1985, 원문(38면), 역문(168면).

1) 송나라 장재(張載).

5-13. 백인걸과 이이가 조광조와 이황의 우열을 논하다

백인걸(白仁傑, 1497~1579))이 이이와 조광조와 이황의 우열을 말할 때, 이이가 말하기를, "자품(資禀)을 논하면 정암(靜庵) 등이 나으나, 조예(造詣)로 말하면 퇴계가 낫습니다." 하였더니, 백인걸이 머리를 흔들고 손을 저으며 말하기를, "아주 틀렸어! 퇴계가 어찌 정암을 바라보랴." 했다. 그 뒤에 백인걸이 성혼과 이이가 크게 쓰일 사람이라고 천거하였으나, 이이는 경솔한 병통이 있다고 하니, 어떤 사람이 나무랐다. 백인걸이 말하기를, "그(이이)가 정암을 부족하게 여기고, '정암이 퇴계 아래에 간다.' 하므로, 내 말이 이러한 것이다."고 하였다. 백인걸이 나라를 근심하는 정성은 죽을 때까지 변하지 않았으나, 재주는 실용에 적합하지 못하고, 다만 강개(慷慨)하게 의론(議論)을 세울 뿐이었다.

仁傑與珥論光祖李滉優劣 珥曰 論其資禀 則靜庵 [sic-菴] 超勝 語其造詣 則退溪爲優 仁傑掉頭搖手曰 大不是 退溪安敢望靜菴乎 厥後仁傑薦成渾李珥可大用 而珥有輕率之病云 人或尤之 仁傑曰 渠短靜菴 擬以退溪之下 故吾言云云 仁傑憂國之誠 至死不變 而才非適用 只喜慷慨立論而已.

[출전] 石潭日記 下, 『국역 大東野乘』, 민족문화추진회, 1985, 원문(60면), 역문(257면).

1) 조광조(趙光祖)의 호.

5-14. 퇴계를 거짓 꾸며 헐뜯음

세상의 어리석은 자들이 "퇴계가 상중에 아들을 두었다."고 말하는 자가 많았는데, 그 말의 근거를 알지 못하겠다. 옛날 인조 때에 문성공 이이를 문묘에 배향하는 의론이 일어나매 임금이 윤허를 보류하고, "그는 상중에 아들을 두었다."고 하니, 경연의 신하들이 그 말의 소종래(所從來)를 듣기 원하였다. 이에 임금이 이르기를, "그의 문인 이귀(李貴)가 말하였다."하니, 상신(相臣) 최명길(崔鳴吉, 1586~1647)이, 말하기를, "이는 이황이요 이이가 아닙니다."라고 하였고, 승지 한필원(韓必遠, 1578~1660)은 "이는 정인홍의 무고입니다."라고 하였다. 이

때에 영남 유생들이 소를 올려 극력 변명하여 퇴계 아들의 생년월일을 모두 기록하여 증거를 대었는데, 최명길이 또 소를 올려 이르기를, "소유(疏儒)들이 모여 의론하는 것을 정온(鄭蘊, 1569~1641)이 저지했습니다."라고 하였다. 이에 동계(桐溪)[1]가 또 소를 올려 이르기를, "어느 해에 아무개가 말하기를, 일찍이 어느 지방을 지나는데 누가 드러내어 말하기를, '퇴계가 상중에 아들을 두었는데 허물을 숨기지 않고 상달하였으므로 이 때문에 그를 어질게 여긴다.'고 했으니 겉으로는 높이는 체하면서 속으로는 해치려는 정상이 가증하다."고 하였습니다. 신이 이 말을 듣고 선비의 풍습이 투박함을 그윽이 탄식하였습니다. 신이 또 인홍의 집에 출입한 지 20여 년이 되었는데, 인홍이 이황을 헐뜯음이 이루 형언할 수 없었으나, 이 일에 대하여는 일찍이 한 번도 언급한 적이 없었습니다. 신이 또 어찌 사림의 공의를 저지할 이치가 있겠습니까? 이로써 미루어 보건대 다른 말도 모두 준신할 수 없습니다."라고 하였다. 이 일은 최 정승 『지천집(遲川集)』과 『정동계집(鄭桐溪集)』에 실려 있는데 내가 그 전문을 기억하지 못하고 그 대강만을 이와 같이 수록하는 바이다. 대개 이 말은 최 정승의 전에도 이미 있었으나 중간에서 헐뜯는 자의 소행에 지나지 않는다. 영남에서는 적연히 이런 말이 없었으므로, 정인홍의 험구로도 일찍이 입에 올린 적이 없었다. 퇴계의 양춘화기(陽春和氣)로서 그 당시에 원망하고 미워하는 바가 없었고, 덕행을 보고 감화되지 않은 자가 없었는데도, 오히려 악독한 마음을 품고 음으로 헐뜯음이 여기에까지 이르게 되었으니, 세상길의 험난함을 엿볼 수 있다. 이제 평범하고 용렬한 재주로서 허물이 없이 몸과 명예를 온전히 하려고 해도 방법이 없을 것이다.

誣毁退溪 世之蚩人 多傳退溪喪內有子 不知言之根因也 昔仁祖之世 李文成從祀議起 上靳許且曰 彼有喪內之子 筵臣願聞其所從 上曰其門人李貴言之 崔相鳴吉曰 此謂李滉非李珥也 承旨韓必遠曰 此鄭仁弘之誣也 時嶺儒疏辨甚力 悉錄退溪生子年月而證之 崔疏又云 疏儒聚議 鄭蘊沮之云云 於是桐溪疏又上曰 某年有某甲云 嘗過某地 有人倡言 退溪實喪內有子 而不諱過 至於上達 所以爲賢 其陽尊陰抑情態可惡云云 臣聞此竊嘅士習之渝薄 臣又出入仁弘之門二十餘年 仁弘之凡所以害李某者 無所不至 未嘗一言及此 臣又何曾沮止儒士之公議 以此推之 他說皆未可信 此事載崔相遲川集及鄭桐溪集 余未記全文 只錄其槩如此 盖此言崔相之前已有之 不過中間構毁者所爲 嶺以南則寂寥無聞 故鄭仁弘之忌克而不曾搭在牙頰也 退溪之陽春氣韻 無所怨惡於時 莫不觀德而心醉 猶不免豺牙蜜弩 陰藏暗射至此 可以見世路之艱難 今以中智庸材 欲過防而全身名者 將無其術矣.

[출전] 李瀷 原著, 『국역 星湖僿說(성호사설)』 Ⅳ, 민족문화추진회, 1977, 원문(111~112면), 역문(377~378면).

1) 정온(鄭蘊)의 호.

5-15. 퇴계와 율곡의 약조

…(전략)… 고(故) 처사(處士) 유형원(柳馨遠, 1622~1673)이 말하기를, "주자(朱子)가 여씨향약에 더하거나 보태어 보완한 것이 지극하다. 다만 그 책은 본래 사류(士類)들이 개인적으로 서로 약속한 것이었다. 만약 국가적으로 가르침의 조목을 거듭 밝혀 주리(州里)의 사서인들이 일어나 행하지 않음이 없게 하려면, 그 사이의 절목(節目)을 부득불 변통해야 할 부분이 있

다. 이 때문에 근세의 유선(儒先)들 중에 교화에 뜻을 둔 사람은 모두 주자의 것에 대하여 더하거나 뺀 바가 있어 자상하고 간략함이 다르니, 지금 다시 『주례(周禮)』의 '향삼물(鄕三物)'과 '향팔형(鄕八刑)'[1]의 뜻을 거기에 퇴계(退溪)와 율곡(栗谷)의 약조(約條)를 참작하여 조목을 정해야 한다."고 하였다.

…(前略)… 故處士柳馨遠曰 朱子增損呂氏鄕約至矣 但其書 本爲士類私相約束者也 若使國家 申明敎條 使州里士庶 無不興行 則其間節目 有不得不變通者 是以近世儒先 有志於敎化者 皆有所增損 而詳畧各不同 今復竊取周禮鄕三物鄕八刑之意 而參以退溪栗谷約條 定爲條目.

[출전] 李裕元 原著, 『국역 임하필기(林下筆記) 2』, 민족문화추진회, 1999, 원문(83~84면), 역문(211~212면).

1) 향삼물(鄕三物)과 향팔형(鄕八刑) : 『주례(周禮)』 지관(地官) 대사도(大司徒)에, "향삼물로 만민을 가르쳐 빈흥(賓興)시키는데, 첫째 육덕(六德)이니, 지(知)·(仁)·성(聖)·의(義)·충(忠)·화(和)이고, 둘째 육행(六行)이니 효(孝)·우(友)·목(睦)·인(婣)·임(任)·휼(恤)이고, 셋째 육예(六藝)니 예(藝)·악(樂)·사(射)·어(御)·서(書)·수(數)이다. 향팔형으로 만민을 규제하니, 불효지형(不孝之刑), 불목지형(不睦之刑), 불인지형(不婣之刑), 부제지형(不弟之刑), 불임지형(不任之刑), 불휼지형(不恤之刑), 조언지형(造言之刑), 난민지형(亂民之刑)이다." 하였다.

5-16. 향약(鄕約)

선정 송시열(宋時烈, 1607~1689)이 향약에 대하여 논하기를, "정암(靜菴)이 국정을 담당하고 있을 때에 퇴계가 예안에서 닦고, 율곡이 파주에서 행하여 성대한 효과를 이루었으니, 오직 『주례』 및 주자가 보완한 『여씨향약』과 퇴계와 율곡이 정한 것 중에 지금에 합당한 것을 행해야 한다." 하였다.

鄕約

先正宋時烈 論鄕約曰 靜菴當路之日行之 退溪修之於禮安 栗谷行之於坡州 蔚有成效 惟用周官 及朱子增損呂氏約 及退溪栗谷所定之宜於今者 而行之.

[출전] 李裕元 原著, 『국역 임하필기(林下筆記) 2』, 민족문화추진회, 1999, 원문(84면), 역문(212면).

5-17. 이단(異端)

퇴계는 산승(山僧)이 시를 청하면 비록 거절하지 못하는 경우가 있었지만, 노을이나 안개, 물과 돌의 경치만 묘사했지 '승(僧)' 자는 한 글자도 언급하지 않았으며, 만년에는 또한 이런 작품 자체가 드물었다. 또 말하기를, "진백사(陳白沙)[1]와 왕양명(王陽明, 1472~1529)의 학문은 육상산(陸象山)에게서 나왔다. 진백사의 학문은 그래도 선학(禪學)은 아니기 때문에 스스로 말하기를, '성현의 책을 강구하지 않은 것이 없었는데, 번다한 것을 버리고 핵심적인 것을 구한 뒤에야 마음의 본체가 드러나서 일상생활 할 때에 각각 두서가 있고 확연히 자신이 있게 되었다.' 하였다. 그러나 그가 깨달음에 들어간 곳은 결국 선(禪)의 방법이었다. 왕양명에 이르러서는 학술이 매우 어긋

났으니, 인의를 해치고 천하를 어지럽힌 이는 필시 이 사람일 것이다. '마음이 바로 이(心卽理也)'라는 설을 주창하여 말하기를, '천하의 이치는 다만 내 안에 있고 사물에는 있지 않으니, 학자는 다만 이 마음을 보존하려고 힘써야 하지 사물에서 이치를 구해서는 안 된다. 비록 오륜처럼 중요한 것이라 하더라도 있어서 되고 없어도 되며 깎아 버려도 되는 것이다.' 하였으니, 이 어찌 불가의 가르침과 다름이 있겠는가. 궁리(窮理)의 학문을 배척하고자 해서는 주자의 설을 홍수나 맹수의 재해와 같다고 하였고, 번다한 글의 폐해를 없애고자 해서는 진시황(秦始皇, BC 259~210)이 책을 불사른 것이 공자가 시를 산정(刪定)한 뜻을 터득한 것이라고 하였다. 그의 말이 이와 같은데도 스스로 말하기를, '나는 광혹(狂惑)하고 마음을 상실한 사람이 아니다.' 하였으니, 나는 그 말을 믿지 못하겠다." 하였다.

율곡이 말하기를, "불씨(佛氏)의 폐해는 외적이 침략한 것과 같고, 육씨(陸氏)[2)]의 폐해는 간신이 나라를 그르친 것과 같다." 고 하였다.

異端

退溪於山僧請詩 雖或不拒 但寫烟霞水石之勝 無一字及於僧字者 晚年亦鮮有作 又曰 陳白沙王陽明之學 出於象山 陳學猶未純爲禪學 故自言리聖賢之書 無所不講 舍繁求約然後心體呈露 日用應酬 各有頭緒 渙然自信云 其悟入處 終是禪伎倆 至於陽明 學術頗惑 賊仁義 亂天下 未必非此人也 創爲心卽理也之說 謂天下之理 只在於吾內而不在事物 學者但當務存此心 而不當求理於事物 雖如五倫之重 有亦可無亦可 剗而去之亦可也 是庸有異於釋氏之敎乎 欲排窮理之學 則斥朱說於洪水猛獸之灾 欲除繁文之弊 則以始皇焚書 爲淂孔子刪定之意 其言若是 而自謂非狂惑喪心之人 吾不信之也. 栗谷曰 佛氏之害

如外寇之侵突 陸氏之害 如奸臣之誤國.

[출전] 李裕元 原著, 『국역 임하필기(林下筆記) 2』, 민족문화추진회, 1999, 원문(36~37면), 역문(101~102면).

1) 진헌장(陳獻章, 1428~1500)을 가리킴.
2) 육구연(陸九淵, 1139~1192)을 가리킴.

5-18. 시장이 없이 시호를 내린 일의 시초

선조 6년(1573)에 대사헌 노진(盧禛, 1518~1578)과 사간 김성일(金誠一, 1538~1593)이 아뢰기를, “증 영의정 이황은 도덕의 성대함이 마치 해와 별과 같으니 속히 시호를 내려서 세도(世道)를 권면하도록 하소서.” 하였는데, 상이 행장이 없다 하여 이를 허락하지 않았다. 이에 경연관 이이가 아뢰기를, “옛날에 황간(黃榦)은 주자의 수제자였음에도 스승이 죽은 뒤 20년이 지나서야 행장을 지을 수 있었으며, 이천(伊川)의 경우에는 그의 문인의 고제(高弟)들이 끝내 감히 이를 위한 붓을 잡지 못하였으니, 그 어려움이 실로 이와 같았습니다. 그런데 유독 이황의 문인이라 하여 어찌 이를 용이하게 지을 수가 있겠습니까. 그러므로 대현(大賢)을 대우함에 있어서 상규(常規)에 얽매일 수는 없습니다. 이황으로 말하면 그 행적이 사람들의 이목에 분명한데 행장이 있고 없는 것이 무슨 보탬이 되고 안 되고 하겠습니까.” 하니, 상이 그렇게 하라고 하였다. 그리하여 마침내 문순(文純)으로 시호를 정하였는데, ‘도와 덕이 있고 견문이 넓은 것(道德博聞)’을 문(文)이라 하고 ‘중정하고 정수한 것(中正精粹)'을 순(純)이라고 하는 바, 유현(儒賢)에 대하여 그 시장(諡狀)을 기다리지 않고 시호를 내린 것이 여기에서 비롯되었다.

不待諡狀之始 宣祖六年 大司憲盧禛 司諫金誠一啓 贈領議政李滉道德之盛 昭如日星 請速賜諡 以屬世道 上以無行狀 不許經筵官李珥曰 昔黃幹 [sic 榦] 以朱子高弟 其製行狀 猶在二十年之後 伊川則門人高弟 終不敢下筆 其難也 如此 况李滉門人 安能容易製之乎 待大賢 不可拘於常規 滉之行跡 昭在耳目 行狀有無 何所增損 上可之遂諡文純 道德博聞曰文 中正精粹曰純 儒賢之不待諡狀賜諡始此.

[출전] 李裕元 原著, 『국역 임하필기(林下筆記) 3』, 민족문화추진회, 1999, 원문(146면), 역문(430~431면).

5-19. 오현의 종사

광해군(光海君) 2년(1610)에 문경공(文敬公) 김굉필(金宏弼, 1454~1504), 문헌공(文獻公) 정여창(鄭汝昌), 문정공(文正公) 조광조(趙光祖), 문원공(文元公) 이언적(李彦迪, 1491~1553), 문순공(文純公) 이황(李滉)을 문묘(文廟)에 종사(從祀)하였다. 이에 앞서 조헌(趙憲, 1544~1592)이 동환봉사(東還封事)에서 이르기를, "김굉필은 도학(道學)을 맨 처음 창도하여 전대를 계승하고 후학을 개도(開導)한 업적이 있고, 조광조는 사도(斯道)를 계명(繼明)하여 세상을 구원하고 사람을 착하게 한 공로가 있고, 이언적은 도를 순수하고 독실하게 체득하여 위태로움을 일으켜 세운 공로가 있습니다. 더구나 이황으로 말하자면, 우리나라 유학을 집대성하고 주자의 적통을 이어받아, 오늘날의 선비 가운데 조금이라도 존군애친(尊君愛親)을 알고 예의염치가 있는 사람이면 다들 그의 덕에 감화되어 흥기한 자들입니다. 삼가 바라건대, 전하께서는 어서 네 현인을 추장(推奬)하여 종사하는 반열에 올리도록 하옵소서. 그렇게 하면 거의 포숭(褒崇)하고 향용(嚮用)하는 일이 그 의리를 모두 극진히 하게 되어, 문왕(文王)을 기다려 흥기하는 자들이 일반 백성들 속에서 힘차게 일어날 것입니다."고 하였으나, 받아들여지지 않았다. 이 때에 이르러 태학생(太學生) 임숙영(任叔英, 1576~1623) 등이 상소하여 아뢰기를, "하늘이 우리나라를 보살피시어 열성(列聖)이 서로 계승하면서 유액(誘掖)하고 진작(振作)하여 인재가 배출되었습니다. 이 때에 예컨대 문경공 신 김굉필과 문헌공 신 정여창과 문정공 신 조광조와 문언[sic 원]공 신 이언적과 문순공 이황 같은 사람들이 있어 명세(命世)의 선비로서 후대에 전해지지 않은 실마리를 오랜 뒤에 계승하였는데, 무리들 가운데서 탁월하고 출중하여 장야(長夜)의 일월(日月)과 같았습니다. 그들의 학문을 논하자면 염락관민(濂洛關閩)[1]이고, 그들의 뜻을 논하자면 요순 시절의 임금과 백성이었으니, 이야말로 세상에 보기 드문 진유(眞儒)이고, 백대(百代)의 영원한 종사라고 할 수 있습니다. 그런데도 아직껏 숭보(崇報)하는 은전이 결여되어 문묘에 제향 되지 않고 있으니, 밝은 시대의 흠전(欠典)이자 사림의 결망(缺望)치고 어느 것이 이보다 크겠습니까. …(중략)… 이황으로 말하자면, 자품(資禀)이 초매(超邁)하고 충양(充養)이 연굉(淵宏)하였고, 참으로 알고 몸소 실천하였으며, 깊고 오묘한 것들을 계발하였습니다. 『계몽전의(啓蒙傳疑)』와 『천명도설(天命圖說)』을 지어 성리의 학문을 밝혔고, 『주자서절요(朱子書節要)』와 『이학통록(理學通錄)』을 지어 도에 나아가는 근원을 천명하였습니다. 『성학십도(聖學十圖)』와 무진육조소(戊辰六條疏)에 있어서도 성인의 경전을 밝히고 이단을 배척하는 설이 아닌 것이 없으니, 네 현인을 집대성하여 우리 동방의 고정(考正)[2)]이 된 자는 어찌 이 사람이 아니겠습니까?" 하니, 그대로 따랐다. …(후략)…

五賢從祀

光海二年 以文敬公金宏弼 文獻公鄭汝昌 文正公趙光祖 文元公李彦廸 [sic 迪] 文純公李滉 從祀文廟 先是 趙憲東還封事曰 金宏弼肇倡道學 而有繼往開來之業 趙光祖繼明斯道 而有扶 [sic 拯] 世淑人之功 李彦迪體道純篤而有扶顚扶 [sic 持] 危之力 況如李滉集東儒之大成 而紹夫 [sic 朱] 子之嫡統 當今之士 稍知尊君愛親 而有禮義廉恥者 皆薰其德而興起者也 伏願殿下 亟奬四賢 列于從祀 則庶乎褒嵩嚮用 而盡其義 而待文王而興者 蔚起乎凡民矣 報罷 至是 太學生任叔英等上疏曰 天眷我東 列聖相承 誘掖振作 人才輩出 時則有若文敬公臣金宏弼文獻公臣鄭汝昌文正公臣趙光祖文元公臣李彦迪文純公臣李滉 以命世之儒 遠承不傳之緖 出乎類 拔乎萃而山斗於一時 倡於前繼於後 而日月乎長夜 論其學 則濂洛關閩 語其志 則堯舜君民 誠可謂稀世之眞儒 百代之宗師 而尙闕崇報之典 未享苾芬之祀 則明時之欠典 士林之缺望 孰有大於此者乎 …(中略)… 李滉資禀超邁 充養淵宏 眞知實踐 啓蘊發奧 啓蒙有傳疑 天命有圖說 而性理之學以明 朱書有節要 理學有通錄 而造道之源以闡 至于十國之書 六條之疏 無非明聖經闢異端之說 則集四賢而大成 爲我東方之考亭者 其不在斯人乎 從之. …(後略)…

[출전] 李裕元 原著, 『국역 임하필기(林下筆記) 5』, 민족문화추진회, 1999, 원문(71~72면), 역문(199~203면).

1) 염락관민(濂洛關閩) : 염은 염계(濂溪)로 송학(宋學)의 비조인 주돈이(周敦頤)가 거주하던 곳이며, 낙은 낙양(洛陽)으로 정호(程顥) · 정이(程頤) 형제가, 관은 관중(關中)으로 장재(張載)가, 민은 민중(閩中)으로 주희(朱熹)가 거주하던 곳으로, 곧 이들이 주장한 성리학을 이르는 말이다.
2) 주자(朱子).

5-20. 방언으로 구경을 풀이하다

신라의 설총(薛聰, 655~?)이 방언으로 구경(九經)을 풀이하고 또 이어(俚語)로 이찰(吏札)을 만들어 관부의 공문서에 썼다. 박세채(朴世采, 1631~1695)가 이르기를, "우리나라에서 경서를 구결로 뜻풀이 한 것은 중국에는 없는 것이다. 설총에서 시작되어 정포은(鄭圃隱, 1337~1392)과 권양촌(權陽村)에서 완성되었다. 세조조에 이르러 신하들에게 나누어 명하여 구결을 짓도록 하였는데, 여전히 각자 쓰는 것이 달라 이리저리 어지럽고 억지로 꿰어 맞추는 점이 있었다. 또 선묘조에 이르러 담당 부서를 설치하고 관원을 명하여 상호 참조해서 버릴 것은 버리고 취할 것은 취하여 언해를 만들어 정하도록 하여 마침내 한 시대의 전형이 되었으니, 훌륭하다고 할 만하다. 다만 구결은 또한 중국에서 정한 구두(句讀)를 기준으로 해야 할 듯한데, 지금은 자르고 끊는 것에 힘써 구결과 뜻풀이가 마구 뒤섞여 기준으로 삼는 바가 없으니, 또한 다시 손봐야 할 듯하다." 하고, 또 이르기를, "언해는 또한 더욱 종류가 많아 퇴계에 이르러 뜻풀이를 합성하였는데, 여전히 세상에 다 드러나지는 않았다. 율곡 이이가 이에 사서를 가지고 언해를 만들어 학자들이 받아 읽기 편하도록 하였으니, 대개 당시 나라에서 미처 담당

부서를 설치하여 경서 언해를 만들지 못하고 있었기 때문이다." 하였다.

方言解九經 新羅薛聰 以方言解九經 又以俚語製吏札 行於官府公簿 朴世采曰 我國經書口訣釋義 中朝所未有 始發於薛聰 成於鄭圃隱權陽村 至世祖朝 分命諸臣 著口訣 而然猶人各有書紛紜穿鑿 又至宣廟朝 設局命官 參互去取 著定諺解 遂爲一代之典 可謂盛矣 但其口訣 似亦當以中朝所定句讀爲準 而今乃務加割斷 使口訣釋義 混然相雜 無所準 則恐亦不得不再修者也 又曰 諺解又益多門 至退溪李滉合成釋義 猶未盡顯於世 栗谷李珥 乃就四書 著諺解 以便學者受讀 盖時國家未及設局定著經書諺解故耳.

[출전] 李裕元 原著, 『국역 임하필기(林下筆記) 4』, 민족문화추진회, 1999, 원문(19면), 역문(48면).

5-21. 문형(文衡)

살피건대 우리나라의 관각(館閣)은 예문관이 근본이 되고 성균관은 실로 인재를 교육하여 양성하는 일을 주관한다. 그러므로 예문관의 대제학이 성균관의 수장(首長)을 겸직해야만 바야흐로 문형을 맡았다고 일컬었다. 그 뒤에 관직과 좌차(座次)가 방해되고 구애받는 까닭에 대사성을 겸임하는 규정을 없애고 지성균관사(知成均館事)로서 그를 대신하게 하였다. 허열(許說)과 홍시(洪詩)가 모두 그러하였고, 변계량(卞季良, 1369～1430) 이전에는 태종(太宗) 임오년(1402)에 권근(權近, 1352～1409)이 예문관 대제학으로서 대사성을 겸임하였으며, 박충원(朴忠元, 1507～1581) 이전에는 명종(明宗) 병인년(1566)에 이황(李

滉)이 또한 문형을 맡았는데 기록에 실리지 않았다. 홍시와 이황은 공무를 행하지 아니한 까닭이라고 해명할 수 있겠으나, 여러 해 동안 문형을 맡은 권근이 유독 기록에 실려 있지 않은 것은 알 수가 없다. …(후략)…

文衡

按 國朝館閣 藝文館爲本 而成均館貴主敎養之任 故以藝文兼長國子 然後方稱典文衡 其後以官聯座次之妨礙 罷兼大成之規 以知館事代之 許說洪詩 俱似矣 而卞季良之前 太宗壬午 權近以藝文大提學兼大司成朴忠元之前 明宗丙寅 李滉亦典文衡而不入 於洪詩 李滉 則以未行公爲解 而多年主文之權近 獨不載錄 是未可知也. …(後略)…

[출전] 李裕元 原著, 『국역 임하필기(林下筆記) 5』, 민족문화추진회, 1999, 원문(51면), 역문(143면).

5-22. 문형권점(文衡圈點)의 고사

윤근수(尹根壽, 1537~1616)가 말하기를, "가정(嘉靖)[1] 경신년(1560, 명종 15)에 찬성(贊成) 홍섬(洪暹, 1504~1585)이 대제학을 간곡히 사직하여 허락을 받았는데, 마땅히 새 대제학을 내야 하였기에 승정원이 고사에 따라 가선대부 이상의 문관을 패초(牌招)하니 모두 빈청(賓廳)에 모였다. 찬성이 그 대임자를 자거(自擧)하는 고례(故例)로 인하여 예조판서 정유길(鄭惟吉, 1515~1588)과 지사 윤춘년(尹春年, 1514~1567)과 동지사 이황을 천거한 뒤 이어 상신의 자리 앞으로 나아가 말하기를, '이모(李某)는 경술과 사장이 실로 직임에 적합한데, 초야에 굳게 누워 지내며 나오지 않으니 어찌하면 좋겠습니까?' 하였다. 이 때 내가 주서(注書)로서 천거단자(薦擧單子)를 가지고 아래로부터 올라가서 자리에 나아가 권점(圈點)할 것을 청하였는데, 어느 한 재신(宰臣)의 차례가 되자 그가 정승에게 여쭈기를, '한 사람이 각기 1인을 권점하도록 되어 있는데 나의 생각에는 세 사람이 모두 적합하니 청컨대 모두에게 권점을 해야겠습니다.'하니 정승이 허락하였다. 권점을 마친 뒤 단자를 갖고서 영상(領相) 상진(尙震, 1493~1564)의 앞으로 나아갔는데, 이황은 12점이었고 정유길은 16점이었고 윤춘년은 5점 밖에 얻지 못했다. 영상이 윤춘년의 이름 아래를 가리키며 말하기를, '이 사람은 점수가 너무 적으니, 내가 권점을 해주어야겠다.' 하고는 즉시 그 이름에 권점을 찍어 6점이 되었는데, 수천(首薦) 정유길이 대제학에 임명되었다." 하였다. 이는 평시의 고사이고 난리를 겪은 이후로는 대제학을 뽑을 때에 단지 시임 재상과 육조의 판서들만을 불러 회권(會圈)을 하였으며, 심지어는 음관 출신의 판서도 버젓이 권점에 참여하므로 사람들이 모두 그를 비웃었다" 하였다. 살피건대, 우리나라에 문형이 있게 된 것은 권근(權近)과 변계량(卞季良)으로부터 비롯되었는데, 추천하여 권점하는 규정은 이미 상고할 수가 없다. 이에 이르러 비로소 가선대부 이상이 모여 권점하는 일이 있게 되었으며, 선묘(宣廟) 이후로는 의정(議政) 및 의정부의 동·서벽(東西壁)과 육조의 장관이 모여 권점하였는데, 이것은 곧 근래의 예이다.

衡圈故事 尹根壽曰嘉靖庚申 洪贊成暹 懇辭大提學 得請 當出新大提學 政院依故事 嘉善以上文官牌招 俱詣賓廳 贊成因故例 自擧其代 薦禮判鄭惟吉知事尹春年同知李滉 仍進相位前曰 李某經術詞章 實合

此任 奈堅臥林壑不出何 余以注書 持薦單 自下而上 就坐而請圈 至一宰則稟政丞曰 人各圈一人 余意三人皆合 請並圈之政丞許爲 圈畢指 [sic 持] 詣領相尙震前 李滉十二點 鄭惟吉十六點 尹春年只五點 領相指春年名下曰 此太少 我宜圈之 卽圈其名爲六點 以首薦鄭惟吉拜大提學 此平時故事 亂後則 主文之出 只招時相與六曹判書而會圈 甚至以蔭官判書 偃然圈點 人皆嗤之 按 國朝之有文衡 自權近卞季良始 薦圈之規 旣無可攷 至是 始有嘉善以上會圈之事 而宣廟以後則議政及政府東西壁六曹長官會圈 此卽近例也.

[출전] 李裕元 原著, 『국역 임하필기(林下筆記) 5』, 민족문화추진회, 1999, 원문(51면), 역문(144~145면).

1) 명나라 세종의 연호.

5-23. 우리나라의 서체

우리나라의 글씨는 반드시 김생(金生)을 근본으로 삼는데, 글씨가 미려하며 진체(晉體)에 가깝다. 박경(朴耕), 성석린(成石璘), 박팽년(朴彭年), 정난종(鄭蘭宗), 소세양(蘇世讓), 안평대군(安平大君), 강희안(姜希顔), 성수침(成守琛), 이제신(李濟臣), 성혼(成渾), 이우(李堣), 김인후(金麟厚), 이산해(李山海), 김현성(金玄成), 장유(張維), 이홍주(李弘胄), 신익성(申翊聖), 윤순거(尹舜擧), 윤선거(尹宣擧), 김좌명(金左明), 박태보(朴泰輔)의 경우는 촉체(蜀體)이다. 김구(金球), 이황(李滉), 이해룡(李海龍), 양사언(楊士彦), 한호(韓濩), 윤근수(尹根壽), 허목(許穆), 윤문거(尹文擧), 윤신지(尹新之), 이정영(李正英), 조윤형(曺允亨)은 진체(晉體)이다

東國書體

我東之書　必以金生爲本　而多姸美　近於晉　若朴耕成石磷 [sic 璘] 朴彭年鄭蘭宗蘇世讓安平大君姜希顔成守琛李濟臣成渾李瑀金麟厚李山海金玄成張維李弘胄申翊聖尹舜擧尹宣擧金佐明朴泰輔　蜀體也　金球李浣李海龍楊士彦韓濩尹根壽許穆尹文擧尹新之李正英曺允亨　晉體也.

[출전] 李裕元 原著, 『국역 임하필기(林下筆記) 6』, 민족문화추진회, 2000, 원문(80면), 역문(204~205면).

5-24. 종묘 신주의 개조

인조 14년(1636) 겨울에 종묘의 신주를 옮겨 봉안하였다. 그런데 강도(江都)에서 서울로 돌아온 뒤에 예관(禮官)이 시민당(時敏堂)에서 태묘의 신주를 봉심(奉審)한 결과, 인순왕후(仁順王后)[1]의 신주가 분실되었으며, 문정왕후(文定王后)[2]의 신주는 상하여 깨어졌고, 4위(位)의 신주가 조금씩 상하였다. 그래서 두 왕후의 신주를 개조할 것을 청하니, 6위를 모두 새로 만들도록 전교하였다. …(중략)… 그런데 이경석(李景奭, 1595~1671)이 차자를 올리기를, "옛날에 어떤 사람이, 불이 나서 신주가 불탔으므로 이를 다시 만들어서 묘소에서 제주(題主)를 하려고 이황에게 물으니, 대답하기를, '사람이 죽어서 야외에다 장사를 치른 뒤에 제주를 해서 반혼(返魂)하여 오는 것은 혼령으로 하여금 생시의 처소에서 편안히 지낼 수 있도록 하려는 것이다. 그런데 신주가 불에 탔다면 혼백이 표산(漂散)되어 흩어졌을 것이니, 즉시 지난 날에 혼령이 편안하게 지내던 곳에다 영위(靈位)를 설치하고 향을 피운 다음 제주하여 다시 새로 만든 신주에 혼령이 의탁하도록 하는 일이 옳은 일이다. 그러나 이미 반혼하여 돌아온 혼이 어떻게 다시 체백(體魄)이 있는 묘소로 돌아가서 새삼 그 곳에 의탁할 수 있단 말인가.' 하였습니다. 대저 귀신을 구하는 도리는 귀천의 구별 없이 모두 동일합니다. 그러므로 인순왕후의 제주는 응당 그 혼령이 척강(陟降)하는 종묘에서 하여야 할 것입니다. 묘소는 체백이 의탁하고 있는 곳이지만 오히려 제주를 할 수가 없다고 하는데, 더구나 일시적으로 임시 봉안한 시민당에서 할 수가 있겠습니까."고 하였다. 이에 명을 내려서 기다렸다가 열성(列聖)의 신주를 옮겨 모신 다음 종묘에서 개제(改題)하도록 하였다.

廟主改造

仁祖十四年冬 移奉廟主 自江都還京都後 禮官 奉審太廟神主于時敏堂 則仁順王后神主見失 而文定王后神主傷破 又四位神主暫傷 故請改二后神主 傳曰 六位皆新造 …(中略)… 李景奭箚曰 昔人有失火燒其廟主 欲題新主於廟 [sic 墓] 所 問於李滉 答曰 死葬於野 題主而旣返魂者 使神 安於生存之處也 神主火燒 神魄漂散 卽於前日安神之所 設靈位 焚香題主 使之更依於新主 可也 已返之魂 豈可往依於體魄所在之處耶 夫求神之道 貴賤一也 仁順后之題主 宜就諸宗廟陟降之所 墓所 軆魄所托 猶曰不可 況於一時權安之時敏堂乎 於是 命待列聖神主移安後 改題於宗廟.

[출전] 李裕元 原著, 『국역 임하필기(林下筆記) 3』, 민족문화추진회, 1999, 원문(68면), 역문(208~209면).

1) 명종의 비 심씨(沈氏).

2) 중종의 계비(繼妃) 윤씨(尹氏).

5-25. 국휼 때의 사제

박세채(1631~1695)가 말하기를, "국휼(國恤) 중 졸곡(卒哭) 전의 사제(私祭)에 대하여 퇴계와 율곡은 벼슬이 있고 없고에 따라서 조절해야 한다고 하였는데, 이것이 가장 기준으로 삼을 만한 것이다. 그러니 벼슬이 있는 자는 삭망의 참례에 대해서는 응당 행하되 다만 속절(俗節)과 시제, 기제 및 묘제에 대해서는 철폐하도록 하고, 벼슬이 없는 자는 삭망의 참례와 속절은 응당 시행하고 기제와 묘제는 일헌(一獻)의 예로 하도록 하되 다만 시제만은 행하지 못하도록 해야 할 것인 바, 비록 『국조오례의(國朝五禮儀)』에서 대중소의 모든 제사를 철폐한다고 하였으나, 이는 모두 국가의 경우를 가리켜서 말한 것일 뿐이다. 그러나 벼슬이 있는 자가 최마(衰麻)를 입었거나 벼슬이 없는 자가 능묘(陵墓)를 목격하였을 경우 제사를 철폐하는 것은, 끝내 평시의 경우와는 자연 감히 서로 같을 수가 없기 때문이다." 하였다.

國恤私祭 朴世采曰 國恤卒哭前 私祭 退溪栗谷 以有官無官爲節者 此最爲可据 有官者 朔望參當行 俗節及時忌墓祭廢 無官者 朔望參俗節當行 忌墓祭當用一獻禮 但時祭不可行 盖雖曰五禮儀廢大中小祀 皆指國家而言 然有官者身服衰麻 無官者目見陵廟廢祭 終有所不敢自同於平時故耳.

[출전] 李裕元 原著, 『국역 임하필기(林下筆記) 3』, 민족문화추진회, 1999, 원문(80~81면), 역문(244~245면).

5-26. 경서의 뜻은 둘 다를 보전하라

선조가 일찍이 경연에서 유희춘(柳希春, 1513~1577)과 함께 경서의 토석(吐釋)을 논하였다. 유희춘이 아뢰기를, "우리나라에서 예로부터 경서의 뜻을 깊이 되씹고 주자의 글과 말에 대하여 깊이 잠겨 되새긴 사람으로서 이황 같은 분이 없었습니다. 신이 귀양 가 있을 때 10년 동안 공부하여 사서를 깊이 연구해서 논한 바가 있었는데, 이황의 설을 보게 되자 서로 부합되는 것이 열에 일고여덟은 되었습니다. 이황의 경설(經說)은 매우 정밀하여 혹 많은 생각 가운데 하나 정도 잘못된 것이 있다 하더라도 잘된 부분이 많은 것을 가릴 수 없습니다. 또 이이는 『대학』의 토석을 내었습니다. 신이 일찍이 이이와 함께 옥당에 있으면서 『대학』에 대해 이야기를 나누었는데, 말이 서로 들어맞았습니다. 이 때문에 이번에도 장차 취하려 합니다. 대개 신이 조정에 있는 동안 많이 듣고 널리 취하였다가 물러나 한가해지거든 서로 참작하여 좋은 쪽을 따라 책을 완성하려 합니다. 그러면 곧 올려 보내 바치겠습니다. 다만 절충하기가 매우 어렵습니다." 하니, 상이 이르기를, "만약 두 가지 설 모두를 폐할 수 없는 부분에 맞닥뜨리면 둘 다 보전해 두어도 될 것이다. 주자도 혹설에 대해서 또한 둘 다를 보전해 둔 바 있었으니 이것을 본보기로 삼을 만하다." 하였다.

經旨兩存之

宣祖嘗於經筵 與柳希春論經書吐釋 希春奏曰 東方自古 來有咀嚼經訓 沈潛反復乎朱子文語 如李滉者也 臣謫居時 用十年之功 研窮四書有所論 及見李滉之說 相合者十七八 滉之經說 甚爲精密 雖或千慮

之一失 然不害其爲得處之多也 又李珥有大學吐釋 臣曹與珥在玉堂說及大學 語契合 以此今亦將取來 大槩臣立朝之日 欲博聞廣取 俟退休閑暇 斟酌從長成書 輒當送獻 但折衷甚難 上曰若到兩說俱不可廢處 可兩存之 朱子於或說亦兩存之 此可法也.

[출전] 李裕元 原著, 『국역 임하필기(林下筆記) 4』, 민족문화추진회, 1999, 원문(21면), 역문(53~54면).

5-27. 윤탁과 이황

중종조에 대사성 윤탁(尹倬, 1472~1534)이 병 때문에 벼슬에서 해임되자, 관유 등이 상소하기를, “윤탁이 대사성이 된지 지금 8년인데, 계도하여 성취시킴에 그 도리를 얻고 지도하여 권장함에 그 방법을 다하였으니, 지금 그가 떠나간다면 누군들 탄식하고 근심하지 않겠습니까.” 하니, 상이 즉시 도로 제수할 것을 명하였다. 뒤에 윤탁이 개성유수(開城留守)가 되자 이행(李荇, 1478~1534)이 또 연임시켜 줄 것을 청하였다. 윤탁이 처음 직강(直講)으로부터 대사성에 이르러 교도의 소임을 오랫동안 전담하니 송인수(宋麟壽), 이황(李滉)이 모두 그의 수업을 받았다. 뒤에 또 발탁되어 동지춘추관사(同知春秋館事)가 되었다.

中宗朝 大司成尹倬 以疾解官 館儒等上疏曰 尹倬爲大司成 于今八年 啓迪成就得其道 誘掖奬勸盡其方 今其去矣 疇不歎悶 上卽命還授 後倬爲開城留守 李荇又請仍任 尹倬初由直講至大司成 久專作新之任 宋麟壽李滉 皆其所講授後又擢爲同知館事.

[출전] 李裕元 原著, 『국역 임하필기(林下筆記) 2』, 민족문화추진회, 1999, 원문(79~80면), 역문(203면).

5-28. 졸수재(조성기)가 본 서경덕과 이황

삼연(三淵) 김창흡(金昌翕, 1653~1722)이 두루 뽑은 우리나라 유학자와 퇴계 이황·화담 서경덕에 대해서 졸수재[拙修齋(조성기趙聖期), 1638~1689] 선생에게 물었더니 선생께서 말씀하셨다. "화담은 전일(專一)하고 퇴계는 주밀(綢密)하니, 수(數)의 일변에 대해서는 볼 수 있지만 이치의 전체에 대해서는 어두우니 이것이 화담이 퇴계에게 미치지 못하는 곳이다." "그렇다면 퇴계의 조예를 선생께 드린다면 다시 받을 수 있겠습니까?" 선생께서 웃으며 말씀하셨다. "나는 나와 주선한 지 오래되었다."

拙修規模

金三淵歷選海東諸儒 以及退溪花潭先生 先生曰 花潭專退溪密 有見乎數一邊而闇乎 理之全體 此花潭不及退溪處 然則以退溪造詣獻與先生可復受乎 先生笑曰 我與我周旋久矣.

[출전] 조재삼 지음, 강민구 옮김, 『校勘國譯 松南雜識』, 소명출판사, 2008, 원문(348면), 역문(184면).

6. 퇴계 선생의 타인에 대한 평

6-1. 금계 황준량

퇴계는 금계(錦溪) 황준량(黃俊良, 1517~1563)에 대해서 깊이 알았던 듯하다. 퇴계는 제문(祭文)에서 "오늘의 일을 가지고 옛 일을 헤아려보니, 어찌 이런 사람에게 비방이 있었던가? 없는 일을 지적하여 뼈까지 녹이는 참소를 했으니, 모두 원한에서 나온 것임을 알겠네."라고 했다. 이는 금계가 평소 비방 받았다는 사실을 암시한 것이다.

소재(蘇齋) 노수신(盧守愼, 1515~1590)이 지은 주천(舟川) 강유선(康惟善, 1520~1549)의 비문에 "학정(學正 : 성균관의 정8품 벼슬) 황준량이 권신(權臣)의 지시를 받고, 공이 과거 시험에 응시하는 것을 저지시켰다."라는 말이 있다. 당시에 대체로 이런 뜬소문이 있었으나, 사실이 아니다. 혹자는 말하기를, "금계가 순흥(順興 : 지금의 경상북도 영풍군 순흥면임)에 왕기(王氣 : 왕이 탄생할 기운)가 있다고 말한 적이 있는데, 이 때문에 군자들에게 흠을 잡혔다……."라고 하였다. 그러나 퇴계는 결코 좋아하는 사람이라고 하여 그를 비호하지는 않았을 것이다.

만약 위와 같은 뜬소문만 믿고 퇴계를 의심한다면, 세상에 의심하지 않을 것이 없을 것이다.

퇴계가 쓴 제문에 또 "갑자기 배사(盃蛇)[1]를 본 듯한 느낌이 있었다."고 했으니, 이 또한 연유가 있어서 한 말이다. 세상에서 전해오는 말에 "금계는 풍채가 좋아 사람들의 마음을 끌었다. 그가 성주(星州)에 부임했을 때 관속 아무개의 아내가 그를 훔쳐보고 흠모하다가 드디어 병이 나 죽었다. 하루는 금계가 관아에 앉아 있는데, 흰옷을 입은 여자가 문 밖에서 아른거리더니, 점점 가까이 다가와 핍박하였다. 그 뒤로 금계는 병이 나서 날로 병세가 악화되더니 드디어 세상을 떠났다. 그러나 죽을 때까지도 손을 모아 떠미는 시늉을 하면서, "남녀의 분별이 있다.'는 말을 그치지 않았다. 그에게는 굽힐 수 없는 지조가 있었다."고 하였다. 이 일을 퇴계가 드러내 말할 수가 없기 때문에, 단지 배사에 비유한 것이다.

퇴계가 황수량(黃遂良 : 황준량의 동생)에게 답한 편지에 "금계공의 행장(行狀) 가운데 한두 곳을 고치려 하지만, 절대로 그 자취를 드러낼 수 없으니, 짐짓 입을 다물고 있는 것이 옳다."고 하였다. 이 말이 어떤 일을 두고 한 말인지는 분명치 않으나, 아마도 드러내 놓고 말할 수 없었던 점이 있었던 듯하다.

또 퇴계가 한영숙(韓永叔, 1514~1588)[2]에게 답한 편지에서는 "중거(仲擧)[3]는 본디 문인(文人)인데, 만년에 들어 학문에 심취했다."고 하였고, 구경서(具景瑞)[4]에게 답한 편지에서는 "성주목사(星州牧使)였던 황금계는 본래 문인이다. 만년에 점점 아름다운 경지로 들어갔는데, 학업을 마치지 못하고 갑자기 죽었다."라고 하였고, 정자중(鄭子中, 1533~1576)[5]에게 답한 편지에서는 "중거의 학문이 깊고 정밀하지는 못했지만, 매우 부지런하고 뜻이 간절하였는데, 이제 끝나고 말았구나." 하였고, 조사경(趙士敬, 1524~1606)[6]에게 답한 편지에서는 "중거는 성품이 시원시원하고 영민하고 명쾌하였다. 그는 만년에 학문을 좋아하여, 성주 목사로 있을 적에 후진을 양성하는데 힘을 다하였다. 벼슬살이를 하면서 학문에 힘쓰다 과로로 병이 났다."고 하였고, 또 "이 사람은 문장이 시보다 나았으며, 사리판단이 명쾌하여 일을 잘 논했다. 평소 알지 못했던 점을 이제 그의 글을 통해 알았다."고 하였다. 이 몇 가지 말을 종합해보면, 그의 평생 한 일을 알 수 있다.

黃錦溪

退溪之於黃錦溪俊良 蓋心知也 其祭文云 執今日而忖前兮 寧若人之訾議 指許無以銷骨兮 知盡出於怨隙 此指錦溪平日致謗者也 盧蘇齋作康舟川惟善碑 有學正黃俊良 受權臣指 停公赴擧之言 當時 蓋有此流傳 而非其實也 或曰 錦溪嘗言 順興有王氣 以此爲君子所短云云 然退溪要非阿於所好 若信流言而疑退溪則是無所不疑也 祭文又云 忽有感於盃蛇 此有亦由發矣 世傳 錦溪風彩動人 其莅任星州也 有僚員某之妻 窺覘欽悅 遂病死 一日 錦溪坐衙 有白衣女子 隱見於門外 漸覺來逼病隨而日深 遂不救 然至死 猶拱揖作推排狀 口不絶男女之分 則有難屈之操 退溪不欲顯言 故只以盃蛇爲諭 其答黃遂良書云 或欲於錦公狀中改一二處 然切不可露其迹 姑當嘿之 可也 此雖未詳其何指 而蓋有不可明言者矣 退溪答韓永叔書云 仲擧本是文人 晩深有味於此學 答具景瑞書云 星州本爲文人 晩節漸入佳境 業未究而遽至於此 答鄭子中書云 仲擧所見 雖未深密 猶甚勤懇 今已矣 答趙士敬書云 仲擧 開爽敏快 晩好此學 在州 殊有倡率之事 盡力仕學 因勞生病 又云 此人 文勝於詩 明快善論事 平時有未盡知者 今於其文 見之合此數說 可以盡其平生矣.

[출전] 이익 原著, 최석기 역, 『성호사설』, 한길사, 1999, 원문(308면), 역문(306~308면).

1) 진(晉)나라 때 약광(樂廣)이라는 사람이 술을 마실 때, 술잔 속에 비친 활 그림자를 뱀인 줄 잘못 알고 병을 얻었다고 함. '술잔 속의 뱀'은 실제로 있는 사물이 아니고 환각(幻覺)이나 환영(幻影)을 뜻하는 말이다. 여기서는 금계가 헛것을 보았다는 말로 쓰였다.

2) 한수(韓修)를 말함. 영숙(永叔)은 그의 자이다.
3) 황준량의 자이다.
4) 구봉령(具鳳齡)을 말함. 경서(景瑞)는 그의 자이다.
5) 정유일(鄭惟一)을 말함. 자중(子中)은 그의 자이다.
6) 조목(趙穆)을 말함. 사경(士敬)은 그의 자이다.

6-2. 겸개선

퇴계가 오자강(吳子強)[1]에게 답한 편지에 "겸개선(謙開善)[2]은 승명(僧名)이다. 주자가 선학을 이 중에게 배웠다."고 하였다. 살펴보건대, 그 사람의 승명은 도겸(道謙)이고, 호는 개선암(開善庵)이다. 그러므로 '겸개선(謙開善)'이라고 한 것이다. 퇴계 선생이 겸개선을 승명이라고 한 것은 잘못이다. 퇴계 선생이 기고봉(奇高峰)[3]에게 준 편지에 "왕원택(王元澤)[4]은 어떤 사람인가?"라고 하였으니, 이 또한 왕안석(王安石)의 아들 왕방(王雱)임을 몰랐던 모양이다. 이는 대체로 선생이 위기지학(爲己之學)[5]에만 전심하고, 잡서를 보지 않았기 때문이다. 전기(傳記)에 보이는 것을 어찌 일일이 다 알 수 있겠는가? 저 계극빈상(啓棘賓商)[6]은, 주자와 같은 분도 양성재(楊誠齋)[7]에게 물었고, 양성재도 몰라 다시 주익공(周益公)[8]에게 물었던 것이다. 그러므로 학문이란 근본을 힘쓰는 것을 귀하게 여기니, 해박하지 못한 것은 해롭지 않다.

謙開善

退溪答吳子强書 謙開善 僧名 朱子得禪學於此僧 按 僧名道謙 而號開善庵故曰 謙開善 先生以爲名 誤矣 先生與高峰書云 王元澤 何人 又不知安石之子雱也 蓋先生專心爲己 不觀雜書故也 凡傳記所見

何可一一盡識 如溪棘賓商 雖朱子 訪之誠齋 誠齋轉訪周益公 是以學貴務本 不害其不能該.

[출전] 이익 原著, 최석기 역, 『성호사설』, 한길사, 1999, 원문(514면), 역문(514면).

1) 오건(吳健)을 말함. 자강은 그의 자이다.
2) 송나라 때의 승려.
3) 호남의 선비 기대승(奇大升)을 말함. 고봉은 그의 호이다.
4) 송나라 때 왕안석(王安石)의 아들인 왕방(王雱)을 말함. 원택은 그의 자이다.
5) 남에게 보이기 위한 학문을 위인지학(爲人之學)이라고 하고, 자기 자신을 위한 공부를 위기지학이라고 한다.
6) 하(夏)나라 우왕(禹王)의 아들 계(啓)가 빈려(賓旅)와 상고(商賈)의 어려움을 겪었다는 말. 『초사(楚辭)』 천문(天問)에 보인다.
7) 송나라 때 사람 양만리(楊萬里)를 가리킴. 성재는 그의 호이다.
8) 송나라 때 사람 주필대(周必大)를 가리킴. 주필대가 익국공(益國公)이 봉해졌으므로, 후대에 익공이라 불렀다.

6-3. 안현과 이준경의 우애

조선 중엽에 정승 안현(安玹)과 이준경(李浚慶)은 모두 우애가 있다고 일컬어진 분들이다. 안현은 그의 형 안위(安瑋, 1563~?)를 섬기는데 마치 아버지처럼 섬겨 말을 타고 가다가 형을 만나면 반드시 말에서 내리고, 집에 돌아와 인사드릴 때면 반드시 의자 밑에서 절했고, 함께 앉아 무엇을 이야기할 때도 오직 공경하고 삼갔다. 이준경은 그의 형 이윤경(李潤慶)을 섬기는데 마치 친한 친구처럼 여겨, 앉을 때는 반드시 무릎을 닿게 하고 누울 때에는 반드시 베개를 가지런하게 했고, 어떤 때는 서로 너라고까지 했으니 이는 사랑을 주로 한 것으로, 공경을 주로 하는 것과는 다르다.

나중에 안현이 죽었을 때 그의 형 안위는 울음소리가 보통 사람과 조금도 다르지 않았고, 이윤경이 죽었을 때 이준경은 아주 비통해 하면서 최복(衰服)까지 입었다. 이때만 해도 기복(朞服) 이하는 세속에서 최복을 입지 않았다. 나의 생각에는 안위의 울음소리가 보통 사람과 같은 것은 안위의 잘잘못에는 아무 관계가 없고 이준경은 장유(長幼)의 질서가 없었으니, 장차 공경하는 마음이 없어지고 버릇이 없어질까 염려된다.

퇴계(退溪) 이황이 문원(聞遠) 금난수(琴蘭秀)에게 답한 편지에 이르기를 "이조판서 안현 선생은 날마다 그의 백씨(伯氏)에게 인사드릴 때면 반드시 절을 하는데 오직 삼가는 모습이더라."고 했다. 안현은 퇴계와 더불어 같은 홍치(弘治) 신유년(1501)에 태어났는데 오히려 선생이라고 일컬었으니, 보통의 경재(卿宰)가 아니었던 것을 알 수 있다. 그가 죽은 지 겨우 200년쯤 되었는데 후생은 그런 사람이 있었다는 것도 알지 못하니, 애석하다 하겠다.

安李友愛

中世安相玹 李相浚慶 皆以友愛稱 安之事兄瑋如嚴父 乘必下馬 拜必牀下唯諾惟謹 李之事兄潤慶如親朋 佐必促膝 臥必聯枕 或至於爾汝是 則主愛主敬之不同也 至安之亡瑋 弔哭無異平人 潤慶之亡 李悲慟甚爲之制衰 前此自期以下 俗不制衰也 余謂瑋之如平人 非與於安李則長幼無序 將有敬滅 而狎侮者矣 退溪答琴聞遠書云 吏判安先生每日見伯氏 必行拜惟謹 安與退溪 同弘治辛酉生 猶稱之以先生 非尋常卿宰可知 其沒纔二百年 而後生不持有其人在可惜.

[출전] 고전 국역 총서 『성호사설 Ⅳ』, 민족문화추진회, 1978, 원문(68면).
李瀷 原著, 丁海廉 편역, 『성호사설 精選 (상)』, 現代實學社, 1998, 역문(75면).

6-4. 노옹이 별에 기도하며 천수를 말하다

율곡 이문성공의 휘는 이(珥), 자는 숙헌(叔獻)으로 덕수 이씨(德水李氏)이다. 10여 세에 이미 문장을 성취하였다. 일찍이 부모를 잃은 바 주야로 크게 울부짖고 흐느꼈다. 우연히 불서를 열람하고 사생의 설법에 깊이 감화되었다. 또한 그 학문이 간편한 것을 좋아하였다. 출가하여 구름처럼 노닐었고, 선호(禪號)는 의암(義庵)이라 하였다. 19세에 금강산에 들어가 사문(寺門)에 살며 계정(戒定 : 마음가짐과 몸가짐)이 견고하였다. 승려들이 그를 존경하여 '살아 있는 부처님(生佛)'이라고 여겼다.

어느 날 불가의 설이 이치에 가까운 듯하나 진리를 어지럽히는 곳을 꿰뚫어 보고는 마침내 우리의 도(道)에 전심하였다. 도산에서 퇴계를 찾아뵙고 시를 지어 올렸다. "시냇물은 수사(洙泗)[1]에서 갈라져 나왔고, 봉우리는 무이산(武夷山)[2]에서 뻗어 나왔다. 살아가는 것은 천 권의 경서요, 생애는 두어 칸의 초가집이다. 가슴속은 개인 달이오, 담소하는 가운데 미친 물결이 싹 가셨다. 소자는 도를 듣고자 원함이요, 반나절의 한가로움을 취함이 아닙니다." 퇴계가 말하였다. "시(詩)는 사람만은 못하였다. 그러나 타고난 자품(姿稟)이 매우 민첩하여 글을 보거나 담소를 나누거나 하는 사이에 두루 많은 것을 섭렵하여 빠르기가 비바람 같아 이미 대의를 터득한 사람이다."라고 하였다. …(후략)…

老翁禳星話天數

栗谷 李文成公 諱珥 字叔獻 德水人也 十餘歲 文章已成 早失所恃 日夜號泣 偶閱釋氏書 深感死生之說 且悅其學簡便 出家雲遊 禪號義庵 十九歲入金剛山 仍棲寺門 戒定堅固 緇徒尊之以爲生佛 無何 覷破釋氏 近理亂眞處 遂專心吾道 謁退溪于陶山 獻詩曰 溪分洙泗派 峯秀武夷山 活計經千卷 生涯屋數間 襟懷開霽月 談笑止狂瀾 小子求聞道 非偸半日閒 退溪曰 詩不如人 天資甚敏 凡看文字 與人談笑 披閱周覽 疾如風雨 已得其大義. …(後略)…

[출전] 李源命 原著, 鄭明基 編, 『原本 東野彙輯 上』, 寶庫社, 1992, 30~31면.

1) 孔子가 살던 곳의 물 이름.
2) 朱子가 거처하던 산의 이름.

6-5. 상론(尙論)

정도가(鄭道可)[1] 묻기를, "포은(圃隱) 정몽주(鄭夢周)의 죽음은 참으로 우스운 일입니다." 하였는데, 퇴계가 말하기를, "정자가 말하기를, '사람은 허물 있는 것 가운데서 허물없는 것을 찾아야지 허물없는 것 가운데서 허물 있는 것을 찾아서는 안 된다.' 하였다. 포은의 정충대절(精忠大節)은 천지와 우주의 근간이 될 만한데, 세상에서 의논하기를 좋아하고 다른 사람 공격하기를 좋아하여 남의 아름다움을 이루어 주려고 하지 않는 자들이 끊임없이 떠들어 대니, 매번 귀를 막고 듣지 않으려 한다." 하였다.

尙論

鄭道可問 鄭圃隱一死 頗可笑 退溪曰 程子曰 人當於有過中求無過 不當於無過中求有過 圃隱精忠大節 可以經緯天地 棟樑宇宙 而世之好議論喜攻發 不樂成人之美者 嘵嘵不已 每欲掩耳而不聞.

[출전] 李裕元 原著, 『국역 임하필기(林下筆記) 2』, 민족문화추진회, 1999, 원문(34~35면), 역문(96면).

1) 정구(鄭逑, 1534~1620)를 가리킴.

6-6. 유향의 칭호

이황이 이르기를, "오늘날의 유향은 곧 옛 향대부의 뜻이 담긴 것이다. 적임자를 얻으면 온 향리가 숙연해지고 적임자가 아니면 온 향리가 해체되었는데, 더구나 향속은 왕령(王靈)과 먼 데야 말할 것이 있겠는가. 호오(好惡)가 서로 공박하고 강약이 서로 알력을 일으켜 효제충신(孝悌忠信)의 도로 하여금 혹 정지되어 행해지지 못하도록 하니, 예의를 파기하고 염치를 손상시켜 흘러흘러 이적(夷狄)이나 금수와 같은 지경에 빠지게 될 것인바, 이는 실로 왕정의 큰 근심거리이다. 그런데 이를 바로 잡을 책임이 곧 향소(鄕所)로 돌아가니, 참으로 또한 중대하다." 하였다.

留鄕之稱

李滉曰 今之留鄕 卽古鄕大夫之遺意也 得人則一鄕肅然 匪人則一鄕解體 而況鄕俗之間 遠於王靈 好惡相攻 强弱相軋 使孝悌忠信之道或尼而不行 則棄禮義損廉恥 流而爲夷狄禽獸之歸 此實王政之大患也

而其糾正之責 乃歸之鄕所 嗚呼其亦重矣.

[출전] 李裕元 原著, 『국역 임하필기(林下筆記) 4』, 민족문화추진회, 1999, 원문(142면), 역문(349~350면).

6-7. 목면의 시초

본조(本朝)의 이황이 문익점(文益漸, 1329~1398)의 비각(碑閣)에 쓴 기문(記文)에 이르기를, "지정(至正)[1] 갑진년(1364)에 공이 일찍이 사명을 받들고 원나라에 들어갔다가 공사 때문에 남쪽의 거친 지역에 유배되었다. 그곳에서 풀려나 돌아올 때 길에서 목면(木棉)의 종자를 얻었는데, 오직 백성들을 이롭게 하는 일이 급하여 법금(法禁)을 무릅쓰고 들여옴으로써, 마침내 온 나라에 널리 번식되어 만세토록 영구히 힘입게 되었다. 그리고 우리나라의 토질이 목면을 재배하기에 적당한데도, 개벽한 이래로 몇 천만 년이 되었는지를 알 수 없을 만큼 오랜 세월이 흐르는 동안에 하늘조차 그 이로움을 내주지 못하고 땅조차 그 보물을 일으키지 못하다가, 곧장 공 한 몸이 외국에 떠돌다 풀려나 돌아오게 된 때를 기다려 한 꾸러미의 여장에 가져온 뒤에야 비로소 이 땅의 산물이 되어 백성의 재물이 넉넉해지고 나라의 재용이 유족(裕足)해져서 여유롭지 않음이 없게 되었다. 우리나라는 비록 누에와 뽕나무의 종자가 있기는 하지만 사광(絲纊)의 수요와 금백(錦帛)의 화려한 힘은 민간에 미치지 못하였으니, 이 이전의 국속에 통용된 물건이라야 털옷이나 갈포(葛布)와 삼베 따위에 지나지 않았는데, 이때에 이르러 공의 원대한 식려(識慮)로 인하여 이 물건이 널리 가득 유행하게 됨으로써 마침내 오곡, 육재(六財)와 더불어 그 공이 같아졌다. 그리하여 삼한의 억만 창생이 배고픔과 추위를 면하게 되었을 뿐 아니라, 능히 한 나라의 의관문물을 찬란하게 일신시켰다. 그렇다면 우리 조정이 뒤늦게 공에게 총명을 내려준 것은 규정을 벗어난 은전이 아니라 마땅한 일이다." 하였다.

木棉之始

本朝李滉 記文益漸碑閣曰 當至正甲辰 公嘗奉使入元 以公事謫于南荒 其放還也 道得木綿種子 惟利民是急 冒禁齎來 遂大蕃于一國萬世永賴 且以東土之宜於木綿也 自開闢以來 不知幾千萬年 而天不能生其利 地不能興其寶也 直待公之一身羈旅放還之際 携取於一束串製之餘 而後乃始爲玆土之産 而阜民財足國用無不餘裕 我國之於蚕乘[sic 桑] 雖僅有其種 而絲纊之需錦帛之華 不及於民間也 則前此國俗通用之物 不過曰 氈裘葛麻之屬而已也 至是而因公識慮之遠 而此物之布滿流行 遂與五穀六財 同其功也 非但三韓之億萬蒼生 得免於羸且凍 而能使一國之衣冠文物 煥然而一新也 然則我朝之追錫寵命非溢典也 宜也.

[출전] 李裕元 原著, 『국역 임하필기(林下筆記) 5』, 민족문화추진회, 1999, 원문(9~10면), 역문(27~28면).

1) 원나라 순제(順帝)의 연호.

6-8. 최고운을 묘정에 배향한 일

이황이 말하기를, "우리나라의 종사하는 제도에는 이해할 수 없는 것이 많다. 예컨대, 최고운(崔孤雲, 857~?) 같은 사람은 한갓 문장만을 숭상하고 불교에 아첨한 태도도 매우 심하여, 나는 그의 문집 가운데 불소(佛疏) 등의 글을 볼 때마다 깊이 미워하고 통렬히 배격하곤 하였으니, 그가 문묘의 배향에 끼인 것은 어찌 선성(先聖)을 매우 욕되게 하는 일이 아니겠는가." 하였다.

이수광(李睟光, 1563~1628)이 말하기를, "내가 살피건대, 고려의 현종(顯宗)이, 최치원(崔致遠)이 태조(太祖)에게 보낸 글 속에 있는 '계림황엽 곡령청송(鷄林黃葉鵠嶺靑松)'[1]이라는 말이 조업(祖業)을 은밀히 도왔으니 그 공을 잊어서는 안 된다고 여기어, 특별히 선성의 묘정에 종사하도록 하였다. 이는 한 때에 우연히 나온 말인데 그대로 따르고 고치지 않은 것이다. 후세의 논의하는 자들은 퇴계의 이 논의를 채택하여 절충을 하는 것이 좋겠다." 하였다. 유계(兪棨, 1607~1664)가 말하기를, "성인이 생민을 위하여 만세의 가르침을 세웠으니, 만세토록 받들고 스승으로 여기고자 사전(祀典)을 통해 보답하는 것이다. …(중략)… 최치원의 처신과 행사에 대해서는 비록 세대가 매우 오래되어 자세히 알 수가 없으나 그 대략을 공정히 살펴보면 대체로 선가(仙家)와 불가(佛家)의 사이에 방적(放迹)한 것이 많고 성학(聖學)을 밝히고 성도(聖道)를 호위한 공로에 대해서는 별로 알려진 것이 없다. 그런데도 지금 '청송황엽(靑松黃葉)'의 터무니없는 참위설(讖緯說)을 이유로 문묘에 배향되고 있는데, 가령 최치원이 지각(知覺)이 있다면 반드시 제현(諸賢)의 반열에서 낯이 부끄러울 것이요, 어찌 능히 천하 후세의 공론을 승복시킬 수가 있겠는가."하였다.

崔孤雲廟庭配享

李滉曰 我朝從祀之典 多有未論者 如崔孤雲 徒尙文章 諂佛又甚

每見集中佛疎等作 未嘗不深惡而痛純之也 得與文廟 豈非辱先聖之甚乎 李睟光曰 余按 高麗顯宗以致遠貽書太祖 有鷄林黃葉鵠嶺靑松之語 爲密贊祖業 功不可忘也 特令從祀先聖廟庭 此偶出於一時 而因循不改焉耳 後之議者 取退溪此論而折衷之可矣 兪棨曰 聖人爲生民 立萬世之敎 萬世宗而師之 崇報祀典 …(中略)… 致遠之處身行事 雖世代遼遠 不能詳知 第考其大畧 則変多放迹於仙釋之間 其於明聖學衛聖道之功 蓋無聞也 今以靑松黃葉讖緯不經之說 得配文廟 使致遠有知 必將赧顔於諸賢之列矣 烏能服天下後世之公論乎.

[출전] 李裕元 原著, 『국역 임하필기(林下筆記) 5』, 민족문화추진회, 1999, 원문(68면), 역문(189~190면).

1) 계림황엽 곡령청송(鷄林黃葉鵠嶺靑松) : 계림은 신라를 지칭하고 곡령은 고려를 가리킨다. 곧 신라는 누런 나뭇잎처럼 국운이 시들어 가고 고려는 푸른 솔처럼 국운이 흥기할 것이라는 말로, 신라 말엽에 최치원(崔致遠)이 왕건(王建)에게 고려의 흥기를 암시한 참언(讖言)이다.

6-9. 대원군묘

대원군묘(大院君廟)는 도성 안 서쪽에 있다. 선조 2년(1569)에 덕흥군(德興君)[1]을 높여서 대원군(大院君)으로 삼고, 부인 정씨(鄭氏)를 하동부부인(河東府夫人)으로 삼았으며, 사자(嗣子)인 하원군(河源君) 이정(李鋥, 1545~1597)을 1품의 작위에 가자(加資)하고 이 작위를 대대로 세습시켜서 제사를 받들도록 하려고 하자, 조정의 신하들이 옳지 않은 일이라고 하였다. …(중략)… 그런데 방지(旁支)인 선조(宣祖)가 들어와 대통을 계승하였을 때가 마침 부부인의 상중이어서 장사 등에 관원을 보내어 제사를 지내려고 하는데, 그 축식(祝式)의 논의에서 이를 당연히 '황백부(皇伯父)'라고 불러야 한다고 주장하는 자가 있었으므로 이황이 사적으로 그 불가함을 논하였다. 그리고 그 사당을 세우는 문제에 대한 논의가 나왔을 때 대신(大臣)이 『경국대전(經國大典)』 중의, '왕후의 고비(考妣) 제사에 그 제수를 관급한다.'는 조문을 인용해서 관아로 하여금 제물을 공급하게 하려고 하자, 이황이 또 사적으로 그 불가함을 논하면서 『송사(宋史)』의 복왕(濮王)[2]과 수왕(秀王)[3] 두 왕의 원묘(園廟)의 의제절목(儀制節目)에 언급된, 관아에서 공급하는 제물과 헌관(獻官)을 차출하여 보내는 등에 관한 일들을 검토해서 글로 써서 보내었다. 그러자 기대승(奇大升)이 이를 받아 보고 자신의 종전의 소견이 잘못되었다고 스스로 말하였다.

이황이 사적으로 다음과 같이 의논드렸다. "들어와서 대통을 이었으니 소생부모를 반드시 펴 주어야 하지만, 사친(私親)을 숭봉(崇奉)함에 있어서는 그 은의(恩義)가 압존(壓尊)되는 바가 있으므로, 응당 이를 따라서 굽혀야 합니다. 그런데 방지(旁支)가 들어와서 대통을 이은 경우로 말하면, 한(漢) 나라의 효선제(孝宣帝)와 광무제(光武帝), 진(晉)나라의 원제(元帝) 같은 이들이 이와 같은 의리를 대강 알기는 하였으나, 그르쳐서 놓친 것들이 오히려 더 많으며, 한말(漢末)의 애제(哀帝), 안제(安帝), 환제(桓帝), 영제(靈帝) 등은 모두 그 선통(先統)에 대해서는 무시하여 내던져 버리고 거꾸로 그 본생(本生)을 가져다가 바꾸어 놓은 자들이라 하겠습니다. 그러다가 송(宋)나라의 영종(英宗) 때에 이르러서 황형(皇兄)인 복안의왕(濮安懿王)의 아들을 맞이하여 인종(仁宗)의 후사로 들이게 되었습니다. 복왕의 추숭을 논의할 때에 이를 '황고(皇考)'라고 부르고 싶어 하는 자가 있었고 '친(親)'이라고 일컫고 싶어 하는 자가 있었는데, 이들 중에, 당연히 선대 조정에서 기친(朞親)의 존속에게 봉증(封贈)한 고사에 준거하여 이를 대관과 대국으로 높여서 '황백(皇伯)'이라 일컫고 이름을 쓰지 않아야 하며, 세 부인에 대해서는 아울러서 대부인에 봉해야 한다고 주장한 자가 있었습니다. 그러데 이때 정이(程頤, 1033~1107)는 말하기를, '인종 황제가 폐하를 후사로 삼았습니다. 그러므로 복왕은 폐하를 낳은 아버지로서 친속 관계로 말하면 백부가 되며, 복왕에게는 폐하가 남의 집에 출계한 아들이 되므로 그 친속 관계로 말하면 조카가 되는 것입니다. 그러니 응당 복국대왕(濮國大王)으로 높여 일컬어서 이를 영구히 후세의 법도로 삼아야 할 것입니다.' 하였습니다. 그래서 영종은 영을 내려서 생부인 복왕의 무덤을 원(園)으로 하도록 하고, 그 원에 임하여 사당을 세워서 복왕의 자손들로 하여금 그 제사를 주관하도록 하였습니다. 주희(朱熹)가 탄식하는 바 '하늘의 이치란 자연스러운 것이어서 사람에 의해서 안배되는 것이 아니다.' 한 것이 바로 이것입니다. 그 뒤 효종(孝宗)이 소원(疏遠)한 친속인 수왕(秀王)의 아들로서 고종(高宗)에게 입계(入繼)하여 또다시 이와 같은 훌륭한 사례를 삼가 계승하였던 것입니다. 생각건대, 명종(明宗)에 대한 전하의 그것은 또한 송나라의 인종에 대한 영종의 그것이고 고종에 대한 효종의 그것과 같은 것이라 하겠으며, 그리고 덕흥대원군은 곧 복왕과 수왕의 경우와 같다고 하겠습니다. 그러니 지금 송나라 때의 투철한 전례(典禮)에 의거하여 응당 덕부상대군(德府上大君)이라고 칭하고 부인은 대부부인(大府夫人)이라고 일컫도록 하소서." …(후략)…

大院君廟 廟在都城內西 宣祖二年 尊德興君爲大院君 夫人鄭氏爲河東夫人 加嗣子河東君鋥一品爵 欲以是爵世襲 俾奉其祀 廷臣 以爲

不可 …(中略)… 宣祖入承大統 在府夫人喪中 將葬 遣官行祭 議祝式 或云 當稱皇伯父 李滉私論其不可 及議立廟 大臣 引大典王后考妣祭官給祭需之文 欲令官供祭物 李滉又私論其不可 檢宋史濮秀二王園廟儀制節目 官供物差獻官等事 抵書 奇大升 自言前見之誤 李滉私議曰入承大統 在所必伸 崇奉私親 恩有所壓 當從而屈 旁支繼統 若孝宣光武晋元之類 粗知此議而曠失尙多 哀帝安帝桓帝靈帝 率皆付先統於慢棄 納本生於陵替 至宋英宗 以皇兄濮安懿王之子 入後仁宗 議崇濮王 有欲稱皇考者 有欲稱親者 以爲 宜準先朝封贈期親尊屬故事 尊以大官大國 稱皇伯而不名 三夫人幷封大夫人 程頤曰仁宗皇帝 以陛下爲嗣 濮王 陛下所生之父 於屬爲伯 陛下濮王出繼之子 於屬爲侄 當尊稱濮國大王 以爲萬世法 英宗令以塋爲園 卽園立廟 俾王子孫主祀 朱熹所嘆 以爲天理自然 不由人安排者 此也 後孝宗 以踈屬秀王之子入繼高宗 又謹述斯烈 恭惟殿下之於明宗 亦惟英宗之於仁宗 孝宗之於高宗 於德興則猶濮王秀王也 據宋祖不易之典 宜稱德府上大君 夫人爲大府夫人.

[출전] 李裕元 原著, 『국역 임하필기(林下筆記) 3』, 민족문화추진회, 1999, 원문(77면), 역문(233~235면).

1) 선조의 생부(生父)로 중종의 일곱째 아들.
2) 송 영종(宋英宗)의 생부인 복안의왕(濮安懿王).
3) 송 효종(宋孝宗)의 생부인 안희수왕(安僖秀王).

6-10. 백립의 제도

…(전략)… 정묘년(1567, 선조 즉위년) 명종의 대상(大喪) 때에 이황이, 『국조오례의(國朝五禮儀)』에 규정된 군신의 상제가

이치에 맞지 않는 것이 많으므로 주자(朱子)의 군신복의(君臣服議)를 참작해서 다시 정했으면 좋겠다고 해서 이를 해조(該曺)에 하유하였으나, 참판 박순(朴淳)이 이를 곤란하게 여겨 논의가 중지되고 말았다.

상이 정원(政院)을 시켜서 공의전(恭懿殿) 인종의 비인 인성왕후(仁聖王后)의 복제(服制)를 상고하라고 했다. 이때 이황이 서울에 있었는데 그가 대답하기를, "예(禮)에 수숙간(嫂叔間)에는 복을 입지 않으므로 상께서는 복을 입지 않는 것이 합당합니다." 하였으므로, 사람들이 감히 여기에 이의를 제기하지 못하였다. 그런데 기대승(奇大升)이 원접사(遠接使)의 종사관으로 나갔다가 나중에 서울에 들어와 말하기를, "인종(仁宗)이 일국에 군림하였으니 금상은 자연히 복(服)이 있는 것입니다. 그런데도 어떻게 수숙의 예를 끌어대어 여기에 원용할 수 있겠습니까." 하였다. 이황이 이 말을 듣고 크게 깨닫고는 말하기를, "명언(明彦)[1]의 말이 옳다. 내가 창졸간에 대답을 잘못하였으니 죄인을 면할 수가 없겠다." 하였다. 상이 졸곡례를 마친 뒤에 다시 명을 내려서 백립(白笠)으로 상을 마치는 제도를 행하도록 하였다. …(후략)….

白笠之制

丁卯大喪 李滉 以五禮儀君臣喪制多不倫 欲作朱子君臣服議 參酌更定論該曺 參判朴淳難之 議遂寢 上令政院 考恭懿殿服制 時李滉在京 對以禮 嫂叔無服 自上合無服 衆莫敢違 奇大升 以遠接使從事官追後入城曰 仁廟君臨一國 今上自有繼體之服 豈可援嫂叔之禮乎 滉聞而大悟曰 明彦之言是也 倉卒失對 吾不免罪人云 卒哭禮畢後 復命行白笠終喪之制.

[출전] 李裕元 原著, 『국역 임하필기(林下筆記) 3』, 민족문화추진회, 1999, 원문(96~97면), 역문(290면).

1) 기대승의 자.

6-11. 인선대비의 복제

현종(顯宗) 15년(1674)에 인선대비(仁宣大妃)[1]가 승하하였다. 빈청(賓廳)이 장렬대비(莊烈大妃)[2]가 입어야 할 복제를 중자부대공(衆子婦大功)으로 마련하여 들였는데, 상이 진노하여 그 예(禮)를 논의한 신하들을 귀양 보냈다. 그래서 우의정 김수흥(金壽興, 1626~1690)과 예관 조형(趙珩, 1606~1679) 등이 이를 다시 고쳐서 기년복(朞年服)으로 마련하였다. 또 기해년(1659, 현종 즉위년)에 예를 의정(議定)한 신하들을 추급하여 죄주어 송시열(宋時烈, 1607~1689)을 안치하고 송준길(宋浚吉, 1606~1672)의 관작을 추탈하였다. …(중략)… 그리고 선정신 이황은 말하기를, "처음에 죽은 뒤에 하는 예에 대해서는 이미 모두 아버지가 하였으나, 다만 아직 상기를 모두 마치고 죽었으므로, 미처 그 아버지가 다 미치지 못한 예만을 대신하여 마칠 따름이다. 그러므로 성복의 절차는 다만 삭망 뒤의 조전(朝奠)에서 두 빈소에 고한 다음에 받아서 입을 일이다.' 하였습니다. 그러니 청컨대 이황의 말에 따라서 졸곡 뒤의 삭망에 즉시 상(喪)을 대신한다는 뜻으로 경사전(敬思殿)[3]과 효경전(孝敬殿)[4] 양전에 고하고 이어서 수복하는 절차를 행하도록 하소서." 하자, 상이 마침내 정조(正朝)에 경사전에 나아가서 본복(本服)인 기년 자최복을 입고 곡배(哭拜)를 마친 다음, 복을 바꾸어서 전중(傳重)의 최복으로 갈아입고 제사를 지냈다.

이에 오정창(吳挺昌, 1634~1680)이 상소하기를, "승중(承重)의 수복(受福)은 당연히 복제령(服制令)에 따라서 소상(小祥)에 해야 합니다." 하므로 대신들에게 의논하니, 영의정 허적(許積, 1610~1680)이 말하기를, "대복(代服)은 반드시 소상(小祥)을 기다려서 해야 한다는 것은 고례로서 사마조(司馬操)의 설이고, 굳이 소상을 기다릴 필요 없이 삭망에 수복을 해야 한다는 것은 선정신 이황의 말입니다. 신이 당초에 김수항(金壽恒, 1629~1689)과 함께 여러 날 동안 강구하였는데, 제왕가(帝王家)의 일이란 사서(士庶)의 경우와 달리 이미 왕위에 오르고 나서 그 예를 행하는 것입니다. 그런데 유독 수복에 대해서만 기어코 소상을 기다려서 해야 한다면, 그 사이에 행해야 할 여러 절목들이 불편한 것이 한두 가지가 아닐 것입니다. 그러므로 설날에 친히 제사를 올리고 수복하는 것이 합당합니다." 하였다.

仁宣大妃服制 顯宗十五年 仁宣大妃昇遐 莊烈大妃服制 賓廳 以衆子婦大功定入 上震怒 竄配議禮諸臣 右議政金壽興 禮官趙珩等 改以期年磨鍊 又追罪己亥議禮臣 宋時烈安置 宋俊 [sic 浚] 吉追奪官爵 …(中略)… 先正臣李滉曰 始死後諸禮 父皆已行之 但未畢喪而死 故只當代父而行其未畢之禮而已 成服之節 但於朔望後朝奠 告于兩殯所 仍受而服 請依李滉之言 卒哭後朔望 卽以代喪之意 告于敬思考敬兩殿 仍行受服之節 上遂於正朝 詣敬思殿 服本服期年齊襄服 哭拜訖易服 傳重襄服 行祭 吳挺昌疏云 承重受服 當依服制令 在於小祥 命議大臣 領議政許積曰 代服必待小祥者 古禮司馬操之說也 不必小祥 而受服於朔望者 先正臣李滉之言也 臣初與金壽恒 累日講究 則帝王家事 與士庶不同 旣踐其位 行其禮 獨受服 必待小祥 則其間節目 多有

不便 待元日 親祭受服爲當.

[출전] 李裕元 原著, 『국역 임하필기(林下筆記) 3』, 민족문화추진회, 1999, 원문(100~101면), 역문(301~302면).

1) 효종의 비 장씨(張氏).
2) 인조의 계비 조씨(趙氏).
3) 인선왕후의 혼전(魂殿).
4) 현종대왕의 혼전.

7. 꾸짖음·칭찬·신임

7-1. 술사 정희량

…(전략)… 정희량(鄭希良, 1469∼?)이 중이 되었을 때 퇴계 선생을 삼가(三嘉)에서 뵈었다. 퇴계가 주역을 논하는데 중이 이에 응대함이 물 흐르듯이 유연하였고 또 소견이 투철하니, 퇴계가 정희량이 아닌가 의심하여 중에게 말하였다.

"희량이 비록 죽지 않았다 하더라도 친상(親喪)에 복을 입지 않았으니 불효한 것이요, 임금을 버리고 도망하였으니 불충한 것입니다. 불효불충한 이가 어찌 감히 다시 세상에 행세 하겠습니까?" 말을 마치고 인사를 하고 가면서 말하였다.

"뒷산 초막에 유숙하려고 합니다." 퇴계가 곧 정희량임을 깨닫고 사람을 시켜 초막을 찾아보게 하였는데 이미 행장을 갖추어서 도망하고 없었다.

…(前略)… 希良爲僧時 謁退溪先生于三嘉 退溪論易 僧應對如流 所見甚透 退溪疑之 謂僧曰 鄭希良爲僧云 今必老矣 自今時事無虞 何不更仕于朝 僧曰 希良雖不死 不服親喪不孝也 棄君而遁不忠也 不孝不忠 何敢更行于世 言訖辭而去曰 將宿于後山草幕 退溪尋悟之 使人尋之草幕 已俶裝而遁矣.

[출전] 柳夢寅, 柴貴善·李月英 譯註, 『於于野談』, 한국문화사, 1996, 원문(151면), 역문(150∼151면).

7-2. 퇴계가 형(이해)에게 분수를 지킬 것을 권고하다

대사헌 이해(李瀣, 1496~1550)는 퇴계 선생의 형이다. 성격이 추진하는데 과감하여 항시 공명을 세우기를 자담하였다. 이기(李芑)가 인종 초기에 새로 우의정에 임명되자 공이 탄핵하여 갈고서야 그만 두었다. 퇴계에게 글을 보내어, "언제나 한가하게 물러서 있기만 하면, 일평생 배운 것을 언제 펴 보게 될 것이냐."고 책망하자, 퇴계가 "고향으로 돌아와 분수 지킬 것"을 권고하기도 하였었다.

李大憲瀣 退溪先生之兄也 性敢於有爲 常以功名自許 李芑仁廟初新除右相 公劾之 遞之而止 貽書退溪 責以一向恬退 何時展盡平生所學耶 退溪貽書 勸其還鄕自守.

[출전] 寄齋雜記 3, 『국역 大東野乘』, 民族文化推進會, 1985, 원문(27면), 역문(147면).

7-3. 퇴계가 허엽의 학식을 조롱하다

허엽(許曄, 1517~1580)은 젊었을 때부터 학문이 있다고 자처하였으나, 의론이 차착(差錯)되고 문의(文義)도 잘 통하지 못하였다. 전에 이황과 학문을 논하는 데 소견이 서로 달랐다. 이황이 웃으며 말하기를, "태휘(太輝)[1]가 학문을 하지 않았더라면 참 좋은 사람이다." 하였다. 이 말은 학식의 착오를 두고 조롱한 말이다. 비록 선을 좋아한다 하였으나 시비가 불명하고 사람을 취하는 데 착오가 많았다. 평소 남과 논쟁할 때 말하는 품은 상도를 넘지 않았으니, 사람들이 모두 수양할 바가 있다고 칭찬하였다.

曄自少以學問自許 而議論差錯 至於文義 亦不通曉 常與李滉論學 所見差誤 滉笑曰 太輝若不學問 則眞是善人也 盖譏學識之差也 雖自以爲學問 而是非不明 取人多錯居 與人爭論 辭氣不踰常度 人皆稱有所養.

[출전] 石潭日記 下, 『국역 大東野乘』, 民族文化推進會, 1985, 원문(61면), 역문(260면).

1) 허엽(許曄)의 자.

7-4. 퇴계가 이준경을 신임하다

3월. 이황이 병으로 사직하고 고향으로 돌아갔다. 이황이 스스로 늙고 병들었음을 말하고 고향으로 돌아가게 해주기를 간곡히 빌어 누차 글월을 올리니 임금께서 허락하시고, 편전으로 불러 물으시기를, "경이 무슨 말을 하고 싶소?" 하니, 이황은 답하기를, "성상은 사림을 애호하소서." 하였다. 임금님께서는, "경을 위하여 힘쓰겠소." 하셨다. 그리고 또 물으시기를, "조정 선비로는 누가 믿을 만하며, 누가 도학(道學)하는 사람이오?" 하니, 이황이 대답하기를, "이준경(李浚慶, 1499~1572)은 대사를 맡길 수 있으니 신임하시고 의심하지 마시길 바랍니다. 기대승은 학문하는 선비입니다. 다만 아직 정미한 경지에는 이르지 못하였습니다." 하였다.

三月李滉謝病歸鄕 滉自陳老病 懇乞還鄕 章累上 上許之 引見于便殿 上問曰卿欲何言 滉曰伏願聖明愛護士林 上曰當爲卿勉之 又問曰朝士何人可倚信 何人爲道學乎 滉對曰李浚慶可托大事 願信任勿疑奇大升學問之士也 但未造精微耳.

[출전] 石潭日記 上, 『국역 大東野乘』, 民族文化推進會, 1985, 원문(11면), 역문(49면).

7-5. 헐뜯는 것과 칭찬받는 것, 명예 훼손, 지위가 떨어지는 것과 높아지는 것

퇴계 이황이 정유일(鄭惟一, 1533~1576)[1]에게 답장한 편지에 이르기를 "한 가지 행동이나 한마디 말에도 칭찬받거나 그렇지 않으면 반드시 헐뜯음을 당하게 되는데, 헐뜯음을 당하는 것은 참으로 두려워할 일이고 칭찬받는 것은 더 근심할 일이다. 옛사람이 후배를 훈계한 말에 '오늘 임금 앞에서 한 가지 표창을 받고 내일 재상에게 한 가지 칭찬을 받게 되면, 따라서 절로 잃는 것이 많다' 했고, 또 말하기를 '부귀는 얻기 쉬우나 명예와 절조는 지키기 어렵고, 말세에는 높아지기 쉬우나 험난한 길은 끝나기 어렵다' 했다. 어렵건 쉽건 간에 올바르게 눈 줄 데를 밝히고 발 디딜 데를 살펴야 아마도 배운 것을 저버리지 않을 것이다." 라고 했는데, 이는 주자의 뜻을 적은 것일 터이다.

주자가 석응(石應)에게 답장한 편지에 말하기를 "부귀는 얻기 쉬우나 명예와 절조는 지키기 어렵다."고 했는데, 이는 비록 얕고 속된 뜻이기는 하나, 그러나 어찌 소홀히 여길 것이랴. 또 정감(鄭鑑)에게 답장한 편지에 말하기를 "종래 선배들이 젊어서는 한때의 명망을 조금 지녔다가도 늙어 가면서 가끔 남들의 뜻을 만족시키지 못하니, 그것은 정좌하여 학문을 강구하는 것이 정성스럽지 않아서, 공자나 맹자의 크나큰 규모를 보지 못했기 때문이다. 조금만 뜻을 세운 것이 있으면 곧 스스로 사업이 이뿐이라고 하며 더 길게 발전하려고 찾지 않으니, 형공(荊公)의 이른바 '말세에는 높아지기는 쉬우나 험난한 길은 끝나기 어렵다.'고 한 것을 또한 증험할 수 있다."고 했다.

풍속이 이미 말세이니 쉽게 높아졌다는 건 실제로 높은 것이 아니라 이른바 "하찮은 백성을 대하는 것으로 절로 높아진다."는 것이다. 표창 받고 칭찬받으면 제 몸이 문득 높아져서 어려운 것이 없다고 이르고 또 온갖 사악이 바로 앞에 감추어 있다는 것을 몰라서 스스로 깨닫지 못하므로, 구렁텅이로 떨어져 거꾸러지는 것을 벗어나지 못하니, 그 표창하고 칭찬하는 것이 바로 밀어 떨어뜨리는 까닭이 되는 것이다. 그러므로 "선비가 집에서는 몸을 닦았으나 천자의 조정에서 무너뜨린다."고 하는 것이다.

진실로 내 마음이 내 지위를 분명히 알기만 한다면 헐뜯더라도 그것이 사사로운 감정을 둔 것이 아니면 더 조심할 것이요, 칭찬하더라도 그것이 참된 것이 아니면 더욱 두려워할 것이니, "높아지기는 쉬우나 지키기는 어렵다."는 것을 어찌 다시 자질구레하게 말할 것이 있으랴. 그렇지 않으면, 바람만 불면 풀이 흔들리듯이 크게 놀라고 아주 소심해져 한길이 변하여 꼬불꼬불한 길이 될 것이니, 남이 천거해서 높은 벼슬에 오르는 것을 그만두고, 다만 자기 집에서 비록 몸을 일으켜 공중에 솟구치려 한들 그것이 되겠는가. 고시(古詩)에 이르기를, "하루만 과거를 보아도 3년 동안 도심(道心)을 손상한다."고 했는데, 아마도 출세하려는 사람에게 밝은 귀감일 것이다.

毁譽

退溪答鄭子中書云 一投足一開口之間不得譽 則必得毁 毁固可畏譽更可憂 古人戒後進之言曰 今日人主前 得一獎 明日宰相處得一譽因而自失多矣 又曰 富貴易得 名節難保 末俗易高 險塗難盡 難易之間 正當明着眼 審着脚庶 幾不負所學也 此盖述朱子之意 朱子答石應之書曰 富貴易得 名節難保 此雖淺近之意 然亦豈可忽哉 又答鄭自明書曰 向來一番前輩 少日粗有時望 晩年出來往往 不滿人意 正坐講學不精 不見聖門許大規模 少有所立 卽自以爲事業 止此更不求長進了荊公所謂 末俗易高 險塗難盡者 亦可驗也 俗旣末矣 其高易得高非實有 所謂臨下爲高也 得獎得譽 身便高致謂無所難 又不知千褒百斜藏在目下 而自不能覺故 墮坑落塹顚沛不免 其所以獎譽適所以推擠也故曰士修於家 而壞於天子之庭 苟使吾心明知 吾身地位 毁而非情 則加儆 譽而不實 則益懼 豈復易高難保之 足屑道哉 不然 風吹草動大驚 小悸周道變爲羊腸非徒 人不能吹噓送天 只自家在地上 雖欲扛起身騰空得乎 古詩云 一日看題目 三年損道心 盖爲出脚人炯鑑.

[출전] 고전 국역 총서『성호사설 Ⅲ』, 민족문화추진회, 1978, 원문(36면).
李瀷 原著, 丁海廉 편역,『성호사설 精選 (하)』, 現代實學社, 1998, 역문(125~126면).

1) 字는 자중(子中), 호는 문봉(文峯).

7-6. 처음 벼슬길에 나온 신진을 욕보이고 희롱함

침희신진(侵戱新進)[1]

율곡 이이(李珥, 1536~1584)가 과거에 급제해 처음 벼슬길에 나아갔을 때, 승문원(承文院)에서 선배에게 공손하지 않았다는 이유로 파직을 당했다. 퇴계가 이 소식을 듣고 말하기를, "신진을 욕보이고 희롱한 것은 과연 이치에 맞지 않은 일이다. 그러나 그러리라는 것을 알면서 그 길로 들어갔으니, 어찌 혼자만 면할 수 있겠는가? 이군(李君)의 일은 무슨 연유로 그랬는지 모르겠지만, 후배 가운데 기절(氣節)을 숭상하는 사람이 있어 선배에게 오만불손하며 말을 듣지 않고 자기 멋대로 하는 자가 있다. 이는 보고 듣기에 해괴할 뿐만 아니라, 의리로 보아도 온당한 것이 못된다."고 하였다. …(중략)… 퇴계가 손안도(孫安道)에게 보낸 편지에 "선배가 시키는 장난을 따르지 않을 수는 없다. 그러나 잠시 하는 척하여 그들의 힐책을 면하면 그만이다. 너무 외설스럽고 비루한 짓을 하여, 배우들이 하는 것처럼 남들을 웃기고 즐겁게 해서는 안 된다."고 하였다. 선생의 본의는 이런 뜻에 불과하다. 만일 '그 길로 들어갔으니 어찌 혼자만 면할 수 있겠는가?'라고 한 말만 가지고 논한다면, 그 말속에 약간의 흠이 있으니 자세히 분석해보아야 한다.

이런 풍속은 본래 고려시대 분홍방(粉紅榜)[2]에서 나온 것이다. 없애버려야 할 일은 깨끗이 없애야 하는데, 지금까지 그렇게 하지 못하고 있는 것은 힘이 미치지 못하기 때문이다.

栗谷初登第 承文院以不恭先進 見罷 退溪聞之曰 侵戲新來 果爲無理 然旣知其然 而已入此路 豈可獨免 李君之事 未知緣何有此 但後生中 有尙氣底人 傲視先進 擅自不聽 非徒駭於見聞 亦非義理之當…(中略)… 退溪與孫安道書 凡先生所令戲事 雖不可不從 聊暫爲之 僅以免責而已 不可極爲淫褻鄙慢之事 以供人笑樂 如倡優輩所爲也 先生之意 不過如此 今但曰 旣入其路 不可獨免云爾 則語意之間 欠些曲折 宜細分 此俗 本出於麗朝粉紅榜 苟可以滌去 則去矣 今不能然

者 力不及耳.

[출전] 이익 原著, 최석기 역, 『성호사설』, 한길사, 1999, 원문(300면), 역문(299~300면).

1) 처음 벼슬길에 나온 신진을 욕보이고 희롱함.
2) 분칠한 것처럼 얼굴이 앳된 소년이 과거에 급제한 것을 일컫는데, 권문세가의 나이 어린 사람이 합격한 것을 비아냥거리는 말이다.

7-7. 조선 중기의 대학자인 퇴계 이황과 남명 조식

황금계(黃錦溪, 1517~1563)[1]가 퇴계에게 편지를 보내, 남명이 의리에 투철하지 못한 점에 대해서 논하였다. 그러자 퇴계가 답하기를, "이런 유의 사람들은 흔히 노장(老莊)이 빌미가 되어, 우리나라 유학에 대해서는 으레 깊지 못하다. 그러니 그가 의리에 투철하지 못한 점에 대해 무엇이 이상하겠는가? 요는 그 장점만 취하면 된다."라고 하였다.

부제학(副提學)을 지낸 개암(開岩) 김우굉(金宇宏, 1524~1590)이 이 편지를 보고 깜짝 놀라, 퇴계에게 다음과 같은 글을 올렸다.

남명 선생은 우도(右道)[2]에서, 선생은 좌도(左道)에서 해나 달과 같은 존재로, 모두 사문(斯文)[3]을 흥기시키는 것을 자기의 임무로 삼고 계십니다. 그래서 선비의 풍습이 일변하여 도에 이를 수 있음이, 마치 황하에서 물을 마셔 배를 채우는 것과 같습니다. 비록 옹졸한 소인일지라도 말이 미덥고 행실이 과감합니다. 조 선생은 아래서부터 차근차근 배워 올라가는 것을 주로 삼아서, "학문을 하는 것은 어버이를 섬기고 형을 따르는 것에서 벗어나지 않는다. 이를 힘쓰지 않으면, 인사(人事)에서 천리(天理)를 구하는 것이 아니니 끝내 소득이 없을 것이다."라고 말씀하셨습니다.

조 선생의 말씀은 한 마디도 허무에 가까운 것이 없는데, 선생께서는 지금 말씀하시기를, "노장이 빌미가 되어 학문이 깊지 못하다."고 하셨습니다. 저의 망령된 소견으로는, 학문은 인륜의 일상생활 속에서 존심·성찰하는 데에 벗어나지 않으니, 그 일에 익숙한 뒤에야 실득이 된다고 생각합니다. 감히 여쭙건대, 우리 학문이 이 밖에 어디 있습니까? 지금 선생께서 거리낌 없이 비방하고 배척하시면서 심지어 이단에 비유하기까지 하시니, 선생의 큰 도량에 손상이 될 듯합니다. 원컨대 이 점에 대해 시원한 답변을 내리시어, 저의 매우 의혹된 마음을 풀어 주십시오.

그러자 퇴계가 답하기를, "내가 조모(曺某)를 매우 우러러 사모하는데, 어찌 거리낌 없이 비방하고 배척하겠는가? 다만 내가 입에 넘치는 칭찬을 잘 못하는 까닭에 하유(下帷)의 평(評)[4]과 순수하지 못한 의논이 있게 된 것일 뿐이다"라고 하였다.

경오년(1570년)에 남명이 퇴계가 세상을 떠났다는 소식을 듣고, 슬픔을 이기지 못하고 눈물을 흘리며 "나기도 같은 해에 났고, 살기도 같은 도에 살면서 칠십 평생 동안 서로 만나보지 못했으니, 어찌 명이 아니랴? 이 사람이 떠났다고 하니, 나도 곧 갈 것이다."라고 하였는데, 2년 뒤인 임신년(1572년)에 남명이 돌아갔다.

대체로 퇴계가 남명에 대해 허여하지 않은 것이 이 한 마디 말만이 아니었지만, 남명은 퇴계에 대해 한 구절도 언급한 바가 없다. 퇴계만이 한 점 흠도 없는 순수한 덕을 지녔을 뿐만 아니고, 남명도 한 점 혐의가 없었다는 것을 여기서 볼 수 있으니 본받을 만하다.

남명에 대해 정한강(鄭寒岡, 1543~1620)[5]은 말하기를, "남명이 어찌 우리나라에 다시 태어날 인걸이겠는가?"라고 하였고, 이율곡(李栗谷, 1536~1584)은 말하기를, "남명이 세도를 바로 돌려놓은 공은, 우리나라 여러 선현의 아랫자리에 있지 않을 것이다."라고 하였다. 그의 천 길 우뚝한 기상은 완부(頑夫)[6]를 청렴케 하고 나약한 자가 뜻을 세울 수 있게[7] 하였으니, 백세의 스승이라 하겠다. 요즘의 유자(儒者) 가운데 혹 퇴계의 평으로 인하여, "남명은 유학자가 아니다. 처사 가운데 의협스런 기상을 가진 사람이다."라고 말하는 사람이 있으니, 가소로운 일이다.

『대학』에 "뜻이 성실해진 뒤에 마음이 바르게 된다."고 하였다. 그러나 뜻이 성실하더라도 마음이 정당한 데서 벗어날 때가 있다. 그러므로 주자가 말하기를 "마음이 온전히 맑아져도, 그 맑은 이면에는 물결이 일고 있는 곳이 있다."고 하였다. 남명은 악을 미워하는 것이 지나쳐 음부(淫婦)의 집을 헐어 버리기까지 하였으니[8], 음부는 미워할 만하지만 그녀의 집을 헐어 버리는 것이 자기의 임무가 아니라는 점을 전혀 깨닫지 못한 것이다.

그러나 뇌룡(雷龍)·계부(鷄伏)[9] 등의 문자를 보면, 그의 공부가 매우 엄격했음을 알 수 있다. 그는 일찍이 공부하는 사람들에게 "다만 정신이 혼미해져 잠에 빠지는 것을 경계할 따름이다. 안목이 열리고 나면, 저절로 천지·일월을 보게 된다."고 하였으니, 이 한 마디 전하는 말씀은 초학자들의 정침(頂鍼)[10]이 될 만하다.

退溪 · 南冥

黃錦溪上退溪書 論南冥義理未透 退溪答曰 此等人 多是老莊爲祟

於吾學 例不深邃 何怪其未透也 要當取其所長耳 開岩金副學宇宏 得見其書 大驚 乃上退溪書曰 南冥先生之於右道 先生之於左道 如日月然 皆以興起斯文爲已任 士習一變 可以至道 如飮河充腹 雖硜硜小人言行信果 曹sic 曺] 先生則尤以下學爲主 曰 爲學 不出事親從兄 若不務此 是不於人事上求天理 終無所得 無一言近於虛無 今乃曰 老莊爲祟 學不深邃 小子妄以爲 學問 不出人倫日用間 存心省察 習於其事然後爲實得 敢問 吾學此外 安在 今先生 肆然詆斥 至比於異端 恐有損於先生大度 願賜開釋 以解滋甚之惑 退溪答曰 吾於某 慕用之甚 安敢肆然詆斥 但不能溢口稱譽 故有下帷之評 未醇之論耳 庚午 南冥聞退溪之卒 悲悼流涕曰 生同年 居同道 七十年 未相見 豈非命也 斯人云亡 吾其逝矣 夫越二年壬申 南冥卒 蓋退溪斬許南冥 不止一言而南冥無一句及退溪 不但退溪純德無瑕 亦可見南冥之無一點猜嫌 可以爲法 鄭寒岡有言南冥夫豈東方再生之傑也 李栗谷有言 挽回世道之功 恐不在東方諸子之下 若其壁立千仞氣像 可以廉頑立懦 則所謂百世之師也 近世儒者 或因退溪之評 乃謂 非儒家者流 卽處士中有俠氣者 亦可哈耳 大學意誠然後心正 意雖已誠 心或有過當處 朱子謂 雖十分淸了 淸裡面 有波浪動盪處 南冥惡惡之過 而至於毁撤淫婦家 淫婦雖可惡 殊不覺毁撤非己任也 然觀其雷龍 鷄伏等文字 其用功刻厲可見 嘗語學者曰 只得儆其昏睡而已 旣開了目自能見天地日月矣 此一轉語 可爲初學頂鍼.

[출전] 이익 原著, 최석기 역, 『성호사설』, 한길사, 1999, 원문(308면), 역문(306~308면).

1) 황준량(黃俊良)을 말함. 금계는 그의 호이다.
2) 경상북도 우도를 말함. 조선시대에 낙동강을 중심으로 서울에서 보아 오른쪽을 경상우도, 왼쪽을 경상 좌도라고 불렀다. 편의로 붙인 이름일 뿐 행정구역상의 명칭은 아니다.
3) 유학을 가리킴.

4) 실제의 일을 잘 모르고 논평하는 것을 말함. 하유란 장막을 친다는 뜻으로, 외부의 일을 듣지 않고 깊이 들어앉아서 독서만 하는 것을 가리킨다.
5) 정구(鄭逑)를 가리킴. 한강은 그의 호이다. 한강은 남명과 퇴계의 양대 문하에서 수학하였다.
6) 지각이 없는 사람 혹은 탐욕스러운 사람을 가리킴.
7) 이 말은 『맹자(孟子)』「만장하(萬章下)」 및 「진심하(盡心下)」에 보인다.
8) 음부는 진주에 살던 하종악(河宗岳)의 후처를 가리킨다. 하종악의 후처가 음란한 행실이 있자, 남명이 문하생들을 거느리고 가 그 집을 헐어버렸다고 세상에 전하나, 남명이 실제로 그런 행동을 했다는 기록은 없다.
9) 남명이 중년에 거처했던 뇌룡정(雷龍亭) · 계부당(鷄伏堂)을 가리킨다. 뇌룡은 『장자(莊子)』「재유(在宥)」의 '시거이용현 연묵이뇌성'(尸居而龍見 淵默而雷聲)에서 취한 것으로, 시동(尸童)처럼 가만히 앉아 있지만 그 조화가 용처럼 신비하게 나타나고, 연못처럼 묵묵히 은거해 있지만 그 덕화가 때론 우레처럼 울린다는 뜻이다. 계부는 닭이 알을 품고 있듯이, 들어앉아 자신의 내적 수양에 힘쓴다는 말이다. 현 합천군 삼가면(三嘉面)에 뇌룡정만 복원된 상태로 남아 있다.
10) 정수리에 놓는 침, 곧 아주 핵심이 되는 가르침을 뜻한다.

7-8. 그림에 능한 한훤당·퇴계·농암

성리학을 한 선배들도 그림에 능한 분이 있었으니, 한훤당(寒暄堂)1)·퇴계(退溪)·농암(農岩)2) 세 선생이 모두 그림에 능했었는데, 한훤당은 여러 가지 기법이 모두 좋은 분이었다. 『화전(畵傳)』에 "사마속수(사마涑水)3)·주자도 모두 유명한 화가다."라 했고, 『패설(稗說)』에 "진백사(陳白沙)4)는 매화(梅花)를 그렸다." 했다.

理學先輩 亦有能畫者 寒暄堂退溪農岩 三先生 皆能畵 而寒暄堂

諸法俱好者也 畵傳曰 司馬涑水 朱子皆名畵 稗說曰 陳白沙畵梅花.

[출전] 李德懋 지음, 『국역 靑莊館全書』, 민족문화추진회, 1980, 원문(27면), 역문(62면).

1) 김굉필(金宏弼, 1454~1504)의 호.
2) 김창협(金昌協, 1651~1708)의 호.
3) 사마광(司馬光)을 말한다.
4) 명대(明代)의 학자로 명(名)은 공보(公甫)이고 시호는 문공(文恭)이다.

7-9. 이자현을 옹호한 퇴계

이자현(李資玄, 1061~1125)은 이자연(李子淵, 1003~1061)의 손자이다. …(중략)… 사씨(史氏)가 이르길, "이자현은 재물을 쌓아두고 재화를 늘리면서 탐오하고 인색하였으며, 명성에 빙자하고 행동을 꾸미면서 이로써 스스로 고상한 체 했다."라고 하였는데, 퇴계는 다음과 같이 말하였다. "이자현은 벌열가에서 생장하였는데, 그 풍류와 세련된 교양은 당대에 견줄 자가 없었으며, 또한 일찍이 벼슬에 올라 높은 요직에 올랐다. 그런데 그는 부귀를 구함에 있어서 높은 관직을 얻음을 땅에 떨어진 겨자를 줍는 것처럼 여겼을 뿐 아니라 능히 혼탁한 세상 가운데에서 매미처럼 허물을 벗어던져 버리고, 만물의 바깥에서 기러기처럼 고고하게 살았다. 임금의 겸손한 말과 두터운 예일지라도 그 절개 고하 굽히기에는 부족했고, 사천 필의 말과 만종의 곡식으로도 그 미처를 움직이기 부족했으니, 미처 속에 즐기는 바가 있는 자가 아니라면 어찌 능히 이같이 할 수 있겠는가? 사관이 이자현을 지칭하여 "전지를 가지고 치산하면서 그 지역의 농민들을 괴롭게 했다."고 했는데, 옛날에 충명일(种明逸)이 세상에 숨어 지냈으나 늘그막에 또한 전지를 가지고 치산하였다는 비방이 있었는 바, 청의(淸議)가 이를 애석하게 여겼을 따름이다. 어찌 지금 사관과 같이 가혹하게 해치는 논의를 할 수 있겠는가?

李資玄 子淵之孫也 …(中略)… 史氏曰 資玄 蓄財殖貨 貪鄙吝嗇 矯名飾行 引以自高 退溪曰 資玄 生長閥閱 風流文雅 冠絶當世 亦嘗筮仕而登顯要矣 其於求富貴 取靑紫 不啻如拾地芥然 乃能蟬蛻於濁穢之中 鴻溟於萬物之表 雖卑辭厚禮 不足以屈其節 千駟萬鍾 不足以動其心 非有所樂於胸中者 安能如是乎 史稱資玄置田業 爲一方農民所苦 昔种明逸之晩節 亦有置田產之謗 淸議惜之而已 安有如今之史氏刻害之論耶.

[출전] 심재 原著, 신익철·조융희·김종서·한영규 공역, 『교감역주 송천필담』 권3, 보고사, 2009, 원문(213면), 역문(위의 책, 권2, 71~72면).

7-10. 임형수의 호방한 기개

수찬(修撰) 임형수(林亨秀, 1504~1547)는 호가 금호(錦湖)[1]이다. 글짓기에 능하고 활쏘기도 잘하였으며 풍모가 훌륭하고 기개가 탁월하여, 술에 취하면 번번이 큰소리로 노래하며 시를 지었다. 일찍이 퇴계에게 다음과 같이 말하였다. "그대 또한 남아의 기이하고 장엄한 일을 아시오? 대설이 온 산에 가득하거든 검은색 담비가죽 옷을 입고 허리에 흰 깃털로 장식한 긴 화살을 차고 팔뚝에는 백 근의 각궁(角弓)을 걸고 철총마를 타고 채찍을 휘두르며 산골짜기로 들어가면 장풍이 골짜기에서 일어나 모든 나무들이 크게 흔들릴 것이오. 갑자기 큰 멧돼지가 놀라 일어나 길을 잃고 달아나거든 바로 화살을 꺼내 활시위를 한껏 잡아당겨 쏘아 적중하여 쓰러지면 말에서 내려 검을 빼 그것을 잡습니다. 늙은 상수리나무를 베어 태우고 긴 꼬챙이에 고기를 끼워 구우면 기름과 피가 뚝뚝 떨어집니다. 호상(胡床)[2)]에 걸터앉아 그 고기를 썰어 먹고 커다란 은 사발에 끓인 술을 잔뜩 부어 통쾌하게 마십니다. 술이 거나해 질 때까지 마시고 골짜기의 구름을 쳐다보면 조각구름이 가볍게 나부끼며 취한 얼굴 위로 흩어질 것입니다. 이 속에 있는 묘미를 그대가 어찌 알겠습니까? 그대가 할 줄 아는 것은 다만 자그마한 글재주뿐입니다." 말을 마치고 손뼉 치며 크게 웃었으니, 기개가 본디 방일(放逸)함을 빗대어 말한 것이다. 퇴계가 항상 그의 손에 '고개 숙인 꽃은 옥녀가 술에 취한 발그레한 얼굴이요, 깎아지른 산은 창룡이 바닷물을 마실 때의 허리 같구나(花低玉女酣觴面, 山斷蒼龍飮海腰)'라는 시구를 외우면서 훌륭하다고 하였으니 그의 기상과 절개를 상상할 수 있다. 윤원형(尹元衡, ?~1565)에게 거슬려 죽임을 당했는데, 그의 잘못이 아니었기 때문에 사람들이 모두 탄식하며 애석해 했다. 우암(尤菴)이 말했다.[3)] "금호가 죽을 때 처형을 담당한 관리에게 청하기를, "조정에서 자진(自盡)하라는 명을 내렸으나, 반드시 약을 마실 필요가 없소. 차라리 목을 매게 해주시오."라고 하자, 형관이 들어주었다. 마침내 방으로 들어가 벽을 뚫고 나졸로 하여금 밖에서 잡아당기도록 했다. 이윽고 나졸이 방에 들어가 보니 베개 하나가 벽에 붙어 있었다. 금호는 한 모퉁이에 누워서 넓적다리를 두드리면서 웃으며 말하기를, "나는 평소 해학을 좋아하였는데 오늘 끝마치고자 한다." 하고는 마침내 목을 매어 죽었다. 이것이 비록 점잖은 선비의 가법은 아니지만, 또한 공의 호탕한 기개를 엿볼 수 있다.

林修撰亨秀 號錦湖 能文善射 美風儀 氣岸卓犖 醉輒浩歌賦詩 嘗謂退溪曰 君亦知男兒奇壯事乎 大雪滿山 着黑貂裘 腰帶白羽長箭 臂掛百斤角弓 乘鐵驄馬 揮鞭入澗壑 則長風生谷 萬木震動 忽有大豕驚起迷路而走 輒發矢引滿射殪 下馬拔釰屠之 斫老櫟焚之 長串貫其肉 炙之 膏血點滴 踞胡床切而啖之 以大銀椀 滿酌湯酒 快飲 飲之醺然 仰見壑雲 成雲片片如錦 飄灑醉面 此中之味 君能知之 君之所能者 只是翰墨小技耳 遂擊大笑 盖氣之自放而寓之言也 退溪 常誦其花低玉女酣觴面 山斷蒼龍飲海腰之句 而稱美 其平日氣像槩可想矣 見忤於尹元衡死 非其辜 人皆嗟惜 尤菴曰 錦湖臨命時 請於刑官曰 朝廷賜以自盡不必仰藥 寧許就經也 刑官聽之 遂入室穿壁 使羅卒 自外引之 旣而羅卒入見 則一枕貼壁 而錦湖偃臥於一隅 拊髀而笑曰 平生善謔 今日欲終竟矣 遂就經 此雖非莊士家法 而亦可見公之豪爽氣槩矣.

[출전] 심재 原著, 신익철·조융희·김종서·한영규 공역, 『교감역주 송천필담』 권3, 보고사, 2009, 원문(248면), 역문(위의 책, 권2, 172~174면).

1) 영산강의 별칭.
2) 등을 기댈 수 있는 접이식 의자.
3) 『宋子大全』 권75 '답이이중(答李彝仲)'의 別紙에 보인다.

7-11. 퇴계가 이자현을 옹호한 시

진락공(眞樂公) 이자현은 재상의 가문에서 태어나 벼슬에 머물고 있었지만, 항상 자하상(紫霞想)[1]을 품고 있었다. 젊어서 은원충(殷元忠)[2]을 좇아 은거하기 좋은 승지(勝地)를 남몰래 찾았다. 은원충은, "양자강 가에 한 굽이 청산이 있는데, 참으로 피세(避世)할 만한 곳이오."라 하였다. 공은 나이 27세로 벼슬이 대악서령(大樂署令)[3]에 이르렀을 때, 문득 옷깃을 떨치고 아주 떠나 청평산으로 들어가서 문수원(文殊院)을 짓고 살았다. 또 그는 선설(禪說)을 매우 숭상하였다. 배우고자 하는 사람이 찾아오면, 곧 그윽한 방으로 데리고 들어가 종일토록 말 한 마디 않고 단정히 앉아 있었다. 깊숙한 곳에 식암(息菴)이란 집을 지었는데, 방이 고니 알 모양에 꼭 두 무릎을 꿇고 있을 정도의 크기였다. 그 가운데 들어가 묵좌하고 있으면서 며칠이고 나오지 않았다. 예종(睿宗)이 누차 불렀으나 그는 "처음 도성문을 나올 때 다시 서울을 밟지 않겠다고 결심했으니, 감히 조서를 받들지 못하겠습니다."라 하고 마침내 다음과 같은 표문을 지어 올렸다. 새를 새답게 기르시어 종고(鐘鼓)를 근심함[4]이 없게 하시고 물고기를 보고 물고기의 마음을 아시어 강호에 살려는 뜻을 이루게 해주소서.[5] 본조의 이퇴계는 '청평산을 지나며(過淸平山)'[6]에서 읊기를, 밝은 달은 뜰에 가득, 은거의 뜻 넉넉하고 맑은 산에 자취 숨겨 뜬 영화 떠나보냈네. 동방의 은일(隱逸)을 위해 누가 전(傳)을 지을 건가? 작은 흠집 들춰내어 패옥의 아름다움 가리지 말라. 이자현은 청평산에 은거하여 37년 동안 살았으니, 또한 한 시대의 고결한 선비라 할 것이다. 그런데 사가(史家)가 탐욕스럽고 인색하다고 비난했기[7] 때문에 퇴계가 이 시를 지어 해명한 것이다.

眞樂公李資玄 起自相門 寓迹簪組 而常有紫霞想 少從術士殷元忠密訪溪山勝地 可以卜隱 殷云 揚子江上 有靑山一曲 眞避世之地 公年二十七 仕至大樂署令 忽佛衣長往 入靑平山 葺文殊院以居地 尤崇

禪說 學者之 則輒與之入幽室 竟日危坐忘言 乃於幽絶處 作息菴 團圓如鵠卵 只得盤兩膝 黙坐其中 數日不出 睿宗屢召之 資玄曰 始出都門 不復踐京華 不敢奉詔 遂上表曰 以鳥養鳥 庶無鐘鼓之憂 本朝李退 溪過淸平山詩曰 白月滿庭(退溪集에는 空)餘素抱 晴嵐無迹遣浮榮 東韓隱逸誰修傳 莫指微瑕屛玉(退溪集에는 白)珩 蓋資玄居淸平山三十七年 亦一時高士 而史氏詆以貪嗇 故退溪作詩以解之.

[출전] 姜浚欽 原著, 민족문학사연구소 한문분과 옮김, 『三溟詩話』, 소명출판사, 2006, 원문(37~38면), 역문(35~37면).

1) 仙界를 동경하는 마음. 자하는 신선이 사는 곳을 가리키는 말로, 자하상은 선계를 동경하는 뜻으로 쓰인 것이다.
2) 은원충(?~?) : 無等山處士로도 불렸다. 풍수설에 능통하여 왕명을 받아 산천을 순시하기도 하였으며, 예종 때에는 『道詵密記(도선밀기)』에 근거하여 南京(서울)으로 천도할 것을 주장하기도 하였다.
3) 고려 때, 音律의 교열을 맡아보던 大樂署의 장.
4) 적성에 맞지 않으면 살 수 없음의 비유. 옛날 魯나라 郊外에 海鳥가 날아왔는데, 魯候가 잡아다 그 새에게 좋은 먹이를 주고 좋은 음악을 들려주었으나 먹지 않고 있다가 3일 만에 죽었다는 故事에서 유래.
5) 『莊子』의 至樂편과 秋水편의 문자를 취해서 만든 것임.
6) 『退溪集』 권1 '過淸平山有感(幷書)' 참조.
7) 『高麗史』 권95에는 이자현에 대해 "성품이 인색하고 재화를 많이 쌓아 두고 물건과 곡식을 축적하였기 때문에 그 지방 사람들이 모두 싫어하고 괴롭게 여겼다(性吝 多畜財貨 擧物積穀 一方厭苦之)" 비판하는 말을 실어 놓았다.

7-12. 조광조의 인품

퇴옹(退翁)[1]이 말하기를, "정암(靜菴)[2]은 천자(天姿)가 매우 높아서 다른 사람들의 무리에서 단연 빼어났다. 마치 아름다운 난초가 향기를 뿌리고, 밝은 달이 빛을 뿌리는 것 같다.” 일찍이 임금께서 하련대(下輦臺)에 거동하시는데 선생이 대사헌(大司憲)으로 그 대열(隊列)에 따라갔다. 그 의표(儀表)를 바라보는데 관료가 모두 다 휩쓸리고 성균관 교각의 문을 에워싸고 구경하는 자마다 탄식하지 아니한 사람들이 없었다. 매번 종로를 지나갈 때면 여러 시정인들이 이마에 손을 얹고 말하기를, “우리 상전이 이르신다.” 라고 하였으니, 그것이 그분에 대한 ‘한 시대의 떠받듦을 융숭하게 받은 것이 선생만한 사람이 없었다.’ 라고 하였다.

退翁曰 靜菴天姿甚高 絶出等夷 政 [sic-正] 如猗蘭播芬 皓月揚輝 嘗於下輦臺御座 先生以大憲從班 望其儀表 百僚盡傾 圜橋門者莫不咨歎 每過鍾樓 諸市井 以手加額 曰吾上典至矣 其爲一世之聳服未有如先生云.

[출전] 李遇駿 原著, 洪性南 編, 『夢遊野談』 下, 寶庫社, 1994, 171~172면.

1) 이황(李滉)을 말함.
2) 조광조(趙光祖, 1482~1519)의 호.

7-13. 퇴계와 서화담의 꿈

퇴계가 일찍이 슬픈 기색으로 제자들에게 말하였다. “‘옛날 서화담(徐花潭)[1]이 일찍이 말하기를, 내가 매일 밤마다 꿈에 정자(程子)를 뵌다.’ 라고 하였는데, 나 또한 꿈에 주공(周公)과 주자(朱子)를 뵌 적이 한 번이고, 정자를 뵌 것은 두 번이다." 이 또한 젊었을 때의 일이고, 지금은 늙고 쇠하여 이런 꿈이 없었다. 이로 보건대 선배들의 정력[2]은 과연 능히 이와 같은 것이 있다.

退溪 嘗慨然謂門人曰 昔徐花潭 嘗言吾每夜夢見程字 吾亦夢見周公朱子者一 見程子者二 此亦少壯時事 秖今衰老無此夢也 此見先輩之精力 果能有如是者矣.

[출전] 李遇駿 原著, 洪性南 編, 『夢遊野談』 下, 寶庫社, 1994, 178면.

1) 서경덕(徐敬德, 1489~1546).
2) 심신의 힘.

7-14. 퇴계가 논한 김종직

퇴옹이 『점필재집(佔畢齋集)』을 보고 말하였다. "점필재[1]는 학문하는 사람이 아니다. 종신사업(終身事業)은 다만 사화(詞華)[2]에만 있을 뿐이다. 대개 당시의 문장은 점필재가 수위(首位)가 된다. 일찍이 제천정(濟川亭)의 기둥에 지은 시가 있었다. 눈 속의 차가운 매화와 비온 뒤의 산, 볼 때는 쉬워도 그릴 때는 어렵네. 당시 사람들 눈에 들지 못할 것을 일찍 알았더라면, 차라리 연지 쥐고 모란이나 그릴 것을." 그 아래에는 성명을 써놓지 않았다. 괴애(乖厓) 김수온(金守溫, 1409~1481)이 이 시를 보고 매번 외우며 말하기를, "보슬비에 중은 장삼을 꿰매고 있고, 차가운 강에는 나그네가 노를 저어간다." 이

시는 과연 그 정밀하고 상세함에 탄복하지 않을 수 없다. 또한 외우기를, 지난 10년의 세상사 외로움의 나날, 어지러운 숲 사이로 가을 모습이 완연하다. 과연 그 상랑(爽朗)함에 감복하지 않을 수 없다. 또 외우기를, 바람에 신라 때의 일산(日傘)을 펄럭이고, 비는 연꽃에 떨어지는도다. 과연 그 시는 과연 방달(放達)[3]함에 감복하지 않을 수 없다고 하였다.

退翁觀 佔畢齋集曰 佔畢非學問底人 終身事業 只在詞華上 蓋當時文章 以佔畢爲首 嘗題濟川亭柱上詩曰 雪裏寒梅雨後山 看時容易畫時難 早知不入時人眼 寧把臙脂畫牧丹 其下不書姓名 金乖厓守溫見之曰 每誦 細雨僧縫衲 寒江客棹舟 則未嘗不服其精細 又誦 十年世事孤吟裡 八月秋容亂樹間 則未嘗不服其爽朗 又誦 風飄羅代蓋 雨蹴佛天花 未嘗不服其放達云.

[출전] 李遇駿 原著, 洪性南 編, 『夢遊野談』 下, 寶庫社, 1994, 228면.

1) 김종직(金宗直, 1431~1492)의 호.
2) 詩文.
3) 마음이 활달하여 남의 구속을 받지 아니함.

7-15. 퇴계가 임형수를 '기이한 남자'라고 칭하다

금호(錦湖) 임형수(林亨秀, 1504~1547)는 뜻이 커서 남다른 기개가 있었다. 일찍이 퇴계와 함께 공부하는데 번번이 술에 취할 적마다 불러 말하기를, "그대 또한 남자에게 시원한 일들이 무엇인지를 아는가?" 선생이 답하여 말하기를, "자네가 그것을 말해 보게나." 라고 하자 큰 눈이 가득 덮인 산에 몸에는 검은 초구(貂裘)를 입고, 허리에는 흰 깃의 긴 화살[白羽箭]을 차고, 어깨에는 천근의 강궁(强弓)을 걸치고, 철총마를 타고 긴 채찍을 휘둘러 깊은 골짜기로 말을 달려 들어가니 소슬한 바람[北風]이 한 번 일자 온갖 곳에서 소리가 나는데, 갑자기 큰 멧돼지가 내 앞에서 놀라 일어나니 문득 화살 단발에 돼지를 쓰러뜨리고는 말에서 내려 칼을 꺼내 돼지를 잡아서 오래된 느릅나무를 쪼개어 불을 붙이고 긴 꼬챙이에 그 고기를 구우니 기름과 피가 방울져 떨어졌다. 평상에 걸터앉아 고기를 씹으며 큰 옥 주발에 술 몇 잔을 시원스럽게 들이키고서 술이 얼큰하였을 때 눈이 내린 봉우리를 우러러보면 조각조각 비단 같고 취한 얼굴에 날라 스쳐간다. "이때의 이러한 흥취를 그대가 어찌 알겠는가? 그대는 다만 책상 사이에 골몰하는데 그칠 뿐이다. 어찌 이러한 흥겨움을 그대와 같이 말할 수 있겠는가?" 하니 퇴옹(退翁)이 매번 '기이한 남자'라고 칭하였다.

林錦湖亨秀 倜儻有奇氣 嘗與退溪同業 醉輒呼曰 君亦知男子快意事乎 先□(生)曰 第言之曰 大雪滿□(山) 身着黑貂裘 腰帶白羽箭 臂掛千斤强弓 乘鐵驄馬 揮長鞭馳入澗谷 陰風一起 萬竅叫嚎 忽有大豕驚起于前 輒一發而殪之 卽下馬拔釰屠之 斫老櫟燒之 貫長串炙之 膏血點適 踞胡床而啗之 以大玉椀 痛飮數巡 至醺 仰見峯雪 片片如錦飛洒醉面 此時此興 君何以知之 君則但汨沒於几案之間而止耳 惡足以言此哉 退翁每以奇男子稱之.

[출전] 李遇駿 原著, 洪性南 編, 『夢遊野談』 下, 寶庫社, 1994. 301~302면.

7-16. 근언(謹言)

퇴계는 논변할 적에 기운은 온화하고 말은 유창하며, 이치는 분명하고 의리는 안정되어서 비록 여러 사람들이 경쟁적으로 말을 하더라도 뒤섞여 말하지 않았으며, 반드시 저들의 말이 그치기를 기다려 천천히 한마디 말로써 조리 있게 분석하였다. 그러나 또한 반드시 자신만 옳다고 하지는 않고 다만 "나의 의견이 이와 같은데 어떻게 생각하는가?" 라고만 말하였다.

謹言

退溪論卞之際 氣和辭暢 理明義定 雖群言競起 而不爲參錯說話 必待彼言之定然後 徐以一言條柝 [sic 析] 之然亦不必其爲是 第曰已見如是 以爲何如.

[출전] 李裕元 原著, 『국역 임하필기(林下筆記) 2』, 민족문화추진회, 1999, 원문(38면), 역문(106면).

7-17. 제사(祭祀)

퇴계가 말하기를, "기일(忌日)에 술과 음식을 마련해서 마을 사람들을 부르는 것은 예가 아니다." 하였다.

祭祀

退溪曰 忌日設酒食會鄉曲 非禮也.

[출전] 李裕元 原著, 『국역 임하필기(林下筆記) 2』, 민족문화추진회, 1999, 원문(39면), 역문(109면).

7-18. 부부(夫婦)(1)

퇴계가 말하기를, "부부는 인륜의 지극함이고 온갖 복의 근원이다. 비록 지극히 친밀하지만 또한 지극히 바르고 삼가야 할 관계이다. 세상 사람들은 모두 예우하고 공경할 것을 잊어서 대번에 지나치게 가깝게 되어 마침내 업신여기고 능멸하는 등 못하는 짓이 없게 된다. 이렇게 되는 것은 모두 서로 손님처럼 공경하지 않아 생기는 것이기 때문에 의당 처음을 삼가도록 하려는 것이다." 하였다.

夫婦

退溪曰 夫婦 人倫之至 百福之源 雖至親至密 而亦至正至謹之地 世人都忘禮敬 遽相狎昵 遂致侮慢凌蔑 無所不至者 皆生於不相賓敬之故 是以欲其當謹始.

[출전] 李裕元 原著, 『국역 임하필기(林下筆記) 2』, 민족문화추진회, 1999, 원문(40면), 역문(110면).

7-19. 부부(2)

퇴계의 가서(家書)에 말하기를, "어린아이가 아직까지 안에서 지낸다고 들었는데, 『예기(禮記)』에 '남자는 열 살이면 밖의 스승에게 나아가 거주한다.' 하였다. 지금 이 아이가 이미 열서너 살인데, 아직까지 밖으로 나가지 않았으니, 그렇게 하면 되겠는가." 하였다. 선생은 형수를 만나면 비록 하루에 여러 번 보았다 하더라도 반드시 절하고 공경을 극진히 하였다.

夫婦

退溪家書曰 聞蒙兒尙居宿於內 禮云 男子十年 出就外傅 居宿於外 今此兒已十三四 尙未出外可乎 先生見兄嫂 雖一日累見 必拜致敬.

[출전] 李裕元 原著, 『국역 임하필기(林下筆記) 2』, 민족문화추진회, 1999, 원문(40면), 역문(110~111면).

7-20. 치산(治山)

퇴계의 가서(家書)에 말하기를, "생산을 경영하는 등의 일은 사람이면 누구나 해야 된다. 이 아비도 평생 비록 서툴기는 했지만 어찌 하나도 하지 않았겠는가. 다만 내면으로 운치 있고 고상한 것에 전념하면서 혹 밖으로 일에 응하면 사풍(士風)이 실추되지 않아 해가 되는 일이 없을 것이다. 만일 격조 있고 고상한 것을 완전히 잊고 경영하는 데에만 몰두한다면 이는 바로 농부의 일로서 향리의 속인이 될 뿐이다." 하였다. 또 말하기를, "대체로 군자는 의당 풍소(風素)[1], 문아(文雅)와 염담(恬淡), 과욕으로 스스로를 처신해야 한다. 그런 다음에 생업에 미치면 해가 없을 것이다." 하였다. 또 말하기를, "만일 세속의 일에 끌려서 뜻으로 삼은 일을 폐한다면 끝내 향리의 별 볼일 없는 사람이 될 뿐이니, 경계하지 않아서야 되겠는가." 하였다.

治山

退溪家書曰 營産等事 人所不能不爲者 乃翁平生雖踈拙 亦豈全不爲乎 但內專文雅 外或應務 則不墜士風爲無害 若全忘雅 尙沒頭經營 則是爲農夫之事 鄕里俗人之爲耳 又曰 大抵君子 當以風素文雅恬淡寡欲自處 而餘事及於生業則無害 又曰 若牽俗務而廢志業 終爲鄕里之陳人 可不戒哉.

[출전] 李裕元 原著, 『국역 임하필기(林下筆記) 2』, 민족문화추진회, 1999, 원문(40면), 역문(111면).

1) 풍채(風采)와 소양(素養).

7-21. 장유(長幼)

퇴계가 말하기를, "나이가 나보다 많을 경우, 아버지로 섬기거나 형으로 섬기거나 하는 차등이 있는 것은 대체를 가지고 말한 것이다. 그 사이에 다시 분별하지 않아서는 안 될 현우(賢愚), 귀천(貴賤), 분의(分義), 융쇄(隆殺)의 차등이 있으니, 각각 처한 상황에 따라 매우 다르므로 한 가지 설로 억지로 단정해서는 곤란하다." 하였다.

長幼

退溪曰 年長於我 有父事兄事之差等 時大槩言之 其間復有賢愚貴賤分義隆殺之不可無 分別者 各隨所遇 有萬不同 難以硬作一說斷定也.

[출전] 李裕元 原著, 『국역 임하필기(林下筆記) 2』, 민족문화추진회, 1999, 원문(42면), 역문(115면).

7-22. 접빈(接賓)(1)

퇴계가 말하기를, "사람을 대하는 도는 각각 상대에게 달려 있으니, 어떻게 노소와 귀천을 막론하고 일체 다 공경할 수 있겠는가. 그러나 처음부터 홀만하게 여기는 마음이 있어서는 안 된다." 하였다.

어떤 사람이 묻기를, "가장이 나가서 손님을 맞이하라고 시키면, 저는 나가서 손님에게 절하지 않고 손님이 들어와 좌정한 뒤에 절을 해야 합니까?" 하니, 퇴계가 답하기를, "그렇지 않다. 내가 존장(尊長)을 대신하여 손님을 맞이하면서 절하지 않는 것은 의리상 온당치 않다. 만약 어른이 직접 맞이한다면 우선 피하고 절하지 않는 것이 옳다."고 하였다.

接賓

退溪曰 待人之道 各在當人之身 豈不可論老少貴賤 而一切以敬乎 當先有慢忽之心 不可也. 或問家長使出迎客 我出不拜客 客入坐定後拜否 退溪曰不然 我代尊長迎之而不拜 於義未安 若長者親迎 則姑避不拜可也.

[출전] 李裕元 原著, 『국역 임하필기(林下筆記) 2』, 민족문화추진회, 1999, 원문(42면), 역문(116면).

7-23. 접빈(2)

퇴계는 비록 문인(門人)이나 손아랫사람이라 하더라도 만약 멀리 떠나게 되면 반드시 술자리를 베풀고 당(堂)을 내려와 전송하였으며, 평상시 왕래할 때에는 다만 자리에서만 일어나 절하였다. 만약 존귀한 손님이 오셨을 경우에는 관복(官服)을 갖추되 사모는 쓰지 않은 채 대문 밖에서 맞이하고 전송하였는데, 오르내리고 읍양(揖讓)하는 것들이 모두 법도에 맞았다. 손님이 오면 항상 술과 고기를 차렸는데, 반드시 미리 집사람에게 마련하게 해서 손님 앞에서 말한 적이 없었다.

손님 접대는 집안 형편에 따라 맞추어서 비록 존귀한 손님이 왔다 하더라도 성대히 음식을 차리지 않았고, 항렬이 낮거나 나이 어린 사람이 왔다 하더라도 소홀이 하지 않았다. 술을 마실 때에는 주량에 따라 즐겼다. 영천군수(榮川郡守) 이명(李銘)이 와서 선생을 뵐 적에, 오만하고 무례하여 태연히 침을 뱉고 병풍과 족자를 하나하나 가리키면서 서화(書畵)를 평론하였지만, 선생은 묻는 대로 대답하고 조금도 기미(機微)를 내색하지 않았다.

接賓

退溪雖門人小子 若遠行 必設酒下堂以送 常若往來 祗離席以拜 若尊客 具官服但不着帽 迎送大門外 升降揖遜 動中規矩 客來常有酒肉 而必預敎家人以供之 未嘗對客言之 稱家有無 雖貴客至 亦不盛饌 卑幼來 亦不忽焉 飮酒隨量歡之 榮川郡守李銘來謁 倨傲無禮 咳唾自若 指點屛簇 評論書畵 先生隨而答之畧 無機微見於色.

[출전] 李裕元 原著, 『국역 임하필기(林下筆記) 2』, 민족문화추진회, 1999, 원문(42면), 역문(116~117면).

7-24. 권당(捲堂)[1]

무릇 성균관이 비게 되면 본관의 당상들은 명륜당의 동쪽 협실에 모이고 낭청들은 직방(直房)에 모여, 동재(東齋)와 서재(西齋)로 나누어 들어가 그대로 수재(守齋)를 하는데, 당상이 '성균관이 비었다.'는 뜻으로 초기(草記)하면 장무관(掌務官)이 이를 정원(政院)에 나아가 올린다. 비답이 내려지고 나면 당상과 낭청이 밖에 나가서 제생들을 불러 선유(宣諭)[2]하는데, 제생들은 한꺼번에 네 번 절하고 무릎을 꿇고 앉았다가 물러나와 성균관을 비우게 된 이유를 써서 수복(守僕)으로 하여금 당상에게 나아가 고하게 한다. 지성균관사와 동지성균관사는 곧바로 임금에게 아뢰고 반장(泮長)은 예조에 논보(論報)하여, 예관으로 하여금 들어가도록 권유하게 하면 본관의 당상과 낭청이 일시에 밖에 나가서 예관과 더불어 배례를 한 뒤 제생들을 불러 처음과 같이 선유한다. 이때 유생들이 명을 받들어 재실에 들어가면 예관이 본관의 당상들과 더불어 파출초기(罷出草記)를 써서 올리고, 명을 받들지 아니하면 예관이 그것을 이유로 계사(啓辭)를 한다. 문순공(文純公) 이황이 말하기를, "공관(空館)하는 규정은 어느 때부터 비롯된 것인지 알 수가 없다. 사적(史籍)에 나타난 것으로 살피건대, 아마 송(宋)나라 때 권당(捲堂)하던 일에서 시작된 듯하다." 하였다.

捲堂

凡館空 [sic 空館] 則本館堂上 會于明倫堂東挾室 郎廳會于直房 分入東西齋 仍爲守齋 堂上以空館辭意草記 掌務官進呈政院 批下後 堂郎出去 招諸生宣諭 諸生幷四拜跪坐 退書空館之由 使守僕 進告堂

上 知館事同知館事則直啓 泮長論報禮曹 令禮官勸入 則本館堂郞 一時出去 與禮官拜禮 招諸生宣諭如初 承命入齋 則禮官與本館堂上 書呈罷出草記 不爲奉承 則禮官因爲啓辭 文純公李滉曰 空館之規 未知始自何時 以見於史者觀之 恐始於宋時捲堂.

[출전] 李裕元 原著, 『국역 임하필기(林下筆記) 5』, 민족문화추진회, 1999, 원문(19면), 역문(54~55면).

1) 권당(捲堂) : 성균관의 유생들이 조정의 시책에 불만이 있거나 자기들의 주장을 관철시키고자 할 때 벌이는 일종의 동맹휴학(同盟休學)으로, 성균관을 비운다는 뜻에서 '공관(空館)'이라고도 한다.
2) 임금의 유시(諭示)를 선포함.

7-25. 사초를 하관에게 전위하다

이황이 말하기를, "신사(信史)가 직무를 잃는 것은 조사(曹司)가 있기 때문이다. 사관(史官)을 여덟 사람이나 두도록 한 것은 국사를 중시하는 것이었으니, 마땅히 각자 그 직분을 다하여야 하는데, 지금은 여러 사관들이 다들 아무 하는 일 없이 봉록만 받아먹으며 하번(下番)에게만 일을 떠넘기고 있다. 한 사람의 소견이 반드시 모두 올바른 것은 아니니, 만세토록 전신(傳信)하는 글이 너무 엉성하여 그야말로 한심할 지경이다." 하였다.

史草專委下官 李滉曰 信史之失職 以有曹司也 史官多至八員者 所以重史也 所當各盡其職 而今則諸員 皆尸素而委置於下番 一人所見不必皆正 萬世傳信之書 草草已甚 可謂寒心.

[출전] 李裕元 原著, 『국역 임하필기(林下筆記) 5』, 민족문화추진회, 1999, 원문(54면), 역문(153면).

7-26. 조존(操存)

퇴계가 말하기를, "심기의 병통은 바로 이치를 살피는 것이 투철하지 못하여 쓸데없는 데에 공연히 힘을 쓰고 마음을 잡히는 방법이 어두워 억지로 조장하는 데에서 연유하니, 자기도 모르게 심력을 수고롭게 하다가 이러한 지경에까지 이르게 된다. 이는 초학자의 공통된 병통이니, 빨리 고치지 않으면 마침내 그 병통이 고질화될 것이다. 이를 해결하는 방법으로는 우선 세간의 궁통(窮通), 득실, 영욕, 이해를 모두 도외시하여 마음에 누가 되지 않게 하여야 한다. 그리고 일상 생활하는 사이에 수작을 적게 하고 기욕(嗜欲)을 절제하여 텅 빈 마음으로 한가로움과 충만한 즐거움을 누리고, 참으로 내 마음과 합치되어 깨달음을 주는 도서나 화초, 계곡이나 산, 물고기와 새 같은 것들을 싫어하지 않고 항상 접하여 이 심기가 항상 편안한 상태에 있게 하는 것이다. 책을 볼 때에는 마음을 수고롭게 하지 말고 많이 보는 것을 매우 조심해야 한다. 다만 뜻에 따라 맛을 즐기며 이치를 궁구하여 일상생활 가운데 평이하고 명백한 곳에서 깨달아 익숙하게 하고, 이미 알게 된 것을 충분히 음미하여 뜻을 쓰는 것도 아니고 뜻을 안 쓰는 것도 아닌 사이에서 오랫동안 살피고 잊지 않는다면, 자연히 융회관통(融會貫通)하여 터득하는 것이 있게 될 것이다. 더더욱 금해야 할 것은 집착하고 속박해서 빠른 효험을 보려는 것이다." 하였다.

操存

退溪曰心氣之患 正緣察理未透 而鑿空以强操 操心昧方 而揠苗以助長 不覺勞心勞力 以至于此 此初學之通患 不能速改 其患遂成 治藥之方 第一須先將世間窮通淂失榮辱利害 一切寘之度外 不以累於靈臺 凡日用之間 少酬酌節嗜欲 虛閒恬愉 至如圖書花草之玩 溪山魚鳥之藥 苟可以悟意適情者 不厭其常接 使心氣常在順境中 看書勿至勞心切忌多看 但隨意而悅其味窮其理 須就日用平易明白處 看破敎熟 優游涵泳於其所已知 非着意非不着意之間 照管勿忘 積之之久 自然融會而有淂尤不可執捉制縛 以取速驗也.

[출전] 李裕元 原著, 『국역 임하필기(林下筆記) 2』, 민족문화추진회, 1999, 원문(37면), 역문(103면).

7-27. 세 가지 의리를 어긴 인생

…(전략)… 퇴계가 젊었을 때 절에서 책을 읽다가 중이 거처하는 방안의 벽을 보니 시 한 수가 있었는데,

비바람이 몰아치는 전날에 놀랐는데
온 천지가 다 이 몸에게 기대려 하네.
새들은 연못가의 나뭇가지를 엿보는데
중이 석양 무렵 샘물을 길러 가네.

라고 하였는데, 아마도 이것은 허암(虛庵)[1)]이 지은 시라는 생각이 들었다. 그래서 그 절에 거처하는 중에게 묻기를,

"이 시는 누가 쓴 것입니까?" 했더니 중이 대답하기를, "얼마

전 한 중이 와서 이곳에 머물렀는데, 이 시를 적었습니다." 했다.

퇴계가, 그 중이 지금 어디에 있느냐고 물으니 중이 곧 대답하기를, "며칠 전 나갔는데 아직 돌아오지 않았습니다." 하였다.

며칠 지난 뒤에 퇴계가 밤에 주역을 읽고 있는데, 늙은 중이 곁에서 이를 오래 보고 있다가 내용이 잘못된 곳을 고쳐 주었다. 퇴계는 그가 허암이라고 생각해 그에게 일러 말하기를, "지금 중종반정이 일어나서 어진 선비들 모두가 나와 벼슬을 하고 있는데, 유독 허암만이 산골에 몸을 감추고 있으니 내 생각으로는 잘못된 것이라 여겨집니다." 하니 늙은 중이 말하기를, "허암이 어찌 지금 세상에 모습을 드러낼 수 있는가? 부모상을 당하여 소상·대상을 마치지도 않았으니 이는 부모에게 불효한 것이요, 또 유명한 선비들이 난국에 모두 죽었는데 유독 허암만이 죽지 않으려고 몸을 피했으니 이는 친구에 대한 부끄럼이요, 정사에 참여했던 신하로서 거짓 죽은 체 몰래 숨어 버렸으니 이는 임금에 대해 죄를 지은 것이다. 허암이 이렇게 세 가지 큰 죄를 졌으니 어찌 세상에 나올 수 있겠는가?" 하였다.

늙은 중은 말을 마치자 문을 열고 나가버렸는데 그 후 다시 볼 수 없었다. 이 때 속세를 떠나 도를 닦고 있던 사람이 퇴계 곁에 앉아 있다가 허암의 사주를 보고 놀라며 말하기를, "이는 나의 스승 이천년의 운수로구나." 했다. 그 당시 허암은 스스로 이천년이라 칭해서 세상에서는 허암이 신선이 되어 갔다고 말했다.

…(前略)… 退溪少時 讀書山寺 見僧壁上有詩曰 風雨驚前日 乾坤寄此身 鳥窺池畔樹 僧汲夕陽泉 疑其虛庵所作 問居僧曰 誰所題也 僧曰 近有一衲 來留於此 偶書之耳 退溪問衲今安在 僧曰 日前出他

尙未還矣 居數日 退溪方夜讀周易 一老衲在傍熟視 訂其註誤 退溪疑之 謂老衲曰 今上改玉 羣賢皆出仕 獨虛庵避身巖谷 吾則以爲過矣 老衲曰虛庵何可出乎 居父母之喪 而不終祥 是不孝於親也 同時名流皆死於難 而獨自求免 是有愧於朋友也 以經幄之臣 佯死潛遁 是得罪於君也 虛庵負此三大罪 豈可出乎 言畢 開門出去不復見 有方外道流在退溪座 見虛庵四柱 驚曰 此吾師李千年身命也 盖虛庵自稱李千年世稱仙去.

[출전] 徐有英, 金鍾權 校註, 『錦溪筆談』, 宋淨民 外譯, 明文堂, 1985, 원문(145~146면), 역문(144~145면).

1) 정희량(鄭希良)의 호.

7-28. 퇴계가 본 우탁

『고려사』에 "사인(舍人) 우탁(禹倬, 1263~1342)이 역학에 조예가 깊어 호를 역동(易東)이라고 하였다. 정전(程傳)[1]이 처음 우리나라에 전래되었을 때 아는 사람이 없었는데 우탁이 한 달 남짓 칩거하면서 참고하고 연구한 뒤에 해독해 내서 생도를 가르치니 이학(理學)이 다시 행하여졌다."는 기록이 있다. 퇴계 이황은 "선생의 충의와 큰 절개가 이미 충분히 천하를 움직이고 산악을 흔들 만하고, 경학을 밝히신 것이 용문(龍門)의 여운을 발현함이 있다." 라고 하였다. 지금 단양의 사인암(舍人巖)이 바로 역동이 『역경(易經)』을 읽던 곳이라 한다.

舍人易學

麗史舍人禹倬 深於易學 號易東 程傳初來東方 無能知者 倬閉門月

餘 叅究乃解敎授生徒 理學復行 退溪曰 先生之忠義大節 旣足以動天下撼山岳 而經學之明 有發龍門之餘韻矣 今丹陽舍人巖 卽易東讀易處云.

[출전] 조재삼 지음, 강민구 옮김, 『校勘國譯 松南雜識』, 소명출판사, 2008, 원문(351면), 역문(177~178면).

1) 정호(鄭顥)의 주역(周易) 풀이.

8. 문학(시)에 관한 일화

8-1. 이이가 도산에서 이황을 만나다

이이는 나이 겨우 19세 때에 선문에 종사하였다가 수년도 못 되어서 확연히 깨달아 마침내 큰 덕을 이루었습니다. 이것이 곧 이이의 가장 고명한 것으로 다른 사람들은 미치기 어려운 곳입니다. 이이가 절간에서 내려온 뒤에 얼마 되지 않아서 즉시 도산(陶山)에 가서 이황을 만나 보았습니다. 이황의 화답한 시구(詩句)는 이러하였습니다. “공이 오니 시원하게 심신이 깨는구나(公來披豁醒心神), 이제야 이름난 밑에 허무한 선비가 없음을 알았노라(始知名下無虛士).” 그 뒤에도 함께 (서간이) 오가면서 학문을 논하였으니, 이이의 부정(不正) 불효가 과연 진후 무리들의 말과 같고, 이황의 서로 허여(許與)함이 이와 같았으면 이황도 역시 부정 불효한 무리였겠습니까? 과거에 급제하게 되자, 온 조정이 모두 세도를 만회할 수 있는 군자라 하였습니다.

李珥纔十九從事禪門 未及數歲翻然覺悟 終成大德 是乃珥之最高而人所難及處也 珥下山後未幾 卽往見李滉於陶山 滉和詩有公來披豁醒心神 始知名下無處士等句 其後與之往復論學 珥之不正不孝果如振後輩之言 而滉之相許至於如此 則滉其亦不正不孝之徒耶 及其登第擧朝皆以爲挽回世道之君子.

[출전] 混定編錄 9, 『국역 大東野乘』, 民族文化推進會, 1985, 원문(47면), 역문(200면).

8-2. 소동파의 시를 논한 퇴계와 호음 정사룡

지금의 시학(詩學)은 오로지 만당(晩唐)을 숭상하고 소동파(蘇東坡) 시를 버려두고 있다. 호음(湖陰)[1]이 듣고 웃으며 말하기를, "소동파 시가 낮아서 그런 것이 아니라, 배우지 못해서 그러는 것이다." 퇴계 역시 말하기를, "소동파의 시가 과연 만당에 미치지 못하는가?" 하였다. 나 역시 생각하기를, 동파의 시에 이른바, 어찌 청주 육종사가(豈意靑州六從事) 변하여, 한 오유선생(烏有先生)이 될 줄 알았으랴!(化爲烏有一先生)[2]한 것이라든지, 옥루(玉樓)가 얼어 추워서 소름이 나고(凍合玉樓寒起粟), 빛은 은해를 흔들어 안화(眼花) 피는구나(光搖銀海眩生花)[3] 라고 한 것, 풍화가 잘못 장춘원에 날아들고(風花誤入長春苑), 구름 달은 길이길이 불야성(不夜城)에 다달았네(雲月長臨不夜城). 한 것들이, 만당시 가운데 이 시의 기절(奇絶)한 것과 겨룰 만한 것이 있는지 모르겠다. 고려시대에 과거의 방(榜)이 붙을 때마다 '33의 동파(東坡[4])가 나왔다' 하였다. 고려의 문장은 본조(本朝)보다 우수한데, 그 때 온 세상이 동파를 사종(師宗)으로 삼았으니, 동파시를 낮은 것이라 할 수 없는 것이다. 만약 그 사람됨을 가볍게 본 때문이라면, 만당대(晩唐代)의 시인은 소동파보다 나은 사람이 몇이나 있는가? 오직 퇴계 상공은 동파시를 즐겨 읽었다. 언제나 구름 흩어 달 밝으니 그 누가 점철하였는가?(雲散月明誰點綴) 하늘색 바닷빛은 본디 맑은 것(天容海色本澄淸)이라는 구를 외었다. 자신이 지은 시에도 동파의 시를 끌어 쓴 것이 많다. 퇴계는 이름이 이황이다.

今世詩學 專尙晩唐 閣東蘇詩 湖陰聞之笑曰 非卑也 不能也 退溪亦曰 蘇詩果不遠晩唐耶 愚亦以爲如坡詩所謂 豈意靑州六從事 化爲鳥 [sic-烏] 有一先生 凍合玉樓寒起粟 光搖銀海眩生花 風花誤入長春苑 雲月長臨不夜城 不知晩唐詩中 有敵此奇絶者乎 高麗時每榜云三十三東坡出矣 麗代文章優於我朝 而擧世師宗 則坡詩不可謂之卑也 若薄其爲人 則晩唐詩人賢於蘇者幾何人耶 唯退溪相公好讀坡詩 常誦雲散月明誰點綴 天容海色本澄淸之句 其所著詩使坡語者多矣 退溪諱李滉.

[출전] 松溪漫錄 下, 『국역 大東野乘』, 민족문화추진회, 1985, 원문(49면), 역문(265~266면).

1) 정사룡(鄭士龍, 1491~1570)의 호.
2) 어느 중이 蘇東坡에게 술 여섯 병을 선사하였는데, 동파가 떼어 보니 빈 병뿐이었으므로, 동파는 이 시를 지어 보내었다. 좋은 술을 隱語로 靑州從事라 한다. 烏有先生은 실지의 인물이 아니라, 司馬相如가 지은 子虛賦에 나오는 架空의 인물이다.
3) 이 시는 소동파가 눈(雪)을 두고 지은 시인데, 얼른 보면 눈이 옥과 은처럼 희므로, 옥루니 은해니 한 것 같으나 실은 道家書에 옥루는 어깨요, 은해는 눈(眼)이다. 이것을 王安石이 알아 보고 탄복하였다.
4) 고려 시대에 과거 합격자의 정원은 없었으나, 중엽 이후에는 대체로 33명이었음. 당시의 선비들은 소동파를 숭상하고 그의 체를 많이 본받았음.

8-3. 퇴계가 김안국·신광한의 시를 차운하다

퇴계는 벼슬하기 전에 서울을 오가는 길에 여강(驪江)의 범사정(泛槎亭)에 들러서 모재(慕齋)[1]를 뵌 일이 있었다. 『퇴계집(退溪集)』 속에 "모재를 뵈온 뒤부터 비로소 정인군자(正人君

子)의 도를 알았다."는 말이 있다. 여주의 산승(山僧)이 시축을 가지고 영남으로 퇴계를 찾아가 뵈었는데, 시축 속에 모재·기재(企齋)[2] 두 노선생(老先生)의 절구가 있었다. 퇴계는 그 절구에 대하여 다음과 같이 차운하였다. 두 노인 서거한 지 몇 해나 지났던고(二老仙遊知幾年), 매화 피는 섣달에 중이 와서 나를 찾네(僧來見我臘梅天). 예전에 찾아갔던 이 사람은(自嗟疇昔登門客), 남긴 시에 눈물 뿌리며 백발을 슬퍼한다오(淚洒遺篇雪滿顚).

退溪未釋褐時往還京路 嘗歷驪江之泛槎亭 以謁慕齋 退溪集中有自見慕齋 始知正人君子之道 呂 [sic-驪] 州山僧 持詩軸而往謁退溪於嶺南 中有慕齋企齋二老絶句 退溪次韻其絶曰 二老仙遊知幾年 僧來見我臘梅天 自嗟疇昔登門客 淚洒遺篇雪滿顚.

[출전] 月汀漫筆, 『국역 大東野乘』, 民族文化推進會, 1985, 원문(65면), 역문(355면).

1) 김안국(金安國, 1478~1543)의 호.
2) 신광한(申光漢, 1484~1555)의 호.

8-4. 퇴계가 송인수에게 시를 써주다

을사년 화가 일어나자, 규암(圭庵)[1]이 탄핵을 받고 청주 촌사(村舍)로 들어갔었는데, 퇴계 선생이 시(詩)를 주어 이르기를, "규암이 일찍 풍진 속에 있었으나, 소쇄(瀟洒)한 그 얼굴은 변함이 없네. 이제 청주에 돌아가 밭갈이에 힘쓰니 청성(淸城)[2]의 익은 곡식 고사산(姑射山)[3]과 같으리. 어떻다, 영(榮)과욕(辱)이 영대(靈臺)[4]에 들어오랴. 단식표음(簞食瓢飮)[5] 그 생활은 안회(顔回)를 따랐도다. 천하에 지극한 낙(樂), 금석사죽(金石絲竹)[6] 아니라네. 동무들은 내 뜻과 같지 않아, 나 홀로 옛 글 잡고 시비를 잊으리라." 하였다.

乙巳禍作 圭菴公被劾 歸淸州村舍 退溪先生寄詩曰 圭菴昔在風塵中 瀟洒不作風塵容 今歸淸州學耕稼 淸城穀熟如姑射 肯將榮辱入靈臺 一簞一瓢師顔回 吾聞天下有至樂 非金非石非絲竹 同志人與我違 獨抱塵編忘是非.

[출전] 乙巳傳聞錄, 『국역 大東野乘』, 민족문화추진회, 1985, 원문(95면), 역문(383~384면).

1) 송인수(宋麟壽, 1487~1547)의 호.
2) 청주의 일명.
3) 신선이 사는 곳.
4) 마음.
5) 가난한 생활.
6) 악기.

8-5. 퇴계 선생의 시

퇴계 이황은 시 짓기를 좋아했는데 현재 문집에 나타난 것을 보고서 체재가 서툴다고 여기는 사람이 많다. 그 당시 송계(松溪) 권응인(權應仁, ?~?) 같은 이는 일컫기를 "퇴계 선생이 시는 일삼아 짓지 않았으며 초서 같은 것은 남보다 뛰어났다."고 했으니, 남달리 하지 아니했을망정 잘하지 못함은 아니라는 것을 알지 못한 것이다.

옛날에 한유(韓愈, 768~824)가 소술(紹述) 번종사(樊宗師)의 묘지명을 짓고, 사마천(司馬遷, BC 145?~BC 86?)이 사마장경(司馬長卿)의 전을 지었는데, 모두 그 사람과 똑같이 만들었다. 옛사람이 시와 문을 지음에 있어서는 반드시 마음으로 표준하고 뜻으로 상상하여, 정신이 일치된 다음이라야 바야흐로 쓰기 시작했으니, 마치 그 사람을 그리되 반드시 그 사람과 똑같게 했던 것이다. 시와 문의 모사(模寫)도 역시 이와 다를 것이 있겠는가.

퇴계가 금호(錦湖) 임형수(林亨秀, 1504~1547)에게 준 두 편의 율시에 이르기를

> 마음대로 여닫는 꾀를 지닌 한나라 장량은 황석공(黃石公)의 병법을 일찍이 받았도다. 미처 오랑캐의 소굴을 쓸어내기 전에 먼저 동해(東海)까지 장성(長城)을 쌓았네그려. 먼 이역에 병든 것은 하늘의 시험이었고 황성(荒城)의 벼락소리 귀신도 놀래 달아나리. 백편의 호탕한 시는 능운(凌運)[1]의 기상이라 묘한 글귀 굳센 간장에 무엇이 방해되랴.
>
> 요동이라 변방에선 미친 되놈이 달을 쏘고 낙랑의 옛터에선 장사는 병(兵)을 찾네. 지휘하는 위령은 범과 표범을 몰아내고 풍류에 겨운 담소는 시서로 발산되네. 바다에서 병이 들자 용왕이 약 보내고 강변 누각에서 읊은 시는 제자(帝子)의 구거(舊居)를 엿보네. 단정코 그대 공명 봉후(封侯)에 돌아가고 태평을 노래하되, 나는 어초에서 늙으리.

이 시는 글귀마다 생동이 비약하고 재덕이 뛰어나 비록 화산(華山)의 뾰족한 봉우리에 날아 앉아 들판을 내려다보는 굶주린 독수리의 기세라도 이에 지날 수 없으니, 저 금호(錦湖)의

일평생 호탕하게 읊은 노래도 반드시 미치지 못할 줄 안다. 요컨대 상대편이 금호가 아니었다면 퇴계 또한 규각(圭角)을 드러내지 않았을 것이다. 그 「탁영담 뱃놀이(汎濯纓潭)」라는 제목의 시에 이르기를

물과 달은 어둑어둑 밤기운 청명한데 조각배 바람 따라 강물을 거슬려라. 표주박 술잔의 하얀 술은 은작을 번뜩이고 계수나무 노의 흐르는 빛은 옥횡(玉横)[2]을 끄는구려. 채석강(采石江)의 전광[3]은 뜻을 얻음 아니거니 낙성의 점롱은 가장 끌리는걸. 모르괘라 백년이 지난 통천(通泉)의 뒤에 어느 사람 다시 있어 정성(正聲)을 이을건가.

라고 했으니, 이야말로 의리의 진경은 물론이요, 먹줄과 자귀의 힘을 빌리지 않고도 쟁그랑거려서 욀 만함과 동시에 가벼운 바람이 물을 스쳐서 물결이 생기고 영양(羚羊)이 뿔을 걸친 것처럼 흔적이 없으니, 저 『예원자황(藝苑雌黃)』에 놓아둔들 또 무엇이 흠이 되겠는가. 근래에 와서 사간(司諫) 홍여하(洪汝河, 1620~1674)가 퇴계의 시를 주해했는데, 역시 대단히 좋다고 한다.

退溪先生詩

退溪喜作始 今見集於中者 人多欠體裁 當時權松溪應仁 謂先生不爲詩 若草差强人 意殊不知其不爲也 非不能也 昔退之銘樊紹述子長傳 司馬長卿 皆似其人 古人作詩文 必心準意想 精神遇會然後 方下筆如畵其人 則必似其人也 詩文之模寫 亦何異哉 退溪贈林錦湖亨秀二律云 捭闔奇謀漢子房 當年曾受石公方 未飜巢窟龍庭界 先作長城鱳海彊 絶城病攻天拂亂 荒城雷鬪鬼驚忙 豪吟百首凌雲氣 妙句何妨鐵石腸 狂胡射月遼東塞 壯士搜兵樂浪墟 指顧威靈驅虎豹 風流談笑

發詩書 海航兵得龍王藥 江閣吟窺帝子居 唾手功名歸燕頷 太平容我老樵漁 句句飛動 俊爽可掬 雖華山岳峰尖 寒鵰睇野無以逾此 彼錦湖之平生豪吟 未必逮及也 要是非錦湖 退溪亦終不露圭角也 其汎濯纓潭詩云 水月蒼蒼夜氣淸 風吹一葉泝空明 匏樽白酒釃銀酌 桂櫂流光掣玉橫 釆石顚狂非得意 落星占弄最關情 不知百歲通泉後 更有何人續正聲 卽無論理義眞境 不煩繩削鏗鏘 可誦輕颸度水生瀾 羚羊掛角無痕置之於藝苑雌黃 又何所歉 近世 洪司諫汝河 註解退溪 亦好云.

[출전] 고전 국역 총서『성호사설 XI』, 민족문화추진회, 1977.

李瀷 原著, 丁海廉 편역,『성호사설 精選 (상)』, 現代實學社, 1998, 원문(76면). 역문(296~298면).

1) 능운(凌雲) : 중국 한(漢)나라 때 사마상여(司馬相如)가「자허부(子虛賦)」를 지었는데, 무제(武帝)가 읽고서 "휘날리고 휘날려서 능운(陵雲)의 기개가 있다."고 했다.
2) 옥횡(玉橫) : 횡은 배의 좌우에 놓여 있는 노를 말하고, 옥은 노를 아름답게 꾸미는 말이다.
3) 이백(李白)이 채석강(采石江)에서 농월(弄月)한 고사.

8-6. 율곡 이이가 퇴계를 뵙고 지은 시

(拙譯) 율곡이 젊어서 퇴계를 도산에서 뵙고 지은 시가 있다. 시냇물은 수사(洙泗)[1]에서 갈라져 나왔고, 봉우리는 무이산(武夷山)[2]에서 뻗어 나왔다. 살아가는 것은 천권의 경서요, 생애는 두어 칸의 초가집이다. 가슴속은 개인 달이오, 담소하는 가운데 미친 물결이 싹 가셨다. 소자(小子)는 도(道)를 듣고자 원함이요, 반나절의 한가로움을 취함이 아닙니다.

栗谷 少時 謁退溪于陶山 有詩曰 溪分洙泗派 峯出武夷山 活計經千卷 生涯屋數間 襟懷開霽月 談笑止狂瀾 小子求聞道 非偸半日閑.

[출전] 李遇駿 原著, 洪性南 編, 『夢遊野談』 下, 寶庫社, 1994, 176면.

1) 孔子가 살던 곳의 물 이름.
2) 朱子가 거처하던 산의 이름.

8-7. 퇴계가 부석사의 신기한 나무를 보고 현판에 쓴 시

태백산 부석사 뒤에 있는 조그만 암자에는 의상(義湘, 625~702) 대사의 시적상(示寂像)[1]이 있다. 이 암자에는 선비라고 하는 세 그루의 나무가 있다. 꽃과 잎이 싸리나무와 비슷한데, 세 가지 빛깔의 꽃을 피운다. 의상대사가 입적할 때 암자 밖에 짚고 다니던 지팡이를 꽂아 놓고 말하였다. "여기서 가지와 잎이 나올 것이다. 이 나무가 말라죽기까지는 내가 불멸할 것이니라." 이제 천여 년에 이르렀는데도 꽃이 피고 잎이 펴져 나가고 있다. 꽃이 피고 지는 것은 보통 나무와 같다. 그러나 키는 한 길 정도로 암자의 처마 안까지만 자라 비나 이슬을 맞지 않는다. 한 길 정도 이상은 더 자라지 않는다. 퇴계 이황 선생의 시를 새겨놓은 시판이 그 기이함에 대해 말해 주고 있다.

가지 끝에 조계(曺溪)[2]의 물이 있어, 천지간 비와 이슬의 은혜를 빌리지 않았네. 광해군 시절에 정조(鄭造, 1559~1623)가 그 가운데 한 그루를 잘라서 지팡이를 만들었다. 그 뒤, 잘라낸 곳에서 새로 가지가 뻗어 채 10년이 자라지 않았는데도 예전처럼 나머지 두 그루의 가지와 가지런하게 되었다. 다른 가지와 가지런해진 뒤로는 더 이상 자라지 않는 것이었다. 그 또한 신령스럽고 괴이한 일이로다!

○太白山浮石寺後 小菴中 有義相 [sic-湘] 大師示寂像 菴中有三株 樹名仙飛花葉如柤 能開三色花 義相 [sic-湘] 示寂時 植丈於菴外曰 此當生枝葉 其未枯時當是吾不滅時 今至千餘年 開花數葉 榮落與凡木同 而在菴屋簷內長 可丈餘不承雨露 丈許之外 不復加長 退溪先生 詩板訂 其異曰 枝頭自有曹溪水 不借乾坤雨露恩云 光海時節 鄭造斷取 一株作杖 其後斷處生枝滋長 不十年依舊與旁株齊 而但滿限之後 不復加長 其亦灵怪哉.

[출전] 辛敦復, 鶴山閑言, 『韓國文獻說話全集』 8, 太學社, 1981.
김동욱 역, 『국역 鶴山閑言』 1, 보고사, 2006, 원문(367~368면), 역문(168면~169면).

1) 고승이 입적할 때의 모습을 그린 그림.
2) 우리나라 불교의 한 종파.

8-8. 퇴계가 부석사의 신수를 보고 지은 시

순흥 부석사는 곧 신라의 고찰이다. …(중략)… 광해조에 정조(鄭造)가 경상감사가 되어 절에 이르러 보고서 말하였다. "신선이 짚던 것이라 하니 나도 또한 짚어 보겠다." 즉시 톱으로 자르도록 명하여 가지고 갔는데, 그 뒤에 곧 두 줄기가 예전과 같이 싹터 나와 자랐다. 인묘(仁廟) 계해(인조 1, 1623)에 정조는 역모로 주살되었지만 나무는 지금까지 사시에 늘 푸르며 또

한 잎이 피고 지는 일이 없다. 중들이 부르기를 '선비화수(仙飛花樹)'라고 한다. 옛날 퇴계가 일찍이 나무에 대해 읊었는데 그 시는 다음과 같다.

옥인양 꼿꼿하게 솟아 절문에 기댔는데
擢玉亭亭倚寺門
스님 말이 꽂은 석장 신령한 뿌리로 화했다 하네.
僧言卓錫化靈根
지팡이 끝에 또한 조계수(曺溪水)[1] 있어
杖頭亦有曺溪水
세상의 비와 이슬의 은택 빌지 않는다네.[2]
不借乾坤雨露痕. …(후략)…

順興浮石寺 卽新羅古刹也 …(中略)… 光海朝 鄭造爲慶尙監司 至寺見之曰 仙人所杖 吾亦欲杖 卽令鉅斷而去 後卽抽二莖如前而長 仁廟癸亥 造以逆誅 樹至今 四時長靑 亦無開落 僧號爲仙飛花樹 昔退溪嘗詠樹 有詩曰 擢玉亭亭倚寺門 僧言卓錫化靈根 杖頭亦有曺溪水 不借乾坤雨露痕. …(後略)…

[출전] 심재 原著, 신익철·조융희·김종서·한영규 공역, 『교감역주 송천필담』 권3, 보고사, 2009, 원문(113~114면), 역문(위의 책, 권1, 322~323면).

1) 조계수(曺溪水) : 물 이름. 원줄기는 광동성 곡강현 동남쪽인데 선종의 六祖인 혜능(慧能)이 여기에서 불법을 일으켰다고 함.
2) 여기까지의 이야기와 퇴계의 시는 박지원(朴趾源)의 『열하일기(熱河日記)』 避暑補錄(피서보록)에도 소개되어 있다.

8-9. 퇴계와 율곡이 눈 내리기를 기원한 시[祈雪]를 쓰다

눈 내리기를 기원하다 『아희원람(兒戱原覽)』에서 "눈은 음양의 응결로 오곡의 정기가 된다."라고 하였다. 퇴계 이황과 율곡 이이는 모두 눈 내리기를 기원하는 글[祈雪文]을 지었다. 주나라의 노래에 "풍년드는 겨울에는 반드시 눈이 쌓인다.(豊年之冬 必有積雪)"라고 하였다. 또 보리에도 요긴해서 세 번 흰 눈을 보아야 하는데 지금의 섣달 전 세 번의 흰 눈이다. 눈이 대지에 한 자 오면 벌레는 세 자 들어간다. 그러므로 소식의 시에 "살아남은 황충도 응당 천자 땅속으로 들어간다.(遺蝗入地應千尺)" 라고 하였다. …(후략)…

祈雪 原覽曰 雪者 陰陽凝而爲五穀之精 退栗 皆有祈雪文 周謠 豊年之冬 必有積雪 又要宜麥見三白 今臘前三白也 雪平地尺蟲入三尺 故坡詩 遺蝗入地應千尺. …(後略)…

[출전] 趙在三 지음, 강민구 옮김, 『校勘國譯 松南雜識』, 소명출판사, 2008, 원문(365면), 역문(73면).

8-10. 주자와 이황의 시

주자의 방당시(方塘詩)는 다만 마음의 본체를 말한 것이니, 본말(本末)을 널리 논한다면, 고요할 때는 적고 움직이는 적이 많다. 나는 감히 이에 따라 이어서 지어 보았다. 그것은 이렇다.

방당의 흐르는 물 끊임없이 솟지만 바람 거세 물결치면 흐려지기 쉬운걸. 고요한 때 만나면 먼지가 가라앉으니 맨 처음 그 광경은 응당 보존되었으리.

이는 뭇사람의 공부처(工夫處)를 들어서 말한 것이다. 퇴계 시에 이르기를

이슬 젖은 고운 풀이 물가에 둘렀는데 방당의 흐르는 물 고요하여 모래 없네. 구름 날고 새 지나니 원래 서로 얽매어라 때때로 물결 차는 제비가 두려울 뿐.

이라고 했다. 물결이란 것은 외물(外物)을 가리킴이니, 외물이 이르러 온다 해서 성인이 어찌 미워하겠는가. 다만 나의 심체가 움직이지 아니할 따름이다. 사물을 가지고 마음을 비유할 것으로는 오직 '밝은 거울(明鑑)'과 '고요한 물(止水)' 등이 아주 가까울 뿐이다. 그러나 거울의 몸체는 움직이지 않아서 사물에 응하는 자취가 없고, 물의 됨됨이는 움직이기 쉬워서 밝은 징험이 없으니, 모두 정확한 입증이 아니며, 이 밖에는 다시 형용할 만한 사물이 없다. 내가 일찍이 지은 시가 있다.

못이 비어 한 점의 가벼운 티끌도 아니 받고 흐르는 물 괴어 있어 밑바닥까지 맑네. 사물에 부딪쳐 물결 살짝 일어난들 어떠리 구름 그림자 예와 같이 저절로 밝은걸.

이는 감히 선현과 뜻을 달리하자는 것이 아니라, 바로 그 나머지 뜻을 기술한 것이다. 또 「재거감흥(齋居感興)」 시에 이르기를,

삼가 생각건대 천년의 마음은 가을 달이 찬물에 비추는 것이지.

라고 했는데 달이 곧 마음인지 물이 곧 마음인지 모르겠다. 또는 두 사물을 합쳐서 맑고 밝음을 비유한 것인지도 모르겠다. 달이 물에 비칠 적에는 그림자가 물 가운데 있지만 그 광명은 밖으로 흩어지므로 혹시 이 때문이었던가. 늘상 의심을 품고 있었기 때문에 부질없이 기록하는 것이다.

朱子退溪詩

朱子方塘詩 但以心之本體言也 該論本末 則靜時少 而動處多 余敢從而續之曰 方塘活水自源源 風蕩波驚便易渾 到得靜時塵滓定 原初光景始應存 此以衆人 功夫處言也 退溪詩云 露草夭夭繞水涯 方塘活水 [退溪集作淸活] 淨無沙 雲飛鳥過元相管 只怕時時燕蹴波 波者指外物 外物之至 聖人何惡焉 但吾之心體不動耳 以物喩心 惟明鑑止水爲切近 然鑑體不動 而無應物之迹 水勢易動 而無內明之驗 皆非的證也 外此更無物可況 余嘗有詩云 池虛不受一塵輕 活水停泓澈底淸 不妨物觸波微動 依舊天雲影自明 非敢貳於前賢卽述其餘意耳 又齋居感興詩云 恭惟千載心 秋月照寒水 不知月者是心水者是心 又不知和兩物而喩其淸明耶 月之照水 影在水中 而光明澈外 或者以此故耶 常所疑晦故漫錄之.

[출전] 고전 국역 총서『성호사설 XI』, 민족문화추진회, 1977.
李瀷 原著, 丁海廉 편역,『성호사설 精選 (상)』, 現代實學社, 1998, 원문(99~100면), 역문(294~295면).

8-11. 우리나라 사람들이 시를 논한 일

퇴계 이황 선생은 청송군수(靑松郡守)를 요구했다가 되지 않고 단산군수(丹山郡守)에 제수되자 시를 짓기를, “푸른 소나무와 흰 학은 원래 분수에 없는 것이고, 푸른 물과 붉은 산은 정말 인연이 있는 것이다(青松白鶴元無分 碧水丹山儘有緣).”하였고, 연광정(練光亭) 시에는 “공중의 밝은 달은 사다리 놓고 딸 수 있네(空中明月近堪梯).”라는 시구가 있다.

東人詩論

退溪先生 求青松 不諧 得除丹山郡 有詩曰 青松白鶴元無分 碧水丹山儘有緣 練光亭詩 有空中明月近堪梯.

[출전] 李裕元 原著, 『국역 임하필기(林下筆記) 7』, 민족문화추진회, 2000, 원문(32면), 역문(81면).

8-12. 퇴계 이황의 ‘관동 산수를 말하다’라는 시[1]

퇴계 이황의 ‘관동(關東) 산수(山水)를 말하다’라는 시는 다음과 같다.

賃屋深坊遠市聲	깊은 곳에 세들어 저자소리 멀리하고
端居秋末愛新晴	단정히 앉아 늦가을 개인 날씨 더욱 사랑한다
風前挺挺彬翹幹	꼿꼿한 삼나무 바람 앞에 우뚝 솟고
霜下鮮鮮菊秀英	곱디 고운 국화 서리 아래 꽃피웠네
散地身閒如不病	한직(閒職)에 몸 한가하니 병든 것 같지 않고
凶年家空似眞淸	흉년에 집 텅 비니 진짜 맑은 것 같구나
邇來夢想仙遊地	근래엔 선유하는 땅 꿈에도 그리워지니
何日投簪獨遠征	언제나 벼슬 버리고 홀로 멀리 떠나갈까

退溪李滉 談關東山水詩云 賃屋深坊遠市聲 端居秋末愛新晴 風前挺挺彬翹幹 霜下鮮鮮菊秀英 散地身閒如才 [sic 不] 病 凶年家空似眞淸 邇來夢想仙遊地 何日投簪獨遠征.

[출전] 李裕元 原著, 『국역 임하필기(林下筆記) 8』, 민족문화추진회, 2000, 원문(12면), 역문(28~29면).

1) 퇴계(退溪) …… 시 : 『퇴계집』에는 시 제목이 '병중에 손님이 와서 관동의 산수를 이야기하므로 개연히 멀리 상상하면서 다시 앞의 시운에 화답하다.(病中有客 談關東山水 慨然遠想 復和前韻)'라고 되어 있다.

8-13. 경복궁의 수리

명종 8년(1553) 경복궁을 중수하고 이황이 그 기문(記文)을 지었다. 뒤에 박동량(朴東亮, 1569~1635)이 말하기를, "윤개(尹漑)가 도감 제조로서 공사의 현장을 살펴보니 외각(外閣)의 창호를 모두 진채(眞彩)를 사용하였다. 그래서 담당 낭관(郎官) 이인건(李仁健)을 붙잡아다가 호통을 치기를, '오직 대내의 침실에만 진채를 쓸 수 있는 것이다. 그런데도 보잘 것 없는 일개 미관이 감히 아양을 떨어서 명예를 구하고자 하여 이와 같은 일을 저질렀으니, 법제를 무너뜨려 율(律)로 논죄(論罪)하여야 할 것이다.' 하였다." 하였다.

景福宮修理

明宗八年 重修景福宮 李滉撰記 後朴東亮曰 尹漑以都監提調 往審見 外閣窓戶 皆用眞彩 捉致該郎李仁健而責之曰 惟大內寢室 用眞彩

而么麽一微官 敢欲取媚要譽 當論毁制之律.

[출전] 李裕元 原著, 『국역 임하필기(林下筆記) 3』, 민족문화추진회, 1999, 원문(61면), 역문(188면).

8-14. 제현(諸賢)들이 지은 노래

윤선거(尹宣擧, 1610～1669)가 말하기를, "동주(東洲) 성제원(成悌元, 1506～1559)이 일찍이 토정(土亭) 이지함(李之菡, 1517～1578)과 함께 한림 신준미(申遵美, 1491～1562)를 방문하여 조촐한 술자리를 벌였다. 이때 노래를 잘하는 한 남자가 와 있었으므로 그에게 노래를 시켰는데 미처 곡이 다 끝나기도 전에 동주가 서둘러 이를 중지시키고는 집으로 돌려보냈다. 좌중이 그 까닭을 몰랐는데 동주가 말하기를, '소리가 너무 슬프고 목이 메이는 것을 보니 아마도 상고(喪故)가 있는 것 같았다. 그래서 같이 서로 더불어 즐길 수가 없었다.' 하였다. 그 뒤에 들으니 그 남자의 어머니가 먼 곳에 살고 있었는데 이 날 저녁에 부음이 왔었다고 한다." 하였다. 문순공(文純公) 이황이 「도산구곡가(陶山九曲歌)」를 지었고, 문성공(文成公) 이이가 주희(朱熹)의 「무이구곡(武夷九曲)」을 모방하여 노래를 지었으며, 평사(評事) 백광홍(白光弘, 1522～1556)이 「관서별곡(關西別曲)」을 지었고, 문청공(文清公) 정철(鄭澈, 1536～1593)이 「관동별곡(關東別曲)」·「사미인곡(思美人曲)」·「속사미인곡(續思美人曲)」·「장진주사(將進酒辭)」를 지었는데, 이것이 세상에 널리 유행하였다.

諸賢作歌

尹宣擧曰 成東洲悌元 嘗與李土亭之菡 偕訪申翰林遵美 設小酌 有一男子 善謳者 命歌之 未盡曲 東洲遽命止之 送還其人於家 座上 莫知其故 東洲曰 聲極悽咽 似有喪 故不可與樂也 旣而聞之 男子之母在遠 是夕訃來云 李文純公滉 作陶山九曲歌 李文成公珥 倣武夷九曲作歌 白評事光弘 作關西別曲 鄭文淸公澈 作關東別曲 思美人曲 續思美人曲 將進酒辭 盛行於世.

[출전] 李裕元 原著, 『국역 임하필기(林下筆記) 3』, 민족문화추진회, 1999, 원문(150~151면), 역문(442~443면).

8-15. 가곡(歌曲)

…(전략)… 우리나라의 가사는 방언을 섞어 쓰기 때문에 중국의 악부와 비견할 수 없다. 근세에는 송순(宋純, 1493~1583)과 정철(鄭澈)이 지은 것이 가장 훌륭한데, 사람들의 입에 자주 오르내리는 정도에 그치지 않는다. 장가(長歌)로는 「감군은(感君恩)」, 「한림별곡(翰林別曲)」, 「어부사(漁父詞)」가 가장 오래되었는데, 근세에는 퇴계의 「남명가(南冥歌)」, 송순의 「면앙정가(俛仰亭歌)」, 백광홍의 「관서별곡(關西別曲)」, 정철의 「관동별곡(關東別曲)」·「사미인곡(思美人曲)」·「속사미인곡(續思美人曲)」·「장진주사(將進酒辭)」가 세상에 유행하고, 그 나머지 「수월정가(水月亭歌)」, 「역대가(歷代歌)」, 「관산별곡(關山別曲)」, 「고이별곡(古離別曲)」, 「남정가(南征歌)」 등등 많다.

歌曲

…(前略)… 我國歌詞 雜以方言 故不能與中朝樂府比 如近世宋純鄭

澈所作最善 而不過膾炙口頭而止 長歌則感君恩翰林別曲漁父詞最久而近世退溪南冥歌 宋純俛仰亭歌 白光弘關西別曲 鄭澈關東別曲思美人曲續思美人曲將進酒詞 [sic 辭] 盛行於世 他如水月亭歌歷代歌關山別曲古離別曲南征歌之類 甚多.

[출전] 李裕元 原著, 『국역 임하필기(林下筆記) 4』, 민족문화추진회, 1999. 원문(21~22면), 역문(55면).

8-16. 여러 책의 지은이

…(전략)… 『소학집주(小學集註)』는 이이가 지었고, 『가례원류(家禮源流)』는 유계(兪棨)가 지었다. 『절작통편(節酌通編)』 20권은 송시열이 지었고, 『주자대전차의(朱子大全箚疑)』는 송시열이 지었고, 『이존록(彝尊錄)』은 김종직(金宗直, 1431~1492)이 지었다. 『동몽선습(童蒙先習)』은 군자감 정 박세무(朴世茂, 1489~1554)가 지었고, 또 1권은 이문학관(吏文學官) 어숙권(魚叔權, ?~?)이 지었다. 『고경중마방(古鏡重磨方)』 1권과 『상제례문답(喪祭禮問答)』 2권은 이황이 지었고, 『성학집요(聖學輯要)』 7권과 『격몽요결(擊蒙要訣)』 1권은 이이가 지었다. …(후략)…

羣書撰人

…(前略)… 小學集註 李珥撰 家禮源流 兪棨撰 節酌通編二十卷 宋時烈撰 朱子大傳 [sic 全] 箚疑 宋時烈撰 彝尊錄 金宗直撰 童蒙先習 軍資正朴世茂撰 又一卷 吏文學官魚叔權撰 古鏡重磨方一卷 喪祭禮問答二卷 李滉撰 聖學輯要七卷 擊蒙要訣一卷 李珥撰. …(後略)…

[출전] 李裕元 原著, 『국역 임하필기(林下筆記) 4』, 민족문화추진회, 1999, 원문(37면), 역문(93면).

9. 여성에 대한 설화

1) 가족에 대한 설화

9-1-1. 이황

이황의 자는 경호요, 호는 퇴계다. 하서(河西) 김인후(金麟厚)와 함께 인조대왕이 동궁으로 있을 때의 궁관(宮官)이었다. 인조대왕이 승하한 뒤에 여러 어진 재상들이 말하기를, "하늘이 버리는 것이니 우리는 다시는 출세하지 않겠다." 라고 하였다. 인조대왕의 국기일(國忌日)은 7월 7일이다. 김인후는 매양 이 날이 되면 산 속으로 들어가 하루 종일 통곡했는데 해마다 그러했다. 선조대왕 초년에 퇴계가 한번 임금님의 부르심을 당하자 매우 난처하면서, "내 출각(出脚)[1]하여 잠시 업적을 쌓아 보리라." 라고 하였다. 고봉(高峯) 기대승(奇大升)이 하서 김인후에게 배웠는데 김인후는 경학(經學)으로 자처하지 않았다. 기대승이 퇴계와 더불어 사단칠정(四端七情)에 관하여 논쟁할 때 그 변론이 모두 김인후가 가르친 바이다. 그래서 김인후가 매양 사단칠정에 관한 글을 볼 때면 한탄하여 말하기를, "이퇴계의 인품은 좋으나 그 견해는 좋지 못하다."라고 하였다.

퇴계 선생의 장남 채(寀)가 일찍 죽어 후사가 없으니 그 과부 며느리는 곧 9대 독자의 무남독녀였다. 퇴계 선생은 자식의 죽음을 슬퍼할 뿐만 아니라 과부 며느리의 의탁할 곳이 없음을 더욱 슬퍼했다. 선생이 과부 며느리의 침실로 들어가 보니 베갯머리에 몇 개의 꽃가지가 있었다. 이를 본 선생은 즉일로 길 떠날 준비를 시켜 과부 며느리를 친정으로 보냈다. 그때 타이르는 말이, "내 너의 마음가짐을 보니 정결을 지키지 못할 것 같다. 또 너는 9대 독자의 무남독녀로 너에게서 대가 끊어지는 것을 나는 차마 보지 못하겠다. 너는 다시 나의 집안으로 들어와서는 안 되며 오직 네 부모의 명령만 따르는 것이 좋겠다." 라고 하고서 그 뒤로 왕래를 끊어 서로 통행하지 않았다.

수년 후에 선생이 단성(丹城)[2] 땅을 지날 때에 해가 저물어도 여관을 만나지 못하여 길가에 있는 양반집으로 들어갔다. 그 집 주인은 선생을 후히 대접하는데 그날 저녁 식사가 매우 풍성하였다. 그중에서도 간장을 한 보시기 담았는데 그릇에 가득했다. 선생이 마음속으로 놀라 나의 식성은 우리 식구 이외에는 아무도 모르는데 참으로 이상하다고 여겼다. 왜냐하면 선생이 집에 있을 때에 간장을 잘 먹었기 때문이다. 밤중에 그 주인과 더불어 말하다가 며느리의 친정을 물으니 그 주인의 자부는 아무개의 딸이라고 했다. 이에 선생은 과부가 된 그의 큰 며느리가 다시 이 집에 재가한 것을 알고 깊이 뉘우쳤으나 할 수 없는 일이었다.

퇴계 선생은 젊었을 때에 세 가지 잘하는 버릇이 있었으니, 첫째는 색을 좋아하되 아름다움과 추함을 가리지 않는 것이요, 둘째는 말하기를 좋아하되 시비를 잘 따지는 것이요, 셋째는 여행을 좋아하되 정처 없이 떠나는 것이다.

하루는 우연히 길을 떠나 홀로 깊은 골짜기에 이르러 길을 잃고 날마저 저물어 꼼짝할 수가 없었다. 그때 멀리 바라보니 암벽 사이에 한 띠풀 집이 있어 보일락 말락 했다. 곧 그 집 문 앞으로 가서 재워 달라 하니 풍채가 준엄한 한 노인이 나와 기꺼이 영접하면서 주소도 묻지 않고 여종을 불러 저녁식사를 올리라고 하였다. 한참만에 밥상을 올리는데 진수성찬에 그릇들이 화려했다. 식사를 마치자 등불을 켰는데 묘령의 세 소년이 안으로부터 나와 그 노인을 곁에서 모시고 있었다. 그 노인이 말하기를, “너희들은 들어가서 책을 읽어라.”라고 하니 세 아들이 응답하고 일어나 들어가 밤새도록 글을 읽는데, “삼가 세 뿌리를 조심하라. 삼가 세 뿌리를 조심하라.”라고 하는 소리 이외에는 다른 말이 한 마디도 없었다. 선생은 마음 속으로 매우 괴상히 생각하다가 다음날 날이 밝아서야 노인에게 물었다. “자제분들은 무슨 책을 읽고 있습니까?”라고 하니 노인이 웃으면서 말하기를, “세상에 나가 행세하려면 세 뿌리를 불가불 삼가야 합니다. 신(腎)부리, 입부리, 발부리가 이것이오.”라고 하였다. 퇴계 선생이 이 소리를 듣고 스스로 깨달아, “이 노인이 나의 뿌리를 경계하라고 하라는 소리구나.” 하고서 작별하고 돌아와 몸을 닦아 덕을 쌓으니 마음속에는 다시 야비한 뿌리가 없었다.

李滉 字景浩 號退溪 與河西金麟厚 同爲仁宗東宮時 宮官矣 仁廟昇遐後 諸賢相謂曰 天之所癢 吾輩不復出世矣 仁廟國忌 七月初七日也 金河西每値此日 則入於山中 終日痛哭 歲以爲常 宣廟初年 退溪一應召命 嘗難曰 吾出脚 暫負良 高峰奇大升學於河西者也 河西不以經學自處 而高峰與退溪 以四七復往卞論 皆河西所敎也 河西每見四七書 則歎曰 景浩人品好 見解非其所長云

退溪先生長子寀 早卒無後 孀婦卽九代獨子之獨女也 先生非但哭子之痛 尤悲孀婦之無依 先生入其孀婦寢房 則枕上有數箇花枝 先生卽日致行 送孀婦于本家 誡之曰 觀汝秉心 有欠貞固 且汝以九代獨身之女見絶於汝 吾不忍見也 汝不可更入吾門 惟聽父母之命 可也 其後絶不相通矣

數十年後 先生過丹城之地 日暮 不遇店舍 入于路傍兩班家 則主人待之甚厚 夕飯饌品極其豐潔 而其中淸醬盛於補兒 盈滿器中 先生心窃驚疑 以爲吾之食性 家人之外 雖至親 能無知者 是可怪也 蓋先生

在家時 善嗜淸醬故也 夜間與語主人 問其婚親 則主人之子婦 乃某人之女云 先生始覺孀婦之再入其家 深悔其至 而已無及矣

先生少時 有三好癖 一好色 色不度美 二好言 言好是非 三好行行之無定處 偶行獨至深峽 失路 日已曛黑 路無進退 遠遠顧眄 則巖壁之間 有一茅茨 隱映微現 乃至門下借宿 則有一老人 風範峻嚴 欣然迎接不問居住 呼婢造客夕飯 有頃進盤饌 器皿極爲華麗 飯罷 張燈則有三妙少年 自內出來 入侍親側 老人曰 汝輩入去讀書 三子應退終夜讀曰 謹愼三觜 謹愼三觜 外無他言 心甚怪訝 待明問曰 子弟謹讀何書 老人哂曰 行于世 三觜 不可不愼也 腎觜 口觜 足觜是也 先生聞而自悟曰 此老戒吾觜也 拜辭而還 修身盛德 心復無觜鄙.

[출전] 李錫浩譯註『韓國奇人傳·靑鶴集』, 明文堂, 1990. 원문(324~325면).

1) 두 번째 벼슬길에 나아감.
2) 경상남도 산청군에 있던 지명.

① 일찍이 과부가 된 며느리를 친정에 보내 개가를 허락한다. 한번은 몇 년 후 어느 양반집에서 대접을 받는데 간장 맛이 유별나게 자기 입에 맞았다. 알고 보니 자기 며느리가 이 집에 개가한 것이다.
② 산속에서 길을 잃어 밤이 되어 헤매다가 집 한 채를 발견하여 후한 대접을 받았다. 노인이 세 뿌리를 삼가야 한다는 말을 듣고 과연 그대로 경계했다. 몸을 닦아 덕을 쌓았다. 젊었을 때부터 세 가지 규범을 잘 따랐다.

9-1-2. 퇴계 재취

아내의 성품이 혹 불미한 점이 많더라도 남편이 너그러이 용납하여 남의 이목에 드러나지 않게 할 것이다. 그렇지 않으면, 어진 자나 불초한 자나 그 잘못의 거리는 한 치(寸)도 되지 못하는 것이다.[1] 퇴계 선생이 이평숙(李平叔)[2]에게 보낸 글에, "내가 일찍이 재취한 것은 심히 불행한 일이다. 그 사이에 마음이 산란하여 답답함을 견딜 수 없는 때가 있었다." 하였는데, 내가 이 글을 읽을 때마다 의심이 없지 않았다. 근자에 이공[3] 형제의 외손(外孫)에게서 선생의 친서를 얻어 본즉 그 겉봉에, "길에서 비밀히 떼어 보라."(道次密啓看)는 다섯 자가 있었는데, 『퇴계집』에는 어찌 이 글만 누락되었는지 알 수 없었다. 아마 이공이 도산에서 물러나올 때 좌석이 번거로워 자세히 말할 수 없으므로 글로써 비밀히 부탁하기를, 혼자만 보고 누설하지 말라고 한 것 같다. 제자가 스승 섬기기를 부모와 같이 하니 스승도 또한 제자를 아들과 같이 여기는 것이므로, 이는 이공이 인륜의 변괴를 당한 것을 보고,[4] 마침내 한 마디 말도 하지 않을 수 없었던 것이다. 이공이 죽은 뒤에 그의 부친 참판 이식(李埴)이 퇴계 선생의 서찰을 일일이 수습하여 도산으로 보내 발간하여 후세에 전하게 되었으니 이는 또 이공의 뜻은 아닐 것이다. 지금 퇴계 선생의 『어록(語錄)』 중 한 구절에는, "이공의 부인이 선생의 부음(訃音)을 듣고 3년 동안을 소식(素食)[5]했다." 하였는데, 이는 반드시 이공이 선생의 그 비밀 서찰을 보고 깊이 깨달음이 있어 그 부인에 대해 위곡(委曲)[6]히 잘 처리한 까닭일 것이다. 선생이 한번 말하고 침묵함이 이같이 사람의 윤리에 큰 관계가 되었던 것이다. 또 『어록』에 선생이 그 큰 아들 준(寯)에게 보낸 서신 몇 통을 실었는데, 그

중에, “너에게는 이미 권속이 많고 또 불원간 취처한 아들 몽(蒙)이 있는데, 나는 성품이 번잡함을 싫어하고 조용함을 좋아하니, 할 수 없이 부자손(父子孫) 가운데 형편에 따라서 분가하여야 되겠다.” 하였고, 또한 서신에는, “부자간에 살림을 각기 차리는 것은, 원래 아름다운 일이 아니다. 그러나 다만 너의 자녀들이 모두 장성하여 혼인하게 되었는데 거처할 곳이 마땅치 않으니, 가정형편이 그렇게 하지 않을 수 없게 되었다. 옛날 동궁(東宮)·서궁(西宮)·남궁(南宮)·북궁(北宮)의 제도가 있었으니 거처는 한 담장에서 하면서 살림은 각기 차리는 것보다, 차라리 거처는 달리하고 살림을 함께 하는 것이 낫지 않겠느냐.” 하였으며, 또 한 서신에는, “네가 의지할 곳이 없이 남의 곁방에 들어 군색함이 이를 데 없다고 하니, 너의 서신을 볼 적마다 수일 동안 마음이 괴롭다.” 하였다. 위아래의 글을 참작해보면, ‘마음이 산란하다’는 말은, 그만한 곡절이 있어 나온 것이다. 준(寯)은 바로 전부인(前夫人)의 소생이다. 아무리 번잡함을 싫어하고 조용함을 좋아하는 성격이라 하지만 어찌 그만한 일을 처리할 방도가 없어, 남의 곁방에 들어가 군색함을 겪게 하였겠는가? 다만 선생의 높은 덕행으로 마침내 어찌할 도리가 없었으니, 차라리 재산을 나누어 가정을 안정시키는 것이 나은 것이었다. 선생이 어찌 잘못 생각하여 어긋난 처리를 하려 하였겠는가? 사람의 가정에는 변고가 적지 않아, 더러는 갑자기 불상사가 생길 수도 있으므로 소상히 기록해 두는 바이다.

退溪再娶 婦人之性 或多不賢 丈夫宜寬以容之 不使宣暴於耳目 不然其賢不肖之相去 不能以寸矣 退溪先生與李平叔書云 某曾再娶 一値不幸之甚 其間頗有心煩慮亂 不堪撓悶處 每讀至此 不能無疑也 今於李公兄弟之外孫 許得先生手筆 其封皮 有道次密啓看五字 不知本

集何獨漏此不錄 盖李公自陶山辭歸有煩 不可盡言者 故以書密囑 令獨見而無泄焉 弟子之於師 事之如父 則師亦宜視之如子 而人倫處變之際 恐不可終嘿也 李公旣沒 其父參判栻 一一收拾 送之陶山以至刊傳後世 則又非李公之志也 今語錄中載一條云 李公之夫人 聞先生喪食素三年 然則李公必因此感悟 有委曲善處者矣 先生語嘿 有關於倫常如此 語錄又載先生與長子寯書數條 一云 汝旣多眷屬 蒙兒不久當娶 吾性厭煩喜靜 不得已父子孫中 觀勢分住 一云 父子異爨 本非美事 但汝兒輩長成婚嫁 無容身處勢 不得不至於此 古有東宮西宮南宮北宮之制 與其同處而異財 孰與別處而猶不失同財之意乎 一云 汝無所歸贅寓艱窘 每見汝書 輒數日不樂 上下參商 所謂心煩慮亂 有爲而發也 寯卽前夫人出 雖謂厭煩喜靜 豈無可以處此者 而至於贅寓艱窘耶 以先生德義 終有沒奈何處 則反不若析産鎭安之爲愈 先生豈錯筭而謬處者哉 人家變事不少 或至激成乖亂 故詳著之.

[출전] 李瀷 原著, 『국역 星湖僿說(성호사설)』 Ⅴ, 민족문화추진회, 1978, 원문(99~100면), 역문(299~300면).

1) 『孟子』 離婁 下에 보임.
2) 퇴계의 문인.
3) 이평숙을 이름.
4) 이평숙의 부인이 부덕하여 인륜을 제대로 갖추지 못했음을 이름.
5) 고기반찬이 없는 밥.
6) 불만한 점이 있어도 마음을 굽혀 일의 성취를 바라는 뜻.

9-1-3. 과부가 된 며느리를 시집보낸 이황

퇴계 선생의 맏아들은 자식을 두지 못하고 요절하였다. 과부가 된 며느리는 곧 9대 독자의 딸이었다. 퇴계 선생은 자식의 죽음을 슬퍼하였을 뿐만 아니라, 과부가 된 며느리를 더욱 안쓰러워하였다.

퇴계 선생은 혼자된 며느리를 친정으로 돌려보내면서 타일렀다.

"너를 보자 하니, 굳은 정절에 흠이나 가지 않을까 생각하고 있는 듯하구나. 그러나 너는 구대 독자의 딸인데, 내 집에서 손이 끊기게 되는 것을 내 차마 볼 수가 없구나. 그러니 너는 다시 내 집에 들어와서는 안 되느니라. 다만 친정 부모님께서 시키시는 대로 하거라."

그로부터 수십 년이 지난 뒤에 퇴계 선생이 우연히 단성 땅을 지나가다가 길가에 있는 양반 집에서 묵게 되었는데, 주인의 대접이 후하였다. 저녁상을 내왔는데, 음식이 정갈하고 가지 수가 많았으며 맑은 간장을 큰 보시기에 가득 담아 가지고 왔다.

내심 의아한 생각이 들어 주인의 사돈댁에 대해 물으니, 아무개 집 딸이라고 하는 것이었다. 퇴계 선생은 그제야 과부가 된 며느리가 그 집에 개가한 것을 알고 그 집에 묵게 된 것을 몹시 후회하였다.

퇴계 선생은 맑은 간장을 잘 드셨던 것이다.

退溪先生長子 早卒無后 孀婦乃九代獨子女也 非但哭子之痛 尤悲孀婦 治送本家而誡之曰 觀汝秉心有欠貞固 且以九代獨子之女 見絶於吾不忍見也 汝不可更入吾門 惟聽父母之命矣 數十年後 偶過丹城地 宿于路傍班家 主人待之厚 夕飯豊潔 而淸醬盛於大甫兒盈器中 心竊疑之 問其主人之姻親則 乃某之女云 始覺孀婦之入其家 悔甚至其家 盖先生善喫淸醬也.

[출전] 拙翁 盧命欽(1713~1775), 東稗洛誦, 김동욱 역, 『국역 東稗洛誦』, 아세아문화사, 1996, 원문(441면), 역문(440~441면).
鄭明基 編, 『韓國野談資料集成 4』, 啓明文化社, 1987, 원문(274~275면).
靑野談藪2, 김동욱 역, 보고사, 2004. 역문(77~78면).

2) 기생에 대한 설화

9-2-1. 두양묘

두양(杜陽)은 단양의 기녀이다. 거문고에 능하고 가무를 잘 하였으나 20에 요절하였다. 강선대(降仙臺) 맞은편 산기슭에 묻어달라고 유언하였다. 이는 평소에 객을 따라 연회를 베풀고 놀던 곳인데, 죽어서도 잊지 못하였다고 한다. 한 점 외로운 무덤은 두추낭(杜秋娘)[1]이고 강선대 아래 흐르는 초강(楚江)[2] 머리에 있네. 꽃다운 혼백의 풍류 빚 보답하고자 하여 절경에 다 참한 아가씨 호구(虎丘)[3]에 안장했네.

杜陽墓
杜陽丹妓也 能琴善歌舞 二十而夭 遺囑葬降仙臺麓 盖其平生隨客遊宴之地 久不能忘云 一點孤墳是杜秋 降仙臺下楚江頭 芳魂償得風流債 絶勝眞娘葬虛丘.

[출전] 任埅 原著, 拙譯, 『水村集』 권3, 『韓國文集叢刊』 149집, 민족문화추진회, 1997, 원문(69면).

1) 唐나라 금릉(金陵) 지방의 여인으로 15세에 李錡(이기)의 첩이 됨.

2) 楚나라의 湘水(상수)를 말하는데 그곳에서 斑竹(반죽)이 생산됨. 순임금이 죽자 娥皇(아황)과 女英(여영)이 초나라의 상수에 몸을 던져 죽었는데 그 눈물이 대나무에 얼룩져서 반죽이 되었다는 고사를 말함.

3) 호구(虎丘)는 중국 吳縣(오현)에 있는 산이름. 吳나라 임금 闔廬(합려)를 장사지낸 지 3일 만에 범이 무덤가를 지키고 있었기 때문에 虎丘라 이름하였다 한다. cf. 사마천(司馬遷), 『사기(史記)』 월왕구천세가(越王勾踐世家).

3) 색에 대한 담론

9-3-1. 색에 대한 담론

퇴계 선생과 조남명(曺南冥) 선생이 편안히 앉아 있다가 퇴계가 말하였다.

"주색은 사람이 가장 좋아하는 바이지요. 그러나 술은 그래도 소홀하기가 쉽지만 색은 가장 참기 어렵지요. 소강절(邵康節)의 시에 '색은 사람으로 하여금 좋아하게 만들 수 있다' 했는데 이 또한 그것이 참기 어려움을 말한 것이겠지요. 선생은 색에 있어 어떠신지요."

남명이 웃으면서 말했다.

"저는 색에 있어서는 싸움에 진 군대의 장수와 같지요. 묻지 않는 것이 좋을 듯합니다."

퇴계가 말했다.

"내 젊었을 적에는 참고자 해도 그럴 수 없었는데 중년 이후로는 제법 참을 수 있게 됐지요. 정력[1] 때문일 것입니다."

이때 송익필(宋翼弼, 1534~1599)이 또한 그 자리에 있었는데 그는 지체는 낮았지만 글하는 자였다. 익필이 말했다. "보잘 것 없는 제가 일찍이 읊은 시가 있으니, 대인의 한 살핌을 받고 싶습니다."

인하여 그 시를 외웠다.

옥 술잔의 맛좋은 술엔 그림자 전혀 없는데
눈처럼 흰 뺨의 옅은 노을은 잠깐 흔적 남기도다
그림자 없음 흔적 남김 모두 즐거운 뜻이니
즐거움 삼갈 줄 안다면 은총 남기지 마오

의미가 깊고 간절하다. 퇴계가 음송하더니 좋다고 칭찬하였다. 남명이 웃으면서 말했다.

"이 시는 패한 군대 장수에 대한 경계로 적합하군요."

退溪先生與曹南溟 [sic 冥] 燕坐 退溪曰 酒色人之所好 然酒猶易忽 而色最難忍 康節詩曰 色能使人嗜 亦言其難忽也 子於色何如耶 南溟 [sic 冥] 笑曰 我於色是戰敗將也 勿問可也 退溪曰 余少時欲忍而不能 中年以來頗忍之 不無定力故也 時宋翼弼 亦在座 地卑而臨文者也 翼弼曰 麵生曾有所吟 願見大人之一斤 因誦之曰 玉杯美酒全無影 雪頰微霞乍有痕 無影有痕俱樂意 樂能知戒莫留恩 用意深切 退溪吟誦稱善 南溟 [sic 冥] 笑曰 此詩合爲敗軍將之戒也.

[출전] 柳夢寅, 李月英 譯註(보유편), 『於于野談』, 한국문화사, 2001, 원문(275면), 역문(274~275면).

1) 선정(禪定)에 의하여 양성한 힘.

9-3-2. 퇴계 선생과 남명 선생의 성에 대한 견해 차이 -寶之刺之(보지자지)-낮 퇴계 밤 토끼

조선 명종 때 경상도의 퇴계 이황 선생은 도덕과 명망이 나라에서 으뜸이었다. 그때 경상도 남명 조식 선생도 있었는데 퇴계 선생과 명성을 나란히 했다. 선비 아무개가 두 선생의 덕을 시험해 보고자 했다. 그는 낡은 옷에 짚신을 신고 머리에는 유학자들이 쓰는 복두를 쓰고 남명 선생을 방문했다. 그는 남명 선생 앞에 서서 고개만 숙이는 읍만 하고 큰절은 하지 않은 채 인사를 마쳤다. 그러고는 선생 앞에서 방자히 두 다리를 뻗고 앉아 말했다. "선생께 가르침을 받고자 왔습니다. '보지(保之)'가 도대체 무엇입니까?" 남명이 얼굴을 찌푸리며 상대하지 않았다. 선비가 다시 물었다. "그럼 자지(刺之)는 무엇입니까?" 남명이 화를 내며 제자들을 시켜 내쫓았다." "미친놈이다. 다시는 오지 못하게 하라." 선비는 남명 선생 집을 나와 이번에는 퇴계 선생을 방문했다. 퇴계 선생 집에서도 역시 절도 하지 않고 두 다리를 뻗고 앉아 대뜸 물었다. "보지가 무엇입니까?" 선생이 말했다. "걸어 다닐 때는 숨어 있는 것이지. 보배처럼 귀하지만 사고파는 것은 아니야(步藏之者 而寶而不市者也)." 또 물었다. "자지는 무엇입니까?" 선생이 말했다. "앉아 있을 때 숨어 있지. 사람을 찌르긴 하지만 죽이진 않아(坐藏之者 而刺而不兵者也)." 선비는 퇴계 선생의 덕이 남명보다 뛰어남을 알았다.

寶之刺之 朝鮮明宗朝嶺南 退溪李先生 道尊德備(隆) 望重一國 其時南溟(sic 冥)曺先生 亦(□)與退溪先生齊名 士人某欲試兩先生之德 弊衣草屩幞頭 而訪南冥先生 揖而不拜 箕脚而坐曰 願先生敎我 請問

保之(寶池)邦言 陰門曰 保之(寶池)者 何也 南冥蹙顔不對人□ (又)問曰 刺之(池)邦言 陽物曰 刺之(池)者 何也 南冥發怒 使弟子毆逐曰 此狂人也 不可近之(也) 士人出門 更訪退溪先生 不拜箕脚而坐 問曰 保之(寶池)者 何也 先生曰 步藏之者 而寶而不市者也 又問曰 刺之(池)者 何也 先生曰 坐藏之者 而刺而不兵者也 士人於是 知退溪先生之德優於南冥.

[출전] 정병설 옮김, 『조선의 음담패설:기이재상담(紀伊齋常談) 읽기』, 예옥출판사, 2010, 원문(194면), 역문(85~86면).

10. 기타

10-1. 퇴계와 조식의 운명

퇴계는 남명과 시대가 같고 한 도(道)에 함께 있었지만 끝내 만나본 적이 없었다 한다. 이것은 그들의 의론이 서로 달라서 그런 것인가? 그렇지 않다면 옛날에 '천고의 윗사람을 벗 삼는다.'하였으며 '천릿길을 가서 만나 본다.'고 하였는데, 이것은 또 무엇 때문이었던가?

退溪之於南溟 旣同時同庚 同在一道 而終未得會面云 豈言議有出入而然耶 不然古固有尙友千古 千里命駕者 抑又何也.

[출전] 畸翁漫筆, 『국역 大東野乘』, 民族文化推進會, 1985, 원문(107면), 역문(561면).

10-2. 퇴계 이황의 선견지명

옛날 중국 한(漢)나라 태부(太傅) 가의(賈誼)가 통곡할 일과 눈물 흘릴 일에 대한 논설을 지었는데, 상론(尙論)하는 자들이 너무 지나쳤다고 했으나 나는 그렇지 않다고 여긴다. 세상의 일은 진실로 행복과 불행이 있어서, 비유컨대 집을 짓는 것과 같다. 더러는 담을 튼튼히 하지 않거나 주도면밀하게 지키지 않으면, 반드시 해를 입을 것이라고 남들이 말하게 되는데, 그 뒤로 그렇다는 것을 깨달아 점점 스스로 잘 경비하면 해를 모면할 수도 있다. 모면 했으면 다행한 일이지 처음 말해 준 자가 잘못 말한 것은 아니다. 한(漢)나라의 일이 참으로 제후를 일단 분열시키지 않았더라면 가의의 말이 반드시 들어맞았을 것이다.

우리나라는 명종·선조 때에 이르러 소강(小康)의 시절이었다고 말 할 수 있었다. 그러나 퇴계 이황 선생은 황준량(黃俊良, 1517~1563)에게 답한 편지에 이르기를 "남북의 큰 환란이 아침이 아니면 저녁에 곧 닥칠 터인데, 우리의 방비를 돌아보면 믿을 만한 것이 하나도 없으니, 산림의 즐거움인들 또한 어떻게 반드시 지킬 수 있겠는가? 이 때문에 혼자서 매우 걱정한다."고 했다.

조정과 백성이 편안한 때를 당하여 선생이 홀로 이런 말을 했으니, 모두들 반드시 오활한 선비가 상투로 하는 말이라 고 했을 것이다. 그러나 40년이 못되어 임진왜란이 있었고, 인조 초기에 이르러서는 국세가 무너진 집이나 물이 새는 배와 같아서 곧바로 기울어지고 전복될 지경이었는데도 오히려 끝내 도탄에 빠지리라는 것을 깨닫지 못했다. 이제 생각해보면 퇴계의 근심과 걱정이 필경 모두 들어맞았다. 동파(東坡) 소식(蘇軾)이 이르기를, "천리 밖을 염려하지 않으면 환란이 자리 앞에 닥치게 된다. 머리 앞에 닥쳐서야 뉘우치는 자는 가장 못난 사람이다. 세상의 일시적 향락을 탐내는 자들은 그물에 걸린 제비나 솥 속에 든 고기와 무엇이 다르겠는가?" 라고 했으니, 퇴계의 산림의 즐거움도 보전할 수 없다는 말이 또한 족히 마음도 쓰리고 슬퍼할 만한 일이다. 계책이 조정에서 잘못되었는데 그 해독은 일반 백성들만 편벽되게 받아 구렁에 뒹굴고 도탄에 빠진 자가 모두 죄 없는 사람이었으니, 이것이 어찌 하늘의 뜻이겠는가?

退溪先見

昔賈太傅 爲慟哭流涕之說 尙論者以爲太過 余以爲不然 天下事 固有幸與不幸比如築室 或垣墻不固守禦不察 人謂必致患害 後來覺其如此稍自警備 則免矣 免旣幸矣 初非言者之誤也 漢之事苟非分裂侯國一着 則賈生之言 未必不中也 聖朝至明宣之際殆可謂少 [sic 小] 康然退溪先生答黃仲擧書却云 南北鉅患不朝卽夕而環 顧在我無一可恃則山林之樂 亦豈必可保 以是私憂竊歎 方朝野晏然 先生獨發此言 衆必謂汚儒例談 然不四十年有壬辰之禍及 仁廟初國勢若壞屋 漏舟不日傾覆 而猶不覺知終致塗炭以今思之 退溪之憂歎 畢竟悉符 東坡曰 慮不及千里之外 則患在几席之下 到頭而悔者末矣 世之偸樂奚別於燕幕兼釜耶 其山林不保之說 亦足傷歎 策誤於廟朝 而毒偏於黎庶塡壑塗地莫非非辜 此豈天意也哉.

[출전] 고전 국역 총서 『성호사설 Ⅲ』, 민족문화추진회, 1978.
李瀷 原著, 丁海廉 편역, 『성호사설 精選 (상)』, 現代實學社, 1998, 원문(25~26면), 역문(78~79면).

10-3. 퇴계 선생이 말한 이치와 운수

『언행록(言行錄)』에 보이니, 퇴계 선생이 다음과 같이 말하였다. "운명을 말하는 일도 또한 어찌 그 이치가 없다고 이르겠는가? 다만 삶과 죽음, 화와 복이 아득한 하늘의 조화로 미리 정해져 있는데 먼저 안다고 한들 무슨 소용이 있으리오? 성현은 이치를 귀하게 여기고 운수를 귀하게 여기지 않았으니, 오직 이치로 할 수 있는 것을 힘을 다해 행하면 되는 것이다. 만약 단지 운수를 믿고 따를 뿐이라고 하여 화복이 찾아옴을 일체 운수에 다 맡겨두고 선을 행하는 마음이 없다면 어찌 옳은 일이겠는가?

言行錄 退溪先生曰 談命之事 亦豈可謂無其理也 但死生禍福 預定於冥冥 先知何用 且聖賢貴理而不貴數 惟理可爲者 盡力爲之 可矣 若徒信數而已 則禍福之來 一切委之於數 而無爲善之心矣 奚可也.

[출전] 심재 原著, 신익철·조융희·김종서·한영규 공역, 『교감역주 송천필담』 권3, 보고사, 2009, 원문(132면), 역문(위의 책, 권1, 376면).

10-4. 하늘의 재앙에 대한 이황의 견해

『퇴도언행록(退陶言行錄)』에 전한다. 다음과 같이 물었다. “천지 일월(日月)의 형상은 한 가지인데 사해 팔황(八荒)의 나라들은 저마다 다릅니다. 그 사이에서 재앙과 변고가 나오면, 각자 그 나라의 일로써 한 지역에 대해서만 보아야 합니까? 아니면 한 나라에 변고가 생기면 응당 천하의 입장에서 보아야 합니까?” 퇴계가 말했다. “재앙과 변고는 진실로 그 나라의 일로써 응당 그 나라의 입장에서 보아야 하겠지만, 다른 나라도 또한 어찌 두려워하며 다스리고 살피지 않을 수 있겠는가? 비유컨대, 부모가 한 자식에게 화가 나서 꾸짖었는데 다른 자식이 어찌 꾸지람을 받지 않는다고 하여 안심하겠는가? 벌벌 떨면서 두려워하여 행실을 닦음은 한가지인 것이다.”

退陶言行錄問 天地日月之象一也 而四海八荒之國各異 其間災變之出 各以其國之事 獨見於一方乎 抑一國有乖 應見於天下乎 退溪曰

灾變固以其國之事 應見於其國 然他國亦豈可不恐懼修省乎 譬如父母怒一子而譴責 他子豈可以已不受責而安心乎 其爲戰恐自修則一矣.

[출전] 심재 原著, 신익철·조융희·김종서·한영규 공역, 『교감역주 송천필담』 권3, 보고사, 2009, 원문(110면), 역문(위의 책, 권1, 313~314면). 참고로 상기 설화는 이황의 문인인 김부륜(金富倫)의 『설월당집(雪月堂集)』 권4 雜著, 문답차록(問答箚錄)에 실려 있다.

3 구비 전승 자료

1. 탄생에 관한 설화

1-1. 퇴계 선조의 무덤

저 진보 갑란 묘를 인제 쓸라고 했는데, 그 그 집에는 퇴계 웃대인데, 그 방질(이방)을 하고 있다.

나라 구풍[1)]이 와가주고 신점[2)]을 해놓고 올로가그던. '이상스럽다' 해가 주고 그래 이방이, 이방이 맹(역시) 요새 말로는 저 군 [청중: 내무과] 내무과장 그쯤된 모양이라. 묘를 썼다. 가마이(몰래) 갖다가 거 마 안장을 했는 모양이라. 안꺼도(아무것도) 아니라. 커터(귀한 터)라고 가보이 묘를 쓰긴 섰는데, 고만 히떡 디배(뒤집어) 가주고 나오는데, 그 두 번째 써가주고 암만(아무리) 디디 밟아나도 그 이튿날 가면 영장은 영장대로 튀나와. 감당이 없는게라. 그래 '야야 구풍이 잡아났는데?'

그래 서울 올라가 (아주 낮은 목소리로.) 구풍이 집에 가가주 물었그던. 물으이 "거참, 자네 복일세." 카드라는구만. "자네 복인데." 그걸 여예 되는고 카이, 그저 묻어가주고 안된데. 왜 이 제사 지낼 때 (조사자를 향해) "관복 안입는가? 관복 다 떨어진거, 그거하고 사모관대, 그걸 가주고 가여 영장일 바다다(일으켜 세워) 그 관복을 입혔고, 그 관복을 씌워가주고, 그 헌거를 씌워가주고 묻어 놓으면 까닭없다 이래. 그래 묻어 놓골라, 그거 숩우께(쉬우니까) 한 번 해보래." 그래 참말로 서울 가가주고 들었단 말이래. 들어놓고 집에 내리와 그 질로 영장을 묻었다. 아무래도 꼭꼭 눌리났다. 또 잡아띠디 뚝뚝 "그 전엔 소인이 누웠는데, 금일은 대인이 누웠구나." 관복을 보고 대인이 왔다 칸단 말이래. "아 이거 건드려 큰일 난다"고 까딱

없이 간다.

그 집에서는 달걀을, 먼 달걀을 묻었노 카그던. 참 달걀을 묻었으면 꼬꼬 그껀데, 이 집엔 머썩 달걀을 갖다 여 났네. 꼬꼬 소리는 안하고 께르르 그다 (웃으면서) 먼 소리가 나오긴 나오는데 참 달걀을 묻었으면 꼬꼬 그머 잦은 회를 치고 울낀데, 하필 머 썩 달걀을 갖다가 묻으이 소리가 안난다. 글키 용트라니더, 구풍이. 지금도 가면 자리가 상당히 좋다누만.

1) 국풍(國風). 나라에서 정한 풍수.
2) 자기 죽으면 묻힐 묘 터를 잡아 놓는 것.

[출전] 한국정신문화연구원, 『韓國口碑文學大系』 7-6(慶尙北道 盈德郡篇), 1981. 7. 20.

1-2. 선조의 못바람으로 태어난 퇴계

퇴계 그 양반이 진성 카는데 진보 진보를 따지가주고 인제 진성이라. 본래 진보서 예안으로 갔다고 [예, 예.] 우리가 듣기에는. 진보 거기 이퇴계 고조부라다 증조부라다[1] 고조부라그다. 고조부라 그지 아마. 진보 남각산 고조부 묘가 있대요. 그 묘가 있는데 그 못바람으로 해서 인제 퇴계 선생이 났다 이런 말이, 유래가 나가(나서) 지금…….

[아, 그런 이야기가 있니껴?]

예. 있는데 진보 남각산 카는데 퇴계 증조, 고조부가 그 남의 집의 그때 당시 고용살이 했다는거래. 거기서 있는 집이 고용살이 했는데, 그 요새 말하자마 머슴이지 뭐 [예, 글니더만요.] 고조부가. 머슴살이를 했는데, 퇴계 그라마 고조부가 작고를 했으이 증조부가 고용살이를 했다는게라.[2)]

고용살이 해가주 퇴계 고조부가 미리 작고를 하고 인제 그 남의 집에 있으니께네 아주 참 기감[3)]을 해 놓고 장사를 못 지냈다는게라.

장사를 못 지내고 있었는데 쥔집(주인집)에서 부잣집이고 하이 초상이 나이 옛날에는 석 달 구산(求山)이래. 사전에 인제 메터(묘터)를 못 잡아노마 석달까지 댕기매 인제 터 잡아 좋은 터 잡아 가주고 인제 부잣집이고 주인 집이는, 그래 인제 좋은 풍수를 여러이 데래다[4)] 인제 비애가주(보여서) 터를 잡아가주 하는데 퇴계 고조부 썼던, 지금 들어있는 자리가 풍수가 거기서 터를 잡아 가주고,

"이 터이(터가) 좋다." 그런 유전이 내가 들었는데 어른분네들 지끼는 걸 들었는데. 그이 인제 터가 워예 좋으노 카만 그 풍수가 여럿이 모애 가지고 뭐, 니 법이 옳으이 내 법이 옳으이 그르이 기중(그 중에서) 아는 사람이 하는 말이,

"그 터는,"

그거 인제 말하자마 좋다는 그 이미(의미)랬지 뭐.

"그 광중을 해가주고,"

요새 말하마,

"계란을 안 썩은걸 갖다 거다 묻어 노마, 자야, 초저녁에 갖다 묻어노마 자야 밤중에[5)] 가마 삐야리 소리가 아 저 난다. (말을 잘못해서 바꾸느라) 아 저저 삐야리가 까가주고 큰 닭이 돼 우는 소리가 나께다."

이른 말하고 그래가주고 그런 소리 들어. 퇴계 고조부가 이래 소죽겉은 거 바서(방에서), 한데서(바깥에서) 낄이며 들어보이 그런 소리 나니. 그게 그집이서 망조(亡兆)가 씰라 글튼동

본인 그 자손들이 갖다가 묻었으마 그런 말이 아하겐데 일꾼을 갖다 인제,

"니가 인제 계란을 갖다 거 묻어놓고 온나."

온나카이 일꾼이 욕심이 나가주 어디 썩계란(썩은 계란)을 구해가주 갖다 묻어 놨다. 구해 묻어놓고 자야 밤중에 가서 가 보고 오라고 씨게거든. 씨게이, 그게 또 마카(모두) 거짓말이지 내가 볼 때는. 썩계란을 갖다 묻어놓고 오이께네,

"가보이 어떻도?" 카이,

"인제 겨우 삐야리 소리가 나디더."

카이, 그르이 옳은 계란을 갖다 묻으마 닭이 홰를 치고 우겐데 썩계란을 갖다 묻어노이,

"겨우 인제 (웃으며) 인제 삐야리 소리 나더라."

여게 인제 터이 좋다는 그 이미겠지.

그래가주 그 터를 고마 닭이 홰를 치고 운다 카든게 게우 삐야리 소리 나이께네 그 터는 못 씬다고 내 베리거든. 내 베리고 딴 데 인제 그집이서 인제 뭐 경과(?)도 좋고 하이 딴 데 잡아가주 쓰고 그건 내베레브니(내버리니) 퇴계 인제 고조부를 거 씨겐데 증조부가,

"그 터를 이왕 내베리거든 내 어른이 안주 어디, 주인 아다시피 안주 장사를 못 지내으이 고마 날 주소."

"고 내베린 해(것) 니 해라."

그래 인제 장사를 거 갖다 지내고는 퇴계 증조부가 번개같이 가부랬다는게래. 거 있으마 들래마(들키면) 안 되그던. 그 자리가 (방바닥에 손으로 표시를 하며) 요기도 메가 있고 요기도 메가 있고 요기도. 삼발지게[6] 있는데 고 복판에 써에(써) 있다는게래.[7] 고 정상이 빠졌다는거래. 그래가주고 말하자마 퇴계가 인제 태어났다.

1) 고조부라든가 증조부라든가.
2) 돌아가신 분은 퇴계의 고조부고 고용살이하는 이는 퇴계의 증조부라는 말이다.
3) 정식으로 장사를 치르지 않고 임시로 시체를 수습한 것을 뜻하는 말이다.
4) 여러 명을 데려다.
5) 시각이 자시(子時)인 밤.
6) 삼발이 모양으로.
7) 퇴계의 고조부 묘가 다른 묘가 삼발이처럼 있는 곳의 가운데에 위치하고 있다는 말이다.

제보자 : 김시호
조사일 : 2001년 4월 27일
장　소 : 임하면 신덕 1리 제보자의 집
[출전] 『퇴계학연구』 19집, 단국대학교 퇴계학연구소, 2005. 8. 30, 150~152면.

① 묏자리를 좋은데 잡아서 훌륭한 사람이 태어난다는 풍수는 설화의 주제 중 하나이다. 퇴계 선생도 남이 명당 터가 아니라고 생각하여 버린 묘 터에 조상의 장례를 치렀기에 태어났다는 것이다.
② 손진태 지음, 최인학 역편, 「1-43 출가외인」, 『조선설화집』, 민속원, 2009.

1-3. 퇴계의 조부가 집터 잡은 이야기

나실 때 노송정 터 잡은 것도, 우리 송재 할배, 저어 퇴계한테는 조부 되시는 어른이 터를 인제 잡을 때 중이, 퇴계 거어, 만리재 거 고 먼(무슨) 재가 있는데. 거가서(거기에 가서) 중이, 거 중하고 인제 중 제자하고 이얘기하다 뒤에서 우리 조부께서 듣고. 그래 참 뒤에서 들었단 말이래. 그래서 어예든 가르쳐 내라 그래가 구체없이 가주고[1] 그 중이 내려와 가지고 여터 어데 좋노, 노송정 집터를 가르쳐 줘가(줘서) 그래 거서 노송정 집터, 태실 있는 데 거서 참 여인이(?), 대인이 나신다고.

1) 어떻게든 가르쳐달라고 해서 어쩔 수 없어서.

제보자 : 이원우
조사일 : 2001년 7월 11일
장 소 : 도산면 원천리 제보자의 집
[출전] 『퇴계학연구』 19집, 단국대학교 퇴계학연구소, 2005. 8. 30, 152~153면.

1-4. 이퇴계 외가의 집터

이퇴계가 태어나기 전, 그 외가는 함창(咸昌)에 있었는데, 큰 부자로 살았으며 집터가 매우 좋다는 소문이 나 있었다. 그리고 이퇴계의 외조부는 덕망이 높고 많은 은혜를 베풀어, 인근에서 후덕하기로 칭송이 자자했었다.

어느 해 겨울, 하루는 눈바람이 몹시 치는 추운 날 밤에 나환자인 여자 거지가 문간에 와서,

"날씨가 추우니 하룻밤만 자고 가게 해주십시오."

하고 애원했다. 그때 집안사람들이 모두 더럽다고 하면서 쫓아내고 침을 뱉는데, 이퇴계의 외조부만은 집안사람들을 꾸짖고 그 여자 거지를 문간에서 자고 가라고 허락했다.

밤중이 되니 여자 거지는 춥다고 울면서, 이퇴계 외조부의 방문을 열고 방안 윗목에 좀 들어갈 수 있게 해달라고 호소했다. 그래서 노인은 불쌍하게 생각하고, 그 거지를 방안으로 들어와서 자라고 허락했다.

여자 거지는 방안에 들어와 진물을 흘리면서 노인의 이불 속에 발을 넣기도 하고, 노인의 몸에 점점 가까이 했다. 그러나 이퇴계 외조부는 크게 싫어하지 않고 피하면서 이불을 덮도록 해주었다.

여자 거지는 이튿날 아침에 말없이 어디론가 사라졌는데, 며칠 후에 또다시 나타났다. 그런데 보니까 나병이 완전히 나아 있었고, 얼굴 또한 매우 예뻤다.

여인이 이퇴계 외조부에게 다음과 같이 이야기했다.

"나는 인간 세상 사람이 아니고 태어나는 아이에게 복을 내리는 신령입니다. 생원님이 후덕하다는 이야기를 듣고 시험해 보려고 지난번에 나환자로 꾸며 나타났던 것입니다. 그런데 생원님과 저는 전생의 인연이 있어서 지금부터 10일 동안 함께 생활하면서 동침을 하고, 그리고 생원님의 그 후덕하신 정기를 받아 생원님의 이성(異姓) 후손에게 복록(福祿)을 내려야 합니다."

라고 말하고, 함께 10일간 동거할 것이라고 말했다.

그 후 여인은 매일 밤 이퇴계의 외조부와 한방에서 자며 잠자리를 하는데, 노인을 전혀 힘들지 않게 각종 기능을 잘 발휘해 정감을 고조시켜 주었다. 몸을 붙여 있는 동안 크게 운동을 하지 않아도 내부적으로 접합된 부분에서 마찰과 진동을 통한 감흥 상승 유도 기능은, 보통 여인들이 할 수 없는 특이한 재주였다.

10일이 지나고 여인은 이제 떠나야 한다고 하면서 다음과 같은 부탁의 말을 하였다.

"이 집터는 매우 좋은 집터이지만, 생원님과 같은 성씨 여인이 훌륭한 아들을 낳게 되어 있는 집터입니다. 그러니 뜰에 초당을 하나 지어 깨끗하게 꾸미고는, 아무나 들어가지 못하게 하여 두었다가, 동성 여인(同姓女人)이 해산하게 될 때, 그 방에 들어가서 아이를 낳게 하십시오. 훌륭한 아들이 출생할 것입니다."

이렇게 말하고 금방 온데간데없이 사라졌다.

그후 이퇴계의 외조부는 즉시 여인이 시키는 대로 초당을 하나 지어 방을 꾸며놓고, 자부와 손부가 임신하기를 기다렸다. 그런데 자부가 임신하여 해산할 때에 그 방에 들어가서 해산을 하라고 했더니, 자부는 그 방에서 너무 통증이 심해 견디지 못하고 할 수 없이 다른 방으로 나와 해산했다.

그리고 또 뒤에 손부가 임신하여 해산할 때에도 역시 그 방에 들어가서 해산하려고 하다가 시간만 끌고 아이가 나오지 않아 역시 나와서 다른 방에서 해산했다. 그렇게 되니 앞서 여인이 일러준 말이 헛말이라고 생각하고, 방을 닫아 자물쇠로 잠가두었다.

그런 뒤에 노인의 딸, 곧 이퇴계의 모친이 이퇴계를 임신하여 해산을 하려고 친정으로 왔다. 진통이 시작되면서 몸이 아파 못 견디겠다고 몸부림치다가 부친에게 말했다.

"아버님, 혹시 옛날에 지어 둔 저 초당 방에 들어가서 있어보고 싶습니다. 허락해주십시오."

노인이 딸의 말을 듣고 생각해보니, 앞서 여인이 '동성여인'이라고 한 말이 머리에 번뜩 떠올랐다.

"곧 나에게 '동성여인'이라고 하면 자부와 손부는 해당되지 않고, 내 딸이나 손녀만 해당이 된다. 그 말을 소홀히 들었구나."

라고 말하고, 급히 그 초당 방문을 열고 청소를 하게 한 다음에 딸을 그 방으로 들여보냈다.

그랬더니 그렇게도 아프던 진통이 안정되면서 쉽게 해산을 했는데, 보니까 옥동자를 출산했다. 그 아이가 곧 퇴계 이황이었다. 〈조선 중기〉

[출전] 김현룡, 『한국인 이야기』7, 자유문학사, 2001. 9. 30, 252~255면.

① 선녀가 나병환자로 변신하여 퇴계 선생 외조부에게 나타났다. 모두 좇아버리려고 하였으나 외조부는 가엾은 여인을 환대하여 재웠다. 여인은 자기가 이 세상 사람이 아님을 알리고 후에 동성 여인이 아이를 낳을 것이라는 예언을 한 다음 사라졌다. 그래서 태어난 이가 바로 퇴계 선생이다.

② 이는 풍수와 신이 출생담에 해당되며 외조부의 집은 명당이었으며 초당을 짓고 이곳에서 출산을 하게 했다.

1-5. 퇴계 선생의 탄생 설화

퇴계 선생에 관한 설화를 녹음하기 위해 탑골공원을 찾아갔지만 마침 공사 중이어서 폐쇄되어 있었다. 주변을 거니는 할아버지들께 우선 인사를 드리고 퇴계 선생에 관계된 이야기를 듣고 싶다고 말씀 드렸다. 그러다가 수수한 외모의 할아버지 한 분께 퇴계 선생의 탄생설화를 들을 수 있었다. 할아버지의 성함은 이상학이고 고향은 충북 단양이다. 연세에 비해 매우 정정해 보였다. 이야기하는 동안 계속 "나이가 먹으니까 자꾸 기억력이 안 좋아지는 것 같다."고 했지만 이야기를 듣는 나는 그렇게 느껴지지 않았다. 기억력이 안 좋아져 볼펜과 종이를 항상 가지고 다니면서 필요한 내용을 메모한다고 한다.

예전에는 공무원도 하였고, 장사도 하였다고 한다. 감사의 표시로 녹음을 마친 후 음료수를 드렸지만 끝끝내 거절하였다. 매우 강직한 공무원이었을 것 같다.

자녀는 6남매를 두었고 지금은 노원구에 있는 큰아들 집에 거주한다고 한다. 건강을 위해 탑골공원이나 종묘공원에 자주 온다고 한다.

이상학 할아버지는 13세 때 보통학교에 입학하여 19세에 졸업하였다. 보통학교만 졸업하였지만 매우 박식하였다. 성격도 '할아버지'라는 말을 떠올릴 때 일반적으로 느끼는 그런 인자하고 따뜻한 분이었다. 내내 화기애애하고 따뜻하고 정겨운 분위기 속에서 이야기를 들을 수 있었다. 이야기가 끝날 때 쯤 할아버지는 계속 효도에 관한 이야기를 하였다. 지금부터라도 부모님께 효도하라고 하시면서 계속 따뜻한 훈계를 해 주었다.

한 번은 저 퇴계 선생 아버지가 어 집안에 있는데 어느 스님이 와가지고서는 이번에 자식을 낳으면 틀림없이 아들을 낳을 것이고 큰 사람을 낳을 거라고 꼭 내 말 들은 대루 하라구 그랬어. 그 근데 이자 그 자기부인은 인자 그 배가 만삭 돼가지는데 스님은 가부리는데 인자 그 애기 낳을 달이 인자 다 되가지고서는 자기 부인이 하루는 인자 그 배가 아프다고 방에서 굴르고 이 사람은 죽는다고 하는데 그 스님이 하는 말이 방안에서 애기를 낳을라 할 때 아무리 막 죽는소릴 해도 절대 들어가지 말라구 그랬어. 그람 큰 사람이 안 된다구 그라는데 막 자기 부인이 곧 죽겄다고 하니까 할 수 없이 방에를 들어갔어.

그른데 아들을 낳았거든. 그래 고 다음에 또 한 삼년 만에 인자 또 애기를 가져가서 애기를 낳을 달이 되었는데 그 스님이 또 와가지고 또 나타났어. 그래서 그래 왜 당신을 내 말은 안 듣냐고 그라면서 그래 내가 꼭 이번에는 시킨 대로 말을 들어야 한다고 그래가지고 틀림없이 듣겠다고. 퇴계 선생 집이가 그 아버지가 아주 가난하게 살았단 말여. 그랴 또 두 번째 애기를 낳게 되는데 그래 그리 막 참 비가 쏟아지는데 퇴계 선생 아버지가 이자 그 스님이 시킨 대루 밖에 가 있었어. 아 그런데 자기 부인이 막 애기 산기가 있어가시고서 또 곧 죽겠다고 막 아우성을 치고 그래. 그래서 안 들으갈라고 스님 말을 들을라고 곧 결심을 했는데 아 이렇게 못살면서 내 부인이 자식 낳다가 이 죽으면 이게 너무 불쌍해서 안 되겠다 싶어서 방에를 또 들어갔어. 그랬는데 그 다음에 인자 또 그러려니 하고 한 육년이 흘렀단 말여. 애기 둘 낳는 동안에 이번에 그 스님이 또 와가지고서 당신은 이번 기회 놓치면 난 다시 찾지 찾아오지도 않고 큰 자식 다른 애들은 낳지도 못할 테니까 이번에는 틀림없이 스님 말 듣겠습니다. 그래서 그랴 인자 그 스님은 갔는데 그랴 그 어 자기 부인은 만삭이 되어서 애기 낳을 달이 되었어. 그래 인자 하루는 비가 또 그 때도 쏟아지는데 그러니까 헌데 죽겠다구 그러니까 그 때는 그 퇴계 선생 아버지가 한 9년 됐으니까 세월도 상당히 흘렀단 말여. 아 이제 우리도 좀 먹고 살마 하니까 부인이 죽어두 할 수 없다. 그라구서는 인자 안 들어갔어. 그르케 비가 억수처럼 그람 쏟아진디 자기 처마 밑에까지 물이 들어오고 그라 인제 자기 부인은 곧 죽겠다구 하는데 쪼끔 이따가 애애 애기 울음소리가 나 그리 안 들어갔었어. 근디 자기 처마 밑에까지 물이 들어 왔는데 울음소리가 났는데 비가 이제 끄치면서 마당에 물이 좀 빠져나갔지. 그리가지고서 그 애기가 커가지고서 퇴계 선생이 되었다 해서 퇴자 물러갈 퇴자 시내계자 시냇물이 흘러갔다구 책에서 내가 그른 걸 봤어. 그거밖에 몰라 내가.

제보자 : 이상학(85세, 남)
조사자 : 신혜원(사범대학 한문교육과)
조사일 : 2001년 11월 28일
장 소 : 탑골공원 인근 동사무소 건물 계단
[출전] 『퇴계학연구』 16집, 단국대학교 퇴계학연구소, 2002. 8. 30, 207~209면.

1-6. 퇴계 선생 나실 적에 부모님의 태몽

퇴계설화 채록을 위해 우리는 안동시에 연락을 하였다. 안동시는 시청 문화재 관리과를 연결해 주었고, 그 곳에서 퇴계 선생 종택을 소개받았다. 우리가 종택에 도착했을 때 약속이 돼 있던 분은 안 계셨고, 그 분의 아버님이 계셨다. 이동은 할아버지로 퇴계 선생 15대 종손이다.

제보자는 경상도 토박이로 사투리를 구사했으며, 치아가 고르며 튼튼해 보였으나, 고령으로 발음이 조금 부정확하여 전사를 할 때 어려움이 따랐다. 차분하고 세심하며 녹음을 하고 있다고 생각해서인지 작은 소리에도 민감하게 반응하였다. 94세의 고령으로 허리디스크가 있어 거동이 편치 않다고 하였으나, 비교적 정정하고 잘 웃는 밝은 성격의 소유자였다. 퇴계 선생의 후손으로 퇴계 선생 전반에 걸쳐 상세히 알고 있었다.

… 태몽은 당신 나실 적에, 아, 공자가 현몽을 했어요. 온 해에 우리 큰댁에 노송정이라고 성림문이라고 써놨어요. 성현이

임했다. 그래. 인제 그 문을 성림문이라고 해놨어요. 태몽이 볼 적에 안어른이 꿔겼등등, 바깥어른이 꿔겼등등, 그래 인제 공자가 문에 들어오시더라고, 그. 그래. [채록자 : 흔치 않은 꿈이네요!] 어. 그래. 그 때문에 성림문 [채록자 : 아!] 허허. (웃음)

제보자 : 이동은(94세, 남, 경북 안동시 도산면 토계리 퇴계 종택)
조사자 : 박연우(사범대학 한문교육학과), 조정남(문과대학 인문학부), 전소라 (상경대학경영·회계학부)
조사일 : 2002년 10월 26일
장 소 : 안동시 퇴계 종택
[출전] 『퇴계학연구』 17집, 단국대학교 퇴계학연구소, 2003. 8. 30, 140~141면.

1-7. 퇴계 선생 나실 적에 박씨 부인의 태몽

이규식 씨는 도산서원에서 만난 제보자로서 주소는 묻기가 곤란하여 묻지 못했다. 처음에는 조금 쑥스러워하였으나, 점차 구연에 흥미를 느끼어 일화를 세 가지 말해 주었고, 비교적 자세히 알고 있었다.

박씨 부인이 공자가 대문 안에 들어오시는 꿈을 꾸고 퇴계를 낳았다 하여 그 문을 성림문이라 부르게 되었는데, 지금도 그 도산 온내리에 가면 퇴실과 성림문이 그, 그대로 보존되어 있습니다. [조사자 : 아, 예.]

제보자 : 이규식(48세, 남, 행정7급 도산서원관리직)
조사자 : 김수연, 정수진(사범대학 한문교육과)

조사일 : 2002년 11월 2일
장 소 : 안동시 도산면 토계리 도산서원 관리사무소
[출전] 『퇴계학연구』 17집, 단국대학교 퇴계학연구소, 2003. 8. 30, 146~147면.

1-8. 퇴계 선생의 외조부는 왜 놋그릇을 훔쳤을까?

라종석 씨는 충청도 한산에서 출생한 이래 줄곧 고향에서 살다가 서울로 올라왔다. 깔끔한 양복차림과 외모가 깨끗한 인상을 풍긴다. 키는 조금 작으나 단단한 체구로 대체로 건강해 보인다. 음성도 힘이 있고 생기 있었지만, 틀니를 끼고 있어 그런지 이야기 할 때 다소 불편을 느끼는 듯 보였다. 조사자에 대하여 매우 호의적이고, 유머감각도 있어 적극적으로 이야기를 이끌었다. 서당에서 들은 이야기를 해주었는데, 필요에 따라 음성에 힘을 실어 이야기하기도 하고, 손짓, 발짓의 몸동작을 섞어 이야기하는 등 표현력이 뛰어난 분이다. 처음엔 녹음기에 대해 의식을 하며 이야기하였지만, 이야기가 진행되는 과정에서 차츰 자연스러워졌다.

조사자가 이퇴계 선생에 관한 이야기를 들려 달라고 청하자 꼭 알리고 싶으나 야담으로 내려오는 긴 이야기이기에 담배 한 대 태우고 들려주신다고 하였다. 이 이야기를 시작하기 전에 성리학자들의 계보에 관하여 간단히 이야기를 하고, 본격적으로 이야기를 시작하였다. 이 이야기는 어린 시절 서당에서 들은 이야기라고 한다. 조사자들이 여학생들이므로 학풍에 관한 이야기는 하지 않고 이퇴계 선생의 어머니에 대한 이야기를 들려준다고 하였다.

이퇴계 선생의 어머니가 아주 극히 가난한 집안에 태어난 사람입니다. [조사자 : 예.] 근데 오빠도 없구, 딱 무남독녀 외딸인데 [조사자 : 예.] 비록 가난하게, 청빈하겐 살망정 그도 옛날엔 양반상놈제도, 상인제가 있을 때 그도 그 뿌리가 점잖한 양반 댁이기땜에 그 딸 하나를 걱정을 하다 우연히 혼처가 나서 [조사자 : 예.] (제보자 담배 태우는 중) 시집을 가게 되는데 [제보자 : 기침] 옛날에는 신행질이라는 게 신랑, 후행, 함진애비 삼인행이여. 음? 지금허고는 달라요. 그 신행질을 갔으면은 후행을 인제 집안이 없으면 아버지, 친정아버지가 뒤를 따라간 거여. 간디 길이 멀어서 당일로 오야 하는데 오질 못허고 그 신랑 댁에서 자게 되았어. 근데 이 아버지가 술 욕심이 많혀. 그리 주는 대로 더금더금 막 술을 먹다보니까 취해가지고 그냥 누웠는데 그래도 신랑 댁에선 새 사둔이 술을 좋아하신다고 자고 일어나시면 또 대접을 할라고 옛날 놋대접에다 술을 따끈따끈허게 디펴서 솥 안에다 넣어놓고선 인제 먹는데, 잠이 들었는디 이 양반이 술이 취해가지고 밤새 자다서 새벽쯤에 목이 매라니 자기네 집도 아니고 누구 물 달라고 헐 수 없으니까 염치없이 그냥 남의 새 사돈네 자기 딸 여운 집인데 그것도 고만두고 나 목마르니까 엉금엉금 찾아서 부엌을 들어가서 물을 먹는다는 것이 어떻게 솥뚜껑을 열어 봤던 거이 술잔이 그놈을 한 잔 더 먹었네 그냥. 에, 먹은 게 더 취했는데 가만히 만져보니까 그 좋은 놋그릇이여. 옛날에는 왜 안성맞춤이라고 놋그릇이 최고라 할 때여. [조사자 : 예.] 술 먹은 짐에 욕심이 나, 에? 바짓가랑이로서 주엄주엄 주워 담는 거여. 에? 자기 딸 여운 놈의 에 사돈댁에서. 그러고서는 나와서는 도중의 피어나오는데 워낙에 술 췌서 갈 수가 없응게 길바닥에 누웠는데 날이 번히 새자 하인들이 그냥 난리가 났어. 부엌에 있는 놋그릇이 하나도 없으니 말이야. 그러니까 인제 참, 저기 어른이 남자 종을 불러서 "어이, 주변 한 번 살펴봐라." 그래서 이 사람들이 사방 돌아대녀 보니까 어떤 분이 길바닥에 누웠는데 술 취해 가지고 그 가만히 바짓가랑이를 보니까 무엇인가 이상하드라 이거여. 근데 그걸 그대로 그냥 주인네다 고하니까 세상에 이런 망신이 어딨수? 그날 그냥 그 동네가 쑤근쑤근혀. 응? 딸 여운 친정아버지가 바짓가랑이에 놋그릇 가져가다 들켰다 그러니 그거 신부의 입장이 어떻겄느냐 이거여. 그날 신분 까딱 없이 앉았다 서 인제 어른들께 폐백을 드린 연후에, (제보자 한숨.) "자기가 어젯밤에 저희 진청 아버지가 그 상상도 못 헐 그런 행우를 하신 것을 전들 모르겠습니까. 그는 다름이 아니오라 항상 아버지께서 제 명이 짧다고 단명 한다고 그걸 걱정하시는데 어디 가서 점, 점, 점술을 풀어 보니까 망신, 망신을 한번 시키면은 그게 연명할 수 있다 그래서. 우리 아버지가 저의 앞날을 생각해서 그런 일을 고의로 하셨습니다." 하니까 그냥 하루아침에 또 바뀌지는 거야. [조사자 : 웃음] 그러더니 그 부인이, 그 신부가 그 뒤에 이황 선생을 나셨다는 거여. [조사자 : 예.] 에? (제보자 기침)

제보자 : 라종석(78세, 남, 서울시 서초구 잠원동, 서당 교육 받음, 무직)
조사자 : 고승희, 김은, 손지현(문과대학 인문학부)
조사일 : 2002년 10월 30일
장 소 : 종로구 종로 2가동 탑골공원
[출전] 『퇴계학연구』 17집, 단국대학교 퇴계학연구소, 2003. 8. 30, 158~159면.

① 퇴계 선생의 어머니에 대한 일화이다. 사돈댁에서 벌어진 일을 퇴계 선생의 어머니가 지혜롭게 말을 해서 위기를 슬기롭게 모면하게 되었다는 것이다. 퇴계 선생의 외할아

버지가 망신을 면했다는 지혜담의 하나이다.

② 최인학·엄용희 엮음, 「596 딸의 기지」, 『옛날이야기꾸러미 4』, 집문당, 2003.

1-9. 집터 제습(除濕) 후 퇴계 선생 태어나다

제보자는 경북 안동 토박이로 알고 있는 이야기가 많았다. 차분하고 침착하게 구연을 해 주었으며 조사자에게 매우 호의적인 태도를 보였다.

퇴계 선생의 할아버지, 할아버지 때 거기 이제 노송정이라고 이계양이라는 분이 그쪽에 처음 터를 잡는데, 거기다 터를 잡을려고 하다 보니까, 이 땅을 파다 보니까 이게 너무 물기가 많은 거예요. [조사자 : 그 할아버지가 땅을 파시다 보니] 네, 네. 그 인제 기초공사를 하는데 너무 습, 인제 습기가 많은 거예요. 그래서 그때 인제 지나가던 중이 이 한마디 하는 게 그 집 뒤에 그 이 수맥이 흐르니까 [조사자 : 음] 고 수맥 흐르는 데에 그걸 파내 버리면은 이 습기가 저절로 물러가게 될 것이다. 그래 가지고 인제 고 말하고 똑같이 인제 중의 말 따라 인제 그 뒤의 물줄기 파내니까 인제 저절로 땅이 인제 습기가 없어지고 그렇게 됐는데, 고 다음 해에 바로 퇴계 선생이 태어났다 하는 그런 얘기가 있습니다.

제보자 : 남재주(남, 33세, 경북 안동시 태화동 경북 문화유산해설사)
조사자 : 김수연, 정수진(사범대학 한문교육학과)
조사일 : 2002년 11월 2일

장 소 : 안동시 도산면 토계리 도산서원 관리사무소
[출전] 『퇴계학연구』 17집, 단국대학교 퇴계학연구소, 2003. 8. 30, 147~148면.

① 제보자는 언질을 하지 않았지만 이 이야기는 퇴계(退溪)의 아호의 유래담과 관련이 있는 이야기이다.

2. 아호의 유래

2-1. 안동군 퇴계

퇴계가 물러났던 곳, 개울물도 역류

퇴계는 경북 안동군 도산면의 도산서원을 흐르는 개울의 이름이다. 이퇴계 선생의 〈도산잡영〉에 의하면 도산(陶山)은 "이 산이 두 번 이루어졌기 때문에 '또산'이라 이름한 것"이라 하였고 또 "혹은 옛날 이 산에서 도기(陶器)를 구웠으므로 도산이라 한다."하였다.

선생이 45세 때인 1545년 을사사화를 겪고 나서는 벼슬에 뜻이 없어 견지산 기슭에 양진암이라는 집을 세우고 그 앞을 흐르는 토계(土溪, 兎溪, 兜溪, 吐溪, 톳계)를 "귀향하여 물러난다"는 뜻의 '퇴계'로 바꾸고 이때부터 자신의 호도 퇴계라 하였다.

몸이 물러나서 어리석은 분수에 만족하지만
배움은 날로 퇴보하는 늙마에 이르렀도다.
계상(溪上)에 비로소 자리잡아 살려고 하니
시냇가에서 냇물과 세월이 흐름을 보고 날마다 반성함이 있네

하고 선생이 노래한 것은 곧 공자가 55세에 진나라에서 '돌아가리 돌아가리'하고 노래하였던 것과 비슷한 심정이었을 것이다.

그러나 퇴계는 공자보다 5년이 빠른 50세에 이미 귀향을 결단하였고, 생애 중 한번도 남의 스승임을 자처하지 않았으니

선생의 귀향은 곧 자연 속으로의 환원이라 할 수 있다.

잠시 단양군수로 있을 때 관기(官妓) 두향(杜香)과의 사랑은 〈명기열전〉에 소개되어 있는 터이지만 - 퇴계가 서거하자 그녀도 스스로 목숨을 끊었으며 이퇴계와의 추억을 지닌 단양의 옥순봉 부근에 묻어달라고 하였다. - 한 여인의 만남과 이별, 그리고 사랑과 죽음이 가슴에 와닿으며 나아가 '인간 퇴계'의 한 모습을 보게 되는 것이다.

부근에 안동댐이 건설됨에 따라 퇴계의 개울물이 역류하고 있는데 퇴계를 글자 그대로 물이 '물러난 개울'의 뜻으로 이름과 현실이 그대로 맞아 떨어지는 것을 선생의 선견지명으로 치부해 두고 싶은 것이다. 『퇴계평전』(정순목), 『한국지명총람』

[출전] 김기빈, 『한국 지명의 신비』, 지식산업사, 1989, 35~37면.

2-2. 이황 선생 아호의 유래

지금으로부터 삼백여 년전에 경상도 안동ᄯᅡ에 일위 도학선생님이 게시니 성은 이(李)오 휘(諱)는 황(滉)이오 도호(道號)는 퇴계(退溪)라 하시는데 엇지 도학이 놉흐시든지 그ᄯᅢ 님금님 선조대왕ᄭᅦ압서 그 도학을 드로시고 신하로 대졉지 못하시고 객례(客禮)로 대졉하섯스며 사방의 제자가 구름 모히듯 하엿는대 그 제자 가운데는 유서애(柳西涯) 갓흔 일국의 재상도 잇고 큰 명망가도 만코 일본 사람 제자도 잇고 별々 제자가 다 만흔데 어느ᄯᅢ는 춘삼월이라 호시절이 되니 그 선생님의 강단을 베푸신 도산서재에서 여러 제자와 성리학을 강론하시더니 한낫 청춘 소년이 서산 나귀를 타고 푸른 도포를 입고 그 서재 압에 오더니 나귀에 나려 선생님께 재배하고 제자되기를 원함으로 선생님께서 그 용모의 단아한 것을 보시고 속으로 깁버하사 그 성명을 무르시니 차차 말슴하기를 고하고 다른 제자와도 인사를 맛친 후에 소학부터 배우는데 엇지 총명하든지 불과 삼사삭에 십삼경(十三經)을 무불통지하니 그 선생님의 경애하심은 말 말고 갓흔 제자끼리도 극히 존경하나 다만 그 성명과 주소를 몰나 못내 의심하든 바 하로는 육월쟝마를 당하야 도산서재 압헤 큰 개울이 잇는 바 그 개쳔물이 넘처서 서재 압까지 드려오고 제자멸도 오지를 못(缺-정리자)한 사람이만 옴으로 선생께서 그 일홈 모르는 제자와 단 두리 안저 그 개쳔이 갓가워 쟝마 째면 공부하러 오는 제자에게 불편하고 또는 집에 물이 들 걱졍을 하시니 그 일음 모르는 제자가 수러 졀하고 말슴하되,

제자 : 선생님께 벌서 수학하온지가 삼사삭이 되오나 지금까지 졔 거취를 말슴 안 한 것은 죄송하온 바 오날은 맛참 죵용함으로 사세히 말슴하겟슴니다.

선생 : 참으로 서어하얏다. 네의 총명과 용모를 내 남달니 사랑하고 장래에 큰 그릇이 되기를 바라나 성명을 말하지 안음은 왼 일이냐.

제자 : 제자는 황송하옵지만 선생님을 지금까지 속엿슴니다. 져는 사람이 안이라 동해 용왕의 열두재 아들로 극히 사랑을 밧든 바 다른 형들이 모다 시긔를 하야 혹은 부왕이 한강갓치 죠흔 곳에 봉해줄까 하야 저타(沮墮)함으로 부왕이 여러 형제를 불너 놋코 너의들 중에 몸을 타하야 인간에 가서 제일 덕이 놉흔 선생에게 도호(道號)를 타가지고 오는 애에게는 제일 요부(饒富)한 한강왕(漢江王)을 삼겟다 함으로 제가 오늘날 선생님을 셤기는 것임

니다.

선생 : 내 그저 그러한 의심이 업지 안엇다. 그러면 우션 내의 소원인 져 압개천을 물려주렴으나. 네가 용이면 그만한 것은 물닐 줄 안다.

제자 : 그러면 명일에는 졔가 뇌성벽력을 하며 큰 비를 나리여 물니겟싸오니 졔의 정체를 한번 보압시기를 바람니다.

그 잇흔날 그 일홈 업는 제자는 간데온데 업더니 서편 하날에서 한 조각 구름이 일어나며 뇌성벽력을 하며 비가 쏘다지더니 공중에셔 선생님을 차즘으로 이선생께서 공중을 치여다 보니 그 용의 정체가 완연히 뵈이나 눈을 볼 수 업슴으로 선생께서 공중을 향하야 네 눈을 좀 보자 하니 그 용의 말이 선생께서 졍 보고자 하시면 한 편 눈을 가리시고 보라 하거늘 과연 그 말대로 한 눈을 가리고 치여다 보앗더니 그 무서운 안광에 쏘여 그 후부터는 한 편 눈이 어두엇으나 그 개쳔은 십리 밧그로 물너갓슴으로 도호를 퇴계라고 하엿고 그 용에게 동애(東涯)라는 호를 쥬어 나죵에 한강용왕(漢江龍王)으로 복록을 거록히 밧엇다고.

[출전] 香塘白 潤文(出典 : 「每日新報」, 1928. 1. 1, 부록 其一 4면.
단국대학교 동양학연구소 편, 『개화기에서 일제강점기까지 한국문화자료총서- 구비문학 관련 자료집(신문편)』(동양학총서17집), 민속원, 2009. 4, 418~419면, 再錄.

① 용의 열두째 아들이 제자가 되었다. 장마로 인해 강물이 넘치는 것을 막아주었다.

② 동해 용왕의 열두째 왕자가 퇴계 선생의 제자가 되었다.

용왕의 아들이 청천벽력을 내려 넘치는 시냇물을 멀리 돌아 흐르게 해주었다. 퇴계(退溪)라는 호의 여유를 설명하는 대목에서 용왕의 아들이 등장하는 것은 신비와 신성성을 강조하는 것이다.

2-3. 퇴계라는 호의 유래(1)

[퇴계 선생이 태어날 때 이야기 같은 거 혹시 들으신 게 있니껴? 아무래도 보통 사람들보다 뛰어난 인물이었으니까.]

그래 가지고 그 이얘기는 우리 일화로서 구전되는 이얘기겠지마는, 듣기로는 그 퇴계라 카는게 그 앞에 내(냇물)가 있는데 선생님 나시기 전에 그 거렁(냇물, 개울)이 역류를 했다카는 그래가주고 퇴계가 카는걸 거렁이 물러갔다는 그런 전설이 전해온다고 듣고 있어요.

제보자 : 임시용
조사일 : 2001년 4월 27일
장 소 : 임하면 금소리 제보자의 아들의 집
[출전] 『퇴계학연구』 19집, 단국대학교 퇴계학연구소, 2005. 8. 30, 127~128면.

2-4. 퇴계라는 호의 유래(2)

이영교 : 퇴계가 물이 역수를, 거 내(냇물이)가 역수(逆水)를 해가 그래 퇴계, 그래 퇴계라고 뭐 그런 말이 있는데 그건 확실히 뭐 근거도 없고. 근거도 없고 옛날 나실

때, 물이 역수를 뭐 했다는 이런 말, 전설이 있어.

조사자 : 아, 퇴계 선생이 날 때 물이 인제……

정은섭 : 그게 인제 우리가……

이영교 : 그거 인제 이야기거리도 안 돼. 저게 저게 책에도 이런 거는 없어.

정은섭 : 물이 이래 죽 흐르다 밤낮으로 흐르, (…)쪽으로 흐르잖애. 흐르면 퇴계가 날 그 시간 되며는 물이 알로(아래로) 니러갈, 물러갈 퇴(退)자 알로 내려가이되, 도로 오히려 물러가야 되는데 도로 역수해가

이영교 : 올라간가 그래야지.

정은섭 : 올라오니까 올라오는 걸 어예 알았노 카마. 물도 올라오는 거 보마 이 모래가 알로 퉅퉅 내려가주 모래가 우로 술술 흘러든단 말이래.

조사자 : 물만 그런게 아니라 모래도.

정은섭 : 옳지. 그래가 주고 그 퇴계의 그 앞에 거랑에 모래, 그이 모래까지가 술술 우로 올라오기 때문에 그 참 누구 말따나 천지 해괴한 일이다.

이영교 : 그 모두 전설이래.

정은섭 : 그런데 그래가 주고서 인제……

이영교 : 사실이 그런도 안 그런도 모르고 전설이래.

정은섭 : 그래도 글자 그대로 물러갈 퇴(退)자, 거랑 계(溪)자 말이지. 뭐 거랑에서 이상한 그런 모래가 우리도 근다 그런 말이 있어가 주고 퇴계 선생이라고 됐다는…….

제보자 : 이영교, 정인섭
조사일 : 2001년 4월 20일
장　소 : 안동시 옥동 3주공 아파트 노인정

[출전] 『퇴계학연구』 19집, 단국대학교 퇴계학연구소, 2005. 8. 30, 128~129면.

2-5. 퇴계 선생의 탄생 이야기와 호의 유래

강남 산소라 하는데 우리 원시조 할아버지요, 그런데 우리 이제 그 밑에 할아버지가 나라 임금을 모시고 다녔거든. 모시고 다녔는데, 이 사람아, 저 산이 말이지, 아주 말이지 참 좋다. 내 눈에 보니까 명산이 있는 거 같은데 계란을 한 개 갖다가 묻어봐라. 내가 갈켜 준 대로 묻어라. 이 어른도 안단 말이지. 알아 가지고 그래 언제 거짓말 아니라 그런데 옳은 계란을 갖다 묻었시면 나라 임금 어른을 갖다 모셨을 텐데, 석계란을 갖다 묻어 놓으니까, 석계란을 갖다 묻어 놓으니까, 석계란 갖다 묻어 놓은 데 가보니까, 아침에 자고 일어나서 계란 묻어본데 가보라. 석계란이 닭이 되가지고 회를 못 친다, 회를 못 친다. 그래 저, 거기 가보니까 어떻드노 그러니까, 닭은, 닭이 살아 나왔는데, 돼 나왔는데, 회를 못 친다 하니, 아, 그래. 너 아부지 묘를 이장을 거기 해라. 명산이다. 해라 말이지. 묘를 갖다가 이장해 가지고 묻으니끼네, 툭 튀어 나오고, 묻으니께 툭 튀어나오고 튀어나오고 해가, 뭐, 말이지. 어이해야 합니까. 그래. 인제 아 알았다 함에다가 어, 넣을 함에다가 임금 왕자를 써가지고 갖다 묻어주라. 그러면 안 튀어나온다. 그래 나라 임금이 그래 갈켜 준다 말이야. 임금 왕자를 써 가지고 갖다 묻어줘라 그러면 안 튀어나온다. 그러니까 임금 왕자를 써 가지고 갖다 묻으니께 안 튀어나온다 이 말이야. 명산이다. 나왔는데 거기에서 그 명산에서 나왔다. 퇴계 할아버지가 나왔다 이 말이야, 어. 나왔는데 그 명산에서 왜 퇴계라 하느냐. 물이 자꾸 마실러 온다 말이야. 마실러 자꾸 들어오니까, 저 짝은 자꾸 살아나가고 자꾸 패여 나가고 낭패거든. 그래 가지고 물러갈 퇴자 해 가지고 그래 퇴계 선생이라고 나라 임금이 지었다 말이야. 그래 퇴계 선생이라고 그래 말이지 이름 지은거야. 나라 임금이 퇴계 선생이라고 말이지.

제보자 : 이영걸(72세, 남, 서울 동대문구 제기1동, 초중퇴)
조사자 : 남경희(사범대학 한문교육과), 정용은(사범대학 한문교육과)
조사일 : 2001년 11월 30일
장 소 : 서울 종묘공원
[출전] 『퇴계학연구』 16집, 단국대학교 퇴계학연구소, 2002. 8. 30, 202~203면.

2-6. 숙부가 지어준 광상(廣顙)이라는 퇴계의 호

송재가 삼촌이래. 퇴계의 삼촌이래. 안동부사 할 때 그 오만(오면) 이마가 넓어게서 호가 광상이래.[1] 호가 광상.

[송재 어른이요?]

아이지. 퇴계께서. 호가, 삼촌이 호를 야는 광상이라 해서 호를 지어줬다. 이마가 넓다고 송재께서 삼촌께서……. 자랑을 늘…… 그 어른은 알았겠어.[2]

1) 퇴계가 안동부사를 하고 있는 삼촌인 송재에게 왔는데 퇴계의 이마가 넓어서 삼촌이 호를 광상으로 지었다.
2) 송재는 퇴계가 훌륭한 인물이 될 것을 미리 알았다.

제보자 : 이영교
조사일 : 2001년 4월 20일

장 소 : 안동시 옥동 3주공 아파트 노인정
[출전] 『퇴계학연구』 19집, 단국대학교 퇴계학연구소, 2005. 8. 30, 153면.

2-7. 퇴계 선생의 호의 유래

앞의 이야기와 제보자에게 몇 가지 질문 사항을 마친 뒤 또 다른 일화가 없냐고 묻자 이 이야기를 들려주었다. 역시 녹음기를 의식하지 않고 자연스럽게 이야기하였다.

호가 퇴계거든, [조사자 : 예.] 퇴계. 으째서 퇴계냐? '퇴'자가 물러갈 '퇴'자여, 퇴악한다고, 잉. [조사자 : 예 예.] 또 시내 '계'자, 시냇물 '계'자여. [조사자 : 예.] 퇴계. 그러면 그것을 우째서 호를, 퇴계로 했시까. 안동, 퇴계 난 집터 옆에가 또랭이 있어. [조사자 : 아.] 지금 안동호가 되았어. 또랭이, [조사자 : 아.] 또랑물이 많이 지나갔는디. "퇴계가 나서 상고 들었다네." 해서 허니까 그고 물이 우게서 내려가다가 우로 올라와. (제보자, 조사자 웃음) 우로 올라와. 에. 에. 올라와. 그래가지고 '퇴계'다. [조사자 : 아.] 이 어른은 하늘이 낸 양반이다. 응. 그래가지고 시냇물도 다 올라가고 내려가고 했다. [조사자 : 아.] 그래서 퇴계야.

제보자 : 박태민(82세, 남, 서울시 강동구 명일동, 무직, 향교 책임자(전직)
조사자 : 고승희, 김은, 손지현(문과대학 인문학부)
조사일 : 2002년 10월 30일
장 소 : 종로구 종로 2가동 탑골공원
[출전] 『퇴계학연구』 17집, 단국대학교 퇴계학연구소, 2003. 8. 30, 124~125면.

3. 퇴계의 학문

3-1. 이퇴계와 이율곡의 비교평

우리나라 학자로스 가장 훌륭한 분을 이퇴계 슨생하고 이율곡 슨생을 치는 긋은 아마도 누구나 다 그를 긋입니다. 그른데 이 두 분 중 으느 분이 드 훌륭한 분이냐 하면 사람에 따라스 다를 긋입니다.

옛날에 이퇴계 슨생으 제자들 하고 이율곡 슨생으 제자들 하고스로 만나스 제각기 즈으 슨생이 드 훌륭하다고 자랑을 하드랍니다. 즉 이퇴계(李退溪)슨생으 제자(弟子)들은 퇴계 슨생이 율곡 슨생보다 드 훌륭하다 하고 이율곡 슨생으 제자들은 율곡 슨생이 퇴계 슨생보다 드 훌륭하다고, 이릏게스로 즈으 슨생이 훌륭하다고 자랑하는 그죠. 이 두 분이 다 훌륭하다는 긋은 다 알고 있는데 그 제자들은 자기 슨생이 드 훌륭하다고 하는 긋입니다. 이릏게스로 제 슨생이 훌륭하다고 자랑해 봤자 결판이 안 나니까 그름 우리 슨생님이 일상 생활을 으틓게 지나시는가를 보고 결판하기로 하고 우슨 믄즈 두 분이 밤에 내외간에 지내는 긋을 보고 결판내자 이릏게 이논이 됐드랍니다.

그래 믄즈 율곡 슨승 제자들이 우리 슨생님부튼 보자 하고 율곡 선생하고 부인하고 주무시는 긋을 보기로 했어유. 보니께 율곡 슨생이 내외간에 잠자는 데도 참 음숙하게 하그든유. 도포(道袍)를 입고 무릎을 단증히 꿇고 조금도 흐트르짐 읎이 증중히 하그든유. 그래서 이글 보고 이율곡 슨생님 제자들은 아아 이그 참 우리 슨생님은 안이나 그죽이나 역시 훌륭한 슨생님이시라고 감탄했대유. 그 다음에 이퇴계 슨생 차례가 돼스 퇴계 슨생으 제자와 율곡 슨생의 제자들이 다 모여가주고 같이 퇴계 슨생 댁으로 가스 그 내외분이 밤에 지내는 모습을 보았는데 아아 퇴계 슨생으 하는 짓이란 그야말로 난잡하다 할까, 므라고 할까 차마 눈뜨고는 볼 수 읎는 짓이드래유. 둘이는 빨가븟고 둘이 엉키으스 방바닥을 헤매고 돌아가며 소위 사십팔수(四十八手), 요새는 오십수(五十手)라 하지마는, 므 가진 방븝을 다 쓰가면스 아주 유쾌하게 내외간으 정사(情事)를 질급게 하드래유. 그래 그른 긋을 보고 율곡 슨생으 제자들은 아아즈 보라고, 퇴계 슨생은 즈른 짓 한다고, 속 달코 긑 달타고 밖으로는 즘잖은 체하지만 남 안 보는 데스는 그릏게 난잡하다고, 퇴계 슨생으 제자들도 즘잖은 슨생님이 즈를 수가 있느냐고 즈른 슨생 밑에스 우리가 으틓게 드 공부하겠느냐고 중나미가 뜰으즀다는 그유.

자아 이릏게 됐으니 이율곡 슨생은 성인군자(聖人君子)로스 드 훌륭한 분이고 이퇴계 슨생은 아조 망나니라고 이율곡 슨생만 못하다고 이릏게 결판이 난 그죠. 그래서 퇴계 슨생으 제자 가운데에 퇴계 슨생 밑에서 으틓게 배우겠느냐 남부끄러워스 드 뭇 배우겂다 하고스 다른 슨생한테 배우겠다고 퇴계 슨생에게스 뜨나는 사람이 많으즀으유.

그른데 몇몇 제자들은 학덕(學德)이 많은 퇴계 슨생이 으째스 그른 난잡스른 짓을 할까 하고 한 분은 물으보로 갔으유. "선생(先生)님께 말슴드릴 게 있습니다." "게 무슨 말인가?"하고 아조 즘잖하게 말씀하신단 말이유. "저이들은 율곡 슨생으 제자들과스로 자기들이 모시고 있는 슨생이 드 훌륭하시다고 자랑을 했는디 결판이 나지 안해스, 슨생님들이 밤에 부인과 으틓게 잠자리를 하시는가 그긋을 보고 판결하자 하고 두 분으

잠자리를 엿봤는디, 이율곡 슨생은 도포를 입으시고 단증이 무릎을 꿇으시고 아조 음숙하고 증중히 하시는디 슨생님은 빨가벗고 온 방안을 돌아다니면스 하스스 그만 우리는 낯이 뜨그워스 차마 볼 수가 읎읐습니다. 율곡 슨생은 남이 보는 앞에스나 안 보는 데스나 은제든지 근음하신데 선생님은 으째스 긑과 안이 다르십니까?" 이렇게 말했단 말이유.

그르니까 슨생은 조금도 안색을 변하시지 않고 다음과 같이 말하드랍니다. "사람으 남녀간으 이치라는 긋은 음양(陰陽)으 도에 따라스 질급게 하여야 하는 긋이지 음숙하게 하는 긋이 아니다. 그긋이 인간으 본능인데 이 본능을 읙제한다든가 숨긴다든가 하여스는 음양지도(陰陽之道)에 으긋나는 긋이다. 음양지도(陰陽之道)에 으긋나지 않게 사는 긋이 진증한 인간으 생활이니라." 선생(先生)으 말을 듣고 제자들은 이퇴계 슨생이 인간 생활에 대해서 이율곡 슨생보다는 드 깊고 폭늚은 지식과 이해를 가지신 긋을 알고 이퇴계 슨생을 이율곡 슨생보다 드 훌륭한 학자로스 즌보다 드 경앙하게 되읐다고 합니다.

오늘날 이퇴계 슨생으 후손은 크게 번창하고 유능한 인사가 많은데 이율곡 슨생으 후손은 그리 많지 않고 유능한 인사도 별로 나오지 않은 긋은 두 슨생으 내외간으 생활으 차이에스 말미암움이 아닌가 하는 생각도 듭니다.

제보자 : 김영돈(金永敦, 57세, 남)
조사일 : 1973년 9월 23일
장 소 : 논산군 양촌면 남산리
[출전] 『任晳宰全集 6—韓國口傳說話(忠淸北道篇, 忠淸南道篇Ⅰ)』, 평민사, 1990. 5. 20.

3-2. 퇴계 선생과 율곡 선생에 얽힌 이야기

저, 퇴계 선생이 경상도 안동 계셨는데 참 학자집안이야. 그 양반이 글이 유명한 양반인데 게도 과급을 하여 초자가 의주 부윤으로 가셨거든. 가실적에 어떻게 됐는가하면, 경상도 안이 군이 있는데 그 첩첩심산이야. 한 재 넘어가면 구렁이 있는데 구렁에 가면 주막쟁이 초가집이 하나 있거든. 그러니 무인지경 몇 십 리에 사람이 그래도 인가가 있어야지 가다가 주안참을 자거든. 이랬는데 세 명의 하숙인이라서 한 겨울랑 의주로 가실 적에 참 가다 가다 보니까 재를 넘어 한 구렁에 초가집이 주막쟁이가 있거든.

그래 주막쟁이를 불러서 거서(거기서) 술을 자시고(잡수시고) 그래서 의주 갔다가 예전에는 6년이 만기거든 6년이 만긴데 만기를 채우고 오시는데 그 안이군 오니 안이 안짝에 초가집은 그냥 있는데 앞에다가 이 칸 응 객실을 지었는데 드높게 잘 지었거든. 잘 짓고 시방은(지금은) 간판이라고 하지 송판이라고는 하지 않아. ―벽에 써 붙이는 것― 송판으로 해서 지붕에다 떡 대패를 밀어서 글을 써서 붙였는데,

"오고 가는 손님들 편히 쉬시게르 지었다."

고 서문을 떠억 써서 붙였거든. 아 의주 가서 6년을 있어 봐도 그런 바닥으로야 주막쟁이가 이만큼 잘 지은 집은 없었는데 참 찬란하거든. 해는 그 재를 넘어서 인가(人家)있는 데로 오겠는데 하도 놀라워서 참 주막쟁이를 보고,

"막쟁이 너 거기 있느냐."

하니까,

"예."하고 나왔거든 나오니,

"야, 객실을 잘 지었구나. 그러니까 당신하고 오늘 밤에 의숙해야 되겠다."

"예, 의숙하는 거는(것은) 뭐 어렵지 않읍니다만 누추해서 쉬시라고 못합니다."

"아, 이만큼 깨끗이 잘 재(지어) 놓고 누추하다니."

"예, 그럼 드십시오."

이러니 떡 들어가 보니 아랫목에 진문둥이가 하나 드러 눴네. -진문둥이 송장 내(송장 냄새)가 그냥 나, 우리는 진문둥하고 한 방에 자 봤어.

야, 이놈의 냄새가 지독한 게 당초 뱃길(견딜) 수가 있나, 그러나 참 관장으로 갔다고 온, 자기 입으로 좋다고 했는데 나올 수는 없거든, 저어, 이 칸 저 꼭지(끝이)에 가서 지새미(면서) 담배만 피우고 있지. 시간을 보내고 있으니 저녁상이 떡 들어왔는데 먹을 수 있는가. 먹을 수가 있어야지. 그래서 상을 물렸는데 -미흡이 훤한데- 그러니 밤이란 만이야. 초저녁인데만 원앙소리가 나거든. 방울소리가. 그걸 원안이라고 하잖아 이전에. 원앙 소리가 나더니 아, 앞마당에 썩 들어서더니,

"막쟁이 거 있느냐."

하고 예전에 주막쟁이를 막쟁이라고 불렀잖아요. 주막이라고 그래 막쟁이가 있느냐. 예, 하고 나오니.

"너 이 말 잘 멕여라."

이래고선 떡 말에서 내려서는 그 지름에 산이요? 가죽에 베주거든. 그 꼭대기서 주방에다 삼태기를 놓고 떡 아랫목을 들어오더니 진문둥이 앉아 생사문을 쓱 대더라거든 대번 앉아서. 그래니 에- 몹쓸 놈 같으니라고 그러더니 저 웃짝으로 올라와서 퇴계 앞에 오더니 하는 말이,

"보아하니 응 국운을 입었구마는."

그러나 뭐 이젠 사직하고 나와도 속칭 다 의복이 다르잖아요.

"예."

"어디 관이요."

"의주입니다."

"퇴계가 아니 어 시골이지마는 의주 부윤 놀랍지."

하고 칭찬 한 마디 하던 자기 호주머니에서 곰방담뱃대를 하나 착 꺼내더니 시새미통을 시방이 골연(궐연)이지 예전에는 시샘이 아닌가. 아주 쇠털처럼 그걸 칼로 썰어서 하는데 담배통을 쓱 걸어 당기더니 담배 서너 대 태우고 나서 저녁상이 들어오니 저녁 먹고는 한다는 말이,

"그래 국운을 입었으니 바둑 놓을 줄 알겠지." 이랬거든,

"예, 그저 생사목은 압니다."

이랬어. 장기는 몇 구비를 안다면 뛴라고 하는 거고 바둑은 생사문이 있거든 죽고 사는 문이 있거던. 그래니 이그만(이것만)하면 되지. 그래 나가더니 말 둥지에 가더니 바둑판과 바둑을 가지고 들어와 착 앞에 갖다 놓으니

"그래 보아하니 자넨 날보다 좀 연소해. 자넨 흑을 놔, 나는 백을 놓을테니."

그저 덮어놓고 하자고 하더래.

"예."

소리만 나오더라거든 퇴계가 그래,

"대장부란 게 뭔 희롱해도 무슨 내기가 있어야지."

"예" 이랬거던.

그러니 퇴계가,

"그래 그렇지 결판이 있어야지. 내가 지면 이 바둑판과 바둑속을 자네 다 줄 거고 자네가 지면 자네가 목을 날 줘야지 돼.

죽인단 말이야."

그렇니 덮어 놓고 "예" 소리가 나왔거든. "아니요" 소리를 못 하고 그래서 바둑을 두는데 아, 이런 제길, 생문이 없고 사문만 있네. 죽을 자리만 있거든, 그러니 놓을 수 없거든. 아무리 바둑판을 보고 이렇게 구상하더니 자꾸 놓으라고 성화를 몇 번 대더니 내 소변 보고 올 테니 그 간(동안)에 잘 보렸다 이랬거든. 그리고 그 사람이 나왔거든. 나중 말 타고 온 사람이. 나간 후에 아 등러누었던 진문둥이가 벌떡 이어나 엉금엉금 기어 오더니 손가락으로 두 군데를 집고 가 버렸거든. 그래니 보니 생문인데 사문으로 눈에 봤거든. 아, 이론 놈의 일이 있나. 그 아득히 좀 있더니까네, 떡 한데(밖에) 나갔다가 들어오더니 떡 앉으며 하는 말이,

"그 지간(동안)에 잘 봤겠지."

이랬거든.

"예."

"그럼 놓으렷다."

첫 번 손가락 가던 자리에 한 쪽을 떡 놓으니까 바둑판을 이래 놓고 아랫목에 이래 보면 못된 악소년 같으니라고. 그래고 선 확 쓸더래. 이게 뭔가 뭔지 알 수 있나. 그런데 그 다음에 이제 그 사람이 하는 말이 그 사람이 하는 말이,

"인제는 일 없어. 이게 자네 생명만 못하잖아. 이 바둑은 신선이 갖고 노는 바둑이야. 판은 순금이고 이 격은 옥은 백금이야. 자네 목숨만 못하잖아. 하니까 일생에 잘 놀아. 잘 가 주가 놀다가 세상을 떠나라."

이러고는 벌떡 인나더니(일어나더니),

"막쟁이 거 있느냐?"

하고 하니,

"예 예."

하고 나오더니,

"말 내몰아라."

그래 말을 내모니 세 사람이 척 들어오더니 마카 올라앉거든. 그래 나가 전송하러 나가니 그 말이 사라지더라. 이 뭔 영문인지 알 수 있나, 밤새도록. 그 다음은 뭐 그 송장 내가 나던 기(것이) 냄새도 들어오니 깨끗하고 히얀하거든. (이상 하거든) 그러나 야 이 동은 어렵고 저 동도 어렵다. 히얀한 일이거든. 꿈결 같으니 잠을 밤새도록 못 자고 그래 뜬 날을 세우고서 아침에 떡 해가 문에 훤히 비추니 아랫목에 진문댕이가 지지개(기지개)를 켜더니 일어나거든, 일어나더니 일어나며 하는 말이,

"저어, 퇴계 여보게 미련한 얘기 안했지. 이 퇴계 여보게 엊저녁에 마실(마을) 갖다 온 걸 누군지 아는가?"

"지가(저가) 알 수 있습니까?"

"그렇겠지. 난 누군지 아는가?"

"아, 모릅니다." "으, 그럴 기야. 엊저녁에 온 거는 대구 보령산 신령이야. 나는 백두산 신령이야, 함경도 백두산. 내가 일전에 천문을 보니 대국서 퇴계만한 명인이 안 났거든. 소구게 퇴계가 났으니 괘씸한 생각으로 쥑이러 나왔거든. 그러니 내가 조선에 신령으로 명인 죽는 걸 어떻게 앉아 보는가. 그래 내가 진문댕이 행세를 하고 이 집을 내가 삼일 전에 입착을 했지. 이 집을 내가 입착을 먼저 했어. 이랬는데. 내가 진문댕이 놀음(노릇을) 하고 있는데 엊저녁에 퇴계 네가 명이 끊어질 운이야. 죽을 운이야. 그래 내가 안 오면 대구 보령산 신령이 와서 죽이거든. 퇴계가 그 운엔데 분명히 여기와 자게 되거든. 그래서 퇴계 구해 주려고 내가 사흘 전에 여기 와서 이 누명을

썼지 나도 백두산 신령이야."

그리고 그만 가버렸지. 그래 퇴계가 그 길로 고향 내려와서 참 학업을 힘쓰고 있다가 돌아가셨어. 그러니 그런 일도 있고 또 그 끝에 그 학업에 힘쓸 적에 아내 제자 이름을 성은 아는데 그만 이름을 잊어버렸어. 학업을 힘쓰고 사당꾼들 데리고 세월을 보냈는데 그 논이 퇴계 논이 한 뱀(두럭)이 열여섯 마지기야. 논이 상답인데 경상도 안동에. 이런 그 해 유월 비상이거든. 유월 비상은 서리가 온다 그랬거든. 유월에 서리가 오면 뭔 곡식이 되나, 이래서 하마(벌써) 퇴계도 비결꺼진 퇴계 비결 있잖아. 그러니 농사를 세전부터(설전부터) 내년 농사 안 짓는다 안 짓는다 늘 이랬거든. 그 이웃에 정씨 한 분이 중노인인데 살림이 극빈이야 아주 어려워 천상 살 수 있나. 토지를 얻어야 농사를 짓지. 그 얘기를 정초에 들으니 퇴계선전상이 올해 농사 안 짓고 만다 하는 소문이 정초에 세배 겸 세배를 가서 세배를 하고,

"선생님 폐농. -폐자 농사 농자 농사를 폐한다 이거야- 농사를 폐농하신다는 말씀을 하셨습니까?"

"어 올해 꼭 한다 그랬어."

"그럼 그 논을 저를 주시면 어떻겠습니까?"

"어, 주지."

첫 마디로 그랬거든 그러니 그 사람이 어른 논이니,

"그럼 선생님 제게 토조를 말씀하시게."

"토조나마나 갈게(가을에) 되는 데로 노눠(나눠) 먹지 뭐."

"아 그 좋습니다."

그래선 헤져 갔네. 이젠 이불롭게 아. 이 사람아. 이불이 뭔가 한 마디면 대장부라는 게 그 하찮은 걸.

"땅은 아주 안 주는 게고 일 년에 농사 제 먹는긴데 다시 이

언(二言)할 필요가 있나. 아 그 어여 염려 말게."

이랬거든. 이 사람이 덮어놓고 눈이 녹고 땅이 녹으니 논을 이 만침(만큼) 길고 가지고 층을 사흘에 한 번 씩 층을 돋군다. 신작로처럼 아주 맑아요. 한 질 되도록 돋구거든. 야, 이웃사람들도 가보고 와서 전달하기를 아 그 워떤(어떤) 미친 사람 줘서 논바닥의 길이는 섬을 한 질이 되도록 치돋구드라고

"내버려 둬. 저도 구구가 있겠지."

자꾸 이랬거든. 아, 모를 심어 놓았는데 논물은 좋다거든. 그기(그게) 논짝안에 논물이 좋은데 모를 심어 놓고 나니 너머(너무) 좋은 땅에 이수월 자이러 한 질 되는데 이 놈이 물을 들어대는데 봇물을 당초 대드라 대드니 물이 귀하지 않는데 물을 엿새를 들어대드니 모끝 위에도 아마 물이 한 자 서도록 대니 대고서, 봇물 아구를 썩 싸 바르더래. 왠지 그 날 저녁에 초저녁에 검정구름이 뜨고선 바람이 슬슬 불더니 눈이 오잖아. 서리가 오지 않고 하, 눈으 오잖아 보석같은 막 떨어지잖아. 아, 하늘에서. 그래 추우니 전멸이지. 아, 그 모 위에 물이 한 자이니까 밑에 것은 괜찮거든. 그니니 첫참 때가 되니 따끈하니 그 까짓 그 날 저녁부텀 물을 뽑는데 엿새를 물을 뽑드라고 처음에는 모 끝이 요만침(화자: 손 한 마디를 가리키며) 나오도록 뽑고 이튿날 또 그 만큼 뽑고 차츰 뽑아 가지고 천지가 다 새까맣게 얼어 죽었는데, 그 벼는 아 점점 성하는데 몇 해 소출이 나왔거든. 그래 갈게(가을에)가서 그랬거든.

"선생님 논어(나눠) 먹게 되었으니 벼 타작하러 오시오."

"가지."

가서 술밥 자시고 노시다가 벼를 다 털고 저녁에 그만 벼를 누누자고 하니,

"고만(그만)두게. 자네 이것만 하면 자네 식구가 3년을 불농

해도 기끈(실컷) 먹을 끼야 먹을 테니, 삼년을 나한테 글을 배워 -아주 판 무식이거든- 자네가 글이 없어 그렇지 앞일을 아는 편는 나보다 낫게 알아. 올해 내가 똑 이래 될 줄 알아도 이 방침할 줄은 알지 못했어."

그래 수제자를 두었다는 거야. 퇴계는 그래 그 명인이고 율곡과 함께 양반인데 연령이 30년 이상이거든. 나이가. 그래서 그때 임금이 국가가 앞으로 임진왜란 나고 이럴 줄 알고 근심했고 율곡도 임진왜란도 구경 못하고 돌아가셨잖아. 그러니까 그때 두 분 다 같이 근심했는데 율곡이 알긴 퇴계가 많이 알았지. 늘 제자를 데리고 하는 말이,

"동방의 명성이 왕임하겠는데."

며칠 두고 그래거든. 율곡은 또 생각해 보니 그 참 어대가(어디가) 이논(의논)할 데가 없거든. 앞 국가 정치를. 그래 보니 그 양반도 그걸 짐작하니 경상도에 가서 퇴계를 만나야 상의하겠거든. 국가가 어떻게 해야 된다는 거를 어, 그랬는데 하루는 율곡이 퇴계 만나러 초면이지 뭐. 그런데 그저 천문만 보고 찾아가시지. 게(그래) 하루아침에는 이 삼 사월쯤 되어 그 근처의 문을 열어 놓고 서당꾼들이 쭉 이래고 앉았는데,

"오늘은 동국 명성이 꼭 왕림을 하실 텐데. 하실 텐데."

이래고 있더니 첫참 후에 앞 다리에 쇠자락 긴 옷을 입고 갓을 쓰고 휘척휘척 내려오거든. 보선 발로 신 신을 사이 없이 좇아 나갔단 말여. 거리로. 악수를 하고 들어와서 서로 국가, 정치를 의논할라고 할 적에 하마 퇴계가 그랬거든.

"제자들 나가 소풍을 좀 해라. 귀객이 오셨으니 내 조용히 담화 좀 하게."

그래 제자를 다 내 보내 놓고 그래 거참 술잔을 갖다 놓고 가시며 두 분이 의논을 몇 시간 했단 말이야. 하고는 그럴 적

에 말이야 들어오니 선생이 제자들을 다 절하라 그랬더든. 그래 구학은 다 시키는 법야. 그래 절을 시키니 그때 수제자가 정씬데 여기서 찾아간 율곡 선생님보다 나이 몇 살 위가 된단 말이야. 그러니 아참 분하더든. 젊은 사람한테 선생님의 명령에 절하라 해 절을 하다 보니 분해서 나가 있다가 들어와서는 선생보고 얘기하기를.

"선생님, 이런 명령은 내리시지 마시우."

이랬거든 그래 율곡 선생님은 생각하기를 내가 잘못한 일이 없는데 제자가 저러는구나. 내가 뭘 잘못한 일이 있나.

"아니올시다. 새파란 젊은 사람을 보고 절을 하라고 하니 선생님 명령이 어려워서 절을 했지. 차마 못 엎드리겠습디다."

이래니 퇴계 선생님 말씀이,

"그게 아니다. 그 양반은 동방 명성이야. 국가에 유공할 양반이니 공이 있는 양반이니 나이 가지고 상관없다."

이라고 말씀하신 일이 있었어.

[출전] 한국정신문화연구원, 『韓國口碑文學大系 2-1』(江陵市·溟州郡篇), 1980. 10. 31.

3-3. 남사고와 퇴계

퇴계인데 가가주고, 남사고가 퇴계인데 가가주고. 퇴계가 낮에 정심(점심) 자시는데, 버리밥(보리밥)을 그래 꼬치장하고, 꼬치 나가주고 맛있게 자시그덩.

"아이고 선생님 반찬이 그래가 되겠입니까?"

"머 내가 머 평소에 이래는데."

"좀 계시라고."

아, 그래 웬 총각을 부리디마는, 아 문 앞에, 자기 낮에 정심 먹는데 찬물 떠놓거 대집이를 갖다 놓고. 아 잉어가 (크다는 시늉을 하며) 이런 놈이 나온다. 그래이, 회를 해가주구서,

"이거 선생님 자시라고."

"나는 이런 거 안 먹는다고. 자네나 먹게. 금 남 장사하는 그거를 그래가주 대는가(되는가)1)

그래가주고 참 무안을 당코 왔다고. 이런 이얘기가 있어요.

1) 장사하는 사람이 잡아 놓은 잉어를 도술로 가져왔으므로 퇴계가 먹지 않겠다고 한 것이다.

[출전] 한국정신문화연구원, 『韓國口碑文學大系』 7-6(慶尙北道 盈德郡篇①), 1981. 7. 20.

3-4. 퇴계의 독서법

퇴계는 어려서부터 글 읽기를 무척 좋아하여 신변에서 책을 멀리한 일이 하루도 없었다. 그리고 책을 읽을 때면 자세를 바르게 하고 앉아서 온갖 정성을 모두 기우렸었다. 몸이 아무리 피로해도 책을 누워서 읽거나 혹은 흐트러진 자세로 읽는 일이 한 번도 없었다. 그처럼 근엄한 독서 자세는 어려서부터 70세에 세상을 떠나실 때까지 추호도 변함이 없었던 것이다. 게다가 퇴계는 책을 남달리 정독하는 편이어서 무슨 책이나 한 번 읽기 시작하면 열 번이고 수무 번이고 연거푸 읽어, 그 책속에 담겨 있는 참된 뜻을 완전히 터득하기 전에는 그 책을 결코 내

놓지 않았다.

공자(孔子)는 주역(周易)을 삼천 번이나 읽느라고 가죽으로 되어 있는 책가위를 세 번씩이나 갈아대었다는 고사(故事)가 있거니와, 퇴계의 독서법도 바로 그와 같은 것이었었다.

일찍이 퇴계는 서울에 유학하는 중에 「주자전서(朱子全書)」를 처음으로 읽게 되었을 때의 일이었다. 그는 방문을 굳게 닫고 방안에 조용히 들어앉아 그 책을 읽기 시작하자, 하루에 세 번씩 끼니때 이외에는 일체 외출을 안 하고 그 책 한질만을 수없이 되풀이하여 읽었다. 때마침 그해 여름은 몹시 무더워서 보통 사람들은 독서는커녕 서늘한 나무 그늘을 찾아다니기에 바쁠 지경이었건만 퇴계는 그와 같은 포서(暴暑)도 아랑곳 안 하고, 방문을 굳게 닫은 채 독서만 줄곧 계속하고 있었던 것이다.

그리하여 그 무더운 한해 여름을 꼬박 「주자전서」 읽는 일로 보냈던 것이다. 어느 친구가 퇴계의 건강을 걱정한 나머지 한번은 퇴계를 찾아와서

“이 사람아! 독서가 아무리 중요하기로 건강도 생각해야 할게 아닌가. 요새 같은 무더위에 방문을 닫고 앉아 독서만 전념하다가는 반드시 건강을 해치게 될걸세. 독서는 생량(生凉)후에 하기로 하고, 이 여름에는 산수 좋은 곳으로 척서(滌署)라도 다녀오도록 하세!”하고 충고 한 말이 있었다.

그러자 퇴계는 조용히 웃으면서 이렇게 대답하는 것이었다.

“이 책을 읽고 있노라면 가슴속에 시원한 기운이 감도는 것 같은 깨달음이 느껴져서 더위를 모르게 되는데, 무슨 병이 생기겠는가. 이 책에는 무한한 진리가 담겨져 있어서, 읽으면 읽을수록 정신이 상쾌해 지며 마음에 기쁨이 솟아오를 뿐이네!”

그리고 그는 이어서 이렇게도 말하였다.

"이 책의 원주(原註)를 읽어보고 나는 학문하는 방법을 알 수 있게 되었고, 그 방법을 알고 나니 이 책을 읽는데 더욱 흥이 일어나네, 이 책을 충분히 터득하고 나서 사서(四書)를 다시 읽어보니 성현들의 한 말씀 한 말씀에 새로운 깨달음이 느껴져서 나는 이제야 학문하는 길을 제대로 알게 된 것 같으이."

퇴계는 주자학(朱子學)에 그만큼 심취했었고, 주자학을 연구함으로써 새로운 경지를 크게 발전시켰다. 그리하여 광범하고 산만하기만 하던 주자학을 근본적으로 발전시키고 체계화하여 마침내는 '퇴계학'이라는 새로운 학문을 수립하는데 성공한 것이었다.

퇴계는 책을 읽는 방법에 있어서 남달리 정밀하게 읽었으니, 그것은 퇴계 자신의 다음과 같은 말을 들어 보아도 알 수 있는 일이다. 어느 제자 한 사람이 글을 올바르게 읽는 방법을 물었더니, 그는 즉석에서 이렇게 대답하였다.

"글이란 정신을 차려서 수없이 반복해 읽어야 하는 것이다. 한두 번 읽어보고 뜻을 대충 알았다고 해서 그 책을 그냥 내버리면 그것이 자기 몸에 충분히 배지 못해서 마음에 간직할 수가 없게 된다. 이미 알고 난 뒤에도 그것을 자기 몸에 배도록 공부를 더 해야만 비로소 마음속에 길이 간직할 수 있게 되는 것이다. 그래야만 학문의 참된 뜻을 체험하여 마음에 흐뭇한 맛을 느끼게 되는 것이다."

그는 독서에 대해 이렇게도 말했다.

"글을 읽는 가장 중요한 목적은 반드시 성현들의 말씀과 행동을 본받아서 그것을 자기 것으로 만들 수 있는 경지에 까지 도달하는 데 있다. 그러므로 서둘러 읽어서 그냥 넘겨 버리면 그 책을 읽기는 했어도 별로 소득은 없게 되는 것이다." 실로 독서의 진수를 정확하게 지적한 금언이라 하겠다.

[출전] 정비석, 『퇴계일화선』, 퇴계학연구원, 1983. 7. 5, 20~23면.

3-5. 퇴계와 정희량

퇴계가 젊어서 주역(周易)을 공부하고 있을 때의 일이었다.

어느 여름철에 청량산(淸凉山)에 들어가, 나무그늘에서 주역을 소리 내어 읽고 있노라니까, 숲속에서 옷이 남루한 늙은이 하나가 나타나더니, 퇴계의 글 읽는 소리에 귀를 유심히 기우리고 있었다.

퇴계는 등 뒤에서 누가 엿듣는 줄도 모르고 글만 열심히 읽고 있었는데, 얼마 후에 그 늙은이가 퇴계 앞으로 가까이 다가오더니,

"수재(秀才)에게 한마디 하고 싶은 말이 있소이다."

하고 말을 걸어오는 것이었다.

퇴계는 그제서야 등 뒤에 사람이 있었음을 알고 깜짝 놀라며,

"무슨 말씀이십니까."

하고 머리 숙여 물었다.

그 늙은이는 퇴계의 얼굴을 자애로운 눈으로 마주보며 이렇게 말하는 것이었다.

"나는 아까부터 공이 주역 읽는 것을 등 뒤에서 엿듣고 있었는데, 공이 주역에 매우 정통함을 보고 놀랐소이다. 그러나 공이 지금 읽고 있던 구절에 구두점(句讀點) 하나가 틀린 것이 있기에 외람된 줄 알면서 그것을 고쳐주고 싶어서 이렇게 말을

걸었소이다."

퇴계는 그 소리를 듣고 크게 놀라며 머리를 조아렸다.

"어느 구절의 어떤 구두점이 틀렸는지, 노인장께서는 서슴지 마시고 가르쳐 주시옵소서."

그러자 늙은이는 퇴계가 잘못 읽은 구두점을 고쳐주는데, 과연 지적을 받고 보니, 늙은이의 말은 절절이 옳았다.

퇴계는 이에 크게 탄복하여, 늙은이를 옆 자리에 정중히 모셔 놓고, 자기소개를 하면서, 늙은이에게 통성명을 청하였다.

"저는 이황이라는 서생이옵니다. 외람되오나, 노인장의 성함을 받들어 모시고 싶사옵니다."

그러자 늙은이는 고개를 설레설레 내저으며 이렇게 말하는 것이었다.

"나는 이름조차 없는 시골 늙은이오."

"그런 어른이 어떻게 주역에 그처럼 정통하시옵니까."

"할일이 없어서 주역만 읽다보니, 어쩌다가 그렇게 되었소. 그러나 내가 보기에는 이공이야말로 주역에 누구보다도 정통한 것 같소."

늙은이는 암만해도 정체를 알려줄 것 같지 않았다.

그러자 퇴계는 문득 '허암(虛庵) 정희량(鄭希良)'이라는 이름이 머리에 떠올랐다. 퇴계에게 그 주역을 깨우쳐 줄만한 사람은 정희량 밖에 없으리라고 생각되었기 때문이었다.

정희량은 김종직(金宗直)의 문생(門生)으로, 음양학(陰陽學)의 대가이기도 했었는데, 무오사화(戊午士禍) 때에 김해로 유배되었다가 풀려나왔다. 그러나 모친상을 당해 복(服)을 입고 있던 중에 돌연 어디론가 종적을 감춰버리고 말았다.

그로부터 몇 해 후에 갑자사화(甲子士禍)가 또 일어나서 많은 선비들이 연산군의 손에 죽었는데, 정희량만은 그런 일이 있을 것을 미리 알고 피신을 했기 때문에 목숨을 구할 수가 있었다.

퇴계는 그러한 역사적 사실을 소상히 알고 있었기 때문에

"그렇다! 이분은 그 옛날 갑자사화가 있을 것을 미리 알고 몸을 미리 피했기 때문에 오늘날까지 생존하게 된 허암 정희량 선생이 분명하다."

퇴계는 그런 생각이 들어서 노인에게 머리 숙여 다시 물어본다.

"선생은 허암 정희량이라는 어른을 아십니까?"

"내가 그런 사람을 어떻게 아오."

노인은 시치미를 떼고 대답한다.

"정허함은 종적을 숨기고 이 세상에 다시 나타나지 않으시니 참으로 아깝기 짝이 없는 일입니다."

"그 사람이 사화로 죽지 않으려고 상중(喪中)에 시묘(侍墓)를 하다 말로 도망을 쳐버렸으니, 임금에게 불충하고 부모에게 불효한 사람이 무슨 낯으로 이 세상에 다시 나타나겠소."

"선생님! 그러지 마시고 솔직히 대답해 주십시오. 제가 보기에 선생은 틀림없는 정허암 선생이시옵니다."

"허어, 그 양반 사람 잡을 소리를 하는군, 나는 그만 가겠소."

노인은 그렇게 말하고, 그 즉시 자리에서 일어나더니, 인사도 없이 숲속으로 총총히 종적을 감추어 버렸다.

"아아, 연산군이 너무도 어리석어서 아까운 학자 한 사람을 영원히 잃어버리고 말았구나!"

퇴계는 혼자 그런 개탄만 하고 있을 밖에 아무런 도리도 없었다.

[출전] 정비석, 『퇴계일화선』, 퇴계학연구원, 1983. 7. 5, 44~47면.

3-6. 진실 일로(一路)의 충

퇴계는 유학(儒學)의 본도(本道)를 '입언수후(立言垂後)'에 두고 있다는 것은 앞에서 이미 말한 바 있거니와 '입언수후'란 저술문자(著述文字)를 통해 후인(後人)에게 올바른 길을 깨우쳐 준다는 뜻이다. 퇴계의 학문하는 기본자세가 이미 그러했던 만큼, 그는 나라와 임금에게 충성을 하는데 있어서나, 부모와 윗사람에게 효도를 하는데 있어서나, 언제든지 진실일로(眞實一路)의 길을 걸어왔다. 학자에 따라서는 일신상의 영달(榮達)이나, 개인적인 이해소관으로 곡학아세(曲學阿世)하는 무리가 허다했음을 우리들은 역사상에서 얼마든지 찾아볼 수 있다. 그러나 퇴계는 사리사욕을 초월하여 언제든지 명경지수(明鏡止水)와 같은 심정으로 정(正)과 사(邪)를 분명하게 갈라놓았고, 비록 임금님 자신에 관한 일이라 할지라도, 옳고 그른 것을 품하는데 있어서는 추호도 주저함이 없었다.

퇴계의 사상이 '경(敬)'에 기본을 두고 있음은 천하가 다 아는 일이거니와, 경(敬)이란 임금에게는 충성을 다함이요, 부모님에게는 효도를 다 함이요, 친척과 친지들에게는 우의(友誼)를 다함을 뜻하는 것이기도 하다. 퇴계가 임금에게 대한 충성이 어떠했던가를, 구체적인 사실을 들어 알아보기로 하자.

퇴계는 공문(公門)에 들어갈 때에는 반드시 두 손을 모아잡고 조심스러운 걸음걸이로 경건하게 걸어 들어갔다.

몸이 아무리 피로하더라도 어전에 나오면, 처음부터 끝까지 절도 있게 공경하고 조심하여, 추호도 피로한 빛을 보이는 일이 없었다.

그리고 임금의 명령이 집에 이르면, 반드시 공경하고 두려워하여, 관대(冠帶)를 깨끗하게 갖추고 문밖에 나아가 공경스러이 받들어 정청(正廳) 책상 위에 놓고, 뜰아래서 네 번 절한 뒤에야 당(堂)에 올라와 꿇어 앉아 읽었다.

임금을 사랑하고 나라를 걱정하는 충성심은 관(官)에 있을 때나 야(野)에 있을 때나 한결 같아서, 한 가지 좋은 정령(政令)을 들으면 기뻐서 잠을 이루지 못했고, 나라의 처사가 마땅치 못하면 그 걱정이 얼굴에까지 나타났으나, 신하로서는 임금의 덕을 도와 기르는 것을 최고의 의무로 삼아왔던 것이다.

퇴계가 마흔 살로 사간원 정언(司諫院正言)으로서, 임금에게 학문을 강론하는 경연시독관(經筵侍讀官)의 임무를 맡고 있을 때의 일이었다. 그 해에는 마침 흉년이 들어, 민심이 매우 흉흉했었다. 그러므로 퇴계는 경연에서 성상에게 서슴지 않고 이런 충언을 올렸다.

"근일에 가뭄이 심하여 백성들이 궁핍에 허덕이고 있사오니, 성상께서는 수라에 반찬의 가짓수를 줄이셔야 옳을 줄로 아옵니다. 그 일은 비록 사소한 일에 불과하다고 말할 수도 있겠사오나, 성상께서 민초와 고락을 같이 하신다는 뜻에서는 매우 중대한 일이오니, 반드시 그렇게 하심이 좋은 줄로 아뢰옵니다."

만인지상인 임금에게 감히 그와 같은 직간(直諫)을 올린다는 것은 퇴계가 아니고서는 누구도 말하기 어려운 충고였었다.

그나 그뿐이랴. 그해에는 가뭄이 심했으므로, 임금은 민심을 수습하기 위한 방편으로 은사(恩赦)를 자주 내렸다.

그러나 퇴계는 거기 대해서도 옳지 못하다는 것을 임금에게 다음과 같이 충고하였다.

"가뭄 때문에 은사를 자주 내리시는 것은 옳지 못한 일이라고 생각되옵니다. 옛사람들이 말하기를 '은사를 자주 내리면 착한 사람들이 해를 입고, 간사한 무리들이 기뻐한다.'고 하였습니다. 요새 간사한 무리들은 가뭄이 들면 반드시 은사가 내리리라는 생각에서 죄를 거리낌 없이 저지르고 있사오니, 함부로 은사를 내리는 것은 오히려 세상을 어지럽히는 결과가 될 것이옵니다."

퇴계는 군도(君道)에 대해 어전에서 이렇게 강론하였다.

"성상께서 사람을 쓰실 때에는 그 사람의 재질과 장기(長技)에 따라 일을 맡기셔야 하실 것이옵니다. 인재를 기르시는데 있어서는, 마땅히 그 법칙에 따르셔야만 국가의 기능이 향상될 것이오니, 성상께서는 그 점에 각별히 유의하시도록 하시옵소서."

경연에 있어서의 퇴계의 강론은 어느 한마디이고 지언(至言)이 아닌 것이 없었다.

임금(명종)이 처음 왕위에 올랐을 때에는 매우 영명하고 슬기로워서, 사람들은 모두들 그의 거룩한 덕이 이루어질 것을 믿고 바랐다. 그리고 퇴계자신도 그렇게 되기를 믿고 성인지도를 힘써 강론하였다.

그러나 임금은 퇴계를 공경은 하면서도 공부에는 뜻이 없었다.

퇴계는 경연을 통해 성인지도를 터득하도록 학문에 힘쓸 것을 여러 번 충고했지만, 임금은 그저 그러겠다고 대답만 할 뿐으로, 책을 읽으려고 하지 않았다.

이에 퇴계는 안타까움을 금치 못해 임금께서 성인지도를 터득하기 쉽도록 선현들이 지은 그림을 모으고, 게다가 자기가 자세한 설명을 가한 그림책을 만들어 올렸으니, 그것이 저 유명한 성학십도(聖學十圖)라는 저술이었던 것이다.

퇴계는 "내가 나라의 은혜를 갚는 길은 오직 이것이 있을 뿐이다"라고 말하면서 「성학십도」를 지어 올렸고, 벼슬에서 물러나 낙향(落鄕)했었다. 그러나 시골로 내려간 것은 나라에 대한 충성을 단념했기 때문은 아니었다. 조정에 인재가 없음을 은근히 한탄하여, 몸소 동량지재(棟梁之材)를 양성하여, 그보다 더 높은 경지에서 나라에 충성하려는 계획을 가졌기 때문이었던 것이다.

[출전] 정비석, 『퇴계일화선』, 퇴계학연구원, 1983. 7. 5, 107~111면.

3-7. 퇴계의 치세경륜

퇴계는 말년에는, 도산서당에서 제자들을 가르치며 몸을 수양하는 것만이 유일한 소망이었다. 그러나 임금님의 부르심이 하도 성화같음으로, 왕명을 끝까지 거역하기가 어려워 67세이던 정묘(丁卯)(1567)년 2월에는 병구(病軀)를 이끌고 다시 상경했었는데, 명종(明宗)이 승하(昇遐)한 것은 그해 6월의 일이었다.

명종이 승하하자 신왕 선조(宣祖)는 퇴계에게 예조판서(禮曹判書), 지경연춘추관사(知經筵春秋舘事), 지중추부사(知中樞府事) 등의 높은 관직을 제수했으나, 퇴계는 모든 벼슬을 일체 사양하고 다시 고향으로 내려와 버렸다.

그러나 퇴계를 스승 겸 친어버이처럼 사모하는 신왕 선조는 퇴계가 고향에 내려가 있는 것을 결코 허용하지 않았다. 선조는 우찬성(右贊成), 판중추부사(判中樞府事) 등의 벼슬을 연방 제수하면서 퇴계 더러 속히 상경해 주기를 간곡히 부탁하였다.

이에 퇴계는 여러 차례의 소명(召命)을 끝내 거역할 수가 없어, 이듬해인 무진(戊辰)(1568)년 6월에는 다시 68세라는 고령의 병구를 이끌고 상경했었는데, 임금은 퇴계가 상경하기가 무섭게 예문관(藝文館) 대제학(大提學)에 제수하는 동시에 홍문관(弘文館)의 제학(提學) 벼슬까지 겸임하게 되었다.

'대제학'이란, 오늘날로 치면 국립대학총장과 같은 벼슬로서, 이조초기에는 예문관에만 대제학을 두었다는데, 세종대왕 때에 와서 세종은 국민들의 연학기풍(硏學氣風)을 크게 진작(振作)시키기 위해 홍문관에도 대제학이라는 벼슬을 두게 되었던 것이다.

대제학이란 학자로서는 최고의 명예의 벼슬로서, 본인이 사퇴하지 않는 한 종신직(終身職)이기도 한 것이다.

그런데 그 당시 홍문관의 대제학은 사암(思庵) 박순(朴淳)이었다. 박순은 서경덕(徐敬德)의 문인으로 일찍이 신시문과(新試文科)에 장원급제한 천하가 다 아는 대학자였다.

그러나 박순은 퇴계가 홍문과의 제학(提學) 벼슬을 겸임하게 되자, 매우 송구스럽게 여겨, 곧 어전에 나아가 다음과 같은 말을 상주하였다.

"퇴계와 같은 고학석덕(高學碩德)을 신(臣)의 아랫자리인 제학자리에 앉으시게 하고, 신과 같은 천학비재(淺學菲才)가 대제학에 머물러 있게 한 것은 있을 수 없는 일이옵니다. 이는 심히 잘못된 처사이오니, 바라옵건대 성상께서는 퇴계를 대제학에 제수하시고, 신으로 하여금 제학의 자리에 내리도록 시정을 해 주시옵소서."

자신의 직위를 낮추고 퇴계를 대제학의 자리로 올려달라는 간청이었다. 그 한 가지만 보더라도 퇴계가 학자들 사이에서도 얼마나 깊은 존경을 받아 왔는가를 알 수 있는 일이다.

퇴계는 물론 극구 사양하였다. 그러나 박순은 차라리 대제학의 자리를 물러날지언정 퇴계의 상관 노릇은 할 수 없다고 고집하므로, 임금은 그의 뜻을 깊이 가상하게 여겨, 퇴계로 하여금 예문관과 홍문관의 대제학을 모두 겸임하게 하였다.

그러나 퇴계는 몸이 쇠약하여 국가의 중책을 도저히 감당할 수가 없으므로 이듬해 3월에 마침내 대제학의 벼슬을 사퇴하고 고향으로 다시 내려오게 되었다.

신왕 선조는 퇴계가 병으로 인해 하향 하겠다 하므로 어쩔 수 없어 윤허는 했지만, 퇴계를 먼 곳으로 보내는 그의 심정은 마치 어린 아이가 철석같이 믿어오던 어버이와 작별하는 것과 같은 심정이었다.

그리하여 임금은 작별에 즈음하여 퇴계에게 이런 말을 하였다.

"경이 이제 고향에 돌아가면 서울에 다시 올라오기가 어려울 것 같구려. 떠나기 전에 나에게 도움이 될 만한 말씀이 있거든 무슨 말씀이든 들려주기 바라오."

퇴계는 어린 왕에게 세 번 절하고 이렇게 말했다.

"옛날 성현들이 말하기를, 태평한 세상은 밝은 임금님을 위태롭게 만든다고 하여, 어지러운 세상보다도 오히려 태평성대를 경계했던 것이옵니다. 세상이 태평하면 임금님 혼자의 지혜로도 나라를 무난히 다스려 나갈 수 있게 때문에, 그런 시대일수록 여러 신하들의 중지(衆智)를 가볍게 여기기 쉬운 법이옵니다. 나라에 아무 걱정거리가 없으면 사람은 반드시 교만해지고 사치에 흐르기 쉬운 법이온데, 그것은 크게 경계해야 할 일이 옵니다. 지금 우리의 국정을 보면, 표면상으로는 비록 태평하다고 하겠으나, 깊이 살펴보면, 남쪽 북쪽에는 두 나라(日本

과 中國을 뜻함)와의 분쟁거리가 내재해 있사옵고, 백성들은 살림에 쪼들려 있사옵고, 나라의 창고는 텅 비어 있사옵니다. 그러므로 나라가 나라꼴을 제대로 갖추고 있지 못한 형편이온데, 만약 갑작스럽게 나라에 무슨 사변이라도 발생하면 한꺼번에 무너져버릴 걱정이 전연 없다고도 말하기 어려울 것 같사옵니다."

퇴계는 여기까지 말하고 일단 침묵에 잠기며 깊은 우려의 빛을 보였다.

퇴계가 임금에게 이상과 같은 충언(忠言)을 올린 것은 1569년의 일이었는데, 그로부터 23년 후인 1592년에 임진왜란(壬辰倭亂)이 일어나, 7년 전쟁으로 전국토가 쑥밭이 되어 버렸다. 그 사실로 미루어 보면 퇴계는 단순히 학문만을 숭상해 온 상아탑 속의 학자가 아니라, 실로 국제정세에도 누구보다 밝은 대경세가(大經世家)였음을 알 수 있는 일이었다.

지금 돌이켜 보아도 그 때의 퇴계의 충언은 동양천지의 복잡미묘한 정치정세를 미래까지 내다보고 간단한 말로 정곡을 찌른 금과옥조 같은 충언이었다.

만약 그때에 퇴계가 선조에게 그와 같은 충언을 올리지 않았던들 선조는 과연 그 거창한 7년 전쟁을 충신들과 합심 협력하여 끝까지 막아내기가 어려웠을지도 모를 일이다.

퇴계는 미래의 국난을 극복해 나가는데 도움을 드리기 위해, 계속하여 임금에게 이런 말도 하였다.

"아뢰옵기 매우 죄송하오나, 성상께서는 워낙 총명하시고, 제왕학(帝王學)에도 조예가 깊으셔서 평소에 여러 신하들의 진언에 별로 도움을 못 받아 오신 까닭에, 국가의 중대사를 흔히 혼자 결단하시는 일이 많으셨습니다. 신은 그 점이 매우 걱정되옵니다. 옛글에 '날아다니는 용은 하늘에 있다(飛龍在天)'는 말이 있기는 하옵니다마는, 그러나 '높이 오른 용은 반드시 뉘우치게 된다(亢龍有悔)'는 말도 있사옵니다. 임금이 총명하다고 하여 아랫사람들과 더불어 마음과 덕을 같이 하지 않으면, 용이 구름을 만나지 못한 것과 같아서 성덕(聖德)이 천하 만물에 혜택을 입힐 수가 없는 것이옵니다. 태평성대가 오래 계속되면 반드시 난리가 일어날 징조가 생기는 법이오니, 오늘 당장 전쟁이 없다하여 혹시라도 방심을 하면 마치 배를 끌고 물을 거슬러 올라가는 것과 같아서, 일단 유사시에는 배가 물결을 따라 걷잡을 수 없게 흘러내려가는 것과 마찬가지 결과가 될 것입니다. 그러므로 성상께서는 학문 연구를 항상 꾸준하게 계속하시어 사사로운 마음을 이겨내면, 그와 같은 병통은 절로 방지될 것이옵니다. 신이 전일에 올린 성학십도(聖學十圖)는 신이 사사로운 뜻으로 만든 것이 아니옵고, 모두 옛 성현들의 말씀에서 나온 것이오며, 그중 한두 가지 그림만이 신이 보충한 것이옵니다. 공부하는 방법을 말씀 드리오면, 전에도 한두 번 아뢴 비와 같이 '생각하고 배우는 것'을 주장으로 삼으셔야 합니다. 사색하면 얻으시는 것이 더욱 깊어지게 되옵고, 사색해도 모르실 것은 어진 선비에게 배우시면 나라의 사업은 반드시 융성해질 것이옵니다. 이것은 소신이 마지막으로 임금님과 나라에 충성하려는 말씀이오니, 성상께서는 깊이 통찰해 주시기를 엎드려 바라옵니다."

70고령의 노학자가 군주와 국가를 위해 마지막으로 올리는 충고로서, 온 겨레가 눈물 없이는 들을 수 없는 비장하고도 천근의 무게를 가진 충언이기도 한 것이다.

퇴계는 국가의 먼 장래를 생각하면, 그 정도의 충언만으로는 부족한 것 같아서, 지난날의 불평했던 역사적 사실들을 구체적으로 열거해가며 다시 다음과 같은 충언도 하였다.

"예로부터 임금님이 처음으로 정사(政事)를 맡아보실 때에는 모든 사물을 올바른 눈으로 바라보시고 올바른 마음으로 판단하시는 까닭에 인재 등용에 있어서도 유능하고 청렴결백한 사람만을 골라 쓰시는 것이옵니다. 그러기에 그런 현신(賢臣)들은, 만약 임금님에게 무슨 그릇된 일이 발생했을 때에는 서슴치 않고 간언(諫言)을 올리는 것이었습니다. 그러나 간언이란 귀에 거슬리는 법이어서, 어진 신하들의 충고를 자주 들으시면 점점 역겨워져서 나중에는 어진 신하들을 차츰 멀리 하게 되시는 것이옵니다. 그러면 간사한 무리들이 그런 틈을 타서 임금님의 비위를 맞추게 됩니다. 성상께서는 처음으로 정사를 맡아 보시는 까닭에 지금은 모든 일이 밝고 공평하게 운영되어 오고 있사오나, 세월이 흐르노라면 성상께서도 마음이 변하시기 때문에 정사가 오늘날과 같이 맑고 깨끗하기는 매우 어려울 것이옵니다. 그렇게 되면 어진 신하들과 간사한 무리들이 두 갈래로 갈리게 되옵니다. 그러므로 성상께서는 그 점에 각별한 유의를 하셔야 할 것이옵니다."

퇴계는 국가의 장래를 위해 임금님의 치정(治政)의 지표로 알아듣기 쉽도록 교도하였다. 임금은 내심 탄복을 마지않으며 이렇게 물었다. "지금 조신(朝臣)들 중에서 경이 믿고 추천해 줄 사람이 있으면 서슴지 말고 추천해 주기 바라오."

퇴계는 머리를 조아리며 아뢴다.

"지금 대신 자리에 앉아 있는 분들은 모두가 맑고 깨끗한 분들 뿐이옵니다. 조정에 사특한 사람이 한명도 없다는 것은 크게 다행한 일이옵니다. 특히 지금 영상(領相)으로 계시는 이준경(李浚慶)으로 말하면 나라가 위태롭고 불안한 경우에도 아무 소리 없이 국가를 태산처럼 튼튼하게 만든 사람이었으니 참으로 믿음직한 동량지재이옵니다. 성상께서는 그 사람을 굳게 믿으시고 항상 중용(重用)해 주시옵소서."

"경의 충언은 마음 속 깊이 아로새겨 잊지 않겠소. 지금 우리나라에서 학문을 하는 사람으로서는 누가 으뜸이라고 생각하오?"

"그것은 신으로서는 말하기 어려운 일이옵니다. 지금 우리나라에는 많은 학자들이 있사옵고, 그들은 학문에 따라 학설이 저마다 다르온데, 신이 어찌 개인적인 판단으로 누가 으뜸이오, 누구는 그만 못하다고 말할 수 있으오리까. 신의 옅은 지식을 가지고 그런 말씀을 올린다면, 그것은 성상을 속이는 것이나 다름이 없을 것이옵니다."

"경은 학자로서 참으로 겸허하기 짝이 없는 사람이구려. 경은 평소에 제자인 기대승(奇大升)의 학문에 무척 관심이 많다고 들었는데, 기대승의 실력은 어떠하오?"

"기대승은 책도 많이 읽었고 성리학(性理學)에 대한 실력도 대단한 사람이옵니다. 그러나 학문을 넓게 하여 아는 것은 많사오나, 몸과 마음을 거두어 행실을 닦고 수양하는 점이 부족한 것이 큰 결점이라고 하겠습니다."

그 당시 학자들은 당파를 만들기를 좋아하여 자기편 사람이라면 무조건 치켜 올리고, 남의 현 사람이라면 덮어놓고 헐뜯는 경향이 농후했었다. 그러나 퇴계만은 비록 자기와 반대되는 학자라도 그의 학문을 존중하게 여겨 주었고, 또 비록 자기 제자라도 결점이 있으면 하나도 숨기지 않고 솔직하게 공개했으니, 그 한 가지 사실만으로 퇴계의 성품이 거울같이 맑았음을 알 수 있는 것이다.

그나 그뿐이랴. 퇴계는 당파(黨派)싸움을 미연에 방지하려고 선조에게 다음과 같은 말씀도 올렸다.

"우리 조종(祖宗)의 은덕은 깊고도 두터워, 개국 이래로 쌓아 올린 공덕은 거룩하기 이를 데 없사옵니다. 그러나 중엽(中葉)에 사림(士林)의 화(禍)가 가끔 있었으므로, 금후에는 그 점에 각별히 유의하셔야 할 것이옵니다. 가령 연산조(燕山朝)때에는 무오사화(戊午士禍)와 갑자사화(甲子士禍)가 있었사옵고, 중종조(中宗朝)에는 기묘사화(己卯士禍)로 죄 없는 현인군자(賢人君子)들이 수 없이 살해를 당했사온데, 그때부터 사(邪)와 정(正)이 서로 섞여 간악한 무리들이 득세를 함으로써 세상이 크게 어지러웠던 것이옵니다. 그리고 그러한 화근(禍根)은 아직도 뿌리 깊이 남아 있사옵니다. 지금은 성상께서 현명하게 처사하시니까 별로 걱정할 바 없지만, 만약 후일 성상의 총명이 조금이라도 흐려지시면 간악한 무리들이 반드시 머리를 들고 일어나 세상을 어지럽히게 될 것이옵니다. 어진 선비와 간악한 무리들이 어울려 싸우면 반드시 간악한 무리들이 이기게 마련입니다. 그러므로 성사께서는 항상 어진 선비들을 중히 여기셔서 간악한 무리들이 어떤 경우에도 머리를 들지 못하게 하셔야 할 것이옵니다."

퇴계의 이말 역시 먼 장래를 내다보고 한 말이었다.

만약 선조가 끝까지 퇴계의 충언에 따라 나라를 다스려 나갔더라면 후에 사색붕당(四色朋黨)으로 나라가 사분오열(四分五裂)하는 당쟁을 미리 막아 낼 수 있었으리라.

그러나 선조는 퇴계의 충언을 제대로 준수해 나가기에는 능력이 부족했던 때문에, 결국 나라는 당파싸움으로 오랜 동안 난마 상태를 면할 수가 없었던 것이다.

퇴계의 충언은 어찌 그 시대에만 합당한 충언이었으랴. 오늘날에 있어서도 퇴계의 충언은 여전히 찬란한 빛을 발하는 영원한 충언인 것이다.

[출전] 정비석, 『퇴계일화선』, 퇴계학연구원, 1983. 7. 5, 112~121면.

3-8. 천문학에 조예가 깊었던 퇴계 선생

제보자는 같은 과 친구의 아버지이다. 시험 기간 틈틈이 채록을 하러 다니다가 우연히 내 과제를 들은 친구가 자신의 아버지 고향이 안동이라고 알려 주었다. 하지만 친구의 집이 부산이라 부산까지 내려갈 여건이 되지 않아 걱정을 하고 있었다. 그러던 중 마침 친구 아버지가 일요일 저녁에 서울에 올라왔다. 전화로 허락을 받고 다음날인 월요일 아침에 친구 집으로 한걸음에 달려갔다.

조사 장소는 친구가 언니와 자취를 하고 있는 서울 금천구 독산동이다. 친구의 방에서 조용하고 편안한 분위기에서 조사가 이루어졌다.

제보자의 본적은 경북 안동군 도산면 은혜동 505번지, 퇴계 선생의 태실이다. 전직 세무 공무원이었다. 중·고등학교 시절 방학이면 고향에서 많은 시간을 보냈고, 요즘은 11월 중에 묘사에 참석한다고 한다.

퇴계 선생에 대한 이야기를 주로 누구에게서 들었냐고 물으니 당신의 할아버지가 도산서원의 마지막 훈장님이었고, 당숙이 퇴계 선생의 28대손이라고 하였다. 지폐에서만 본 도산서원의 실제 모습이 어떠냐는 엉뚱한 질문에 웃으며 99칸의 한옥으로 현재 이전된 서원은 옛 모습 거의 그대로라고 하였다.

아, 퇴계 선생님은 학문뿐만 아니라 천문학에도 상당한 지식을 가지신 분이고 [조사자 : 아, 천문학이요?] 그래서 지금도 도산서원에 가면 퇴계 선생님이 쓰든 지구본, 그게 이제 한지,

한지로 만든 지구본이 있지요. [조사자 : 퇴계 선생님이 만드셨어요?] 예. 그리고 별자리 이런 것도 같이 설명되어 있는 지구본. 좀 더 넓게 이야기하면 우주본이라 할 수 있겠지요. 아 그래 여기서 볼 수 있듯이 또 천문학에도 상당한 조예가 있었는데, 선생님이 하루는 제자들을 다리고 야외에서 수업을 하려고 작정을 하시고, 제자들을 데리고 가시는 도중에 제자들한테 돌을, 주먹만한 돌 두 개씩을 각자가 가지고 가도록 명령을 하샀지요. 그래가지고 인제 목적지에 도달해 가지고 강의를 하시는데 중간에 바람이 많이 불어가지고 책장이 날리니까 제자들에게 아까 주워온 돌을 적당히 바람에 날리지 않도록 그 양쪽에다가 [조사자 : 아, 그 돌을요? 예.] 돌로 양쪽에다가 눌러놓고 그리 강의를 하신 적이 있었대요. 그만큼 천문, 즉 자연의 흐름이, 바람이 어느 정도 불 것이라는 것을 미리 예측할 수 있었다는 그런 일화가 있어요.

제보자 : 김종일(59세, 남, 부산 금정구 구서2동, 대졸)
조사자 : 전소라(상경대학 경영·회계학부)
조사일 : 2001년 12월 17일
장　소 : 서울 금천구 독산동
[출전] 『퇴계학연구』 16집, 단국대학교 퇴계학연구소, 2002. 8. 30, 211~212면.

3-9. 삼촌에게 '의(義)'자를 물은 퇴계 선생(1)

용상동 사무소 사무장으로부터 추천을 받아 제보자를 만날 수 있었다. 제보자는 머리가 조금 벗겨지고 안경을 쓰고 있었으며 온화한 모습에 체격은 왜소하다. 성격이 밝고 쾌활하며 기억력이 좋고 구연을 잘하는 편이다. 음성이 크고 또렷하다.

퇴계 선생에 대해 어느 정도 공부를 해서 많은 것을 알고 있었다. 제보자의 집 거실에서 제보자와 3명의 조사자가 참석한 가운데 조용한 분위기에서 조사가 진행되었다.

퇴계 선생이 인제 나이가 열 몇 살 될 적에 '이'자를 옳을 '이'자 안 있나 물리 카는 '이'자 말야. 그 옳을 '이'자를 공부하시다가 물었어. 아, '이'자라 카는 거는 세상에 모든 옳은 것을 옳은 것을 전부 '이'자라 카지요 하고 물었어. 으. 선생님한테. 아, 삼촌한테 물었다꼬. 으. 공부하다가 '이'자 카는 뜻을 으이. 아, 옳은 것을 이라 카지요 캤는 게야. 걔, 그게 맞거든. '이'라 카는 건 옳단 말이야.

제보자 : 金龜鉉(71세, 남, 경북 안동시 용상동, 안동사범고, 무직)
조사자 : 김선아(문과대학 인문학부 국어국문학전공), 정석우(문과대학 인문학부 국어국문학전공), 지현수(문과대학 인문학부 국어국문학전공)
조사일 : 2001년 12월 1일
장　소 : 경상북도 안동시 용상동 제보자의 집
[출전] 『퇴계학연구』 16집, 단국대학교 퇴계학연구소, 2002. 8. 30, 213~214면.

3-10. 삼촌에게 '의(義)'자를 물은 퇴계 선생(2)

음-. 송정욱에게 인제 논어를 배, 배웠는데, 하루는 '이(義)'자를 가지고 숙부에게 묻기를, 모든 일에 옳은 그것이 이(義)옵니까 하고 물었어요, 물었는데, 송제공은 퇴계의 총명한 질문을 받고 크게 기뻐했다고 합니다.

제보자 : 이규식(48세, 남, 행정7급 도산서원관리직)

조사자 : 김수연, 정수진(사범대학 한문교육과)
조사일 : 2002년 11월 2일
장 소 : 안동시 도산면 토계리 도산서원 관리사무소
[출전] 『퇴계학연구』 17집, 단국대학교 퇴계학연구소, 2003. 8. 30, 147면.

3-11. 도학군자 이퇴계

박태민 씨는 전라도 보성에서 태어나 계속 살다 서울에 올라온 지 7년이 된 분으로 진원(珍原) 박씨이다. 고향 보성에 있을 당시 향교를 책임지는 자리에 있었다고 한다. 그래서인지 정사에 관한 이야기를 많이 알고 있다. 퇴계 선생에 관한 일화는 고향에서 어린 시절에 들었다고 한다. 기억력도 아주 좋은 편이다. 깨끗한 인상에 체구가 큰 편으로 연세보다 굉장히 젊어 보이는 분이다. 음성은 조용하고 차분하며, 아래 치아가 한 개 빠져 있었지만, 발음이 매우 정확하고 뚜렷했다. 이야기의 흐름이 끊기지 않아 조사자들이 이야기에 집중하는 데는 문제가 없었다.

퇴계 선생에 관한 이야기를 들려 달라고 청하자 퇴계 선생의 약력을 시작으로 아주 흔쾌히 이야기를 들려주었다. 약력에 관한 이야기를 마치고 퇴계 선생의 일화를 다시 묻자 이 이야기를 들려주었다. 조사자들을 호의적이고 친절하게 대하며, 질문에 적극적으로 답하였다. 녹음기를 전혀 의식하지 않았으며 자연스럽고 편안한 분위기에서 이야기를 시작하였다.

퇴계가 불후허니, 퇴계 아버지가 일찍 돌아가시고, [조사자 : 예.] 일곱 살이든가, 제게 아버지가 돌아가시고, 퇴계 작은아버지가 계셔. [조사자 : 예.] 호가 '송재'라고, 설 '송', 집 '재' 그래. 송재 선생이 즈그 작은아버진디, 그 작은아버지한테 배왔어 글을. [조사자 : 아.] 그래가지고 그렇게 대성공을 한 어른이여. 자기 아버지한테 배운 것이 아니여. [조사자 : 예.] 훌륭한 어른이고. 어- 나라에서 벼슬을 자꾸 허라고 해도, 사의를 표허고 "나는 정치헐 사람이 못된다. [조사자 : 예.] 내 고향에 가서 우리 학도들이나 갈칠련다." 그러고 자꾸 벼슬을 마다고 하고 고향으로 오셨어. [조사자 : 예.] 오셔가지고, 지금 도산 서원이라고 알지? (조사자를 향해 질문하자 대답 : 예.) 도산 서원을 짓고, 지어가지고 거그서 학도를 갈쳤지. 그래서 학도가 무려 그 학도가 유명한 학도만 하더래도 삼백 명이 넘었고. [조사자 : 예.] 전부 합허면 천명이라고 해도 과언이 아니고. [조사자 : 예.] 그때에 경상도 가서 또 동쪽에는 퇴계 선생이고, 서쪽에 가서는 남맹(남명) 조 선생이라고 있어. 조남맹. [조사자 : 예.] 거그는 경상남도 산청군, 음- 단성면이라고 하는디가 거가. 아니 거시기 벽산이라고 한디가, [조사자 : 예.] 거가 말하자면 퇴계 선생으로 밀하년 도산서원이야. 같은 사당을 지어놓고 제사를 잡숫고 하므는 동에서는 경상도 글을 제일 잘하는 양반이 퇴계 선생이고, 서쪽에 가서는 남맹 조 선생이고. [조사자 : 예.] 조선생, 조선생은 이름자가 심을 '식' 자여, '식' 자. 한 자여, 한 잔디. 그 어른이 두 분이, 남맹 선생이 퇴계 선생만 못헌 이유는 조남맹 선생은 제자가 적었어. [조사자 : 예.] 그러고 당이 쪼깐 트리고, 당 아니라고. 지금 세상에 알리기를 퇴계 선생만이랑 알리지를 못하지. [조사자 : 예.] 지금까지도 모다 해서 남맹 선생은 제자가 한 칠십 명. [조사자 : 예.] (제보자 : 중얼거림) 퇴계 선생은 퇴계는 행위, 사램이라고 태어나가지고 행위를 잘해야 된다. 그 행실을 잘해야 된다. [조사자 : 아.] 물론 삼강오륜은 물론이고, [조사자 : 예.] 기타도, 정치를 가서 허더라도 청백리를 해야 한다. 청백해야 쓴다. 백성은 굶주리고 있는디, 나라에서는 흥청망청 쓰고. 뒤에서는 그것이 관리의 헐 도리가 아니라 [조사자 : 예.] 내가 서울 가서 관리의 자리에 앉아서 보니까 그런 경향이 많다. 그래 내가 임금님한테 몇 차례 간해 봤지만은 [조사자 : 예.] 임금님이 잘 안 맥혀 들어가. 밖에를 못 보시니까. [조사자 : 예.] 내가 차라리 사직을 허오고 내려와 뿔면 낫겄다 하여 내려와 뿐 거여. 그래가지고 말년에 도산서원을 지어 학도를 갈치다 돌아가신 것이여. [조사자 : 예.] 긍게 퇴계 벼슬은 별 것 아니여.

제보자 : 박태민(82세, 남, 서울시 강동구 명일동, 무직, 향교책임자(전직)
조사자 : 고승희, 김은, 손지현(문과대학 인문학부)
조사일 : 2002년 10월 30일
장 소 : 종로구 종로 2가동 탑골공원
[출전] 『퇴계학연구』 17집, 단국대학교 퇴계학연구소, 2003. 8. 30, 123~124면.

4. 스승과 제자

4-1. 농운정사(隴雲精舍)의 희담(戲談)

농운정사란 도산서원의 기숙사였다. 어느 날 밤 학봉(鶴峰) 김성일(金誠一)과 임연재(臨淵齋) 배삼익(裵三益)이 이곳에서 수학을 하다가 학봉은 공자가 되고 임연재는 자공이 되어, 공자와 자공의 말을 의하여 희담을 하였다. 임연재가 "사야하여(賜也何如)"라 하니 학봉은 "여기야(汝器也)"라 하였고, 임연재가 "하기야(何器也)"라 한즉 학봉이 공자가 말한 "여호연지기야(汝瑚璉之器也)" 대신에 "여(汝)삼배망태노망태지기야"라 하여 임연재의 얼굴 얽은 것을 놀렸다. 퇴계 선생은 밤이면 반드시 농운정사를 순회하였는데, 이날 밤도 이곳을 순회하다가 마침 학봉과 임연재가 방안에서 이같이 희담하는 것을 듣고 웃었다.

조사자 : 지도교수 최진원〈1회〉·이우성〈3회〉 학생 강석란·김영옥 외 8인
조사일 : 〈1회〉1964년 12월 17일~19일 /〈3회〉1966년 7월 26일~29일
장 소 : 경북 안동군 도산면 토계동 / 안동군 예안면 오천동 / 안동군 임하면 천전동
[출전] 성균관대학교 국어국문학과, 『(제1차 3개년계획) 안동문화권학술조사보고서』, 1967. 2, 105면.

4-2. 비상한 관찰력

퇴계가 도산서당에서 많은 제자들을 길러 내어 학자로서의 그의 명성이 세상에 널리 알려졌을 때의 일이었다.

하루는 성주(星州)에서 삼십대의 두 젊은이가 제자로 입문하고자 도산서당으로 퇴계를 찾아왔다. 한사람은 한강(寒崗) 정구(鄭逑)요, 다른 한 사람은 내암(來庵) 정인홍(鄭仁弘)이라고 하였다.

퇴계가 그들을 만나 보니, 마침 몹시 무더운 날씨였건만 그들은 스승에게 대한 예의를 갖추느라고 도포에 행건까지 치고 왔었다.

수인사가 끝나고 이야기를 나누게 되자, 정구는

"에이 더워! …… 선생님! 더워서 도포를 좀 벗겠습니다."

하고 말한 뒤에 도포를 훨훨 벗어서 벽에 걸고 갓까지 벗어 놓더니, 수건으로 땀을 씻는 것이었다. 그런데 그 행동이 스스럼없기 그지없었다. 그러나 정인홍은 그와 반대로 도포와 갓을 벗어 붙이기는커녕 찌는 듯한 더위에도 불구하고 그린 듯이 정좌를 하고 앉은 채 눈썹 한 개도 까딱하지 않았다.

그야말로 극단적으로 대조적인 두 사람의 인품이었다.

학문에 대한 이야기를 주고받는 동안에도 그들의 대조적인 성품은 그대로 나타나 있어서, 정구는 텁텁하면서도 천진스러운 면이 있는 반면에, 정인홍은 말 한마디 한 마디가 자로 잰 듯이 이론이 정연하여 하나도 책잡을 데가 없었다.

퇴계는 담화를 나누며 그들의 인품을 세밀히 관찰하고 나서, 그들을 농운정사(隴雲精舍)로 가서 쉬라고 일렀다. 농운정사란 제자들이 숙식하는 방의 당호(堂號)였다.

두 사람이 농운정사로 물러간 지 얼마 후에, 퇴계는 동자(童子)를 불러 이렇게 명하였다.

"너 농운정사에 가서 오늘 찾아온 두 젊은이가 지금 어떤 모양으로 쉬고 있는지 자세하게 알아보고 오너라."

동자는 잠시 후에 농운정사에 다녀와서 다음과 같이 아뢰는 것이었다.

"제가 가 보았더니, 정구라는 사람은 더워서 못 견디겠다고 하면서 웃통까지 벗어 붙이고 우물가에서 발을 씻고 몸을 씻고 야단법석인데, 정인홍이라는 사람은 옷을 조금도 허트리지 않은 채 깎아 놓은 부처님처럼 지극히 단정한 자세로 방 안에 앉아 있었습니다."

"그래? 알았다. 수고가 많았다. 물러 가거라."

퇴계는 거기서 무엇인가를 결심한 듯 입을 굳게 다물어 버렸다.

다음날 아침 두 사람은 정식으로 제자로 입문하는 예식을 갖추려고 폐백(幣帛)을 가지고 퇴계 앞에 다시 나타났다. 옛날에는 제자로 입문하려면 필목이나 꿩이나 그밖에 물품을 가지고 와서 스승에게 큰 절을 올리며 폐백을 드리는 것이 격식으로 되어 있었던 것이다.

퇴계는 먼저 정구의 큰절과 폐백을 받음으로써 그를 제자로 삼기를 허락하였다. 그러나 정인홍의 차례가 오자, 퇴계는 손을 들어 큰절과 폐백 올리기를 거절하면서 이렇게 말했다.

"내가 그대에게는 아무것도 가르칠 것이 없으니, 그대는 그냥 돌아가 주기를 바라네, 그대를 가르치기에는 나는 힘이 부족한 사람이야."

이리하여 정인홍에게는 제자 입문을 거절하고 그냥 돌려보냈다.

다른 제자들이 그 광경을 목격하고 정인홍이 돌아간 뒤에 퇴계에게 그 이유를 물었다.

"선생께서는 어찌하여 정구만을 제자로 받으시고, 정인홍은 그냥 돌려 보내셨나이까?"

그러자 퇴계는 조용히 이렇게 대답하였다.

"내가 두 사람의 거동을 살펴보니 정구는 시종이 일관하게 상정(常情)에 따라 행동했지만, 정인홍은 하나에서 열까지 상정에서 벗어난 행동을 하고 있었다. 상정을 벗어난 행동을 하는 사람은 언제 무슨 짓을 할지 모르는데, 그런 사람이 무슨 쓸모가 있다고 글을 가르치겠느냐." 그 당시 제자들은 그 말을 무심코 들어 넘겼다.

그러나 먼 뒷날에 보면 퇴계의 예언은 너무도 정확하게 들어맞았다.

퇴계에게서 입문을 거절당한 정인홍은 그 후 남명(南冥) 조식(曹植)의 제자로 입문하여 대학자가 된 것까지는 좋았다. 그러나 벼슬이 높아지자 그는 사색당쟁의 주동자로서 정철(鄭澈), 윤두수(尹斗壽), 유성룡(柳成龍)같은 조정의 충신들을 모조리 탄핵하여 조정을 크게 어지럽히다가 급기야는 계축옥사(癸丑獄事)까지 일으켜 영창대군(永昌大君)을 증살(蒸殺)하게까지 하였다. 그 모양으로 불의의 영화를 누려가며 갖은 작패를 부리다가 마침내 인조반정(仁祖反正) 때에 참형(斬刑)을 당하고 가산까지 적몰(籍沒)되었다.

이로 인하여 정인홍의 선생인 조남명도 참혹(慘酷)한 추형(追刑)을 받았었다. 그러한 사실로 미루어 보면 사람을 판단하는 퇴계의 눈이 얼마나 정확했는가를 가히 알 수 있는 것이다.

[출전] 정비석, 『퇴계일화선』, 퇴계학연구원, 1983. 7. 5, 68~71면.

4-3. 임형수를 애도

명종 원년(1545)에 윤원형(尹元衡)과 이기(李芑) 등의 간신배들은 국권(國權)을 장악하고자 을사사화(乙巳士禍)를 일으켜 반대파의 학자들을 수없이 학살했는데, 그 중에는 금호(錦湖) 임형수(林亨秀)라는 사람도 끼어 있었다.

임형수는 퇴계보다 세살 아래로서 26살에 진사(進士)가 되고, 31살에 별시문과(別試文科)에 병과(丙科)로 급제하여 주서(注書) 기사관(記事官) 사서(司書) 등을 거쳐, 퇴계와 함께 홍문관 전한(典翰) 벼슬을 지낸 사람이기도 하다.

퇴계는 홍문관 전한으로 있을 때 임형수와 뜻이 맞아, 간담장조하는 친구가 되었다. 위에서 말한 규암(圭庵) 송인수(宋麟壽)를 대쪽같이 곧은 청렴결백지사(淸廉潔白之士)라고 한다면, 금호 임형수는 기상이 웅건(雄建)한 호걸풍의 대장부였다. 그러기에 퇴계는 송인수를 항상 사표(師表)로 삼아 왔고 임형수를 둘도 없는 지기로서 가까이 사귀어 왔다.

그러한 두 사람이 을사사화로 사사(賜死)가 내려 한꺼번에 세상을 떠나버리자, 퇴계의 슬픔과 고독은 이루 말할 수가 없었다.

그러기에 퇴계는 임형수가 사약을 마시고 죽은 지 여러 해가 지난 뒤에도 뜻있는 젊은이들을 만나면 임형수의 칭찬을 입이 닳도록 했었는데, 퇴계의 칭찬의 말은 항상 다음과 같았다.

"임금호는 참으로 재주가 기이하고 그 뜻이 큰 사람이었는데, 아깝게도 죄 없이 죽었으니, 원통하기 짝이 없다. 공은 사람됨이 높고 기개가 세상을 덮을 만하였으며, 또한 문무의 재주를 겸비한 인물이기도 하였다. 일찍이 나는 공과 함께 홍문관에서 벼슬을 지내고 있을 때 가끔 술을 함께 먹은 일이 있는데 공은 술이 취하면 노래를 호탕하게 부르고, 스스로 시를 지어 읊기도 했었다. 언젠가는 나더러 '그대는 사나이의 장쾌한 취미를 아는가?'하고 묻기에 내가 '잘 모르노라'고 했더니, 그는 큰 소리로 이렇게 말했었다. '산에 눈이 하얗게 쌓였을 때 검은 돈피 갑옷을 입고, 기다란 화살을 허리에 차고, 팔뚝에는 백 근짜리 센활을 걸고, 철통마에 채찍을 가하며 산골짜기로 달려 들어가면, 긴 바람이 골짜기에 일어나며 산천초목이 모두 진동하게 된다. 그러면 숲속에 숨어 있던 산돼지가 크게 놀라 좌왕우왕하게 되는데, 그 때에 활로서 산돼지를 쏘아 잡는 통쾌감은 다시없는 쾌락이다. 산돼지를 잡아 놓고 나서는 고목을 베어 불을 지펴 놓고 긴 창끝에 산돼지 고기를 꿰어 구우며, 술은 대접에 가득 부어 마시고 구운 산돼지고기를 안주로 먹으면 그 맛이 그야말로 천하일품이다. 이윽고 얼큰하게 취한 뒤에 하늘을 쳐다보며, 산골짜기의 구름이 눈으로 변하여 취한 얼굴을 시원스럽게 식혀 주는데, 자네는 그러한 취미를 아는가?' 하고 떠든다. 나는 이러한 일을 직접 경험한 일은 없지만, 임공의 웅장하고도 활달한 기상이 한없이 부러웠었다. 정말이지, 나같이 글자를 다루는 조그만 재주밖에 없는 사람에게는, 임공의 웅건한 기상은 호연지기(浩然之氣)를 길러 주는 좋은 스승이었다. 그와 같이 좋은 인물을 죄 없이 죽게 했으니, 그 얼마나 아까운 일인가."

그 모양으로 퇴계는 임형수의 죽음을 두고두고 애석해 했는데, 그런 말을 할 때면 퇴계의 눈에는 언제나 눈물이 맺혀 있었다.

진실로 퇴계는 누구보다도 인재를 아낄 줄 아는 사람이었던 것이다.

[출전] 정비석, 『퇴계일화선』, 퇴계학연구원, 1983. 7. 5, 76~78면.

4-4. 술을 좋아한 월천

그래 청(淸)해도 그 어른들 술겉은 거는 잘 자시었, 잘 자셨어. 옛 문인들이라도 이렇게 머식기 율곡이라든 기고봉이라든지 그런 양반도 술에는 못 이긴다.

그래 오죽하마 월천이 여 도산서원 길 밑에 군미데이(?) 있고 거계 예전이 기생이 모도 있고 술파고 하는데 있었어. 요새는 고마 길도 없고 그 밑이 그렇지만 사람은 가고 없지만 거서 인제 서원 왔다 인제 월천이 섬마로 해가주고 다래로, 다래라는 거는 부포 맞은 편 건너편에 고게가(거기가) 조씨 사는 다래라는 데래.

가고 하는데 오직하이(오죽하면) 그 어른이 월천이 가다가 고마 도포를 입고 가다 술을 취해 가주 다리에 빠졌어. 물에 빠졌단 말이래. 보통 겉으마 문인이 꾸지럼을 해서, 하시껜데 뭐라그노 편지를 해가주 그걸 화가를 씨게가주 그림을 그리놨으마 보기 좋을따 그랬다그러. [큰 소리로] 그래 월천이 고마 술을 고마 안자셔부랬다. [본래 목소리로] 사나로서(사나이로서) 어느 자리에 술 없는 법이 없어. 그럼 묵어야지. 그럼 뭐 취찮도록(취하지 않도록) 요량해가주(요령껏) 머이(먹어야) 되지 술을 끊는 법이 없는데, 그래가주 또 월천이 술을 또 자셨다. 자시는데 단배(單杯)거든, 한 잔씩(잔씩) 자셨어. 그르이 그 한 잔 단배가 거서 월천한테 나왔는 단배거든.[1] 요새 모두 그는. 이르이 술 한 잔 머르이 양푼이겉은 데 담아가주 이래고 요서 조마 옮겨서— 그런 말이 있어[2]. 월천 이얘기.

1) 단배라는 말이 월천으로부터 유래됐다는 말이다.

2) 월천이 술 한 잔을 먹는데 양푼처럼 큰 그릇에 먹었고 자리를 옮길 때마다 한 잔씩 먹었다는 말이다.

[출전] 『퇴계학연구』 19집, 단국대학교 퇴계학연구소, 2005. 8. 30, 160~161면.

4-5. 개장국을 먹는 상주

월천선생[1]의 제잔데 어데, 어느 선생의 상주가 됐는데 문상을 가라 그거든 월천선생이 선생의 말을 듣고설랑 갔지. 가이께 문앞에 골질에(고을 입구에) 주막에 아이 앉아서 아이 보이께로 선생이 갔다가 [강조하여] 개장국을 먹고 있어. 그런데 [의심스럽다는 투로] 초상집에 가서 개장을 먹어서 저게 될 일이라 싶어 월천 선생이 얼매나 청(淸)한지. [본래 소리대로] 그래가주고설랑은 개장을 먹고 있으이께네 본둥만둥하고 돌아왔단 말이래. 그래 퇴계 선생이 있다가설랑은,

"그래, 문상을 하고 왔는가?"

"문상을 안했습니다."

"왜 그랬는고 그 집에 갔던가?"

"예. 가서 보이께네 골질에 초상 상주가 주막에서 개장을 먹고 있습디다. 그래서 내가 고마 추저워서(추잡스러워서) 문상을 안 하고 왔습니다."

"에이, 그럼 안 되지 그쯤 갔으면 문상하고 와야 돼지."

그래가주고설라문 막 나무래건던. 나무래이께네, 그래 꾸중을 듣고 설랑은 냉중에 멫 날 메칠 지낸 뒤에 그때는 한 달 장사도 되고 구일 장사도 되고 이전에 그래 그지에는,

"요번에는 장삿날이께로 문상을 꼭 하고 오게."

그이,

"예. 갔다 오지요."

갔단 말이래. (말을 얼버무리며) 선비들이 밤을 자고설랑 뭐. 이랬는데, 에 세우고 이래는데 그 이튿날 아침에 (말을 고쳐서) 새벽에 비가 (강조하며) 고만에 막 놋 날리듯[2] 하네. [청중 : 웃음] 비나 노 날리듯 하고설랑 막 고만에 악수로 쏟아지이께로 물리 고만에 뭐 고만에 개가 차고 내려가고 이러는데 앞에 상여를 메고설랑 가는데, 물이 바다가 돼 건널 수가 없어서 상주가 나오디만 글을 몇 자 지어서 뭐라꼬 뭐라꼬 하이께 그만 물이 탁 갈라지디 따 갈라지디 돌다리가 나이께로 고마 그러이 상여가 다 건너가고 해상이 다 건너간 뒤에, 물이 확 닥치거던. 그래가주고 앞산에 가서 장사를 내랐단[3] 말이래 장사를 내랐고 그래 그 주에는(그제는) 날이 저물어 모도 건너와서 모두 왔단 말이래.

"요번에 문상을 했는가?"

"예, 했습니다."

"장지는 어데던고?"

"그 앞산입니다."

"새벽에 비가 많이 와서 그 물을 내를 어예 건넜는고?"

그래 사실 이러이러 하고설라만. 상주가 이래가주고설라문 물살이 탁! 갈라져서 그래가주고설랑 상여를 내랐습니다. 범상한 선생이 아일세 그런데 그 선생이 만약에 건 달포를 머슥을 하고 밥도 못먹고 상주질하고설랑은 자기가 가령 몸이 쇠진해가 죽으며는 그 우째되는 거래 그래되이 상주질도 못하고 죽으면 불효가 되지 않는가? 그러니 될 수 있으만 내가 보신탕을 안 먹으면 내가 죽는다는 각오를 하고설라만 먹은 거래 당신도 청할 줄 알고 올 줄 알고설랑은 그래이 먹은게래.

1) 월천 조목(月川 趙穆, 1524~1606). 이조 선조 때의 학자. 예안에서 태어났으며 퇴계 이황의 제자로 문장이 뛰어남.
2) 소나기의 빗줄기를 노의 날줄에 비유한 표현이다.
3) 장례를 마쳤다는 말이다.

[출전] 한국정신문화연구원, 『韓國口碑文學大系』 7-17(慶尙北道 醴泉郡篇), 1988. 6. 30, 94~96면.

4-6. 퇴계 앞에서 책 편 사람은 벼슬 다 했다

퇴계의 비(碑)가 충주댐에 있더라는 말을 했다. 퇴계가 제자들을 잘 가르쳤냐고 물으니 그렇다고 하면서 이 이야기를 했다.

잘 가르쳤지. 이퇴계한테 책 피논(책 펴놓은, 공부한) 사람들은 벼슬 아하니가(안 한 이가) 없거든. 정승 다 했지. 정승 다 했고 전부 정승 아(안) 하마(하면) 그 밑에 벼슬도 큰 벼슬 다 했지. 그 때문에 이황 선생 제자라 그마(그러면) 나라에서 알아줘. 어떤 벼슬도 다 줘. 이황 선생 수제자는 벼슬 아 한(안 한) 사람이 없어.

제보자 : 황병학
조사자 : 김재중
조사일 : 2001년 7월 15일
장　소 : 풍산읍 서미 2리 제보자의 집
[출전] 『국문학논집』 19집, 단국대학교 국어국문학과, 2003. 12. 30, 240면.

4-7. 공부가 덜 된 사람을 제자로 삼은 퇴계 선생

용상동 사무소 사무장으로부터 추천을 받아 제보자를 만날 수 있었다. 제보자는 머리가 조금 벗겨지고 안경을 쓰고 있었으며 온화한 모습에 체격은 왜소하다. 성격이 밝고 쾌활하며 기억력이 좋고 구연을 잘하는 편이다. 음성이 크고 또렷하다.

퇴계 선생에 대해 어느 정도 공부를 해서 많은 것을 알고 있었다. 제보자의 집 거실에서 제보자와 3명의 조사자가 참석한 가운데 조용한 분위기에서 조사가 진행되었다.

하나는 내암 정인홍, 어, [내암?] 내암. 내암. 내암이라고 올래자 하고 모 암자. 암잔데, 내암 정인홍하고, 인제 한강 정구 카는 두 어른이 퇴계한테, 그 조남명한테 공부를 하고 난 담에, 또 그 퇴계한테 공부를 배우러 왔어. [정인홍하고 누구요?] 정인홍하고 한강 정구 카는 정구. [정구?] 정구. 두 어른이 인제, 퇴계한테 공부를 배울라고 차사할라꼬 왔다꼬. 말하자면 요즘 학교 입학할라꼬 왔어. 왔는데, 퇴계는 한 이틀쯤 이래 보니까 여름철인데 아 그 정구, 한강 정구는 덥다꼬 막 옷을 홀딱 벗고 부채질을 막 하고, 에이. 그 내암은 꼿꼿이 앉아 땀을 빨빨 흘려가면서 있거든. 그래 며칠 뒤에 퇴계가 가서 이 그 내암을 두고 하는 말이 내가 자네한테는, 자네는 하도 공부를 한 사람 수양한 사람이니까 내가 벨로 가르챌 게 없네 카고 거절을 해요. 그 정구를 갈챘거든.

제보자 : 金龜鉉(71세, 남, 경북 안동시 용상동, 안동사범고, 무직)
조사자 : 김선아(문과대학 인문학부 국어국문학전공), 정석우(문과대학 인문학부 국어국문학 공), 지현수(문과대학 인문학부 국어국문학전공)

조사일 : 2001년 12월 1일
장 소 : 경상북도 안동시 용상동 제보자의 집
[출전] 『퇴계학연구』 16집, 단국대학교 퇴계학연구소, 2002. 8. 30, 233~234면.

4-8. 상주(喪主) 된 금계에게 월천을 문상 보낸 퇴계

퇴계 이야기가 더 없냐고 물어보자 많다면서 계속 이야기를 했다.

[조: 뭐, 퇴계 이야기 더 없니껴, 할배요.]

퇴계 이야기가 많지. 많기사(많기야) 많지마는……. 풍기에 금계 선생[1] 겉은거는 계자(?)가 미리 죽었거든. 계자가 젊어서 미리 죽었는데 금계 선생 정호를 누가 냈노 그마 퇴계 선생이 냈거든. 그래가주고 금계 선생이 정호가 금선정이래. 비단 금(錦)자, 신선 선(仙)자, 밑에 정자 정(亭)자 금선정인데 풍기 우금골에 가마(가면) 있어 그 정자가. 그 집은 누기로 그마(누구냐 하면) 평해 황씨에 황간데(황가인데) 우리 최고, 전국에서 큰집 이래 그 집이. 우리 황가에 전국 큰집인데.

그래 금계 선생이 미리 죽으니 젊어 죽어도 죽으이 아 아까븐(아까운) 인재가 죽었는데 이 많은 생도 중에도 내하고 마음 맞는 거는 풍기에 황금겐데, 마음 맞는 거는 황금겐데. 그래가주고 이 양반이[2] 미리 알고,

"그래 문상을 갖다 오게."

아까 말따나[3] 몇 달씩 유상을 하이께네,

"그래 여거 우리 계자가, 저 다리는(다른 이는, 다른 사람은) 가지 마고 조월천이[4] 자네 좀 갔다 오게."

성질을 벌써 아고(알고) 그 또 금계 선생도 하마 벌써 아고

그른 걸 다 알고. 인제 금계 선생 아, 상주가 됐어[5]. 금계 선생 상주가 됐어.

그래가주고 금계 선생이 죽을 때는 이 퇴계 선생보다 미리 죽었는 모양이래. 그래가주 정호를 그 연조(年條)를 보마 퇴계 선생 미리 죽었다고 정호를, 이퇴계가 글 내논게(놓은 게) 있단 말이래 그 정자 가보마.

그런데 금계 선생이 상주(喪主)가 됐으이,

"문상(問喪)을 다리는(다른 사람은) 갈 이도 없고 조월천 자네 좀 갔다 오게나." 그래.

"그 아이구 지가 갔다 오라고요?"

"아이, 자네가 갔다, 자네가 갔다 와야 여러 가지 그 사람하는 이력과 행세와 다 전부 잘 보고 오지 딴 사람은 가봐야 그만치(그만큼) 자네만치(자네만큼) 보리가(볼 이가, 볼 사람이) 없네." 이랬거든.

"그마(그러면) 지(제가) 갖다 오지요."

그래 이제 조월천 선생을 상주가 됐다고 인제 부고가 왔으이 가봐야 안되나. 가이 그래 황금계 선생이,

"아이 월천이 오는가."

같이, 요새(요즘) 맹(역시), 오새로(요즘) 동창 학생메로(학생처럼) 그르크든.

"월천이 오는가."

"아이고, 이 사람아. 이게 상고의 말은 할 말이 없다."

질질(…) 하면서,

"아이 뭐 관계없네." 하고,

"그래 조망(?)이 있는가?"

카골랑(하고서) 그래 대접 잘하고 지녁(저녁) 대접 잘하고 시컨(오랫동안, 충분히) 앉아 노다가(놀다가) 그래 밤이 이식하이

(깊어지니),

"그래 인제 월천이, 저게 오늘 저녁에는 사라에(사랑에, 사랑방에) 자네 혼자 자게. 나는 자네가 왔더라도 우리 안 소실(小室)이 인제 단산(斷産)이래. 단산지경(斷産之境)이께네[6] 나는 안에 드가(들어가) 자고 온다."

카면설랑 그래부랬거든. 가만보이 하마(벌써) 행세가 옳찮단(옳지 않단) 말이래. 점잖은 사람이 하마, [웃으며] 그 트집 잡으라꼬.

'아이 이거 나를 두골랑 사라아(사랑방에) 혼자 자라 그고 단산지경이라 그마 혼자 자마……'

그게 하마 한가지 점이 숭(흉)이 됐지.

그래하고 그래 아직(아침) 대접, 또 아직아래(아침 식사 전에) 나와서,

"밤새 그래 혼자 사라아 주무시게그러(주무시게해서) 안됐네."

카고 인사를 하고,

"아이고, 뭐 그런 수도 있지."

"그런 수나 뭐나 내가 오늘 자네한테는 좋지 못하지(못하지). 사라아 자네를 놔두고 내 안에 드가 자고 오이……."

그래고는 부러 숭되그르 그래고는 아직(아침) 대접도 잘 해. 또 인제 노자를 줘서 잘 가라고 인사를 하고는, 그이 인사를 해부고 말하자마 저 너메(너머) 저 들이 있이마 [손가락으로 집 옆의 낮은 산을 가리키며] 우리 요 질러가마 요리(이쪽으로) 넘어 가마 돼.

그래가주 금계 선생이 보냈뿌고는,[7] 풍기 장날인데 그날이 풍기 장날인데 풍기 장월(?)이라고 고마 방립을 씨고 인사를 저 산지꺼리 밖에꺼짐[8] 해 놓고는 고만 번개같이 집에 드가가주고 행전 치고 상복 입고 방립 씨고 막대를 짚골랑 고만 금계

선생보다,[9] 저 조월천 선생보다 그 질을 질러서 앞에 와 부랬어. 앞에 와 가주고 똑 거 풍기 장터 오른 질맥이(길목에) 여임집(여염집)이, 개장집이 있었는데, 개잡아 파는 개장집이 있는데 고 사라아(사랑방에) 문을 열어놓고 그 개장 한 그릇 청해 놓고는,

"아이고, 내가 안주(아직) 일 좀 바래이 되는데 천천히 떠 달라."[10]고 그래놓고 그제는 가만 쳐다보이 인제 저 위에 일렁일렁 그마(그러며) 내려오거든.

"아, 인제는 개장 주시오."

그고 그래 문을 열어 놓고 사랑 툇마루에 앉아 여임집에 앉아서 개장을 사가주고 땀을 철철 흘리며 방립을 벗어 놓고, 지금 땀을 닦으며 먹다이(먹고 있으니) 앞으로 이래 지내간다 말이래.[11]

이래 조월천이 보이 아 금계 선생인데 아 저 사람이 엊저녁에는 단산지경이라그마 안에 드가(들어가) 내 혼자 사라아(사랑방에) 놓고 상주가, 초상 상주가 개장을 안 먹는데 아 개장을 먹고 앉아. 그 단에는(그것까지는) 참지 못해. 아 저래가주고설랑, 저게 사람될게 뭐 있노 카면서 가지끈(있는 대로) 숭(흉)을 잡았네. 그래가주고 부러 인제 못 본 척 하고 고마 그제는 개장만 마시고 앉았시이(앉았으니) 이제 월천 선생도 히떡 겉떠보이(거들떠 보니) 자이(꽤, 상당히) 행동이 옳찮애(옳지 않아).

그래 갔다와서 그래 인제 월천 선생한테[12],

"그래 댕겨 왔습니다."

"아, 댕겨오나. 그래 가보니 그 사람 하는 이력이 볼 게 많지?"그이,

"아이고 볼 게 많고 마고 아주 그 사람 못 쓸리더."

"워뜷던고?"

"뭐 안 소실 단산지경이라그마 날 사라아……."

"대접은 잘하드나?"

"대접은 참 잘해……."

"대접 잘 하지. 대접 잘 하고 손 치는 범절도 좋을게고……."

"그런데 잘 때 내 혼자 자라그마 단산지경이라그마, 백대천손한다, 참 저 안에 드가 자고 온다 그면설랑 단신지경이라 그고 안에 드가 자고 날 혼자 자라 그이 구체가 있나 속으로 좀 섭섭두만 그 적잖이……. 아 초상 상주가 그래 안죽(아직) 초상 상준데(상주인데) 방립을 벗어놓고 풍기 장터 개장, 개장을 먹다니……."

"자네 그르마(그러면) 같이 나왔는가 앞에 나왔는가, 워에 손도 안 보고."

"아이지요. 나를 보내코 워디로 질러 가가주고 하마 참지 모해서(못해서) 거 질가(길가) 앉아 내가 못 본 척하고 왔다고……."

"아, 그래. 그르마 그 개장 먹는 거는 자네 보기는 그렇지, 그 사람은 만구 호걸이래. 만구 호걸이고 그른(그런) 사람은 그 호걸로 먹는거래. 만구 호걸이고 단산지경이라 그마 손님이 아무리 점잖은 손이 와도 사라아 혼자 자라 그마 안에 드가 하는 거는 그거는 백대천손할 가리고 이리이 그 사람 복을 못 따르잖애."

그릇이 깊으다 말이래. 시컨 긁어 지끼마. 그르이 그 사람 백대천손(百代天孫)할[13] 사람이고 만구 호걸로. 그래 그래가주고 풍기 그 집이 항쟁이(한정이, 끝이) 있나 뭐.[14] 그래가주고 벼슬도 널리 해있지. 그래가주고 금계 선생 죽을 때는, 미리 죽었는 걸 금선정 정호를 이 양반이[15] 내 놓고, 죽었는거 보이 금선정이라고 이 퇴계가.

1) 황준량(黃俊良, 1517~1563) : 호는 금계(錦溪).
2) 퇴계 선생이.
3) 조금 전에 말한 것처럼.
4) 조목(趙穆) : 호는 월천(月川), 1524~1606, 퇴계의 제자.
5) 금계 선생이 죽어서 조월천에게 문상을 보낸 것이 아니라 금계 선생이 상주가 되어서 문상을 보낸 것을 앞에서 잘못 말했기 때문에 말을 고친 것이다.
6) 단산지경이니까. 아이를 낳지 못할 지경이니까.
7) 금계 선생이 월천을 먼저 보내고 나서는.
8) 문 밖에까지.
9) 월천 선생이라고 말해야 할 것을 잘못 말했다.
10) 다른 일이 있으니 천천히 달라고.
11) 금계 선생이 개장국을 먹고 있으니 월천 선생이 그 앞을 지나간다는 말이다.
12) 퇴계 선생이라고 해야 할 것을 잘못 말했다.
13) 자손이 아주 많아질.
14) 금계의 자손들이 매우 많다는 말이다.
15) 퇴계 선생이.

제보자 : 황병학
조사자 : 김재중
조사일 : 2001년 7월 15일
장 소 : 풍산읍 서미 2리 제보자의 집
[출전] 『국문학논집』 19집, 단국대학교 국어국문학과, 2003. 12. 30, 250~255면.

4-9. 너무 청(淸)한 월천 1(손님 떠난 자리 바로 쓸고 닦기)

퇴계 선생이 이런 말이 있어. 조월천 선생이가 하도 청(淸)

해 가지고, 하도 깨끗해 가지고 말이래. 청해 가지고 가에 방에 앉으마 이래 손님 왔다가마 손님 앉은 자리에 걸레 닦아부고 어이.

너무 강직하고 너무 청해가지고 퇴계 선생이 이런 말이 있어. "월천은 너무 청해가지고 자손이 귀하께라." 그디마는 참말로 조월천 선생의 뒤가 크게 번성하지 번성하지 않단 말이라. 퇴계 선생이 알고 그런 말씀 하셨는 모양이라. 하도 청해 가령 손님 앉은 자리에 손님 간 뒤에는 걸레로 닦아부고 말이래 이렇게 청했단 말이라.

제보자 : 임치대
조사일 : 2001년 4월 27일
장 소 : 임하면 금소리 제보자의 집
[출전] 『퇴계학연구』 19집, 단국대학교 퇴계학연구소, 2005. 8. 30, 156면.

4-10. 너무 청(淸)한 월천 2(심산유곡의 남매와 아기울음소리)

그렇지. 그래 그 워낙 청하게 그래가지고 워낙 청하게 그래가지고 퇴계 선생이 월천은 무자식한다 캤으이께네 그만치 청하다 이말이라. 월천은 무자식한다 이랬거든.

근데 어느 날 선생이, 퇴계 선생이 그 인제 제자들을 모아놓고,

"그래 두 남매가 심심산곡(深深山谷)에 가서, 개, 닭이, 개, 닭소리가 안 들레는 심심산곡에 가서 살게되면 어린애 소리가 나겠나 안 나겠나?"

물으이, 다른 학생들은 전부다 난다 캤는데 월천은 그거는

절대 있을 수 없다 이랬다는 거래. 그러니까 퇴계 선생이,

"월천은, 조목은 무자식하다." 이랬다그래. (작은 목소리로) 무자식하다. 그이께네 (본래 목소리로)

"남녀칠세부동석인데 남녀가 남매간이라도 과년하게 개, 닭이 우는, 참 개, 닭소리 안 들게는 심심산곡에 사면 어린애소리가 안 나겠느냐?"

이렇게 하이까 그이께네 난다 캤는게라 다른 학생들은. 조월천 선생은 그건 있을 수 없는 일이다 이랬다. 그러니까 조목은 무자식할때 자식이 없을때.

사실 조목이 자식이 없었다 그래. 그 내중에 그것도 인제 그 참 주막집에 그 말이지. 어예다 참 그래가주 만난 그 아들이다. 월천 선생이 청빈하기는 청빈했어.

제보자 : 임재진

조사일 : 2001년 5월 11일

장 소 : 임하면 금소리 제보자의 집

[출전] 『퇴계학연구』 19집, 단국대학교 퇴계학연구소, 2005. 8. 30, 157면.

4-11. 너무 청(淸)해서 자식이 없는 월천

조월천 선생이 그 무자식해. 자식, 후예(後裔)가 저 있는데 그것도 무자식처럼. 사실은, 사실은 그 조월천 선생이 그렇게 청결해도 그때 그 술을 좋아하셨어. (작은 목소리로) 술을 좋아하셨어.

술을 좋아하다가 (본래 목소리로) 그래 한번은 말을 타고 그 도산 올라가는 길에 그 청고개라 그지 아마. 글로 올라가시다

가 낙상(落傷)을 한 번 했어. 낙상을 해가지고, 올라가다 그랬는동 내려가다 그랬는동. 그 아마 낙상을 해가주고 그길로부터 술을 끊었다캐.

그런데 그때 댕길 때에 조월천 선생이 거 아는, 아 주모를, 아는 주모가 있었어. 그래가주고 이건 뭐 내 실담(失談)인지 뭐 야담인지 몰래도. 그래서 거기서 소생이 아들이 하나 나 있었어. 있어도 조월천 선생이 죽을 때까지 내 아-, 내 아들이라는 말을 아 했어. 안 남겼어.

그 사후에 친구네들이 이제 그 인제 아들캐가지고 이애기를 해가지고 그래 인제 그 대를, 인제 그 아들을 데려다가 조월천 후예를 인제 가계를 이었지. 그렇게 되면서 그 조씨네가 거기 사기는 살아도, 거 몇 집 마이 살았어. 몇 집 살았어, 그래다 거 그 사람들 혼인하는 거 보며는, 안동에서 사대부집의 대반가하고는 못했지 그렇기 때문에. 자기 출생이 그러니까, 그래서 거 참 안동 사대부집 대감.

제보자 : 임재진
조사일 : 2001년 5월 11일
장　소 : 임하면 금소리 제보자의 집
[출전] 『퇴계학연구』 19집, 단국대학교 퇴계학연구소, 2005. 8. 30, 157~158면.

4-12. 퇴계의 수제자는 월천

그러니까 언제든 퇴계 선생 수제자는 조월천이다 이말이라.
[조월천이껴?]
조월천, 조목이지. 조월천인데. 그래 그 퇴계 선생이 작고하

시고 그 문인들이, 작고 하시고 인제 그 수제자를 인제 천거해야 된다 이말이래. 그러니까 퇴계 선생은 평소 살아 계실 때 수제자를 지명을 아 해놨어. 나는 이얘기 들은게래 나는 뭐 모르고 이얘기.

그러니까 그래가지고 작고를 하시고 수제자를 정해야 되는데, 그 장사를 치뤘차마 수제자를 정해야 되는데 수제자를 퇴계 선생이 생전에 안 정개놨기 때문에 그래 할 수 없어서 그래 문인들이 그 참 사모님한테 물었는게라. 퇴계 선생 부인한테 물었는게라.

"평소에 선생께서 뭐 무슨 하신 말씀이 안 계십디까?"

(작은 목소리로) 물었다꼬. (본디 목소리로) 물으니까 그래 사모님 하시는 말씸이,

"평소에 늘 자주 뭐 세세히 이야기는 안하고 그래 인제 조목을 갖다가 상당히 참 아꼈다."

이랬단 말이라. 월천을 가지고. 그래가주 월천, 조월천 선생이 퇴계 수제자 아이라. 도산서원을 가며는 맹 그 좌배향 인제 월천을 모시고.

제보자 : 임재진

조사일 : 2001년 5월 11일

장 소 : 임하면 금소리 제보자의 집

[출전] 『퇴계학연구』 19집, 단국대학교 퇴계학연구소, 2005. 8. 30, 159~160면.

4-13. 스승에 대한 예를 지키는 퇴계 선생의 제자

분천리를 나와 67번 버스를 타고 퇴계 종택으로 향했다. 위

치를 잘 몰라서 버스 운전기사 아저씨께 물으니 아저씨께서 같이 탄 분 중에 중절모와 바바리코트를 입은 한 노신사를 소개해 주었다. 우리는 그분과 함께 내려 종택으로 걸어갔다. 걸어가면서 이야기를 나누어 보니 그 분이 바로 퇴계 이황 16대 종손인 이근필 씨라는 것을 알 수 있었다.

이근필 씨는 후손으로서 전해 내려오는 이야기들 중 야담은 믿지 않으며, 후손된 도리도 조상님에 대한 어떤 평가도 내릴 수 없다고 하였다. 퇴계 선생의 후손답게 자부심은 대단하나, 주위 사람들에게 겸손하게 행동하였다. 퇴계 선생의 훌륭함을 잘 드러내주는 일화를 채록할 수 있었다. 제보자는 귀가 어두운데다가 종가의 종손이라 처음에는 어렵게 생각하였는데, 조사자들을 자상하게 대해주었다. 제보자는 바쁜 와중에도 방송국에서 온 사람보다 오히려 조사자들에게 더 신경써 주었다. 또한 퇴계 이황 설화집과 연구 목록을 모아둔 책을 선물로 받았다.

종택에서 제보자와 대화를 나눈 후에 우리는 다큐멘터리 촬영차 종택에 머물고 있는 MBC측으로부터 간단한 촬영을 부탁받게 되었다. 이 다큐멘터리는 2003년 신년 특집으로 '한국의 종가'라는 내용으로 방송될 것이라 한다. 본인들이 설화를 채록하는 과정과 이근필 씨와 이야기를 나누는 모습 등을 30여 분에 걸쳐 촬영하였다.

심지어는 이런 일이 있었어요. 대제학을 하는데, 대제학이란 거는 지금으로 말할 거 같으면 뭐라 하니까, 그, (청취불능) 지금으로 말하자면 아마 저 저기 (청취불능) 원장 정도. 그런 학문 하는데 젤, 젤 우두머리다 그거. 근데 대제학을 하는데 대제학을 누가 했느냐 박승의라는 분이 서울 분인데 박승의란 분이 퇴계 선생의 제자에요. 이 분을 대제학을 시켰어요. 이 분이 버쩍 임금한테 와가주고 '제가 대제학을 할 수 있습니까.

퇴계 선생이 계신데 제가 어째 대제학을 합니까. 선생님이 계신데 선생님이 아(안) 하시고 제가 합니까. 제가 안됩니다.' 대제학을 물렸으요. 사양했어. 사양해, 퇴계 선생이 하고 난중에 하면 하지만 퇴계 선생이 하시기 전에 전 못합니다. 그래가지고 또 대제학을 반려해 가주고 퇴계 선생한테 하고 했어요. 그런 이야기가 있어요. 옛날이야기 아름답죠?

제보자 : 이근필(71세, 남, 경상북도 안동시 도산면 퇴계 종택, 대졸, 고교 교장 역임, 현재 퇴계기념사업)
조사자 : 남주영, 정나리, 김원복(문과대학 인문학부)
조사일 : 2002년 10월 30일
장　소 : 경상북도 안동시 도산면 퇴계 종택
[출전] 『퇴계학연구』 17집, 단국대학교 퇴계학연구소, 2003. 8. 30, 161~162면.

4-14. 퇴계 선생에게 대제학을 양보한 제자

수령이나 하고, 뭐. 그런 정도로 공수 정도로 고만. 그리 허고. 그만. 놔두라고 하셨는데 하다보니 마음대로 안 돼서 높은 자리까지 올라가셨지. 저. 판서 이상 좌판서까지만 올라 가셨제. 정승은 안 하시고, 그래. 대제학은 참 이상한 일이지. 당시 제자 되는 어른이 박순 씨라고 박사암 허는 어른인데, 제자가 대제학을 모냐 했어. 박사암이 있다가 조정에서 용인한 법이 이런 법이 있습니까. 그래 가지고 그 대제학이 이 어른한테 왔어. 이 전에 그런 미담이 있어. 그게 좋은 말이거든. 그게. 요새는 그런 말 할 사람이 없어. 허허허. 내가 했으면 했지. 선생 못 하고, 난 했으면 하고, 내 선생 못 했으면 했지. 뭐. 상관 있노.

제보자 : 이동은(94세, 남, 경북 안동시 도산면 토계리 퇴계 종택)
조사자 : 박연우(사범대학 한문교육학과), 조정남(문과대학 인문학부), 전소라 (상경대학 경영·회계학부)
조사일 : 2002년 10월 26일
장 소 : 경상북도 안동시 도산면 퇴계 종택
[출전] 『퇴계학연구』 17집, 단국대학교 퇴계학연구소, 2003. 8. 30, 164~165면.

4-15. 대장장이를 가르친 퇴계 선생

…영주에 갈라치면 거기에. 아이고 목이 꼭 맥힌다.(기억을 더듬는 듯) 대장하던 분이, 영주군수로 가 계실 적에 많이 와서 배우거든, 대장하던 이가 아이고, 이름이(가물가물 한 듯) 한참 생각해야 나오거든. 글을 배울라면 배워라 해서 갈쳐 주셨어. 그러니, 그런 시절에는 잘 못 배웠거든, 잘 허락도 안하고….

제보자 : 이동은(94세, 남, 경북 안동시 도산면 토계리 퇴계 종택)
조사자 : 박연우(사범대학 한문교육학과), 조정남(문과대학 인문학부), 전소라 (상경대학 경영·회계학부)
장 소 : 안동시 퇴계 종택
[출전] 『퇴계학연구』 17집, 단국대학교 퇴계학연구소, 2003. 8. 30, 165면.

5. 죽음에 대하여

5-1. 고종기(考終記)

퇴계는 자기가 머지않아 세상을 떠날 것을 미리 알고 있었다. 그러기에 그가 세상을 떠나기 한 달 전인 선조 3년 11월 9일에 시향(時享)이 있었을 때에는 병구(病軀)를 무릅쓰고 종가(宗家)에 찾아가 몸소 제사에 참여하였다.

제자들이 선생의 건강을 걱정하여

"기후가 사나우니 시향에는 참여하지 않으시는 것이 좋을 것 같사옵니다."

하고 만류했으나, 퇴계는

"내 이미 늙고 병들어 제사 모실 기회가 다시는 있지 못할 것 같으니 어찌 이번 시향에 참여를 아니 하겠느냐."

하고 끝끝내 제사에 참여하였다.

그리고 시향에 참여한지 사흘 후인 12일부터는 날마다 기록해 오던 가력일기(家曆日記)도 못쓰고 붓을 놓았다.

멀리 떨어져 있던 기대승이 그런 사정을 모르고 15일에 퇴계에게 사람을 보내 그을 물어 왔다. 퇴계는 병이 위독했음에도 불구하고 제자를 불러 구술(口述)로써 그 질문에 대한 해답을 쓰게 하였다.

그리고 세상을 떠나기 닷새전인 12월 3일에는 목숨이 경각에 달려 있었음에도 불구하고 손자인 안도(安道)를 불러

"전일에 집경전(集慶殿)의 한안명(韓安命) 참봉(參奉)이 경주본심경(慶州本心經)에 잘못 된 곳이 있으면 고쳐 달라고 나에게 『심경』을 보내 왔었는데, 그 책이 지금 아무개에게 가 있으니,

네가 그 책을 찾아다가 한 참봉에게 돌려 드리도록 하여라."

하고 타일렀다. 그것도 사후에 대한 청산이었음에 분명하다.

12월 4일에는 조카 영(甯)을 불러 유계(遺戒)를 쓰게 하였는데, 그 내용은 다음과 같았다.

첫째, 예장(禮葬)을 하지 말라. 예조(禮曹)에서 전례에 따라 예장을 하겠다고 하거든 유언이라고 일컫고 자세하게 말씀드려 굳이 사양하도록 하라.

둘째, 유밀과(油蜜果)를 쓰지 말라.

셋째, 비석을 세우지 말고 다만 조그만 돌 앞면에 퇴도 만은 진성 이공지묘(退陶晩隱眞城李公之墓)라고만 쓰고, 그 뒷면에는 오직 고향과 세계(世系)와 지행(志行)과 출저의 대강만을 가례에 말한 대로 간략하게 쓰라.

이런 일을 만일 다른 사람에게 부탁하면 가령 친구인 기고봉(奇高峰)같은 이는 반드시 사실에도 없는 일을 늘어놓아 세상의 웃음을 사게 될 것이다. 그러므로 내 일찍부터 뜻하는 바를 내 스스로 짓고자 하여, 먼저 명문(銘文)을 짓고 그 밖의 것은 이럭저럭 미루어 오다가 아직 마치지 못하였다. 그 초한 글이 어지럽게 쓴 초서가운데 들어 있을 것이니 그것을 찾아내어 그 명문대로 쓰는 것이 좋을 것이다.

넷째, 선대(先代)의 명문(銘文)을 마치지 못한 것이 지금 와서 생각하니 매우 유감스럽다. 그러나 초고는 준비되어 있으니 집안 여러분에게 물어서 새겨 세우도록 하여라.

다섯째, 장사란 사람들이 사방에서 보고 듣게 되는 것이므로 보통일과는 다르다. 그러므로 모든 절차는 반드시 어른들에게 물어서 지내도록 하라. 다행히 우리 마을에는 예를 아는 유식한 사람이 많으니 널리 묻고 두루 의논해서 요새 세상에도 말고 옛날 세상에도 어긋나지 않도록 행하여라.

자기 자신의 행장(行葬)에 대해 이렇게도 자상하게 유언한 사람이 퇴계 이외에 누가 또 있을 것인가.

이날(4일) 오후에, 퇴계는 제자들을 모두 만나보고자 하였다. 집안사람들은 병인에게 해로울 것을 염려하여 만류하니, 퇴계는 이렇게 말하며, 기어코 제자들을 일일이 만나보았다.

"내가 죽고 사는 이 마당에 사랑하는 제자들을 어찌 안 만나볼 수 있겠느냐. 걱정 말고 어서 모두들 만나게 해다오."

그리하여 이날은 제자들을 모두 만나보고 그 다음날이 5일에는 조카 영에게

"서울서는 지금 양사(兩司)에서 을사사화(乙巳士禍)의 공훈을 논하고 있을 터인데, 그 결과가 어찌 되었는지 모르느냐."

하고 물었다. 조카 영이

"아직 성상의 윤허가 내리지 않았다고 하옵니다."

하고 대답하자, 퇴계는

"내가 그 결과를 모르는 채 죽게 되었구나."

하고 매우 안타까워하였다.

퇴계는 죽음을 경각에 두고도 나라를 걱정하는 충정이 그토록 간곡했던 것이다.

7일에는 제자 이덕홍(李德弘)을 불러 서적을 정리하는 책임을 맡게 하였고, 세상을 떠나는 8일 아침에는 퇴계가 손수 가꾸어 오던 매화분에 물을 주라고 일렀고, 유시(酉時=오후 다섯 시부터 일곱 시 사이)에는 자리에서 일어나 옷을 단정히 입고 정좌하여 숨을 거두었는데, 퇴계가 숨을 거둘 때에는 지붕 위에 갑자기 흰 구름이 뭉게이기 시작하더니, 별안간 눈이 내리기 시작하여 하얀 눈이 산과 들에 한 치나 쌓였었다. 그로 미루어 보면 퇴계 이황이야 말로 하늘이 아는 성인이었다.

[출전] 정비석, 『퇴계일화선』, 퇴계학연구소, 1983. 7. 5, 146~160면.

① 죽음을 앞두고 제자들을 만나 일일이 당부하는 자상함은 초인적이라 할 수 있다.
② 나라를 걱정하는 마음이 드러난다.
③ 퇴계가 손수 가꾸던 매화분에 물을 주게 당부한 것은 식물의 생명까지도 걱정하는 선생의 자상함을 엿볼 수 있다.
④ 운명할 때 흰 구름이 뭉게이기 시작하더니 별안간 눈이 내려 하얗게 쌓인다. 자연의 변화도 선생의 죽음을 슬퍼했다는 것이다. 신라의 신무왕이 임종할 때 갑자기 태풍이 불고 바다가 풍랑이 일더니 번개가 치기 시작하였다. 그리고 검은 구름 속에서 용이 나타났다. 이처럼 나라의 변고가 생길 때면 자연에 변화가 생기게 된다. 이와 마찬가지로 자연의 변화를 통해 퇴계 선생이 위대한 인물임을 암시하고 있다.

5-2. 겉보리 송편을 받고 움직인 퇴계의 상여

조월천 이야기에 이어서 한 이야기다.

퇴계 선생 죽고, 돌아가시고 행상이 뜰라 그이,[1] 글때(그 때) 예전에는 그른(그런) 양반 죽으마 몇(몇) 달 만에 장사, 유상(儒喪?)으로 지내. 유상으로 장의(葬儀)를 맞차가주고(맞추어서) 전국을 다 알가가주고[2] 인제 뭐 글 가주(가지고) 간 집에 연락 다 해가주(해서) 이랬는데. 그래 인제 날 받아 장사 지낼라그이(지내려고 하니) 행상(行喪)이 뜨나. 발인(發靷)을 하는데 행상이 안 떠나. 발인을 할라그이(하려고 하니) [손바닥으로 딱딱 소리를 내며] 딱 붙어가주 안 떨어져. 동군[3]들이 들라그이(들려고 하니) 안 떨어지이.

그래가주고 뭐 참말로 글튼동(그렇던지) 남비수 선생은 원캉(워낙) 못 사이(사니), 글은 남만 모하지(못하지) 않고 글은 잘 짔시나(지었으나), 만사(輓詞)는 잘 짓고 참 저거는 제문(祭文)은 잘 짔시나 뭐 해가주(해 가지고) 간게(간 것이) 워낙 없으이 남사시러(부끄러워) 못 내나. 그래가주고 겉보리를 빠가주(빻아서) 가루를 체로, 보드라운 체로 겉보리 송편을 해가주 가마(가면) 까 맣단 말이래. 남사시러 그 여러이(여럿이) 보는데 놀라고(놓으려고) 제물(祭物) 한 줄 가주(가지고) 갔는데 이를라 그이 하도(너무) 남사시러 못 놔. 그래가 참 쭈릿쭈릿해가주 오졸해서[4] 못 내놓고 있으니 퇴계 선생 행상이 안 떠나.

이게 워찌(어떻게) 되가이(돼서) 그래가 그 모두 여러분이 있다가,

"아이 저 남비수 선생은 그르마(그러면) 여게(여기에) 뭐 저게 글을 한 줄 일리줘도(읽어주어도) 일러 주고 뭐 그래지."

그이, 뭐 내 놀게 있으이[5] 글을 내고 그걸 내 놓고 글 한 줄 읽을라 그이 남사시러서.

"그래, 그래마(그러면) 하마(벌써) 이 양반이 행상이 안 뜰 때는 불가불 내 때문에 그르이(그러니) 내가 이거 여러분이 아라꼬(알라고). 나는 쌀이 없는 사람이고 이래서 내 성의대로 해 가주는[6] 겉보리를 빠가주고(빻아서) 송편을, 이걸 한 되를 이건따나고(이것이나마) 지금 끓어 앉아 이른다."

그이(읽는다고 하니), 그래 그 제문을 이르고 그랬다이(그랬더니) 행상이 고마(그만) 떠부래(떠버려). 그랬단 말이 있지 왜.

1) 행상이 떠나려고 하니.

2) 전국에 다 알리고.
3) 행상을 메고 운반하는 사람들.
4) 부끄러워서 몸 둘 바를 모르는 처지를 말하는 것이다.
5) 내 놓을 것이 있어야.
6) 해서는.

제보자 : 황병학
조사자 : 김재중
조사일 : 2001년 7월 15일
[출전] 『국문학논집』 19집, 단국대학교 국어국문학과, 2003. 12. 30, 240~242면.

5-3. 할아버지 제사상 음식을 먹은 퇴계 선생

제사를 지내는데, 으이, 제사를 진설을 막 차려 났잖어, 그지. 채려 놨는데 맛있다고 막 주먹어.(허허허) 그래, 옆에 사람이 모두 살 찡그리잖나, 그지. 퇴계는 가마이 그래시, 모두 살 찡그리니 '쯧쯧쯧' 이래 이래 했을 꺼 아이가, 그지. 그 카이까, 그래 왜 카시냐고 말이지. 우리 저 돌아가신 할아버지도 당신 손부가, 으이, 쫌 먹고 싶어서 먹는다 캐서, 그 꾸지람하시는 어른이 아이라꼬, 으이. 오히려 좋아하지 않겠느냐고 그래그래 변명을 했데요.

제보자 : 金龜鉉(71세, 남, 경북 안동시 용상동, 안동사범고, 무직)
조사자 : 김선아(문과대학 인문학부 국어국문학전공), 정석우(문과대학 인문학부 국어국문학전공), 지현수(문과대학 인문학부 국어국문학전공)
조사일 : 2001년 12월 1일
장 소 : 경상북도 안동시 용상동 제보자의 집
[출전] 『퇴계학연구』 16집, 단국대학교 퇴계학연구소, 2002. 8. 30, 217면.

6. 성격에 대하여

6-1. 악법의 준수

퇴계가 50세까지 살고 있던 곳은 도산면(陶山面) 하명동(霞明洞)이었다. 지금은 안동 땜이 생긴 관계로 폐교(廢校)가 되어 버린 도산국민학교가 있던 곳이 바로 퇴계가 살고 있었던 옛 집터였다.

그 집 앞에는 낙동강(洛東江)이 흐르고 있는데, 예로부터 낙동강에는 은어(銀魚)가 많았다. 은어는 맛이 좋은 물고기여서, 낙동강의 은어는 임금님에게 진상하도록 되어 있었다. 따라서 나라에서는 누구를 막론하고 일반 백성은 은어를 잡아먹으면 안 된다는 것을 법으로 정해 버렸다.

그러나 철없는 아이들은 국법을 알리가 없어서, 강에 멱을 감으러 나가면 저마다 법을 어겨 가며 은어를 잡았다. 그 아이들 중에는 퇴계의 자제들도 섞여 있었다. 퇴계의 아이들이 은어 잡아오는 광경을 볼 때마다 "국법을 어겨서는 안 된다." 고 꾸짖곤 하였다.

그러나 어느 촌로(村老) 한 분이 퇴계를 보고 이렇게 나무랐다.

"여름철에는 아이들이 물놀이를 하는 것은 당연한 일이고, 물속에서 멱을 감다 보면 물고기도 잡게 되는 것이 자연스러운 일인데, 아이들이 은어를 잡는 것이 뭐가 나쁘다는 말씀이요. 나쁘다면 아이들이 나쁜 것이 아니라. 그런 부자연스러운 법을 만들어 놓은 나라가 나쁘다고 나는 생각하오."

퇴계는 그 항의에 솔직히 수긍을 하면서 이렇게 대답하였다.

"노인장의 말씀은 지극히 옳으신 말씀입니다. 천진난만한 아이들의 자연스러운 행동에 제재를 가하는 그런 법은 확실히 잘못된 국법입니다. 그러나 악법(惡法)도 법임에는 틀림이 없으니, 나라에서 일단 법으로 제정한 이상에는 백성 된 자 마땅히 그 법을 지켜 나가야 할 것이 아니겠습니까. 악법이라고 해서 지켜 나가지 않으면, 나중에는 준법정신이 해이해져서 좋은 법도 지키지 않게 될 것이니, 그렇게 되면 나라의 안녕질서를 무엇으로 유지해 나가겠습니까. 아무리 악법이라도 나라에서 법으로 제정한 이상에는 누구나 반드시 지켜 나가야 할 것입니다."

참으로 천금같이 귀한 말이었다.

일찍이 희랍의 철학자 소크라테스는 악법도 법임에는 틀림이 없다고 갈파하면서 악법에 의하여 사약을 마시고 조용히 세상을 떠난 일이 있거니와, 준법 사상이 준열한 점에 있어서 퇴계는 소크라테스와 완전히 일치했던 것이다.

그러나 아무리 타일러도 아이들은 말을 듣지 아니하고 여전히 낙동강에서 은어를 잡고 있었다.

퇴계는 자기 집 아이들이 날마다 국법 어기는 것을 차마 보고만 있을 수가 없어서 마침내 낙동강에서 멀리 떨어진 죽동(竹洞)으로 숫제 집을 옮겨 버리고 말았다. 맹모삼천지교(孟母三遷之敎)는 너무도 유명한 이야기이거니와, 어린 아이들이 국법을 어기지 못하게 하려고 집을 옮긴 것만 보아도 퇴계가 철저한 학행일치의 대학자임을 짐작하고도 남음이 있다고 하겠다.

[출전] 정비석, 『퇴계일화선』, 퇴계학연구원, 1983. 7. 5, 32~34면.

6-2. 사환(仕宦) 시절의 일화

퇴계는 젊었을 때, 집에서 학문을 닦는 여가에 농사도 지었다. 논농사를 지으려면 10리 밖에서 냇물을 끌어와야 하는데, 물은 적고 들은 넓어서 물목 가까운 곳에 있는 자기 집 농사를 짓는 데는 별로 지장이 없지만, 멀리 있는 남의 집 농사는 물이 모자라 수확을 제대로 거두지 못하고 있었다.

퇴계는 남의 집 흉작(凶作)을 보고 매우 민망한 생각이 들어서 "내가 위에서 물을 뽑아 먹기 때문에 남의 논이 수확을 제대로 거두지 못하게 되는 것이다. 내 논을 밭으로 만들어 버리면 물이 없이도 농사를 지어먹을 수 있지만, 저들은 물이 없으면 결국에는 폐농(廢農)을 하게 될 것이 아니겠는가."하고 말하며, 그날로 자기 논을 밭으로 만들어 버렸다.

그와 같이 퇴계는 자기가 손해를 보아 가면서도 남의 사정을 항상 자비로써 대해 주었다.

그러면서도 공사(公事)에 있어서는 항상 추상열일(秋霜烈日)과 같이 준엄하였으니, 그가 마흔 두 살에 의정부검상(議政府檢詳) 벼슬을 지내며, 어사(御使)로 임명되어 충청도에 내려가 흉년구제 작업을 검찰하고 돌아왔을 때에는 이런 일이 있었다. 퇴계는 충청도내 각 고을의 흉년 구제 작업을 샅샅이 살펴보고 서울에 올라와 임금께 이렇게 아뢰었다.

"옛사람이 이르기를 나라에 3년 지탱할 저축이 없으면 나라가 나라꼴이 되지 않는다고 하였습니다. 이제 한 해의 흉년으로 공사 간에 군색하고 결핍하기가 이렇듯 심하니, 금년에도 만약 농사일이 실패한다면 형편이 말이 아닐 것이옵니다. 그러므로 이제부터는 마땅히 모든 공비를 절약하여 불의의 재앙에 대비하도록 전력을 기울여야 할 것입니다. 그리고 공주판관(公州判官) 인귀손(印貴孫)은 패악하고 탐욕스러워 흉년 구제책에 성실하지가 못하오니, 상감께서는 마땅히 그 죄를 엄히 다스리셔야 하실 것이옵니다."

성실한 농부를 위해서는 자기 논을 밭으로 바꿔 가면서까지 자비를 베풀어 주는 퇴계였건만, 백성들을 사랑할 줄 모르고 나라의 기강을 어지럽히는 탐관오리에 대해서는 일호의 가차도 없이 단죄하는 것이 퇴계의 특징이었던 것이다.

그와 같은 성품은 후일 그가 단양 군수로 있을 때에도 여실하게 나타나고 있다. 퇴계가 단양 군수로 부임한 것은 48세 때의 일이었는데, 그 때가 마침 단양고을에 연달아 흉년이 들었던 때인지라, 퇴계는 부임하는 그날부터 날마다 각 부락으로 몸소 찾아다니며, 백성들의 기아상(飢餓相)을 상세히 조사하여 기민구제에 전력을 기울였다. 그 당시의 광경을 퇴계는 후일 단양산수기(丹陽山水記)라는 글 속에서 이렇게 기술하였다.

"가정 무신년 봄 내가 처음 단양에 수령(守令)으로 내려갔었는데, 마침 그 해 흉년을 만나 공사(公私)는 곤급(困急)하고 질병과 우환이 더욱 심하여 흉년을 다스리는 정사 외에는 항상 마음이 어지러워 문을 닫고 지낼 뿐이었으며, 내가 좋아하는 산수에 노니는 일조차 여의치 못하였다. 기민(飢民)을 구제하려고 노상 산곡 사이를 왕래하다가 한두 군데 기이한 곳을 얻어 보았을 뿐이다."

이 글만 읽어 보더라도 퇴계가 그 험난한 산골짜기를 일일이 찾아다니며 기민구제에 온갖 힘을 기울였음을 알 수 있거니와 단양산수기에도 기술되어 있지 않은 놀라운 사실이 하나 있으니, 그것은 퇴계야말로 수리관개(水利灌漑)의 시조(始祖)였다는 점이다.

지금도 단양 고을에 가보면 우화교(羽化橋)에서 단양천(丹陽川)으로 삼십 미터쯤 거슬러 올라간 개천가에 커다란 바위가 있고 그 바위에는 '탁오대(濯吾臺)'라는 커다란 글자가 새겨져 있는데, 그것을 '탁오대'라고 명명한 사람도 퇴계였고, 글씨도 퇴계의 친필이다.

퇴계는 재임 중에 새벽마다 또는 저녁마다 그 곳에 나와 세수를 하고 몸을 씻으면서, 그 바위를 '탁오대'라고 이름 지어 불렀던 것이다.

그런데 내가 말하려는 것은 탁오대 자체가 아니다. 탁오대에서 백 미터쯤 냇물을 거슬러 올라가면 '복도소(複道沼)'라는 여울이 있는데, 그 복도소라고 하는 그 여울이야말로 퇴계가 친히 만들어 놓은 우리나라 역사상 최초의 저수지(貯水池)였다고 생각하는 것이다.

퇴계는 재임 시에 흉년 대책의 하나로 보(洑)를 막아 물을 저장해 두었다가 농사에 씀으로써 흉년을 미연에 방지할 것을 적극 권장해 왔는데 그에 대한 솔선수범을 보이기 위해, 단양천에 복도소(複道沼)라는 보를 손수 만들었었다.

그리고 그 공사의 완공을 기념하는 뜻에서 '복도별업(複道別業)'이라는 네 글자를 바위에 새겨 놓았는데, 그 바위는 오늘날까지도 그대로 남아 있는 것이다.

물론 현대인의 눈으로 보면 그 규모가 지극히 적은 것이기는 하지만, 그러나 지금부터 4백30년 전에 그와 같은 저수지를 만들었다고 생각하면, 오늘날 안동댐이니 소양댐이니 하는 댐 공사의 시조는 퇴계가 아니었을까 싶은 것이다. 그런데 얼마 전에 나는 단양에 다시 한 번 들러 보고 크게 놀란 일이 하나 있다. 금년이나 명년 경에 충주댐이 새로 생기는 관계로 복도소를 위시하여 단양읍 전체가 물속에 들어가 버린다고 하니, 퇴계가 4백여 년 전에 처음 닦아놓은 복도소가 크게 자라서 이제는 충주댐으로 화해버리는 감이 없지 않았던 것이다. 그렇게 생각하면 퇴계야말로 댐 공사의 시조였다는 느낌이 더욱 절실해 지는 것이다.

퇴계는 사또 노릇을 하면서도 청렴하기가 이를 데 없어서, 단양을 떠날 때에는 행장이 쓸쓸하게도 책 한 궤짝과 괴이한 돌 두 개가 있을 뿐이었다.

그가 죽령(竹嶺)에 다다랐을 때 관졸들이 삼 다발을 지고 와서 "이것은 아전(衙田 : 관청의 밭)에서 거둔 것이온데, 사또 어른이 노자로 쓰기로 전례가 되어 있으니 받아 두시기 바랍니다."라고 말했다.

그러나 퇴계는 즉석에서 "관전의 소출을 어찌 내가 사사롭게 쓸 수 있겠는가. 그것은 도로 가져다가 국고에 납입 하도록 하오."하고 끝끝내 받지 않았다. 그리고 풍기 군수로 전입되었다가 퇴관하고 고향으로 돌아갈 때에는 행장이라고는 오직 책 두어 짐이 있을 뿐이었는데, 책을 담았던 나무 장롱들도 집에 돌아가서는 관졸들 편에 도로 돌려보냈던 것이다.

[출전] 정비석, 『퇴계일화선』, 퇴계학연구원, 1983. 7. 5, 35~39면.

6-3. 고매한 이도(吏道) 정신

퇴계가 69세에 병이 악화되어 우찬성(右贊成)의 벼슬을 사직하고 고향으로 내려오려고 하자 선조대왕은 이조판서(吏曹判書)의 벼슬을 제수하여 퇴계를 끝까지 측근에 붙잡아 두려고 하였다.

그러나 퇴계가 벼슬을 사양하며 기어이 낙향할 것을 고집하자 율곡(栗谷) 이이(李珥)가 퇴계를 찾아뵙고 이렇게 말했다.

"어린 임금께서 즉위하신 지 얼마 아니 되어 보필해 드려야 할 일이 허다하오니, 이런 시기에 선생께서 물러 가셔서는 아니 되시옵니다."

퇴계가 대답한다.

"신하된 도리를 보면 물러가서는 안 될 것이나. 내 일신상으로 보면 몸에 병도 중하거니와 재주가 또한 중책을 감당하기에는 너무도 부족하니 마땅히 물러가는 것이 옳은 줄 아오."

마침 그 때 그 자리에 동석해 있던 손(客)이 율곡에게 이렇게 물었다.

"성혼(成渾)이 참봉(參奉) 벼슬에 임명되었는데도 아직 오지 않으니 어떻게 된 일이오."

율곡이 대답한다.

"성혼은 몸이 불편해 직책을 감당해 내기가 어려울 것이오. 그러기에 성혼에게 억지로 벼슬을 시키는 것은 그 사람을 괴롭히는 데 불과할 것이외다."

퇴계가 그 말을 듣고 율곡에게 웃으며 말한다.

"숙헌(叔獻)은 어째서 성혼은 후하게 대해 주면서 나만은 억지로 붙잡아 두려고 하오?"

율곡도 웃으며 대답한다.

"선생님, 그런 것이 아니옵니다. 성혼의 벼슬자리는 누가 맡아도 감당해 낼 수 있는 일이오나, 선생께서 맡아 주셔야 할 일은 선생이 아니고서는 누구도 해낼 수 없는 지극히 중요한 일인 것이옵니다. 선생께서 경연(經筵)에 머물러 계시면 국가에 얼마나 큰 도움이 되겠습니까. 벼슬이란 본디 임금을 위하고 나라를 위한 일이오니 선생께서는 부디 조정에 남아 계셔 주시옵소서."

"숙헌의 말씀대로 벼슬이라는 것은 나를 위한 것이 아니라 임금과 나라를 위한 것이라는 점에는 나도 동감이요. 따라서 임금과 나라에 이익이 되지 못하고, 또 우환으로 목숨이 절박하면 마땅히 물러가야 옳을 것이오."

"아니옵니다. 선생께서 조정에 남아 계신다면 설사 아무 일도 아니 하시더라도 다만 조정에 선생이 계시다는 그 사실 하나만으로도 국가에 큰 도움이 될 것이옵니다."

"숙헌의 말씀은 나에게는 너무도 과분한 말씀이오. 아무 직책도 감당하지 못하면서 조정에 그냥 머물러 있다면 모든 사람에게 직무 태만의 기풍을 조장하는 결과밖에 되지를 않을 것이니, 그 어찌 옳은 일이라 할 수 있겠소."

이리하여 퇴계는 기어이 낙향을 하기로 했는데, 퇴계가 고향으로 떠나려고 하자, 임금은 역관(驛館)을 시켜 퇴계를 정중히 모시게 하였고, 우상 홍섬(右相 洪暹)은 한강 나루터까지 전송을 나와 눈물을 흘리며 다음과 같은 고별시(故別詩)를 읊었다.

白鷗波浩蕩　　넓고 넓은 물결 위에 날아가는 저 갈매기
萬里誰能馴　　누가 감히 저를 잡아 길드릴 수 있으랴

퇴계는 그 시를 듣고 즉석에서 다음과 같이 화답하였다.

尙憐終南山　　그래도 종남산에 미련이 남아
回首淸謂濱　　위수가를 떠나가며 머리 돌리오.

몸에 병이 중하여 부득이 임금의 곁을 떠나기는 해도 마음만은 여전히 임금의 곁에 머물러있다는 뜻이었다.

퇴계는 벼슬에서 물러나 도산으로 돌아오자 제자들에게 이런 말을 하였다.

"나는 나아가고 물러남에 있어서 젊었을 때와 늙었을 때가 매우 다른 듯하다. 젊었을 때에는 임금의 부르심을 받으면 곧 달려갔었는데 늙어서는 부르심을 받을 때마다 사양하였고, 부득이 나아가더라도 구태여 머물러 있으려고 하지 않았다. 자리가 낮으면 책임이 가벼워 한번 나가볼 수도 있었지만, 벼슬이 높아질수록 책임이 무거워 머물러 있기가 매우 괴로웠기 때문이었다. 옛날 어떤 사람은 벼슬을 받으면 곧 달려나가 '임금의 은혜가 지극히 무거운데 어찌 물러갈 수 있겠습니까.'하고 말했다지만, 나의 경우는 그렇지 않았다. 만약 나아가고 물러가는 데 있어서 대의(大義)를 돌아보지 아니하고 한낱 임금의 사랑만 중하게 여긴다면 그것은 임금이 신하를 부리고 신하가 임금을 섬김을 예의로써 하는 것이 아니라 단순한 작록(爵祿)으로써 하는 것이니, 그러한 충성을 어찌 분의(分義)에 의한 충성이라고 할 수 있겠는가."

퇴계가 만년에 와서 이상과 같은 이야기를 제자들에게 새삼스러이 들려준 것은 이도(吏道)의 기본 정신을 밝혀주기 위해서였음을 말할 것도 없으리라.

그로 미루어 보면 퇴계는 언제나 녹(祿)을 위해 벼슬을 한 것이 아니라, 처음부터 끝까지 임금과 국가에 충성을 다하기 위해 벼슬을 했던 것이 분명하다.

[출전] 정비석, 『퇴계일화선』, 퇴계학연구원, 1983. 7. 5, 141~145면.

6-4. 대쪽 같은 결백성

퇴계는 서울에 있을 때, 지금의 서소문(西小門)인 '학다리'에 살았는데, 그의 집과 옆집과는 담장 하나를 사이에 두고 있었다.

옆집 담장 안에는 수십 년 묵은 밤나무 한그루가 있었는데, 여름철이면 그 밤나무 가지가 퇴계 댁 마당에 뻗어서 좋은 그늘이 되어 주었다.

따라서 가을철에 밤이 영글면 그 밤알이 퇴계 댁 마당에도 수없이 떨어졌다.

퇴계는 아침이면 일찍 일어나 산책을 나가는 버릇이 있었는데, 뜰에 남의 집 밤이 떨어진 것을 보면 한 알도 남기지 아니하고 모조리 주어서 담장 너머로 주인집에 던져주곤 하였다.

어떤 때에는 밤을 손수 주워 주인에게 돌려주느라고 아침 산책을 가지 못할 때도 있었다.

옆집 주인으로 보면 미안스럽기 짝 없는 일이었다.

그리하여 옆집 사람은, 어느 날 약간의 밤을 선물로 가지고 찾아와서 퇴계에게 이렇게 말했다.

"선생께서 아침마다 밤을 주워 저의 집에 보내 주셔서 고맙고도 미안스럽기 짝이 없습니다. 실상인즉 저의 집에서는 저의 집 마당에 떨어진 밤만 가지고도 본식구가 충분히 먹고도 남으니, 내일부터는 선생 댁 마당에 떨어진 밤은 저의 집에 보내지 마시고, 댁에서 아이들에게 나눠주도록 하시옵소서."

이웃 간의 인정으로서는 족히 있을 법한 일이었다.

그러나 퇴계는 조용히 고개를 좌우로 흔들었다.

"말씀하신 뜻은 대단히 고맙소이다만은, 남의 집 과실을 어찌 함부로 먹을 수 있겠소이까."

"주인인 제가 말씀드렸으니까 아이들에게 나눠 주셔도 무방할 것이 아니옵니까."

"내 소유가 아닌 물건은 비록 내 마당에 떨어져 있다 하더라도 반드시 주인에게 돌려드려야 옳을 것이오. 노형께서 그런 말씀을 했다고 해서 내 마당에 떨어진 남의 집 밤을 아이들에게 함부로 나눠 먹이면 아이들은 그런 일에 습성이 생겨서 나중에는 어떤 잘못을 범하게 될지도 모를 일이오."

그 모양으로 일단 공손히 거절하고 나서, 퇴계는 다시 이렇게 말했다.

"그러잖아도 우리 집 식구들은 그 밤나무의 신세를 많이 지고 있다오. 그런데다가 그 밤나무의 열매까지 우리가 얻어먹는다면 너무도 염치없는 일일 것이요."

옆집 사람은 그 소리를 듣고 깜짝 놀라며 반문한다.

"선생 댁에서 저의 집 밤나무의 신세를 지다니 그게 무슨 말씀이십니까?"

퇴계는 웃으면서 이렇게 대답하였다.

"우리 집 식구들에게는 그 밤나무의 신세가 이만저만이 아니라오. 그 밤나무가 여름의 우리 집 마당에 그늘이 되어 주어서 오뉴월 삼복더위에도 우리 집 식구들은 더위를 모르고 서늘하게 지낼 수 있으니 그것이 첫째 신세요, 둘째는, 내가 아침마다 뜰에 나가 밤을 주워 담장 너머로 던져드리느라고 허리를 폈다 굽혔다 하다 보니 운동이 되어서 몸이 건강하게 되었으니, 그 얼마나 고마운 신세요."

퇴계는 물론 옆집 사람에게 미안함을 덜어주기 위해 임시방편으로 꾸며낸 농담이기는 하였다. 아무려나 퇴계가 그런 익살스러운 농담을 하는 바람에, 옆집 사람은 크게 웃으며 퇴계의 대쪽 같은 결백성에 새삼스러이 머리를 수그렸다.

퇴계에게는 그와 같은 일화가 비일비재하다. 언젠가는 이런 일도 있었다.

하인을 데리고 서울로 올라오던 길이었는데, 어느 날 저녁 하인이 저녁밥을 지어왔는데, 그 밥에는 난데없는 풋콩이 들어 있었다. 퇴계가 잡곡밥을 좋아하는 것을 알고 하인이 일부러 콩을 넣어 밥을 지어온 것이었다.

퇴계는 그 밥을 보고 매우 의아하게 여기며 하인에게 묻는다.

"이 쌀은 우리가 집에서 가지고 온 쌀이려니와, 이 밥에 들어 있는 풋콩은 어디서 구해온 콩이냐?"

"나으리께서 풋콩 밥을 좋아 하시기에, 소인이 남의 집 콩밭에서 풋콩을 며 꼬토리 따다가 밥에 앉혔습니다."

그 대답을 듣자 퇴계의 얼굴에는 갑자기 엄숙한 빛이 떠올랐다.

"남의 집 농작물을 함부로 도둑질을 해오다니, 그거 안 될 말이다. 너는 물론 나를 위해 정성을 다하느라고 그랬겠기만, 도둑맞은 사람의 처지를 생각해 보아라, 봄내 여름내 고생스럽게 지어 놓은 콩을 도둑맞았으니, 그 사람이 얼마나 섭섭하게 여기겠느냐. 이 콩은 지금이라도 반드시 주인에게 돌려드려야 한다."

"이미 밥을 지어 놓았는데, 이제 어떻게 콩을 돌려 드리옵니까?"

"잘못을 사죄하는 뜻에서 콩과 함께 밥까지 보내드리면 될게 아니냐. 어서 이 밥을 풋콩주인에게 보내드리고 오너라."

이리하여 퇴계는 풋콩이 들어있는 밥을 송두리째 주인에게 돌려보내고, 새 밥을 짓게 하였다. "말이 아니어든 듣지 말고,

길이 아니어든 가지를 말라"는 옛글이 있는데다가, 일찍이 공자는 '도천(盜泉)'이라는 이름이 붙어 있는 샘에서는 물도 마시지 않았다 하거니와, 퇴계야말로 공자 못지않게 결백한 성품이었다.

[출전] 정비석, 『퇴계일화선』, 퇴계학연구원, 1983. 7. 5, 59~63면.

① 퇴계는 옆집 밤나무의 밤을 주워서 주인에게 돌려준다. 설화에서는 역설적으로 감나무의 임자인 아이가 뒷집의 대신의 집으로 가서 따진다.(최인학·엄용희 엮음, 「655 소년원님」, 『옛날이야기꾸러미 4』, 집문당, 2003)

6-5. 수사(受辭)의 법도

퇴계는 남에게서 선물을 받을 때에는 수사(受辭)의 법도가 지극이 엄격하여 의리에 벗어나는 선물은 한 번도 받아본 일이 없었다.

그러나 자기 고을의 관가에서 보내오는 선물은 교제의 뜻으로 알고 굳이 사양하지 않았다.

만약 관가에서 그런 선물을 받았을 경우에는 맨 먼저 형님댁에 일부를 나눠 보내고, 그 다음에는 이웃과 친척과 제자들에게 골고루 나눠주어서 한 번도 집에 쌓아 두는 일이 없었다.

더구나 서울에 왔을 때에는 나라에서 주는 봉록으로 살림이 넉넉했기 때문에, 선물이 들어오기만 하면 반드시 친구들에게 두루두루 나눠주되 친소(親疎)와 빈부(貧富)를 헤아려 한 번도 정리(情理)에 벗어나는 일이 없었다.

한번은 의성(義成) 사람이 마른 고기와 필묵(筆墨)을 선물로 가져왔는데, 퇴계는 필묵만 받고 마른 고기는 그냥 돌려보냈다.

그 광경을 목격한 제자가 매우 의아스러워서, "선생님, 의롭지 않은 물건이라면 모두 거절해 버려야 옳을 것이 온데, 작은 선물만 받고 큰 물것을 돌려보내는 것은 무슨 뜻이옵니까?"하고 물었다

퇴계가 웃으며 대답한다.

"내 일찍이 옛 성현의 글에서 그와 같은 이야기를 읽은 일이 있었다. 조자직(趙子直)이라는 사람이 주자에게 여러 가지 선물을 많이 가져왔는데, 주자는 그 중에서 인삼과 부자(附子)만 받고 돈은 그냥 돌려보냈고, 또 어떤 사람한테는 게(蟹)만 받고 포(布)는 돌려보낸 것을 보았다. 그 경우에 조자직으로서는 선물을 보내는데 잘못이 있기는 했지만, 그러나 그 허물은 절교를 할 정도로 크지는 않았기 때문에 작은 선물은 받고 큰 선물을 돌려보낸 것이다. 가져온 선물을 송두리째 돌려보내면 절교를 뜻하는 것이기 때문에 가벼운 선물은 받아서 절교하지 않는다는 뜻을 보이고, 큰 물건은 돌려보내어 그 사람으로 하여금 스스로 자기 잘못을 깨달을 수 있게 한 것이다."

선물 하나 주고받는데도 그처럼 깊은 뜻이 내포되어 있었던 것이다.

퇴계가 도산에 왔을 때 김이정이라는 사람이 노새를 선물로 보내온 일이 있었다. 퇴계가 이미 연로했으므로 나들이를 다닐 때에 타고 다니라고 보내준 것이었다.

그러나 퇴계는 그 노새를 받지 않고 주인에게 도로 돌려보냈다.

제자 이덕홍(李德弘)이 퇴계를 보고 물었다.

"그 옛날 공자(孔子)는 친구가 보낸 거마(車馬)를 사양하지

않고 받았다고 하는데, 선생님은 노새를 돌려 보내셨으니 그 까닭이 무엇이옵나이까?"

퇴계가 대답했다.

"공자는 의로운 선물이었기 때문에 사양하지 않고 받은 것이다."

"그러면 선생은 어찌하여 김이정의 노새를 돌려 보내셨습니까. 연만하신 선생님께서 타고 다니시라고 보내온 노새는 의로운 선물이 아니라는 말씀이시옵니까."

"나는 그 선물이 의롭지 않은 선물이었다고는 생각지 않는다. 그러나 남의 선물을 받는 데는 법도가 있는 법이다."

"그 법도란 어떤 것을 말씀하시는 것이옵니까?"

"옛날 사람들은 집에 부모가 생존해 계시면 남에게 거마(車馬)를 선물로 주는 법이 없었다. 김이정은 부모님이 생존해 계심에도 불구하고 그런 법도를 몰라서 단순한 호의로 나에게 노새를 보내 주었겠지만, 그 법도를 알고 있는 나로서야 어찌 그 노새를 받을 수 있겠느냐."

이덕홍은 그 대답을 듣고 퇴계에게 새삼스러이 머리를 수그리지 않을 수가 없었던 것이다.

[출전] 정비석, 『퇴계일화선』, 퇴계학연구원, 1983. 7. 5, 92~95면.

6-6. 원척(遠戚)을 구제

퇴계가 66세로, 고향에 내려와 도산서당에서 학문연구에 몰두하고 있을 때의 일이었다.

한번은 예천(醴泉)에 나들이를 갔더니, 먼 일가가 된다는 어떤 과부가 여자종을 시켜 퇴계에게 탄원서(歎願書) 한 통을 보내왔는데, 그 내용은 다음과 같았다.

"저는 퇴계 선생과는 먼 일가친척이 되는 과부이온데, 구차하게 사는 지 여러 해가 되오나, 누구한테도 도움을 받을 데가 없는 불쌍한 몸이옵니다. 그런데 저희는 이웃과 송사를 걸어 다투어오다가 엊그제야 판결이 났는데, 저에게 베 30필을 바치라는 판결이 내린 것이옵니다. 워낙 그날그날 입에 풀칠을 해 가기에도 어려운 형편이온데, 베 30필을 바치라는 판결이 내렸으니 이 일을 어찌 했으면 좋겠나이까. 관가의 하인들이 저의 집으로 몰려와 성화같은 독촉을 하고 있사오나, 저의 집에는 30필은커녕 단 한 자의 베도 없는 실정이옵니다. 바라옵건대 선생께서 원님에게 고마우신 말씀을 한 말씀만 내리셔서 불쌍한 일가를 구원해 주시옵소서. 엎드려 간곡히 바라옵나이다."

퇴계는 그 딱한 사연을 읽어보고 매우 가엾은 생각이 들었다.

그러나 사사로운 인정으로 공사(公事)를 어지럽힐 수는 없는 일이기에 퇴계는 즉석에서 정색을 하며, 편지를 가지고 온 여종에게 이렇게 말했다.

"집에 돌아가거든 주인 아주머님에게 이렇게 여쭈어라. 편지를 읽어 보고 사정은 매우 딱하게 여기지만, 사사로운 정리(情理)로 공사를 어지럽힐 수는 없는 일이므로 주인 아주머님의 부탁을 들어드리지 못하겠노라고 하더라는 말이다."

퇴계는 여종을 돌려보내고 나서도 마음이 평온하지 못했다.

그런데 그 여인은 또다시 여종을 보내 꼭 같은 부탁을 두 번 세 번 해오지 않는가. 물론 퇴계는 그 때마다 그 부탁을 물리쳐 버렸다.

그러나 두 번 세 번 거절을 하고 나서 가만히 생각해 보니,

퇴계는 자기가 너무도 매몰한 인간인 것 같은 느낌이 들었다. 더구나(그 여인이 내게 있어서는 먼 일가친척이지만, 선조의 입장에서 보면 다 같은 자손임이 분명한데 내 어찌 조상의 마음을 무시하고 그 여인을 길가의 사람 보듯 외면만 하고 있을 수 있으리.)

그런 생각이 들어서, 퇴계는 예천군수에게 넌지시 부탁을 해 보았다.

그리하여 퇴계의 말을 들은 예천군수는, 그 과부에게 베 30필을 바치는 것을 면제해 주었던 것이다.

그런데 퇴계는 그 후에 제자들을 보고 그 때의 이야기를 낱낱이 말해주면서

"그때에 내가 한 말이 과연 의로운 말이었는지, 혹은 의롭지 못한 말이었는지, 나 자신도 정확한 판단을 내리지 못하겠노라."

하고 말했다.

그 한 가지 사실만 보아도 퇴계는 매사를 처리하는데 있어서 의를 얼마나 소중히 여기는가를 알 수 있다고 하겠다.

[출전] 정비석, 『퇴계일화선』, 퇴계학연구원, 1983. 7. 5, 96~98면.

6-7. 영의정 권철과 퇴계

쌍취헌(雙翠軒) 권철(權轍)은 이 퇴계와 동시대의 대학자로서, 명종(明宗)때에 영의정(領議政) 벼슬까지 지낸 명현(名賢)이었다. 그는 임진왜란 때에 행주산성(幸州山城)에서 왜적을 크게 격파하여 만고명장(萬古名將)의 이름을 떨친 권율(權慄)장군의 아버지이기도 했거니와, 선조(宣祖) 때의 명재상(名宰相)

이었던 월사(月沙) 이항복(李恒福)의 장인(丈人)이기도 하다. 권철은 워낙 지인지감(知人之鑑)이 남달리 투철하여, 불한당(不汗黨)이나 다름없는 소년 이항복의 사람됨을 알아보아서, 온 문중이 반대함에도 불구하고 혼자 우겨서 이항복을 사위로 삼은 것은 유명한 이야기다. 그처럼 견식이 탁월한 권철이 이퇴계에게 추앙심을 아니 가졌을 리가 없었다.

권철은 영의정으로 재직 시에, 평소에 추앙해 오던 이퇴계를 만나보고자 서울에서 안동 도산서당(陶山書堂)을 몸소 찾아 내려온 일이 있었다.

서울서 안동까지는 550리의 머나먼 길이다. 영의정으로서 머나먼 길에 일개 사숙(私塾)의 훈장을 몸소 찾아간다는 것은, 그 당시의 관습으로서도 도저히 있을 수 없는 일이었다. 그러나 권철은 관계(官階)를 초월하여, 대학자 이퇴계를 친히 방문했던 것이다.

영의정 권철이 초헌(軺軒)을 타고 도산서당으로 찾아가는 바람에 관에서는 안동읍에서 '도산서당'이 있는 도산면(陶山面)까지의 70리의 길을 새로 확장해야 할 지경이었다.

퇴계가 예의를 갖추어 영의정 권철을 융숭하게 영접했음은 말할 것도 없다. 그리하여 두 학자는 기쁜 마음으로 학문을 토론하였다.

거기까지는 좋았으나, 그 다음 식사 때가 큰 문제였다. 끼니때가 되자 저녁상이 나왔는데, 밥은 보리밥에다가 반찬이라고는 콩나물국과 가지잎 무친 것과 산채뿐으로, 고기붙이라고는 북어 무친 것 하나가 있을 뿐이었다. 퇴계는 평소에도 제자들과 꼭 같이 그런 식사를 해 왔는데, 상대방 손님이 영의정임에도 불구하고 퇴계는 평소와 다름없는 식사를 내왔던 것이다.

평소에 진수성찬만 먹어 오던 영의정 권철에게는 보리밥과 소찬이 입에 맞을 리가 없었다. 권철은 도저히 그 밥을 먹어낼 수가 없었는지 몇 숟갈 뜨는 척하다가 그대로 상을 물려 버렸다.

그러나 이퇴계는 모르는 척하고, 다음 날 아침에도 그와 꼭 같은 음식을 내놓았다.

권철은 이날 아침에도 그 밥을 먹어낼 수가 없어서 어제 저녁과 마찬가지로 몇 숟갈 떠먹고 나서 상을 그냥 물려버렸다. 주인이 이퇴계가 아니라면 밥투정이라도 했겠지만, 상대가 워낙 스승처럼 추앙해 오는 이퇴계이고 보니, 음식이 아무리 마땅치 않아도 감히 그런 말이 나오지 않았던 것이다.

사태가 그렇게 되고 보니, 권철은 도산서당에 더 묵어가고 싶어도 식사가 입에 맞지 않아 더 묵고 있을 수가 없었다.

그리하여 예정을 앞당겨 다음 날은 부랴부랴 귀로에 오를 수밖에 없었는데, 권철은 작별에 앞서 퇴계에게 이렇게 말했다.

"이렇게 찾아뵙고 떠나게 되니 매우 반갑소이다. 우리가 만났던 것을 깊이 기념하고자 하니 선생은 좋은 말씀을 한마디만 남겨 주시지요."

"촌부가 대감 전에 무슨 말씀을 여쭐 것이 있겠나이까. 대감께서 모처럼 말씀하시니, 제가 느낀 점을 한 말씀만 솔직히 여쭙겠나이다."

이퇴계는 그렇게 정제하고 옷깃을 바로 잡으며 다시 입을 열어 이렇게 말하는 것이었다.

"대감께서 원로에 누지(陋地)를 찾아오셨는데, 제가 융숭한 식사 대접을 못해 매우 송구스럽습니다. 그러나 제가 대감 전에 올린 식사는 일반 백성들이 먹는 식사에 비기면 더할 나위 없는 성찬이었고, 저들이 먹는 음식은 깡 보리밥에 된장찌개가 고작입니다. 그럼에도 불구하고 대감께서는 그 음식이 입에 맞지 않아 제대로 잡수시지 못하는 것을 보고, 저는 이 나라의 장래가 은근히 걱정스럽습니다. 무릇 정치의 요체(要諦)는 여민동락(與民同樂)에 있사온데, 관과 민의 생활이 그처럼 동떨어져 있으면 어느 백성이 관의 행정에 심열성복(心悅誠服)하겠나이까?"

그 말은 폐부를 찌르는 듯한 충언이었다. 이퇴계가 아니고서는 영의정에게 감히 누구도 말할 수 없는 직간(直諫)이었던 것이다.

권철은 그 말을 듣고 얼굴을 붉히며 머리를 수그렸다.

"참으로 선생이 아니고서는 누구에게서도 들어볼 수 없는 좋은 잠언(箴言)이시옵니다. 나는 이번 행차에서 깨달은 바가 많아, 서울에 돌아가거든 선생의 말씀을 잊지 않고 실천에 옮기도록 노력하겠나이다."

성인이 능지성인(能知聖人)이라고나 할까, 영의정 권철은 크게 깨달은 바 있어, 퇴계의 충고를 거듭 고마워하였다.

그리고 권철은 서울에 돌아오자, 만조백관들을 불러놓고 퇴계의 말을 전하는 동시에, 자기 자신도 그날부터 생활을 일신하여, 퇴계를 본받아 지극히 검소한 생활을 하였다.

[출전] 정비석, 『퇴계일화선』, 퇴계학연구원, 1983. 7. 5, 103~105면.

6-8. 퇴계의 관용성

포은(圃隱) 정몽주(鄭夢周)는 고려국이 망할 때 송경(松京) 선죽교(善竹橋)에서 이성계(李成桂)[1]의 셋째 아들인 방원(芳園)[2]의 흉검(凶劍)에 피를 흘리며, 쓰러져 죽은 만고의 충신(忠

臣)임은 세상이 다 아는 일이다. 공민왕(恭愍王) 때에 13년간이나 시중(侍中=大臣) 벼슬을 지냈고, 공민왕이 서거한 뒤에는 왕씨(王氏)가 아닌 신우(辛禑)[3]와 신창(辛昌)이 왕위에 올랐을 때에도 충성을 다 해오다가 공양왕(恭讓王) 때에 고려가 망하게 되자 목숨을 걸고 나라를 지켜 가려고 했던 충신이다.

그러기에 역사를 냉철하게 비판하려는 사람에 따라서는 왕씨(王氏)에게 충성을 다하다가 신씨(辛氏)에게도 충성을 다해 온 정몽주를 못마땅하게 여기는 견해도 없지 않았다.

퇴계의 제자인 이덕홍(李德弘)도 그 점을 매우 의아스럽게 여겨, 하루는 퇴계에게 이렇게 물어본 일이 있었다.

"고려 왕씨의 뒤를 이어 일어선 사람은 신씨(辛氏)인데, 포은 정몽주는 그를 섬기고 버리지 않았으니, 뒤에 비록 공이 있었다 한들 어찌 그 죄를 면할 수 있겠습니까."

퇴계는 그 질문을 받고 이렇게 대답하였다.

"그렇지 않다. 왕위를 계승한 사람은 비록 신씨였으나, 왕씨의 종사(宗祀)는 망하지 않았기 때문에 포은은 오히려 왕씨를 섬긴 것이다. 그것은 마치 저 진(秦)나라의 여씨(呂氏)와 진(晋)의 우씨(牛氏)와 같고 강목(綱目)에서도 왕도(王導)의 무리를 배척하지 아니하였다. 포은은 진실로 그러한 고사(故事)에 뜻을 얻었다 할 것이다."

그런 문답이 있은 지 얼마 후에 제자인 한강(寒崗) 정구(鄭逑)가 퇴계에게 그와 비슷한 말을 또 물었다.

"선생님! 조남명(曺南冥)이 일찍이 포은의 진퇴(進退)에 관하여 매우 의아스러운 견해를 발표한 일이 있습니다. 처음에는 왕씨(王氏)를 섬겼고 후에는 신씨(辛氏)를 섬기다가 나중에는 임금에게 충성을 다하기 위해 죽었으니, 제가 생각하기에는 그 충성은 매우 가소로운 것 같습니다. 공민왕 때에 대신 노릇을

13년이나 하였으니 신씨가 왕위에 오른 뒤에도 벼슬을 계속했다는 것은 '옳지 못하면 벼슬을 그만둬야 한다'는 옛 성현의 의리(義理)에 부끄러운 일이 아니옵니까. 그럼에도 불구하고 신우(辛禑) 부자를 섬겼고, 신우가 신돈의 아들이 아니고 공민왕의 친자(親子)인줄 알았다면, 나중에 우왕(禑王)과 창왕(昌王)을 몰아내는 데는 자신이 참여했으니 실로 우스운 일이 아니고 무엇입니까. 우왕을 14년이나 섬기다가 일조에 추방하고 살해했으니 그것을 어찌 충신된 사람의 도리라고 할 수 있으오리까. 그러다가 후일에 다른 임금을 위해 죽었으니 저로서는 도저히 이해 못할 일이옵니다."

퇴계도 한강의 질문에 일리가 있다고 생각했는지 오랫동안 대답이 없었다가 이윽고 퇴계는 조용히 입을 열어 이렇게 대답하는 것이었다.

"정자(程子)의 말씀에 '사람은 마땅히 허물이 있는 가운데서 허물이 없기를 구하여야 하고, 허물이 없는 가운데서 허물이 있기를 구하는 것은 부당한 일이다.'라고 하였다. 포은의 대절(大節)은 가히 천지의 경위(經緯)가 되고 우주의 동량(棟梁)이 된다고 이를 수 있다. 그런데 세상 사람들은 남을 공박하기를 좋아하고 남의 미덕(美德)을 이루어주기를 즐겨하지 않아서 이러니저러니 하기를 마지않으니, 그런 말에는 매양 귀를 가리우고 듣지 않음이 좋으니라. 나라가 있고 나서 임금이 있는 법인데, 목숨을 걸고 나라를 지켜나가려고 한 일을 어찌 충절(忠節)이라고 아니할 수 있겠느냐."

퇴계의 대답에는 만근의 무게가 있다고 하겠다. 남의 잡다한 허물을 용서해 가면서 어디까지나 대국적인 견지에서 포은의 허물을 감싸주는 그 관용이야말로 퇴계가 아니고서는 있기 어려운 일일 것이다.

1) 조선왕조의 태조(太祖).
2) 후에 태종(太宗).
3) 중 신돈(辛旽)의 아들이라고 전해옴.

[출전] 정비석, 『퇴계일화선』, 퇴계학연구원, 1983. 7. 5, 137~140면.

6-9. 사돈댁의 괄시(恝視)

퇴계의 맏아들은 준(寯)이오, 맏며느리 금씨(琴氏)는 봉화(奉花) 태생으로 그 지방에서는 서슬이 푸른 양반가문(兩班家門)의 딸이었다.

퇴계는 맏며느리를 맞아올 때 상객(上客)으로 사돈댁에 갔다가 금씨 문중 사람들에게 혹독한 냉대를 당한 일이 있었다. 혼인 예식이 있을 때 상객에게 대해서는 사돈댁 사람들이 모두들 융숭하게 접대하는 것이 통례이지만, 퇴계의 경우는 어떻게 된 영문인지 금씨 문중 사람들이 그림자도 얼씬하지 않았다. 오직 주혼(主婚)한 사람만이 상객을 맞아 주었던 것이다.

그도 그럴 것이 금씨 가문은 봉화 지방에서 떵떵거리며 살아오는 세도가였던 관계로, 그들은 문벌도 지체도 없는 퇴계 가문과 통혼하는 것을 거족적으로 반대해 왔기 때문이었다. 다만 주혼 혼자만이 우겨서 퇴계 가문과 통혼을 했으므로 금씨 문중에서는 상객인 퇴계를 얼굴조차 대하려 하지 않았던 것이다.

그 당시 퇴계는 이미 문과에 급제하여 예문관(藝文館) 검열(檢閱)을 지낸 일이 있기는 했지만, 근본을 따지고 보면 퇴계의 6대 전에는 아전(衙前)을 지냈을 뿐이었다. 게다가 퇴계 자신도 아버지를 일찍 잃고 홀어머니 밑에서 설사롭게 자라난 사람이므로, 봉화에서 양반으로 세도를 부려오는 금씨 문중으로 보면 아주 보잘것없는 집안이라고 넘볼 수도 있었다. 상객을 그처럼 혹독하게 무시해 버린 원인이 바로 그 점에 있었던 것이다.

퇴계가 그런 눈치를 모를 리가 없었다. 그러나 그는 그런 기색을 추호도 나타내지 아니 하고 주혼에게 어디까지나 예를 갖추어 대하였다.

거기까지도 좋았다. 퇴계가 혼인 예식을 끝내고 사돈댁을 막 떠나오자, 신부 댁에서는 일대난장판이 벌어졌다. 금씨네 일가 친척들이 떼를 지어 몰려와서 주혼에게 공격을 막 퍼부었던 것이다.

"우리 가문의 규수를 어느 명문가엔들 시집을 못 보내겠기에, 하필이면 이황과 같은 두드러지지 않은 집의 며느리로 준다는 말이오. 그런 사람이 금씨네 집안에 엉덩이를 대고 앉아 있었다는 것만도 우리로서는 가문을 더럽힌 셈이오. 그가 앉아 있었던 마루를 물로 말끔히 씻고 대패로 깨끗하게 밀어 버려야만 하겠소."

그리고 그들은 정말로 대청마루를 물로 씻고 대패로 깨끗하게 밀어 버리기까지 하는 것이었다.

금씨 일가는 사돈에게 대한 모욕이 그렇게도 심했었다.

그와 같은 사실이 퇴계의 문중에 알려지지 않을 리가 없었다. 그런 사실을 알게 되자, 이번에는 퇴계 문중에서 크게 분개하며 저마다 들고 일어났다.

그러나 퇴계는 평소와 추호도 다름없이 어디까지나 침착한 어조로 문중 사람들을 이렇게 달랬다.

"사돈댁에서 무슨 말이 있었거나, 우리로서는 관여할 바가 아니다. 가문의 명예란 문중에서 떠든다고 높아지는 것도 아니요, 남들이 헐뜯는다고 낮아지는 것도 아니다. 상대방이 예의를 갖추지 못했다고 해서 나도 예의를 지키지 않으면, 우리 가문은 사돈댁 가문보다도 형편없는 가문이라는 증거가 될 것이 아니겠느냐, 더구나 우리는 사돈댁의 귀한 따님을 우리 집 며느리로 맞아오는 터인데, 우리가 만약 그런 하찮은 일로 말썽을 일으키면 새 며느리가 얼굴을 들 수 없게 될 것이 아니겠느냐. 내 며느리를 보아서도 아무소리 말고 물러들 가거라."

이리하여 퇴계 가문에서는 사돈댁의 모욕을 일체 불문에 부치게 되었고, 퇴계는 아무 일도 없었던 것처럼 새 며느리를 극진히 사랑하였다.

이에 며느리 금씨 부인은 시아버님의 넓은 도량에 크게 감동하여 어느 집 며느리보다도 시아버님을 한평생 높이 받들어 모셨고, 후일 그녀가 세상을 떠날 때에는 다음과 같은 유언까지 남겼다.

"시아버님 생존 시에 내가 시아버님을 모시는데 여러 가지로 부족한 점이 많았었다. 그래서 사후에도 다시 아버님을 정성껏 모시고 싶으니, 내가 죽거든 나의 시체는 반드시 아버님 묘소 가까운 곳에 묻어 주도록 하여라."

그 유언만 보더라도 금씨 부인이 시아버지인 퇴계의 높은 인격에 깊이 감동되었음을 알 수 있으려니와, 퇴계 가문에서는 유언에 따라 금씨 부인을 퇴계의 무덤에서 조금 떨어진 곳에 묻어주었다.

퇴계의 무덤은 안동군 도산면(陶山面) 건지산(搴芝山) 남쪽 언덕 위에 있고, 지금도 거기서 조금 떨어진 곳에 또 하나의 조그만 무덤이 있는데 그 무덤이 바로 퇴계의 맏며느리였던 금씨 부인의 무덤인 것이다.

[출전] 정비석, 『퇴계일화선』, 퇴계학연구원, 1983. 7. 5, 40~43면.

6-10. 북지산(北枝山)(쑥골) 삼학비(三鶴飛)

봉화군(奉化郡) 물야면(物野面) 구산리(龜山里)에서 조금 떨어진 곳에 뒷결이라는 마을이 있다. 뒷결은 사대문형(四大門形)으로 되어 있는데 사대문은 호골산(虎骨山)과 구산(龜山) 사자산(獅子山) 강구현(康衢峴?)을 말한다. 뒷결에 봉화 금씨(琴氏)가 살았는데 거북 모양의 바위가 있다고 해서 구산이라 하였다. 「전선명승고적(全鮮名勝古蹟)」에는 '재봉화북삼십리(在奉化北三十里)하니 상유암석(上有岩石)하고 암상기(岩上氣)로 이험풍흉(以驗豊凶)이라'고 소개되어 있다. 뒷결은 왕기가 있는 곳인데 금씨가 살고 있어서 왕이 서로 나오려 하기 때문에 하나도 나오지 못한다는 것이다. 그 이유는 금자(琴字)의 왕왕(王王)을 의미한다.

그런데 이퇴계 선생(李退溪先生)이 어릴 때 이곳 외가(外家)에 왔다가 괄시를 받고 돌아가 스승인 서산대사(西山大師?)에게 이런 일들을 사뢰었더니 스승이 말하기를 "이제 금씨도 다 되었군"하였다. 그 일이 있은 후 얼마 안 되어 서산대사는 제자 승(僧) 한 사람을 뒷결 금씨마을에 보내면서 "자네가 구산에 가면 금씨가 살고 있는 마을이 있는데, 그곳 종가에 가서 하인을 부르지 말고 직접 안으로 들어가 시주하라고 했다. 그러면 안에서는 자네를 몽둥이질 하며 내쫓을 것이다. 그 때를 놓치지 말고 '이 마을에 사는 금씨가 벼슬자리를 못하고 재산이 일지 않는 까닭은 첫째 이 마을 북쪽에 있는 비들고개에 지름길을 만들지 않음이요, 또 하나는 논 가운데의 선돌(立石) 때문이다'라고 말하여라."라고 지시하였다. 과연 일은 그렇게 되어 주인과 마을 사람은 즉시 비들고개에 지름길을 만들고 논 가운데의 선돌을 깨버리었다. 사실 이는 말도 안 되는 일들이었다. 즉 비들고개에 지름길을 만드는 것은 비들기의 허리를 자르는 것이고, 선돌을 깨어버리는 것은 그 속에서 살고 있는 학 세 마리를 쫓는 결과 밖에 되지 않았다. 선돌을 깨니 그 속에서 학 세 마리가 날아가는데 한 마리는 서쪽(陶山)으로 날아가고, 또 한 마리는 유곡(酉谷)으로, 또 한 마리는 법전(法田)으로 날아가 버렸다. 그 선돌 자리에는 학의 피만 남아 있고, 이 세 마리의 학이 날아간 세 곳은 그 후 벼슬아치와 명인들이 많이 나오게 되었다. 서쪽으로 날아간 학은 퇴계 선생(退溪先生)을 낳게 하고, 유곡에는 충제(sic-冲齋) 등 많은 명인을 낳게 하고, 법전에서는 해은(海隱)등 여러 명인들을 낳게 하였다. 그로부터 봉화 금씨는 수없이 망하여 재난 속출하여 농사를 지으면 추수가 되지 않고, 우물에는 물이 마르고, 집에 불이 나는 등 그 재난은 형용할 수 없었다. 서산대사는 그만하면 되었다 하여 또 한 제자를 보내어 깨진 선돌을 다시 세우게 하였다. 금씨들은 전에 승을 학대한 죄라고 생각하여 이번에는 승을 잘 대접하고 일러준 대로 그 선돌을 깨고 쇠꽂에 박아 두게 하니 재난이 그쳤다. 그 후부터 금씨는 가호도 늘지 않고 인구와 재산이 늘지도 줄지도 않았다. 그러나 아직 풀미(풍구)에 바람이 일지 않아서 부(富)해지지 않는다고 한다.

조사자 : 지도교수 강신항 학생 정호덕 외 5인
조사일 : 1965년 12월 17일~21일
장　소 : 경북 봉화군 춘양면 의양리 / 법전면 법전리 / 봉화면 유곡리 / 봉화면 황전리 / 물야면 북지리

[출전] 성균관대학교 국어국문학과, 『(제1차 3개년계획) 안동문화권학술조사 보고서』, 1967. 2, 108~109면.

① 어릴 때 사돈댁의 괄시를 받은 퇴계는 스승인 서산대사에게 고했다. 그랬더니 서산대사는 제자를 보내어 풍수지리를 인위적으로 변형시켜 재난을 당하게 한다는 삽화는 설화에서 종종 쓰는 방법이다.(유증선 편저, 「24. 서산대사와 뒷결 삼학비」, 『영남의 전설』, 형설출판사, 1971)
② 최인학 지음, 「K. 풍수지리 204.3 지형을 변조하여 재난을 만나다」, 『한국 민담의 유형연구』, 인하대학교출판부, 1994.

6-11. 극진한 효도

퇴계는 가난한 집에서 칠남일녀(七男一女)의 막내둥이로 태어난 데다가, 생후 일곱 달 만에 아버지마저 세상을 떠나버렸다. 그리하여, 보통아이들 같으면 편모슬하에서 자란 '호래자식'이 되어 버릴 형편이었지만, 어머니 박씨(朴氏)가 워낙 현모(賢母)여서 농사와 길쌈으로 가난한 살림을 꾸려나가면서 퇴계더러, "너는 애비 없는 호래자식이라는 말을 들어서는 안 된다"고 항상 극진한 애정을 가지고 타이른 데다가, 퇴계 자신이 또한, 어려서부터 효성이 극진하여, 마침내 학자로서 거인이 되는 동시에 효자로서도 다시없는 아들이 되었다.

퇴계는 어려서부터 효성이 얼마나 극진하였든지, 무슨 일에나 어머니의 뜻을 어긴 일이 한 번도 없었고, 어머니의 마음을 즐겁게 해드리기 위해 어머니 앞에서는 언제나 얼굴에 웃음을 띠고 대했다.

그 자신도 본시부터 학문에 뜻이 깊었지만 글공부를 더욱 열심히 한 것도 어머니를 기쁘게 해 드리기 위해서였고, 벼슬에는 뜻이 없으면서 과거를 본 것도 어머니를 기쁘게 해드리기 위해서였다.

그러므로 어머니가 세상을 떠나신 뒤에는, 제자들이 부모 섬기는 이야기를 하면, 퇴계는 무척 슬퍼하면서 자기를 죄인이라고 자처해 왔다.

그러기에 생일날 아침에 제자들이 축하의 술잔을 올렸을 때, 퇴계는

"어머니가 살아계실 때에 축하의 술잔을 한 번도 올려보지 못한 죄 많은 내가 어찌 그런 술잔을 받을 수 있겠느냐."

하고 굳이 술잔 받기를 사양해 왔었다.

그러한 효성은 조상과 웃어른들을 섬기는데 있어서도 역시 마찬가지여서, 퇴계는 새로 난 물건이 손에 들어오면 반드시 종가(宗家)에 보내어 사당에 올리게 하였고, 만일 멀리 떨어져 있어서 보낼 수가 없을 형편이면, 집에 곱게 간직해 두었다가 제삿날을 기다려 지방(紙榜)만 써 붙이고, 그 앞에 그 물건을 괴어 놓고 조상들로 하여금 흠향(歆饗)을 하게 하였다.

언젠가 제자 이덕홍(李德弘)이 그러한 광경을 보고,

"선생은 종손(宗孫)도 아니고, 가묘(家廟)도 멀리 떨어져 있는데, 무슨 까닭으로 그런 행사를 하시옵니까."

하고 물었더니, 퇴계는 이렇게 대답하였다.

"내가 사는 곳이 종가와 멀리 떨어져 있어서 제사에 직접 참여하지는 못하나, 새로운 물건을 선조들의 제사에 올리기 전에 어찌 내가 먼저 맛을 볼 수 있겠는가. 내가 지자(支子-아래아들)인 관계로 정식제사는 지낼 수 없지만, 이렇게 따로 해서

조상들의 은공을 보답하고자 함일세."

퇴계는 제사에 쓸 술을 빚을 때에는 반드시 깨끗한 곳을 가리었고, 과실이나 마른 고기 같은 것은 제사를 위해 간직한 것이면, 어떤 경우에도 달리 쓰는 일이 없었다.

퇴계가 서울에 왔을 때 제사에 쓰려고 술을 빚게 되자, 따뜻한 방이 없어 술독을 자기가 거처하는 방에 두었던 일이 있었다. 그런데, 그 술독이 있는 동안만은 아무리 춥고 어두운 밤이라도 퇴계는 소변을 반드시 밖에 나가 보고 돌아오곤 하였다.

그리고 제삿날에는 술이나 고기도 들지 않았고, 비록 제사에 직접 참여하지 못할 경우에는 그날 밤만은 제사를 지내는 사람과 꼭 같이 엄숙하게 지냈다. 자기 자신에게 대해서만 그처럼 엄숙할 뿐만 아니라, 손님을 대접할 경우에도 역시 그러하였다. 그러한 사실들을 보면, 퇴계는 조상들에게 대한 효성이 얼마나 참되고 극진했던가를 충분히 알 수 있는 것이다.

언젠가 제자들이 퇴계에게 제사에 대해 물어본 일이 있었다.

"조상에 대한 제사는 성대하게 지내는 것이 옳습니까, 간소하게 지내는 것이 옳습니까?"

퇴계는 즉석에서 대답하였다.

"조상에 대한 제사는 살림 형편에 따라 성대하게 지내도 무방하고 간소하게 지내도 무방하다."

"조상에 대한 제사는 반드시 지내야만 하는 것입니까?"

"지내고 싶은 사람은 지내고, 지내고 싶지 않은 사람은 지내지 않아도 무방하다."

제자들은 그 대답을 듣고 깜짝 놀랐다. 퇴계 선생이 설마 "조상의 제사를 지내지 않아도 무방하다"고 대답할 줄을 몰랐기 때문이었다. 그래서 제자들은 다시 물었다.

"선생님께서는 조상의 제사를 지내고 싶지 않으면 지내지 않아도 무방하다고 말씀하셨는데, 그것은 잘못 말씀하신 것이 아니옵니까?"

"그것은 조금도 잘못된 대답이 아니다. 조상에 대한 제사란 자손 된 도리를 다하는 것뿐이지, 제사를 지낸다고 해서 조상이 직접 나타나 제물을 잡수시는 것도 아니요, 제사를 지내지 않는다고 해서 돌아가신 조상이 굶어서 다시 한 번 죽게 되는 것도 아니지 않느냐. 요컨대 제사란 조상에 대한 후손의 성의를 표시하는 예절이오, 성의일 뿐이다. 조상에 대한 성의가 없는 사람이 형식적인 제사를 백번 지내본들 그게 무슨 소용이 있겠느냐. 그러므로 조상에게 효성이 있는 사람은 제사를 아무리 간소하게 지내도 그것으로 무방할 것이오, 그만한 성의가 없는 사람은 애당초 마음에도 없는 제사를 지낼 필요는 없는 것이 아니겠느냐."

제자들은 그제서야 제사 지낼 때의 마음의 자세가 어떠해야 한다는 것을 깨달으며, 다시 물었다.

"선생님! 부모가 돌아가셨을 때에는 상(喪)을 반드시 삼년을 입어야만 하옵니까. 일년으로 탈상(脫喪)을 하면 아니 되옵니까."

"그것도 위에서 말한 바와 같은 이치로, 1년으로 탈상하고 싶은 사람은 그래도 무방할 것이다. 요는 그 사람의 효성 여하에 달렸을 뿐이다."

"그렇다면 어찌하여 구태여 삼년이라는 시한을 정한 것이옵니까."

"반드시 삼년이 아니라도 무방하다. 그러나 삼년이라는 기한을 정한 것은, 이 세상에 태어나서 세살이 되기까지는, 부모님에게 너무도 많은 괴로움을 끼쳤기 때문에 부모님의 한없는 은혜를 삼년간이나마 성실하게 갚아 드리자는 생각에서, 삼년이라는 시한을 정했을 뿐이니라. 그러나 그 기간만으로 어찌 부모의 은혜를 다 갚았다고 말할 수 있겠느냐. 그래서 두고두고 조상의 제사를 지내게 되는 것이니, 요컨대 모두가 그 사람의 효성 여하에 달린 것이니라."

제자들은 스승의 참되고 극진한 효성에 새삼스러이 감탄했던 것이다.

[출전] 정비석, 『퇴계일화선』, 퇴계학연구원, 1983. 7. 5, 48~53면.

6-12. 이퇴계가 명명한 가례동천

퇴계(退溪) 선생께서, (말을 바꾸어서) 그 마 허씨네들은 초처(初妻)가 자기 허씨(許氏)라 이래카고[1] 또 딴 사람은 후처(後妻)가 결국 말하자면 허씨 아이가(아닌가) 이래 말해 쌓는데, 그거는 자기 각자 그 시견에 맡길 요량하고.

에, 그 지끔도 그 저 칠곡(七谷面)에 도산(陶山) 허씨네들 그 집안이 퇴계 선생의 처갑니다. 처간데, 그 처가로 봐서 그랬는가 어쨌는가, 여게 마 유생(儒生)들이 많아서 그랬는강(그랬는지), 여게 와서 그 서산(西山) 밑에 고기로 낚았답니다. 지금 가례동천(嘉禮東川)이라고 써 놘 데 거게 고기를 낚고 계샀는데, 그러이 고 당시로 봐서는 그 가례가 허촌(許村)이더랍니다.

예, 허촌인데, 에 허씨네, 그 말하자면은 마 자기 그 퇴계 선생의 처갓집이 아주 그 요부했더랍니다. 요시(요새) 석수로 칠라 카마[2] 마 만석군이든지 이만석군이라도 가당찮은데(굉장한데), 마 삼만 석 했답니다. 그런데, 퇴계 선생을 만석을 디렀다고 해요. [조사자: 저쪽에서?] 에, 이 소리 하며 저짝(저쪽)에서 뭐라 칼란가(할는지) 모르지만도, 퇴계 선생 측에서 자손들이 뭐라 칼란가 몰라도, 그거는 지금 허씨네들이 그 지금 고증을 하고 있어요.

있는데, 그라머 그 만석을 가지고 그 퇴계 선생이 유생들을 모아 놓고 그 포, 포덕을 하고, 참 유교의 그 참말로 에 마 무학도 하고 이애 많이 그 활약을 했다는 이런 말도 있습니다. 이래서 있기 때미레(때문에) 지끔 현재 자필 글씨로 가례동천(嘉禮東川)이라고 썼다. 예, 거어 지끔 현재 보며 그 뭐 내(川)가 쪼깬치마는도(조그맣지마는), 그 전에는 거어 고기를 낚을 만한 그 웅덩이도 있고, 또 내가 컸더랍니다.

예, 이런데, 그라머 지금 거어 가례는 허씨네들이 별 사는 바 없고, 지금 칠곡면 도산리 가서 허씨네들이 있읍니다. 있는데, 에, 지끔도 그 허씨네들이 그 저 뭐꼬 도산 서원에 가면은 외갓집에서 왔다고 상당히 그 하고.

그 퇴계 선생의 마느래가 좀 불출이라 캐요 (테이프 뒤집음) 그래서, 그 참 난서(難書)를 가지고 활용을 잘 하고, 무학도 잘 하시고 이래 했는데, 그 지금 현재 허씨네측 이약을 들으믄, 그 그 허부인이 좀 마 불출이라요.

불출인데, 퇴계 선생이 그 저 형님이 계시더랍니다. 그라면 친척들이 제사를 지낼 때, 제사상을 올리기 전에, 참 방금 그 저게 뭐꼬 설상(設床)을 하는데도 불구하고 과실 채린 거 묵고 그래 한께, 형님이 퇴계 선생 형님이 이 혀를 끌끌 차인께(차니까), 에, 퇴계 선생이,

"형님, 아무래도 묵을 꺼, 아부지는 버(벌써)이미 봤은께 말이지, 죽은 영혼이 봤으니께 마 그냥 놔 두시는 기 안 좋겠습니까?"

이래 카인께(말하니까) 퇴계 선생 형 되시는 분은 참 웃더라꼬. 그런데 마, 사람은 부잣집 딸이라도 좀 마 불출이더라 카는 그런 전설이 있겠습니다.

1) 허씨네의 주장으로는 퇴계 선생이 첫 부인이 허씨라 하고.
2) 요즘의 석(섬)으로 따지면.

[출전] 한국정신문화연구원, 『韓國口碑文學大系』 8-11(慶尙北道 宜寧郡篇), 1984. 8. 30.

6-13. 검소한 퇴계 선생

이 퇴기라꼬 그래 가주고, 아주 궁한 걸 했어.[1] 그래 고 만날 오두막살이라. 안동 부사를 지냈어. 그라고 서울 가가지고 그거 하고 나믄 자꾸 사직을 해, 사표를 내. 그래 그 국왕이 가마히 보이 그 아주 인물이라 말이야, 재주도 있고. 그래 하마[2] 어짤 수 없이 또 가고, 그래가지고 안동부사가 그저 인핀에 들이니 '그런 인긱이 있는 분이 오막사리집에 산다' 이런게 불편이[3] 들리니께, '이 냥반집을 하문, 가정 방문을 하문 할 수 백이 없다.' 거 가 보니 오막살이 집이라. 오막살이집에 서약만[4] 꽉 채이가지고 있거든. 있는데,

"그래, 이 대감 이래가지고 대겠읍니까?"

이카이,

"이게 내게는 마지맞는[5] 기다 말이지. 응 우리 어머니 아버지가 호화로운 집이 안 살았다 말이지. 우리 어머니, 아버지를 생각하믄 지금도, 이것도 만족하다."

이카거던. 그래 평생에 생일날이라도 미역국을 몬 끓이게 했인께. 그렇고 자기가 요직을 그래 있인께네, 받는 거를 가지고 초당꾼이고 머 이거 없는 기라, 배고픈 사람만 앉았이만 죽 끓이라 캐가지고 말이지 전부 분식을 해 먹고, 이런 생활을 했어. 그래가지고 육십 서이에 그분이 애 요지는 짤라서 디강 얘기 하는데, 지사 모시고 오다가 낙성해가지고 그 질로 죽었다. 그래인께네 인자 우리가여, 저 인제 서원이든지 오죽교든지 가 볼 적에는, 그 산도 참 묘하게 생겼고, 이 분이 아주 세상은 국왱(왕) 보담 더 핀한 생활을 안 했겄나 이케 생각했는데, 실질로 그 파고 들어가 보믄 그 분들이 아주 근건한 생활을 했고 아주 어럽(어렵)었는 기라.

1) 궁하게(가난하게) 살았어.
2) 벼슬을 주어 불러 올리면.
3) 불평(不評)이.
4) 서책(書冊)만.
5) '꼭맞는, 걸맞은'의 뜻이다. 경상도 사투리의 '마침맞다'라고 하는 것과 같다.

[출전] 한국정신문화연구원, 『韓國口碑文學大系』 7-13(大邱直轄市篇), 1985. 8. 31.

6-14. 갈천 선생과 퇴계 선생

퇴계 선생이 참, 글을 배우는데. 열 시 살 자시도록 그을 배운께, 어느 선생이라도 자기보다 나은 선생이 없어. '천상 이거 내가 인제 도통을 해야 될 모앵인데 어느 선생을 만내 가주고 내가 도통을 하꼬?' 하는 고민을 하느 주에, 붓장사가 오디마는 저 안의, 안의 임갈천 선생[1]이 글이 참 제일 좋더라고. 내가 댕기 본 결과 그 선생이 글이 제일 좋다 카거든. 천상 가야 된다 말이라. 안동서 거창 안의 갈천 선생 찾아 갈라마 거리가 삼백 리가 넘어. 근 사백 리가 되는데 그래 어무니한테 행비를 좀 돌라칸께네, 참 그 어떤 김동지 집에 가서 돈 닷냥을 얻어 주거덩.

주서 가주오다가 상주 오다가 고만 장마가 져서 그 돈 다 까묵도록 고만 비가 안 그치서 다 없앴지. 그래 가긴 가야 되거덩. 근게 글이 좋아 노인께 동네 동네 서당 없는 데는 없어. 그래 가서 글 이야기만 하만 공식하고, 공으로 숙식하고 그래 가가주고 참 및 날 미칠을 걸었던지 갔다 말이라.

그리 간께 어느 서댕이라도 삼십 명, 사십 명 카마 많고 그라이만 열다섯 스물되는 서댕이 많아. 그래 한 칠십 밍 되어. 그래 소리가 왕왕 난단 말이라 좋아. 그래 거서 글을 배우러 왔다 카이, 글을 배우는데 어떠키 뭐 더 갈칠 수 없다 말이다. 뭐 그런께 학도들이 뭐가 카노 투기심이 생기가주고 고만 그 명함이 황이거든 이황이라 이황 아인게배. 황이가 밉생이다. 이놈의 자식 저 올 때, 선생 찾아 올 때 피박도 없이 기양 와가주고 용심을 지긴다 말이라. 그러고 밤으로 앉아서, 밤으로 잠을 못 자구로 이야길 해여. 아, 낮으로 글 일으다가(읽다가) 아, 밤으로 또 '저 우짠 일인고?' 모도 학도들이 서당에 자는데, 잠을 잘 수가 있나 대체 둘이 이야길 해싸서. 그래 하다가 한 및 달을 공부를 했어. 공부는 다른기 아이고, 공부는 더 할 거 없고 토론이라 카지. 시방 말하자마. 그저 가령 글자 머시에다가 머를 붙이고 머를 우떻게 하고 하는 그 토론이라.

토론을 하는데 내중에는 도통을 했다 말이라. 해가주고 인제 고향을 오기 되는데,

"인자 미칠 안 있으만 이황이가 간다. 가인께 너어들 모도 호주무이 끌러가주고 엽전 다섯 잎씩 한 돈썩, [제보자: 다섯 잎이라 카만 그 저 엽전이라카마 다섯 개다.] 그래 모도 거다라."[2)]

가뜩 입운데, 밥도 찾아 개미 해 줬지, 또 행비꺼정 주.

"그래 너어들 들어 봐라. 어데 가마 행비가 있어야 안되나?"

"됩니다."

그래 돈을 모두 거어 모아서 그 안동 갈만한 행비를 얻었어. 개나리 봇짐에다 떡 싸놓곤 인제,

"내일이면 갑니다."

가는 날 아침 조반을 일찍 먹고는 선생한테 가서 절을 해민, 그야말로 배퇴, 절 배자 물러갈 퇴자. 배퇴를 하고 나오이, 아 선생이 뜨럭까시 니러와여. 학생이 보고 '조만(웬만한) 사람이 와 가주고 인사해 가주고 뜨럭까지 안 니러 오는데, 그 저 제자 이황이가 가는데 어찌 뜨럭까지 니리오노.' 아, 사랍까지 따라 나가. 그이 아 동구밖에 나간다 말이라. 그때 학도 둘이 가마이 봤지. 동정을 봤지. '이 무신 까닭이 있다.' 동정을 보인께 동구밖에 가디마는 십리정도를 기민서로 또 이얘기라. 또 토론이라. 그래 '몇 달 동안을 밤에 잠 안 자고 토론 해 가주고 또 갈 때 또 토론을 하이 거 이상하다. 우찌 제자가 가는데 십 리꺼지 따라 나오노.' 아, 그래 또 하디마는 거서 또 서로 절을 하고 그래 또 이황이가, 그,

"선생님 안녕히 계시라고."

절을 하고 돌아서 가지. 간께 이래 가는 걸 보디이 아주 갈천 선생이 이황이 가는 길을 보고 큰 절을 이렇게 하거덩. 제자들이 보고 '선생님이 암마 정신이 돌았는갑다. 저 우짜일...... 그래 제자 가는데 어데 절을, 큰 절을 저래 하이, 그 이

상하다.' 그래 쫓아 나왔어. 나와서 선생을 양쪽에 하나 하나씩 꼈지. 왜 선생이 나이도 많고 하만 십 리 출입을 하만 아랫도리 힘을 못 쓰여. 그래 오미 물었다.

"선생님, 그래 이황이 가는데 다른 사램이 약간 사람이 와가주고도 뜨럭을 잘 안 니러 오시는 선생님이 어째 이황이 가는데 어꺼지 십리꺼지 어째 따라 가민, 그 무슨 말씀을 밤으로 그렇기 하고 다 일허기 여꺼정 나오셨읍니까?"

"너어는 몰라. 너어는 모른다."

"그거 절은 왜 하십니까?"

"여 이황이 보고 절을 하는기 아이라. 앞으로 우리나라 아동방부자씨 될 분이라. 아동방부자씨를 내가 보고 내 절했지. 이황이 보고 한 기 아이다."

그래 고마 제자들이 깜짝 놀랬어. 깜짝 놀랬다 말이라. 아, 그렇냐고 그런께 참 집에 와서, 그 서당군꺼정 말이지요 모이서 수근거리서 이야길 하길, 이황이 저거 약사하고 약사한데, 이 '성인이만 능지성인이라.' 사람이 사람을 알아보지, 보통 이평인은 뭐 사람을 못 알아보는 기라.

그래가주 모도 참 이황이가 어찌 됐다. 어찌 됐다. 그래가주 내중에 소문이 돌았는데, 그래 참 퇴계 선생이 참 고향에 가가주고 참 및 해를 계시다가 그 어무이가 돌아 가싰어요. 돌아가싰는데 낙동강물을 그 물렀답니다. 그 조화로 물린지도 몰라도, 그래 물렀다고 그래 그 물러갈, 그 물러갈 퇴자, 퇴계 그래 호가 퇴계 선생이고. 밍함은 황이고, 잘 알지요 황이고. 고마 그꺼정 하고, 고마 요거는 그래 끊고, 또 여 다른 걸 자꾸 해야 돼.

1) 경남 거창군 북상면 갈계리에 소재한 은진 임씨의 선조인 임갈천(林葛川)

선생.

2) 갈천 선생이 제자들에게 하는 말.

[출전] 한국정신문화연구원, 『韓國口碑文學大系』 7-15(慶尙北道 龜尾市·善山郡篇①), 1987. 4. 30.

6-15. 퇴계가 섬긴 백운동서원

백운동서원이 요새는 그 서원을 예안이 퇴계가, 퇴계가 백운동서원 밑에 거 순흥 부사하니께로, 예안 이퇴계가 거 서원에 그 앞에 와서, 순흥부사로 와서 있으면, 그리이 그 순흥 청다리라는 데 거 있는데. 그 포식란(호사스런) 사람은 그 때는 막 걸어 댕기고[1] 가매(가마) 미댕길(메고 다닐) 땐데. 그래 거게 댕길 때에 거 가만 (큰 소리로) 말발이 붙어.

말발이 붙으이, 말발이 붙으이께네, 그래 말발이 붙는다. 그리이, 이퇴계가 그리이 말을 타고 가도 공경을 위해서, 공경을 위해서 말을 타고 가시니 뭐하다고, 그 다리 밑에도 지금도 그 돌이 쌔기 있어. 그른데, 각자(刻字)로서, 그리이 공경 경(敬)자라고 거기다가 쌔겼어. 그 뒤우로는 말을 타고 댕기시고. 그리이 이퇴계가 하신 말씀이,

"그링 내가 여기 아서 그런 변동을 써겨야지."

요새 인제 나라도 거식인데, 박정희 정치던 정치를 전두환이가 요새 나라를 인제, 또 요래 그 한 무슨 나라 이름은 쫌 다르잖아?[2] 쪼매춤 인제 변동씨게 놨잖아. 그른 글에.[3] 그래 내가 섬기고 있다는 걸, 공경하고 다닌다는 걸. 그르이 이퇴계가 순흥 안씨의 문성공 그 양반을 모시고 그래 인제 섬기고 있었

다. 그래 그 저짜 도랑가으로 내려 가만 각자가 있어. 써서 붙여서 해서 나오는데, 그래 거 말발도 안 붙고, 그래 순흥 안씨가 그릏게 거룩한 집이라 이 말이여.

그래 그 후로 여 금성대군 때 난세나 나고 이를 땐데, 순흥 안쒸가 몰리고 이거 글 때 여기 피난을 들와가주, 여 와 서립을 하셨다 이 말이여.

1) '걸어 다니지 않고'라고 해야 할 것이다.
2) 제4공화국에서 제5공화국으로 이름이 좀 다르지 않는가 하는 말 같다.
3) 그런 것과 같아.

[출전] 한국정신문화연구원, 『韓國口碑文學大系』 7-17(大邱直轄市篇), 1988. 6. 30.

6-16. 항상 바른 자세로 책을 읽은 퇴계 선생

정현욱 할아버지의 고향은 제주도이다. 그래서 이야기를 하시는 중에 제주도 사투리가 종종 섞여 나왔다. 넓은 짱구형 이마에 깊숙한 눈과 짙은 눈썹의 소유자로 코가 매우 크고 높았다. 약간 차가워 보이는 인상이지만 웃으면 밝고 따듯해 보였다. 매우 건강해 보였고 성격도 적극적, 사교적이었다.

이, 이황. 이황 선생에 대해서 예기해 달라구? 어, 참 나도 많이 좀 듣고 잘 기억이 안 나는데 하튼 기억을 더듬어 보면서 내가 아는 대로 예기해 주께. 학생 모여기 공부하러 왔다고 하니까 좋은 공부가 되겠네. 글쎄, 내가, 지금부터 한 60년 전이지 아마. 내가, 국민학교 댕길 때 우리 선생님이 해 준 이야기가 있어. 그 국민학교 이학년 땐가, 삼학년 땐가 공부시간에 애들이 까불고 책상에 엎드리고 막 놀기들 좋아하니까 선생님이 아주 그냥 혼내 주겠다고 야단을 치면서 이황 선생님 예기를 해준 적이 이쭈게.

이황 선생님은 어릴 때부터 아주 책읽기를 좋아했다구 하더라. 그래서 책 읽는 것을 좋아하다 보니까 아주 그냥, 공부도 또 열심히 했다고 하더라. 그런데 이황 선생이 몸이 무척, 요즘 말로 말하면 삐이쩍 말라가지고 몸도 약하고, 아주 갈비씨였대. 그런데 이황 선생은 공부에 하루도 게을리를 하지 않는데. 항상 책을 가까이 하고, 하루도 자기 주변에 책을 멀리 한 일이 없다고, 기냥 말하더라. 그런데, 다른 일을 하면서도 책을 읽고, 또 책을 읽을 때는 참– 사람이 훌륭한 사람이 될라면 왜 그런 말 있지, 떡잎부터 알아본다구 말이야. 책 읽는 그 자세가 아무렇게나 하지 않는다는 거야. 그니까 아무렇게나 책을 보는 게 아니구 항상 또옥바른 자세로 앉아서 책을 읽고, 보고, 했다는 거야. 그니까 책 읽는 것에 모든 정성을 기울이는 거주게. 피곤해도 우리 같으면 피곤하면 누워서도 보고 등을 이렇게 탁 뒤로 재껴서도 보고 이렇게 할텐데. 이 사람은 누워서 보지도 않고 졸거나 책상에 기대는 일도 없고 항상 똑바른 자세로 어려서부터 죽을 때까지. 몇 살에 죽은지 알아? 칠십살인가? 칠십 넘어선가. 하튼 그때 세상 떠날 때까지 조금도 그런 마음이 변함이 없었다는 거야. 책을 읽는 데에는. 그런 올바른 자세가 이렇게 곰곰이 생각해 볼 때 그 올바른 자세는 바로 우리도 참 그 뭐라고 그럴까. 그 마음속에 들어있는 그 사고방식이랄까? 그게 차암 제대로 되어 있는 거지. 그렇게 참 사람이 어릴 때부터 정갈한 마음으로 책을 읽고 참 여러 번 많이 읽고. 그렇게 했다는 말을. 내가 선생한테 들으면서 나도 참 느낀 바가 많았지. 그래서 이황 선생은 책을 읽고, 또 읽고, 어떤 책이라고 읽기 시작하면 열 번이고 스무 번이고 읽었다는 거야. 왜 그렇게 똑 같은 책을 놓고 열 번이구 스무 번이구 읽었을까? 그 책 속에 담겨있는 뜻을, 완전히 알기 전에는 그 책을 손에서 놓지 않았던 경마레라게.

선생이 서울에서 유학을 했었는데 그 때가 주 주 모라 그러더라. 아! 주자전서 주자전서를 첨 읽을 때였었는데 방문을 굳게 닫고 원래 어릴 때부터 이 사람은 아주 책읽기를 좋아하다 보니까 열 번이고 스무 번이고 읽고 하다 보니까 아예 그냥 그 책을 첨 읽었을 때 방문을 굳게 닫고 방안에 처박혀 들어 앉안 그 책을 혼자 조용히 읽기 시작해 하루에 세 번씩 밥만 먹고 일절 밖에 안 나가고 그 책을 수도 없이 되풀이해서 읽었던 고라라게. 우리 선생이 때마침 그때 마침 그때 그해 여름이 아주 그냥 굉장히 더워 쭈게. 너무나 무더워 보통 사람은 여름에 누가 책을 읽는 사람이 어디 있시냐? 책 읽는 사람 없어 그래서 누구나 다 책은커녕 시원한 나무 그늘 아래 놀던가 시원한 바닷가에 가던가 이렇게 하면서 지낼 텐데 그 이황 선생은 더운 여름철에도 참 방문 꼭꼭 걸어 잠그고 책만 읽었던 경거라나네. 참 우리 선생도 그런 말을 들을 때 우리 그 내 기억으로는 나도 참 눈이 똘망똘망하면서 선생 얼굴 쳐다본 기억이 난다. 근데 그 어떤 친구가 이황 선생을 찾아와서 하는 말이. "야! 그 모니 책 읽는 거 아무리 중요해도 니 몸 좀 생각하라게. 건강을 생각해야지. 요즘 같은 이 이 말복 더위, 삼복더위에 방문 걸어 잠그고 책 읽는다는 거 그 좋은 거 아니여. 그 좋은 건줄 아람씨냐? 금방 건강이 나빠져. 책 날씨 선선해지고 시원해지면 얼마든지 읽을 수 있어. 이 여름에 물 좋고 경 좋고 산수 좋은 데로 자 더위나 피하러 가세하면서 얘기하고 살살 꼬드기 어, 그 꼬드긴다 뭐, 하나 그 요즘 말로 꼬시는 거지. 꼬시니까 선생이 조용히 웃으면서, 모웬 꼬람지 아람씨냐? 이렇게 대답하더라 거야. 이 책을 읽고 있으면 가슴 속이 시원하니 깨달음이 온다. 더위가 무슨 대순가. 이 책 속에는 큰 진리가 담겨 있다네. 읽으면 읽을수록 정신이 상쾌해지고 마음에 기쁨이 파악 솟아 넘쳐 오르네. 그러면서 이황 선생은 그 책에 좋은 점을 말하고, 또 말하고 하면서 그 요즘 유식한 말로 그 모라 그러지 독서삼매경에 빠졌다 이 소리야. 그러면서 선생은 또 이런 말도 했대. 글이란 정신을 차려서 수없이 반복해야 읽어야 되는 것이라며, 한두 번 읽어보고 그냥 내버리면, 그것이 자기 몸에 충분히 몸에 배지 못해서, 마음에 배지 못해서 그 마음속에 간직할 수가 없다는 거야. 경고라라게 그러니까 이미 알고 난 글도 또 읽고 또 읽어서, 숨은 뜻을 찾아내서 아주 흐뭇한 맛을 느껴야 하는 거라구. 이렇게 이황 선생이 얘기를 했다는 거야. 이 얘기를 우리 선상님이 그 시절, 그 옛날에 해주시면서, 너희들이 이렇게 이황 선생님처럼 공부하면 못할게 없다라고 하셨는데, 참! 훌륭한 선생님이셨지. 그 뜻을 제대로 받들지 못하고 이 세상을 살아가는 나도 참, 그 선생님 앞에 고개 숙여지느구만. 나, 학생한테 이런 말을 하고 싶어. 학생! 이황 선생처럼 열심히 공부해서 부끄럼 없는 인생을 살기바래. 공부 잘해!

제보자 : 정현욱(68세, 남, 서울 중랑구 중화동, 고졸, 화랑 경영)
조사자 : 고승희(문과대학 인문학부)
조사일 : 2001년 11월 28일
장 소 : 사울 중랑구 노인정
[출전] 『퇴계학연구』 16집, 단국대학교 퇴계학연구소, 2002. 8. 30, 197~199면.

6-17. 손 다친 형을 보고 운 퇴계 선생

노인정에 가서 퇴계 선생에 관해 조금이라도 아시는 분이 있는지 알아보았다. 서귀순 할머니가 이야기를 해주겠다고 하였다. 할머니는 짧은 커트 머리를 하였으며, 얼굴과 목에 주름이 많고 허리가 굽었다. 광양이 고향이고 기억력이 좋은 편이다. 손녀처럼 대해 주어 화기애애한 분위기에서 조사를 할 수 있었다.

아는 건 없는데, 내가 어렸을 때 들은 애기가 좀 있는디, 내가 좀 해 주까. 목소리 조토 안 헌디 어찌까, 이. 이황이 어렸을 때였는디. 주구 형이 손을 다치가꼬 피를 흘렸단다. 그랬는디 이황은 형을 껴안고 엉엉 울었단다. 그것을 보고 주구 엄마가 이상해서 물었어. 손은 니 형이 비었는디 니가 왜 우냐 근께 이황이 훌쩍훌쩍 험시로 형은 울지 안 해도 얼마나 아플까 이, 그래서 그랬단다. 그 봐라, 얼마나 잘 허냐 이.

제보자 : 서귀순(62세, 여, 경기도 성남시 분당구 야탑동)
조사자 : 박수진(대학원 국어국문학과 고전문학전공)
조사일 : 2001년 12월 4일
장　소 : 경기도 성남시 분당구 야탑동 매화마을 노인정
[출전] 『퇴계학연구』 16집, 단국대학교 퇴계학연구소, 2002. 8. 30, 206면.

6-18. 형의 아픔을 함께한 퇴계 선생

빌라가 있는 도로변 벤치에서 제보자를 만났다. 비가 온 뒤라 약간 추웠다. 추운 날씨 때문인지 제보자에게서 더 많은 이야기

를 듣기가 어려웠다.

어, 퇴계 이황 선생이 아마, 일곱 살 때 일거야, 어? 근데 그 형이 칼에 손을 베었어. 손을 베었는데, 그 형의 월지를 안고 퇴계 이황 선생님이 울었다는 거야 [왜요?] 왜? 형은 자기보다 나이가 많으니까 울지도 못하고 얼마나 아파겠느냐 이거지. 어. [아, 아 또 없으세요?] 없지.

제보자 : 이석대(73세, 남, 경기도 시흥시)
조사일 : 2001년 12월 1일
조사자 : 정윤아(예술조형대학 예술조형학부 연극영화전공)
조사지역 : 경기도 시흥시
[출전]『퇴계학연구』16집, 단국대학교 퇴계학연구소, 2002. 8. 30, 213면.

6-19. 손 다친 형을 보고 대신 운 퇴계 선생

퇴계 선생에 관한 설화 채록을 하고자, 먼저 탑골공원에 갔었으나, 날이 추워서인지 공원에 나와 있는 사람들이 적었다. 실내에서 채록을 하기 위해 노인 복지관을 찾았고, 그 곳에서 제보자 최기심 할머니를 만났다.

제보자 최기심 할머니는 68세로 짧은 파마머리에 선해 보이는 인상으로 차분해 보였다. 전라도 신안군 하의면에서 서울로 올라와 가리봉동에 거주하다 지금은 영등포에서 살고 있다. 전라도 사투리를 구사하나, 말소리가 차분하고 발음이 정확한 편이어서 듣는 어려움은 없었다. 구연한 이야기는 젊은 시절에 들은 것이며, 퇴계 선생에 대해서는 일반적으로 알려진 내용 정도였다.

이황이 어렸을 때에 이황의 형이 손을 다쳤어. 그래서 이황이가 갑자기 뛰어와 가지고 형의 손을 붙잡고 막 울었어. 그래서 엄마가 하는 말이 손 다친 거는 이황, 형인데 왜 니가 우니. 그러고 항께는 형은 나이가 들어서 참을성이 많고 챙피하니까 안 울지 왜 안 아푸겄써. 그래서 이황이는 그만치 훌륭한 인물이었단다.

제보자 : 최기심(68세, 여, 서울시 영등포구, 초등졸, 무직)
조사자 : 김지선(사범대학 한문교육과)
조사일 : 2002년 11월 1일 오후 05:00
장 소 : 신길 구립도서관 2층 노인휴식공간
[출전] 『퇴계학연구』 17집, 단국대학교 퇴계학연구소, 2003. 8. 30, 137~138면.

6-20. 퇴계 선생 어머니의 훈도

조사자는 도산서원 관리사무소에 있던 한 사람이 그 근처에 유도학회 회원(체화재에서 정기 모임을 갖고 안동의 문화유산에 대해 공부하는 모임)들의 모임이 있는데 한번 가보라고 하여 병산서원 근처에 있는 체화정을 찾아가게 되었다. 추운 날씨에도 사십여 명이 벌판에 모여 체화정이라는 정자에 대해 공부하고 있었다.

본 제보자인 김시묘 씨는 경북 지역에서 계속 거주하였고 서울말을 구사하나 경상도 지방의 억양이 남아 있었다.

출생할 당시는 그 진사공… 식자되는 퇴계 그 부인되시는 분 돌아가셨고, 인제 편모슬하에서 성장을 하셨는데, 그 성장하실 때는 그 박씨 부인이죠. 어머니가 초추가 우리 의성 김이고 재추가 아마 박씨, 박씨, 순천 박씬가 고 박씨 부인의 엄한 그 훈도 아버님이 안 계셨기 때문에 어머님의 훈, 훈육을 받으면서 물론 어머님의 가르침도 있었지만은, 고오 부녀, 부녀니까 어머님의 그 훈육을 받으시면서 자란 이웃… 이웃집의 인제 동네 노인한테 그 글을 배우러 다녔다고 그럽니다. 글을 배울 때는 전날 공부한 것을 꼭 암송을 해 가지고 반드시 머리에 주입해서 책을 들고 가서 한번 전날 공부한 걸 다시 필, 필, 반드시 암송을 해 가지고 동네 노인한테 가서 이렇게 다 그날 배울 걸 절목, 배울 절목들을 다 이렇게 [조사자 : 네.] 배우고 했었데요.

제보자 : 김시묘(54세, 남, 경북 안동시 태화동, 방송국 프로듀서)
조사자 : 김수연, 정수진(사범대학 한문교육학과)
조사일 : 2002년 11월 2일
장 소 : 안동시 도산면 토계리 병산서원 근처 체화정
[출전] 『퇴계학연구』 17집, 단국대학교 퇴계학연구소, 2003. 8. 30, 173면.

6-21. 마당에 떨어진 밤을 주인에게 되돌려 준 퇴계 선생(1)

제보자는 조사자 친구의 할머니로 연세에 비해 건강하고, 치아도 빠진 데가 없으며 몸도 불편하지 않은 분이다. 소극적인 성격인데다가 원래 말씀이 없으신 분이라 이야기를 너무 간단하게 하셔서 좀 길게 해 달라고 부탁드렸다.

퇴계 이황 이야기를 해보자꾸나. 퇴계네 옆집에 커다란 밤나무가 있었어요. 그른데 밤나무가지가 퇴계 선생네 마당에서 떨어져 있을 때, 여름 지나고 가을이 되면 밤이 갈라졌어요. 마당에 떨어져 굴러굴러 다녔어. 굴러 내려서 퇴계 선생이 마당을 쓸다가 밤을 보기만 하면은 옆집으로 던졌어요. 하인들이 왜 던지냐고 물어물어 볼 때에 퇴계 선생이 밤 한 톨이라도 주인의 허락 없이 먹으면 안 된다고 그랬어요.

제보자 : 김갑순(78세, 여, 서울시 서초구 반포동, 초졸, 화랑 경영)
조사자 : 이방희(문과대학 인문학부)
조사일 : 2001년 12월 30일
장 소 : 세브란스 병원
[출전] 『퇴계학연구』 16집, 단국대학교 퇴계학연구소, 2002. 8. 30, 209~210면.

6-22. 마당에 떨어진 밤을 주인에게 되돌려 준 퇴계 선생(2)

최종택 할아버지는 조사자 친구의 숙부님이다. 제보자가 살고 있는 마을은 대부분이 노년층이며 120여 명 정도의 마을 주민이 살고 있다. 전형적인 농촌이며 교통이 불편해 외부와의 접촉은 잦지 않다. 조사자는 그곳에서 하루를 지내며 설화를 채록하였다. 제보자는 키가 다소 크고 건장한 체구를 지녔으며 말씨는 다소 빠른 편이며, 방언은 심하지 않았다. 또한 이야기의 표현이 거침이 없고 고사성어도 섞어 썼다. 이 이야기를 전해들은 정확한 시기는 기억하지 못했고 부친께 전해 들었다고 하였다.

글쎄 나도 한 어렴풋이 들은 얘긴데, 삼사십 년 지나서 기억이 날려나, 내가 나름대로 한두 가지 생각나는 대로 얘기를 해 줄게. 내가 알기로는 선생님이 서울 어딘지는 정확히 기억이 안 나네. 거기 사실 때, 서대문인지 동대문인지 정확히 기억은 안 나는데, 거기 사실 때의 일화를 어르신들한테 들은 적이 있어. 그 선생님 사시는 그 옆집에 밤나무인지 대추나무인지 열려 있었다는 거야. 대춘가 밤이 익으니까 떨어질 거 아니냐. [조사자 일동 : 아 예.] 그 때 떨어진 거를 퇴계 선생님께서 그 집에다가 계속 주서서 담 너머로 갖다 주신거야. 그러니까 인제 그 밤나문가 대추나무 주인집에서는 너무 미안할 거 아니야! 그러니까 "어르신 가지고 오시지 마시고, 그 쪽에 떨어진 건 그쪽에서 잡수셔도 됩니다." 하고 이렇게 말을 한 거야. 대추나문가 밥나무집 주인이 그러니까 퇴계 선생이 "그건 안 된다."고 단호하게 거절하셨다는 거야. 요건 뭐냐 하면 하잘 것 없는 밤이나 대추도 자기가 남의 것을 먹으면 자기 자손들이 남의 꺼 먹는 거에 대한 습관이 된다 하는 얘기야. 그런 뜻으로 얘기를 하신 것 같네. 정확히는 모르겠고, 당시에 어렸을 때 들었을 때 정직이라는 게 이런 거구나. 습관이 중요한 거구나. 퇴계 선생님이 그 옆집 사람한테 고맙다고 했냐면 밤나문가 대추나문가 있으니까, 자기네 집이 여름엔 응달도 되고, 선생님이 또 아침마다 그걸 주우니까 운동도 되고, 그거야 이제 선생님이 임기응변으로 말씀해 주셨겠지만, 그랬다는 일화를 내가 어르신한테 들은 적이 있네.

제보자 : 최종택(59세, 남, 경기도 이천시 모가면, 고등학교 졸업, 농업)
조사자 : 박찬일, 박근영(문과대학 인문학부)
조사일 : 2002년 10월 26~27일
장 소 : 경기도 이천시 모가면 제보자의 집
[출전]『퇴계학연구』 17집, 단국대학교 퇴계학연구소, 2003. 8. 30, 143~144면.

6-23. 마당에 떨어진 옆집 감을 돌려준 퇴계 선생

아마 퇴계가 나이가 젊었을 때 모양이야. 그 집에서 제자들도 가리키고 있는데 말이지 옆집에 감나무가 담을 넘었던 모양이야. 감나무가 크니까 옆집으로 넘어오지 지금도 시골가면 그렇고. 남의 집으로 넘어갔다고 먹어서는 안 되는 거야. 근데 손주가 마당에서 놀다가 감을 따먹었던 모양이야. 그래 퇴계 선생이 그 집에서 넘어온 감을 따고 떨어진 것을 다시 옆주인에게 갖다 준거야. 그 집에서는 감이 선생님 집에 넘어 간 건데 그냥 가져도 되는데 가지고 왔냐고 말이야. 안 가져와도 되는데 가져 왔다고 말이야. 옛날에는 그렇게 따지질 않거든. 아이 것은 우리 집에 넘어왔지만은도 원래 뿌리는 그 이웃집에서는 다시 갖다 준거야 먹으라고 그래서 손자하고 집안 식구들하고 먹었는지 몰라도 그런 이야기가 있어.

제보자 : 천종호(55세, 남, 서울 송파구 대치동, 고졸, 경찰)
조사자 : 천은옥(문과대학 인문학부), 박은교(문과대학 인문학부), 성지영(문과대학 인문학부), 고지성(문과대학 인문학부)
조사일 : 2001년 12월 1일
조사지역 : 서울 강남구 대치동
[출전] 『퇴계학연구』 16집, 단국대학교 퇴계학연구소, 2002. 8. 30, 219~220면.

6-24. 남의 밭을 돌아서 간 퇴계 선생

당신은 집에 인제 밭이 있는데, 그 밭에 이 어떤 사람이 이래 지내가면서, 으이, 밭을 밟고, 길이 이래 밭을 돌아가야 되는데 그 밭을 질러가거든. 으, 밭을 질러갔단 말이야. 질러가니까 그 밭을 부치는 사람이 이따 못 질러가게 까시로 막았는 게야. 그 불러, 그 이튿날 보고 불러 그 사람이 얼매나 무거우면, 으, 길을 두고 밭 한가운데로 질러가겠느냐, 으이. 그 무거운 사람 그양 우리는 그 밭을 지나간다 해서 아무 해로울 게 없잖나. 그양 도라. 지내가게 했다꼬. 으, 그랬어. 그리고 며칠 뒤에 인제 당신이 당신 제자하고 같이, 고 산을, 퇴계 선생 그 집에서부터 산을, 이, 너매서면, 으, 너매서면 도산서당인데, 그래 간다꼬 가는데, 제자들이 이 가다보이 길이 이래 있으이까 밭을 질러갔거든. 그, 퇴계 선생 그래 안 가고 빙 기로 돌아가. 그래 제자들이 물었다꼬. 선생님 요제는, 그 질러갈 길, 가, 바쁜데 질러가는데 왜 오늘 돌아가십니까? 그 너, 아가 잘 물었다, 으이. 우리가 그 사람 겉이 무거운 짐을 졌나, 뭐가 뭐가, 꼭 질러갈 일이 뭐가 있어. 사람이 그 군도라 캐. 군도라 카는, 부득이할 적에는 그런 일을 해라. 글치 않을 때는 당당한 길로 가라. 이 퇴계 선생의 가르침이야.

제보자 : 金龜鉉(71세, 남, 경북 안동시 용상동, 안동사범고, 무직)
조사자 : 김선아(문과대학 인문학부 국어국문학전공), 정석우(문과대학 인문학부 국어국문학전공), 지현수(문과대학 인문학부 국어국문학전공)
조사일 : 2001년 12월 1일
장 소 : 경상북도 안동시 용상동 제보자의 집
[출전] 『퇴계학연구』 16집, 단국대학교 퇴계학연구소, 2002. 8. 30, 214~215면.

6-25. 은어 잡이를 탐탁하게 여기지 않은 퇴계 선생

근데, 인제, 낙동강에 그때, 인제, 은어가 올라와. 우리나라에 은어를, 인제, 낙동강에 나는 안동에 나는, 낙동강 나는 은어가 하도 맛이 있어가지고 임금이, 인제, 임금을 준다꼬. 보통 사람 우러 잡는 거. (할머니께서 점심 권유) 그래서 그 은어가 올라오니까, 으이, 은어가 올라오니까 모두 은어를 못 잡게 하이, 못 잡게 해서 안동에 예안에 예전에 열지. 안동 저 문화청 가도 있어요. 석빙고라고 냉장고를 만들어 놨어, 보관할라고, 으이. 으, 냉장고를 만들어 놨는데 아이들이 은어를 잡거든. 은어를 잡을라고, 모예 잡는다 말이야. 그리 퇴계께서는 이래 안 되겠다 캐서, 그 첨에 있던 집은 인제 당신 집이 인제 낙동강 바로 물가에 있었어. 오리 쯤 우에로 옮겨. 으, 옮기니까 그 퇴계 선생 친구 분이 와가지고 물어요. 이 사람아 아무리 그렇지만은 애들이 은어 잡는 게 뭔 죄 될게 뭐 있느냐. 그걸 나라에서 처벌하면 그 법이 나쁜 법이 아이냐?

제보자 : 金龜鉉(71세, 남, 경북 안동시 용상동, 안동사범고, 무직)
조사자 : 김선아(문과대학 인문학부 국어국문학전공), 정석우(문과대학 인문학부 국어국문학전공), 지현수(문과대학 인문학부 국어국문학전공)
조사일 : 2001년 12월 1일
[출전] 『퇴계학연구』 16집, 단국대학교 퇴계학연구소, 2002. 8. 30, 215~216면.

6-26. 은어잡기를 탐탁지 않게 여기던 퇴계 선생

계속 부탁드리자 해주신 말씀이다.

내가 생각하기로는 은얼거야. 은언데 그 낙동강에서 옛날에 어린애들이 놀 때는 미역도 감고, 놀다가 냇가에서 놀다가 은어를 잡기도 하고 또 구워먹기도 하고 그랬나봐. 근데 그 당시 국법으로 은어를 잡으면 안 된다는 국법이 있었어요. 근데 애들이 자꾸 잡으니까, 인제 어르신께서 잡지 말아라. 나라의 국법으로 돼 있는데, 법을 지켜야 한다, 너네들이. 근데 동네 어르신 한 분이 애들이 미역을 감다가 잡을 수도 있는 건데 왜 굳이 못하게 하십니까? 하니까 하찮은 거지만 지금부터 애들이 준법정신을 잘 지키는 거를 습성을 길러줘야지 나중에 더 큰 법을 어길 수도 있지 않느냐. 했대는 얘긴데, 내가 말을 잘 못하겠고 재미는 없을거야. 그래서 그 선생님이 그 때 그 동네를 이사 갔다는 설이 있어요. 애들이 그 잡는 거를 위법하는 거를 볼 수만 없잖아. 워낙 강직한 분이시니까. 그래서 은어가 안 잡히는 데로 이사 갔다는 얘기가 있어. 굉장히 강직했다는 표현이 맞겠지. 내가 아는 얘기는 요 두 가지뿐이 없네.

제보자 : 최종택(59세, 남, 경기도 이천시 모가면, 고등학교 졸업, 농업)
조사자 : 박찬일, 박근영(문과대학 인문학부)
조사일 : 2002년 10월 26일~27일
장 소 : 경기도 이천시 모가면 제보자의 집
[출전] 『퇴계학연구』 17집, 단국대학교 퇴계학연구소, 2003. 8. 30, 144~145면.

6-27. 감과 은어에 관한 퇴계 선생의 일화

퇴계 선생의 강직한 성품을 엿볼 수 있는 이야기를 들려주었다.

감이 감나무가 이렇게 옛날은 담에 감나무가 주렁주렁 열리면은 이쪽 담에 걸치고 다른 집 담장에도 이렇게 걸치잖아요. 감이요. 그리고 그쪽에 떨어진 감은 뭐 이쪽 퇴계가 거처하던 서울에 거처하던 집에 감이 떨어지면 그 쪽 그 집 너머로 반드시 감을 돌려줬다. [조사자 : 네.] 그리고 우리 고향 일대에는 흐음 그 은어가 많죠. 낙동강 상류에 그 임금한테 진상하기 위한 은어를 진상하기 위해 석빙고라고 지금 수몰이 돼가지고 안동댐, 안동시 그 부품공장에서 그 석빙고가 이전돼 있는데, 어, 인제 은어가 많이 나니까 퇴계께서 계실 때 도산에 계실 때 인제 집안 아이들이 그 은어를 잡았다고 그럽니다. 그런데 그거는 인제 그 나라에서 은어 잡는 것을 국법으로 금하고 있기 때문에 그걸 뭐 개인, 개인이 뭐 잡아먹고 싶어도 인제 동네 인제 그 아이들을 그거를 못 하게 했다. 은어를 금어를 시켰다 뭐 그런 얘기, 여러 가지 얘기가 많죠.

제보자 : 김시묘(54세, 남, 경북 안동시 태화동, 방송국 프로듀서)
조사자 : 김수연, 정수진(사범대학 한문교육학과)
조사일 : 2002년 11월 2일
장 소 : 안동시 도산면 토계리 병선사원 근처 체화정
[출전] 『퇴계학연구』 17집, 단국대학교 퇴계학연구소, 2003. 8. 30, 150면.

6-28. 공사 구별이 분명했던 퇴계 선생

근데 인제 퇴계가 한 직장에 가장 오래 있었는 것이 뭐냐. 오래 있는 게 언제냐면, 그 퇴계가 인제 나이 마흔 서흰가 돼가지고 단양군수를 하거든. 그 퇴계, 임금이 나라 일을 맽기니까 할 수 없어가지고 날 지방으로 보내주십시오 카이, 뭐라 캤냐 저 진보, 퇴계 고향이지. 진보라꼬. 이 그래 그 진보 청송으로 보내달라꼬 부탁을 했어. 하이, 그 임금이 퇴계를 참 보내키가 안됐거든. 안 돼 가지고 그 강원도쯤 되는 단양으로 단양군수로 발령을 냈어. 그 단양군수 하는 동안에, 8개월을 단양군수를 하는데 요즘말로 새마을 운동 아 있나? 이걸 제일 먼저 하신 어른이 퇴계야, 으. 퇴계가 가가지고, 단양이 글 때 물이 비가 마이 없고 물이 없고 해가지고, 그래가지고 저수지도 만들고, 으이. 단양 골골마다 댕기모, 단양 팔경 카는 게 있어 그것도 정하고. 그래 다 했는거라. 그 단양 가서 8개월 동안은 그, 지방 공무원으로 8개월 동안 있는 동안엔 한시도 집에 가마이 앉아 있은 일이 없어. 그캐도 대단하거거든, 으이. 그 단양, 8개월 단양 군수하시다가 퇴계의 형님 되시는 어른이, 으, 퇴계의 형님 되시는 어른이 인제 온계 카는 어른, 온계. 그 이해 카는 어른이지. 온계 카는 어른이 인제 퇴계 바로 형님이지. 퇴계, 7형제분인데 바로 퇴계 우에 형님, 그 형님이 충청감사로 와, 으이. 그래 임금한테 사표를 내요. 우리 형님이 충청감사를 하는데 내가 옆에 있으면 형님 믿고 함부로 할지 모른다. 또 형님이, 동생이, 으이, 군수를 하게 되면 당신이 하고 싶은 일도 옳케 안 되지 안 캤느냐. 그래, 날 인제는, 저게, 집으로 가야 되겠습니다 카이 임금이, 아이 하, 그 퇴계를 보내서 안 되거든. 안 되니까 고서부터, 으이, 죽령재만 넘으면 되는 풍기 군수로 발령을 내. (풍기군수요?) 으 풍기 군수로, 풍기군수로, 으 으, 8개월 만에. 그래, 풍기 군수로 발령을 내가지고 당신이 인제 잘 보따리 정리해가지리. 가니까 가다가 이래 죽령 반쯤 오다보니까 뒤에서 아전이, 아전들이 퇴계, 그 관공서를 지키고 있던[물 한 컵 마심] 아전들이 뒤에서 쫓아와. 아이, 선생님 참, 저, 원님, 음. 그 왜 카니까 하뭐 짐을 가져왔어. 그 뭔가, 마, 그 예전에는 관공서 밭에 있던 삼, 삼이야 삼, 어. 하 이걸 왜 안 가져, 삼을 왜 안 가져가십니까 캐. 그 왜 내 꺼냐, 그 관공서 꺼지 왜 내 꺼냐 카이, 하 예전에, 저, 저, 와있던 원들은 다 가져갔습니다. 그래, 그 사람은 그 사람이고 나는 내. 그래 욕은 안 하거든. 그 사람은 그 사람이고 나는, 이 내 께 아이다 말이야. 관공서 꺼지 왜 내 꺼냐.

제보자 : 金龜鉉(71세, 남, 경북 안동시 용상동, 안동사범고, 무직)
조사자 : 김선아(문과대학 인문학부 국어국문학전공), 정석우(문과대학 인문학부 국어국문학전공), 지현수(문과대학 인문학부 국어국문학전공)
조사일 : 2001년 12월 1일
장 소 : 경상북도 안동시 용상동 제보자의 집
[출전] 『퇴계학연구』 16집, 단국대학교 퇴계학연구소, 2002. 8. 30, 216~217면.

6-29. 아들 벼슬 덕에 들어온 선물을 거절한 퇴계 선생

고 가까운 고을에서 고을 원을 했어, 으이. [언제쯤?] 그게마, 연세는 얼맨지 모르겠는데 한 오십 전이지. 근데, 아참 오십 넘었지. 한 육십 가까이. 고을 원을 했는데, 하도 그 퇴계 아들 되놓고 고을 원을 잘 할 꺼 아니야? 잘 하니까 그 고을에서 인제 고맙다 캐서 은어포를, 은어를 잡아가지고 그 낙동강 봉화에서 은어포를 내가지고 퇴계로 선물을 보냈어. 그래 퇴계께선 그걸 거절해요, 으이. 나라의 명을 받고 녹을 받고 고을 원을 하면 잘 하는 게 당연하지 않느냐 카는 거야. 근데 잘 했다꼬 그 사람한테 주는 것도 쫌 과한데 그 사람 애비가 무슨 상관이 있다고 내한테 주느냐 말이야, 으이.

제보자 : 金龜鉉(71세, 남, 경북 안동시 용상동, 안동사범고, 무직)
조사자 : 김선아(문과대학 인문학부 국어국문학전공), 정석우(문과대학 인문학부 국어국문학전공), 지현수(문과대학 인문학부 국어국문학전공)
조사일 : 2001년 12월 1일

장 소 : 경상북도 안동시 용상동 제보자의 집
[출전] 『퇴계학연구』 16집, 단국대학교 퇴계학연구소, 2002. 8. 30, 218면.

6-30. 남의 콩으로 밥을 지은 종을 꾸짖은 퇴계 선생

제보자는 조사자의 한 사람인 천은옥의 아버지이다. 기억력과 구연 능력이 양호하고, 서울 말과 경상도 말을 섞어서 하였다. 천은옥의 집에서 훈장이었던 제보자의 할아버지로부터 들은 이야기가 있다고 하여 채록하게 되었다.

퇴계 선생이 그 서울에 한양 길에 과거 시험을 보러 올라올 때에 아마 지금 말하면 문경세제 우리 고향 땅에 올라오는 거야. 그 인제 조령을 넘어서는데 한양에 과거시험을 보러 가는데 종이 있었나 모양이야. 집에서 종을 그러니까 노복을 하나 앞 세워 가지고 한양에 가는데 어느 시골을 지나는데 콩이 가을철인 가봐. 콩이 많이 달려 먹음직하니까 그 노복이 주머니에 좀 싸 넣었던 모양이야. 퇴계 선생은 그것도 몰랐지. 그때만해도 시험 보러 갔을 때니까 젊은 나이였나벼. 콩을 따 놓고는 가는 데 노복이 밥을 해 왔는데, 밥에다 콩을 넣은 거야. 그래서 퇴계 선생이 웬 콩을 넣었냐고 하니까 노복이 하는 얘기가 오다가 어느 지방에서 오다보니까 콩이 먹음직해서 주머니에 넣은 거라고 그러니까 남의 것에 손댔다고 말이야. 디게 꾸중을 주며 노복에게 뭐라고 한 거야. 우리 같으면 손 되면 되냐고 그냥 한마디 할 텐데. 아주 엄하게 꾸짖고는 밥을 먹지 않은 거야. 그러니까 얼마나 황당해, 그래서 노복이 다시 밥을 지어 올려서 먹었다는 이야기인데. 저, 아마 그만큼 퇴계 선생이 젊은 시절부터 남에 것을 훔치면 안 된다는 그런 생각을 가지고 있었나봐.

제보자 : 천종호(55세, 남, 서울 송파구 대치동, 고졸, 경찰)
조사자 : 천은옥(문과대학 인문학부), 박은교(문과대학 인문학부), 성지영(문과대학 인문학부), 고지성(문과대학 인문학부)
조사일 : 2001년 12월 1일
조사지역 : 서울 강남구 대치동
[출전] 『퇴계학연구』 16집, 단국대학교 퇴계학연구소, 2002. 8. 30, 218~219면.

6-31. 영의정에게 보리밥을 대접한 퇴계 선생

제보자인 김승엽 할아버지는 예전에 군생활을 오래 하였고 월남전에도 참전하였다고 한다. 학력은 중학교 졸업으로 추정되는데, 더 이상은 질문하기가 어려웠다.

구강 상태가 썩 좋은 편은 아니었다. 돋보기를 착용한 것으로 보아 시력도 안 좋은 것 같았고 목소리는 약간 탁하였다. 큰 키에 약간 뚱뚱한 체격이었다. 기억력에는 큰 문제가 없는 것으로 보였다. 성격이 비교적 적극적이고 외향적이어서 조사하는데 어려움이 없었다.

퇴계 이황 선생의 얘기로는 자세한 기억은 안 나지만 도산 이퇴계 선생의 얘기 중 하나 중에 그 권율 장군의 아버님이 영의정을 하신 양반이야. 그 아버님이 영의정을 하실 때, 그 도산 이퇴계 선생을 만나 뵈러 안동에 나갔던 일이 있었어요. 그 퇴계 선생은 그 당시 영의정이신 그 양반을 잘 모셔서, 이런 얘기 저런 얘기를 했는데, 권 대감님과 저녁식사를 하게 되었는데, 밥상에 올라온 음식이 보리밥과 콩나물, 채소뿐이었어요. 그러니깐 그 권대감이 밥을 먹을 수가 없겠지? 서울에서 영의정까지 하신 분이 반찬을 그러니깐 쌀밥만 먹던 분이 그게 먹어지겠어? 깡보리밥을 퇴계 이황 선생은 잘 이제 잡숫고, 그래가지고는 방으로 드셨어. 그 다음날 또 똑같은 반찬을 갖고 퇴계 선생이 권 대감 방으로 드셨어. 권대감이 도저히 먹는 게 션찮아서 안 되겠거든. 그래서 인제 가겠다고, 인제 갈려고, 도산 이 퇴계 선생이 가는 길에, 그러니까 퇴계 선생이 무슨 말씀을 했냐면 일반 백성에게는 정말 보잘 것 없는 성찬이었겠지만 나라가 앞날이 걱정된 거야. "정치라는 건 백성과 동고동락을 해야 하는데, 한양에 있는 것과 식생활도 차이가 있으니 어느 나라 백성이 나라를 믿고 살겠습니까? 그 점을 유의해 주시기 바랍니다." 하니까 그러니깐, 권대감이 그 말을 듣고, 퇴계의 말을 듣고, 아주 소박한 음식을 잡수셨다는 얘기가 있어요.

제보자 : 김승엽(65세, 남, 서울시 용산구 청파동, 중졸)
조사자 : 박찬일(문과대학 인문학부 국어국문학전공)
조사일 : 2001년 12월 2일
장 소 : 서울 종묘공원
[출전] 『퇴계학연구』 16집, 단국대학교 퇴계학연구소, 2002. 8. 30, 231~232면.

6-32. 율곡의 위대함을 알아 본 퇴계

[율곡 선생하고 퇴계 선생하고 같이 이야기 된거요.]
율곡 선생하고 인제 퇴계 선생은 연령차가 많애.
[연령차가 많애요?]

퇴계가 이십, 스물 세 살이 더 많았어.

(웃으며) 그른데 근데 여 이틀 밤 자고 갔지 왜 율곡 선생이.

[아하, 안동에서요?]

안동. 율곡 온다카이 버선발로 쫓아나가주 맞아 들있는데. 그르이 제자들이 뭐라카는게, 율곡이 간 뒤에,

“아이 스승님 워예 가주 새파란 아, 젊은이 오는데 그르키 맞아 들이노…….”

카이, 퇴계는 알았어. 그릇이 큰 걸 알았어.

그이 율곡 선생은 열시살에(열세 살에) 전국에 그, 진사시에 몇 백 명 제치고 장원급제했잖아, 열세살에. 율곡은 뭐 퇴계에 전줄(견줄) 바도 없고, 아주 우스왔지.

그래 저 그 병조판서로 있을 때 십만 양병설을 율곡이 냈잖아. 거 누가 반대했노. 역시 안동의 서애가 반대했다고. (웃으며) 그르이 그 양반들 글 때 율곡만 옳다 캤으마 자기도 높아지고 우리나라 임란 때 그래 망치는 안 하는데. 해전(海戰)은 다 이겼잖은가 육전(陸戰)에 망해가주고. 그이 서애겉으니도 아무나도(아무것도) 몰랐어.

제보자 : 김태한

조사일 : 2001년 7월 11일

장　소 : 안동시 송현동 종합사회복지관내 노인정

[출전] 『퇴계학연구』 19집, 단국대학교 퇴계학연구소, 2005. 8. 30, 134~135면.

6-33. 몸이 약했던 퇴계 선생

종묘 공원 내에서 제보자를 찾고 있던 중 중절모에 한복 차

림을 한 할아버지를 만나 다가가서 퇴계 선생에 대하여 이야기를 들려 달라고 부탁하였다. 처음에는 시간이 없다고 거절을 하였으나 거듭되는 부탁으로 승낙을 하였다. 막상 시작하자 차분하게 잘 구연해 주었다. 전체적으로 시끄러운 분위기여서 한 쪽으로 이동하여 나무숲에 있는 의자에 앉아 조사를 하였다.

정복희 할아버지는 고향이 충남 공주이다. 처음에 82살이라는 말을 들었을 때 깜짝 놀랄 정도로 건강하였다. 치아의 상태도 양호했고 발음도 대체로 정확하게 들렸다. 매우 차분하고 오랜 세월이 지났음에도 불구하고 대체로 세세히 잘 기억하고 있는 듯했다.

그 양반이 몸이 약했던 모양이라. 임금이 부르면 할 수 없이 올라와서 벼슬하다가 또 내놓고 내려가고요. 그럼 또 불러. 그런께 또 벼슬 올려 주지 인제. 또 올라와서 있다가 내려가. 또 병이나. 그래 몇 번씩 그래. 그 양반 아마 이조판서까지 했나 어쨌나, 그런데 관계에 있던 시간은 얼마 되지 않을 거여. 그렇게 왔다 갔다 하다 보니까 그랬다는 머…….

제보자 : 정복희(82세, 남, 서울 송파구 가락동)
조사자 : 박근형(문과대학 인문학부 국어국문학전공)
조사일 : 2001년 12월 2일
[출전] 『퇴계학연구』 16집, 단국대학교 퇴계학연구소, 2002. 8. 30, 203~204면.

6-34. 부모로부터 받은 몸을 소중히 한 퇴계 선생

탑골공원 밖에서 제보자 심씨 할아버지와 헤어진 뒤[1]에 인사동으로 가면서 여러 어르신들을 만났다. 퇴계 선생에 관한 일화를 아는지 물어 보았지만 모른다는 분들이 대부분이었다. 그러던 중 이상엽 할아버지를 만났다. 할아버지 역시 처음에는 바쁘다고 하면서 거절했다. 그래도 계속 부탁을 하자 다른 곳으로 가서 이야기할 시간은 없다고 하며 그 자리에 서서 이야기를 들려주었다.

유언을 하시기를 내가 죽고 난 다음에 내가 잉 평생을 잉 부모님으로부터 물려받은 육신이기 때문에 에 상처를 하나도 내지 않았다. 그것은 곧 내 몸이 아니고 부모로부터 받은 몸이기 때문에 상처를 준다든가 하면은 곧 부모에게 불효다 응 그르키 유언을 하시고 돌아가셨다고 그래서 인저 돌아가신 후에 그 가족과 그 제자들이 그 돌아가신 후에 수세라고 하지, 인저 빨개 뱃겨 놓고 옷을 저, 저기 염을 하거든, 그때 확인을 해보니까 손톱자국 하나도 없더라 이거야, 그러니께 그 양반이 이론만 훌륭했던 게 아니고 실지 자기가 살아나가는 데 그것을 지키고 실행을 했다는 거지, 잉- 그렇게 훌륭하신 양반이야, 그래서 나중에 보니까 정말로 상처가 하나도 없더라는 거야 잉- 손톱자국도 없더라는 거야, 그러니까 그 양반이 이론과 실천을 얼만큼 충실하게 살다가 돌아가셨는지 우리가 알 수가 있지.

1) Ⅱ. '퇴계 선생 부인'에 관한 일화 중 〈빨간 천으로 도포를 기운 퇴계 선생 부인〉 참조.

제보자 : 이상엽(72세, 남, 서울시)
조사자 : 이소영(사범대학 한문교육과)
조사일 : 2001년 11월 28일
장 소 : 탑골공원 주변 건물
[출전] 『퇴계학연구』 16집, 단국대학교 퇴계학연구소, 2002. 8. 30, 210면.

6-35. 신임 안동 부사들이 먼저 찾아 인사드린 퇴계

저녁 8시 30분경에 제보자의 집을 찾아갔다. 오후에 제보자를 방문했으나 이야기를 듣기가 여의치 않아서 저녁에 다시 찾은 것이다. 제보자는 저녁을 먹고 할머니와 함께 마루에 앉아 있었다. 장마 기간이라 낮부터 비가 많이 왔는데 저녁에도 여전히 비가 내리고 있었다. 제보자에게 이야기를 들으러 오겠다고 미리 말해 두었기에 바로 이야기를 들려 달라고 요청했다. 먼저 퇴계에 관한 이야기에 대해서 물어보니 그런 역사에 관한 내용은 학생들이 더 잘 알 것이라며 겸손을 보였다.

이퇴계 그 양반이 참 장한 양반이레. 그 때문에 예전에는 안동부사가 안동으로 오게 되마, 아까 이얘길 했지만 시물(스물) 넉 달이 딱 만긴데, 시물 넉 달을 사고 갈 때가 만긴데(滿期인데) 이제 새 부사가, 새 사또가 또 서울서 과게(과거) 봐가주 내려오마 퇴계 이 선생부텀 찾아 봐야 된다, 안동 치안을 하자마 [조: 아하.] 퇴계부텀.

거 왜그로 그마[1)] 서울에서 아조(아주) 거 참 임금이 이씨 조선 이태조 씨족들이 그 양반들이 누가 임금질 할 때라도 이름이 있어[20]. 그래가주고 안동은 가마[3))] 안동부사를 가게되마 첫째 안동부사부텀[4)] 찾아뵈옵고 치안을 해야된다 이랬거든. [조: 퇴계부텀 찾아 뵙고.] 옳지, 옳지 옳지. 그르이 참 장하지. 그만하마(그 정도되면) 장하지. 나라에서 아는 양바인데(양반인데).

1) 왜 그러냐 하면.

2) 어느 임금 때라도 퇴계의 이름이 알려졌다는 말이다.

3) 안동을 가면.

4) '퇴계를 먼저 찾아뵙고'라고 해야 할 것을 잘못 말했다.

제보자 : 황병학
조사자 : 김재중
조사일 : 2001년 7월 15일
장 소 : 풍산읍 서미 2리 제보자의 집
[출전] 『국문학논집』 19집, 단국대학교 국어국문학과, 2003. 12. 30, 243면.

6-36. 퇴계를 몰라보고 실수한 신임 안동 부사

앞의 이야기에 이어서 한 이야기다.

한 번은 안동 부사가 와가주고, 그랬으이 이름이 자꾸 나잖애. 안동은 가마[1] 안동 부사 자린데, 안동은 가게 되마는 어차피 퇴계 이 선생부터 찾아뵈어라 그래 이름이 났다 그지. [그렇지요.] 그래 그 양반은 동방 이학 양반이께네 그 양반 안 찾아보고는 안 된다. 뭐 저 양반은 원캉 점잖애 가주고 내한테 오나 안 오나 안동 치안이나 잘하다 가마 되는데 아주 나라가 그랬다그러.[2]

그래가주 한번은 그 말이 있어. 서울에서 안동 부사를 가는데 간다 그이까네 퇴계 선생부터 찾아봐라카이 그이 퇴계 선생 찾아보니라꼬, 아까도 얘기했지만 육방관속들이 마구 참 말을 타고 가는데 앞뒤에 서고 나발을 부고 카이. 그래 물가 가이(가니) 퇴계동 앞에 토계동 앞에 가서 물을 건넬라 그이[3] 아이 뭐 서울 사람들이 물을 건네 봤나. 물이 겁이 나가주 못 건넨다는 말이래.

물을 못 건네이 봄철인데 저짜(저쪽) 물 저짝을 보이, 모두 물가 앉아 고기 잡는 낚수꾼들이 있거든. 그래 막 이짜서(이쪽에서) 고함을 질러. 나는 그래 안동 부사로 왔으이 막, 막 (엄지손가락을 치켜들며) 내라꼬.[4] 그래가 마 여봐라꼬 고함을 지르이 그래 고함을 지르이,

"그 왜 그러십니까?" 카이,

"아이, 이 물을 못 건네가이, 이 물좀 워디로 가는동 월천(越川) 좀 해다고."

카이, 그래 퇴계 선생 그 제자들이 서당 글을 배우다 마크(모두), 퇴계 선생이 심심해 인제 낚시노러(낚시 놓으러) 갔거든. (웃으며) 낚시 노러 갔는데 마크 생도들인데 그 중 부동이(?) 큰 사람이,

"아 예 월천 해 드리지요." 카면설랑 그래 물로 나와가주고,

"아 요리 오마 되는데 물을 그키 겁내노…… 물이 많지도 아한데(않는데)."

그래가주 옷을, 아래 옷을 벗고는 쫓아나와가주고는 그제는,

"등따리(등) 업히시오."

그래 마 내리가[5] 월천 하는데, 그래 물가한테 가다가[6] 일부러 그 돌기(돌이) 하나, 요래 바위가 하나 이래 물 섶에 있는데 물을 덜 건네가주 물가 그 바위,

"요 좀 쉬야되지 내가 안 된다."

카마 그래 고 요래 내라놓고는(내려놓고는) 그래 그제는 생도들한테,

"거 낚숫대 이리 가주온나."

낚숫대 들라주거든. 물가 다 오다 마판 건네되는데,

"쉬야되지 디(힘들어서) 안 된다." 그래,

"올라앉으라."

낚숫대를 가주,

"아랫도리를 벗어라. 내가 명색이,"

그래 참 물가 나올 때 하마(이미) 겁을 내두룩 했어. 물가 나올 때 이 사람이 암말도 아했으마 되껜데,

"그래 이 건네 그 이황 선생이 그마 안녕하시냐?" 그마,

"안녕하고 마고 뭐 오늘 월천 중에 내가 고상이 그르키 많다."

그이 아이 고마 내릴라고 뻐덕작 그네. [청중과 제보자 함께 웃음] 뻐덕자 그르이,

"조쯤만 가자고. 안동 부사로 오마 간담이 그래가주 어이노꼬? 그래 내 등어리(등에) 한 번 업히 봐이되지."[7)]

그래가주 들에다 갖다 놓고는,

"그래 그래 그키(그렇게) 철 없어가주 안동 치안이 어예노. 물가에 누가가 있는동 모르고[8)] 무조건 여봐라고 고함을 지르마 그 내가 명색이 이퇴곈데 좀 맞아야되지 안될다."

그마 대작대기 가주[9)] 멫 찰[10)] 딱 때래가주고, 그르마 막 비거든(빌거든).

"지가 못 배아가주고(배워서)......"

"그래마 앞으로 주의를 잘하고 안동 치안이나 잘하다 가만되니. 그 언제든 짐작이 있고 지각이 있고 착각이 있어야 되지 물가에 혹은 누가 있을동 모르고 여봐라고 고함 지르마 안된다." 그랬단 말이 있지.

1) 안동을 가면.

2) 퇴계는 워낙 점잖아서 안동 부사가 자기에게 인사를 오지 않아도 상관하지 않는데 나라에서 안동부사에게 퇴계에게 먼저 인사를 드리라고 했다는 말이다.

3) 건너려고 하니.

4) 안동 부사로 왔으니 자신이 이 지역에서 가장 높은 사람이다.

5) 말을 내려서.
6) 물가로 가다가.
7) 내 등에 한 번 업혀 봐야 되지.
8) 물가에 누가 있는지도 모르고.
9) 대작대기를 가지고.
10) 몇 대.

제보자 : 황병학
조사자 : 김재중
조사일 : 2001년 7월 15일
장　소 : 풍산읍 서미 2리 제보자의 집
[출전] 『국문학논집』 19집, 단국대학교 국어국문학과, 2003. 12. 30, 247~250면.

6-37. 신세진 노인에게 호(號)를 지어준 퇴계 선생

그래서 그 조월천이, 퇴계 선생이 서울 나행(?)을 할 때에 조월천 선생을 항상 동행을 했지. 동행을 하다가 저 영중 어디에서 (생각을 하다가) 하여튼 대감이, (말을 바로 잡으며) 참 노인이 저 원두막을 지 놓고 외를 팔고 있었다는게래. 그러니까 올해도 작년에도 올라갈 때도 원두막에 갔으이께네 맹 그 노인이래. 내후년에 가도 맹 그 노인이고.

그래가주고 (음료수를 마신 뒤에) 퇴계 선생이,

"노인장은 노인이, 참 노인장은 어인 일로 참 작년에도 외를 팔고 올해는 지나갔으이. 올해도 글코 저작년에도 글코 참 이래 원두막을 참 원두막에 외만 팔고 있으이께네 전적으로 이래서 인제 생활하고 하느냐?"고 물었단 말이래.

"예 그렇습니다."

그래 노인은 참 여러 해를 인제 그 원두막에서 쉬고 외도 깎아 가지고 대접을 하고 이랬단 말이래. 그러이께네,

"내가 노인의 호(號)를 하나 지 조야 되겠다."

그래 가지고 항상 들에 있는 원두막을, 외농사를 지가주 팔고 이래 사니까, 그래 들 야(野)자, 늙을 옹(翁)자, 야옹(野翁)이라고 지줬는데. 그래가주 그 그 조(?)씨네들이 현재 아, 영주에서 지금 그 영주 향내에 지금 (말을 더듬으며) 출입을 해. 퇴계 선생이 야옹이라고 호 한 번, 호 하나 지줬다 해가주.

제보자 : 임재진

조사일 : 2001년 5월 11일

장 소 : 임하면 금소리 제보자의 집

[출전] 『퇴계학연구』 19집, 단국대학교 퇴계학연구소, 2005. 8. 30, 144~145면.

6-38. 퇴계와 농암의 재판(1)

결국은 그래 퇴계 선생이 농암 선생한테 배았는데 그르이 그 농암 선생이 이겼지 재판꺼짐 해가주고.

[어예 재판 했는지 들어보시더.]

그 밑에, 농암 선생한테 제자랬는데 퇴계 선생이 제자랬는데 결국은 둘이 맹 가게(과거)를, 가계를 퇴계 선생이 했지. 그 밑에 제자랬는데 그렇다고 얘기를 하대. 들었지.

[청중들이 제보자가 이야기를 큰 소리로 제대로 하지 못한다고 타박을 한다. 청중1 : 옳기 하지도 모한데이. 청중2 : 크게 말해야지.]

[재판 했는데 퇴계 선생이 졌단 말이지요?]

예 졌어요. 그 때 제자랬거든 퇴계 선생이.

[제자래서 졌니껴?]

비슬은 했지만 밑에 제자이께네 졌지.

제보자 : 권응진

조사일 : 2001년 4월 12일

장 소 : 안동시 옥동 3주공 아파트 노인정

[출전] 『퇴계학연구』 19집, 단국대학교 퇴계학연구소, 2005. 8. 30, 154면.

6-39. 퇴계와 농암의 재판(2)

퇴계 선생보다 십 여세가 많지 농암이. 그르이 뭐 가능하지.

[그런 이얘기 못 들어보셨니껴?]

듣기보담도 퇴계, 퇴계 제자라 카다가 소송 했잖애.

[아, 둘이가 소송했어요?]

소송 해가 퇴계 집이 졌잖나.

[그게 뭐 어예 이야기 됩니까?] 그 뭐 이야기……

[화투 치느라 잠시 끊김]

그르이 옛날도 그래, 그래가주는 안 되지. 맹 퇴계 후손들이 그랬지마는.

[소송을 왜 했니껴?]

으이?

[소송을 왜 했어요?]

그르이 인제 농암이 퇴계보다 나이 많잖는가.

[예.]

많은데 제자라고 그러다가. 퇴계 제자라 카다가. 안 그렇겠어요 저거 제자가 아인데 제자라 캤으이. 그래 인제 퇴계 측에서 졌지 소송 해가주고.

[제자다 아이다 그거 가지고 소송했는데 졌단 말이지요 그지요?]

그르이 열 살이나 더 많은데 퇴계 제자라 캤으이.

[그걸 인제 퇴계 제자들이 그랬단 말이지요?]

그렇지.

제보자 : 김태한

조사일 : 2001년 7월 11일

장 소 : 안동시 송현동 종합사회복지관내 노인정

[출전] 『퇴계학연구』 19집, 단국대학교 퇴계학연구소, 2005. 8. 30, 154~155면.

6-40. 퇴계와 농암의 재판(3)

[할배, 농암 이야기 아시니껴?]

[권후봉 : 농암 선생 이얘기도 들었지만 잘 모르고.]

농암 선생하고 퇴계 그 양반하고 세비를 안 했는가 서로 책피 놨다고 그고. 결국은 진성 이씨가 졌다고. 농암 선생이 이겼다고.

[청중 : 농암 선생이 선생이지.]

어 맞어. 퇴계 그 양반이 농암 선생한테 책을 피 놨다고.

[할배, 고 이얘기 새로 좀 해 보시이소.]

그런 이얘기만 들었지 잘 몰래.

[아이, 괜찮애요. 고 어예……]

[다른 할아버지들과 조사자가 제보자에게 이야기를 제대로

해보라고 하자 제보자는 잘 모른다면서 계속 사양했다.]

[할배요, 제대로 들어보시더.]

[진성 이씨 할아버지를 가리키며]

저 양반이 더 잘 알지.

[그이께네 퇴계 선생이 농암한테 배웠다는 말이지요?]

[청중 : 선생은 참 농암선생이 선생이라 그지.]

그래 이 세비(?)를 했는거라. 재판꺼짐 해 가주고

[청중 : 재판은, 재판은 뭐]

(큰 소리로) 말하자마 세배했어. (본래 목소리로) 너 할배가 선생이니 우리 할배가 선생이니 이래 뭐 얘기해가주서 몰래 뭐 결국은 영천 이씨가 이겼다. 말은 뭐.

제보자 : 권태숙
조사일 : 2001년 7월 11일
장　소 : 안동시 태화동 노인회관
[출전] 『퇴계학연구』 19집, 단국대학교 퇴계학연구소, 2005. 8. 30, 155~156면.

6-41. 도둑을 물리친 퇴계 선생

이황이 서울에서 과거 보고 내려가다가 주막에 묵게 됐는디, 한 방에서 사람들이 다 자고 있는디, 한 밤중에 도둑이 들었단다. 근디, 그 도둑놈이 칼을 들고 설칭께 사람들이 벌벌 떨었는디, 이황 혼자 태연허니 카만 있드란다. 그래가꼬 도둑 두목이 니는 어디서 빌어먹다 온 놈인디 우리가 무섭지 않냐. 긍께, 이황이 내가 뭔 잘못을 해까니 느그들을 무서워하느냐. 긍께, 그 도둑놈이 칼을 막 댐시롱 이 칼이 겁도 안나냐 긍께,

이황이 나 한테도 뭐 한태기도 없고, 느그들한테 원수진 일도 없는디 느그들이 설마 나를 죽이겄냐. 그러나저러나 사내놈이 얼마나 못났으믄 한밤중에 쳐들와서 도둑질이나 하고 있냐 글드란다. 그른께 그 도둑놈이 그놈의 벼슬허는 놈들 등쌀에 치이가꼬 내가 이것을 한다 긍께. 이황이 글믄 벼슬허는 놈들이나 털지 우째 우리들을 터냐. 아따 참말로 그 놈의 벼슬하는 놈들이나 지금 니가 우리헌테 하는 짓이나 안 똑같냐. 그 도둑두목 오야지가 기가 팍 꺾이가꼬 슬레슬레 도망가 뿔드란다. 그 봐라, 그 옛날 사람이 똑똑하고 배짱도 두둑헌 사람 아니냐.

제보자 : 서귀순(62세, 여, 경기도 성남시 분당구 야탑동)
조사자 : 박수진(대학원 국어국문학과 고전문학 전공)
조사일 : 2001년 12월 4일
장　소 : 경기도 성남시 분당구 야탑동 매화마을 노인정
[출전] 『퇴계학연구』 16집, 단국대학교 퇴계학연구소, 2002. 8. 30, 206~207면.

6-42. 검소한 생활을 한 퇴계 선생

제보자는 본명을 밝히지 않고, 상계 할머니라고만 하였다. 그러나 제보자는 귀가 어두워 김말순 할머니의 도움으로 이야기를 나눌 수 있었다. 먼저 본격적으로 제보자에게 옛날이야기를 해달라고 청하여 잠시 밭 옆의 길에 앉아 이야기를 나누었다. 이야기를 잘하여 동네에 3Km이상까지 소문이 난 상계 할머니는 그 명성대로 차분한 어조로 맛깔스럽게 옛날이야기를 하였다.

상계 할머니는 신상에 대해서는 "그런 걸 알아서 무엇하냐?" 며 대답을 하지 않아 설화만 채록하고 그 외의 정보는 거의 얻

지 못하였다. 제보자의 고향은 경상북도 안동시 도산면 상계리이고, 현재는 도산면 분천리에 산다. 백발에 주름이 많으나, 나이에 비해서 정정하였다. 치아 상태는 앞니는 빠진 이가 없으나, 송곳니부터 어금니까지는 일부 빠진 게 있었다. 청력이 매우 안 좋았으며, 시력도 많이 안 좋았다. 추위를 많이 탔으며 그 때문에 구연에 다소 소극적인 자세를 보였다. 그러나 기억력이 좋아 많은 것을 알고 있었다. 하지만 테이프의 분량으로 전사가 불가능하게 되어 아쉽게 되었다.

시장이 반찬이라꼬 배고프문 뭐든지 맛있는 그 같애. 옛날에 대감이 청솔대 댕기이...... 어데 하노. 집에 가야 하는데. 그래 이래 내놨구만, 하도 그게 맛이 좋아. 이게 만건 모로? 대감이 그른 거 생전 먹나. 안 먹디네. 보리밥 지가주고 아이 지내 배는 두훑챈 밥이라. 그래가지고 찌 가주고 기크롬 대감이 아이, 이게 뭐로? [청중들 : 예] 안 갈쳐줘. (웃음) 대감이 집에 한번 공구는 고마 대감이 보이끼네 잘 돼. 그 부인한테 니 콩 사가주고 모 점숨 이로 고마이 잘 돼. 그래, 그카고 잘 해가주고 오이끼네. 풍설 골라가주고 그 때 이카도록 봤을 때 풍수 그게 그게 뭐가 그크롬 맛있노, 좀 갈쳐다고 하매 그게 이이 (청취불능) 글마 마 안 갈차줘. 보리바이 아이 지가주고 까불리 내배리고 두흘쳐 받아가꼬 보리쌀 지이 안차가주고 그께 그른 보리. 보리떡이라꼬. 가 요새는 식모로 카지만 옛날엔 담사리라 그래, 담사리. [예.] 여봐라 이이 보리바이 지가주고- 했어. 대감이 첫 입에 못 먹고 뱉었어. 고로코롬 시장이 반찬이여. 다 맛있어.

제보자 : 상계할머니(본명은 밝히지 않음, 92세, 여, 경상북도 안동시 도산면

분천리, 무학, 농업)
조사자 : 남주영, 정나리, 김원복(문과대학 인문학부)
조사일 : 2002년 10월 30일
장 소 : 경상북도 안동시 도산면 분천리
[출전] 『퇴계학연구』 17집, 단국대학교 퇴계학연구소, 2003. 8. 30, 125~126면.

6-43. 퇴계 선생이 사위로 선택된 이야기

퇴계 선생 그 장가든 얘기- [장가든 얘기요?] 장가든 얘기가 아니라- 사 사우로 선택된 얘기. 퇴계 선생 그 안동에서 인제 안동 옛날에 안동부잖예? 부, 안동도읍부자네. 그래서 그 저 과거시험을 보는 향시라고 있어. 향시 향시 지방시험이지. 지방고시지. 그게 인제 향시에 그 시험을 보러 가셨는데, 그날따라 그 어디든지 그 오늘날 그 역 앞에 음식이 안 좋듯이. 과거 보이는 날 하루마 마 하루만 보이는 장이니까 음식 그 아주 허술하게 마련이자너? 돈은 좀 더 받고, 그 날 점심이 점심밥이 아주 안 좋았어요. 안동에 인제 국밥이라는 게- 주로 국밥이라는 걸 점심으로 하는데. 값은 싸고 일반들이 고루 먹기에 좋고 쪼끔 상류층에서도 그렇고 하류층에서도 먹을 수 있는 게 국밥이라. 그래 그날 국밥이 아주 맵고 짜고 맛이 안 좋아가지고 그 식당이 마 점심에 식당이 웅성웅성하는 거야. 그 [맛이 없다구요?] 음 그래서 머 먹지도 모하고 나가고, 먹다 말고 나가고 이러는데. 그래서 퇴계 선생 처삼촌 되는 분이 그 때 그 날 부사로 있을 때야. 부산가 시환인가 그건 정확히 모르겠어. 도드 돌아다니는 이야기니까. 그 인제 그 식당을 이제 시환으로- 부산가 시환인가 모르겠는데. [시환이요?] 시관이라고 고시관 있잖아! 고시관. 그래서 그래 안동 부사랬는지 고시관이랬는지 모르겠어. 식당에 둘러보니까 웅성웅성 하면서 야단이라. 근데 어데 한 허름한 선비가 하나 떠들어오더니만 딱! 식당에 앉아 가지고 인제 국하고 밥상을 받아가지고 다짜고짜 묻지도 않고 밥을 한 그릇 갖다 국에다 탁 어퍼뜨려가지고 두말없이 거뜬히 다 먹고 나가버린 거야. 하나 남기지도 않고. 어떤 허름한 선비가- 그래 나중에 가만히 이름 이름을 알아보니까 그 그가 퇴계 선생이야. 그래서 조카사위로 맞았다. 그런 그런 일화가 있어. [처삼촌이라는] 처삼촌 [그 분은 아직 혼인하기 전에 거기서 보시고.] 그렇지. 그 퇴계 선생 저 부인이 바보스럽단 얘기는 많이 있잖아? 바로 그 분이라. 그 가마이 보니까 남자가 그 마치 침중하며는 자기 조카딸 데려다가 고생은 안 시키겠구나. 설령 맘에 안 들어도 소박은, 옛날에 소박은 없었지. 그런 일화가 있어. 내가 왜 이런 얘기 하냐므는 교직원식당 가보라고. 학생들 한심스럽고 걱정스러워. 먹지도 않을 음식을 그 막 퍼다가 밥이고, 밥은 물론이고 반찬이고 머, 머 그 다 퍼다가 안 먹고 그냥 가는 거야. [맘대로 덜어먹으니까] 으 자율 배식하니까. 가마 대학생 소위 대학생 고등교육 하는, 그래 게 학생들이라고 담배 꽁초 담뱃불만 붙였다가 퍼적 퍼적 버리고. 전부 부모 돈이야. 점심값도 부모 주머니서 나온 거고 담배 값도 부모 주머니서 나온거고. 그래 걱정스럽더라고. 그래 식당얘기를 한 거야.

제보자 : 김능하(55세, 남, 편자)
조사자 : 이승덕(사범대학 한문교육과)
조사일 : 2002년 11월 6일
장　소 : 단국대학교 동양학연구소
[출전] 『퇴계학연구』 17집, 단국대학교 퇴계학연구소, 2003. 8. 30, 139~140면.

6-44. 삼촌의 믿음을 심어준 퇴계 선생

숙부 되시는 어른이, 삼촌 되시는 어른이 송재 선생이라고 있는데, 그 어른이 강원감찰도 하고, 벼슬도 하고, 어- 어- 참- 출세를 했는데, 마흔 아홉에 일찍이 돌아가셨어요. 일찍 돌아가시고, 그래 인제, 그런데 안동군사도 하시고 …(중략)… 그래, 인제 논어를 배웠어. 그 어른한테 논어를 삼촌한테 배웠는데 그 논어에 이순'이(耳)'[1] 가지고. 그래, 인제 질문을 했어. 이순 '이(耳)'자가 사항이 다양한데 의견으로 말씀하시니까네, 옳다고. 달리 조카가 여러분 있어도 이 어른만큼 달리 알았어. 앞으로 야는. 앞으로 어. 우리 집을 어, 참, 머시 나타나도록. 아! 세상을 아리도록 할 사람이구나. 짐작을 했어요.

1) '귀 耳' 字.

제보자 : 이동은(94세, 남, 경북 안동시 도산면 토계리 퇴계 종택)
조사자 : 박연우(사범대학 한문교육학과), 조정남(문과대학 인문학부), 전소라 (상경대학 경영·회계학부)
조사일 : 2002년 10월 26일
장　소 : 안동시 퇴계 선생 종택
[출전] 『퇴계학연구』 17집, 단국대학교 퇴계학연구소, 2003. 8. 30, 142면.

6-45. 퇴계 선생의 검소함

분천리를 나와 67번 버스를 타고 퇴계 종택으로 향했다. 위치를 잘 몰라서 버스 운전기사 아저씨께 물으니 아저씨께서 같이 탄 분 중에 중절모와 바바리코트를 입은 한 노신사를 소개해 주었다. 우리는 그분과 함께 내려 종택으로 걸어갔다. 걸어가면서 이야기를 나누어 보니 그 분이 바로 퇴계 이황 16대 종손인 이근필 씨라는 것을 알 수 있었다.

이근필 씨는 후손으로써 전해 내려오는 이야기들 중 야담은 믿지 않으며, 후손된 도리로 조상님에 대한 어떤 평가도 내릴 수 없다고 하였다. 퇴계 선생의 후손답게 자부심은 대단하나, 주위 사람들에게 겸손하게 행동하였다. 퇴계 선생의 훌륭함을 잘 드러내 주는 일화를 채록할 수 있었다. 제보자는 귀가 어두운 데다가 종가의 종손이라 처음에는 어렵게 생각하였는데, 조사자들을 자상하게 대해 주었다. 제보자는 바쁜 와중에도 방송국에서 온 사람보다 오히려 조사자들을 더 신경써 주었다. 또한 퇴계 이황 설화집과 연구 목록을 모아 둔 책을 선물로 받았다.

종택에서 제보자와 대화를 나눈 후에 우리는 다큐멘터리 촬영차 종택에 머물고 있는 MBC측으로부터 간단한 촬영을 부탁받게 되었다. 이 다큐멘터리는 2003년 신년 특집으로 '한국의 종가'라는 내용으로 방송될 것이라 한다. 본인들이 설화를 채록하는 과정과 이근필 씨와 이야기를 나누는 모습 등을 30여 분에 걸쳐 촬영하였다.

집이 참 초라하고 누추하고 자리가 막 떨어져서 뭐하고 해서 참 많이 보니끼네 민망시럽고 이짐대, 글케 퇴계 슨생께서 일케 사실 수가 있느냐. 그래서 걱정을 해 드렸어요. 이런 누추한데 어떻게 이렇게 사십니까, 하이 나는 여게 늘 익어가주고 불편한 줄 모른다 카셨어요. [청중들 : 아—] 불편한 줄 모른다. 우리 이이 지금 이룹게 장판방 이이, 여하곤 지금은 마아 여기 우리 모 여 있다고 해도 괜찮지만 서도 지금시레 괜찮지만도 옛날에는 이 장판방 못 깔았어요. 자리, 왕골자리 깔면 아주, 아주 제일 잘 까는 집이에요. 돗자리 깔만 그담에 아조 부잣집에는 (청취불능) 장판이에요. 옛날 자리라는 것이, 뭐야, 한지 그 한지 방문 봤어요? 한지를 만들라믄 이 곤—굉장히 많이 필요해요. 그걸, 그걸 방 깔면 집이 되문요 아주 잘 사는 집이 되어. (청취불능) 그래 보통은 인제, 에- 돗자리하고 그담에 짚자리하고, 짚자리 또 그 짚자리고 에— 그 인제 곱게 만든 자리가 있어요. 그 아주 멍석이라고 해가주고 그 저 새끼를 꼬아 가주고 새끼를 가주고 여, 떨어지지 말라꼬 까딱하면 떨어지지 말고 멍석이래 쭉 머 곡식 널어놓는 거 있다고. 그걸 깔고 자기도 해요. 나도 그른거 깔고 잤지 뭐 옛날엔. [예.] 그른데 그르니 저 영천군수 허씨라는 사람이 와가주고 이릏게 보니께 아주 도저히 자기는 그릏게 못살아. 못살기야. 어, 못살 거 같은데 그래 저 매우 불편해서 어떻게 견디십니까. 나는 항상 여기 익어가주고 숙달이 되가주고, 불편핸 줄 모른다 카이요. 에.

또 식사도요. 서울에 계실 땐데. 저기 여그서 해서 올라가는 거, 그땐 뭐 사서 먹어. 서울이란 덴 뭐 사서 먹어야 하는데. 여그서 이제 주로 뭘 해가주고 갔냐면, 곤지. 곤지 알아요. 곤지? 곤지라 그른게 뭐냐면 무를 저게 잘게 썰어가주고 이르케 말라가주고 그걸 다시 물에 불콰서 그그다가 간을 쳐가주고 고치장 고칫가루 하고 간하고 해가주고 그기 인제 저 지릴까봐요. 단지에다가 넣어 다 인제 그게 불으면서 간이 배요. 그기 인제 그 곤지라는 거에요, 곤지. 이게 그 요즘 그 해먹는 사람 거의 없어요. 요즘 없어. 글 누가 쬐어가, 째아갔고 또 말라가야 돼. 그, 그 해먹는 사람 없어요. 근데 이제 주로 하는 그게 반찬이에요. 주요 반찬. 그담에 마른 고기, 포, 인제 그 그른 정도에요. 그른 정도. 호박 썰어서 막 쓸으서 말라안 거. 이런 거에요. 근데 권철 대감이라꼬, 정승을 한 양반인데 이 양반이 누구냐 하면 권율 장군의 어른이에요. 권율 장군의 어른인데 그 퇴계 선생 계실 적에 저게 우에 그 선생 집에 함 와 봤으요. 요걸 인자 붙들어, 식사할 때가 되니끼네 식사 하고 가시라고요. 그래 인자 그 식사하고 가시라니께네 붙들렸다. 이 반찬이 나오는데, 소세 묶을 수가 없어요. 갖은 이파리, 갖은 이파리를 쪄서 나왔어요. 갖은 이파리 쌈을 싸서, 그래 이제 무 고 짠지하고. 고담에 뭐 이 된장이 찌짐, 찜인가 뭐어 뭐 됐든가 봐요. 이걸 못 먹었어요, 못 먹어. 권철 대감이 못 먹었어요. 그래서 퇴계 선생은 이걸 아주 마싰게 잘 자셨어요. 그르니께 이 냥반이 돌아가가주고 내가 참 오늘 큰 실수를 했다꼬. 내 그 밥을 못 먹었어. 정승, 일국의 정승이라 카면 국민을 대표하는 사람이요. 국민을 대표하는 사람, 국민을 자식같이 보살펴야 될 사람이 국민이 먹는 음식을 능히 먹어야, 다 뭐 먹을 수 있어야 그게 국민하고 호흡을 같이 하는거지. 내가 국민 됐다 국민이 먹는 걸 내가 못 먹었다. 이 참, 말이 안 된다. 부끄럽다. 그래서 내가 이래서는 안 되지, 해서 내가 너무 포시랍게- 포시랍, 포시랍단 말 알아요? 사치스럽다 이 말이에요. 사치스러운 걸 이쪽에선 안동에서는, 경상북도 지방에서 사투리는 포시랍다 이래요. 사치스런 생활을 해선 안 되겠다. 그래가주고 저녁, 저녁마다, 잘 때마다 매번 (청취불능) 내가 이렇게 사치스럽게 해선 안 되겠다. 그래가주고 저녁마다 문구멍을 하나씩 내가주고 자요. 첫 번은 문구병을 하나 내고. 그래 자고. 그 새나 또 문구멍을 또 하나 뚫고. 그래가주고, 내, 나도 참 그 고난을 이겨내는 그런 생활을, 내가 단련을 해야 되겠다. 그케 해서 그 하셔 가주고 참 그 임진란, 뭐 임진란이고 뭐 옛날에는 못살잖아요. 못 살 때 뭐 난리가 나면 피난을 가야 되고 카이 피난이라고 해고 그게 호사스러운 생활을 할 수 있어요? 그래 그기 그기 적응하기 위해가주고 그릏게 했단 그른 이야깁니다.

제보자 : 이근필(71세, 남, 경상북도 안동시 도산면 퇴계 종택, 대졸, 고교 교장역임, 현재 퇴계기념사업)
조사자 : 남주영, 정나리, 김원복(문과대학 인문학부)
조사일 : 2002년 10월 30일
장 소 : 경상북도 안동시 도산면 퇴계 종택
[출전] 『퇴계학연구』 17집, 단국대학교 퇴계학연구소, 2003. 8. 30, 126~129면.

6-46. 남의 논에 물을 대어준 퇴계 선생 부인

'내가 안 데리고 살면 데리고 살 사람이 없다.' 이거야. 어, '내가 데리고 살아야 되지, 내가 안 데리고 살면 데리고 살 사람이 없다.' 그러니까 말이지 일평생 그 말이지 그 할머이 평생 데리고 살았다 이거야. 내가 데리고 살지 않으면 누가 데리고 산단 말이지. 워낙 바보니까, 바보니까 못 데리고 살잖아. 뭐, 저기, 옷 지을 줄도 모르고, 밥도 해줄 줄 모르는 사람 누가 데리고 살아요. 그, 그래, 그냥 그러니까 내 논에 물 빼가지고 넘 논에, 나는 굶어 죽는 거 그걸 생각 안 하고 다른 사람은 말이지 머, 먹고 살아야 한다고. 내 논에 물 빼가지고, 내 논에 물 빼가지고. 내 논은 바짝 마르고, 저 논은 나락이 소복이 됐다 말이지. 그걸 좋다고 말이지, 그런 말이지 그런 양반인데. 내가 상놈이라 그렇지, 내가 행동을 못 하니까 그렇제. 그러니까 나라에서 알아주잖아요. 그리 도산 서원가면 어마어마하게 잘 해가지고.

제보자 : 이영걸(72세, 남, 서울 동대문구 제기1동, 초중퇴)
조사자 : 남경희(사범대학 한문교육과), 정용은(사범대학 한문교육과)
조사일 : 2001년 11월 30일
장 소 : 서울 종묘공원
[출전] 『퇴계학연구』 16집, 단국대학교 퇴계학연구소, 2002. 8. 30, 222~223면.

6-47. 남의 논에 물을 대어준 퇴계 선생

퇴계 선생에 관한 설화를 채록하는 일이 쉽지가 않았다. 여기저기에 도움을 요청하고 어렵사리 제보자를 찾아도 바쁘다거나, 선생에 관한 희화한 이야기는 해줄 수 없다는 반응들을 보였다. 수소문 끝에 찾은 곳이 단국대학교 동양학연구소였다. 그 곳에서도 제보자가 되기를 꺼려하였으나 조사자의 간청으로 연결된 분이 지금의 제보자이다. 제보자 또한 조사자의 부탁으로 구연에는 응하여 주었으나, 사진 촬영과 본명을 밝히는 것은 거절하여 제보자의 자세한 인적 사항을 알지 못하였다. 제보자는 55세로 고향은 안동이라고 하였다.

구연의 시작은 딱딱하고 약간은 부자연스러운 듯했으나 차츰 자연스럽게 진행되었다.

퇴계 선생은 남북과 더불어 사는 그런 집이라. 그래서 퇴계 선생 지금 상계 종택 앞에 퇴계 선생 논이 있었는데 논이 있고 퇴계 선생 논은 위에 있고 인제 보가 옛날 보, 논에 물때는 보가 있잖예? 고 앞에 있고 다른 사람으 논은 그 밑에 퇴계 선생 논 밑에 있었어. 근데 어느 해 날이 가물어 가지고 그 물이 모잘랐을 때 퇴계 선생 말씀이 나는 다른데 논이 있고 이 밑에 논 주인은 다른 논이 없으니까 내 논에는 모를 심지 말고 안

심겠고 물을 넘겨줄 꺼니까 밑에 논에 모를 심으라고. 그래서 그렇게 그래 당신 논에는 모를 안 심고 남의 논에 모를 심도록 그래 인제 그래. [그러니까 아래 있는 논은] 남의 논이지. [퇴계 선생과는 관계없는] 전혀 관계없는 사람 [그냥 한 동네에 있던] 그렇지. [그럼 이거는 뭐 퇴계 선생이 뭐 남들하고 더불어 사는, 그런 정신을] 더불어 사는 정신이다.

제보자 : 김능하(55세, 남, 편자)
조사자 : 이승덕(사범대학 한문교육과)
장 소 : 단국대학교 동양학연구소
[출전] 『퇴계학연구』 17집, 단국대학교 퇴계학연구소, 2003. 8. 30, 138~139면.

6-48. 퇴계 선생의 대인예도(1)

조사자는 도산서원 관리사무소에 있던 한 사람이 그 근처에 유도학회 회원(체화재에서 정기 모임을 갖고 안동의 문화유산에 대해 공부하는 모임)들의 모임이 있는데 한번 가보라고 하여 병산서원 근처에 있는 체화정을 찾아가게 되었다. 추운 날씨에도 사십여 명이 벌판에 모여 체화정이라는 정자에 대해 공부하고 있었다.

제보자인 김시묘 씨는 경북 지역에서 계속 거주하였고 서울 말을 구사하나 경상도 지방의 억양이 남아 있었다.

어, 이렇게 주무시다가도 어른이 분, 부르시면 벌, 음, 바르게 일어나서. 요새 요즘 사람처럼 뭐 어른이 부르면은 끌고 가면서 이렇게 뭐 귀찮은 표정으로 이 일어나서 어른들한테 대하는 게 아니고. 이 주무시다가도 퇴계가 유년 시절 주무시다 어른이 부르시면 반드시 뻴떡 일어나서 어르신이 부르는데 대해서 응대를 하시고 음 그랬다고 합니다. [조사자 : 네]

제보자 : 김시묘(54세, 남, 경북 안동시 태화동, 방송국 프로듀서)
조사자 : 김수연, 정수진(사범대학 한문교육학과)
조사일 : 2002년 11월 2일
장 소 : 안동시 도산면 토계리 병선사원 근처 체화정
[출전] 『퇴계학연구』 17집, 단국대학교 퇴계학연구소, 2003. 8. 30, 148~149면.

6-49. 퇴계 선생의 대인예도(2)

역시 예의범절에 관한 이야기였는데, 사람을 대하는 예도에 대한 것이었다.

또 이렇게 사람을 대할 때는 반드시 뭐 자기 동배나 자기보다 나이 많거나 자기가 가르쳐 어떤 학문을 전수한 제자들이나 누가 오거나간에. 꼭 그 문밖까지 나가서 당신보다 나이가 어리거나 나이 어린 제, 분들한테도 그 사람이 인제 다 볼 일 보고 가면은 반드시 문밖까지 그 나와서 배웅을 했다는 그런 얘기가 있고.

제보자 : 김시묘(54세, 남, 경북 안동시 태화동, 방송국 프로듀서)
조사자 : 김수연, 정수진(사범대학 한문교육학과)
조사일 : 2002년 11월 2일
장 소 : 안동시 도산면 토계리 병선사원 근처 체화정
[출전] 『퇴계학연구』 17집, 단국대학교 퇴계학연구소, 2003. 8. 30, 149면.

6-50. 퇴계 선생이 과음을 하고 깨우친 일화

예의범절에 관한 얘기 후, 과음에 관련해 깨우치신 일화를 이야기해 주었다.

술을 자시고 말을 타고 가시다가 술이 좀 과, 과, 과술을 하셔서 말에서 떨어지셨답니다. 강물에서. 그래서 나중에 인제 이 제자들한테 하신 말씀이, 인제 그 당내에 집안사람들한테 하신 이야기인지. 그래서 그 후부터는 다시 그렇게 술을 과술을 안 하셨다. 원래 실수라고 그런 실수가 없잖습니까. 그 워낙 학문에 정진하고 음, 흔들림이 없으니까 퇴계 선생이 퇴, 술 한번 잡숫고 강을 건너다가 말을 타고, 아 강을 건너시다 이제 실족을 해서 말에서 떨어졌다 떨어지면 어떻겠어요. 의관이, 그래서 고런 일화가 있습니다. 다시는 내 술, 과술을 하지 않겠다 그런 얘기가 있습니다.

제보자 : 김시묘(54세, 남, 경북 안동시 태화동, 방송국 프로듀서)
조사자 : 김수연, 정수진(사범대학 한문교육학과)
조사일 : 2002년 11월 2일
장　소 : 안동시 도산면 토계리 병선사원 근처 체화정
[출전] 『퇴계학연구』 17집, 단국대학교 퇴계학연구소, 2003. 8. 30, 149~150면.

6-51. 권정승도 울고 간 밥상

퇴계설화 채록을 위해 우리는 안동시에 연락을 하였다. 안동시는 시청 문화재 관리과를 연결해 주었고, 그 곳에서 퇴계 선생 종택을 소개받았다. 우리가 종택에 도착했을 때 약속이 돼 있던 분은 안 계셨고, 그 분의 아버님이 계셨다. 이동은 할아버지로 퇴계 선생 15대 종손이다.

제보자는 경상도 토박이로 사투리를 구사했으며, 치아가 고르며 튼튼해 보였으나, 고령으로 발음이 조금 부정확하여 전사를 할 때 어려움이 따랐다. 차분하고 세심하며 녹음을 하고 있다고 생각해서인지 작은 소리에도 민감하게 반응하였다. 94세의 고령으로 허리디스크가 있어 거동이 편치 않다고 하였으나, 비교적 정정하고 잘 웃는 밝은 성격의 소유자였다. 퇴계 선생의 후손으로 퇴계 선생 전반에 걸쳐 상세히 알고 있었다.

6형제분 끝에 분으로 낳시셔. 근대, 양곡이라고 그러기는 그런데고 마주보는 산 밑에 집을 요만지 짓고 지산와 살아. 지초지자, 뫼산자, 지산와 살아. 지산이 뭐라허먼 들팽이, 들팽이, 집을 짊어지고 있는 게 들팽이라. 요래 호수 같은데 나와 있고, (손동작을 보이며) 이레 나와 있고, 등짝이 요래 있고, 아, 들팽이 안 있어요? [조사자 : 예] 지산와 살아. 들팽이 집이라, 그래 참 겸손하고 하신 말씀이고, 쪼매한 집이고 적단 말씀이제. 지산와 살아가지고, 그런 집을 지어가지고 새간 나셨어. …(중략)… 광연당이라고 못을 파가지고. 광연당이고, 그 위에 한사원, 도산 한사원 같이 고 뒤에도 지어가지고 그리 거처를 하셨는데. 거, 제자들이 자꾸 많고 한 삼사백 명 되니까네, 전국이 찾아오는 손님도 많고, 제자뿐 아이고. 뭐. 뭐. 권철. 권정승도 와가지고, 이리 왔다 허는 이도 있고, 서울 왔다 허는 이도 있고, 찾아왔다가. 권철 권정승은 애기가 있어요. 그 어른한테 놀러 갔는데, 찾아갔는데, 이 어른은 대접할 게 아무 것도 없어. 점심 대접을 하는데, 반중에 지로천

근가엽이이래. 천근은 무배차, 가지잎을, 가지잎을 이전에 먹은 것 같지 않은데, 요새도 먹는 것 같지 않은데, 가지잎은 천금가야 뿐이다. 이르이, 장이나, 있고, 뭐. 그런 모냥이지. 대신이 그런 하절에 저분(젓가락)을 댈 소지가 없어. 대신 처지에 그런 음식을 대하면 먹을 수 없는 것이 사실이거든 못 먹겠거든. 도저히. 보통사람 같으면 그래 와 갔다 와가지고, 화가 나가지고 이런 법이 있나. 내가 갔는데, 대접을 그리해! (웃음) 돌아가서 후회를 하고 집에 가 가지고, 오늘 퇴계 선생한테 갔다가 아이, 내가 큰 무안을 봤다고. 그래 가지고, 자책을 해가지고. 그래 그 날부텀 손 구멍을 내 하나씩 뚤벘어. 하나 뚫고, 하나 뚫고, 날마다 문을 다 뚫었어. 그래 거처를 하는데, 그래 가지고, 그걸. 습관을 들여가지고 이 난(임진왜란)을 무사히 넘겼다는 이야기가 있어. 그 때문에 권정승이. (웃음) 그런 이, 미담이 있어요. [조사자 : 할아버지 문구멍을 뚫었는데 어떻게 임진왜란을 무사히 넘겨요?] 풍천도술이라고, 가다 나중에 피난을 가는데 문 떨어진 데서도 잘 수 있고, 한 데서 잘 수도 있잖아 그렇잖아? 난리에 미리 준비하라는 것 그거지. 준비하라는 그거래.

제보자 : 이동은(94세, 남, 경북 안동시 도산면 토계리 퇴계 종택)
조사자 : 박연우(사범대학 한문교육학과), 조정남(문과대학 인문학부), 전소라(상경대학 경영·회계학부)
조사일 : 2002년 10월 26일
장 소 : 안동시 퇴계 종택
[출전] 『퇴계학연구』 17집, 단국대학교 퇴계학연구소, 2003. 8. 30, 163~164면.

6-52. 퇴계 선생이 권철 선생에게 식사 대접한 이야기

이규식 씨는 도산서원에서 만난 제보자로서 주소는 묻기가 곤란하여 묻지 못했다. 처음에는 조금 쑥스러워 하였으나, 점차 구연에 흥미를 느끼어 일화를 세 가지 말해 주었고, 비교적 자세히 알고 있었다.

조사자가 퇴계 선생님의 성품에 대한 이야기를 청하자, 이런 이야기를 해주셨다.

임진왜란 때 행주산성의 적을 인제 격파하신 그 권율 장군님 아버지 권철 선생님이라고 계시는데, [조사자 : 예] 그 명종 때 영의정 벼슬까지 지낸 명현이고, 이 분이 인제 한 날은 영의정 재직 시에 그 인제 선생을 만나기 위해 가지고, 몸소 찾아간 곳이 그 인제 지금 현재 살고 있는 도서서당이라는 곳을 그 그 때 재직 시에 그 내려오셔가지고, 한 날은 인제 거기서 그 식사 대접을 받게 되었는데, 그 때 저녁식사가 뭐가 나오나 하며는 그 밥과 인제 보리밥과 콩나물국과 가지잎 무친 것과 인제 산채 그 이런 고, 고기 부침이라고 하는 인제 북어 무친 것 여기 있었습니다. 있었는데, 그 때 인제 그 평소에는 제자들과 인제 그래 똑같은 식사를 해왔기 때미레, 그 보통 보면 인제에 그 영의정 되시고 높은 벼슬에 계신 분을 인제 보통 보면 손님이라 해 가지고 잘 진수성찬같이 잘 차려드리는데, 평소와 인제 다름없이 맨 똑같은 그 대접을 보리밥에다 콩나물국에다가 가짓잎 허고 산채하고 이래 북어 무친 것을 대접을 했답니다. 해 가지고 그래가지고 이걸 인제 처음에 잘 먹다가 이래 와 가지고 대접을 받으니까, 사실 이게 밥에 안 먹, 안 먹힐 거 아입니까 그저. 그래 가지고 몇 숟갈 뜨다가 고마 그냥 여 상을 물렸다고 그래요. [조사자 : 네] 그래가지고, 다음 날 또, 또 잘 나오리 하고 또 이래 다시 또 인제 음식을 내왔는데, 맨 똑 같은 그지, 또 그거를 내왔단 말이에요. 그래 인제 도저히 이걸 더는 밥을 가만히 모, 못 먹는단 소린 못하고, 위 하도 하도 위대한 우리 그 추, 평소에 추앙받던 스승님이러고 이러니까 그 그 밥투정은 못하고, 그냥 인제 뭐 더 며칠 더 묵고 갈 거도 인제 고마 더 일찍 그 갔다 하는 그런 이야기입니다. [조사자 : 예]

제보자 : 이규식(48세, 남, 행정7급 도산서원관리직)
조사자 : 김수연, 정수진(사범대학 한문교육학과)
조사일 : 2002년 11월 2일
장 소 : 안동시 도산면 토계리 도산서원 관리사무소
[출전] 『퇴계학연구』 17집, 단국대학교 퇴계학연구소, 2003. 8. 30, 170~171면.

6-53. 매화를 사모한 퇴계 선생

퇴계 선생이 매화를 매우 사모하셨다는 말씀을 필두로, 어떻게 매화를 사모하였는지 이야기해 주었다.

돌아가실 때에는 그 퇴계가 매화를 매형이라고 그랬죠. 매형. [조사자 : 네.] 매화를 그 지극히 인제 아끼고 사랑하셔서 항상 그 매군을 옆에 두고 이래 계셨는데, 매화를 매형이라고 불렀다. 그 매화의 품성이란 게 아주 고하고 뭐랄까 선비의 아주 그 고상한 인격 그 품성을 꼭 그 매화에 비유하죠. 비견하고 하는데, 퇴계 돌아가실 때 이 설사를 하고 하시니까 내가 매형한테 미안하다 내 그 설사냄새가 매화한테 이렇게 푸, 풍겨가며 내가 미안하다 할 정도로 그런 매시를 많이 쓰셨는데 나중에 돌아가실 때 인제 임종하실 때 저 매화에 매분에 뭐 물을 줘라 그 인제 돌아가실 때 [조사자 : 예] 했던 말이고.

제보자 : 김시묘(54세, 남, 경북 안동시 태화동, 방송국 프로듀서)
조사자 : 김수연, 정수진(사범대학 한문교육학과)
조사일 : 2002년 11월 2일
장 소 : 안동시 도산면 토계리 병선사원 근처 체화정
[출전] 『퇴계학연구』 17집, 단국대학교 퇴계학연구소, 2003. 8. 30, 151면.

7. 문학(시)에 관한 일화

7-1. 도산서원 현판

도산서원(陶山書院)은 선조 때의 사액서원(賜額書院)으로써, 현판의 글씨는 선조가 당시의 명필 한석봉에게 명하여 쓰게 하였는데, 이때 선조는 도산서원 현판(懸板)이라고 일러주면 석봉이 놀라 붓이 떨려 글씨가 잘되지 않으리라 생각하여, 도산서원의 네 글자를 거꾸로 한 자 한 자 불렀다. 그래서 맨 처음에 '원(院)' 자, 다음에 '서(書)' 字, 그 다음에 '산(산)' 자, 마지막으로 '도(陶)' 자를 쓰게 했다. 이때 석봉은 '원', '서', '산' 자를 쓴 다음, 이것이 도산서원이란 것을 알아차리게 되매, 놀란 마음에 붓이 떨려 마지막 '도' 자를 비뚤게 썼다.

조사자 : 지도교수 최진원〈1회〉·이우성〈3회〉, 학생 강석란·김영옥 외 8인
조사일 : 〈1회〉1964년 12월 17일~19일 / 〈3회〉1966년 7월 26일~29일
장 소 : 경북 안동군 도산면 토계동 / 안동군 예안면 오천동 / 안동군 임하면 천전동
[출전] 성균관대학교 국어국문학과, 『(제1차 3개년계획) 안동문화권학술조사보고서』, 1967. 2, 104면.

7-2. 도산서원 현판 이야기

…(전략)… 도산서원이라고, 한석봉 선생님이라고 쓰셨어. 선조대왕 앞에서 쓰라고 하셔서 쓰는데. '원'자 부텀 먼저 쓰고 [조사자 : 예] '서'자 먼저 쓰고, '산'자 먼저 쓰고, '도'자 쓰라

고 했는데, 이렇게(팔을 떠는 시늉) 덜덜 떨었다고. (전부 웃음) 허허.

제보자 : 이동은(94세, 남, 경북 안동시 도산면 토계리 퇴계 종택)
조사자 : 박연우(사범대학 한문교육학과), 조정남(문과대학 인문학부), 전소라(상경대학 경영·회계학부)
조사일 : 2002년 10월 26일
장　소 : 안동시 퇴계 종택
[출전] 『퇴계학연구』 17집, 단국대학교 퇴계학연구소, 2003. 8. 30, 141면.

7-3. 후조당 현판

오천(烏川)의 후조당(後彫堂)은 퇴계 선생의 제자인 김부필(金富弼)이 지은 집이다.(후조당은 그의 호이기도 하다.) 후조당은 당의 낙성 때 퇴계 선생을 자기 집으로 초대했다. 퇴계 선생은 후조당 건물이 공부를 하는 선비의 집으로서는 너무나 크고 화려하다고 하여 당에 오르지 않고, 후조당 맞은편에 있는 김부필의 동생인 김부의(金富儀)의 정자 읍청헌(挹淸軒)에 앉아서 당을 바라보면서 후조당의 현판을 썼다. 퇴계 선생은 이 현판만 써 놓고 끝내 당에 들리지 않고 그냥 돌아갔다.

조사자 : 지도교수 최진원〈1회〉·이우성〈3회〉, 학생 강석란·김영옥 외 8인
조사일 : 〈1회〉1964년 12월 17일~19일 / 〈3회〉1966년 7년 26일~29일
장　소 : 경북 안동군 도산면 토계동 / 안동군 예안면 오천동 / 안동군 임하면 천전동
[출전] 성균관대학교 국어국문학과, 『(제1차 3개년계획) 안동문화권학술조사 보고서』, 1967. 2, 104면.

7-4. 소년시절의 시

퇴계(退溪) 이황(李滉)은 연산군(燕山君) 7년 신유년(辛酉年)(1501) 11월25일에 경상도 예안현(禮安縣) 온계리(溫溪里)에서 찬성공(贊成公) 이식(李埴)의 7남 1녀 중의 끝엣 아들로 태어났다. 그를 낳을 때 어머니 박씨 부인이 공자(孔子)가 방문 안에 들어오시는 꿈을 꾸었던 까닭에 후에 그집 문을 성림문(聖臨門)이라고 부르게 되었는데, 그 문은 지금도 태실(胎室)에 그대로 남아 있다.

생후 일곱 달 만에 아버지가 세상을 떠나자 박씨 부인은 농사와 길쌈으로 가난한 살림을 꾸려 나가며, 여러 자녀들을 학업에 정진하게 하였다. 그리고 기회 있을 때마다 여러 자식들을 앞에 불러 놓고,

"너희들은 아버지가 계시지 아니하므로 남의 집 아이들과는 달라서 공부만 잘해도 안 된다. 공부를 남보다 잘해야 할 것은 말할 것도 없지만 행실을 각별히 삼가지 않아서는 안 된다. 만약 행실이 방정하지 못하면 과부의 자식인 까닭에 옳게 가르치지 못해 그렇다고 남들이 손가락질을 할 터인즉, 너희들은 그 점에 각별히 명심하여 훌륭하신 조상들에게 욕을 돌리지 않게 하여라." 하고 수 없이 타일렀던 것이다.

그런 관계로 퇴계는 어려서부터 어른을 공경할 줄 알았고 동무들을 항상 온순하고 겸손하게 대해 왔다. 그는 여섯 살 때에 처음으로 이웃 마을에 있는 노인에게 천자문(千字文)을 배우게 되었는데, 아침이면 반드시 세수하고, 머리를 깨끗이 빗고 가서 울타리 밖에서 전날 배운 글을 두어 번 외어본 후에야 선생 집에 들어갔고 선생 앞에서는 공손히 엎드려 스승에게 대한

인사를 엄격하게 올렸다.

그 모양으로 퇴계는 글을 배우기 시작한 시초부터 성실했던 까닭에 그의 학력은 날이 갈수록 착실해 갔다. 퇴계가 8살 때에 이런 일이 있었다.

바로 위의 형인 해(瀣)가 칼에 손을 다쳐 피가 흘러내리는 것을 보자, 퇴계는 얼른 달려와 상처 난 형의 손을 붙잡고 소리를 내어 울었다. 어머니 박씨가 그 광경을 보고 기이하게 여겨서,

"정작 손을 다친 형은 울지 않는데 네가 왜 우느냐?" 하고 물었다. 그래도 퇴계는 여전히 울면서 이렇게 대답하였다.

"형은 나보다 나이가 많아서 비록 울지는 아니하나, 피가 이렇게 흐르는데 어찌 아프지를 아니하겠습니까?" 그 대답 하나만 들어 보아도 퇴계의 성품이 어려서부터 얼마나 인자한가를 가히 알고도 남음이 있다 하겠다.

퇴계는 날이 갈수록 학력이 착실해져서 열두 살 때에는 숙부인 송재공(松齋公) 우(堣)에게 논어(論語)를 배우기 시작하였다. 그런데 하루는 제자는 들어가면 효도하고 나가면 공손해야 한다는 대목을 배우게 되자 스스로 경계하여 말하기를, "사람된 도리는 마땅히 이래야 할 것이다." 하였고, 또 '이(理)' 자를 가지고 숙부에게 묻기를. "모든 일에 옳은 그것이 이(理)이옵니까?" 하고 물었다. 송재공은 하나를 배워 열을 깨닫는 퇴계의 총명한 질문을 받고 크게 기뻐하며, 이렇게 감탄 하였다.

"형님은 비록 일찍 돌아가셨지만 너같이 명철한 아들을 두셨으니 결코 헛되게 돌아가신 것이 아니다. 후일에 너는 반드시 우리 가문을 빛나게 하리라." 퇴계는 어려서부터 학문이 그처럼 출중하여 열다섯 살 때에는 이미 시(詩)도 지었는데, 그가 열다섯 살 때에 게(蟹)를 보고 지은 시에 이런 것이 있다.

負石穿沙自有家　“돌을 지고 모래를 파니 집이 절로 되고
前行卻走足偏多　앞으로 가고 뒤로도 가니 발이 많기도 하다.
生涯一掬山泉裏　한평생을 한웅큼 샘물 속에서 살아갈 수 있으니
不問江湖水幾何　세상에 물이 얼마이건 물어 무엇하리오.”

게가 구멍을 파 들어가는 광경을 보고 읊은 천진난만한 노래이기는 하지만, 그러나 “한웅큼의 샘물 속에서 살아갈 수 있으니 세상에 물이 아무리 많기로 탐낼 것이 아니라”는 대목은 이미 열다섯에 세상을 도통한 철언(哲言)이라고 말해도 그다지 과오는 아닐 것이다. 퇴계는 어려서부터 사물을 관찰하고 판단하는 안목이 그처럼 놀라왔던 것이다.

[출전] 정비석, 『퇴계일화선』, 퇴계학연구원, 1983. 7. 5, 15~19면.

7-5. 성자의 기상

규암(圭庵) 송인수(宋麟壽)는 퇴계보다 열네 살 위인 학자로서, 성균관(成均館) 대사성(大司成)의 벼슬을 지내며 유생(儒生)들에게 성리학(性理學)을 강론해온 성리학의 대가이기도 하였다. 그는 성품이 대쪽같이 곧은 사람이어서, 일찍이 간신 김안로(金安老)가 임금의 외척(外戚)임을 기화로 정권을 농단하려고 하자, 규암은 그를 정면으로 배척하다가 제주목사(濟州牧使)로 쫓겨 간 일이 있었다. 그리고 그 뒤에 대사헌(大司憲)으로 있을 때에도, 윤원형(尹元衡), 이기(李芑) 등의 간신배들이 을사사화(乙巳士禍)를 일으켜, 자기네의 세력 확장을 위해 무

고한 선비들을 마구 잡아 죽이자 송인수는 그들에게도 정면으로 반대하다가 급기야 파직을 당하고 청주(淸州)로 쫓겨 내려갔다가, 얼마 후에 사약(賜藥)이 내려 억울하게 죽어 버렸다.

그 당시 퇴계 선생은 홍문관(弘文館) 전한(典翰)으로 있으면서 간신배들의 난동을 매우 못마땅하게 여겨 항상 송인수와 뜻을 같이 해왔다. 그러다가 을사사화 때에는 퇴계도 간신배들의 미움을 사서 파직을 당하고 말았다.

그러나 퇴계는 자기가 파직당한 것을 분하게 여기기보다 선배인 송인수 같은 정의지사(正義之士)가 파직된 것을 매우 못마땅하게 여겼다. 그리하여 송인수가 벼슬자리에서 쫓겨나 청주에 내려가 있는 동안에, 퇴계는 자기 자신의 신변이 위태로움을 무릅쓰고, 송인수에게 다음과 같은 위로의 시를 써 보내기까지 하였다.

圭庵昔在風塵中	규암은 전에 풍진 속에 살면서도
瀟洒不作風塵容	맑고 깨끗하여 풍진객이 아니었거든
今歸淸州學耕稼	이제 청주에 돌아가 농사를 배우니
淸城穀熟如姑射	청성은 풍년이 들어 선경과 같으니
肯將榮辱入靈臺	어찌 세상의 영욕이 마음에 있으랴
一簞一瓢師顔回[1)]	가난하게 살면서 안회를 스승삼네.
吾聞天下有至樂	듣건대 세상에는 참된 낙이 있다는데
非金非石非絲竹	그것은 금석도 아니고 음률도 아니리
同志之人與我違	뜻을 같이 하는 사람이 나와 멀어 졌으니
獨抱塵編荒是非	묵은 책을 안고 옳고 그름을 버리려오.

그야말로 멀리 떠나간 동지를 마음으로부터 사모하고 위로하는 심정이 절절하게 나타나 있는 시라고 하겠다. 퇴계 자신도 간신배들에게 미움을 사서 언제 어떤 변을 당하게 될지 모르는

판국에, 존경하는 선배에게 그와 같은 위로의 시를 지어 보낸 것은 생사를 도외시하고 오로지 정의일념(正義一念)으로만 살아가는 퇴계가 아니고서는 감이 있기 어려운 일이었었다.

그로부터 이년 후인 정미(丁未)년에 송인수에게는 간신배들의 사주로 임금으로부터 사약(賜藥)이 내렸다. 송인수는 목욕재계한 뒤에 사약을 조용히 마시고 세상을 떠났다.

그런데 그는 사약을 마시지 전에 종제(從弟)인 송기수(宋麒壽)에게 유서를 남기기를

"황천후토(皇天后土)만은 내 마음을 알아줄 것이로다. 자식 하나 있는 것은 너에게 부탁하노니, 내게 무슨 걱정이 있겠는가."

하였고, 아들에게는

"내가 화를 당했다고 너는 용기를 잃지 말고 글공부를 부지런히 하여라. 그리고 주색(酒色)을 항상 경계하여라. 내 상사(喪事)는 예에 어긋남이 없는 한도 내에서 검소하게 거행 하거라. 부끄러움을 무릅쓰고 사느니 보다는 차라리 부끄러움 없는 죽음이 떳떳하다."

하는 내용의 유서를 남겼다. 그런데 죽음을 눈앞에 두고 써갈긴 그 필적이 마치 교용(蛟龍)이 창창한 바닷물 속에서 기운차게 뛰놀고 있는 것만 같은 기상이었다.

송인수의 그와 같이 고매하고도 준열한 기상을 알아주는 사람은 그 넓은 세상에 오직 퇴계 한 사람이 있었을 뿐이니, 성인이 능지성인(聖人能知性人)이라는 말은 그런 경우에 쓰는 문자가 아닌가 싶은 것이다.

1) 안회(顔回), 공자(孔子)의 수제자로 학덕이 높았음.

[출전] 정비석, 『퇴계일화선』, 퇴계학연구원, 1983. 7. 5, 72~75면.

7-6. 거인들의 청심교(淸心交)

퇴계가 어려서부터 존경해온 사람은 모재(慕齋) 김안국(金安國)이었다. 김안국은 퇴계보다 스물 세 살 위로서, 그는 성리학에 밝을 뿐만 아니라, 천문(天文), 시문(詩文), 의법(醫法), 역법(曆法), 병법(兵法)에도 밝아, 농서(濃書), 잠서(蠶書), 벽온방(辟瘟房), 창진방(瘡疹方) 같은 각종 서적도 간행하였고, 또 물이끼(水苔)와 닥(楮)나무 껍질을 화합하여 태지(苔紙)라는 종이를 만들어 왕에게 바친 일도 있었다.

오늘날 전주지방에서 나오는 태지(苔紙)를 발명해 낸 사람은 바로 김안국인 것이다.

김안국은 그처럼 박학다식한데다가 벼슬을 하면 누구보다도 선정을 베풀었으므로, 퇴계는 어려서부터 그를 존경해 왔던 것이다.

퇴계가 벼슬을 하기 전인 젊은 시절의 일이었다. 그는 서울을 다녀오는 길에, 때마침 모재가 여강(驪江, 지금의 驪州 南漢江) 범사정(泛槎亭)에 유한다는 소리를 듣고, 모재를 직접 찾아가 만나 본 일이 있었다. 퇴계는 모재를 만나보고 나서부터는 그를 더욱 존경하며 항상 이런 말을 하였다.

"나는 지금까지 많은 선배(先輩)들을 만나 뵈었지만, 모재를 뵙고 비로소 정인군자(正人君子)의 도를 알았다."

모재 김안국이 세상을 떠나고 십여 년이 지난 뒤였다. 전에 모재가 서거했을 때 상가(喪家)에서 만나본 일이 있는 산승(山僧)이 어느 겨울날 느닷없이 퇴계를 찾아왔다. 퇴계가 모재와 그의 아우인 기재(企齋) 김정국(金正國)을 무척 존경하고 있음을 알고 있기에, 그들 형제의 시축(詩軸)을 퇴계에게 보여주려고 경상도 안동 땅까지 먼 길을 일부러 찾아온 것이었다.

전에는 젊었었건만, 그 산승도 어느새 늙어서 머리가 백발이었다.

퇴계는 모재 형제의 유시(遺詩)를 읽어보고 여러 가지로 감회가 깊어, 즉석에서 시 한수를 지어 산승에게 보여 주었다.

二老仙遊知幾年　두 노인 가신지 이미 몇 해나 지났는고
僧來見我臘梅天　매화 피는 섣달에 중이 나를 찾아왔네
自嗟疇昔登門客　슬프던 그 옛날에 만나본 이 나그네
淚洒遺篇雪滿顚　남긴 시에 눈물 지우는 머리가 백발이네

산승은 그 시를 읽어보고 모재 형제의 서거를 새삼 슬퍼하고, 또 자기 자신의 늙었음을 아울러 개탄하였다. 그로부터 4백여 년이 지난 오늘에도 모재와 퇴계와 산승들의 샘물 같이 맑은 심교(心交)에 우리는 머리가 절로 수그러지는 것이다.

[출전] 정비석, 『퇴계일화선』, 퇴계학연구원, 1983. 7. 5, 79~81면.

7-7. 율곡에게 준 잠언

퇴계는 명종(明宗) 12년(1557)에 예안(禮安)에 도산서당(陶山書堂)을 열고, 유성룡(柳成龍), 김성일(金誠一), 기대승(奇大升) 같은 국가의 동량지재(棟梁之材)를 3백여 명이나 제자로 길러냈는데, 율곡(栗谷) 이이(李珥)도 그 중의 한 사람이었다.

율곡이 퇴계의 학문과 덕망이 높음을 우러러 보고 멀리 강릉서 도산서당(陶山書堂)을 찾아 내려온 것은 그의 나이가 23세요, 퇴계의 나이가 58세 때의 일이었다.

율곡은 퇴계에게 초면 인사를 올리고 나서 그의 학덕(學德)을 찬탄하는 다음과 같은 시 한수를 읊어 바쳤다.

溪分洙泗派	시냇물은 수사에서 한 갈래 나뉘고
峯秀武夷山.	드높은 봉우리는 무이처럼 빼어났소.
活計經千卷	천권 경서 속에 보람 있게 살아가니
行臟室一間.	고요한 뒷방이 한가하기만 하도다.
襟懷開霽月	회포를 푸니 맑은 하늘에 달이 떠오르는 듯
談笑止狂瀾.	웃으며 나누는 얘기에 거친 물결 잠자오.
小子求聞道	소자가 뵈온 것은 도를 듣고자 함이니
非偸半日閑.	한나절 헛되이 보냈다 생각지 마옵소서.

이상과 같은 율곡의 헌시(獻詩)에 대해, 퇴계는 다음과 같은 시를 읊어 화답하였다.

病我牢關不見春	내 병들어 문 닫고 봄빛을 못 보더니
公來披豁醒心神.	그대 만나 얘기를 나누니 심신이 상쾌하다.
始知名下無虛士	선비의 높은 이름 헛되지 않음을 알았으니
堪愧年前闕敬身.	지난 날 사귀지 못했음이 적이 부끄럽소.
嘉穀莫容稊熟美	깨끗한 곡식에 가라지 자라지 말게 하오
纖塵猶害鏡磨新.	새로 닦는 거울에는 티끌도 해가 되오.
過情詩語須删去	부질없는 이야기는 모두 제쳐 놓고
努力工夫各日親.	힘써 공부하여 서로 더욱 친해 보세.

자세히 읽어 보면, 주고받는 시에 사제지간의 무한한 존경과 애정이 넘쳐 있음을 알 수 있다.

그 후 율곡은 집지(執贄)의 예를 갖추어 사제의 의를 맞은 뒤에, 도산서당에서 학문을 닦다가 예안을 떠나 서울로 올라왔다.

율곡은 떠남에 즈음하여 퇴계에게 이런 부탁을 올렸다.

“부득이한 사정으로 이곳을 떠나기는 하오나, 소자의 마음은 항상 선생님 그늘에 있사옵니다. 선생님께서는 소자가 한평생 좌우명(座右銘)으로 삼을 잠언(箴言)을 한 말씀만 내려 주시옵소서.”

퇴계는 제자들에게조차 항상 겸허한 어른인지라, 그는 율곡에게 이렇게 대답하였다.

“그대가 워낙 총명한 사람이니, 내가 그대에게 무슨 잠언을 들려줄 수 있으리오.”

“무슨 말씀이시옵니까. 간절히 부탁하오니 잠언을 꼭 내려 주시옵소서.”

“그대가 그토록 소망이라면 내가 곡 부탁하고 싶은 말을 한 마디만 하겠네.”

퇴계는 그렇게 말하고, 다음과 같은 유명한 잠언을 율곡에게 주었다.

> 持心貴在不欺 마음가짐에 있어서는 속이지 않는 것을 귀하게 여기고
> 立朝當戒喜事 벼슬자리에 올라서는 일을 좋아하기를 경계하라.

얼른 보기에는 대단치 않은 잠언 같으나, 율곡을 위해서는 가장 적절한 잠언이었다고 하겠다. 왜냐하면 퇴계는 유학(儒學)의 본도(本道)를 ‘입언수후(立言垂後)’에 두고 있었는데, 율곡은 유학의 본령을 ‘출세행도(出世行道)’에 두고 있었기 때문이었다. 다시 말하면, 퇴계는 소신(所信)대로 정치(政治)를 펴

지 못할 바에는 학문을 정성스럽게 닦아서 세인들에게 정도(正道)를 널리 알려주려고 했던 반면에 율곡은 벼슬자리에 각별한 관심을 기우려 왔었기 때문이었다. 그 점이 퇴계와 율곡이 근본으로 다른 점이기도 했는데, 퇴계는 젊은 율곡에게 그와 같은 농후함을 이미 꿰뚫어 보고 "벼슬자리에 오르더라도 부질없이 일을 일으키려고 하지 말라"는 지상의 훈계를 해 두었던 것이다.

그래서 퇴계가 사람을 꿰뚫어 보는 선견지명이 얼마나 투철했던가를 가히 짐작할 수 있다.

그 잠언에 대해서는 「퇴계언행록(退溪言行錄)」 속에서 제자 구봉령(具鳳鈴)은 말하기를,

"선생이 사람을 가르치시는 뜻이 그처럼 깊고 간절하신데, 그와 같은 잠언은 어찌 율곡만이 받들어 행할 것인가. 나도 또한 마땅히 그 잠언대로 살아가도록 힘써야 하겠기에 그 잠언을 나 자신도 바람벽에 써 붙이고 그대로 실천하기를 노력하겠노라."

하였다.

퇴계가 율곡에게 남겨 준 그 잠언은 어찌 그 시대 그 사람들에게만 국한된 일일 수 있으랴.

그 잠언이야 말로 천고에 빛나는 영원불변의 대진리라 할 수 있을 것이다.

그러기에 율곡은 먼 훗날 퇴계가 세상을 떠난 뒤에, 석담일기(石潭日記)에서 퇴계에 대해 다음과 같이 썼다.

"12월 신축(辛丑)에 숭정대부(崇政大夫) 판중추부사(判中樞府事) 이황(李滉)이 돌아가셨다. 그는 성도(性度)가 온순(溫醇)하여 순수하기 옥(玉)과 같은 어른이었다."

퇴계가 세상을 떠나자 율곡은 제자의 도리를 다하기 위해 일

년 동안은 부인의 방에도 들어가지 않았다고 한다.

[출전] 정비석, 『퇴계일화선』, 퇴계학연구원, 1983. 7. 5, 82~86면.

7-8. 퇴계와 방아타령

퇴계가 단양군수로 있을 때의 일이다. 옛날의 사또님들은 백성들에게 위엄을 떨치기 위해 대개 동헌(東軒)에 높이 앉아 불호령이나 내리는 법이었건만, 퇴계만은 그와 같은 거드름은 추호도 부리지 아니하고 백성들의 살림살이 사정을 자세히 알아보기 위해 몸소 방방곡곡을 샅샅이 찾아다니며 백성들과 친히 대화를 나누는 것을 커다란 즐거움으로 삼아왔었다. 그리하여 다른 군수들 모양으로 부하들의 보고만 듣고 실정과 동떨어진 행정을 한 것이 아니라, 퇴계는 백성들의 소리를 자기 귀로 직접 듣고 백성들의 사정을 자기 눈으로 직접 보아 가지고 현실에 가장 적합한 행정을 해 왔었다.

농민들이 가뭄에 허덕이는 것을 보고 '복도소(複道沼)'라는 우리나라 최초의 저수지를 조성한 것(第五話參照)도 그와 같은 확인행정(確認行政)의 소산이었거니와, 퇴계에게는 〈상저가(相杵歌)〉라는 노래가 있는데, 그 노래도 그가 이 마을 저 마을로 돌아다니며 민정시찰을 하다가, 농부의 아낙네들이 방아 찧는 광경을 보고 크게 감동되어 지은 노래인 것이다. 그러므로 상저가(相杵歌)란 일종의 '방아타령'이다. 그러나 종래의 '방아타령'은 단순한 민요에 불과하지만, 퇴계의 방아타령은 농부(農婦)들이 방아 찧는 일을 빌어 치국안민(治國安民)으로부터 부모공양(父母供養)에 이르기까지 저마다 해야 할 일을 알기 쉽게 타일러 준 훌륭한 도덕가(道德歌)이기도 한 것이다.

이제 퇴계의 〈상저가〉를 여기 소개해 보기로 하자.

상저가(相杵歌)

어화 계장(契長)님네
이 방아 찧어스라
이 방아 찧을 적에
방아 노래 내 부름세
태고(太古)적 혼돈(混沌)하야
곡식이 없었더니
신농씨(神農氏) 시험하야
장기 따비 만든 후에
후직씨(后稷氏) 땅을 보아
논밭을 분별하매
논밭이 생겼으니
곡식인들 없을소냐
곡식이 비록 난들
찧어 아니 먹을 소냐
심산에 자란 남글
통째로 베어 내어
확 앉치고 고 맞추어
거러내니 방아로다
명주(明珠)를 옮키는 듯
백옥(白玉)을 바수는 듯
입립(粒粒)이 신고한 것
행여 한데 떨굴세라
우물의 물을 길어
일거니 씻거니
솥 밑에 불을 태어

지어내니 밥이로다
이밥 지어내니
먹을 이도 하도 많다
구중궁궐(九重宮闕)의
우리 임금 혜신 후에
일국신민(一國臣民)이
뉘 아니 먹을소냐
먹고 노닐소냐
해야 할일 다 있나니
치국안민(治國安民)은
성상(聖上)의 할 일이오
섭리음양(燮理陰陽)은
재상(宰相)의 할 일이오,
승류선화(承流宣化)는
방백(方伯)의 할 일이오
면절정쟁(面折廷爭)은
대간(臺諫)의 할 일이오
절충어모(折衝禦侮)는
장수(將帥)의 할 일이오
권농흥학(勸農興學)은
수령(守令)의 할 일이오
입효출제(入孝出悌)는
선비의 할 일이오
무본역색(務本力穡)은
백성의 할 일이오
방적주식(紡績住食)은
부녀의 할 일이오
친상사장(親上事長)은
군사(軍士)의 할 일이라
우리도 이 방아 찧어 내어
부모 공양 하리라.

[출전] 정비석, 『퇴계일화선』, 퇴계학연구원, 1983. 7. 5, 122~127면.

7-9. 정시(庭試)의 일화

퇴계는 성리학(性理學)의 거성일 뿐만 아니라, 시학(詩學)에 있어서도 타의 추종을 불허하는 거성(巨星)이었다. 그가 남겨 놓은 시만도 2천 수가 넘는다 하거니와, 그 많은 시가 한결같이 주옥같다는 것은 옛날부터 정평(定評)으로 전해 내려온 일이다.

시를 짓는 사람들 중에는 누가 자기 시의 결점을 말하면 매우 불쾌하게 여겨서 성을 내는 사람이 있는가 하면, 그와는 반대로 자기 시의 결점을 지적받으면 솔직히 시인하면서 시를 고쳐 짓는 사람도 있다.

퇴계의 제자인 고봉(高峯) 기대승(奇大升) 같은 사람은 자기 시에 자부(自負)를 가지고 남이 뭐라거나 자신을 결코 굽히려고 하지 않았다. 그가 지제교(知製敎 : 어명으로 글을 짓는 것을 관장하는 정4품의 관직)로 있으면서 응교시(應敎詩 : 어명에 의하여 지은 시)를 지어 바쳤을 때의 일이다. 정원승지(政院承旨)가 기고봉의 시를 읽어보고, 기고봉에게 시를 돌려 보내주며, 이러 이러한 시구(詩句)는 다른 말로 고쳐 쓰는 것이 어떻겠느냐고 말한 일이 있었다. 그러자 성미가 고집스러운 기고봉은 크게 노하여 심부름 온 하인을 호되게 꾸짖고, 시는 한 자도 고치지 않았다. 퇴계와 막역한 심우(心友)로서 을사사화(乙巳士禍)때에 사약(賜藥)을 마시고 죽은 금호(錦湖) 임형수(林亨秀)도 시의 대가로서, 그는 적어도 시에 있어서만은 동료들을 깔볼 뿐만 아니라, 선배들에게도 거만하기 이를 데 없었다.

그러나 그처럼 거만한 임금호도 학문에 있어서나 시에 있어서나 퇴계에게만은 항상 진심으로 존경하는 마음을 품고 있었다. 말할 것도 없이 그것은 퇴계가 시에 있어서도 그만큼 뛰어났던 증거인 것이다.

고봉 기대승과는 정반대로 호음(湖陰) 정사룡(鄭士龍)같은 사람은 시의 대가이면서도 누가 자기 시의 결점을 말해 주면 기쁘게 받아들여 개작하기를 주저하지 않았다.

정사룡은 연령적으로는 퇴계보다는 오히려 선배이건만, 그는 퇴계가 시에 조예가 깊음을 잘 알고 있는 까닭에 시를 지으면 반드시 퇴계에게 보여주며 평을 부탁하곤 하였다. 그리하여 퇴계가 결점을 지적해 주면 무척 고맙게 여기며 고쳐 쓰기를 조금도 주저하지 않았다.

한번은 임금님 주재로 대궐 마당에서 시회(詩會)가 있었다. 어전에서의 시회를 정시(庭試)라고 하는데 그 시회에는 퇴계와 정사룡이 다 같이 참여하였다.

퇴계가 그 자리에서 등왕각배율(滕王閣倍率) 이십운(二十韻)을 지었을 때, 옆에 있던 정사룡이 자기 시를 보아 달라고 하였다.

그리하여 퇴계는 정사룡의 초고(草稿)를 읽어 보게 되었는데, 그의 시에는 이런 구절이 있었다.

納日簷虛先曉白　빈 처마가 해를 머금어 훤히 밝아오고
透風寮薄未秋凉　엷은 집에 바람 불어 가을인양 서늘하다

퇴계는 거기까지 읽어보다가 무릎을 치며 이렇게 감탄하였다.

"시는 지을 사람이 따로 있는가 보오. 오늘의 정시(庭試)에서는 형공이 장원이 되는 것은 틀림이 없소이다."

퇴계는 그 시를 읽어 보고나자 자기가 지은 시는 소매 속에 집어넣은 채 응시의 자격을 포기해 버렸다.

성인이 능지성인(聖人能知聖人)이라는 말이 있거니와 퇴계는 시가 좋고 나쁜 것을 너무도 잘 알고 있었기 때문에 이날의 자기 시가 정사룡의 것에 미치지 못함을 알고 제출조차 하지 않았던 것이다.

퇴계는 학자로서 또는 시인으로서의 성품이 그처럼 냉철하고 솔직했던 것이다.

[출전] 정비석, 『퇴계일화선』, 퇴계학연구원, 1983. 7. 5, 99~102면.

8. 여성에 대한 설화

1) 가족에 대한 설화

8-1-1. 깃에 붓흔 밥풀

퇴계 선생의 초취부인(初娶夫人)은 퇴계 삼십 시절에 세상을 하직하고 삼년상을 치룬 후에 재취 장가를 들어야 크나큰 살림을 휘갑을 하겟슴으로 사방으로 규수(閨秀) 둔 곳을 탐문하나 나희가 만타고 그랫든지 넘우 고명(高名)하신 선생님이라 그러한지 맛당한 데가 적고 혹 잇더래두 얼는 썩 드러서지 안습니다. 텬하의 선배들은 구름가티 모혀들어 주야로 들고 나는 손님이라든지 도뎌히 안주인(主婦)이 업고서는 집안 살림을 해내는 수가 업는 고로 퇴계 선생 하로는 여러 뎨자들을 다리고 강론(講論)이 긋난 뒤에 후취 장가를 걱정하엿더니 그 중에서 뎨일 로련(老練)한 뎨자 한 사람이

"선생님! 저 건너 최진사(崔進士?) 집에 규수가 규수 중에도 아주 정말 로처녀(老處女)가 하나 잇는데 그것 어쩌 하십닛가"

"로처녀이면 나희가 몇 살이란 말인가?"

"녜- 나희가 올해에 스물세살인가 그러합니다. 그런데 선생님! 그 규수는 나희가 만타는 것보담 정직하게 말슴을 엿줍자면 뎨일 성질이 용탁하고 녀공(女工)을 아주 할 줄 모르는 것이 결점이랍니다. 그럼으로 그 소문이 널리 나서 이 때 까지 스물세살이나 먹도록 싀집을 못갓답니다. 그런데 졔 생각 가트면 그 처녀는 이 세상에서는 오직 선생님 한 분 밧게는 다려갈

사람이 업다고 볼 수 밧게 업는 고로 선생님께 천거하는 것입니다.”

이 말을 들은 퇴계 선생 한참 동안 안젓더니 뎨자를 바라보며

“그럼 그 규수를 중매해주게! 자네가 드러서 꼭 될 것이거든 내게다 중매해보게! 원…… 내 나희 벌서 사십줄에 드러서 그런지 도모지 맛당한 이가 썩 드러서지를 안네 그려…”

이러케 해서 선생의 후취 장가는 그다지 어렵지 안케 성립이 된 것입니다.

자- 그리고 나서 조선 텬디에서 둘도 업는 거룩하신 대선생님 가뎡의 주부(主婦)님 몇 천명 선배들의 사모(師母)님의 솜씨를 보시요. 드러온지 몃칠 안되어 첫솜씨로 비롯오 남편의 옷(衣服)이라고 지은 것이 실쌉이 숭덩숭덩 깃인지 동정인지 무가 무엇인지 섭이 어썬 것인지 두루뭉숭이를 만드러 노은데다가 압자락에 깃이라고 붓친데는 밥풀이 더덜더덜 배곱흔 사람은 요긔라도 될 만치 훔벅스럽게 붓처 노코서 그 중에도 인두질이나 다림이질은 근처에도 가지 안햇든지 그대로 쑥 내밀며 “엿수- 입어보시유-” 합니다. 비위 조코 용서성 만은 퇴계 선생 이것을 바뎌서 주섬주섬 입어보니 서급흐고 한심하여 압섭에 무든 밥풀을 손으로 뚝 뚝 쩨여서 입에 넛코 너털웃음을 한번 웃엇더니 물그럼이 바라보고 안젓든 최씨부인 입을 빗죽 모로 도라 안즈면서

“앗다 그래두 잘 해주면 조타고 너털웃음을 웃소그려!” (청중소성)

[출전] 金振九 發表, 『朝鮮農民』 5권 5호, 1929. 8. 26, 33~42면.

8-1-2. 제ㅅ상의 감(柿)을 늘늠

한번은 퇴계 선생의 친긔(親忌-아버지 제사)가 도라와서 퇴계의 형님댁으로 제사를 지내려고 요새 말로 동부인을 하고서 갓습니다. 처음 드러온 신부냐고 몸을 단정히 갓고 일어나 조력을 하는 것이 아니라 초처녁부터 맛동서(退溪兄嫂)한테 어리광하기 덜컥덜컥 일이나 저질르기 부리는 사람들에게 흉이나 잡히기 도뎌히 점잔은 집 부인이 톄면을 유지하지 못합니다. 그리다가 시간이 되여서 대텽에다 제ㅅ상을 차려 노코 가진 제물을 진설(陳設)하느라고 퇴계의 형뎨는 부산한 그 통에 엽헤 섯든 최씨부인 별안간 와락 쒸어 달려드러 제ㅅ상 맨 압헤 노힌 감(柿) 한 개를 늘름 집어 입에다 툭 터넛코 고개를 갸우뚱 갸우뚱 작란을 치며 먼저 흠향을 하는지라 퇴계의 형님은 미간을 씹푸리며 "에-ㅇ!" 하면서 입맛을 썩 다십니다. 대단이 못맛당하다는 표정입니다. 그러니까 퇴계 선생 그런 점잔은 선생님이면서도

"형님! 그만 두십시요 아버지께서 살어계시더래두 그만 웃으시고 용서하실 터이니 형님도 용서하십시요"

이러케 해서 그 부인이 모든 용탁한 점을 쓰러 무더서 덥허나아갓스니 이런 거룩한 선생이 또 어대 잇겟습닛가!

또 한 가지 여긔 첨부할 것은 하로는 퇴계 선생이 대강당(大講堂)에 나아 안저 수백명 뎨자들을 모아 노코서 성리설(性理說)의 강의를 하느라고 대단히 엄격한 태도로 뎡중하게 지금 한참 론진(論陣)을 베푸러 나려가는대 별안간 안문을 펄썩 열고서 쌧금이 드려다보더니

"앗다 그런 쌔는 대단이 점잔쿠먼…… 어젯밤 생각을 해보

지……” (폭소)

한 마듸를 하고서 문을 턱 다드니 그런 엄숙한 공긔에 싸여 잇든 수백 뎨자들이 일시에 웃음보가 탁 터지면서 강당 안은 그만 웃음 텬디가 되엿다는 말도 잇습니다.

이런 모든 추태(醜態)를 연출하지만은 퇴계 선생은 오직 그의 하는 짓과 말이 조곰도 협사(挾邪)가 업시 텬진(天眞) 그대로를 폭 쏘다내놋는-다시 말하면 틔(瑕疵) 하나 업는 깨끗한 그것을 취한 것이며 사랑한 것이랍니다.

[출전] 金振九 發表, 『朝鮮農民』 5권 5호, 1929. 8. 26, 33~42면.

8-1-3. 도포 불구멍난 데는 붉은 헝겊

퇴계 선생은 그렇게도 유명하신데 그 부인은 지독히 바보였어. 하루는 도포자락이 불에 타서 그 구넝을 기워 달라고 보냈더니 부인이 그 구멍에다 붉은 헝겊을 붙여 보냈어. 그래 퇴계 선생이 그것을 입고 다니니 그 제자들이 보고 불구멍난 데는 응당 붉은 헝겊을 붙이는가 보다 하고 생각하매 그것이 오늘날까지 전래되었지.

[출전] 한국구비문학회편, 『한국구비문학선집』, 일조각, 1977. 5.

8-1-4. 이황 선생 부인 같다

안동 지방에서 자주 쓰이는 말로 바보스런 부인을 빗대서 일컫는 속담이다.

하루는 이황 선생께서 자기 부인에게 도포가 헤졌으니 기워 달라고 했다. 부인은 흰 도포를 하필 빨간 헝겊으로 기워 놓았다. 선생은 이것도 모르고 조정에 들어가서 웃음거리가 되었다 한다.

또 이런 이야기도 있다.

제삿날이었다. 조율시리(棗栗柿梨, 대추·밤·감·배의 순으로 제삿상을 차리는 격식)며 홍동백서(紅東白西, 붉은 것은 동쪽에 흰 것은 서쪽 위치에 놓는 격식)며 격식대로 진설해 놓고 엄숙한 분위기 속에 젯를 지내려 할 즈음, 부인이 선생에게 "저것은 무엇이요"하고 물었다. 그것은 다름 아닌 바다에서 나는 시꺼멓고 털이 많은 달린 '먹게'였다.

선생은 '먹게'라고 대답하였다. 그랬더니 말이 떨어지기가 무섭게 그것을 먹더라는 것이다.

한번은 제자들을 모아놓고 점잖게 강(講)을 하시는데 부인이 들어와서는 제자들이 듣는 앞에서 "밤에는 자꾸만 덤비더니 낮만 되면 점잖해진다"라고 이야기를 하더라는 것이다. 이렇게 부인은 치기(癡氣)가 있었다.

그러나 한 가지 재주는 있었다 한다. 선생이 글씨를 쓰려고 벼룻물을 찾을 때면 물버지기(물 항아리)를 이고 와 선채로 벼루에 물방을 떨어뜨렸다고 하는데 한 방울도 흩어짐이 없이 정확하게 잘 따랐다고 한다.

요즈음 묘기대행진에서나 있을 법한 이야기이다.

[출전] 강재철 편, 『한국속담의 근원설화』, 백록출판사, 1980. 8. 20.

8-1-5. 부부의 정리

옛글에 '귀역교 부역처 인정호(貴易交 富易妻 人情乎)'라는 말이 있다.

'지체가 높아지면 친구를 바꾸고, 돈이 많아지면 마누라를 바꾸는 것은 흔히 있는 일이다.'라는 말이다.

우리들은 현실 사회에서 그와 같은 경우를 얼마든지 보아온다. 지체가 낮던 사람이 출세를 하게 되면 옛날 친구들을 언제 보았던가 싶게 외면을 하게 되고, 가난하던 사람이 벼락부자가 되면 동거동락(同居同樂)해 오던 마누라가 갑작스럽게 초라해 보여서 이혼소동을 일으키는 사태를 우리들은 현실사회에서 너무도 많이 보아오고 있는 것이다. 그러나 그것은 인도(人道)로서 과연 옳은 일일까.

옛날 성현들은 그런 과오를 경계하기 위해 '빈천지교불가망 조강지처불하당(貧賤之交不可忘 糟糠之妻不下堂)' 이라는 잠언(箴言)을 남겨놓았다.

그 말은, '비록 지체가 높아 졌더라도 불우할 때에 사귀던 친구들을 잊어서는 안 되고, 비록 부자가 되었더라도 가난할 때에 고생을 같이 해온 마누라를 박대해서는 안 된다.'는 뜻인 것이다.

말은 쉬워도 그것을 실생활에서 실천하기는 매우 어려운 일이다.

퇴계는 그런 면에 있어서는 성자와 다름없는 사람이었다.

퇴계는 스물 한 살 때에 김해 허씨(金海許氏)에게 첫 장가를 들었는데, 허씨 부인은 아들 형제를 남겨 놓고 칠 년 만에 세상을 떠났다. 그리하여 퇴계는 그로부터 삼년 후인 서른 살 때에 재혼을 했는데, 두 번째 부인은 봉사(奉事) 권질(權礩)의 딸이요 기묘명현(己卯名賢)인 화산군(花山君) 권전(權磌)의 질녀(姪女)로서 안동 권씨(安東權氏)인 것이다.

그런데 권씨 부인은 정신적으로 허실상몽(虛實相蒙)한 데가 있어서, 예의범절을 제대로 갖출 줄 모르는 점이 많이 있었다. 퇴계는 예절을 누구보다도 숭상하는 사람이었건만, 권씨 부인은 퇴계의 부인이 되기에는 부족한 점이 너무도 많은 여인이었던 것이다.

그러나 퇴계는 어떤 경우에도 칠칠치 못한 마누라를 추호도 나무라지 아니 하고 항상 사랑으로 감싸 왔었다.

언젠가는 이런 일이 있었다. 일가친척들이 제사를 지내려고 모두들 종가(宗家)에 모여 영위(靈位)앞에 제삿상을 잔뜩 차려 놓았는데, 권씨 부인은 제사도 지내기 전에 제사상 위에 놓여 있는 음식을 함부로 집어 먹으려 하였던 것이다.

일가친척들은 그 광경을 보고 모두들 눈살을 찌푸리며 무언중에 퇴계를 힐난하는 빛을 보였다.

퇴계는 그런 행실이 예의에 벗어나는 실태(失態)임을 누구보다도 잘 알고 있었다. 그러나 마누라의 실태를 감싸 주는 것은 남편인 자신의 의무라고 생각되어서, 퇴계는 일가친척들에게 조용히 이렇게 말했다.

"제사도 지내기 전에 며느리가 음복(飮福)을 먼저 하려 한 것이 예절에 벗어나는 일이기는 하지만, 그러나 조상 어른들께서는 후손을 귀엽게 여기시는 까닭에 손자며느리의 실태를 결코 노여워하시지는 않을 것입니다." 그야말로 퇴계 같은 성인이 아니고서는 도저히 할 수 없는 말이었다.

퇴계가 권씨 부인과 함께 서울에서 벼슬을 살고 있을 때의 일이었다.

한번은 조회(朝會)에 나가려고 도포(道袍)를 입다 보니, 도포 자락 한 군데가 헤어져 있었다.

퇴계가 부인더러 헤어진 곳을 꿰매 달라고 했더니, 권씨 부인은 하얀 도포에 새빨간 헝겊을 대고 꿰매서 입혀 주는 것이 아닌가.

보통사람 같으면 조회에 궐석을 했으면 했지, 참아 그런 도포를 입고 조회에 참석할 수 없었을 것이다. 그러나 퇴계는 그런 점에 워낙 달관한 사람인지라, 빨강 헝겊으로 기운 그 도포를 태연스럽게 입고 조회에 참석하였다.

만조백관들은 퇴계의 도포를 보고 모두들 놀랐다. 그리하여 그중의 한사람이 "선생님! 헤어진 도포는 빨강 헝겊으로 꿰매야 하는 법이 있습니까?"하고 물었다. 퇴계가 옛날 법도에 정통했던 까닭에, 그것도 옛법에 있는 줄로 알았던 때문이었다.

"…………"

퇴계는 아무 대답도 아니 하고 조용히 웃기만 할 뿐이었다.

권씨 부인은 그처럼 부족한 점이 많은 여성이었건만, 퇴계는 권씨 부인이 돌아가실 때까지 마누라로서 깍듯이 소중하게 위하며 살아 왔던 것이다.

그로써 퇴계는 '조강지처불하당(糟糠之妻不下堂)'의 정신을 몸소 실천에 옮겨온 셈이거니와, 그 영향력은 여러 사람에게 실로 지대한 바가 있었다.

퇴계의 수많은 제자들 중에 완주(完州) 태생인 이함형(李咸亨)이라는 선비가 있었다. 이함형은 부인과 금실이 좋지 않아, 결혼한 지 십년이 넘도록 부인하고 동침을 한 일이 한번도 없었다.

퇴계는 그 사실을 알고 내심 걱정을 마지않았다.

그러나 그들의 부부관계에 대해 이함형을 직접 꾸짖는 일은 한번도 없었다.

그런데 어느 날 이함형이 고향에 다녀오겠다는 말을 듣고, 퇴계는 이함형에게 이렇게 말했다.

"자네가 고향에 다녀오겠다니, 내일은 조반을 우리 집에 와서 먹고 떠나게." "선생님, 고맙습니다. 내일은 선생님 댁에 무슨 경사라도 있으십니까?"

"경사가 있어서 오라는 게 아니라, 자네가 고향에 다녀온다기에 내 집에서 소찬이라도 한 끼 먹여 보내고 싶어 그러네, 잊지 말고 꼭 와 주게."

"제가 선생님 말씀을 잊어버릴 리가 있사옵니까? 내일 아침에 꼭 댁으로 가겠습니다."

이함형은 다음날 아침에 퇴계의 집을 찾아 왔다. 이슥고 아침상이 나오는데, 반찬은 가지나물과 산나물뿐이어서, 손님을 초대한 음식치고는 너무도 초라하였다. 그러나 음식보다도 더 놀라운 것은 퇴계 선생 댁 사모님의 인품이었다.

이함형은 권씨 부인을 만나뵙기는 그때가 처음이었는데, 퇴계의 부인은 예의범절을 전혀 모르는 천지와 같은 여인이 아닌가, 그럼에도 불구하고 퇴계는 그처럼 못난 마누라를 지극히 소중하게 여기며, 뭐든지 마누라의 지시에 따르는 데는 더욱 놀라지 않을 수 없었다.

"아무리 성인 같으신 선생님이라도, 저렇듯이 못난 마누라를 저토록 소중히 여길 수가 있을까."

이함형은 불현듯 고향에 있는 자기 마누라를 연상하였다. 퇴계 선생님 사모님에게 비기면 소박을 당하고 있는 자기 마누라는 생김새도 월등히 미인이려니와, 예의범절에 있어서도 비교가 안 될 만큼 뛰어난 여성이라고 생각되었다.

"선생님은 저렇듯이 못난 마누라도 꿀 항아리처럼 소중히 여기며 살아오시는데, 나 같은 것이 뭐가 잘났다고 나무랄 데 없는 마누라를 소박해 오고 있는 것일까?" 이함형은 조반을 먹으면서 마음속으로 그런 뉘우침이 절실하였다.

이윽고 길을 떠나려고 하자 퇴계가 편지 한통을 내주는데, 그 편지 피봉에는 '노차물개간(路車勿開看)'(길에서 뜯어보지 말고 반드시 집에 가서 뜯어보라.)라는 다섯 자가 씌여 있었다.

이함형이 집에 와서 뜯어보니, 그 편지에는 다음과 같은 사연이 씌여 있었다.

"그대가 마누라와 금실이 좋지 않다고 하니, 이는 진실로 개탄해 마지않을 일이로다. '조강지처불하당'이라는 옛글이 있는데, 그대는 부부의 근본도리를 어기고서야 글을 배워 무었하겠는가

옛글에 '천하지리 부자창 부자수 장자치 빈자축 웅자명 자자응 시이성인제언행(天下之理 夫者唱 婦者隨 牡者馳 牝者逐 雄者鳴 雌者應 是以聖人制言行'(천하의 이치는 남편이 노래하면 부인이 그에 따르고, 숫소가 달리면 암소가 그를 좇고, 수컷이 울면 암컷이 그에 응해야 하는 법이다. 그러므로 무릇 성인은 그러한 이치로써 자신의 언행을 다스려 가는 법이다) 라고 하였다.

그런데 그대의 부인은 훌륭한 부인임에도 불구하고, 그대는 그 부인을 마다하고 있으니, 자기 가정조차 제대로 다스릴 줄 모르고서야 성인들의 말씀을 글로만 배워본들 무슨 소용이 있겠는가 말일세. 그대는 내 말을 깊이 명심하여, 십년 전부터 자네를 위해 공규(空閨)를 알뜰히 지켜오고 있는 부인 곁으로 기꺼이 돌아가 주기를 이 노부(老夫)는 간곡히 바라는 바일세."

이함형은 퇴계의 편지를 읽어 보고 등골에 식은땀이 솟았다.

편지를 읽고 난 이함형은 내당으로 들어가서 하인에게 마루

에 초석을 깔게 하고 소반 위에 정한수 한 그릇을 떠놓게 한 뒤 부인을 불러서 새로 행례를 치루듯이 서로 재배하고 나서 퇴계의 편지 이야기를 일러주었다.

그리하여 그날 밤부터는 누구보다도 금실 좋은 부부가 되었다.

이함형의 가문이 그처럼 화목하게 된 것은 오로지 퇴계의 덕택이었으므로, 후일 퇴계가 돌아가시자 이함형 내외와 그의 자손들은 친자식이나 다름없이 퇴계의 삼년상을 꼬박 입었을 뿐만 아니라, 대대로 내려오며 퇴계의 제사를 지내왔었다. 퇴계의 말은 일상생활에 있어서도 그처럼 살신성인(殺身成仁)의 길을 몸소 실천해 왔는데 그것은 성인이 아니고서는 도저히 있을 수 없는 일이었던 것이다.

[출전] 정비석, 『퇴계일화선』, 퇴계학연구원, 1983. 7. 5, 24~31면.

8-1-6. 이황

퇴계 선생이 장가갈 때 수제자라 중매를 들었는디 그 부인이 만고에 없는 숙맥이라 그 정도가 자기 부인에게 행장 차리라고 하면 속곳을 싸주었어.

그래 스승이 이황에게 어떻게 숙맥을 중매드러 장가를 갔냐고 물으니 이황이 답하길,

"그 사람이 데리고 살 사람이 없기 때문입니다. 사람 구실을 하게 만들어야지요."라고 답했다 하는겨.

이황 스승이 답하길 내가 너한테 졌다고 말했어.

[출전] 단국대 어문학부 한국어문학전공, 『도솔어문』14집, 2000. 5. 15.

8-1-7. 과부된 자부의 재혼을 허용

퇴계에게는 본실(本室) 아들이 형제가 있었는데, 둘째 아들 채(寀)는 장가간 지 3년만인 21살에 세상을 떠났다. 퇴계가 단양군수로 있던 48세 때 2월달의 일이었다.

퇴계는 그 해 10월에 풍기군수(豊基郡守)로 전입되었다가 이듬 해 겨울에 사표를 내고 고향으로 돌아와 학문 연구에 전념하기로 하였다.

그런데 집에는 홀로 된 며느리가 있어서 하루도 마음 편할 때가 없었다. 며느리는 후원 별당에 혼자 살고 있었으므로 퇴계는 밤이 깊어지면 며느리가 있는 별당을 한 바퀴 돌아보며 무언의 보호를 해주고 있었던 것이다.

어느 봄날 밤이었다. 이 날 밤도 자정 가까이 되어서 퇴계가 며느리의 방을 보살펴 주려고 후원으로 돌아와 보니, 며느리의 방에는 불이 환하게 켜 있을 뿐만 아니라, 방안에서는 도란도란 정답게 속삭이는 말소리조차 들려 나오고 있는 것이 아닌가.

"이 깊은 밤중에 며느리 혼자 있는 방에서 웬 말소리가 들려 나올까?"

퇴계의 머릿속에는 일순간 해괴한 생각이 떠올랐다. 양가 출신인 며느리가 비록 청상과부이기로 시부모와 같이 사는 집에서 외간남자와 말을 나눈다는 것은 생각할 수 없었지만, 그러나 한 밤중에 혼자 사는 방에서 속삭이는 소리가 들려 나오니 괴상한 생각이 드는 것도 무리는 아니었다. 그러니까 퇴계로서는 싫든 좋든 간에 진상을 규명해 보는 수밖에 없었다.

마침 그 방에는 창호에 조그만 틈이 있었으므로 그 틈으로 방안의 정경을 엿보니, 과부 며느리는 방 한복판에 남자 허수아비를 하나 만들어 놓고 방안에 마주 앉아 마치 살아 있는 남편을 대하듯이 이 음식 저 음식을 권해 가며,

"이 음식도 좀 자셔 보세요. 이것도 당신을 위해 제가 손수 만든 음식이니까 한번 잡숴 보시구요."

하고 혼잣말로 속삭여 대고 있는 것이 아닌가.

"저런! 죽은 남편이 얼마나 그리우면 한밤중에 저 애가 저런 망령된 짓을 하고 있을까?"

퇴계는 너무도 처절한 그 광경을 보고 가슴이 찢어지는 듯 괴로워 그 자리에 그냥 머물러 있을 수가 없었다. 그리하여 사랑방으로 돌아가 잠자리에 들었으나 잠이 오지 않았다.

그 당시로 말하면 '열녀는 불경이부(烈女不更二夫)'의 봉건 윤리관이 절대적으로 생활을 지배하고 있던 시대인지라, 여자가 한 번 결혼하면 설사 남편이 세상을 떠나도 개가(改嫁)를 한다는 것은 생각조차 할 수 없는 일이었다. 그러기에 퇴계 자신도 며느리가 응당 수절을 하리라고 믿고 있었다.

그러나 한밤중에 허수아비와 더불어 정을 나누고 싶어 하는 젊은 며느리의 처절한 광경을 보고나자, 퇴계는 기성 윤리관에 대해 근본적으로 회의를 아니 느낄 수가 없었다.

"이제 겨우 스무 살 고개를 넘은 과부가 죽은 사람을 위해 구만리 같은 일생을 깨끗이 희생시켜 버려야 한다는 것이 과연 옳은 일일까?"

거기에는 무엇인가 커다랗게 잘못된 점이 있어 보였다. 인간 생활에 규율을 세우기 위해 윤리관이라는 것이 반드시 필요한 것이기는 하다. 퇴계는 그것까지 부인해 버릴 생각은 추호도 없었다. 그러나 윤리관이라는 것은 인간 생활을 질서 있고 행복스럽게 살아 나가기 위해 필요한 방편일 뿐이지 그 자체가

목적은 아니다. 만약 그 윤리관 때문에 사람이 희생을 당한다면 그것은 본(本)과 말(末)이 전도된 소행이 아니겠는가.

"그렇다! 여자가 두 남편을 섬기면 안 된다는 것은 어디까지나 상대적(相對的)인 것이지, 절대적(絶對的)인 것일 수는 없다. 젊어서 남편을 잃어버린 여자가 인생을 재출발하기 위해 재혼을 하기로, 누가 그것을 나무랄 수 있으랴!"

마침내 퇴계는 그런 혁명적인 결론을 내렸다. 젊은 과수가 죽은 남편을 위해 절개를 지키겠다면 그것은 그대로 좋은 일이다. 그것은 생리적인 욕망을 초월한 정신적인 문제이기도 하다. 그러나 그처럼 고매한 정신적인 결의도 없이 단순히 기성 윤리관에만 얽매어 마음에도 없는 수절을 강요한다는 것은 죄악 이외의 아무 것도 아니지 않겠는가?

"그렇다! 절개를 지키는 것이 아무리 거룩한 일이기로 시집을 가고 싶어 하는 과부에게는 시집을 가도록 길을 열어 주는 것이 인생의 도리일 것이다. 윤리라는 것은 잘 살아가기 위해 필요한 것이지, 사람을 희생시키기 위해 있는 것은 아니다."

그렇게 결심한 퇴계는 며칠 후에 사돈(査頓)을 만나, 과부 며느리를 친정에 데려가도록 종용했었다. 재혼을 시키라고 직접 말할 수는 없었지만, 그런 뜻이 포함되어 있었음은 말할 것도 없었다.

그로부터 얼마 후에 과부 며느리는 친정으로 돌아가 버렸다. 그리고 그 후에는 며느리의 소식을 알아보지도 않았고, 알려고도 하지 않았다.

그로부터 여러 해가 지난 뒤였다.

퇴계는 서울에 올라갔다가 날이 저물어, 산속에 있는 어느 기와집에서 하룻밤 신세를 지게 되었는데, 그 집 음식이 이상하게도 한결같이 퇴계가 좋아하는 반찬이었다. 그가 좋아하는 산나물 가지나물 도라지나물이 모두 나온 데다가, 양념도 입에 꼭 맞아서, 집에서 먹던 음식과 추호도 다를 것이 없었다.

"참, 신기하기도 하다. 남의 집 음식이 이렇게도 입에 맞을 수가 있을까?"

다음날 아침 길을 떠나려고 하자, 주인집 아낙네가 하인을 시켜서 버선 한 켤레를 선물로 내다 주기에 신어 보니, 그 버선이 신기할 정도로 발에 꼭 맞지 않는가.

그 순간 퇴계의 머릿속에서,

"아! 나의 둘째 며느리가 이 집으로 개가를 온 모양이구나."

하는 생각이 번개같이 떠올랐다.

모든 점으로 미루어 보아 그것은 의심할 여지가 없었다.

그러나 피차간의 체면을 생각해 그것을 확인해 볼 필요는 없었다. 다만 옛날에는 자기 며느리였던 여자가 개가하여 남부럽지 않게 잘 살고 있음을 속으로 기뻐할 뿐이었다.

그리하여 그 집을 떠나 얼마를 걸어 나오다가 뒤를 돌아보니, 그 집 주부가 담 모퉁이에 몸을 숨기고 서서 배웅을 하고 있었는데, 먼빛으로 보아도 그 여인은 옛날의 자기 며느리였음이 틀림이 없었다.

[출전] 정비석, 『퇴계일화선』, 퇴계학연구원, 1983. 7. 5, 54~58면.

8-1-8. 퇴계 선생과 박씨 부인

퇴계 선생이 장가를 시(세)번 들었어. 처음 마느래 가서 또 연에 돌아가.[1] 둘째 마느래 돌아가여. 시째 마느래 저 저 저 응 박씨다 말이여. 박씨여. [조사자: 그게 사실입니까?] 사실이지. 권씨고 또 그 인제 젤 최후에 박씨라. 박씨 부인이라.

시 번째 장개가이까 그집 그때는 퇴계 선생님 집에서 그리 부자도 아이거든, 시 번째 장개가이 어예 좋은 장개를 가노? 아들도 두고 한데, 그러이 박씨 부인한테 장개를 갔다. 가이 이 박씨 부인이 요새 말하모 좀 좀 좀 모지랬다 말이여.[2] 말하자면 우리 친다면 팔푼이야. 으, 팔푼이거나 등신이거나 빙신이거나 내 마느라를 맞았다, 카마 내가 델고 살아야 된다카는 이런 의무를, 감을 가졌을 거 아이가? 그래서 이 어른이 좀 모지랬어요. 모질래가지고 같이 산다.

그래 자식을 놓으거 아이가 살았는데, 그래 그 퇴계 선생의 웃대 조상의 제사를 지내러 갔어. 제사를 지내고 가이, 제사 지내고 떡 가이 그래 이 어른이 점잖은 어른이고 온 문중에 점잖은 어른이 마이 있고, 제상에다 막 음식을 수북 채리놓고 꽂감 대추 놔가지고 제사를 떡 지낼라고 도포를 입고 이래에 모두 섰는데, 그 마느라가 제사한다고 맹 안 왔겠어? 와가지고 뭐라 카는기 아이고 참 참말로 바보여, 이래 섰다가, 그 남편을 퇴계라 말이여, 퇴계한테 집적 집적거리며,

"저거, 저거."

이카거든. 그 돌라 말이여. 말하자면 꽂감이든지 밤을 돌라 칸다 말이여. 그 점잖은 어른이 두말 안하고 가가지고 그 조상의 제사 지내는, 그 퇴계가 그렇지 퇴계 아이면 그 머 저저 저런 인간이 있노 안 카겠어? 두말 안 하고 가서 그 밤이면 밤, 꽂감이면 꽂감, 제사 지낼라고 채러놨는데 탁 집어 가지다가 마느라를 주는거여. 마느래 준다 말이여 그렇재. 어, 그 좀 하겠어.[3] 더구나 점잖은 사람이 안 그래?

그러니 그때 얼라를 섰든지 먹을꺼 아이가? 얼라를 서며는 머 먹고 접은 게 많다. 많찮어? 그러니 먹고 접은 기 있을 때

는 머 하나 집어 줘야 저거 내중에[4] 자식을 낳아도 그게 뭔가 결함이 안 생긴다. 이 어른이 우리가 판단하는 말로 그리 생각한다. 서슴없이 가서 그 마진 설해놨는 제사상에 가가 그마 두 말없이 가가지고 집어 준다 말이야. 그럴 수가 있겠어? 그래가지고 응 그래가지고 그 또 그 아들 낳은 아들이 다 벼실도 하고 잘된다 말이야. 그러니 인제 퇴계 어른, 퇴계 선생 그 어른은 그렇기 멀리 본다. 보통사람 겉으면,

"머 저런 기 다 있노 말이지. 사나이 위사로 시키도 유만부동이지."

그기 인제 도덕 군자다 이말이야. 그 또 이제 버선이[5] 떨어지고 하이까 버선을, 이전 벌(볼) 받는다 가는, 버선 떨어진 걸 또 받아 또 받았네. 버선 벌을 받아 오라카니까 퇴계 선생 마느래가 샛파란 것도 붙이고 빨간 것도 붙이고, 빨간 것도 붙이고 해서 버선 벌 받아 오거든. 아이고 퇴계 선생이 보이 저 참 참 내 마느라이지만 저렇기 바보고, 버선벌을 밑으로 받아야 되는데 고마 빨간 것도 붙이고 샛파란 것도 붙이고, 하도 같잖애서 이래 안 윗나 윗재. 그러니 그 마누라가 뭐라카는기 아이라.

"아아따, 곱은 거는 어지간히도 즐긴다."

이칸다 말이여. 안그래? 어, 이건 내가 너무 심했는만도 퇴계 선생 시염을 쓰다듬고 가마 보이 낮에 얼매나 점잖노. 떡 젊잖아가지고 있으며 그래 그 부인이 떡, 이거는 내가 임양 아이가 그재? (조사자 보고 하는 말이다.) 말하기가 내가 안됐다마는 그마 말이 나이께 하는 애긴데, 그래 그 부인네가 고마 나와가주, 안그렇겠어. 남편이 이래 보이, 나와 보이 시염을 씨담고 이래.

"에따 낮에사 어지간히 점잖다."

이칸다 이말이야. (웃으면서) 그칸다 말이야. 그렇기 바보라

도 그 마느래를 데리고 사는 기 군자 아이가? 그래 퇴계가 점점 더 높었다 말이야. 그게 좀 되겠어. 그래 그 마느라를 데리고 그 참 자슥 낳고 기침 없이 살았는 기 도학군자다.

1) 처음 장가가서 마누라가 일찍 죽었다는 말이다.
2) 보통 사람들과 같이 정상적인 상태가 아니라 약간 모자란다는 뜻이다.
3) 보통 사람이면 그렇게 하지 못한다는 뜻이다.
4) 나중에.
5) 보선.

[출전] 한국정신문화연구원, 『韓國口碑文學大系』 7-11(慶尙北道 軍威郡篇), 1984. 7. 30.

8-1-9. 퇴계 선생과 그의 부인

덕실[1] 입구에 가몬 옛날 퇴계 선생님의 공부하던 서당이 있습니다. [청중 : 서원.] 서원이 있습니다. 그래서 유교에 좀 취미가 있고 이런 어른들은 의령을 모르몬 몰랐지 덕실은 다 압니더.

그래서 야담처럼 이렇십니다. 이 어른의 처가는 무전[2] 허씨라. [조사자 : 무전?] 무전 허씬데 마누래가 언간이(어지간히) 참 못 났더랍니다.

[조사자 : 그 야사 좀 이야기 해 주이소.] 마누래가 언간이 못 났는데, 참 얼굴은 우떻는지 모르지만……. 그래 하도 참, 사위는 그런 어른을 사위로 봤이니 좋기는 좋은데, 해로로 하느냐 몬(못) 하느냐, 장인 장모 되는 어른들이 항상 잠들기 전에는 우울감이 떠나지 않는 기라. 이래서 인자 장개를 가가지고 인자 하루 밤 자고 하루 쉬몬 인자 집으로 돌아가고, 또 본

가에서 하루 밤 자몬 인자 재행(再行) 걸음을 옵니다. 재행 걸음을 오(와) 가지고 하루쯤 이틀쯤 쉬는 긴데.

그래 재행 걸음을 떡 왔더랍니다. 그래 인자 하도 애가 터져 쌓아서 사위 의도로 볼라고, 뭐 반찬 국이라 쿠몬 소고기국 이상 뭐 있습니까? 소고기국을 아주 참 멋지기 끓있단 말입니다. 끓이가지고 거따가(거기다가) 인자 소태로 타 가지고 딱 밥상을 채리 들이 놓고, 멀리서 은신을 해가지고 우짜는고 본 기라. 말하자몬 '국 한 그릇이 들어서 네 마음을 판단할기다.' 요런 정신이라.

그래 이 어른이 밥상을 떡 받아가지고 그냥 국부터 먼저 한 숟가락 떡 떠 자시는 기라. 떠 자시고 난께 고만 입을, 마 택 쏘도록 씁거든(쓰거든). 그래 뭐한 사람 겉으모(같으면) 택 뱉아 버릴긴데, 그만 우물우물 해 꿀떡 넘구더만 그만 그 국에 연해 밥을 뚝뚝 떠 마는 기라. 밥을 그 씹은(쓴) 국그릇에다 말이지, 떠 말아가지고 고만 오죽 맛이 안 됐는데, 우찌 우물거리 넘구더니 국 한 그릇 다 넘가뻤어 그래 참 무릎팍을 친 기라. 안 보는 데서.

"참말로 대인은 대인이다. 달다고 생키고(삼키고) 쓰다고 말이지 안 뱉는다는 거는 저걸 두고 핸 말이다. 그러면 우리 딸자식은 동거하겄다."

이래 된기거든. 이래 돼서 인자 그 날 그 시부터 인자 안심을 하는데, 그러고는 참 인자 생산도 하고 아이도 두우 서넛 났다 카는데, 인자 그 어마이 되는 분이 참 사위로 보고 딸 보니 너무 찌불고(기울고) 너무 하도 안 돼서 그, 인자 모녀가 앉아서 객담을 하는 기라. 객담이 객담이 아니라 말이지, 탁 깨 놓고 한 기라.

"아이가, 아이가, 니도 사람이라고, 그저, 퇴계 선생이 니한테 손을 대더나?"

"애애애! 낮 토끼지, 밤 토깐까이?" [일동 : 웃음]

낮으로 보는데만 그렇지. 밤으로까지 그리 젊잖으까이? 이 말인 기라. 그런 말도 있고…….

또 얼매나 솜씨가 없던지 보선을 인자 집어(기워) 신키는데, 자기 솜씨로, 삐재기로(자루를) 바로 집는 기라, 삐재기로. 삐재기로 집어가 발로 목 댕기고 이랄 것도 없이 푹 담그몬 되는 기라. 푹 담가가지고 (발목을 가리키며) 여따(여기다가) 주름을 잡아 가지고 옛날 부인들 속옷 가랭이 다닙(대님) 치득이 말이지, 이래 가 불끈 잡아 댕기가지고 그래 댕기(다녀) 봤자 누라도(누구라고) 흉이 아이고, 대인은 원래 저런 긴갑다. [일동 : 웃음] 선생들은 원래 저런 긴갑다 이렇게만 느낀단 말이지.

그리고 한 번은 흰 두루마기에 구멍이 났어요. 구멍이 났는데,

"두루막을 구멍을 때에 때워 달라."

쿠고 벗어 던져 좄거든(주었거든). 그래 그 당시에는 다 안 된다 말이라.

"내일이라야 입는다."

는 기라.

"그래 다른 걸 내 도라."

캐 입고 그 구멍을 떡 때우기로 우찌 때와 났는고 하니 흰 데는 흰 거로 대야 될낀데 밝간 걸 대 놨다. 밝간 거로 대서 구멍을 떡 때와 났거든. 그만 털치(걸쳐) 입는 기라. 와 이런 걸 댔노 소리도 안 하고. 털치 입고 인자 떡 나갔는데, 그 때 조정에 무슨 볼 일이 있어서 갔다 온다고 갔다 오는데, 그래마 아무도 흉 보는 사람도 없고, 그 뒷번에 한 번 간께 말큼(모두) 다른 사람은 흰 옷 성한 우에다가 빨간 거로 하나썩 대왔어. 그런 일이 있었어.

또 이거는 엄청난 애긴데, 그거는 아이지 싶어. 내 마음도 아이지 싶은데, 어떤 분이, 그 어른이 확실히 그랬다 쿠는데, 우찌 됐노 쿠모, 아, (한참 생각에 잠겼다가) 퇴계 선생님이 생전에 인자 (방안에 있는 상자를 가리키면서) 조그만한 옷 옇는(넣는) 상자겉은, 당새기겉은 거따가 칼커리(깨끗이) 이리 봉해서 이리 딱 실겅(시렁)에 얹어 놓고 인자 하시는 말씀이,

"야들아, 급한 일이 있거든, 내 죽고 나더라도 급한 일이 나거들랑 저 상자로 내라 떼 봐라."

이리 됐다 말이라. 그래 그런 애기를 들었지마는 그런 일도 없고 그래 그 아들은 띠 볼 여가도 없이 넘어 갔어.

넘어 갔는데, 손자가 또 낳다 말이지. 손자한테 퇴계 선생님의 아들이 또 유언을 핸 기라.

"저 실겅에 얹힌 저 상자는 할아버지께서 날로(나에게) 어떤 급한 일이 나거든 떼 보라 쿠는, 전해 내려오는 상잔데, 내 죽고 나더라도 급한 일이 나거든 저 상자를 떼 봐라."

이리 된 기라. 그래 그 손자가 나이 한 이십 너머 돼서 어떤 좌석에 놀다가 격투가 일어났다 말이지. 일어나가지고 고만 우찌 사람을 하나 쥑이비렀어. 그 당시에는 살인자는 사(死)라. 형(刑)이 사람을 쥑이몬 쥑인다 말이지.

그러니까 인자 벌써 양가(兩家)에서 알기 전에 관(官)에서 먼저 알았어요. 알고 고만 투옥을 시킸다 말이지. 옥에다 덜컹 갇았다. 갇았는데, 그 갇힌 그 분의 친구가 인자 집으로 달려왔다 말이지.

"사실은 이리 됐다."

이러거든. 그러니까 인자 제일 급하기는 누가 급한고 하이 부인이 급할 거 아입니꺼? 그래 부인이 덜렁 내라 떼 봤다 말이지. 그래 떼보니까 처음에 보오하이(보얗게) 그냥 봉핸 상잔

데, 그래 그 속을 떼보니까 안에 문이 열리야 되는데, 문이 안 열리고 또 봉해가 떼몬 딱 되게 돼 있어. 그래 인자 그거로 딱 뗐다 말이지, 떼니까 아무것도 없고 안에 봉합이 하나 들었어.

들었는게 요새 겉으몬 말하자몬, 청장이몬 청장, 서장이몬 서장 귀하(貴下)라. 관에 갖다 바치라 쿠는 봉함이라. 그래가지고 덜렁덜렁 갔다 말이지. 의령 겉으몬 의령 서장한테 떡 갔거든. 그런께나 그래 서장께서 그 봉함을 떡 받아가지고 개봉을 해 보거든. 해 본꼐나 안에 또 봉함이 나오거든. 안에 사유(事由)가 뭐라고 나왔는고 하이,

'폐하 봉인(陛下 封印).'

이라. 뜰 밑에 내려가서 받드라고 이래 놨다 말이라. 또 뗐단 말이지. 또 뗀께 안에 사유는 안 나오고 빈 봉투만 또 나오는 기라.

'폐하 봉인.'

이라는 그런 말뿐에 없어.

"그래 인자 어데서 왔느냐? 누구 집안이냐?"

이런 얘기가 있었던 모양이지. 그래가지고는 사실 퇴계 선생님의 후예인지 알았어. 알았는데, 세 번째 다 떼 봤단 말이지. 다 떼 봐도 그냥 그렇거든.

그래서 인자 그 때는 인자 폐하 봉인해야 되겄다 캐서 뜰 밑에 내려갔어. 뜰 밑에 내려가서 저 마당 가운데 가서 떼 봤다 말이지. 떼보니까 인자 안에 인자 사유가 나오는 기라.

"아(我)는 여생지(汝生之)하니, 여(汝)는 아생지(我生之)하라."

나는 너를 살리니 너는 날로(나를) 살리라. 그 읽는 것이 끝나자 그 객사(客舍) 앉았던 대들보가 턱 내려앉았어. 객사 대들보가. 그랬으이 내 아니몬 네가 죽었을 거 아이가? 그래, '아는 여생지니 여는 아생지라.'

그 말이 여서(여기서) 나왔어.

1) 慶南 宜寧郡 宜寧邑 德谷里.
2) 慶南 宜寧郡 宜寧邑 茂田里.

[출전] 한국정신문화연구원, 『韓國口碑文學大系』 8-10(慶尙南道 宜寧郡篇), 1984. 8. 30.

8-1-10. 과부 며느리를 개가시킨 퇴계 선생

그이 이 선생은 퇴계 선생 긑으만 참 부드럽거던 언제든 부드럽지 그래 가주골랑 아들이 초립동이 어릴 때 죽었어. 죽어 가주고 미느리가 보이 (말을 고쳐서) 미느리가 이래 참 젊은 미느리를 보이 그래도 양반집에서 머식할 수 없으이 잡— 선생이 밤으로 나와서 이래 보거던. (강조하며) 아이 뭐 자부가 웃음소리가 야단스러워 (낮은 소리로) 가마이 문구멍을 이래 빼다 들다 보이 아이, 옷을 이래 뭉치 놓골랑 것다설랑 이래 뭐 참 머식을 갓을 씌놓고설랑은 그걸 끌안고설랑은 좋다고 이래,

"거 사돈요!"

"왜 이러십니까?"

(빠르게) 깜짝 놀랬어. 사돈은 (본래 소리로) 또 무슨 일이났나.

"아이 그 저 가를 개가 시키시더."

(강조하며) 고마 깜짝 놀래지, 커서는. 양반집이 그런 일이 있으이 뭐 야단이 나거든.

"(본래 소리로) 아이구 왜 그래 사돈이 말씀하십니까?"

그래가주고설랑 퇴계 선생 같으만 개가를 시켰거던 개가 시켰는데 어예 안 씨길 수도 없지 그래 어째 사노 싶어서 찾아갔단 말이래 사돈집에 가이 그대로 사는데. 그래 자기 시아바이가 왔다 그러이 참 고맙기 짝이 없지. 밥을 참 해드리고설랑 그래 저 나중에 갈 때 버선을 한 켤레 지었어. 버선을 한 커리 지가주고설랑. 방에 들놨다, 들오니(들여놓으니) 그걸 인제 내 자식이 됐더니만큼 내가 이걸 주는 걸 안 받을 수 없어 받아가주고 옆에다 끼골랑 이래 온단 말이래. 오이, 오다가설랑 배를 배를 건네야 되는데, 배를 이래 건네는데 이 원천선생이 뒤를 돌아다보이 (청취 불능),

"어허 이 사람이 와 그래는고?"

"그 무슨 더런 걸 말라꼬 가주 가는고!"

"이게 어때서?"

"그게 어떻단 말이 아이고?"

퇴계 선생 같으만 참 떳떳한데 그 우째서 그럴기 고만에 머식해도 그런 척하고 고만에 머식을. 그래가주고 안된다는 말이래. 아이구 언제든동 부드럽게 떳떳해야되지 너무 청해가주고는 안 된다 말이래. (웃음) 너무 청해서는 안 된단 말이래.

[출전] 한국정신문화연구원, 『韓國口碑文學大系』 7-17(慶尙北道 醴泉郡篇), 1988. 6. 30.

8-1-11. 이불 속의 이퇴계

이퇴계 선생이라고 아주 함자로 유명한 양반 아니야. 자기 장모가 하두 오래간만에 시집간 딸한테 나들이를 갔어. 나들이를 가서 가만히 며칠 먹으면서 보니까는 이 녀석이 자기 딸을 본체도 안허고 그냥 만날 책만 싸들고 하루에 말 한마디 허는 것을 못 보겐네. 그래 지 딸보고는 허는 말이,

"야, 너 시집 잘 못 왔다. 너 저런 서방을 만나서 너 혼자 고생을 허니."

그니깐,

"아니야요 어머니, 그래도 저녁에 불만 끄면 요두방정을 다 떨어요."

그러드래는 모양이야. 불만 끄믄 이불 속에서 그런 모양이야.

제보자 : 강귀순(80세, 남)
조사일 : 2003년 3월 15일
장 소 : 전주시 덕진구 인후 1동 노인복지회관
[출전] 서해숙·이정덕·전정구·한미옥, 『우리 전주〈전주설화〉』, 신아출판사, 2001. 3. 10, 316면.

8-1-12. 도포 기워 입은 퇴계

일화로는 그 양반이 저 어디로, 그 저 (알맞은 말을 찾느라 잠시 생각.) 옛날 말로 하면 조정이라 카나, 오새로 중앙무대에 진출할 때 옷을 머슥 누벼가주 집어 입고 갔다는 일화가 있지 왜.

[조사자 : 그 이야기 좀 해주시이소.]

퇴계 선생이 그 참, 상당히 참 궁(窮)했는 모양이래요. 궁해가주고 옛날 그트마 두루막 우에 거 도복(도포) 카는 게 있지 왜. 그걸 댁에서부터 입고 가는데, 궁해가주고 집어서 천을 딴 천을 대가(대어서) 집어 입고 올라 가셨다 카는 그런 말이 있어.

이래가주고 그 뒤에 그게 참 미담으로 전해져 가주고 그런 양반이, 일부러 있는 사람도 일부러 집어 입고 댕겼다. 그걸 모방해가주고. 그런 또 이얘기도 일화도 있더구만.

제보자 : 임시용
조사일 : 2001년 4월 27일
장 소 : 임하면 금소리 제보자의 아들의 집
[출전] 『퇴계학연구』 19집, 단국대학교 퇴계학연구소, 2005. 8. 30, 129~130면.

8-1-13. 제사 전에 제물(祭物) 먹은 퇴계의 부인

퇴계 선생이, 합부인(閤夫人)이 말이래. 합부인이 쪼금 이래……. 전처(前妻)가 아니고 후천(後妻) 모양이지. 후처로 들어왔는 모양인데 제사를 이래 밤에 이래, 요새 겉으마 열 시나 열두 시에 지내지마는 옛날에는 두 시쯤 돼 지냈서든. 시냈는데 제관들이 뭐 한 이십 명 가량 도포를 입고 이래 모도 제사를 안 지내는가.

지내는데 퇴계 선생의 참 합부인 되니가(되는 이가) 밤, 진설 해 놨는 밤을,

“밤 하나 줘.” 이랬던 모양이라. 그르이 그 제사도 안 지냈는데 진설해놨는데 밤을 달라하이께네 가당찮은 일이거든. 그래 퇴계 선생이가 그 밤을 집어 가지고 줬어. 주니까 퇴계 선생 부인이 고마 물러간단 말이라.

제사 다 지낸 뒤에 이제 그 음복주를 하고 난 뒤에 제관들이,

“왜 제사도 안 지냈는 밤을 왜 그래 집어주느냐?”하고 이래 하이까 그 퇴계 선생이가,

"모르는 소리라."꼬.

"내가 밤을 안 줬으며는 손으로 밤 접시, 밤 진설 왜 놨는데 손이 와가주고 밤을 (큰 소리로) 다 집어가잖느냐. 어 그래서 그거를 막기 위해서 밤 한 개를 줬다." 이거라. (본래 목소리로) 그르이 위대한 어른이라.

[이야기에 나오는 퇴계 선생의 부인이 후처냐고 묻자, 그럴 거라고 대답했다.]

[재가했는 부인이 모이시더 그지요?]

어?

[재가했는]

개가? 그렇지.

[두 번째.]

상처(喪妻)하고 새로운…… 그래 인제 아까도 이래 퇴계 선생이가 도포, 도포 아지? [예.] 도포를, 이래 떨어졌는 모양이라. 도포를 지 오라 하이까 도포 그 같은 색을 지와야 되겐데 빨간 색을 지 왔던 모이라. 도포자락은, 도포는 흰 도폰데 빨간 색을 지노이께네 아주 보기 싫거든. 그래서 퇴계 선생이가 그거 입고 조정에 갔다는 이얘기 있어. 그래 좀 이래 늦게 들었는 합부인이라 약간 모지랬던 모양이지.

[그런 모이시더만요. 거 어예 그런 부인을 맞아들이게 됐는지는 이야기 모시니껴?]

그거는 몰세.

제보자 : 임치대

조사일 : 2001년 4월 27일

장　소 : 임하면 금소리 제보자의 집

[출전] 『퇴계학연구』 19집, 단국대학교 퇴계학연구소, 2005. 8. 30, 130~131면.

8-1-14. 제사 전에 제물 먹으려는 퇴계의 부인

[퇴계가 부인이 그렇게 많았다던데요?]

부인이 많았는게 아이지. 퇴계 부인이 전다지 참 아무 것도 몰랬다그래.

[청중 : 요새 보마 맹꽁이지.]

아무것도 몰랬어요. 몰랬는데 퇴계 선생이 원챙(워낙) 어질에(어질어) 가주고 그 부인을 그래도 저걸 안하고 제사를 지내도 퇴계, 말인즉슨 글타누마.

퇴계 선생 부인이 뭐 밤을 줘, 대추 줘 그르마 안주 쫌 있어라 그래고 그랬단 말이 있어요. 그르이 인제 큰 사람은 자기 부인이 모른다고 해가주고 저걸 안 해, 구박을 안 한다는 그른 말이 있든데 몰래.

(이야기를 마치며 청중 중에 퇴계의 후손인 할아버지가 있었는데 그 분이 더 잘 알거라며 그분에게 들어보라고 했다.)

제보자 : 권후봉
조사일 : 2001년 7월 11일
장 소 : 안동시 태화동 노인회관
[출전] 『퇴계학연구』 19집, 단국대학교 퇴계학연구소, 2005. 8. 30, 131~132면.

8-1-15. 숙맥(菽麥)인 퇴계의 부인

전배위(前配位)가 있고 후배위(後配位)가 있는데 전배위는 일찍 돌아가셨고 후배위는 인제, 전배위는 허씨고 김해 허씨고 후배위는 권씨고. 그런데 권씨 할매가 우리 속담으로 봐서는 뭐라 그는게 아이래 좀 쑥맥에 가까왔는 모양이래. 그러나 (…) 없었어요.

[글치요. 맞니더.]

[전배위가 허씨고 후배위는……]

(전배위 김해 허씨, 후배위 안동 권시를 직접 한자(漢字)로 써 보였다.)

자손으로는 할 말이 아니나 후배위가 좀 요새로 말하자마 숙맥에 가까워. 그러나 그렇다고 뭐 쑥맥이라고 괄세하거나 그거는 없었어. [뭐 퇴계 선생이 괄세하거나 이러지는 않았다는 말이지요?] [제보자가 말귀를 못 알아 다시 한 번 같은 말을 물어봄] 안했지. 그른데 지금 우리는 마카 (…) 권씨 할매 자손이래요. 전배위 자손보다가 권씨 할매 자손이래. 우리가 모두.

제보자 : 이중덕
조사일 : 2001년 7월 11일
장　소 : 도산면 온해 2리 제보자의 집
[출전] 『퇴계학연구』 19집, 단국대학교 퇴계학연구소, 2005. 8. 30, 132~133면.

8-1-16. 옷도 제대로 못 깁는 퇴계의 부인

검소, 본데 검소하지만은 후처댁이 우리한테는 권씨 할머니 되는 후처댁이 참 말도 못하게 무식했어. 무식해가주 할 뭐, 할라이 뭐 아무것도 모르이. 그 어른이 어예가주 어예가주 들어왔는게 그 웃대가 참 애국자랬거든.

예전에 그 중종반정때 모두 그 해가주고 그거 돌아가시는,

부형 돌아가시는 거 보고 고만 그런 놀래가주 그래가 그 어른이 고마 참 둘째부인이 후처댁이신데 숙맥할매랬어.

그래가주 낸주에 참 퇴계 선생한테 워예 출가하기를 워예 했는가 아 이런 양반, 퇴계 아이고는 데루 살 사람이 없다 그러(웃으며) 그랬어요. 산소가 저 하계서 보마 서짝 산소 거. [퇴계 선생이 참 훌륭하신 분이 맞니더만요. 잘난 분 같으마 더 잘난 사람을 들를건데.]

그 어른은 기멱도 없어[1] 그 어른은. [조사자 : 기멱도 없어요?] 없어 권씨 할매는. 그래서 어데서 왔노그마 풍산 거 가일이라는 데 거서 왔어. [조사자 : 풍산 가일에서 왔니껴?] 그렇지. ['기멱도 없다'는 말이 무엇인지 묻자 배태(胚胎)를 못했다는 뜻이라고 대답했다.] 우리는 모두 전처 할매 자손이래. 인제 그 권씨 할매는 후처거든. (선풍기 바람이 너무 세서 약하게 하였다.)

[조사자 : 검소한 이야기 좀 해 보시이소.] 검소하기는 그거는 평상 검소하셨는데 뭐. [조사자 : 그래도 이야기가 될만한 정도로……] 오직 하고[2] 나라 조정에 갈 적에 저어 도포에다 새파란 뻘건 쪼가리 붙이가주, 그르이 권씨 할매 하도 모르거든.

조정에 나갔지만 도포가 떨어졌으이 이걸 기아달라(기워달라) 곤치라(고쳐라) 그이께네 새파란 쪼가리 뻘건 쪼가리를 갖다 뚫어진 데 붙이가(붙여서), 붙이가 조정에 드가이 조정에 이 어른이 뭐 뭐 옷에다 새파란 뻘건 쪼가리를 붙있는게 거 뭔 뭔 법이 있는가 조정이 마구 안 뚫어진 데 뻘건 쪼가리를……[3] (웃으며) 그른 일화가 있어.

[그 훌륭하신……] 그래도 그 부인을, 참 댁이 그쿠 그래도 그 어른 나무래지 않고 조정에 옷을 뻘건 도포 뚫어진 데 뻘건 종이를 붙애가주 참고 그 굉장하신 어른이지.

1) 배태(胚胎)를 못했다.
2) 오죽하면.
3) 퇴계 선생처럼 훌륭한 분이 옷을 그렇게 입고 오니 다른 사람들도 옷을 흉내내어 입었다는 말이다.

제보자 : 이원무
조사일 : 2001년 7월 11일
장 소 : 도산면 원산리 제보자의 집
[출전] 『퇴계학연구』 19집, 단국대학교 퇴계학연구소, 2005. 8. 30, 133~134면.

8-1-17. 아들 혼인 때 박대를 당한 퇴계 선생

그 양반이 아들을 장가들일 때에 거기가 금씨든가 금가 있지 임금왕자 들어가는 금씨들, 가야금 금자 거기다 사돈을 좀 하는데 그때 지체가 그때 금씨들이 더 나았던 모양이라. 진보 이씨보다도. 그래 인제 가지고 사돈을 갔는데, 아 금씨들이 박대를 한 모양이야. 그치 자기들보다도 낮으니까. 그래서 창피 당하다 시피해서 왔어요. 근데 그 볼 때 참 자기 시집을 오는데 그렇게 당하고 하니까 참 시아버지가 안타까웠던 모양이라. 인제 오니까, 왔을 거 아녀. 이제 오니까 이쪽에서 시비가 많은 거여. 그 양반이 그때는 마 이렇게 유명하지도 않은 때지 쉽게 얘기해서 그렇게 거기서 찬밥신세를 당하고 그래가지고 그 뒤에 이 양반이 참말로 학문이 그렇게 인자 그렇고 벼슬도 그만치 올라가니까 금씨가 인제 그때부터는 인자 이퇴계 그 집안하고 높여주기 시작한거야. 지금도 그 아주 영남에서는 마 진보이씨 퇴계 집하고 결혼하면 그만이야. 그가 제일 양반이야.

아.…… 그런 정도로 되어 있는데…….

제보자 : 정복희(82세, 남, 서울 송파구 가락동)
조사자 : 박근형(문과대학 인문학부 국어국문학전공)
조사일 : 2001년 12월 2일
장　소 : 서울 종묘공원
[출전]『퇴계학연구』16집, 단국대학교 퇴계학연구소, 2002. 8. 30, 204~205면.

8-1-18. 빨간 천으로 도포를 기운 퇴계 선생 부인

처음 탑골공원 입구에 도착해서는 기분이 많이 들떠 있었다. 예상은 했었지만 그래도 의외로 할아버지들이 많이 계셔서 쉽게 과제를 할 수 있을 것 같다는 막연한 기대감이 생겼다. 어떻게 시작해야 할까 고민하고 망설이다가 다가가 여쭈어 보기로 했다. 우선 퇴계 선생에 대해 아시는가를 먼저 확인했다. 퇴계 선생에 대해 아신다고 하는 분들은 많았는데 정작 그분에 대해 알고 있는 설화가 있는가를 물었을 때는 많이들 당황스러워 하였다. 안다고 하더라도 뭔가 거창한 이야기를 들려주어야 한다는 부담감 때문인지 쉽게 이야기를 해주시려 하지 않았다. 그냥 사소한 것이라도 좋으니 알고 계시는 설화 한 가지만 이야기 해달라고 부탁드리자 그제서야 어렵게 입을 여시는 분을 만날 수 있었다. 자동차 소리가 너무 크게 들려서 주변의 건물 안으로 들어가 의자에 앉아서 이야기를 들었다.

그 부인이 말이야, 아주 퇴계 선생님이 장개를 가가지고 상처를 하고 또 옛날에 상처를 하면 또 아내를 맞아들이고 부인을 안 데리고 산다고 하거든 옛날 어른들은 응, 그러니까 부인이 장개를 가가지고 그 부인이 조금 모질랬든 가봐, 그런데 이제 그래서 그게 뭐 정설인지는 모르지만 어떤 얘기가 있냐면 하두 모자라니까 이 퇴계 선생이 입는 도포를 말이야, 도포라는 거 알지요, 도포를 말이야 이 빨건 색 가지고 이 떨어지니까 기웠던 모양이다, 어 그러니까 그 입고 그 옷 훌륭한 분 아니요, 그러니까 이분이 서울 장안에 떡 나타나니까 그 후배들, 아 우리 선생님이 저런 옷 입었는데 나도 입는다고 이 참 그 그런 옷을 본을 보고 입었다 하는 그런 이야기가 있는데 그거머 정설인지는 모르겠고 뭐 그 외에도 여러 가지 이야기가 많지요, 그러니까 참 그 아내가 쪼금 모지래도 그 부인 배반을 안 하고 그런, 그런 일화가 난 뭐 아는 것은 대충 여러 가지 있습니다만 뭐 한 가지 내 말씀드릴 수가 있습니다.

제보자 : 심 ○ ○(76세, 남, 서울시 노원구, 고졸)
조사자 : 이소영(사범대학 한문교육과)
조사일 : 2001년 11월 28일
장 소 : 탑골공원 주변 건물
[출전] 『퇴계학연구』 16집, 단국대학교 퇴계학연구소, 2002. 8. 30, 223~224면.

8-1-19. 얼룩덜룩한 퇴계의 조복

종묘공원에 할아버지나 할머니들이 많이 계셔서 녹음이 깨끗하게 되지 못할 정도였다. 두 분이 벤치에 앉아 말씀을 나누는 중간에 채록을 부탁드렸더니 흔쾌히 승낙하였다. 두 분이 먼저 고담을 하고 나중에 이영걸 할아버지가 퇴계 선생에 관한 설화를 구연하였다. 형식은 두 분이 이야기를 나누는 것처럼 하게 되었다.

이영걸 할아버지는 진성 이씨로 퇴계 선생의 15대 손이라고 하였다. 대화 내내 "우리 할머니, 우리 할아버지"라는 말씀을 하였으며, 고향도 안동이었기에 그 분 이야기를 집중적으로 채록하였다.

우리 할어무이, 할무이가 그리 몬났어요. 워낙 몬나가지고 그래 인제 여기 내 안 데리고 살면 데리고 살 사람이 없다. 이래 데리고 사는데 조에 가면 서울역, 그 마제, 조에 오며는 조복이 저언부 하도 오래 입어놘 후에 떨여졌다 이 말이야. 떨어져가지고 옷을 이것 좀 꼬내메 돌라 하므는 뻘건 것도 붙이고 시퍼런 것도 붙이고 허연 것도 붙이고 얼릉 이레 붙이니까, 그니 바보, 바보 아니요. 그래 조에 가면은 전부 신하들이 쫘악 조복을 입고 쭉 섰다 이 말이여. 근데 우리 할아버지는 가므는 얼릉덜릉하게 해가지고 입고 간단 말이여. 가이까 그걸 뽄을 봐가지고 훗날 막 그 멀쩡한 옷에다가 막 퍼그려 허옇고 뻘겋고 붙여서 오는 거, 겉에.

제보자 : 이영걸(72세, 남, 서울 동대문구 제기1동, 초중퇴)
조사자 : 남경희(사범대 한문교육과), 정용은(사범대학 한문교육과)
조사일 : 2001년 11월 30일
장 소 : 서울 종묘공원
[출전] 『퇴계학연구』 16집, 단국대학교 퇴계학연구소, 2002. 8. 30, 221~222면.

8-1-20. 바닥에 떨어진 제수(祭需)를 손으로 주워 담으려던 퇴계 선생 부인

종묘 공원에서 제보자를 찾기 위해 여러 어르신들을 찾아다니다가 이준걸 할아버지를 만났다. 깔끔한 모습이 인상적이었고 건강해 보였다. 종종 주제와는 상관없는 당신만의 이야기에 몰두하곤 하였지만, 어릴 적에 들은 이야기의 내용을 거의 완벽히 기억할 정도로 기억력이 좋았다. 고향이 경북 경주라고 하였고, 이야기 중간 중간에 사투리가 섞여 나왔다.

성격이 자진해서 이야기를 시작할 정도로 적극적이었다. 할아버지는 적당한 제스처와 밝은 표정으로 분위기를 주도하였다. 그렇기 때문에 조사자도 설화를 채록한다는 생각을 떠나 그저 옛날이야기를 듣는 기분으로 재미있게 들을 수 있었다.

이건 말야-. 거짓말이라고, 마, 내가 얘기하고 싶은데, 저, 저-., 기호학파인, 저, 거-. 율곡 이이, [조사자 : 네] 이이하고, 영남의 퇴계 이황 하고는 참 쌍두마차로, 서로 이렇게, 참-. 학문으로 대하는데, 거, 저쪽 제자들이 율곡의 제자들하고 퇴계의 제자들이 서로 학문에다 경쟁심으로서 서로 시기하고, 질투하고 이런데, 거 워낙 이 양반들이 도학에다 유학에 치중하다 보니 거, 율곡 선생의 제자들이 말이지, [조사자 : 네] 이 양반들이 제사를 갖다가 어떻게 지내느냐, 그러다 그걸 탐지해 가지고. 율곡 선생 제자들이 [조사자 : 네] 모르게 퇴계 선생님 집에 해가지고 말이지, 마루에 침입해 밤중에 [조사자 : 아―] 응, 밤중에. 침입을 해가지고 마루 밑에서 제사 시간이 되도록 기다린 거야. 숨을 죽이면서. 바로 율곡 선생 제자들이. 그래서 새벽, 인자, 밤, 영시는 거- 밤. 요즘으로 말할 것 같으면 밤 12시 지내야. [조사자 : 네] 그래, 고 다음날 지내기 때문에, 제사라고 하는 것은 죽은 날 지내야지, 산 날 지내면 원래 안 되니까, 그 서울 사람들은 거, 다 제삿날 저녁에 지내는데, 그건 다 산 날이거든. 그거는 꼭 영시 딱 지나야 하는 건데, 그래, 첫닭이 울기 전에, 첫 새벽에 제사를 지내는데, 그래 그

제자들이 그-. 율곡의 제자들이 마루 밑에서 가만히 들여다보니까, 저-. 그다 보니까 자식이 없어 가지고 부부간에 제사를 받드는데, 퇴계 선생하고 퇴계 선생 부인하고 제상을 채려놓고, 요케 도포자루에 저-. 밤을- 까놓은 밤이 도포자루에 거슬려가지고 밤이 토르르르 무너져 버렸지. 응. 무너졌는데, 대추하고 밤이 무너졌는데, 그래. 젓가락 가지고. 고-. 손으로 하면 안 되니까 젓가락으로 말이지, 젓가락을 가지고, 접시위에 도로 인자, 바닥에 떨어진, 인자, 밤하고 대추를 올리니까, 올리니까 넘어지고, 요케 고았는데 이케 피라미드 같이. 그래 과 놔가지고. 그래 부인이 보다보다 놓구선, 닭 울면 안 되니까. 귀신이 도망가 버려. 닭이 막 울면 그 시간이면 도망가 빼려. (조사자 : 웃음) 그래보니까 애가 탄다 이거지. 부인이 그걸 보니까. 그렇게 해서 부인이, 마- 손을 가지고 빨리 올려서 말이지, 언제 젓가락 가지고 하루 맹일, 언제 올리냐 말이지, 올리면 무너지고 무너지고 하는데, 올리라꼬-. 그래카서, 선생이 하는 얘기가, 이것 봐라. 간밤에 잘 때 조용하게 자라카니까 그랬다고, 나를 붙잡고 말이지. 그렇게 날 못살게 하더니, 응, 손도 안 씻고 그걸 어떻게 그걸 갖다- (조사자 : 웃음) 손으로 잡고 가, 하냐 말이지- 이래 가지고 끝끝내 젓가락 가지고 올렸다는, 그런 일화가 있단 말이지. 이건 실환지 뭔지, 그건 나도 잘- 어떻게- 뭔데- 에피소드라면 에피소드라고. 이상입니다.

제보자 : 이준걸(李俊杰, 70세, 남, 서울 서대문구 홍제동, 대졸)
조사자 : 이재영(문과대학 인문학부 영어영문학전공)
조사일 : 2001년 12월 1일
장　소 : 서울 종묘공원
[출전] 『퇴계학연구』 16집, 단국대학교 퇴계학연구소, 2002. 8. 30, 224~226면.

8-1-21. 재혼한 며느리를 다시 만난 퇴계 선생

에. 그 둘째 아들이 허약해 또 일찍 죽었어. 그래서 그 며느리가 인제 혼자되었을 거 아녀. 난 자식도 없이 죽고 그랬는데, 그때 사회 시기가 마 그때 나도 잘 그냥 듣는 얘긴데, 그랬는지 어땠는지 난 잘 모르지만. 한데 개가시킨다면 어려운 얘기 아녀. 근데, 마, 개가를 했다는 겨 인제. 인제 한번은 명종이 또 올라오라고 그래서 할 수없이 말을 타고 가는데 그 날이 저물어서 가다가 하룻밤 자야 되겠는데, 근처에 있어서 가서 하룻밤 쉬어가자 한 겨. 아 그 심부름하는 사람이 사랑으로 안내해서 저녁상을 내왔는데 한참 정성껏 해 왔더래. 그 밥을 먹고 물었는데 버선을 하난 가지고 오더래. 그 아니 아가씨가 신으시라고 해서 보냈다고, 아 참 고맙다고 했을 거 아냐. 인제 아침에 인제 일어나서 가지고서는 밥상이 들어왔는데 머 엊저녁이나 그냥 머 아침이니까 다시 잘 차렸을 거 아냐. 자기 좋아하는 것만 그렇게 다 차려 왔더라네 그래. 아하, 이상하다. 그 또 나가고 신으니까 딱 맞어. 이거 그래서 이게 며느리가 이제 여기서 사는가 보다 하고 마음을 먹었어요. 근께 있다가 나가는데 저 안에니까 인사도 못하고 나가는 거지. 들다봤데. 이렇게 돌아보니까 울 너머 담 너머로 이렇게 쳐다보고 있더래. 그 도 인자 큰며느리는 그렇게 시아버지가 당하고 그랬는데 일생을 효도를 잘 했다고 그럽니다. 묘도 뭐 그 아버지 발 밑에 묻어달라고 그래서 지금도 거기 있다고 그래요.

제보자 : 정복희(82세, 남, 서울 송파구 가락동)

조사자 : 박근형(문과대학 인문학부 국어국문학전공)
조사일 : 2001년 12월 2일
장 소 : 서울 종묘공원
[출전] 『퇴계학연구』 16집, 단국대학교 퇴계학연구소, 2002. 8. 30, 205면.

8-1-22. 홀로 된 며느리를 재혼시킨 퇴계 선생

오전 10시부터 오후 4시까지 종로구 일대를 돌아다녔다. 처음 간 곳은 서울노인복지센터였다. 3층의 홍보과에 가서 조사허락을 받았다. 미리 연락을 취하지 못하여 허락을 받는데 약간의 어려움이 있었다. 겨우 허락을 받았지만 어르신들께 여쭙는 일은 더욱 힘들었다. 퇴계 선생에 대해 아시는 분도 많지 않았고, 그 곳에 계신 어르신들은 설화를 '고담 이야기'라고 지칭하셨는데, 그런 이야기는 어수선한 분위기에서는 할 수 없는 것이라고 하시면서 이야기하기를 꺼려하였다. 2시간 정도 조사를 하면서 인터뷰를 요청하였지만 어르신들은 고담 이야기보다는 사회 현상과 요즘 젊은이들의 버릇없음을 지적하기에 바빴다. 결국 아무런 성과 없이 그 곳을 나와야 했다.

그 후 그 곳에서 멀지 않은 조계사를 찾아갔다. 유학자에 관한 이야기를 절에 가서 조사한다는 것이 모순처럼 여겨졌지만 스님들은 여기저기 많은 곳을 돌아다니시기 때문에 혹시 알고 계실지도 모른다는 생각을 했다. 조계사 사무실을 찾아갔지만 때마침 점심시간이라 한 시간 정도 기다려서야 상담을 맡아서 해주시는 스님을 뵐 수 있었다.

1시 30분 경, 신행 상담실이라는 곳에서 상임 법사인 연담 스님을 만났다. 스님께서는 원래 학생들과 이야기하는 것을 좋아한다고 하시면서 우리들은 반갑게 맞아 주었다. 따뜻한

차도 한잔씩 내주시면서 이야기를 풀어 나갔다. 연담 스님은 전남 담양이 고향이고, 화순에서 불교의 교리를 배웠다고 한다. 공식적인 교육기관에서 학문을 배운 적은 없지만 유교 경전을 혼자서 공부했다고 한다. 원래가 불자라서 퇴계 선생에 대해서 깊이 알지는 못하지만 우리들 조상 중에 뛰어난 유학자가 있다는 것에 자긍심을 갖고 있었다. 그리고 이야기도 쉽게 차근차근 해 주었다. 건강도 무척 좋아 보였다. 이야기의 주류가 불교에 대한 것이었지만 퇴계 선생의 일화를 채록할 수 있었다.

며느리. 며느리가 홀로 됐잖아요. 홀로 된 사람은 요새 말로 하면 재혼을 권했다는 것, 재혼을 막는 것은 유학의 기본 정신은 아닐 테고, 제도가 그리 굳어진 거지……. 그런 것이 참 훌륭하신 분이라는 …(중략)… 근데 옛날에 아, 결혼하자 남편이 죽었는데 혼자 그 집 귀신이 되라는 건 그, 그건 억지잖아요 그건 진리도 아니고 …(중략)… 그럴 때 그런 틈바구니 속에서 그런 그 유교적인 관례 속에서 체면 불구하고 "결혼하라" 얼마나 그 진실에 대한 용기겠느냐 …(중략)… 유교 선비 입장에서 아닌 것은 아니라고 주장할 때, 왜곡된 유교에서 어려운 것이거든 …(중략)…

제보자 : 연담(51세, 남, 서울 종로구 견지동 45 조계사, 무학, 승려)
조사자 : 김민진(문과대학 인문학부), 박다린(문과대학 인문학부)
조사일 : 2001년 12월 11일
장 소 : 조계사
[출전] 『퇴계학연구』 16집, 단국대학교 퇴계학연구소, 2002. 8. 30, 199~200면.

8-1-23. 퇴계 선생의 도포를 기운 부인

탑골공원이 내부 수리 공사로 인해 문을 닫았다. 하지만 주위에 할아버지들이 많이 계셔서 그 분들께 여쭈었다. 그러나 대부분의 어르신들이 퇴계 선생이 유학의 대가라는 것만 알 뿐, 설화를 기억하고 계신 분은 찾아 볼 수가 없었다. 몇 분과 이야기를 나누기는 했지만 어떤 분은 일제강점기 이야기를, 다른 분은 당신의 며느리 흉보는 이야기를 하였다. 그리고 어떤 할아버지는 세상의 학문은 초등학문이라면서 우리가 쓸 데 없는 짓을 한다고 호통을 치시기도 했다. 설화는 채록하지 못하고 괜히 야단만 맞았다.

다음에 간 곳은 그 곳에서 멀지 않은 종묘공원이었다. 공원 주변에는 어르신들이 많았는데 막상 안으로 들어가 보니까 문 닫을 시간이 다 되어서 그런지 사람이 별로 없었다. 어른들께서는 퇴계 선생이라고 말하면 거부감을 보였다. 강의 시간에 교수님은 제보자로서 무학자가 좋다고 말씀하셨는데, 막상 조사를 나와서 보니 할아버지들께서는 그런 것은 많이 배운 사람들이나 알지 자신들은 잘 모르신다며 대부분 그냥 지나가 버렸다.

지나가는 할아버지들마다 붙잡고 물어 본 끝에 오후 3시 50분 경 신용철 할아버지를 만날 수 있었다. 이 할아버지께서도 처음에는 잘 모른다고 하였다. 설화를 너무 어려운 것으로 생각하는 것 같아서 예를 들면서 계속 부탁했다. 결국 짧지만 퇴계 선생의 옷에 관한 이야기를 녹음할 수 있었다. 할아버지께서는 학생들이 추운데 수고한다고 하시면서 도움이 되는 이야기를 하나라도 해 주시고자 하였다.

인터뷰를 마치고 할아버지의 인적 사항을 간단히 물어 보았다. 약주를 드신 어르신께서 오셔서 급히 그 자리를 떠나야 했다.

퇴계 선생 부인은 굉장히 못났어요. 세상을 모르고 그렇게 숙막이라. 이황 선생이 도포를 입고 나와 놀러가는데 여기저기 헤진 걸 깁고 이렇게 해가지구선, 아, 세상에 저런 그 훌륭한 성인이 어떻게 그런 기운 걸 입고 나왔느냐하니깐 그 그 선비들이 그걸 보고서 성현들은 아마 저러게 입는가 보다 하고 일부러 옷을 찌개서 말야 기워 입고 그랬단 설화가 있지 그렇게 세상을 세상일을 몰래 순박했단 애기지. 착했단 애기지.

제보자 : 신용철(74세, 남, 경기도 용인시)
조사자 : 김민진(문과대학 인문학부), 박다린(문과대학 인문학부)
조사일 : 2001년 12월 11일
장 소 : 서울 종묘공원
[출전] 『퇴계학연구』 16집, 단국대학교 퇴계학연구소, 2002. 8. 30, 220~221면.

8-1-24. 버선을 제대로 짓지 못한 퇴계 선생 부인

퇴계 선생 일화 한번 얘기할까요? 아-! 일화? [조사자 : 네-!]

퇴계 선생님이 제자가 있었거든요. 제자들이 있었는데 글을 가르쳐 가지고 했는데, 한번은 버선을 신고 나갔어. 선생님이. 응? 옛날에는 버선 신지 않습니까? 그쵸? [조사자 : 예!] 버선 뒤에가 툭 튀어 나왔어. 고르지 못하고 말이야. 응-. 잘못 만들어졌지. 말하자면. 그걸 신고 어딜 나왔는데 제자들이 보고 그래. 제- 이제 선생님이 버선을 그렇게- .저렇게- 만들어 신고 있으니까 선생님이 신으시니까 틀림없는 뭐가- 참! 저건 좋은 거다 말이야. 응? 그래서 제자들도 버선을 그리 만들어 신었어요. [조사자 : 네-.] 그래, 선생님이 이상해 가지고 퇴계 선생님이 이제 제자들보고 물었어. 너희들은 왜 그렇게 버선을-

그렇게 말이야. 응? 올바르지 않게, 뒤가 말이야 뒤 꼭지[1]가, 발뒤꿈치가 나오게 신었냐- 말이야, 하니까 선생님이 그러니까 그런 버선을 신으셨기 때문에 [조사자 : 예-.] 신었다, 신었습니다-! 하니까, 그게 아니다. 나는 우리 집 아내가, 엉? 양반 집 안동 권씨인데, 거시기로 자랐는데, 버선 같은 것을 만드는데- 훈련을 못 받았다-, 요새 말하면-? [조사자: 아-!] 원래가 남편한테 신겼는데 나는 그걸 나무래지[2] 않고 우리 아내가 만든, 정성으로 만들었기 때문에, 이렇게 그냥 아내가 정성으로, 응? 그것을 내가 얘기 못해서 아내의 정성스러운 버선이기 때문에 잘못됐다-하더라도 신고 나온 것이다-.그래, 하니까, 역시 이 버선은 정상스런[3] 버선이 못되기 때문에 너희들의 버선이 말야, 맞다고.[조사자 : 아하-!] 그런 이야기가 있어요. [조사자: 감사합니다-.]

1) 발뒤꿈치를 일컬음.
2) 나무라다
3) 정상적인

제보자 : 권응호(權應浩, 75세, 남, 경기도 군포시 산본 2동, 대졸)
조사자 : 이지영(문과대학 인문학부 영어영문학전공)
조사일 : 2001년 12월 1일
장　소 : 서울 종묘공원
[출전] 『퇴계학연구』 16집, 단국대학교 퇴계학연구소, 2002. 8. 30, 226~227면.

8-1-25. 색 천으로 버선을 기운 퇴계 선생 부인

서울역에서 첫차를 타고 3시간이 조금 더 지나 동대구역에 도착했다. 조사자의 한사람인 장지혜의 사촌 오빠의 안내로 안동으로 향했다.

도산서원에 도착했으나 퇴계 선생에 관한 일화를 아는 사람은 만날 수 없었다. 설화를 쉽게 채록할 수 있을 줄 알았는데 난처했다. 허탈한 마음으로 퇴계 선생의 종가집을 찾아갔다.

종가집에 이르렀다. 연세가 지긋하신 할아버지 한 분을 만났다. 할아버지는 퇴계 선생의 15대 종손이라고 하였다. 제보자의 조건상 무학(無學)이면 더 좋았겠지만, 할아버지는 학식이 많고 꽤 박식하였다. 할아버지는 퇴계 선생에 대해 많은 이야기를 해 주었다. 경상도 땅에서의 인재 양성, 율곡과의 사상 대립, 선생이라는 존칭, 왜란과 충무공과의 관계까지 많은 말씀을 하였다. 그러나 길안에서 마지막 조사를 마친 후 녹음기가 말썽을 일으킨 것을 알게 되었다. 한 시간 넘게 녹음한 퇴계 선생에 대한 이야기는 개미 소리만큼이나 작게 녹음되어 듣기 가 어려운 지경이었다.

종가집에서 나와 하회마을로 갔으나 자료 수집에 실패하고 장지혜의 외가가 있는 길안으로 향했다. 외삼촌의 도움으로 퇴계 선생에 대한 이야기를 아시는 분을 만날 수 있었다. 비교적 수월하게 조사를 마쳤다. 그러나 종가집에서부터 녹음한 것들이 모두 제대로 들리지 않았다. 다행히 길안에서의 녹음은 제보자의 집 녹음기로 다시 할 수 있었으나 종가집 제보는 포기할 수 밖에 없었다.

할아버지 : 모자랐다 그런 얘기가 있어, 부인이. (예) 그래가지고 퇴계 선생이 뭐좀- 버선을-.

할머니 : 버선을 끼는데-.

할아버지 : 그래.

할머니 : 부인이 좀 모자라. (하하하) 부인이 좀 모자라 가지고

딴 색 천을 갖다가 끼워서-.

할아버지 : 색 천을 끼웠어.

할머니 : 그거를 딴 사람들이 보고 선비가 글고 다니니까 그게 아주…그게 좋은 건 줄 알고 딴 사람들도 (할아버지 기침) 기워 입고 다니고-그래 부인이-.

할아버지 : 부인이 야물지 않고-. [조사자 : 아, 부인이 좀 모자랐어요?] 응, 그런 얘기가 있어-.

제보자 : 김철용(73세, 남, 경북 안동시 길안면, 중학교 중퇴, 농업)
조사자 : 김해림(문과대학 인문학부 국어국문학전공), 장지혜(문과대학 인문학부 국어국문학전공), 장동숙(문과대학 인문학부 국어국문학전공)
조사일 : 2001년 11월 25일
장　소 : 경상북도 안동시 길안면 제보자의 집
[출전] 『퇴계학연구』 16집, 단국대학교 퇴계학연구소, 2002. 8. 30, 227~228면.

8-1-26. 과부 며느리를 개가시킨 퇴계(1)

퇴계 선생이, 자제가 돌아가시고 혼자 있는 며느리가 있었는데, 그말 아지?

[조사자 : 잘 몰래요.]

혼자 참 남편을 잃고 혼자 참 수절 지키고 있었는데, 퇴계 선생이 이래 밤이 이식하며는(깊어지면) 집을 한바퀴 빙 이래 모양이라. 도는데 며느리 있는 방에서 뭐 이래 수근 수근 수근 소리가 사람 소리가 나는 소리가 듣기(들려). 그래 이래 이상하다 싶어가주고(싶어서) 춤(침)으로 종이를 뚫어가지고 보이까 그 자기 며느리가 과일이라든가 음식을 차려놓고 자기 남편에게,

“이거 잡수세요 저거 잡수세요.” 하는 소리라. 퇴계 선생은,

'이거 외간 남자가 와 가주고 여 와 안 있느냐?' 이래 생각했는데 그 문을 이래 보이까 그게 아니고 참 자기 남편에게 지극 정성으로,

"이거 자세요 저거 자세요." 하더라네. 그래가주고,

'야 저렇게 죽은 남편을 생각하는 사람이 어데 있느냐' 싶어 가지고 사돈에게 편지를 했어.

'내가 도저히 안스러워서 못보겠다. 개가(改嫁), 내 메느리를 집으로 친정으로 디려다가 개가를 시켜라.' 그래하니까 그 사돈이,

'그래할 수 있느냐.' 그래하면서 참 몇 번 권하니까 그래 인제 개가를 시켰거든.

그래 퇴계 선생이가 어디 이래 여행을 가시는데 날이 저물어 가지고 어느 집에 이래 하룻밤 자게 됐단 말이라. 자게 됐는데 그 이튿날, 그날 저녁상하고 그 이튿날 아침상이 들어오는거 보이까 나물 무쳤는 음식맛이나 반찬 맛이나 국 끓였는 그 맛이나 꼭 자기 며느리 솜씨 같단 말이래. 그래 이상타 싶어 그 다음에 작별하고 인제 나올 직에,

(조사자를 향해)

보신(버선) 아지?

[조사자 : 예.]

양말 대신 옛날 보신. 보선을 한 켜레 이래 주거든. 보선을 신으니까 꼭 신발이 딱 맞단 말이라. 아하 이거 틀림없이 내 메느리다. 그래 그 메느리가, 메느리 개가했는 집에 가가주고 하룻밤 주무시고 갔다는 그 얘기가 있고.

제보자 : 임치대

조사일 : 2001년 4월 27일

장　소 : 임하면 금소리 제보자의 집
[출전] 『퇴계학연구』 19집, 단국대학교 퇴계학연구소, 2005. 8. 30, 145~146면.

8-1-27. 과부 며느리를 개가시킨 퇴계(2)

[이야기 한번 해보시이소.]

그르이 그걸, 혼자 혼자 오래 계시이께네 그래가주 그랬어요. 그랬지 그 뭐 딴 거는 글끼 아이래요. 그른건 아이고.

[자부(子婦)되니가 혼자 계시니 안쓰러워서 그랬단 말이껴?]

예, 예, 예. 그래 그랬지. 그걸 일부러 그래 했는거는 아이래요.

제보자 : 이영식
조사일 : 2001년 7월 11일
장　소 : 도산면 온혜 2리 당나무 아래
[출전] 『퇴계학연구』 19집, 단국대학교 퇴계학연구소, 2005. 8. 30, 146~147면.

8-1-28. 개가시킨 며느리에게 우연히 대접받은 퇴계

치대선생도 이야기하는데, 그래서 서울 올라갔다가, 오르, 오르내리는 길에 그래 인제 날이 저물어서 인제 그, (잠시 침묵) 그 참 어데 요새로 말하자마 하숙(下宿)을 하고 가야된단 말이래.

그래 그래 인제 하숙집에 조월천이 드갔는데, 그래 그 아들네미가 밥을 해 들릇는데, 상을, 밥상을 해 들릇는데, 그 어떤 계기로 퇴계 선생이 즐겨하시던 그런 나무쇠(나물)라든지 반찬을 해가주 그래 들릇트란 이야기라.

그래가주설랑 조월천이가 이상하다 싶어가지고 그래고 하직을 하고 나오다가,

"선생님 참, 식사를 해보니까 꼭 선생님 집에서 하시던 찬 꼭 그대롭니다. 이상합니다."

(음료수를 마시고 나서)

"글치."

"그래, 선생님 어옌 말씀입니까? 글치카이 어옌 말씀입니까?"

"그래 그 아녀자가 집에 며늘아 돼던 사람이라 그렇다."

그래 조월천이가 고마, 조월천이가 거 서서 입을 손가락 여갖고 다 토해브랬어. 다 토해브랬다.

그래서 조월천이가 너무 이제 청(淸)하다. 근데 그게 이게 이게 야담(野談)인데 이건 야담이라. 그래가주고 개가법(改嫁法)을 막았다카는데, 그 사실은 그것이 이제 그 당시에로 말하자마 남인 서인이니, 노론소론 칼 데니까 그때 이제 싹이 틀 때라 그 때가 시방 싹이 트고 있는 중이랬어 지금. 그랬으니까 퇴계 선생을 과시하느라고 그런 말이 나왔는지 뭐 어쨌는지 모른다 이 말이라 사실은. 퇴계 선생이 거 개가법을 막을 수 없는 일이거든. 국론이 통일되이 되는거지. 그러나 그 야담에 있는 거는 퇴계 선생이 인제 그래가주고 개가법을 막았다.

제보자 : 임재진

조사일 : 2001년 5월 11일

장　소 : 임하면 금소리 제보자의 집

[출전] 『퇴계학연구』 19집, 단국대학교 퇴계학연구소, 2005. 8. 30, 147~148면.

8-1-29. 퇴계 선생의 바보 어머니 이야기

도산서원 앞 매점 할머니의 조언으로 상계 할머니를 만나기 위해 길을 묻다가 동네 어귀에 사는 제보자(김말순 할머니)를 만나게 되었다. 제보자의 고향은 경상북도 의성군이고 현재는 경상북도 도산면 분천리에 살고 있다. 햇볕에 그을린 듯 피부는 다소 검고, 머리색도 검으며 나이에 비해 비교적 정정하였고, 경상도 사투리를 쓰나 조사자가 알아들을 수 있을 정도로 심한 편은 아니었다. 치아 상태는 앞니 중 빠진 이는 없으나, 금니가 있는 정도로 비교적 양호하였다.

제보자의 성격은 활달하며, 호의적이다. 기억력은 가사가 까다로운 어려운 노래(민요, 도산십이곡 등)를 정확히 기억하고, 일본 노래, 미국 노래도 안다며 부르는 것으로 보아 매우 좋은 편이다. 이야기를 구연하는 능력도 상당하나, 노래하는 것을 더 좋아하였다. 전 제보자에 대해서는 시댁이 진성 이씨리 생활 속에서 자연스럽게 듣고 배우게 되었다고 한다.

젊은 사람들이 할머니 얘기를 들어줘서 같이 젊어진 것 같다고 오히려 고마워하였다.

옛날에…… 할매 대신 내가 하께. 저 도산 서원 이퇴계 할배 웃대, 웃대 할배가 그마 저게 할매가 그래 등신이래. 하도 등신이라 가지고 하도 모르고 이래가지고 오줌 누러도 업고 갔대. [청중 : 예—] 신랑이 업든공 시어마이가 업든공 업어다가 오줌 누게 해고 똥 누게 해고 했그던. 그르케 등신이래. 그래 똥 누러 가가 노라 케놓고는 저 하늘에 저 뻔쩍뻔쩍하는 저 저 거이 뭐로 하면 저 거는 달, 뻔쩍뻔쩍하는 저 거는 뭔데 하면 저거는 별—. 그래 인제 막 배왔그던. 그래 이제 배와가지고 그래가 또 이제 탑삭탑삭 배와가지고 인제, 이 할미가 이 하도 등신이고 재주가 없어가지고 인제 저기 아들을 낳았다 이거래. 낳아가지골랑 그래 이제 옛날에 이제… 여기는 영천리라 하그던. 영천리가 여 쫌 맹 아주 그, (청취 불능) 영천리가. 종손한테 배운데, 배운데 우예 배웠노카면 하도하도 몰래가주고 그 아들이 나가지고 저게 아이 뭐뭐 옷을 뭐고 다 떨어진 걸 입었다, 입었다 해 기워준다는 게 엄마가 이제 이케 해서 이제 하코. 등신겉은 엄마가 아들을 나아가지고 글을 가키는데 이제 가다가 아들이 마 나이가 들어가가 인제 그카다 인제 저게, 그 사장이지, 옛날에는 그 사장인데 마, 그 사장이 웃고마는 마이 옷을 마구 하얀 쪼가리, 파란 쪼가리 막 그리 다 막 꼬박꼬박꼬박 막 마 기이. 옷을 막 기이가주고 배아가지고. 배아가지고 그래 인자 막 그랴 나갔그던. 그르니끼네 고마 막 이 등신이 어마이가 하도 그래도 이 선생이. 저 사장이 내 그 아들 아이라 카는데 그래도 저 게 저 엄마 해 주는 거라꼬 하도 남한테 그래가 안됐다꼬 안 입고 이래 하는 것도 아이고 그걸 입고 인제 하동도 인제 요새로 말하마 인제 받구 가다가 인제 인제 가지러 가그던. 그르문 마 선생이 그래가지구 입었는 걸 보니까 빨간 쪼가리 노란 쪼가리 막 마이 이래 대 가주고 입었어. (청중들 : 웃음) 학생들이 보골랑 막 급이 나고 빨갛고 파랗고 하니끼네 좋다꼬 그래 집이 가가주고 만고 이 이 학생들 막 즈이 어마이한테 이 막 졸라! 막 선생님이 막 저기 저 그카다 선생님을 그릏게 막 마 빨간거 노란거 막 대아 가주 이제 기이 입었는데 날, 엄마 난도 그래 해가도, 학생들이 막(청취 불능) 그래 기이가주, 그래 기이가주 입고 오그던. 퇴계 선상이 그 뭐라 그랬냐면 느는 이런 거 하지 마라. 나는 하도 내 엄마고 그러카고 그래가주고 몰러가주고 그래 입었지 (청취불능) 그래 너들랑 옷을 매 준대로 다 온나. 나는 이게 조은 옷이 아이고 쪼가리 쪼가리 대 가주고 이제 기이 입은 거이끼네. 내 꺼 보지 말고 옷을 올케 해 가주고 온나. 그래 댔어. 하도 등시이 어마이고 등시이 마누래고 해가주고 그래 몰래가주고, 퇴계 선생 모친은 그크롬 몰랐대. 내가 뭐 봤냐만은…….

제보자 : 김말순(71세, 여, 경상북도 안동시 도산면 분천리, 초등중퇴, 농업)
조사자 : 남주영, 정나리, 김원복(문과대학 인문학부)
조사일 : 2002년 10월 30일
장 소 : 경상북도 안동시 도산면 분천리
[출전] 『퇴계학연구』 17집, 단국대학교 퇴계학연구소, 2003. 8. 30, 160~161면.

8-1-30. 퇴계 선생에게 누룽지뭉치를 던진 부인

동네 이웃 할아버지의 소개로 제보자를 만나게 됐다. 억양은 어렸을 때 부산에서 살았던 관계로 경북 사투리를 구사하며, 점잖고 차분한 모습으로 말을 조리 있게 잘 하였다. 퇴계 선생의 후손인 진성 이씨로 선생에 대한 역사적 사실을 많이 알고 있었다. 이야기 구연에서도 적극적인 태도를 보였다. 퇴계 선생의 생애가 주를 이루어 제보자에게 다른 이야기를 해 달라고 하였다.

퇴계 선생 부인 얘기 들어보면 촌 여자라 가지고 여러 어른들이 이렇게 모였을 때 부인이 누룽지를 끌고 와가지고, 누룽지를 누룽밥 있지. 이걸 끌러 와가지고, 끌고 와가지고 그 여러 손님 있는 데서 뭉쳐 가지고 그걸 갔다가 퇴계 선생한테 이렇게 던져 주더래. 그래 가지고 퇴계 선생이 받으면서 얼마나 미안해. 여러 사람 있는 데서 이 누룽지를 받으니까. 얼마나 미안한 거여.

미안하면서도 자기가 뭐라 그랬나 하면은 아 이 누룽지가 이렇게 맛있어 가지고 나한테만 주는구나 이래. 아무 그것을 성을 내지 않고 받아 가지고 그냥 드시더라 하는 전설도 있어.

제보자 : 이동소(69세, 남, 서울시 은평구 역촌동)
조사자 : 정연준(사범대학 한문교육학과)
조사일 : 2002년 10월 26일 오전 10시
장 소 : 서울시 은평구 역촌동
[출전] 『퇴계학연구』 17집, 단국대학교 퇴계학연구소, 2003. 8. 30, 152면.

8-1-31. 퇴계 선생의 버선을 기워준 퇴계 부인

퇴계 선생에 관한 설화를 채록하는 일이 쉽지가 않았다. 여기저기에 도움을 요청하고 어렵사리 제보자를 찾아도 바쁘다거나, 선생에 관한 희화한 이야기는 해줄 수 없다는 반응들을 보였다. 수소문 끝에 찾은 곳이 단국대학교 동양학연구소였다. 그 곳에서도 제보자가 되기를 꺼려하였으나 조사자의 간청으로 연결된 분이 제보자이다. 제보자 또한 조사자의 부탁으로 구연에는 응하여 주었으나, 사진 촬영과 본명을 밝히는 것은 거절하여 제보자의 자세한 인적 사항을 기록하지 못하였다. 제보자는 55세로 고향은 안동이라고 하였다.

구연의 시작은 딱딱하고 약간은 부자연스러운 듯 했으나 차츰 자연스럽게 진행되었다.

조정에 나갔을 때 한 번은 저… 보선을 빨간 천으로 기운 기운 보선을 신고 나갔어. [조사자 : 퇴계 선생이요?] 응 그러니까 그 모든 조정 신하들이 보고 퇴계 저 유명한 양반이 빨간 보선을 저 빨간 헝겊으로 보선을 기워 신었으니 이거는 뭔가 큰 의미가 있는 것이다 하고 그 이튿날 온 조정 신하들이 다 빨간 보선 빨간 헝겊으로 버선을 기워신고 나왔더래…. 그런데 그 부인이 하도 모잘라서 그래 해 준 거거든. 모잘라서 빨간 헝겊으로 기워준 거야. 근데 그 양반 어떤 양반이냐…. 퇴계 선생이 먹을 갈다가 벼룻물이 떨어져 벼룻물 뜨러오라 그러니까 벼룻물 좀 가져와라 그러니까 물을 한 동이 이고 와요. 이고 와서 벼룻물 딱 두 방울, 세 방울, 딱 쓸 만큼만 툭 뜩기고 가 그 살짝… 초능력자지…. 그런 이야기도 있어.

제보자 : 김능하(55세, 남, 편자)
조사자 : 이승덕(사범대학 한문교육과)
조사일 : 2002년 11월 6일
장 소 : 단국대학교 동양학연구소
[출전] 『퇴계학연구』 17집, 단국대학교 퇴계학연구소, 2003. 8. 30, 152~153면.

8-1-32. 홀로 된 며느리를 개가시킨 퇴계 선생

조사자는 퇴계 종택이 있는 안동 토계리에 도착하여 도산서원 관리사무소를 방문하였다. 구연을 부탁하는 조사자에게 처음에는 곤란한 표정을 짓고 있던 직원들은 아는 대로 자연스럽게 말해달라는 말에 한 사람씩 말문을 열더니 많은 일화들을 구연해 주었다. 제보자들은 모두 안동에서 오랫동안 살아온 토박이로서, 어렸을 때부터 집안에서 듣거나 동네에서 들은 것이라고 하였다.

도산서원의 관리사무실 환경미화원 아저씨께 이야기를 부탁드렸더니, 처음에는 이야기해 주시기를 꺼리다가, 서울에서 온 것을 알고는 먼 곳에서 왔다며 이야기를 들려주셨다.

본 제보자인 강병욱 씨는 퇴계일화를 여러 가지 알고 있는 듯하였으나 말수가 적은 탓인지 한 가지의 일화를 구연해 주었다. 일화를 친절한 말투로 상세히 해주었다.

어느 날은 인제 퇴계 선생이 공부하다가 뒤뜰에 가다 보니까, 퇴계 선생 인제 며느리 방에서 이상하게 누군가가 대화를 자꾸 하고 있는 거라. [조사자 : 네.] 그래가지고 아휴 이거 이거 우리 며느리 혼자 있는데 클났구나 싶어 가지고 문구멍으로 보고 딱 여니까, 허수아비를 맹글어 놓고, 저기 인제 며느리가. [조사자 : 며느리가] 그래 허수아비를 맹글어 놓고, 그 인제 막 밥을 떠가지고 입에 여어 주면서 잡수세요. 무슨 대화를 하고 있드란 애기라. 그래 퇴계 선생이 인제 이건 참 인간이 할 도리가 아이, 아이다 이래가지고 인제 인제 친정에 연락을 해 가지고 사돈 있는데, 딸을 데꼬 가라 그래가지고 인제 보냈거든, 보내고 어느 날 한양을 올라가다 보니까 어느 인제 주막집에 들리게 되었는데, 어느 어느 주막이 아니고 어느 집에 들리게 되었는데, 하루쯤 묵고 가는데, 인자아 제 딱 상이 나오는데, 이상하게 반찬하고 모든 게 내 입에 맞는 거라. [조사자 : 네.] 이상타 하고 또 그 다음 아침에도 또 반찬이 맞고, [조사자 : 네.] 그래 가지고 이 이게 희한한 일이라 생각했는데, 그래 길을 떠날라 하는데, 버선을 한 코 주더란 얘기래. 근데 버선이 퇴계 선생이 딱 끼니께는 자기 발에 딱 맞더라 그래. [조사자 : 네.] 그래 가지고 인제 길 떠나면서 먼발치 이래 보니께는 그 며느리가 인제 이래 바라보고 있더란 그런 얘기래. [조사자 : 아, 그러니까 그 집이 그-] 그, 글루 인제 개가해 갔는거지. 인제 시집을 갔는거지. 응.

제보자 : 강병욱(48세, 남, 도산서원 환경미화원)
조사자 : 김수연, 정수진(사범대학 한문교육과)
조사일 : 2002년 11월 2일
장　소 : 안동시 도산면 토계리 도산서원 관리사무소
[출전]『퇴계학연구』17집, 단국대학교 퇴계학연구소, 2003. 8. 30, 145~146면.

2) 기생에 대한 설화

8-2-1. 단양기 두향의 아화(雅話)

퇴계는 제세구민할 경륜과 포부를 가지고 위국위민의 선정을 베풀어 볼 생각이었지만, 당시 정세는 척신과 소인들의 간계가 성행해서 많은 현량이 모함 살해당하는 소위 사화가 계속 되든 시절이여서 평소의 포부를 펴낼 길이 없음을 통감하고 벼슬길을 포기하고 후배의 양성으로서 다음세대라도 좋은 정치가 이룩되도록 하기를 바라는 마음에서 사환길을 단념할 생각이었다.

퇴계는 일생을 학문 연구로 보내는 것이 소망이었기 때문에 벼슬을 수없이 사양하였다. 그러나 퇴계는 워낙 덕망이 높고 경륜이 많은 대학자였기 때문에 당대의 임금들도 그를 벼슬자리에서 놓아주지 않았다. 그럼에도 불구하고 퇴계는 본의 아닌 사환(仕宦)생활을 참고 견디다 못해 마침내 내직(內職)에서나마 벗어나고 싶은 생각에서 외직(外職)으로 내보내줄 것을 자청하였다. 오늘날로 치면 중앙 관서에서 지방 관리로 내보내 줄 것을 청원한 것이었다.

그리하여 퇴계가 단양 군수로 부임한 것은 48세 때의 일이었는데, 그는 군수로 재임 중인 10개월 동안에 지방 민정을 샅샅이 보살펴서 우리나라 최초의 저수지(貯水池)인 '복도소(複道沼)'를 만들어 농사를 근본적으로 개량하였고, 또 「단양팔경(丹陽八景)」 제정하여 농민들의 정서 순화에도 많은 치적을 남겼다.

그런데 그해 10월에 친형인 대헌공(大憲公)이 직속상관인 충청도 관찰사(忠淸道觀察使)로 부임해 오자, 퇴계는 그날로 사표를 내 놓았다. 왜냐하면 형과 아우가 직속 상하관 관계로 있으면 모든 공사에 공평을 기하기가 어려울 뿐만 아니라, 세상 사람들에게 오해를 살 우려가 있기 때문에 그런 불미스러운 일을 미연에 방지하려고 사표를 제출한 것이었다. 실로 퇴계다운 청렴결백한 성품의 결정이라고 하겠다. 그리하여 퇴계는 충청도를 떠나 이번에는 경상도 풍기(豊基)군수로 전근되었다.

그런데 퇴계가 단양을 떠난 뒤에 단양 고을에는 퇴계와 관련되는 꽃다운 기녀(妓女)의 꽃다운 사건이 하나 발생하였다.

그 당시 단양 고을에는 두향(杜香)이라고 하는 아름다운 기생이 있었다. 가무는 말할 것도 없고 시문에도 능하고 서화에도 출중하여, 명기 중의 명기라고 일컬어 오는 기생이었다. 그녀는 만인의 애인 노릇을 하면서도 지조가 깨끗하기로는 어느 대가댁 사대부 부인 못하지 않았다.

그러한 두향이가 신임 사또 이퇴계를 한번 대하자, 그의 고매한 인격과 심오한 학문에 감탄한 나머지 사또의 수청 기생이 될 것을 자청하고 나왔다.

퇴계도 두향의 비상한 재주와 비범한 총명을 무척 어여삐 여겨 그녀를 수청 기생으로 용납하였다. 그리하여 한가한 시간에는 두향과 더불어 학문을 일깨워 주고 시화(詩話)와 음률을 즐기기도 하였고, 때로는 산수에 노닐며 인생을 논하기도 하였다.

지금까지는 부화(富華)한 시중 잡배나 코답지근한 부유(腐儒)들 하고만 추축해 오던, 두향은 퇴계의 거룩한 정신세계에 크게 감화되어, 마침내 퇴계를 진심으로 사모하게 되었다. 지금까지는 항간(巷間)의 일개 기녀에 불과했던 두향이가 퇴계의 인격에 감화되어, 나중에는 성녀(聖女)와 같이 고매한 정신의 소유자로 화해가고 있었던 것이다.

그러나 퇴계의 수청을 드는 기간은 그다지 오래지 않았다. 퇴계가 열 달 만에 단양을 떠나게 되자 두 사람은 이별을 나누는 수 밖에 없었다. 두향은 단양 고을에 매어 있는 관기(官妓)로서 사또의 수청을 들었을 뿐이었고, 퇴계는 사또의 자리를 떠나는 몸이니 두향에게 그 이상 미련을 두어서는 안 될 형편이었다.

퇴계와 이별하는 두향은 가슴이 찢어지게 아팠다. 평생을 통해 진심으로 사모할 수 있었던 오직 한사람과 영원히 이별하게 되었으니, 두향의 마음이 얼마나 아팠으리라는 것은 짐작하고도 남을 만한 일이었다.

그러나 먼 길 떠나시는 거룩한 어른의 심정을 괴롭힐까 두려워 두향은 눈물로 보이지 아니하고 웃음으로 전송하는 수밖에 없었다.

퇴계가 단양 고을을 떠나자, 두향은 온 세상이 텅 비어있는 것만 같았다. 이제는 생에 대한 의욕이 상실되어 느껴지는 것은 오직 허망감뿐이었다.

'거룩한 어른은 이미 멀리 떠나가 버리셨으니, 나는 이제 누구를 상대로 기생 노릇을 해야 한다는 말인가?'

지난날에는 기생으로서 시중 잡배를 상대로 엄벙덤벙 살아왔지만, 퇴계를 알고 난 지금에는 버러지 같은 그들을 상대로 술을 따르며 웃음을 파는 짓은 죽어도 못할 것 같았다.

죽으면 죽었지 이제부터는 기생 노릇은 죽어도 못할 것 같았다.

두향은 몇 날 몇 밤을 두고 혼자 고민하다가, 마침내

'그 어른을 모시던 몸이 다른 사람과 다시 어울린다는 것은 그 어른에 대한 모독이 아니고 무엇이겠는가. 나는 오늘로서 기적(妓籍)에서 물러나 여생을 오로지 그 어른만을 사모하면서 깨끗하게 살아가자.'

그와 같은 결심을 하고 그날로 퇴적계(退籍屆)를 내 놓았다.

그날부터 두향에게 고독하기 짝 없는 사모의 시간이 끝없이 계속되었다. 퇴계가 못 견디게 그리울 때면 그 옛날 그와 함께 다정하게 노닐던 강변을 혼자 더듬어 다니면서 그가 들려주던 가지가지 이야기들을 회상하는 것으로 유일한 낙을 삼았다. 무척 고독하다가도 퇴계의 추억만 더듬기 시작하면 그것만으로도 무한한 행복감을 느낄 수 있는 두향이었다.

그러나 누구에게도 말할 수 없는 마음의 상처가 너무도 커서, 그로부터 몇 해 후에 두향은 마침내 병으로 눕게 되었다. 그리하여 소생할 가망이 없음을 깨달은 두향은 임종을 당하여 집안사람들에게 이렇게 유언하였다.

"내가 죽거든 내 무덤은 강가에 있는 거북바위[龜岩] 옆에 묻어다오. 거북바위는 내가 퇴계 선생을 자주 모시고 가서 시를 말하고 인생을 논하던 곳이다."

가족들은 유언에 의하여, 두향의 시체를 한강이 바로 눈앞에 굽어보이는 거북바위 옆에 묻었다.

그리하여 4백여 년이 지난 지금에도 잡초가 우거지 거북바위 옆에는 두향의 무덤이 초라하게 남아 있는 것이다.[1)]

충주댐이 완성되면, 그 무덤이 수몰되어 버린다 하기에 재작년에 나는 퇴계학연구원 이사장이며, 퇴계의 15대 후손인 이동

준(李東俊) 선생과 함께 단양 군수를 방문하여 수몰 시에는 두향의 무덤을 안전지대로 이장해 줄 것을 청탁한 바 있었다 군수도 쾌히 승락해 주셨다.

1) 필자는 4년 전에 두향의 무덤을 직접 답사한 바 있었다.

[출전] 정비석, 『퇴계일화선』, 퇴계학연구원 1983. 7. 5, 151~156면.

8-2-2. 퇴계 선생을 사모했던 권부향

서울역에서 첫차를 타고 3시간이 조금 더 지나 동대구역에 도착했다. 조사자의 한사람인 장지혜의 사촌 오빠의 안내로 안동으로 향했다.

도산서원에 도착했으나 퇴계 선생에 관한 일화를 아는 사람은 만날 수 없었다. 설화를 쉽게 채록할 수 있을 줄 알았는데 난처했다. 허탈한 마음으로 퇴계 선생의 종갓집을 찾아갔다.

종갓집에 이르렀다. 연세가 지긋하신 할아버지 한 분을 만났다. 할아버지는 퇴계 선생의 15대 종손이라고 하였다. 제보자의 조건상 무학(無學)이면 더 좋았겠지만, 할아버지는 학식이 많고 꽤 박식하였다. 할아버지는 퇴계 선생에 대해 많은 이야기를 해 주었다. 경상도 땅에서의 인재 양성, 율곡과의 사상 대립, 선생이라는 존칭, 왜란과 충무공과의 관계까지 많은 말씀을 하였다. 그러나 길안에서 마지막 조사를 마친 후 녹음기가 말썽을 일으킨 것을 알게 되었다. 한 시간 넘게 녹음한 퇴계 선생에 대한 이야기는 개미 소리만큼이나 작게 녹음되어 듣기 가 어려운 지경이었다.

종갓집에서 나와 하회마을로 갔으나 자료 수집에 실패하고 장지혜의 외가가 있는 길안으로 향했다. 외삼촌의 도움으로 퇴계 선생에 대한 이야기를 아시는 분을 만날 수 있었다. 비교적 수월하게 조사를 마쳤다. 그러나 종가집에서부터 녹음한 것들이 모두 제대로 들리지 않았다. 다행히 길안에서의 녹음은 제보자의 집 녹음기로 다시 할 수 있었으나 종갓집 제보는 포기할 수밖에 없었다.

퇴계 선생을 사모하는 그…기생이 있었는데, 사모하다 그래 죽어부렀어. 죽어서…하여튼 그런 이야기가 있어…. [조사자 : 예? 아니, 다시….] 다시? (헛기침) 인제 단양 군수 시절에 (헛기침) 그…퇴계 선생이 참…그…학자고 이러기 때문에 (헛기침) 그 기생이 사모를 했다고, 퇴계 선생을. 이름이 권부향이라, 부향. 수청을 들라 그니까 퇴계가 안 된다, 응? 참, 선비니까 옛날 선비가 절제를 해가 이게 잘 못 들게 했다. 그래가 이래 사모하고 (헛기침) 이래 해 오다가, 에…전근해 경기군수로 왔어요. 떠나게 됐는데 경기군수로 떠날 때 따라올라니까 역시 퇴계 선생이…안 된다고…. 그래 사모하다가 거기서 죽었어요. 죽었는데…에…그 무덤이 어디 있느냐 하면 (헛기침) 단양 팔경에 무슨 동 무슨 동…뭐…팔경이 있어…, 옥선동 맞은편에. 에… 무덤이 있었는데 충주댐을 인자… (헛기침) 그 무덤이 있는데도 무덤이 잔디가 안 났대. 퇴계 선생을 사모…한이 맺혀서. 하튼 그런… (헛기침) 그래가 충주댐으로 인해서 수몰되게 되었어…. [조사자 : 네.] 수몰되게 되니까…인제…잠계됐다…. (하하하… 다시다시) 그래 이제 사모하다 죽었어. 죽었는데 (기침) 동네 사람들이, 기생이니까, 동네 사람들이 사해를 끄내가지고 장례를 치러줬는데 사해가 떠나지를 않아…. 타지를 않애…. 동물들이 메고… (웃음) 말이 안 떨어져…. (작은 소리로) 누가 퇴계 선생 속옷을 넣어주니까 사해가 떠났다, 그런 얘기가 전해져 있고…. 그래…있었는데 충주댐으로 인해 가지고 (헛기침) 수몰…, 수몰돼…, 이장…, 자손들, 퇴계 자손들은 퇴계 문중에서 매년 제사를 지내주지…. 그래 오다가 이장을 했는데 이장하고도 이장할 때도… (작은 목소리로) 지금까지도…. (하하하 또…)

제보자 : 김철용(73세, 남, 경북 안동시 길안면, 중학교 중퇴, 농업)
조사자 : 김해림(문과대학 인문학부 국어국문학전공), 장지혜(문과대학 인문학부 국어국문학전공), 장동숙(문과대학 인문학부 국어국문학전공)
조사일 : 2001년 11월 25일
장 소 : 경상북도 안동시 길안면 제보자의 집
[출전] 『퇴계학연구』 16집, 단국대학교 퇴계학연구소, 2002. 8. 30, 232~233면.

8-2-3. 퇴계 선생을 사모한 매향

채록을 마치고 도산서원을 견학하던 중 우연히 안내를 받으면서 알게 된 제보자이다. 우리가 안동에 오게 된 경위를 설명하자, 평소 퇴계 선생을 존경해 왔다면서 자신이 알고 있는 이야기를 구연해 주었다. 퇴계 선생 이야기라는 소리에 반가운 우리는 잠시만 기다려 달라면서 녹음기를 준비하였다. 막상 녹음기가 보이자 다소 경직되기는 했으나 차분히 구연하였다. 우리들이 학생이라는 점 때문인지, 다소 교훈적인 이야기가 주를 이루었다.

그리 크지 않은 키에 보통 체격, 까무잡잡한 피부, 안경을 착용, 경상도 사투리를 구사하였으며, 퇴계 선생에 대해서는 어린 시절부터 들어온 것과 책을 통해서 안 것이라 한다.

퇴계 선생이 단양군수로 있을 적에는 그 매향이라는 그 기녀가 있어요. 매향이 그 기녀 산소가 지금껏 단양에 있는데 여기 후손들이 일 년에 한 번씩 시야제를 갑니다. 그게 인제 퇴계 선생이 사모했던 여인이기 때문에…. 슬하에 그 뭐 자식은 없는 거고 퇴계가 단양군수로 있으면서 계실 적에 그 사회남쪽으로 들어가 보면 지금 현재 우리는 안동댐이나 댐 건설이지요. 지금은 발달해 댐을 이래 했는데 그 때는 보로 막았어요. 단양군수로 드고 보니 가물고 국민들이 굶고 몸을 이랬다 그래요. 그래서 퇴계가 가만히 생각하니 연구 끝에 아! 이게 안 되겠다 이래 가지고는 도저히 안 되니 물을 막아가지고 필요할 때는 빼내어 써야 되지 않겠냐, 이래가지고 어전 앞에 상소를 올려가지고 인제 그 받아가지고 인제 그랬지. 지금은 지금으로 치면 국가보조를 받아가지고 인부들 시켜가지고 하나하나 보를 만들어 지금부터 그 사회 남쪽으로 이쪽으로 보면 자리가 있어요. 지금은 물이 이래가지고 줄줄 흐르고 있어요. 지금은 많이 맥혔지. 사실상 그래가지고 보를 막으면서 농민들 농사를 지니까 농민들 허기를 면했다 그래요. 그래가지고 여기 풍기군수로 올 때 왜 퇴계 군수로 왔느냐 하면은 에... 퇴계 선생님 바로 우에 형이 단양감찰사로 왔는 기야. 그래서 두 분이 서로 와 한곳에 있지 못하이 인제 상소를 올려가지고 '아, 저는 풍기군수로 해주십시오.' 이래가지고 넘어 올 적에 제가 그 매향이라는 기녀가 지금은 술집 색시 아가씨지만 그 때는 기녀가 퇴계 선생을 굉장히 사모했어요. 자기 혼자 암만 고을에 누구누구와도 이런 분은 없었는 기라. 사또로 와도 돈만 탐내고 퇴계 선생 이황은 그게 없었는 기라. 그게 없어가지고는 지금 현재 도선서원에 있는 매화나무가 많지요. 매화나무가 왜 많이 생겼나면은 풍기군수로 넘어올 당시에 그 기녀가 아주 아끼던 자기 조상한테 물려받았던 매화나무를 한 그루 저 유물로 받았는 기

라. 그 받았는 기를 아끼고 아끼고 하던 기를 퇴계 이황이 풍기군수로 간다고 하던 소리를 듣고 죽령재까지 찾아 올라왔는 기야. 찾아 올라와서 '선생님 제가 선물할 것은 없고 제가 아끼고 조상대대로 물려받든 것이 바로 이거 하나밖에 없습니다.' 해서 매화나무를 줬다 그래요.

제보자 : 김상윤(54세, 남, 경북 안동시 도산면, 중등교육, 상업)
조사자 : 박연우(사범대학 한문교육학과), 조정남(문과대학 인문학부), 전소라(상경대학 경영회계학부)
조사일 : 2002년 10월 26일
장 소 : 도산서원 내
[출전] 『퇴계학연구』 17집, 단국대학교 퇴계학연구소, 2003. 8. 30, 166~167면.

8-2-4. 퇴계 선생과 기녀 두향

제보자는 경북 안동 토박이며, 직업의 특성상 알고 있는 이야기가 많았다. 차분하고 침착하게 구연을 해 주었으며 조사자에게 매우 호의적인 태도였다.

남재주 씨께서 안타까운 사랑 이야기가 있다고 하시면서 퇴계 선생님과 기녀 두향이와의 이야기를 들려 주셨다.

이 퇴계 선생이 그 외직에 나아간 게 풍기 군수하고 단양 군수 그 때 인제 스토리가 많은데, 단양 군수에 나갔을 때에 그 인제 그 쪽에 기생이 하나 있었어요. 두향이라는 기생이 있었는데. 그 두향이가 인제 관에 소속된 기생인데, 단양이 아니고 단양 바로 인접한 고을에 기생이었어요. 그래서 그 자기가 살고 있는 곳을 단양 땅으로 편입시켜 달라고, 그러면은 퇴계 선생을 모실 수가 있으니까 청을 넣었는데, 결국 그래서 그게 에 감사까지 올라 충청도 감사까지 올라갔는데 결국은 인제 편입이 안 됐어요. 이 고때가 풍기군수 할 아 단양군수 할 때가 두 번째 부인 돌아가신 뒵니다. [조사자 : 예.] 그러니까 법적으로는 부인이 없는 거에요. 고 때에 인제 그 채 1년도 안 되지 싶은데, 풍기군수 아 단양군수 한 게 고 때에 인제 그 두향이라는 기생이 그야말로 퇴계 선생한테 뽕 가가지고 계속 (웃음) 거기 계실 동안 인제 어떤 그 뭐 글을 짓는다든가 어디 산책을 한다든가 옆에서 인제 밥시중이라든가 모든 걸 다 이렇게 시중을 듭니다. [조사자 : 네.] 그래서 인제 퇴계 선생이 거길 그만두고 내려오실라 이쪽으로 안동으로 내려 오실려 그럴 때 따라 올려고 그럽니다. [조사자 : 네.] 기생이. 근데 기생은 이게 관에 매인 몸이니까 못 따라오지요. 그래서 흐흠 인제 못 따라오게 되는데, 지금도 그 두향이 무덤이 있어요. [조사자 : 네.] 그 지금 충주댐…에 가면 있는데, 지금 유람선…. 거기가 단양인가 그 쪽에서 배타고 유람하는 코스가 있는데, 그 쪽에 가면 인제 무덤이 쪼끄만한 무덤이 하나 있어요. 그 안내하는 사람이 그 두향이 무덤이라 카는데, 고 두향이를 기념을 해 가지고 매년 한 번씩 두향제라고 어떤 행사를 치룬다고 [조사자 : 네-아-네-.] 고것도 인제 원래 수몰되, 수몰될라고 그랬던 걸 좀 위로 오… 옮긴 거라고 그러더라구요. 그이 물에서 얼, 불과 얼마 안 올라가 있어요. 한 5메다 가까이 정도 될려나, [조사자 : 음] 고러한 기생이 참 가슴 아픈 (웃으면서) [조사자 : 네… 기생이.] 러브스토리가 있었습… (웃으면서) [조사자 : 네 기생이 예 이황 선생님 좋아했는데.] 네 [조사자 : 그러니까 혼인하거나 뭐 기생이니까.] 예 [조사자 : 그러지는 못하고.] 그러지는 못하지. [조사자 : 네 계속 섬겼고 그랬던 일이 있었군요.]

제보자 : 남재주(33세, 남, 경북 안동시 태화동, 경북문화유산해설사)
조사자 : 김수연, 정수진(사범대학 한문교육학과)
조사일 : 2002년 11월 2일
장 소 : 안동시 도산면 토계리 도산서원 관리사무소
[출전] 『퇴계학연구』 17집, 단국대학교 퇴계학연구소, 2003. 8. 30, 171~173면.

8-2-5. 퇴계 선생을 사모한 기생

할머니라고 말하기에는 너무나 젊어 보이고 나이 또한 그다지 많지 않았지만 퇴계 이황 선생님에 대해서 들은 이야기를 서울시 영등포구 신길5동 복지회관에서 들려주었다.

할머니는 어려서 교사였던 작은아버지께 이 이야기를 들었다고 하였으며 끝까지 친절하게 응해주었다.

퇴계 선생이 이황 선생님 말하는 거 맞지? [조사자 : 네 퇴계 이황 선생님이요.] 응 그래… 내가 퇴계 선생에 대해서… 가만있자… 옛날에 그 작은아버지한텐가 잠깐 들었긴 한데, 기억이 가물가물해… 기억이 맞을랑가 모르겠는데, 암튼 생각나는 대루 얘기를 할 테니깐 잘 들어봐. [조사자 : 네.] 퇴계 선생 옛날에 공부를 못했던지 우리 지금 생각하고는 다르게 시험을 보면 그렇게 낙방을 하고 그랬대…. 시험만 보면 떨어지고 떨어지고 하도 그렇게 하다가… 한 10년인가 15년인가…. 계속 과거시험만 공부하다가 겨우 인제 시험을 봤는데 다행히도 이제 합격을 했던가 봐-. 그래가지구 이제 그 머냐…. 백성들을 이렇게 다스리고 하는데 그 머냐…. 지금도 그러지? 나랏일 하는 사람들이나, 돈 많은 사람들은 꼭 옆에 이쁜 여자들 끼고 그러구 살잖아-. 그 때도 머 지금이나 다를 게 없지-. 남자들이야 꼭 옆에 여자들 데리고 다녀야 그러치? [조사자 : 네.] (웃음) 근까… 이 퇴계 선생도 나랏일을 하다 보니까 그 이쁜 여자들을 여럿 데리고 다니고 그러는데 어느날인가 한 이쁜 기생을 본 거야. 이 기생 이름이 뭐더라…. 아무튼 이 기생을 보고 다른 것들이 다 눈에 안 찼나 봐. 그래서 인제 너만 남고 머…. 이제 다 나가라-.(웃음) 이런 식으로 해서 이 기생년만 남은 거지-. 근데 이 기생이 얼마나 이쁘던지 사람들이 다 인제 놀랄 지경이었나 바. 그래서… 음… 또 이것이 머냐…. 그 머냐…. 그 옛날에 기생들이 했던 그게 머지? 그 길다랗게 퉁퉁 손으로 치는 거…. [조사자 : 거문고? 가야금이요?] 아! 맞다 그거를 그렇게 잘 쳤나 봐-. 그래서 인제 그거 한번 쳐봐라 했는데 아주 기똥차게 치더라 이거야-. 이 퇴계 선생도 그 거문고 소리에 반해가지고설랑 이제 매일 와서 치라고 했나 봐-. 그러다가 이제 잠자리도 같이 자고 그래서 정이 붙었겠지-. 또 머시냐, 그러다가 이 둘이 헤어지게 됐나 봐-. [조사자 : 왜요?] 어, 그거는 잘 모르겠네. (웃음) 이제 세월이 흐르고 이 퇴계 선생이 나이가 많으니깐 이 기생보다 먼저 죽을거 아녀? 이게 인제 선생이 죽었다고 하니깐 이 기생이 맨날 그 무덤에 가서 그 머냐, 거문고를 들고서 그렇게 쳐댔더라는 거야. "우리 선생님이 좋아하셨어요. 좋아하셨어요." 이러면서 그렇게 밤낮을 안 가리고 무덤에서 살다시피 하다가 인제 어느 날 사람들이 가서 보니까 죽어 있더라 이거지.

제보자 : 김화인(59세, 여, 서울시 영등포구 신길5동, 주부)
조사자 : 고민아, 이윤경(사범대학 한문교육과)
조사일 : 2002년 11월 3일

장　소 : 영등포구 신길5동 복지회관
[출전] 『퇴계학연구』 17집, 단국대학교 퇴계학연구소, 2003. 8. 30, 174~175면.

8-2-6. 단양각시의 수청을 받은 단양 군수 퇴계

또 소가(小家)도 있었어.

[조사자 : 소가도요?]

아, 단양각시라꼬. 아 단양 군수로 계실 적에 수청드는 기생이 있었어. 그런데 그 기생은 단양서 여 풍기로 고사를 옮기러 왔을 때 죽었어. 죽어가주 거 왜 요새 전설은 있어. 단양각시 메(묘)가 있다그는 말이 있잖아.

(단양각시의 묘는 퇴계가 만든 것이 아니라 단양 향내의 사람들이 해 줬다는 이야기를 했다.)

제보자 : 이원무
조사일 : 2001년 7월 11일
장　소 : 도산면 원천리 제보자의 집
[출전] 『퇴계학연구』 19집, 단국대학교 퇴계학연구소, 2005. 8. 30, 148면.

3) 색에 대한 담론

8-3-1. 선생의 밤작란

그때 당시에 률곡 리이선생(栗谷李珥先生)이라는 학자님이 잇섯는대 문장으로나 도덕으로나 퇴계 선생과 서로 억개를 견줄만치 갸륵한 대선생이엿습니다. 지금까지도 세상에서 퇴계와 율곡은 사상이 가트며 도학(道學)이 숭고한 점으로 보아서 동방의 쌍벽(東方之雙璧)으로 누구나 잘 아는 거룩하신 어른들입니다. 그럼으로 률곡선생도 역시 몃 천명의 뎨자를 가지고 잇섯습니다.

넷날이나 지금이나 이십 내외 되는 공부하는 청년들의 작란이야 말 할 것도 업지요만은 그쌔 률곡문하(栗谷門下)에 잇는 여러 청년들 중에도 어지간히 작란쑨이 모혀 잇든 모양이올시다. 하로는 자기네들끼리 몬지가 부옛토록 작란을 치다가 그중의 한 사람이

"얘- 우리 선생님은 도학이 놉흐시기로도 우리나라에서 뎨일 고명하지만은 그러키로서니 평일에는 좀 탈속하게 구는 것이 아니라 엇지나 점잔코 위엄이 잇는지 그 압에 가기가 무시무시하고 해서 보통 사람 가티는 보이지 안으니 그 어른이 밤에 잠잘 적에도 과연 그러케 점잔은가 우리 언제 한번 가만이 엿을 보는 것이 어써하냐?"

이러한 문뎨를 뎨출하니까 여긔서저긔서 손바닥을 치면서 찬성찬성 만장일치로 가결이 되엿습니다. 그리고 나서 작란쑨들은 그날 밤부터 률곡선생의 안방 행차를 고대고대 기다리엿습니다. 어느날 밤인지 선생의 안방 행차가 과연 그네들의 눈치에 들켯습니다. 선생의 뒤를 쌀아 몃 사람은 숨을 죽이고 가만가만이 안으로 드러가서 안방 뒤ㅅ문에다가 귀와 눈을 대이고 선생의 내외가 잠자리하는 거동을 엿보앗습니다. 그랫더니 과연과연 거룩하신 도덕군자(道德君子)이시라 단 두분이 만나서 니불 속에서 노는데도 뎡중한 태도와 장엄(莊嚴)한 위용(威容)으로 엇지나 점잔케 구는지 문 밧게서 보는 작란쑨들도 별로 더 볼 자미도 업고 하니까 그냥 바로 나아와서는 그네들끼리 서로서로 주거니 밧거니 률곡선생의 덕이 놉흔데 탄복(歎服)하

엿습니다.

그 이튼날 그 작란꾼들은 퇴계의 뎨자들을 만나든 길로 바로 자갸네 선생님은 내외 잠자리 하는 데도 그러케 점잔케 위엄잇게 하신다는 자랑을 입에 춤이 말으도록 하엿습니다. 이 말을 들은 퇴계 선생의 뎨자들은 도라 와서 인제 자긔네들끼리

"애- 률곡선생은 이리이리하신다니 우리 선생님은 어쩌하신가 우리들도 한번 엿보기로 하자."

"오냐! 그것참 조흔 말이다!"

이러한 군호를 맛춘언 후에 역시 밤마다 선생의 동정을 살피다가 어느 날 밤 퇴계의 안방 출입을 발견한 여러 청년들은 바로 안방 뒤로 도라가 뒤ㅅ문에다가 춤을 발러 구멍을 뚜루고 가만이 드려다 보니까 이것은 아주 률곡과 짠 판이엿습니다. 턱 방에 드러가면서 그 부인과 주고 밧고 하는 수작이며 옷을 활활 버슨 후에 업치락 재치락 작란 치는 거동이란 정말로 볼 수가 업섯습니다. 그러케 점잔코 장엄하시든 선생님이 안방에 드러가서는 엇저면 그다지도 돌변인지 잡탕 중에도 상잡이며 오입장에도 가당찬은 오입장이엿습니다. 여러 청년들은 그 거동을 눈이 시여서 오래 볼 수가 잇습닛가 그만 바로 쒸여 나와서 자긔네 선생님과 률곡선생을 비교도 해보며 이리로 저리로 비평도 해보고 하느라고 잠을 바로 자지를 못햇습니다. 그리다가 "우리 선생님이 률곡선생보담 점잔키는 아주 못한 것인가 어느 편이 올타고 해야 할가?"의 토론 끗테 결국 "자- 그럴 것 업시 래일 아츰에 단도직입으로 선생님한테 무러보기로 하자"는 것으로 결론(結論)을 맛치엿습니다.

그 이튼날 아츰에 선생이 강당에 좌뎡 후에 한 뎨자가 대표로 나아와서 자기네가 엿보앗다는 사실을 사죄(謝罪)하고 나서 률곡선생의 그것이 올흔가? 선생님의 그것이 정당한가?를 무

럿습니다. 이약이를 자초지종 들은 후에 퇴계 선생은 빙그레 웃으면서

"응……숙헌(叔獻-률곡의 字)는 그 뒤가 업슬진저!"(叔獻其無後乎)

뒤가 업슬 것이란 말은 자손이 업슬 것이란 말입니다. 뎨자들이 그 리유를 무르니까

"남녀의 교합(交合)이란 텬디(天地)간에 비(雨) 되는 리치와 한 가지이라 비가 오려면 바람 닐어 나고 구름이 나려 밀고 번개불이 번썩번썩 우뢰가 우루루 한참 야단법석을 하다가 비가 나리는 것이며 또 이러케 해서 와야 초목곤충(草木昆虫)과 오곡(五穀)이 잘 되는 법이라 풍운이 닐지 안코 뢰뎐(雷電)이 업시 비가 되는 리치가 업스며 쌀아서 오곡이 풍등하는 법은 업슨즉 리치에 합당치 안코서 엇지 그 뒤가 잇슬 것인가?"

이것이 퇴계 선생의 텰언(哲言)이엿섯더니 과연 률곡선생은 혈손(血孫)이 업섯다고 합니다. (拍手) -(끗)-

[출전] 金振九 發表, 『朝鮮農民』 5권 5호, 33~42면, 1929. 8. 26.

8-3-2. 씹과 좆의 어원

옛날에 이퇴계 선생이 임금님으 부름얼 받어서 서울로 처음 올라갔다. 퇴계 선생언 박식하다넌 소문이 널리 알려져 있기 땜시로 퇴계 선생이 서울에 왔다니깨 사람덜이 많이 퇴계 선생헌티 챚어와서 만났다. 그런 사람 중에 한 미알시런[1] 사람이 와서 "여보시요, 당신언 모르넌 것 없이 무엇이던지 다 안다니 한 마디 물어볼 말이 있소. 대관절 우리가 씹 좆이란 말얼 씨

넌디 이런 말이 어텋게 히서 생긴 말이요?" 허고 물었다.

그럼서도 심중에넌 저 점잖언 학자가 필연코 홰를 내각고 너 이넘 뉘 앞이서 그런 쌍시런 말얼 하냐 허고 아조 크게 야단얼 칠 줄 알었넌디 퇴계 선생언 이외에도 태연헌 낯빛으로 "씹이라 넌 것언 음이라 습기가 많어서 습이라고 이름얼 붙였던 것인디 그것이 어느새 와전이 되여서 씹이라고 하게 된 것이고, 좆언 양이라 늘 건조한 것이여서 이것얼 조라고 이름 붙였었넌디 차 차 이것이 와전이 되여서 좆이 된 것이요."하고 말했다고 한다.

1) 경박한.

제보자 : 서치영(徐致榮)
조사일 : 1940년 10월
장 소 : 고창군 고창면 율계리
[출전] 『任晳宰全集 8-韓國口傳說話』(全羅北道篇-Ⅱ), 平民社, 1991. 4, 372면.

8-3-3. 퇴계와 율곡의 성생활

퇴계 선생캉 율곡 선생은 우리나라에서 학식이 많고 덕행이 높은 분들이고 그 제자도 많은 분으로 이름이 높다. 그런디 이 분들이 밤중에 부부생활을 어텋게 하는가가 제자들 사이 궁금한 일이였다. 그리서 제자들이 선생으 부부생활을 어텋게 하는가 알고 싶어서 밤중에 몰래 엿보기로 했다.

먼저 퇴계 선생으 제자들이 퇴계 선생으 부부가 밤중에 어텋게 지내는가 엿봤다. 그랬더이 퇴계 선생은 펭소에 말이지 점잔하기 군자 같은 분인디 내우간에 지내는 수작을 보이 군자같이 점잔한 디는 전년 볼 수 엄고 제자들이 차마 눈뜨고 볼 수 엄실 만치 난잡하기 짝이 엄는기라.

율곡 선생으 제자가 율곡 선생 내우가 밤중에 지내는 모습을 보이게네 선생은 펭소와 조금도 다름엄시 점잔코 엄정하기 지내고 있었다.

그 뒤에 퇴계 선생으 율곡 선생이 지내는 일을 율곡 선생으 제자들한티서 듣고 퇴계 선생에게 율곡 선생 내우가 지낸 일을 말하고 율곡 선생이야 도덕군자같이 높이고 퇴계 선생을 속 달코 겉 달은 사람같이 얕잡어보는 치로 말했다. 그랬더이 퇴계 선생은 율곡은 아매도 자손이 엄실 것이라고 말하고 "부부생활이라는 것은 점잔케 하는 것이 아이고 마음껏 질기는 것이여 한다"꼬 말했다 칸다.

퇴계 선생으 후손은 마이 퍼저 있는디 율곡 선생으 후손은 벨로 엄다칸다.

제보자 : 임모 여사
조사일 : 1973년 7월
장 소 : 밀양읍
[출전]『任晳宰全集 10-韓國口傳說話』, 평민사, 1996. 5. 15, 350~351면.

8-3-4. 극기의 성자

율곡 이이(栗谷 李珥)의 「경연일기(經筵日記)」을 읽어보면, 퇴계가 세상을 떠났을 때 율곡이 스승인 퇴계의 서거(逝去)를 애도하는 글이 나오는데 그 서두에 이런 말이 있다. '황의 자는 경호니, 그 성품이 온순하고 순수하기가 옥과 같았다.(滉字

景浩性度溫醇粹然如玉)'

사실 퇴계의 70생애를 아무리 더듬어 보아도, 그는 공적 생활에 있어서나 사적 생활에 있어서나 털끝 만한 흠도 발견할 수 없는 오로지 정도(正道)만을 걸어온 초인적(超人的)인 인물이었다.

그는 70평생을 통해 수많은 벼슬이 제수되었음에도 불구하고 항상 벼슬을 사양해 왔을 뿐만 아니라, 만부득이 벼슬을 지낼 때에는 언제든지 대의(大義)에 입각하여 사리사욕을 꿈에도 생각해 본 일이 없었으니, 그 어찌 「순수하기 옥」같은 인물이었다고 아니할 수 있으랴.

무릇 사람은 누구나 삼대 욕망(三大慾望)을 가지고 있다. 첫째는 식욕(食慾)이요, 둘째는 색욕(色慾)이요, 셋째는 명예욕(名譽慾)이다. 사람이 글을 배워 벼슬을 하려는 것은 제3의 욕망인 명예욕을 충족시키기 위해서다.

그런데 퇴계는 그처럼 많은 벼슬을 내려 받았음에도 불구하고, 학문연구에 전념하기 위해 벼슬을 사퇴하기를 무려 칠십여 차례나 거듭했으니, 그 한 가지 사실만으로도 그는 세속을 떠난 인간이었다고 볼 수 있을 것 같다.

제1의 욕망인 식(食)생활에 있어서도 그는 육식(肉食)을 거의 피하고 언제든지 빈한한 농민들처럼 잡곡밥과 산나물, 가지나물 같은 채식으로 만족해 왔었다.

그러면 사람의 3대 욕망의 하나인 색욕(色慾)에 있어서는 어떠했던가.

어우당 유몽인(於于堂 柳夢寅)이 지은 「어우야담(於于野談)」이라는 책을 읽어보면, 퇴계의 '색에 대한 문답'이 나온다. 그들은 퇴계의 '색에 대한 생각'을 엿보는데 좋은 재료가 되기에 여기에 소개해 볼까 한다.

어느 날 퇴계는 성리학자(性理學者)인 남명(南冥) 조식(曺植) 등과 더불어 한담을 하던 중에, 남명에게 이런 말을 하였다.

"주색(酒色)은 누구나가 좋아하는 것이오. 그런데 술을 참기는 쉬워도 색을 참기는 매우 어렵소. 그러기에 소강절(邵康節) 같은 대학자도 '색은 사람으로 하여금 즐기도록 되어 있는 것이다(色能使人嚐)'라고 시로써 읊은 일이 있는데, 그 말은 색이야말로 참기 어려울 것이라는 뜻일 것이 외다. 나는 색에 대해 그렇게 생각하는데, 남명은 어떻게 생각하시오?"

남명은 웃으면서 이렇게 대답했다.

"나는 색에 대하여서는 패전장군(敗戰將軍)이니, 묻지 말아 주시오."

그러자 퇴계가 다시 말했다.

"나는 젊었을 때는 참으려고 해도 참을 수가 없었소. 그러나 중년 이후부터는 애써 참아오고 있지요. 그러나 힘이 없어 참는 것은 아니지요."

그 때 성리학자인 귀봉(龜峰) 송익필(宋翼弼)도 한자리에 앉아 있었는데, 그는 지위는 낮으나 시를 잘하는 사람이었다.

송익필은 두 선배의 문답을 옆에서 듣고 있다가,

"제가 전에 술자리에서 시를 한 수 지은 것이 있사온데, 두 분 영감님께서 한번 읽어 보소서, 고칠 데가 있으면 고쳐주시옵소서."

하고 말하며, 시 한 수를 내 보였는데, 그 시는 이러하였다.

玉杯美酒全無影　　옥잔에는 술을 부어도 그림자가 없는데
雪頰微霞乍有痕　　눈 같은 뺨에는 다정한 흔적이 있구나
無影有痕皆樂意　　없는 그림자 있는 흔적 모두 즐겁다
樂能知戒莫留意　　즐겨도 경계하여 빠지지 말지어다

퇴계는 그 시를 읽어보고

“참으로 잘 된 시다. 색을 경계하는데 있어서는 마땅히 그래야 하는 것이오.”

하고 송익필을 크게 칭찬하였다.

그러나 조 남명은 웃으면서 이렇게 개탄하였다.

“이 시는 나 같은 패전장군에게는 부럽기 짝 없는 시요.”

이상과 같은 일화를 읽어 보더라도 퇴계는 색에 대한 본능적인 욕망이 없었던 것은 아니었다. 그럼에도 불구하고 색에 혹해 그릇된 길을 걸어본 일이 한 번도 없었으니, 퇴계는 정력이 왕성하면서도 색욕조차 한평생 억제해 왔음을 알 수 있다.

퇴계는 진실로 색욕에 있어서나 또는 명예욕에 있어서나, 항상 자기 자신의 감정을 억제해 가면서 모든 일을 이성으로 판단하여 행동하는 극기(克己)의 성자(聖者)였었다.

그리고 그러한 사상은 그의 철학에도 역력하게 나타나 있는 것이다.

[출전] 정비석, 『퇴계일화선』, 퇴계학연구원, 1983. 7. 5, 87~91면.

8-3-5. 율곡과 퇴계의 부부 생활

저, 퇴계, 아, 율곡 선생이 제가 알기로는 후예가 없다고 이런 말이 들리는데, 그 후예 없는 그 원인이 즉 말해서 남녀관계가 희박했다, 적었다, 이렇게 단정할 백이(밖에) 없는 기라. 그거로(그것을) 갖다가 왜 그렇게 말하여 나오나, 참 후세 알려졌는가 할 것 같으면은, 그 퇴계의 선생 제자들이 말이지,

"퇴계 선생이 저만큼 참 현명한 어른이니까, 부부관계를 갖다가 어떻게 하는가 이것을 갖다가 우리 함(한 번) 말이지 상방지기로 함 하자."

이렇게 인자 제자들이 의논을 한 기라.

"함 그래 보자. 그런 점잖은 어른이 말이지 물론 부부관계도 점잖 안하겠나."

이래 싶어서 하루 저녁에 참 마 상방지기로[1] 해 본 기라. 해 보니까, 그 참 말이지, 평소에 그 참 말이지 점잖하다는 군자에 가까운 그런 태도는 전연 없고, 부부생활은 말이지 아주 말이지 참말로 제자들이 볼 수 없을 정도로 난잡한 기라.

"야, 그 참 이상스럽다."

이래 생각하고, 제자들이 인식만 하고 그 뒤에 인자 그 이야기를 갖다가 율곡 제자, 인자 퇴계 선생 제자들이 율곡 선생 제자한테 이야기해 본 기라.

"우리 말이지, 참 저 스승님은 그 부부생활에 말이지 그만큼 그런 참 난잡한 생활로 영위하는데, 너희들 말이지, 율곡 선생의 참 그 태도는 어떤지 느그도(너희도) 함 우리와 같은 행동을 함 취해 봐라."

그거 흥미가 붙거등. (웃음) 이래서 율곡 선생 제자들이,

"오냐, 그래 함 해 보자."

이래 서로 상약(相約)을 떡 하골랑(하고선), 하무(한 번) 이래 율곡 선생 제자들이 참 율곡 선생의 그 부부생활하는 거로(것을) 갖다가 말이지 하문 저 상방지기로 하문 해 본 기라. 해 보니까, 참 막상 말이지 율곡 선생의 태도는 평소의 태도나 부부생활 태도나 조금도 틀림없이 참 말이지. 그만큼 참 본받을 만한 태도를 취하더라 이기라. 이래서, 이제 참 '원체(원래) 말이지 그 부부생활하는 방도도 틀리구나.' 그 두 선생의 제자

들이 인식하고 말았는데.

그 뒤에 하도 그 궁금해서 인자 퇴계 선생의 제자들이 퇴계 선생을 직접 만내 가지고 이야기를 했는 기라. 어떻게 했냐 할 것 같으면은,

"율곡 선생님의 그 부부생활하는 태도가 참."

꼭 들은 그대로,

"그렇게 현명하다고 하는데, 그럼 선생님은 어떻게 생각하십니까?"

이래 물었어요. 퇴계 선생한테 그 제자들이 물으니까, 그 퇴계 선생이 말하기를, 단도직입적으로 말하기를,

"무후(無後)할 거다."

이래 말했다 카거등.

"무후할 꺼다. 부부생활은 점잖은 거로 갖다가 지키서는 안 된다."

이래서 그 퇴계 선생 말과 같이 율곡 선생이 참 무후로 하고 말았거등요. 이런 거 볼 때, 그 부부생활은 (웃음) 그저 점잖하다 하기보담도 그거는, 그 생활에 대해서는, 그런 것을 갖다가 아매도(아무래도) 한계를 갖다가 안 가리는 것이가 원칙이 옳은 것이 아인가, 이런 생각도 우리 어리석은 저로서 마 해 본 일도 있어요.

1) 신방 엿보기를. 여기서는 '동침 장면 엿보기를'이란 뜻이다.

[출전] 한국정신문화연구원, 『韓國口碑文學大系』 8-8(慶尙南道 密陽郡篇②), 1983. 11. 25.

8-3-6. 퇴계와 율곡의 잠자리

어르신들이 많이 모인다는 종묘공원으로 갔다. 12월 초의 날씨는 마이크를 잡은 손이 얼어붙을 정도로 추웠다. 그런 날씨에도 생각보다 어른들이 많이 계셨다. 처음에는 어른들께 말씀을 붙이기가 어려웠지만 시간이 지나면서 익숙해졌다. 조재희, 정지영 후배도 많은 도움을 주었다.

그날 종묘공원에서는 노동자농민대회가 열려서 주위가 무척 시끄러웠다. 조사자의 한 사람인 백인선은 시위를 하고 있던 친형을 우연히 만나기도 했는데, 혹 시위가 격렬해져서 형이 다칠까 걱정하는 눈치였다.

그런 상황에서 퇴계 선생에 대한 이야기를 듣기란 쉽지 않은 일이었다. 여러 어른들을 만난 끝에 드디어 정태철 할아버지로부터 퇴계 선생에 대한 이야기를 들을 수 있었다. 할아버지는 나이에 비해 젊어 보이고 치아도 가지런했다. 손동작을 많이 하며 참 재미있게 이야기를 해주었다. 감사의 뜻으로 식사를 대접하려고 했으나 할아버지는 괜찮다고 하며 공부 열심히 하라고 격려를 해 주었다.

젊은애들한테 이런 말해도 되나 모르것다. 퇴계 선생이 율곡 선생하구 같은 세대아녀. [조사자 일동 : 예.] 그려 인저, 이 양방들 제자가 따로 따로 있어. 율곡 선생 제자하고 퇴계 선생 제자하고. 그렇지, 같은 세대가 아냐. 어떤 양반이 더 잘 됐는지는 모르겠고. 여하튼 같은 세대 분들이여.

흠, 이런 말해도 될랑가. 요새는 그렇지 않지만 옛날에는 자기 선생, 자기 선배, 자기 가족, 자기 동료만이가 제일 양반이다, 점잖하다, 이런 것이 그때는 제일 많았거든. 가령 우리 같이 나서서 얘기하고 그런 것은 별로 안 알아줘도. 그저 점잖하게 자, 우리 선생님 봐라. 느거 선생님은 점잖이 모하다. (카세트를 가리키며) 그거 인제 꺼버려야 돼. 꺼버려야 되는데. 그래 갖고 율곡 선생 제자들하고 퇴계 선생 제자들하고 육임질이 났어 무슨 육임질이 났냐 그러면 '우리 선생님이 더 점잖하다.', '서로 인제 우리 선생님이 점잖하다.' 그래 가지고 학보끼리 막 그냥 육임질이 났단 말이야. 그러면 어서 한번 시험을 볼까나. 실험을 누가 점잖한가.

그라면, (부끄러운 듯이 웃고는 말을 얼버무림) 부부 간에 저녁에 잠자는 걸 보자고 그랬어 (조사자 일동 웃음) 그런데 누가 먼저 차례였던가는 모르지만, 각 두 제자들이 율곡 선생한테를 갔어. 저녁 인자 갔더니, 율곡 선생은 마누라하고 잠자는데. 아주 점잖하게 한단 말이여. (조사자 일동 폭소) 율곡 선생 제자들이 '봐라 우리 선생님은 얼마나 저렇게 점잖하냐. 저녁에 잠자는 데도 점잖하냐.' 퇴계 선생 차례 아닌가. 인자, 퇴계 선생 제자들이 갔단 말이야. 퇴계 선생은 그렇게 점잖게 한 것이 아녀. 그냥 껴를 벗고 춤을 추스러 그라고 듣는 걸 쓰겄단 말이야. 그란데 나중에 인자 제자들이 '봐라 우리 선생님은 점잖아. 느그 선생님은 쓰겄땨. 껴를 벗고 그랬으니 쓰겄땨.'

나중에 손이 퇴계 선생 손(孫)이 좋았고, 율곡 선생은 손이 없었다는 거야. 그래서 서양식으로 얘기하는 건데, 저녁에 잠을 자도 그렇게 유쾌하게 퇴계 선생처럼 자야만이 자손들도 모두 흥성하고 좋지 않으냐. 이런 결론을 내렸다.

제보자: 정재철(74세, 남)
조사자 : 진봉기(문과대학 인문학부 국어국문학전공), 백인선(문과대학 인문학부 국어국문학전공), 강은규(문과대학 인문학부 국어국문학전공)

조사일 : 2001년 12월 2일
장 소 : 서울 종묘공원
[출전] 『퇴계학연구』 16집, 단국대학교 퇴계학연구소, 2002. 8. 30, 229~230면.

8-3-7. 이황과 조식

어느 날 퇴계 이황과 남명 조식이 한가로이 앉아 이야기하고 있었다. 이황이 말하기를, "술과 여자는 사람들이 모두 좋아하는 것인데, 술은 그런대로 참을 수가 있지만 여색은 정말 참기가 어려워. 중국의 소강절(邵康節)이 쓴 시에도, '여색은 사람으로 하여금 즐기게 하니, 역시 그 참기 어려움을 말하고 있다(色能使人嗜 亦言其難忍)'라고 읊었다. 남명 당신은 근래 여색에 있어서 어떤가?" 하고 웃으면서 물었다.

이 말에 조식 역시 웃고는 다음과 같이 대답했다.

"나는 여색에 있어서는 이미 전쟁에 비유하면 패망한 장수에 해당하네. 여색에 관한 것은 묻지도 말게."

그러니까 이황이 다시 말했다.

"나는 어릴 때에는 아무리 여색을 참으려고 해도 참지 못했었는데, 중년 이후로는 조금 참을 수 있게 되었네. 나이가 드니 역시 한계가 있는 모양이야."

이에 옆에서 듣고 있던 송익필(宋翼弼)이,

"어린 제가 어르신들께서 방금 이야기하신 것에 대해 시를 한 수 지어 읊어 올리겠습니다. 용서하십시오."

하고는 다음과 같은 한 수의 시를 지었다.

"옥잔의 좋은 술은 마셔도 그림자가 남아 있지 않지만, 미인의 아름다운 살결에는 남자의 손댄 흔적이 남아 있게 되지요

(마음 쓸 일이 생기기 쉽다). 흔적이 안 남는 술과 흔적이 남는 미인 모두 즐거움의 요소지만, 즐거움엔 경계가 따르는 법이니 부디 은혜만은 남기지 마옵소서(후유증이 남지 않게 해야 한다)."

이 시에 대해 이황은 참 좋다고 칭찬하고, 조식은 패군 장수인 자기의 경계에 해당하는 것이라고 하더라. 〈조선전기〉

[출전] 김현룡, 『한국인 이야기』3, 욕잘하는 사람 말도 잘하더라, 자유문학사, 2001, 146~147면.

9. 설화에 등장하는 퇴계 선생

9-1. 방울새

2백 년 전 퇴계 선생의 종손 한 분이 벼슬을 하여 돌아오는데, 방울새 한 마리가 관모에 붙어 따라왔다. 방울새는 종가의 느티나무에 앉아 "내가 머물 곳은 여기다. 지금부터 이 재를 지키겠다. 그리고 너희들을 보호하겠다."라고 하였다. 이 일로 말미암아 퇴계 선생의 종가에서는 이 느티나무를 신수(神樹)로 모시게 되었다. (동민들이 그곳에 당집을 지어 음정(陰正)월 보름에 당제를 지낸다. 이 때 깨끗한 사람 둘을 골라서 숫당주 암당주로 정하여 당제를 맡게 하고, 타인은 제물에 손대지 못하게 한다. 그리고 제물을 마련할 때에는 절대로 맛을 못보게 한다. 만약 어기면 병이 나게 되고, 그러면 다시 당제를 지내 병을 낫게 한다.)

제보자 : 이원문(李源文, 남, 34세, 경북 안동군 도산면 하계동)
조사자 : 지도교수 이우성, 학생 김영옥 외 5인
조사일 : 1966년 7월 26일~29일
장　소 : 경북 안동군 풍천면 하회동 / 도산면 토계동
[출전] 성균관대학교 국어국문학과, 『(제1차 3개년계획) 안동문화권학술조사보고서』, 1967. 2, 110면.

① 느티나무를 신수(神樹)로 모시는 삽화는 설화상에 허다하다. 특히 새는 신의 사명을 전하는 신조(神鳥)로서 신수와 밀접한 관련을 맺고 있다. 솟대로부터 시작하여 다양한 마을 신앙의 형태가 존재한다.

② 최인학·엄용희 편역, 「343 신비스러운 느티나무」, 『옛날 이야기꾸러미 3』, 집문당, 2003.

9-2. 처녀원귀(處女寃鬼)

퇴계 선생의 제자 월천공(月川公) 조목(趙穆)이 구포에서 삭골재(풍산과 온혜 중간)에 이르렀다. 지나가던 처녀가 월천의 풍모에 반하여 연정을 건네었다. 도학자인 월천은 그것을 뿌리쳤다. 처녀는 상사에 병들어 죽고, 원귀의 뱀이 되어 월천의 의대(衣帶)를 감아 둘렀다. 퇴계 선생은 월천에게 뱀 입에서 구슬을 빼내어 하늘을 보고 땅을 보고 삼키라고 일러주었다. 월천은 그대로 하였으나, 다만 땅만 보고 삼켰다. 뱀은 사라졌다. 이런 일로 인하여 월천은 땅의 이치는 알았지만 하늘의 이치는 깨닫지 못하였다.

제보자 : 이동춘(李東春, 남, 67세, 경북 안동군 도산면 의촌동)
조사자 : 지도교수 이우성, 학생 김영옥 외 5인
조사일 : 1966년 7월 26일~29일
장 소 : 경북 안동군 풍천면 하회동/ 도산면 토계동
[출전] 성균관대학교 국어국문학과, 『(제1차 3개년계획) 안동문화권학술조사 보고서』, 1967. 2, 110~111면.

① 이순신 장군이 서당에 다닐 때, 마을 무당의 딸이 이순신에게 짝사랑을 하다 뜻을 이루지 못해 죽었다. 구렁이가 되어 없어지지 않는다. 그래서 무당은 이순신에게 이러한 사정을 고했다. 이순신은 죽은 원령의 원한을 풀어 주었다. 그가 성장하여 적진에서 승승장구 하였다. 이상은 이

순신 장군의 일화로 전승된다. 이 이야기도 같은 모티프이다.(최인학, 「315. 이장군과 그녀의 짝사랑」, 『韓國昔話の硏究』, 弘文堂, 1976)

9-3. 조월천의 상사뱀 물리친 퇴계 선생

조월천 카는 분하고 권동기 카는 분하고, 두 분이 퇴계(退溪) 선생의 수지자거든, 수지잔데. 조월천 카는 분이 서당에 댕기는 데는 고개를 요래 하나 넘어 댕기는데, 고 고개 있는데 백정놈이 하나 살아. 사는데 백정놈우 딸이 조월천을 보고 마음에 두고여, 아무리 애를 써도 그거 택이 있읍니꺼? 어름(어림)도 없지.

백정놈이 와가지고 월천이 내왕하는 길에 와여 하도 사정을 해싸여, '우옜든지 한번 와 봐 돌라'고 사정을 해싸여 조월천이 갔거던요. 가가주고 손에다 수건을 감아가주고 이래 한번 주물러 좄단 말이라. 그라고 나이좀 낫았거든. 낫았는데 마 낫았는거 마 그대로 있었이만 될 낀데 이 여석애가 그 아무래도 마음을 안 놓고 있다가 결국은 죽었다 말이다.

죽고 난 뒤에 '죽었으면 죽었는 갑다' 생각을 하고 있는데, 한날은 서당아 이래 들어오는데 퇴기선생이 보이 그 영혼이 돼가주고 구리가 돼 들어오고 있거던요. 그러이 조월천을 불러가주고 물팍(무릎)에다 이래 닙혔어요. 가마이 닙히놓고 눈은 이래 딱 꼬라 가주고 삽짝을 내다 보이, 큰 구리가 여어 들어오다가, 고마 퇴기선생의 눈질에 바치가 구리이가 고마 죽어뿌거던. 그래노이 조월천이가 오래 몬 살았임더. 오래 몬 살고…….

[출전] 한국정신문화연구원,
『韓國口碑文學大系』 7-13(大邱直轄市篇), 1985. 8. 31.

① 9-2 처녀원귀(處女冤鬼)의 이야기에서 변형된 것이다.

9-4. 여우 구슬 삼킨 퇴계

그전에 하여간 그런 일이 이더래요. 자, 이놈 서당에 떡 댕기면서 뭐, 이러한데 서당에를 댕기는데 가다 보면, 이놈 잿말랑에 요러한 재가 하나 있는데, 재를 가다면 왠 색시아가 아와서 그만 붙들곤 농을 한다 이말이야. 그러니, 그 예쁜 색시아가 나와서 손을 붙들고 끈 안고놀고 이래니 재미가 있어 이젠 놀다 가고, 또 인제 갔다 오면 그 이튿날 갈 때에는 또 그놈이 또 나와서 이래 놀고 놀고, 아, 이게 참 뭐로구나. 그래서 이 아는 점점 그만 몇 달 몇 달, 노니 그만 패래진다.[조사자 : 펴래져요?] 노래지미 패랜단 말이야. 고만 노래지고 아, 그만 이기야 그러나 자, 그래 선생님이, 서당에 선생님이 떡 보니 아 저놈이 그전에 그래도 기가 좋고 그랬는데, 가만이 보니 뭐 했는데 아, 뭔 기색이 조금 달라서 뭘하니 물었단 말이요. 물은즉 그래 인자 선생님에게 사실대로 얘기한단 말이야.

"조그만한 재가 있는데 재를 놀 넘어 이래 서당에 댕기는데, 그런 게 아니라 재에 오다 보면 서당에 오는 도중에 그 색시가 하나이 나서서 늘 이래 만나서 같이 놀다 오고 합니다 그것 밖에 없습니다."

그래 그것이 거 탈이 났단 말이야. 그런데 고거를 여 뭔 장난을 하느냐 하면 요런 구슬을 하나 떡 입에 물고, 거 인제 색시가 구슬을 하나 물고 나와서 야 입에다 넣어줬다가 제 입에 넣었다가, 야 넣다아 제 입에 넣었다가 그러는데 이게 사람의 정기를 빼는 거야. [조사자 : 그 구슬로다? 구슬로?]

그래니 그 선생님이 물었다. 물은즉 야가 인제 대답을 그리 하거든. 그러하니,

"그러면 내일은 아, 훗날은 내일은 만약 나와서 구슬을 입에 넣어 주거든 덮어 놓고 꾹 물고 오너라, 주지 말고. 색시를 주지 말고 물고 오더라."

그만 인제 그래고는 떡 인제 가르쳐줬다. 그래 그 이튿날 이 놈이 또 인제 이게 바로 이 저 뭐야, 그 퇴계, 퇴계 선생 얘기입니다. 퇴계 선생이 어려 인제 그 글 배우러 서당에 댕겼을 때 그랬단 말이야. 퇴계 그래아, 그 이튿날 오다 보니 이놈 색시가 또 나와서 그만 끄 안고(껴안고) 그러는데, 이놈 인제 이래 서로 구슬을 넣었다가 꺼냈다가 서로 이래느 판인데, 그 참, 선생님이 시키는데로 그만 입에 넣은 구슬을 물고 그만, 그만 내 빼치고 그만 들고 뛴다. 뛰니 뒤에서 아이 막 쫓아오는데 뭐, 뭐 그러나 구슬이 빼겼으니 쫓아올 게 아니여, 가다가 그만 떡 엎어졌단 말이야.

떡 엎어지니 엎어지는 바람에 이놈 그만 목구멍으로 그만 넘어 가버렸어. 넘어 갔어. 넘어 가니 그래 오니 아, 저놈 뒤에 따라 오다 보니 벌써 엎어졌는데 벌써 뱃속으로 그만 들어 갔단 말이야. 그랬으니 울면서 그만 산으로 가고, 그래 인제 서당에 떡 오니, 그래 선생이 인제 묻는다 말이야.

"게 하여간 오늘 어떻게 됐느냐?"

"아이, 예. 물고 오다 엎어졌는데, 엎어지는 바람에 그만 목구멍에 갔읍니다."

그래 그 구슬 그거 인제 먹는 관계로 그가 인제 퇴계 선생인

그렇게 했다는 그 얘기가 있죠.

[출전] 한국정신문화연구원, 『韓國口碑文學大系』 2-8(江原道 寧越郡篇①), 1986. 4. 15.

① 한 소년이 서당에 다니는 도중 처녀를 만나 서로 사랑하게 된다. 스승의 도움으로 구미호의 변신인줄 알게 된 소년은 여의주를 뺏기 위하여 입맞춤을 시도하나 실패한다.(손진태, 최인학 번역, 「1-21 인지의 한계」, 『조선설화집』, 민속원, 2009)
② 이 이야기는 여인이 서당에 다니는 주인공을 보고 뜻을 이루지 못해 상사병에 걸려 결국 죽어서 구렁이가 된다. 둘째는 주인공이 원귀가 된 구렁이를 달래기 위해 애무를 한다. 여인은 한을 풀어 구렁이의 형체를 벗고 처녀의 모습이 된다. 끝으로 주인공이 입맞춤을 할 때 구렁이 입 안에 든 여의주를 꺼낸다. 이 모티프는 다른 이야기인데 이곳에 접속된 것이다.
③ Eberhard 180

9-5. 과거(科擧)와 굴지(屈指)

퇴계 이황의 후손 중에 대사성을 지낸 이휘준(李彙濬)이라는 분이 있었다. 이 분이 과거에 급제를 하였을 때 온 동리 사람들이 한 자리에 모여 기뻐할 때, 이씨의 아들 되는 이만도(李晩燾)만은 슬피 울고 있었다. 주위의 사람들이 그 연유를 물으니 "부친의 과거 급제에 기쁘지 않을 이가 있겠오마는 내 일찌

기 삼촌에게 양자 온 몸이니 내가 과거에 급제하여 삼촌을 기쁘게 해 드리는 것만 못하지 않느냐? 오늘부터 왼손 엄지손가락을 안으로 접어 과거에 급제하는 날까지 펴지 않으리라."하며 맹세를 하였다. 그 후 집안 농사를 돌보며 틈틈이 열심히 공부한 결과 10년 후에 과거에 급제를 하였다. 그러나 그의 손가락은 과거 급제를 한 후에도 펴지지 않고 접힌 채 굳어 버렸다. 지금까지 퇴계 후손문중에서는 그의 효심과 굳은 의지를 교훈삼아 후손에게 전해 내려오고 있다.

제보자 : 이종정(李宗錠, 남, 67세, 농업, 경북 안동군 도산면 토계동)
조사자 : 지도교수 최진원, 학생 홍종빈 외 5인
조사일 : 1967년 7월 14일~18일
장 소 : 경북 안동군 도산면 토계동(7월 15일) / 도산면 분천동(7월 15일) / 도산면 원천동(7월 16일)
[출전] 성균관대학교 국어국문학과, 『(제2차 3개년계획) 안동문화권학술조사보고서』, 1971. 11, 120면.

9-6. 지레마을의 꿩

분천강(汾川江)을 사이에 두고 도산서원 맞은편 의촌(宜村) 마을에는 퇴계 2자(子)의 후손들이 살고 있다. 대강 그 7대손 어름에서 있었다는 이야기다.

상처(喪妻)를 하고 하루는 상심을 달래며 산책을 하고 있었다. 어느새 발걸음은 지레마을(宜村에서 20리 지점)에 닿았는데 마침 꿩 한 마리가 사냥꾼에게 쫓기고 있었다. 다급해진 꿩은 어느 집 마루로 달려들었고, 방에서 베를 짜고 있던 한 처녀가 있어 그 사정을 알고 밖으로 나와 쫓기는 꿩을 치마 속에 감싸들고 안으로 들어갔다.

기특하게 생각한 나머지 그는 그 처녀에게 청혼하여 해로하였다. 사후에 부부는 미민산(의촌에서 30리 지점)에 묻혔는데 그로부터 미민산엔 꿩이 많이 살게 되었고 산소에 꿩이 모여 들면 이문(李門)에 등제(登第)하는 사람이 생겼다. 지금도 아무리 능란한 포수가 미민산에 들어가 꿩을 잡고자 하나 잡히지 않는다.

그러한 일이 있은 뒤부터 꿩고기를 먹지 않는 꿩 숭배의 가풍이 생겨 전한다.

제보자 : 이필구(李必久, 25세, 남, 농업, 토착, 도산면 의촌이동 거주)
조사자 : 지도교수 임선묵, 학생 최방희 외 2인
조사일 : 1968년 7월 16일~22일
장 소 : 경북 안동 · 봉화지방
[출전] 단국대학교 국어국문학과, 『국문학논집』2(안동·봉화지방 학술답사보고), 단국대학교출판부, 1968. 11, 189~190면.

9-7. 퇴계 선생과 악호(惡虎)

퇴계 선생이 제자를 데리고설랑 하루 제자를 가르키고 있더니까 그 산에 호랭이가 변모해서 사람이 돼가주고 한 백리 밖에 그날 저녁에 결혼식이 있넌데, 가만히 퇴계 선생이 생각해보니 이넘이 거그 가가주고서 그 신랑 신부를 잡아먹을라고 하거던. 게 이넘 하넌 짓이 괘씸시러워서 수제자더러 “너 아무데 결혼식이 있으니까 거그 가서 오늘 저녁에 주인더러 등촉을 밝혀라해가주고 그 신랑 신부가 자넌 방 앞에 앉아서 책을 한 권 주면설랑 이것을 일러라. 일런데 늬가 만일 지우다가 한 자를 빼 놓고 두 자를 빼 놓고 세 자만 빼 놓면 다 죽을 테이니 주의해서 가서 이러라"하고 어서 가라 하거던. 그래 제자가 선생이 명령을 하시니까 안 할 수 없어서 가넌데는 백리 밖이 있시니까넌 걸어서 갈 수 없어서 퇴계 선생이 앉어서 축지법을 했거던. 해서 가게 했단 말이여.

간즉 과연 그날 그 집이 결혼식이여. 거그 가서 인사를 하고 "오늘 저녁에 기필코 무슨 사고가 있시니 주인이 네 시키는대로 하지 않으면 큰 사변이 이러날 테니까 내 하잔대로 해나라." 그러니 주인이 별안간 생각을 해 보니 지나가넌 손님이 그런 말을 하니까 안 들을 수 없어서 그대로 해 주었어. 그래 등촉을 밝히고 신랑 신부 자넌 침실방 앞에서 책상을 놓고 낭독을 한다. 아 자꼬 앉아서 일런데, 하 조름이 와서 못 백이겠단 말이여, 깜짝 이러나서 다시 잘 일런단 말이여. 익다가 얼매 있어서 또 조을다가 또 한 자 빼놨어. 하니 큰일났다고. 그래 호랑이란 놈이 또 뎀벼들거던. 거그서 그 담에넌 주의해서 익고 나서 날이 새 놓고 들어가 보니 신랑 신부가 가물쳤단 말이여. 그래서 주물러서 깨났단 말이여. 그래 살려 놓고 왔어.

돌아오니 "갔다 왔어냐?" "갔다 왔십니다." "너 밤에 실수를 두 번이나 했지?" "아 과연 했십니다." "그래." 그게 다름이 아니라 거 호랭이가 변모를 해가주고 잡을라고 하니 게 철망이여 철망인데 퇴계가 일부러 했거덩. 일부러 두 재 빼내 게시를 했단 말이여, 석 자만 빼 놨시면 들어갈긴듸 석 자꺼정은 못하고 두 재만 해놨거덩. 아 그래서 살려 놓고 나니 한낮짐 되니까 이놈으 호랭이가 왔거덩. 와가주고서 "아 선생(先生)님 지가 배가 고파서 좀 거식할라넌데 선생님 왜 못 잡아먹게 했느냐아?" "이놈이 늬가 아주 나뿐 놈 아니냐? 신랑 신부가 첫날밤에 혼인 치를라고 하넌걸, 수(數)탄 늬 양식이 많은데 늬가 배가 고

푸면 나한테 와가주구 배 고푸다고 이애기라도 했시면 내 배를 불려서 멕에 주었실텐데 니가 그런 불의으 행동을 하니꼐 할 수 없잖능가. 니가 적어도 이 산 지키는 대호(大虎)인데 산중영물(山中靈物)이라 하넌 니가 그만한 것을 못하너냐고. 다시는 그라지 말라. 그리고 니가 배가 고플테니 요 넘에 넘에가면 황소가 에미와 새끼가 있을 테이니 에미는 잡아먹지 말고 새끼를 잡아먹도록 해라." "고맙십니다"고. 게 이놈이 둔갑을 해서 게 가서 둔눠 있다. 있넌데 마츰 그집 주인이 산넘에 큰 댁 제사가 있어서 제사 보로 갔거던. 어린애들이 있군 그려. 어린애덜이 집얼 보고 있넌데 이놈으 애덜이 방에 앉아 장난하다 내다보니 아아 저어 마당 끝에 원 짐성이 와서 들눠 있거덩. 그 아이으 아버지가 포수라, "야 아부지가 이것 가주고 놀더라. 그래 놀이 우리 한번 해 보자." 하고 문틈으로 내다 보고 총이 다-옛날 화포가 안 있어?- 화포를 갖다 놓고설랑 기양 불을 놓고설랑 쏘았단 말이여. 쏘니 바로 맞었서요. 바로 맞어서 이놈으 호랭이가 죽었거던. 이래서 그놈으 호랭이 하넌 짓이 괘씸해서 퇴계 선생이 일부러 아덜한테 가서 호랭이를 쥑이도록 했다넌 전설이 있십니다.

제보자 : 최성규(崔聲圭, 79세, 남)
조사일 : 1975년 11월 10일
장　소 : 강릉시 송정동
[출전] 『任哲宰全集 4—韓國口傳說話(咸鏡南道·咸鏡北道·江原道篇)』, 평민사, 1989. 6. 5, 136~138면

① 이 이야기도 설화성이 짙다. 스승은 호랑이가 신부를 해칠 것을 미리 알고 제자를 보내, 독경을 외우게 한다. 그

런데 독경을 외우는 중에 세 번 실수를 해서 위기를 맞았으나 끝내 다 읽었기 때문에 결국 위기를 모면한다.(최인학·엄용희,「379 독경을 세 번 실수」,『옛날이야기 꾸러미 3』, 집문당, 2003)

② 關敬吾 242

9-8. 호식할 사람을 구하다

넷날에 퇴계 선생이라구 하넌 유명한 선생이 있었드랬넌데 이 선생이 젊었을 적에 윤기라는 사람하구 어떤 깊은 산중에 들어가서 공부를 했넌데 여러해 동안 공부를 하구 이만하문 어지간이 공부가 다 됐다 하구서 나오넌데 나오다 보느꺼니 중 하나이 바랑을 지구 마구 다라뛰구 있었다. 윤기란 사람이 이걸 보구 어드래서 데 중이 머이 바빠서 뛰어가능가 하구 퇴계 선생보구 물었다. 기리니끼니 퇴계 선생은 "님재 그거 모르갔나? 데 중은 중 아니구 범이야." "고롬 어드래서 범이 중이 돼개지구 뛰어가능가?" "데 산 넘어 김진사 댁이 있넌데 그집이서 낼 딸을 시집보내는 잔채가 있어 그래서 데 범이 그 색시를 잡아먹갔다구 데렇게 뛰어가넝거야."

윤기는 이런 말을 듣구 색시를 못잡아먹게 하넌 방침이 없갔능가 물었다. 있다구 하느꺼니 "고롬 대달라우. 내레 가서 그 색시를 살리야 갔다"구 했다. 그래서 퇴계 선생은 부작[1]을 셋 써주멘 하나는 딸이 있넌 방앞에 부티구 하나는 그집 운두란[2]에 부티구 또 하나는 님재 앉인 자리에 부티구 초나주[3]부텀 주역을 삼천독 읽구 있이야 한다. 주역을 일넌데 쉬디두 말구 끊디디두 말구 하야디 만일에 쉰다던가 끊넌다던가 하문 그집 체네는 범한데 잽헤먹힌다구 말했다.

윤기는 퇴계 선생이 하넌 말을 다 듣구 축디법을 써서 김진사 집에 갔더니 정말루 잔채가 있어서 김진사를 불러개지구 나는 이러이러해서 딸이 범에 잡히어 먹히는 거를 막으레 왔다구 했다. 그러느꺼니 김진사는 기연가미연가 이심하문서두 이 사람을 딸이 있는 방앞에 앉히구 잘해 보라구 했다. 윤기는 부작을 서이 부티구 앉아서 주역을 일구 있었다. 해가 슬픗하게 어두워디느꺼니 여산대호(如山大虎) 큰 범이 뛰어들어와서 엥엥 과티멘 체네방 있넌 데루 뛰어들어갈라구 했다. 이 사람은 주역을 소리 높이 드립다 외우구 있으느꺼니 범은 기진맥진해서 죽었다. 이렇게해서 퇴계 선생과 윤기는 산중에서 공부하구 나오다가 범한테 잡헤먹힐 체네를 살레 주었다구 한다.

1) 부적.
2) 뒤뜰.
3) 초저녁.

제보자 : 백락희(白樂僖)
조사일 : 1976년 9월
장　소 : 강동군 봉진면 항목리
[출전]『任晳宰全集 3-韓國口傳說話(平安北道-Ⅲ 平安南道 黃海道篇)』, 平民社, 1988. 12, 181면.

① 설화의 모티프를 수용한 것으로, 비슷한 이야기가 있다. 구미호가 신랑으로 둔갑하여 결혼했다. 주역 삼천독을 외운 아들이 혼인식장에서 신랑이 구렁이임을 알아냈다.(최인학·엄용희,「380 구미호의 둔갑」,『옛날이야기꾸러미3』, 집문당, 2003)

9-9. 이퇴계 선생의 봉투

이퇴계 선생님이 참 서당을 차리고서는 애들 훈학을 하고 있는데, 참 육칠월 판에 더워설랑은 에 집에 점심 식사를 해러 왔는데, 뒷문을……. 마루 뒷문을 열어 놓구설랑은 식사를 해다 보니깐, 아 뒤…… 그래니깐은 뒤안에 복숭아 나무가 있는데, 아 이 복숭아 나무 위에다가서는 애들이 우떻게 복사를 그 담 넘에서 따잖어요. 아 그러니깐 그 이퇴계 선생님이 진질 잡숫다가설랑 그냥 뭐 나뭇개비를 집어 내버린다는 것이 아 거 이 웃집 애에 정통으로 맞아서 직살 했잖어요. 아 그래니까는 이 이퇴계 선상이 여간 미안하지 않을 거요. 아 그래설랑에는 아 그집이[기침] 그 어린애 죽은 집이설랑 뭐 야단 법석이구 어떻게 해 볼 수가 없거던. 그래서 "내가 이렇게 살인을 친 사람이 여기설랑에 미안해서 여기서 살 수가 없어 에에 온단 간단 말 없이 그냥 떠나가야겠다."

구. 그래 참 정처없이 행방두 참 방향두 없이 그냥 간단 말예요. 가다가설랑 참 어디쯤 가다 보니까는 참 길이 저물어서 쥔을 해야 할텐데, 그래 두 쥔을 하면은 가서 밥이래두 한 그릇 얻어 먹을램 좀 큼지막한 집이 가설랑 좀 에 쥔을 해야 하는데, 아 그래 그 큼지막한 집에 가서 쥔을 찾으니까는 아 이 아주 그냥 뭐야 여자가 깨끗하고 이쁜 여자가 뜩 나와설랑,

"아 누굴 찾으십니까?"

"아 지나가는 행인인데 아 이거 길이 저물어설랑 이렇게 좀 쉬어 갈라구 그럽니다."

"아 쉬어 가십쇼. 쉬어 가시는데, 에 왜냐하면 나는 혼자 사는 과수요 그러니깐 이 사랑에서 쉬슈"

아 그래 사랑에설라믄 저녁 식사를 잘 대접하군 있는데, 가만히 참 그 과부가 보니까는 어므로로 보더래두 참 학자구 훌륭한 신분이라 이거여. 그러니깐 이 여자라는 것이 물론 상을 가주구 나가구 전에는 참 그런걸 많이 가렸지만 아 이거 별안간 이 과부집이 남자가 오니까는 당최 이 여자가 참 그 남자를 참 같이 살구 싶은 생각이 든다 이거여. 맘에 많이 들었단 말예요. 아, 그래 그 이튿날 갈려고 하니까는 못 가게 해더래죠. '아 더 쉬어가라'고 마지못해 또 쉬는데, 아 이럭저럭해 나중에는 마당 빌어 봉당 빈다구 나중엔 안방에꺼정 들어와 식살해라 이거여. 그래 안방에 가서 식살해구 있지니까는 나중에는 아여……자는데두 안방에다설랑 이부자질 깔아주구 이래서 보니까는 결국 그 여자가 참 아닌게 아니라 같이 자게 되는데 아 그 뭐 얼마를 참 묵색거리다가,

"에이 나 가야겠다."구.

"가는데 내 그냥 가면 안되니까는 에 당신이 정 나를 부구싶거던 에 이 봉토를 하나 해 줄테니 이 봉토를 하여튼 열어 보우. 열어보녀는 하여튼 나 본 거나 진배 없겠오 없일 정도요."

이래. 아 그래 봉톨 하나 해주는데 아 이놈의 거 참 긴 후에 그 남자 생각이 나설랑 이놈의 봉토를 열어보니까는 아 이 봉토 안에서 우떻떤지간에 그냥, 코가 크다코 우떻던지 키가 훠— 장승같은 놈의 미남자가 나오더니 우떻던지간에 이놈의 여자를 우떻게 잘 데리고 자 주는지 뭐 멋지게 데리구 자준단 말야. 아 이놈의 과부가 그 때에 얼굴에 화기가 있고 참 저거해거던. 그래 이웃집 과부가 가만히 보니깐 같은, 똑같은 과분데 저 여자는 요새 얼굴이 이상하고 아주 멋을 부리고 전 야단법석이 난단 말야. 그래 이웃집 과부가 가만히 '저놈의 여자 내 행동을 좀 봐야겠다'구. 가만히 보니까는 이상하다 이거야 그

래 그 집이 가서는 안방에 가설랑 이놈의 설합을 열어보니까는 웬 이상한 놈에 봉투가 하나 있더라 이거야. 아 그래 이걸 훔쳐가지고 갔네나 그랴 이웃집 과부가. 아 이래 이웃집 과부가 이걸 훔쳐가지구 가서 이걸 보니까는 우떻든지 거기서 난데없는 남자가 봉투 안에서 쑥 나오더니 우떻든지 그놈의 여자두 참 아닌게 아니라 저거야.

"애 이건 됐다."

아 이래가주구선 이놈의 두 과부가 이걸 훔쳐갔다고 해설랑 이걸 원한테다 고솔했다 이거요. 아 그래 고솔했는데 원이,

"그래 우떻게 된 놈의 봉톤데 그래느냐?"

그말야. 아 그래 인제 잊어버린 놈의…… 원이 우떻던지간에 갖다 고솔했는데,

"이 여자가 우리 봉토를 훔쳐 갔읍니다."

거 우떻게 된 놈의 봉토냐 그말야. 그래 원한테다가 갖다 바쳤다. 그 말야. 하 이놈의…… 원이,

"아 이깟 놈의 봉토가 뭔데 이까짓 거 때문에 이거 다투느냐?"

고. 아 그러니까는 우떻든지간에 원이 열어 보니까는 말여 우떻든지간에 아 희멀건놈의 남자가 오더니만 원을 그저 엎어놓고 그저…… 하하하하. 그 정도래요 글세. 아 그래 오관재가 얘길 이죽이죽 하는데 내. 참 얘길 잘 해더라고…… 심심한 사람이 그래 얘길 잘 해요.

[출전] 한국정신문화연구원, 『韓國口碑文學大系』 1-2(京畿篇), 1980. 6. 15.

① 실수로 아이를 죽게 한 잘못으로 집을 나가 방랑길에 어떤 과부를 만난다. 이 과부의 종용에 못이겨 봉투를 한

장 맡기고 떠난다. 봉투를 열어보니까 장승같은 사나이가 나타나 여인은 회포를 푼다. 퇴계 선생은 신선이 아니면 할 수 없는 도술까지 부린다. 고려 박인량의 『수이전』에 실려있다는 「죽통미녀(竹筒美女)」에는 김유신 일화가 있다. 노옹이 품에서 죽통을 꺼내니 그 속에서 미녀가 나온다는 줄거리다.

② Eberhaard 106

9-10. 한쪽 눈에 미영씨 박힌 이퇴계 선생

퇴계 선생의 그 분은 일본이나 우리 한국에서도 최고 학자입니다. 그런데 외눈에, 한 쪽 눈이 명시가 백있는(박힌) 그 유래 이야기를 내가 잠간 또 두 마딥니다. 그러이 이 분이 유학으로도 유명하고, 예를 들어 말하자민 도통한 사람이라.

근데 이 분이 아주 높은 선생이다 보이까난 저 본, 뭐라카까 수궁에 그마 그 왕자라 카까, 그런 분의 선생이 됐는가 봐요. 근데 그 분의 선생이 됐는데, 그래 모든 걸 조화부리는 거는 이 왕자보다는 못하는데 글이나 이런 거는 암마캐도 선생한테 배아야 될 형편이라.

그러민은 퇴계 선생님의 그 자기 집이 그 물가에 있었답니다. 물가에 물가에 떡 있었는데 이기 비만 오면은 저 자기가 고마 집이 막 한 쪽 귀티이(모서리)가 자꾸 떠 니러가고 이럴 형편이라서 이거 어떻기 하나? 이런 조환 부릴 수가 없다 이기라. 그래 한 분은 제자한테.

"내가 뭐 갈치는 건 너보다 나은데 이런 조화는 내가 못 부리니 너 이놈 우리 집이 만날 비가 오고 홍수만 나면은 이게 우리 집이 곧 떠 니러가기 되니 이걸 어떻게 하면 좋겠느냐?"

카이, 그래 이 제자가,

"아이 선생님, 그거는 과히 걱정할 끼 없습니더."

"와, 어째서?"

"아이 그 제해 내가 고마 하겠임다. 마, 오떻기 조화를 부리겠임다."

이래됐는데,

"그러민은 선생님, 선생님 그라민은 나 똑 시키는 대로만 해주시오."

"어떻기 해야 되나?"

"선생님이 눈을 탁 깜아야 되지 내가 무슨 짓을 하든지 눈을 떠만 선생님이 한 쪽 눈이 갈 모앵이까난 그래 고거 하나는 그리 맹세합시다."

"그래, 그기야 그리지."

"아, 그라마 선생님, 눈 감으시오. 언제라도 눈 떠두룩만 기달려야 디지 눈만 만약에 뜨기만 떠만 선생님이 큰 행학이 있을 거입니다."

"그라지."

"그라만 눈을 감으시오."

이래 눈을 깜고 얼매나 있어요. 고만 마, 고 퇴계 선생 눈을 감고 몇 시간을 있는데 오찌 되는 긴지, 천지가 막 진동하고 뇌성벽력이 나고, 내 눈에 여눈을 감고 앉았으이께 번갯불이 빠떡빠떡 막 천지가 진동을 하는데, 아, 이놈이 갑갑해 죽을 판이라.

갑갑해 죽을 판이라서 아, 이거 오찌 되는가 이래 눈을 빠떡 떠 봤다 이말이여. 보이까난 파딱 떠이까난 소내기가 잴피이 (질퍽하게) 와가주고 뇌성벽력을 하고 있는데, 오찌 된 긴지

시내가 그 시냇물이 한 쪽으로 그 자기, 퇴계 선생 집을 떠나서 멀리 고만 개울이 났다 이기요.

그래서 그 선생님의 이름이 물러갈 퇴(退), 시내 계(溪)자라 이 말이요.

그래 인자 그거는 됐는데 한 쪽 눈이 명시가 됐다 이 말이요. 그거이 유랩니다. 퇴계 선생의 유래요.

[출전] 한국정신문화연구원, 『韓國口碑文學大系』 8-5(경상남도 거창군편①), 1981. 10. 30.

① 퇴계라는 이름의 연유를 신비하게 설명하려고 설화의 수중 태자와의 교제를 수용해서 설명한다. 설화에서는 용이 보은하기 위해 조작을 부려 땅의 지형을 변형시켜 복을 준다는 형식의 삽화가 많다. (정인섭 지음, 강재철·최인학 역편, 「54. 지네각시」, 『한국의 설화』, 단국대학교 출판부, 2007)

9-11. 이퇴계 선생

이퇴계 선생이 (청취불능)

백씨가 그 어린아, 그 어린아 그 머시고 뱄다카머, 그 머시고, 뭐라 캐야 되노, 임신이가? 그래 형님은 생 말이고, 그러구라 이퇴계 선생 장조카를 낳았다 말입니다. 낳았는데, 그 낳자, 그 저 그 형수되는 분이 퇴계 선생한테, 저, 그서기 아들 낳았다고, 하모, 그 기별을 하이끼로, 아침밥 묵고 떡 와가주고 어짜는 게 아이라, 엊저녁에 낳았는데, 그래 다짜고짜 없이 고마 빼마데기를 이, 마, 실실실실 쳤뻐릿는 기라요. 치잉께네, 이 아가 까무라치가주고 눈물을 살살 흘리니까, 그러니 아들 귀한 집에 자슥인데 그래 놓골라 이퇴계 선생이 집으로 도로 돌아 가버렸는 것이라요.

그래 저거 형수되는 이는 그 분하기, 그, 마, 냄핀도 죽었제, 그 아는 천둥만둥, 그 귀한 외동아들인데, 그 아가 까물챘으니, 기가 찰 것 아닙니까? 그래서 이 참 아는 깨어나고 그래 다시 인자 그 대감을, 퇴계 선생을 불러가주고 물으잉께네,

"이 아는 열 다섯 살만 묵으만 죽으잉께네, 마 나하고 별로 정붙일 필요가 없다 이래 되가주고 그래 됐읍니다."

퇴계 선생이 그렇게 말씀한다 말이라.

"그러면 가를 갖다가 수명을 길거로(길게) 할라 카먼, 할 수가 없읍니까?"

아 형수가 인제 그렇게 물으잉께, 퇴계 선생은,

"할 수 있읍니다."

"할 수 있으면 어떻게 어떤 방면으로 해야 됩니까?"

이래 물으잉께,

"나 시기는 대로만 하며는 오아 오살은 면하잉께드로, 그 나 시기는대로 할라 커머 해 줄테잉께."

그래,

"저는 하겠심더."

이카거덩. 질이 한 백 리 이상 되는 모양이지요. 그런데,

"쌀 한 말을 가지고, 쌀 한 말을 가지고 석 달을 찧든지, 한 달에 찧든지 쌀 한 말을 가주고 쌀 한 되를 그렇게 되도록 방아를 찍어라."

그러구로 몇 달 찧었는지, 쌀이그러구로 한 말이 한 되가 됐다 말입니다. 됐는데 그래 인자 퇴계 선생한테 인자,

"쌀 한 말이 쌀 한 되가 됐으잉께네, 어떻게 하면 되겠읍니까?"

이카잉께네,

"그래 (청취불능) 사고, 촛불 사고, 그래 가지고 아무데 산에 꺼정 갈라카며는 백 삼십 리라 카덩가 이래 돼요. 그 중 허리에 가서 산지 불공을 하는데, 그가 불공을 하고, 딱 하며는 살 도리가 있을 터이니, 그래 가 댕기서 첫 닭아 울기 전에 입에 꺼정 도착을 해야 된다."

퇴계 선생이 그래 얘기를 하는기라. 그래 참 그 부인이 그날 점드룩(저물도록) 걸어 가가주고, 저 산에 가서 산지불공을 하고 딱 은신을 해가 있으잉께,

"네 피리 씨는 놈이 한 세 놈이 온다."

캐요. 오는 놈이 뿔따구가 나고, 두 사람은 그,

"음석을 묶고 가자."

카고 한 사람은,

"기양 가자."

카고, 이 씨라쌓다가, 하고 두 사람한테 몬 이기가주고, 이 음석을 묵으마 조심시럽다 하는 말이 있는데, 만약에 음식을 묵으며 조심시럽은데 아무래키 그래 묵고 그 날 저녁에 퇴계 선생의 조카, 그 열 다섯 살 묵는 기, 가를 잡으려 오는 질이라 말이지. 그래 가주고, 그 군인이 나타나가주고,

"우리 아들 밍을(명을) 좀 잇아 가주고 그래 오십 살만 해 돌라."꼬.

"열 다섯 살잉께 오십 살만 해 돌라."

꼬, 그래 오십 살을 갖다가, 너무 나이를 붙이가주고, 나를 빗기가주고 해 준다 그랬는데, 칠십 살을 팔십 살을 해도 그렇게 빗기줄 수 있느 문젠데, 오십 살인데 네나 그 이얘기 퇴계

선생 나를 갖다 빗기다가 그 조카한테라 였다고 그런 말씸이 있어요. 그래가주고 인자 그 부인이 닭이 울기 전에 그 뱅이 질러 집으로 왔는데, 그래 인자 아침에는 요청을 하나 안하나 퇴계 선생이 저거 형수한테 와 가주고, 그래,

"댕기 와싰나?"

인사를 하면서,

"어짜 그 가서 하는 말이 없십디까. 뭐 걸린 것이 없십니까?"

(청취불능) 그런 이얘기를 하이꺼네,

"그, 오십 살이나마나 칠십 살 필십 살 해도 돼는데, 그 내 나를 많이 말고, 너무(남의) 나이를 빗기 돌라 캤으마 될낀데, 그 오늘, 그 한거는 내 나를 빗기가주고 갖다 채왔으니까, 그러나 저러나 인자 할 수 없고, 내 나를 빗기가주고 오십 살 그래 오살을 면했다."

고 그런 이야기가 있습니다.

[출전] 한국정신문화연구원, 『韓國口碑文學大系』 8-5(경상남도 거창군편①), 1981. 10. 30.

① 퇴계 선생이 조카가 단명임을 알고 형수에게 연명할 수 있는 방법을 일러준다. 설화에서는 단명소년을 출가시켜 스님을 따라 도를 닦게 하거나 인간의 수명을 맡은 부두칠성에게 연명을 받는 방법이 동원된다.(손진태, 최인학 번역, 「2-19 북두칠성과 단명소년」, 『조선설화집』, 민속원, 2009)

② Eberhard 104, 關敬吾 151B 152

9-12. 퇴계 선생을 시험한 문창성(文昌星)

학자로 퇴계 선생이 저 경상도에서 살았습니다. 문학을 잘 하지요. 그래서 [조사자 : 퇴계 선생이.] 퇴계 선생이 학자로 계신디, 우(조정)에서 좋은 벼실(벼슬)을 주마고 하여도 마다고 헙니다.

"내가 벼슬 자리에 앉을 것이 아니라 젊은 선비들을 많이 모아서 학문을 좀 가르치자."

는 그런 생각이 있단 밀이여. 벼실 자리보다도 문학을 많은 젊은 선비들을 잘 가르치자는 것이지요. 그래서 벼실을 마다고 했지요. 그래서 인자 제자가 많았지요. 물러갈 퇴(退)자하고 시내 계(溪)자허고 퇴계라고. 호를 퇴계 선생, 퇴계 선생했지요. 그 제자가 많았어요. 그래 집은 없이 초가사리[1]에 살고 아랫방에서는 자기가 거처를 하고, 문앞방에서는 손주들이랑 한 사 오십 명 있었고, 글을 가르치는 것을 취미로 알고, 그런디 초저녁에 한숨, 한잠을 자고 일어나서 정신을 깨어가지고 그제 젊은 선비들을 글을 가르치고 그러는디, 웃방에서 제자들이 가만히 들으닝개 먼디서(멀리서) 말방울소리가 와. [조사자 : 말방울소리.] 워낭소리라고 그럽니다. 그런디, 웃방에 있는 제자들이 가만히 듣고 보닝개 차차 차차 가까워지거든요. 그런대 자기들 글 가르쳐 주는 선생을 찾아오는 모양이여. 그 마상객(馬上客)[2]이. [조사자 : 말마 자, 웃상 자, 손객 자.]

응. 거운 차차 차차 가까이 오더니, 그런디 인자 하인이 있던지 자기가 정마(경마)를 잡고 왔던지 간에, 남의 집에 와서는 문앞에 와서 문을 열라고 해서 그 집 주인의 하인이나 누가 나와서 문을 열어 주어야 들어올 것인디, 그 연락을 한 일도 없고 문 열어 준 일도 없는디, 말방울소리가 문앞에 와서 뚝 그치더니, 어디로 어떻게 들어 왔는지 섬돌에 올라온 소리가 난단 말이여. 섬돌이라는 게 신발 벗어놓는 [조사자 : 아, 섬돌.] 마루 끝에 [조사자 : 마당우에, 마루 끝에.]서,

"퇴계가 초저녁잠을 잤는가? 자고 깼는가?"

아닌게 아니라 초저녁잠이 있어서 늘 한숨자고 깼단 말이여. 그래서 말방울 소리를 익히 듣고,

"누가 나를 찾아 오는고 마상객이."

그러나마나 말을 내리고 하인을 불러서 문을 열라고 허고 들어와야 할 것인디, 그런 순서도 없이 그냥 섬돌에 떡 올라서더니,

"퇴계가 초저녁잠을 잤, 자는가 깼는가 그런가?"

그런단 말이여. 사실은 [조사자 : 대선생에게.] 초저녁잠이 있어서 한숨을 자고 깼는디 그 모냥이라. 그래서 그냥 문을 열고,

"어디서 오신 손님이냐?"

고 그런개, 매우 젊은 선부(선비)여. 무명옷으로 옷을 수수하게 입고, 그저 나이 한 이십 되었어. (테이프 교환으로 구술 중단.) 대(大) 젊은 사람이 왔단 말이여. 한 이십 되는 사람이, 퇴계는 한 사십 되었고. 그래 인제 맞아드리닝개, 퇴계 선생은 도로 아랫목에 가 안고 인제 객은 그 앞에 마주 앉아서 모면인 사라도 하고, 어디 뭣이고 무슨 일도 왔다던가 말이라고 있어야 할 것인디 전혀 없읍니다. 그냥 마주 앉아요. 발개고 탁 앉아요. [조사자 : 거만하네.] 퇴계마냥으로(처럼). 그래 문악밖에서 그걸 보는 선비들이,

"그놈 괘씸한 놈이라."

고. 저 젊은놈이 연상 선생한테 인사말 한마디도 없이 그냥 앉아서 이야기를 허게 되었읍니다. 글 이야기를 하거든요. [조

사자 : 글 이야기.] 그런개 우에서 글방의 선비들이 쑥덕쑥덕 하지요. 고현놈이라고 괘씸헌놈이라고 배우지 못한 쌍놈이라고. 수학한(험학한) 상놈이라고, 그냥 보내서는 못쓰겠다고 [조사자 : 혼을 내주자고요?] 버르장머리를 고쳐줘야겠다고 벼르고 있어. 그런디 퇴계가 선부보고 묻는 말이나 선부가 퇴계보고 묻는 말이나 한 어디 에등등(엇비슷)하단 말이여. [조사자 : 에등등해요?] 양 비슷해. 다 해답한단 말이여.

퇴계가 묻는 말도 선부가 대답을 해서, 선부가 묻는 말도 퇴계가 대답해서 이러고 이러고 해. 아하, 그 웃방에서 선비들이 정신을 채리고 지금 듣지요, 문답을. 그런디 서로 학식 학력이 에등등하단 말이여. 선비가 묻는 말도 퇴계가 해석을 해서 대답하고, 퇴계 선생이 묻는 말도 선비가 해석을 해서 대답을 하고 조금도 틀림이 없는디, 그 얼마만큼하다가 그 선비가 묻기를 뭐라고 하는고 하니,

"유인 원애사(由人遠哀死)라는 글이 어디가 있지요?"

사람으로 말미암아서 [조사자 : 원애사.] 원애사라 원숭이가 슬피 죽었어.

"그 문자가 어느 책에가 있지요?"

했단 말이여. 그러자 그 기탄없이,

"음, 그 초국지(楚國志) 끄트머리에 있지. 말미[3]에 그거 정정진보(訂正眞寶)에 있어. 누가 최후에 쓴 넣은 것이라."고.

[조사자 : 초꼭지?] 초국지, 초국지라는 큰 책이 있는디 [조사자 : 정정진보에 있다고요?] 응, 정정진보에서 제일 끝에다가 누가 써 넌 것이라고 최후에. 초국지 말미에 써 넌 것이라고. 그걸 초국지를 보지도 아니하고 누구한테 이야기를 들은 일도 없지마는, 젊은 선비가 묻는디, 짐짓 본 것 같이이 야기를 했단 말이여.

"초국지 말미에 누가 써 놓은 것이라."고.

[조사자 : 퇴계가 그랬어요? 거짓말한 것이네 결국.] 자기 생각에 보기를 많이 보았는디, 처음 듣는 말이라, 유인 원애사란 말을 처음 듣는 말이라.

내가 초국지만 안 본 일이 있는디, 그 다른데 없이 초국지 끄트머리에 있을 것이라고 그래. 얼마를 대답하고 묻고 대답하고 묻고 대답하고 그래. 닭이 꼬끼오 운개로,

"내가 갈 때가 되었응개 가야겠군."

혼자 말로 하득기(하듯이) 그래. 저혼자 말로. 일어나서 말을 타고 가. 아니 저 말을 타고 가는 것이 아니라, 그제는 말도 뭣도 없고 그냥 가. 하나 뿐이여. 그런개 그 선비들이 몇이 눈치빠르고 팔대심(팔힘)이 나 있는 선비가 나섰어.

"저놈을 좀 혼을 내줘야지 그냥 보내서는 못 쓰겠다."

뒤를 따라 나섰어. 그냥 말도 없고 걸어서 나선단 말이야. 뒤를 따라갔습니다. 몇이 아무리 바삐 따라서 길을 바삐 가서 이놈 멱서리[4]를 잡던지 뭣을 잡던지 뺌손[5]이나 하라고 했는디 [조사자 : 멱서리?] 암. 자꾸 따라 가나 안돼. 도저히 안 돼. [조사자 : 아하, 못잡아요?] 암, 손이 안 닿아. 그 얼마는 가더니 산날맹이를 고개 하나를 거기를 올라갔읍니다. 그 꼭대기까지 올라가드락(가도록) 안 닿아. 아따 올라서서, 그 말랑에 올라서서(산꼭대기에 올라서서), 내려다 보닝개 캉캄하단 말이여. [조사자 : 아이구.] 어디가 어딘지 모르게 캉캄하단 말이여. 안 뵈아. 그 그냥 오닌깨 퇴계가 물었지.

"느그들(너희들) 그 사람 따라 갔었지야? 그 사람 붙잡아 왔냐?

"손에 안 닿아요. 손에 안 닿에서 아무 고개까지 따라 올라서서 내려다 보니 아래가 아주 캉캄해서 안 뵈어요. 그래서 그

냥 내려왔읍니다.

"잘 했다. 큰일날뻔봤다 느그가. 그게 하늘에 문창성이라는 별인디, 이 온 세상의 문학을 맡은 벼리다. 근디(그런데) 나의 문학이 어느 정도에 도달하였는가 내 문학을 시험해 보러 왔어. 사람으로 둔갑해 가지고 그건데 그들이 따라가서 쓸 것이냐? 큰일나지, 큰일나."

[조사자 : 그러니 문창성이 왔었군요?] 암. 문창성이 사람으로 내려와서 물어 본 것이다.

[조사자 : 이 말은 퇴계의 학문 수준이 하늘을 찌를 듯 하였다는 말이지요. 극한에 도달하였다고 천문지리를 통달하였다는 이야기인데, 퇴계는 처음부터 알으셨던가요?] 아무이라우(아무렴요). 벌써 알고. 볼만한 글은 다 보았는디 유인 원애사라는 말은 내가 안 본 책에 있는 처음으로 듣는 말이다. 그래서 초꼭지 끄트머리에 있다고 한 거지요.

[조사자 : 박수를 치면서 감사를 표시했다. "하나 더 해주시지요."]

"그런디 느그 둘이 내가 편지를 써 줄 테이니, 혼자 가기는 심심할 것이고, 느그 둘이 길동무를 삼아서 내 편지를 가지고 강원도 강릉 오죽현(烏竹軒)이라고, 서원(書院)이여. 거기에 유명한 선생님이 이이(李珥) 이선생님이여. 그 어른한테로 내 편지를 가지고 가면 그 어른에게 초국지가 있을 것이다. 그 초국지를 빌려가지고 오너라. 그런개 내 말이 참말로 잘 대답을 했는가? 초국지 끄트머리에 있다고 했으니."

아 그 둘이 그 이튿날 먼길을 그냥, 몇 백 리 되지요. [조사자 : 그럼요.] 경상도 거시기에서 안동에서 [조사자 : 강릉까지 지금도 거판하지요.] 사임당 거시기 아니여? [조사자 : 네, 아들이지요.] 그 며칠이 되어서 참 빌려가지고 왔는디 영락없이 거기가 있거든. 영락없이 거기 끄트머리에 있더래요.

[조사자 : 있긴 있더래요. 도사는 안 보고도 알아.] 하하하. 안 봤은개 거기 있을 것이다 그말이여.

[조사자 : 퇴계는 안 본 것까지 안다. 퇴계문하에서 나온 말일 거여. 또 율곡에게는 그 책이 있었다는 것이여. 율곡이 대단한 인물로 나오지 않아? 서로 추어주는 이야기요.]

1) 초가집.
2) 말을 타고 온 손님.
3) 책이나 문서 따위의 끝 부분.
4) 몸 앞쪽 옷.
5) 빰을 때리는 손찌검.

[출전] 한국정신문화연구원, 『韓國口碑文學大系』 5-2(全羅北道 全州市·完州郡篇), 1981. 11. 30.

① 퇴계 선생이 문창성(하늘의 문학을 담당하는 별)과 담론하는 설화형식의 일화이다. 결국 막힘없이 대꾸하는 퇴계 선생에게 도저히 감당 못해 돌아간다는 줄거리인데 마지막 문제가 '유인원애사'(由人猿哀死)가 어느 책에 있는가 하는 질문에 거침없이 대답하는 퇴계 선생의 예지능력과 학식의 넓이는 가히 짐작이 간다.

9-13. 퇴계동과 공기천

이 춘천에, 아까 그 애긴데 춘천 저 이 퇴계동이라고 아슈? [조사자 : 몰라요.] 이 춘천 퇴계동이 저기 있어요. 춘천시 퇴계동과 공기천에 얽힌 전설에 개울이 있는데 공기천이예요. 그러면 이 퇴계동과 공기천에 얽히 전설을 내가 얘기하겠는데, 지금은 춘천시 퇴계동이지만, 옛날엔 춘천군 퇴계리예요. 게 왜 그러냐 하면, 예전에 그 퇴계 선생 아슈. 퇴계 선생이 이 춘천 양반이예요. [조사자 : 이퇴계] 예, 퇴계 선생이 바루 그 퇴계동, 퇴계리 거기서 아이들을 많이 앉혀 놓구서 이제 글을 가르치고 앉었는데, 하루는 누우런 수강아지가 하나 오더니 그 마루 밑에 쭈구리고 엎디렸거던. 그래 하루가 지나도 안 가. 이틀이 지나도 사흘이 지나도 안 간단 말야. 이 강아지가. 가만이 엎디었어. 이 퇴계 선생이 가만히 보니깐 강아지가 부글부글하고 존데 이게 와서 가질 않으니깐, 그 퇴계 선생님 진질 차려 오면 이 양반이 반을 딱 갈라 잡숫고 반은 개 쏟아 줬어요. 강아질 멕여야 하니까. 게 산 짐승이 마루 밑에 와 간에 반은 잡숫구 반은 개를 쏟아 멕이는데 그럭저럭 허다 보니깐 삼 년을 갤 멕였댑니다.

하루는 이 개가 어디루 가는 기척두 없구 오는 기척두 없이 없어졌어요. 그래 개하구 정이 드렀던지.

"아 이 개가 어디루 갔다."

구. 그 제자 아이들 보구 그러니까 애들두,

"개 어디루 가는 거 못 봤입니다."

인제 이러는데, 거 하루 이틀 세월이 가구 인제 개하군 그만 정떨어지게 되구, 게 인제,

"개가 어디루 간지 모르겠다."

구 이러는데, 이 또 역시 글을 가르치구 그러는데, 하루는 이쁜 초립동이가 초립(草笠)을 씨구서 전복을 입구 아주 이쁜 여석이 들어 와서 절을 날아가는 듯이 하거던, 게 퇴계 선생이,

"게 너 누구냐?"

"예 저는 저 용궁에 용왕의 아들이올시다."

이말야, 게 퇴계 선생이 깜짝 놀래서,

"아니 용궁에 용왕에 아들이래면 우떻게 여길, 이 육지에 나왔단 말이냐? 넌 물속에 사는 애 아니냐?"

"그렇습니다. 그래서 선생님을 모시러 왔습니다."

이러구 하거던.

"아니 너는 용궁에 용왕에 아들루서 나를 우떻게 데리구 간단 말이냐? 너 갈 길 바루 가거라,"

하니깐, 그 초립동이가 말해길.

"삼 년 전에 이 마루 밑에 누런 수강아지가 와서 삼 년 있다 갔지 않습니까."

그래,

"그래."

"그게 접니다."

이 말야.

"전데, 지가 용왕인 우리 아버지 한테 죄를 지니까 아버지가 개 탈을 씌워주고서, 춘천 그 퇴계 선생님 마루 밑에 가서 삼 년을 엎디려 있다가 오라구 그랬어요. 삼 년을 그냥 굶어 엎디릴 줄 아는데 선생님이 그렇게, 잡숫던 진질 딱 반을 갈라서 잡숫고 반을 절 주셔서 지가 배 안 곯고 삼 년 동안을 잘 먹구 있구, 게서 그 삼 년 만기가 찬 뒤루 용궁에 들어가서 아버지인 용왕님께 그 사실을 고하니가, 아버지 용왕님이 말씀하시기를, 니가 가서 그 퇴계 선생님한테 그렇게 신셀 졌으니 그 선생님을 가 모시고 오너라 그래서 모시러 왔으니 선생님은 빨리 의관을 정제하시구 저하고 가십시다."

이 말야, 그래 퇴계 선생님이 있다가서,

"너는 용궁 사람이니까 물 속을 드나들지만 나는 육지 인간으로서 물 속에 못 들어가."

그러나깐,

"아니예유, 지가 들어간 적에 그저 저 뒤에만 따라오면 물 속이구 아무데구 갈 수 있습니다."

"이거야, 그 이상두 하구 그러니까,

"그럼 가보자."

하구 인제 두루매길 입구, 두루매기가 그 땐 도포지, 양반이니까. 도폴 입고 인제 금무상장에 큰 갓을 씌구서 따라 나섰는데, 어딜 갔는지 모르지만 인제 바다가 나시더래. 바다가 딱 나시니까. 그 초립동이가 앞서서 가다가 돌려다 보며,

"선생님, 인제 지가 여길 들어 갈텐데 그저 옆두 보시지 말구 뒤두 돌려다 보시지 마시구 꼭 저만 보구 들어오세요."

이 말야.

"게 이 물, 너 물 속에 들어갈 게 아니냐."

"아 글쎄, 들어갈 텐데 옆두 보시지 말구 뒤두 보시지 말구 그저 저만 보구 따라오세요."

"그럼 그래라"

그러는데 보니깐 물이 딱 갈라지더래. 물이 딱 갈라지는데, 이 바람짝 같이 이렇게 양쪽이 다 이런데, 사람 하나 들어가리만큼 밖에 안되는데, 게 초립동이가 들어가지. 그 뒬 따라 가지. 게 옆두 보지 말구 뒤두 보지 말래니깐 이 양반이 겁이 나니깐 안 보구 들어 가는데, 얼마큼 가더니만,

"선생님, 이만큼 들러 오셨으니깐 인젠 뒤에두 보시구 옆두 보셔두 괜찮습니다."

이거야, 그래.

"그래 보자 어디."

그래 옆을 보니깐 물이 요 요 갓득허니 이렇게 (청취불능)

팠는데 옷이 닿으면 옷이 젖을 정도구 두루매기, 두루매기두 젖을 정돈데, 그저 닿지 않을 정도구 이렇게 맨지니까 물이야. 이 앞두 맨져 보니까 좌수와 우수를 다 맨져 봐야 물인데, 사람이 잼기지 않을 정돈데 게 뒤를 이렇게 돌려다 보니까 뒤에 온 길이 없어져요. 차차차 물이 메워진단 말야. 게 '이게 참 이상하다'하구선 따라 들어가서, 들어 가니깐, 얼마만큼 따라 들어간진 모르나 그 아이가 가서, 그 초립동이가 가서,

"우리 아버지신 용왕님이라고 인사허라."

고 그러거던, 그래 퇴계 선생님이 그 용왕이니까 게 가서 엎디려서 절을 허면서,

"인간의 퇴겝니다."

하구 절을 하니까, 그 용왕이 벌떡 일어나서 나와서 손목을 쥐구서 같이 맞절을 허면서, (이 때 파출소에서 순경이 와서 내일 관내를 오토바이로 안내하겠다고 함) 겐데, 그 용왕이 아침과 점심 저녁 삼시를 독같이 겸상, 상을 차려 왔는데 그 좋은 반찬과 좋은 밥을 해 오고 술을 갖다 같이 이렇게 먹고, 한 달이 됐는지 두 달이 됐는지 인제 모르죠. 퇴계 선생님은 거기 가서 원체 대접을 잘 받으니까 집 생각두 다 잊구서 그저 노는 생각만 하는데, 하루는 이 용왕이 말하길,

"이젠 여기 오신지두 오래니 나가셔야겠읍니다. 여기 더 기신 건 좋으나 아마 댁에서 궁금하게 생각하시니 나가시게 하시요."

인제 이러니까 그리자 깜짝 생각하니까 집 생각두 난다 이기예요.

"그럼 난 가겠입니다."

하니깐, 그 초립동일 불러가지구서,

"너 이 선생님이 나가시는데 외실 제 모양을루 고와 같이 길

안내를 해라. 게 나가서 그 선생님 댁까지 모셔다 디리구 오너라."

하면서, 용왕이 애 지푸라기 아시죠. 짚. 짚 아시죠. 이런 지다란 짚을 한 오래기 용왕이 짚을 주면서,

"선생님, 이걸 가주 가셔서 요걸 이렇게 한 토막씩, 하루 한 토막씩 짤라서 반찬을 하시죠."

이 말예요. 게 들구 보니까 짚이야. 그 선생님이 보니까. '원 이상두 하다. 원 무신 괴길 주면서 반찬을 하램 모르지만 짚을 한 개두, 한 오락질 주면서….'아 그래니 뭐 안된다구 할 수두 없구 그 퇴계 선생님두 다 지혜가 있는 이니까,

"고맙습니다. 가주 가서 잘 먹겠읍니다."

하군 짚을 들고 나오지. 들구 나와서 인제. 그 나올 제와 같이 초립동이가 질 안낼 하는데 역시 물 밑으루 그저 맨지면 물이면서두 옷에 젖지 않게 다 나와서 그 선생님네 댁에까정 모시구 왔는데, 게 인제,

"가겠읍니다."

하군 가구, 그래믄서 그 가면서두 초립동이 그러더래요.

"거 선생님 들구 오신 짚을 꼬리서부텀 짜르지 말구 수마리서부텀 짤라서 잡수세요."

이 말야.

"그럼 그래라."

이래구선 이 양반이 거 한 토막, 짚을 요만큼 짤라서 디려보내지,

"이거 지져 오너라."

인제 지지면 괴기야. 짜를 적엔 짚을 짤랐는데, 맛이 이만저만 좋은 반찬이 아니야. 당채 그 뭐 둘이 먹어 하나가 죽어두 모르겠어. 어떻게 맛이 존지. 게 이제 때마두, 아침이면 한 토

막 짤라 보내. 점심이면 한 토막 짤라 보내 인제 그럭허니깐, 안에서 밥하는 식모 마누라도 때가 되면,

"선생님, 거 한 토막 어여 주세요."

이 정도란 말야, 게 날마두 짤라 먹지. 짤라 먹다가 보니깐 요만큼 (손가락 하나 길이 만큼 내어 보임) 밖에 안 남았어. 가만히 생각하니깐 요걸 마주 먹음 안되겠거던, 그 앞에 개울이 있에요. 지금 가 보면 아주 시퍼런 소(沼)가 됐읍니다. 이저 의암땜이 됐기 때문에, 그 걸 뚝 짤라다가서 개울에다 집어 넣었다고요 강에다. 이젠 고만 먹겠다고 게다 집어 넣는데 집어 넣구 두 갤 짤라 넣구 보니깐 꼬릴 툭 툭 툭 툭 치며 괴기가 돼서 돌아 댕긴단 말야. 아 이게…. 그래 들어가니깐, 그 식모가 짤라다 버린 줄은 모르고.

"아 선생님 그 한 토막 또 주세요."

그러는데 보니깐, 갖다 몰아 넣었으니 있을 턱이 있에요.

"가만 있거라. 내가 나가 봐야 되겠다."

구. 나가서 손을 대면 한 마리씩 손바닥에 들어 온다. 이 말야. 근데 그 괴기 이름이 공기야 공기예요. 날마두 나가서 손을 넣면 한 마리씩 들어 옴 갖다가서 지져 잡숫구 지져 잡숫구 그러는데, 그래서 지금두 그 개울 이름이 공기천이예요. 그 동네는 지금두 퇴계동이구요.

게 퇴계 선생이 사신다구 퇴계동이구 그 공기가 나온다구, 지금은 공기가 다 없어졌지만 공기천이라구요. 게 전설이 그런 전설이 있에요.

[출전] 한국정신문화연구원, 『韓國口碑文學大系』 2-2(江原道 春川郡篇), 1981. 8. 20.

① 춘천의 퇴계동과 공기천의 유래담을 이야기한 것인데 퇴계 선생의 용궁방문담 형식으로 설명한다. 개를 3년간 알뜰히 사육했는데 개는 인간이 아니라 용궁 태자로서 퇴계를 용궁으로 모셔간다. 있을 수 없는 일이지만 설화상으로는 가능하다. 보은담의 일종인데 퇴계 선생이 정감이 있고 위대한 학자이기에 일반 구전 전승자들은 설화에 빗대어 설명하는 경향이 있다.(정인섭 지음, 최인학·강재철 번역, 「12. 고양이와 개」, 『한국의 설화』, 단국대출판부 2007)
② ATU 560 736A 948, Eberhard 13, 稻田浩二 383

9-14. 퇴계 선생 이야기

이전 우암 선생이 참 아들로 떡 데꼬(데리고) 정승을 해 가지고 앉아 있는데, 아들도 정승이고 자기도 정승이고, 정승하다가 마치고 할 일이 없어서 아들 공부로 이래 떡 한 여남은씩 데꼬 시긴다 말이야.

시키는데, 그 중에는 아주 못 사는 수수끼 오두막 집에 기(기어) 드가고 기 나가는 이런 집에 아이가 하나 공부하러 댕기는 기라.

공부로 하러 댕기는데(다니는데) 이 애가 어떠쿰 재주가 있는지, 참 재주가 있어요. 재주가 있고 이래 가주고, 참 저거 어매는 방아품을 들어가지고 이 아이를 학비를 당코(내고) 책을 사다 보고 이라는데, 그러고로 그러고로 참 수 년을 배와 가지고 아이가 장성을 했다.

아가 한 열 댓살 넘게 묹는데, 참 공부로 잘 하는데, 그런데 우암선생 손녀가 큰 손녀가 치울 때가 됐는기라. 치울 때 돼서

그래 저그 참 아들이 저그 아부지 서재에 와 가지고,

"아부지 아무거시로 갖다가 치아야 되겠는데 우똫할까요?"

"치아야지. 치아야지."

그래.

"어디로 정할까요?"

"내가 맞차놨으이께네, 내가 메칠 날로, 내 날로 받으꾸마. 메칫 날 잔치할 준비만 해라."

그래노이 저그 아부지 명으로서 잔치할 준비를 전부 다 하고, 이래 참 있는데, 참 장개라꼬, 그날 잔채날 되고 나이 참 사회 친척들이 구름같이 모아들고 정승의 집이 되이끼네 사람이 콱 모이는데, 장개라꼬 떡 오는데 보이꼐, 누구냐 하며는 아주 저거 사랑방에 아주 못 살고 못 사는 참 수수끼(수수깡) 오두막 집에 기 드가고 기 나오는 그 집 아들이 그 집 장개로 오는 기라.

도저히 안 맞은 기라. 그래노이 쟁인 쟁모가 사우라고 보지 않은기라. 보지 안하고 전시[1] 채각들이고 일가들이고,

"우째 저런 거로 사우로 보느냐?"

고 전시 쑥덕거리고 이래노이끼네, 이거는 머 각시고 뭣이고 파인기라. 그래서 그러나 저러나 참 저거 할배 명이라 우짤 도리가 없고 신부는 삼일로 배슬러(달래) 가지고 지 참 아인기 아이라 신항을 가는 기라. 신항을 가이꼐 참 수수끼 오두막 집에 기 드가고 기 나가는 단방에 이래 참 앉아 가지고 참 시모로 심기고 있는데, 끼니는 항상 있어 봐야 두 때 꺼리 백에 없는기라. 양식이라고는 딱 두 때 꺼리. 한 때 묵고 나믄, 한 때 꺼리 있고, 한 때 끼리 묵고 나면 한 때 기리 있고.

그러고로 이래 딸이 아주 못 살아노이끼네, 장 친정집에서 양석을 대주는기라. 대주니까 대어 묵고 이래 떡 사는데, 지차

(그다음) 딸로 또 치우게 됐다.

"아부지 또 지차 딸로 갖다 아무데 누구를 치아야 되겠는데, 이래 이거로 또 우째 하까요?"

"인자는 모르겠다. 내가 손주 하나 잽히 가지고 내가 사우로 봤는데, 너거가 사우라 캐서 대접을 함(한 번) 해 봤나? 너거 웃바아 함 울리 봤나? 만날 와 봐야 내 바아(방에) 자고 내 바아 갔는데, 인지(지금) 또 보면 내가 또 그런 사우 볼낀데 증손을 볼낀데 인자는 안 되니까 너거 맘대로 해라."

"그라믄 아부지, 내 마음대로 하께요."

"그래 니 맘대로 해라."

그래 어디로 혼처를 했냐 하며는 참 임굼의 아들 태자한테 혼처가 떡 됐기라. 그래나노이 얼매나 좋느냐. 천지가 들썩들썩 하는 판인데, 임굼의 아들이 장개 온다 카이. 그래가지고 장개로 해 가지고 와 가주고 행리로 떡 하고 상바아 떡 들어갔는데, 하 이놈이 인물도 좋고 글패 좋고 아무튼 놀기도 잘 놀고 참 굉장한 거라.

그래노이 온 집안이 들썩들썩하, 나라가 들썩들썩 하는 판이라. 그래 갖고 떡 하루밤 잤는기라. 동상지로 떡하고 났는데, 당걸질로 매고 이라끼네 좋다고 이놈이 참 유쾌하이 잘 한다.

그러구로 해도 저거 큰 사위한테는 기빌[2)]을 안 했는기라. 기빌 안 해노이, 그래 저거 할배가 문을 열고,

"아무데 그 서방이 왔느냐?"

"안 왔다."

카거든.

"당장 모셔오라."

카는기라. 그래 저거 할배가 모셔오라 카이 안 모셔올 수 있는가? 그래 당장 데꼬 왔다. 떡 데꼬오이 그래 웃 바아는 못

올라가고 저거 할배 바아 가서 참 술인가 한 잔 가져와서 요구로 하고 있으이, 저거 할배가 난데 없이 참 먹하고 벼루하고 떡 내 놓고 먹을 쓱쓱 갈디마는 종이하고 떡 내주는 기라.

"야, 이 사람아 인자는 니가 일로 해야 되이께 천상 일로 해라."

이기라.

"할배 내가 무슨 일로 합니까?"

"야, 이 사람아 내가 그것도 모르고 내가 니를 사우로 보겠느냐? 빨리 조치를 안 하믄 우리 집안은 망하니까 빨리 조치를 할."

"할배가 하이소."

"야 이 사람아 내가 할 것 같으면 자네 겉은 사람 부르겠느냐?"

하라 카거든. 하두 좌(조아) 사이끼네, 그래 그 종이에다가 붓을 들고 글로 한 몇 자 써 가주고 딱 적드마는 그 상바아 신랑을 갖다 주라 카거든.

그래가 신랑을 떡 갖다 주니까, 신랑이 편지를 떡 봉투를 떡 뜯어 보디마는, 그래 유쾌히 잘 놀고 잘 끄떡거리던 놈이 대번에 맥을 못추는기라.

대번 죽은 듯이 눈물을 줄줄줄 흘리고 살살살 기는 판인데, 그래놓이께네 저거 할배가,

"야, 이 사람아 기왕 시작했으니까 빨리 조치를 해라."

이기라. 그래,

"내가 죄를 안 지을라 캤는데, 또 죄를 지게 되었다."

카면서 나가는 기라. 나가더마는,

"문 열어라."

카거든. 그래 사랑 방문을 턱 여이께네, 다음 대칭 끝에 서가,

"이 사람 나오너라, 야 이놈 나온나."

문을 여이 안 나올 도리가 없거든. 눈물을 줄줄줄 흘리며 나왔다. 떡 나오이 빨리 니 본 혼령을 덮어씨고 빨리 안 나가면 인지(지금) 여서(여기서) 당장 니를 직일 모양이니끼네 빨리 나가거라.

그래갖고 떡 이놈이 덕석에다 박사로 시 번을 떡 넘으이까 아주 큰 헌 백야시가 한 바리 꽁찌를 질질 끌고 떡 내리선다 말이야.

그래갖고 이놈이 참 눈물을 줄 흘리디마는 뒷 동산 저 담을 턱 넘으면서,

"내가 금강산을 천년을 묵어 가지고 요번에 환생할라 캤디마는 또 속았다."

카믄서 그래 넘어 가거든. 넘어 가뿌고 난 뒤에 그 딸도 갖다, 그 저거 처제 아이가? 처제 담방(당장) 데꼬 나오너라. 데꼬 나와 가지고 참 지름(기름) 가마에다 사램을 쪘는기라. 찌니까 하루밤을 떡 자고 난 뒤에 야시 새끼가 멫 마리 들었는고 하믄, 일곱 바리가 떡 들었는 기라.

그래 그 사우가 있으면 그 집안 절단나뺐는 기라. 아주 날래고 아주 빠른 말로 한 마리 줄라 이기라. 말로 주고 아주 말 잘 타는 종을 하나 내놔라 이기라.

그래 떡 주니까 금강산 아무데 그 모퉁이 턱 돌아가면은 그 덤불 밑에 아주 참말로 태자가 그 뺄가 벗고 있으이께 빨리 구원하라 이기라.

그래 가지고 말로 타고 가이께, 그 덤풀 밑에 가이께 참 그 임금의 아들 태자는 뺄가벗고 맨 몸으로 덤풀 밑에 사경 중에 있느 기라.

그래 이놈의 야시가 그 신랑 오는 그 태자 옷을 딱 벳기 입

고 이눔이 대로(대신) 장가로 왔는기라. 장개로 와 가지고 그래 잘 놀았는 기라.

그러이 그날 참 그 참 신랑을 데부다가(데려다가) 새로 행리를 시키고, 잔치를 하고 신항을 해뿄는데, 하고 나서 그러구로 이 참 그 사우도 나가(나이가) 많아 가주고 할 일이 없어.

할 일이 없어노이 저거 할배와 같이 아들로 데꼬 공부를 떡 시기는데, 하루 아침에는 어떤 초롭재이가 초롭 옷을 입고 삼띠를 옆에 띠고 공부하러 떡 오는기라. 이눔이 오더마는 책 장만 넘기지 글을 안 읽거든. 안 읽거든. 안 읽으이께 그래 사흘 아침 떡 오더마는,

"야야 니는 우째 공부하러 오는 눔이 책을 함(한번) 일러(읽어) 보도 안 하노?"

"예, 선생님 나는 실로 사램이 아입니더."

"그래 그럼 니가 뭔데 왔느냐?"

"나는 금강산에 제일 못에 용입니더."

캐, 그 총각이.

"내 용인데, 금강산에 천년 묵은 야시하고 내하고 하늘에 서로 득천할라고 싸움을 하는데, 내가 기운이 좀 모자란다. 기운이 좀 모자래이까, 선생님이 조끔만 거들어 주며는 내가 하늘에 득천하겠는데 선생님 좀 봐 주이소."

이래 애원하는 기라. 그래,

"그러면 니가 언제 쌈을 하느냐? 전쟁을 하느냐?"

그래 메칫날 아침에 한다 카는기라.

"그럼 잊어뿌고 가거라."

그래 가뿄는 기라. 그래 참 그런 어른은 주름(축지법)을 타고 대이니까, 하 순식간에 가거든. 그래 그 못에 가이까 해가 불구릇이 뜨는데, 물이 한 못 개피(고여) 있는데, 그래 쪼깨 있

으이께네, 쪼그마한 야시가 한 마리 내리 오디마는 못가에 뱅뱅뱅 세 번을 딱 지침을 세 번 탁 하고 나이, 대번 못에 물을 쫙 쫄아지는 기라.

쫄아지디마는 용 덤배기 쑥 올라 오거든. 올러 오는데 물라꼬 떡 들어가는 걸 갖다가 이 선생이 방구 우에 앉아서 춤물로(침을) 세 번 탁 뱉디, 대번 물이 한 못이 딱 돼뿄다.

이놈우 야시가 기가 차는 기라. 어찌된 판인지, 또 떡 내리 오디마는 또 용 덤배기 떡 올라오이 또 춤물로 택 뱉아뿌이 또 한거(가득) 됐다. 세 분을 떡 하고 나이께네 안 돼는기라. 그러이 이 야시가 하는 말이,

"금강산에서 천 년은 내가 묵어 가지고 오늘날에 하늘로 득천할라 했지마는 선생님 바람(때문)에 득천을 못 하고 인제 또 천년을 우찌 새우꼬?"

그래, 울고 올라간기라. 올라가고 나이끼네, 맬갛던 하늘이 우르릉 하더마는 참 못에 물을 끓어 가지고 이 용이 하늘에 득천해서 올라갔다.

올리보내 놔놓고 한 삼일 되이께네, 이 총각이 또 작대를 차고 또 왔는기라. 또 와 가지고,

"선생님은, 내 소원을 풀었는데, 선생님 소원은 무엇입니꺼?"

"야 이 사람아, 내가 소원이 있나? 나는 아무 소원이 없다."

그때까지도 저거 어매가 살아 있었어요. 살아 있었는데, 그놈이 저거 어매가 저거 집이 강가에 있었어. 침대에 물 떨어지는 소리가 졸졸졸 나는기라.

이래 나니까 그 물 떨어지는 소리가 저거 어매가 굉장히 듣기 싫은 기라. 그래 저거 듣기 싫은 소리를 갖다가 그걸 마음대로 못 핸기라. 그렇게 알아도 선생은,

"그래 그기 우리 오매가 소원이 그건데, 나는 소원이 하나도

없다."

"고것 뿐입니꺼?"

"그것 뿐이다."

"그러면 소인이 하지요."

그래 가 가지고 쪼깨 있으이끼네, 난데없는 참 비가 와 가지고 그 그름을 빙두리 내뿌고 말키(모두) 내뿌고 그 집 뒤에다가 동네를 맨들고 그 그름을 없애뿠다 이기라.

그래서 그 선생 이름이 뭣이냐 하면 퇴계 선생이라. 물러갈 '퇴', 시내 '계' 자(字)라고. 그런 말이 있더랍니다. (웃음)

1) 다, 모두가.
2) 기별.

[출전] 한국정신문화연구원, 『韓國口碑文學大系』 8-9(慶尙南道 金海市·金海郡篇), 1983. 12. 30.

① 〈9-13. 퇴계동과 공기천〉의 이야기와 구술 배열은 비슷하다. 유명한 역사적 인물에 대한 설화의 모티프 수용은 일반적이다. 가난한 주인공의 영특함이 스승으로부터 인정되어 자기 사람으로 만드는데 필요한 수순으로 설화의 모티프가 수용되면서 화자(제보자)가 구전 전승한다.

9-15. 전나무의 괴변

죽천(竹泉) 이덕형(李德炯)이 지은 「죽창한화(竹窓閑話)」라는 책에 보면, 퇴계의 옛날 집은 지금의 서소문동(西小門洞)에 있었다.

그 기록에 보면 퇴계집 마당에는 여러 백년 묵은 전나무가 한 그루 있었다. 높이가 수십장(仗)이나 되는 어마어마하게 높은 전나무였다. 서울은 여러 차례 병화(兵火)를 겪는 바람에 큰 나무는 씨가 마를 정도로 깨끗하게 없어졌는데, 유독 퇴계집 마당에만은 전나무가 하늘을 찌를 정도로 울창하게 자라고 있어서, 서울 장안 어디서나 그 나무의 모습이 바라보였다.

반공에 우뚝 솟아있는 그 전나무의 모양이 하도 거룩해 보여서, 퇴계를 존경하는 선비들은 그 나무를 보고 이렇게 말했다.

"퇴계 선생의 전나무는 퇴계 선생의 인격을 닮아서 저렇게 지독하다. 서울 집안의 다른 곳에는 거목(巨木)이 한 그루도 없는데, 유독 퇴계 선생댁 마당에만은 저런 전나무가 서 있으니, 저 전나무야말로 선생의 인격을 상징하는 전나무가 아니고 무엇이겠는가."

그런 소문이 퍼지자, 세상 사람들은 모두들 그렇게 믿고 있었다. 퇴계는 그처럼 만인에게 존경을 받아오고 있었던 것이다. 그런데 퇴계가 61세이던 신유(辛酉, 1561)년 봄에 그 전나무에 커다란 이변(異變)이 일어났다. 그처럼 거창하고 튼튼하던 전나무가 바람에 허리가 꺾어져 버린 것이었다. 지금까지는 아무리 모진 바람이 불어도 끄떡을 아니하던 나무가, 대단치도 않은 봄바람에 허리가 끊겨져 버렸으니, 그야말로 괴변이라고 볼 수 있었다.

"정정하던 전나무가 허리가 부러져 버리다니, 세상에 이런 괴변이 있을 수가 없다. 이것은 반드시 퇴계 선생의 신상에 커다란 흉사가 발생할 징조임이 분명하다."

퇴계를 존경하던 모든 사람들은 퇴계를 위해 한결같이 걱정하였다.

그러나 퇴계 자신은 마음이 조금도 동요되지 않았다. 친구나 제자들이 그를 찾아와 걱정의 말을 해주면, 퇴계는 조용히 웃으면서

"나를 위해 그처럼 걱정해 주니 매우 고맙구려. 그러나 우리 집 전나무가 꺾어졌기로 무슨 일이 있겠소. 설사 무슨 괴변이 발생한다 하기로, 나 자신은 스스로 돌아보아 추호의 부끄러운 일이 없으니, 내 무엇을 두려워하리오."

하고, 오히려 걱정해 주는 사람들을 위로해 주었다.

그런데 모두가 걱정하던 괴변은 기어코 일어나고 말았다.

그 해 여름에 정인홍(鄭仁弘), 박여량(朴汝樑), 박건갑(朴乾甲) 등의 소인배들이 퇴계의 인격이 너무도 도도한 것을 미워한 나머지, 그를 헐뜯기 위해

"퇴계는 권력을 농단하기 위해 도당(徒黨)을 만들어 국정을 어지럽게 한다."

하는 소문(疏文)을 임금에게 올린 것이었다.

퇴계는 그런 상소문이 올라간 것을 알고 있었지만, 일언반구의 변명도 하지 않았다. 하늘을 우러러 부끄러움이 없는 그는, 누가 무슨 소리로 헐뜯어도 마음이 항상 명경지수(明鏡止水)와 같이 맑고 담담했던 것이다.

그런 상소문이 올라가자 조정에서는 의론이 분분하였다. 소인배와 내통이 있는 무리들은 퇴계를 파직을 시켜 정배를 보내 버려야 한다고 주장하기도 하였다.

사태가 그처럼 험악해 지고 보니, 퇴계를 존경하는 사림(士林)들은 남의 일처럼 방관만 하고 있을 수가 없었다. 그도 그럴 것이 간신배들의 발호로 조정의 기강이 문란해지면, 국가의 존망조차 위태로워지겠기 때문이다.

이에 사림(士林)들은 분개한 나머지, 뜻있는 유생들이 전국

각지에서 서울로 모여 들었다.

그리하여 대궐로 몰려와, "퇴계는 대쪽같이 곧고, 아무 욕심도 없는 청빈지사(淸貧志士)이니, 퇴계를 억울하게 처형해서는 안 된다."는 소문(疏文)을 저마다 올리게 되었다. 그리하여 퇴계의 파직만은 유생들의 힘으로 막아낼 수 있었다. 그러나 그때부터 '전나무가 꺾어지면 불길한 징조'라는 말이 오늘날까지 전해오고 있는 것이다.

[출전] 정비석, 『퇴계일화선』, 퇴계학연구소, 1983. 7. 5, 64~67면.

① 위의 이야기는 집터에 관한 조건에는 그 터에 심어져 있는 수목까지도 관계를 맺고 있다는 점을 보여주고 있다. 옛날 사람들의 생각에는 좋은 집터는 어떤 신령이 잘 지켜 주는 터라야 하고, 악신이나 잡신이 자리 잡아 재앙을 일으키는 터는 좋지 못한 곳이라고 믿고 있었다. 그래서 위와 같이 뜰에 심어져 있는 큰 나무의 목신도 집을 보호해 주는 신령으로 보았던 것이다.(김현룡, 『한국인이야기 7』, 자유문학사, 2001)

9-16. 이황 집 전나무

퇴계(退溪) 이황의 옛집은 서소문 안에 있었는데, 이황이 사망한 뒤인 조선 중기에는 관상감(觀象監)에서 그 옛집을 빌려 사용하고 있었다.

그 집 정원에는 이퇴계가 생존했을 당시인 옛날부터 큰 전나무가 한 그루 서 있었는데, 임진왜란 이후까지도 늘 푸르고 왕성하여서, 사람들이 모두 쳐다보고 이퇴계를 생각하며 그 기상을 기리고 찬양했다.

그런데 신해(辛亥 1611)년에 경상우도(慶尙右道) 사람 정인홍(鄭仁弘)이 이퇴계를 헐뜯는 내용의 상소를 만들어 광해군에게 올렸다. 그러자 전국 팔방(八方)의 선비들이 대궐로 몰려가 이퇴계를 변명했고, 태학생(太學生)들도 떼 지어 두 번이나 대궐로 달려가서 정인홍의 상소는 잘못된 것임을 역설했다.

그 무렵 하루는 비바람이 몹시 심하게 불더니 이퇴계의 옛집 뜰에 서 있던 전나무가 갑자기 부러졌다. 그것을 보고 사람들은,

"시운(時運)의 변화로 이퇴계 선생을 헐뜯는 사람이 나타나게 된 것을 탄식하는 뜻에서 선생의 기개를 상징하는 나무가 부러졌다."라고 말하면서 한탄하고, 신기하게 여겼다. 〈조선중기〉

[출전] 김현룡, 『한국인 이야기』7, 자유문학사, 2001. 9. 30, 251~252면.

9-17. 소수서원(沼修書院)

소수서원(紹修書院)은 우리나라 최초의 서원으로서, 경북 영주군(榮州郡) 순흥면(順興面) 내죽리(內竹里)에 있다. 본디 이곳에는 중종(中宗) 37년(1542)에 풍기군수(豊基郡守) 주세붕(周世鵬)이 고려 때의 대학자였던 안향(安珦)을 제사지내기 위해 사당(祠堂)을 세웠는데, 이 이듬해에는 사학기관(私學機關)인 서원(書院)을 별도로 세우고, 이름을 백운동서원(白雲洞書院)이라고 부르게 하였다.

그런데 명종(明宗) 5년(1550)에 퇴계가 풍기군수로 부임하여 백운동서원에 와보니, 서원 건물이 형편없이 황폐해졌을 뿐만 아니라, 서원을 지키고 있던 사람조차 딴 곳으로 이사를 가 버려서 거의 폐가(廢家)가 되어버리지 않았는가. 학문을 남달리 숭상하는 퇴계는 내심 크게 개탄하며, 서원직이를 불러다가 임무태만(任務怠慢)을 호되게 꾸짖었다.

그러자 서원직이는 이렇게 대답하는 것이었다.

"실상인즉 소인이 서원을 떠나고 싶어서 떠난 것이 아니옵고, 밤이면 서원 앞에 있는 연못에서 귀신들이 통곡을 하며 난동을 치기 때문에 무서움을 견디지 못해 부득이 서원을 떠난 것이옵나이다."

"음—그래? 밤이면 연못에서 귀신들이 통곡을 한다고? 그러면 내가 오늘 밤부터는 귀신들이 작패를 못 부리도록 해줄 테니, 다시 서원으로 옮아와서 서원을 지키도록 하거라."

퇴계는 그렇게 말하고 그날 중으로 연못 한복판에 우뚝 솟아 있는 커다란 바위위에 '공경 경(敬)'자 한자를 커다랗게 써놓고, 그 글씨를 석수장이들더러 깊이 새기게 하였다.

그랬더니, 이게 무슨 기적일까, 밤마다 연못가에서 별의 별 작패를 다 부리던 귀신들이 그 날 밤부터는 죽은 듯이 고요해지지 않았는가. 워낙 주역(周易)에도 도통한 퇴계는 부적(符籍)을 대신하여 '경(敬)' 자를 써놓음으로써 귀신들을 꼼짝 못하게 하는 신통력을 발휘했던 것이다.

그 당시 서원 앞에 있던 연못은 오랜 세월이 흘러서 지금은 평지가 되어 버렸지만, 그러나 연못 한복판에 솟아 있던 바위만은 아직도 그대로 남아 있다. 따라서 그 때에 퇴계 필적으로 바위 위에 새겨 놓은 '경'자만은 아직도 뚜렷하게 남아 있는 것이다.

워낙 학문과 학자들을 소중히 여기는 퇴계는 서원을 황폐한 채로 내버려둘 수가 없어서, 백운동서원을 근본적으로 개수하게 하였다.

서원을 완전히 개수하고 나자, 백운동서원의 이미지를 새롭게 바꿔놓기 위해 이름부터 소수서원(紹修書院)이라고 바꾸는 동시에, 서원을 길이 보존해 나가기 위해, 임금에게 노비(奴婢)와 전결(田結)을 하사해 주실 것을 상주(上奏)하였다. 그러자 임금은 퇴계의 숭학정신(崇學精神)에 크게 감동하시어 특별윤허를 내리는 동시에, 「소수서원(紹修書院)」이라는 현판까지 친필액서(親筆額書)로 써내려 보내주셨다.

그리고 그것이 직접적인 동기가 되어 그 후 우리나라에는 수많은 서원이 창설되었으니, 그와 같은 숭학기풍을 크게 일으킨 시조(始祖)는 다른 사람 아닌 퇴계였던 것이다.

[출전] 정비석, 『퇴계일화선』, 퇴계학연구소, 1983. 7. 5, 128~130면.

① 강감찬설화도 도통하신 분으로 부적으로 요란스럽게 우는 개구리 울음소리를 멈추게 한다거나 부적 한 장으로 시냇물 소리를 내지 않게 했다고 한다. 설화상의 이러한 모티프를 퇴계 선생에게 전입시킨 것은 주역에 능통한 퇴계 선생의 박학 때문이다.(손진태 지음, 최인학 역편, 「2-22 강감찬설화」, 『조선설화집』, 민속원, 2009)
② 후창군수가 산신에게 명하여 산삼을 캐게 해달라고 하소연했다. 부적으로 군수의 뜻을 이루게 해주었다고 한다. (최인학·엄용희, 「327 산신을 위협한 군수」, 『옛날이야기 꾸러미3』, 집문당, 2003)
③ ATU 327A

9-18. 죽계의 '경(敬)' 각자(刻字)

소수서원 뒷곁을 흐르는 시내가 죽계(竹溪)다. 지금은 물이 그렇게 깊지는 않으나 옛날에는 물이 상당히 깊어서 빠져 죽는 이가 많았었다. 그래서 그런지 날 궂은 날이면 죽계에서 귀성이 들렸다고 한다. 퇴계 선생이 이것을 듣고 죽계 언덕에 '경' 자를 써서 새기게 한 다음부터는 귀성이 안 들리게 되었다고 한다.

제보자 : 강신대(姜信大, 60세, 영주읍 삼리 76, 농업)
조사자 : 지도교수 이승욱 · 김석하 · 황패강 · 임선묵, 학생 박봉길 외 10인
조사일 : 1971년 7월 5일~11일
장 소 : 경상북도 일원
[출전] 단국대학교 국어국문학과, 『국문학논집』5 · 6 합집(71·72년도 학술답사 보고), 단국대학교출판부, 1972. 12, 225면.

9-19. 축지법을 쓰는 퇴계 선생

퇴계 선생 아제? [조사자 : 예.] 퇴계 선생이 일본 사람도 니다이까 선생이라고 퇴계 선생을 친단 말이래, 니다이까. 일본말로 니다이까 선생인데. 퇴계 선생이 글씨를 써 노만(놓으면) 곁에서 보다 멀리서 보마 반듯한제.

그래 퇴계 선생이 공부할 때게 어느 재를 자꾸 넘는데, (큰 소리로) 아—고 재를 넘다이 처자가 나와가주고 무릎팍에 앉아가주고 입을 맞추고 또 뽀래고(?) 만지고 또 간다 이게라. 갈 때 그래고 올 때 그래는데, 선생이 보이께네 아가 얼굴이 노로

꾸름해. 그래,

"니가 워데 오디 일 있지?"

카이,

"아, 선생님! 내가 오다가 이 고을에 처자가 하나 나와가주고 내 입을 맞추고 뭐 구슬을 내 입에다 옇고(넣고) 자꾸 그랩니다."

"그래? 만일 요번에 가다가 그래거덜랑—, 니가 구슬을 입에다 넣고 꼴딱 넘겼부고 고마 하늘을 체다(쳐다) 봐라."

"예."

그래 선생이 씨기는 대로, 그래 인제 야가 가이 또 처자가 나와. 그래 입을 맞추이 구슬을 야한테 여 주그던. 그래 꼴딱! 넘겼부고설랑 땅을 내리다 봤그던. (큰 소리로 빠르게.) 고마 캥! 그마 가다가 자빠져 제키고 고마, 고만에 뭐 들고 텄분단(도망간단) 말이래. (본래 소리로) 그르이 그때 퇴계 선생이 하늘을 쳐다 봤으면 천문지리를 아는데, 땅을 내다 봤기에 주름을백에 못 잡아.[1] 그래 퇴계 선생이 아침 그, 예안서 아침 조회를 그 드갈 때 서울 오백 오십 리를 어름으로 쳐가(어림잡아 쳐서) 다섯 발짹이(발자욱) 반에 갔그던. 그르이 글 때 하늘을 쳐다 봤으면 천문지리를 맘대로 한단 말이래. 그래 땅을 내려다 봐뿌렸어.

그르이 그 인제 퇴계 선생 글씨는 니다이까, 일본놈들 니다이까, 안죽도가만 일본 가마 니다이까 선생이라꼬. (청취 불능) (큰 소리로 빠르게) 그 퇴계 선생 글씨를 써 놓으마 말이지 첫 번에는 꾸불꾸불한데 멀리서 보마 반듯해져. (본래 소리로) 퇴계 선생이. 그게 그 양반이래 퇴계 선생. 요새는 뭐 일본 말도 알지마는 니다이까 선생, 이퇴계 선생, 니다이까 선생.

1) 縮地法 밖에 할 수 없었다는 말이다.

[출전] 한국정신문화연구원, 『韓國口碑文學大系』 7-10(慶尙北道 奉化郡篇), 1984. 8. 30.

① 이퇴계를 일본 발음으로 읽을 때 〈니다이게이 또는 리다이게이〉라고 할 수 있다.
② 퇴계 선생이 서당에 다닐 때 구미호로부터 여의주를 뺏는 모티프가 수용되었다. 입속의 여의주를 뺏고 땅만 쳐다봤기 때문에 축지법만 알게 되었다는 것이다.(손진태, 최인학 번역, 「1-21 인지의 한계」, 『조선설화집』, 민속원, 2009)

9-20. 조월천을 살려준 퇴계 선생

퇴계 선생 수제자가 참 조월천이랬는데, 조월천이가 아주 됐어요.[1] 아주 너무 청해가주고, 한 분은 송원, 서울서 죽어가설라 모친이 죽어가주고설랑. 반구를 오백 오십리를 해 내려오는데, 조월천은 문상을 하고 오라고 갔다 말이라. 그래 조월천이가 갔다가 오디,

"에. 그놈 아주 참, 종의 자식이라 하천하더라고. 무식하더라꼬."

"왜 그렇노?"

"보이 어떤 상주라는 자가 마구 바알간 손수건을 가지고 낱(낮)을 딱고 개장국을 먹는데 그 유군들 먹는데 지도[2] 개장국을 훌훌 마시고 그라더라고. 그래서 내가 하도 괘씸해놔서 같이 머 호상군을 따라 올낀데 내가 왔읍니다."

"그, 니가 무식해 모른다. 하도 효성이 지극해서 혈루가 흘러 하얀 수건에 전부 눈물이 혈루로 그렇지. 그 물들인 수건을 가지고는 아이다. 아이께네……."

그래 오다가 내가 저물어서 한 분은,

"아이고, 니 곧 들온나. 곧 들온나."

그래 그 도중에 오다가 한 집에 자로 들어가이 고루거각인데 자로 들어가이, 어떤 소복을 하고 처자가, 주인을 물으이께네, 정문에 들어가이 나오디,

"사랑에 드시라."

그래 사랑에 있다이께네 석반이[3] 들어오는데 아주 참 진수성찬을 채리고설랑 이래 상을 갖다 놓고, 조월천이 가마이 보이, 에이. 무식한 거이, 처녀가 양반 앞에 밥상을 갖다 놓고 돌아나간데 보이 머리 꼬리는 예전 구식으로 댕기를 드리고 그래 나간단 말이다.

그래 밥을 먹을라이 청(淸)한 맘에 괘씸해가지고, 밥을 고마, 그래 참 굶잖을 정도로 두어 술 떠먹고 상을 내고. 담배를 피우고 앉았다이, 밤이 야심한 연에[4] 들오디이 (테이프 뒤집음) 그래 가주 바아(방에) 들오디 옆에 앉디,

"사람 살리달라."

근단 말이다. 그래 살린다는 거 어짜는지 거떠도 안 보고 담배를 피우고 앉았다 말이라. 그 참, 양반이 큰대패를 했다 말이라. 그참, 그래가주 그래 밥을 거어서 세우고.

그 이튿날 조반을 가수 들왔는데 참 또, 두어 술 인제 뜨고 설랑, 나서오는데, 아이 삽작걸에 나오다이 대청 우에 소복한 처녀가 올라가디,

"저 가는 저 양반 날 좀 보고 가시라."

고. 그래 거 휘뜩 돌아다 보이 고만 여자는 뚝 떨어졌뿠어.

집 끝에 뚝 떨어졌뿠어. 떨어지는 걸 보고 왔다. 오이, 그 퇴계 선생은 몇월 몇일날 월천을 내가 보냈는데, '지가 아매도(아마) 저거 무신 뭐 뭐시기 있지? 싶었다. 오디이 사귀가 곧 따라오는데, 그, 퇴계 선생은 눈을 반개하고 앉았다 이 청 밑에 와서,

"아무거시 월천이 잘 다녀왔십니다."

"어떡[5] 들온다. 어떡 들온나. 어떡 청에 올라온다. 인사고 마고 청에 올라 온나. 저 사귀가 안 따라오나."

그래 보이, 독새가 한 마리 마구 입을 벨레가설랑 똑 손가락 한 서너날 너비[6] 되는 게 지 뒤에 떡 들온다.

"그래 청에 내 있는 데 들온나."

그래 그 퇴계 선생이 거서 경(經)을 을러서 사귀를 물리쳤다. 마라. 그 전설로 말하만 지금 여게, 저, 참 퇴계 선생, 도산서원 밑에 다랫벼래 가는데 진성 이씨네 사던 데 조월천 뫼가 있십니다. 있는데, 비(碑)를 다듬으이, 조월천이 죽고 다듬으이 비에 고만에 한 분 이리 다듬어 가주고 예전, 요새는 공구석으로 하고 뭐 톱으로 써지만 예전에는 석수재이가 다듬가주고 여 후청에 무쇠를 가지고설랑 대고 갈았구만. 가이께네(磨) 사뭇 독새가 와 감아 있고, 감아 있고, 몇 번 석수쟁이가 가가주고 다듬어도 맹 그 모양이라, 말이라. 그래 고, 고 원귀가 고 되 가스러. 그래 맹 안죽도[7] 다랫벼래(地名), 지금 낙동댐 때무에, 다랫벼레 지류가 있는데 조월천 참, 선생 묘에, 비에 맹 독새(毒蛇) 형상으로 그래 있데.

그래가주고 그, 글 때 대번에 퇴계 선생이 참 경울 안 읽었으만 그 자리에 죽을 게라 말이지. 그래 전설로 말하만 그렇지 왜. 그리고 조카들이, 월천이 후 예가 다랫벼래 있어도 성도 좋고 한 삼(사람)들이 사뭇, 그 구포 앞에 배사공질하고 언캉[8]

묵을 기 없은게네 뱃사공질하고 우리 알기에도 다랫벼래서 그랬구만.

1) 된 사람이라는 뜻이다.
2) 자기도.
3) 저녁상이.
4) 밤이 야심한 연후에.
5) 빨리.
6) 넓이.
7) 아직도.
8) 워낙.

[출전] 한국정신문화연구원, 『韓國口碑文學大系』 7-11(慶尙北道 軍威郡篇), 1984. 7. 30.

① 경을 읽고 사귀를 물리친 퇴계 선생은 주역에 능통하다. (최인학·엄용희, 「379 독경을 세 번 실수」, 『옛날이야기 꾸러미3』, 집문당, 2003)
② 關敬吾 242

9-21. 이퇴계

이전에 어떤 재상이 나이 만어서[1] 재생을 퇴임하고 낙행[2]해서 서재로 열고 그 마실 아그덜을 글로 갈치는디 그 아그덜에 한 아가 재주가 만어 글도 잘 배우고 행실도 얌전했다. 그 아으 집은 가난해서 수수끼[3] 오두막 집에 기들고[4] 기나가는 이런 집에 살었다. 저거매[5]는 방아품을 들어가지고 책도 사주고

종이도 베루 묵[6]도 사주고 했다.

이 아는 그 서재서수녁을 공부해 나이가 열댓 살 되었는디 그때 이 재상은 큰 손녀가 치울 때가[7] 되었는디 그 집이서는 이 손녀로 치울라꼬 재상보고 이논했다. 그런디 "치아야지 내가 마치논 실랑감이 있다. 내 메칠날로 날로 받어놨구마. 메칠날로 자치할 준비나 하라."

그리노이 집안에서는 어런으 밍[8]이라 잔치할 준비를 하고 실랑을 맞어들이기로 하고 있었다. 행레날이 되이 일가 친척이랑 동네 사람이 구름겉이 모여들어 재상으 집잉게네[9] 사램이 꽉 들어찼다. 실랑이라꼬 떠억 들어오는디 보이께네 누구냐 카문 아주 거거 아주 몬사는 참 수수끼 오두막 집에 기드가고 기나오는 헹펜엄는 집 아덜이거덩. 도저히 안 맞는기라. 그래노이 사람들이 우째 저런 거로 사우로 보능고 전시[10] 쑥덕거리고 있었다. 그러나 집안 어른이 한 일이라 우짤 도리도 엄는기라.

인자는 지차[11] 손녀로 치우게 되었는디 재상으 아덜은 지차 딸로 누구에게 치아야 되겠냐고 물으이 재상은 인제는 나는 모리겠이이 니 맘대로 골라서 하라 캤다. 그래서 재상으 아덜은 여러모로 사우감을 구해서 임금님 아덜 태자[12]한티 지차 딸로 치우게 댔다. 지차 딸으 실랑이 임금님 아덜이 대노이 집안이 들석들석했다

재상은 큰손녀 사우로 불러가지고 인자는 니가 일로 해야데겠다 캤다. "지가 무슨 일로 합니껴?" 카이 베루로 내 놓고 묵을 쑥쑥 갈디마는 "내가 그것도 모리고 니로 사우 보아겠나. 어서 조치로 하라. 어서 하지 않으문 우리 집이 망한다." "처할배가 하이소." "내가 할 거 같으문 니 같은 아로 사우 삼아겠나."

사우는 종이다가 글 몇 자 썼다. 글 씬 거로 지차 손녀으 사

우한티로 보냈다. 지차 손녀 사우-임금으 아덜 태자가 받아 보디이마는 여태꺼지 끄덕거리고 안하무인격으로 호기있게 놀던 놈이 대번에 맥을 몬추고 기가 푹 죽고 눈물를 줄줄 흘리고 살살 기었다. 그리고 재상이 있는 사랑으 청에 갔다. 큰손녀 사우는 이놈을 보고 "니 본색을 나타내라. 안 나타내문 너로 직인다!" 이렇게 호령했다. 그라이 두째 손녀 사우란 놈이 마당으로 네레가서 범사[13]를 시 분 넘더이 흰 백야시[14]가 대서 꽁지를 질질 끌고 닷장을 넘어서 도망감서러 내가 금강산에서 천 년을 살민서 요분에 인도환생할라 캤는디 실패했다고 괌[15]을 질음서 멀리 멀리 도망갔다.

재상은 민첩하고 영리하고 날 샌 종을 하나 불러서 금강산 아무 골작으 덤풀 밑에 벌거벗고 있는 초립쟁이를 딄고 오라캤다. 종은 정성으 밍을 받고 곳 금강산 아무 골에 가서 덤풀 밑이 있는 초립쟁이로 딄고 왔다. 이 초립쟁이는 진자 태자인디 이 태자가 장개질로 채리서 오는디 천 년 묵은 야시가 이 태자으 옷을 베께입고 태자초롬 해각고 태자는 금강산 아무 골작으 덤풀 밑이다 버려 처박아넣고 재상으 집이로 드가서 행례를 치루었다. 재상은 그거로 알고 큰손녀 사우보고 태자로 둔갑한 천 년 묵은 야시로 몰아내라 캤다.

종이 금강산에 가서 진자 태자로 구해 가지고 와서 다부 행례를 치루었다.

하리는 어떤 초립쟁이 재상으 서재로 공부하러 왔는디 이 초립쟁이는 책을 페놓고 있이면서도 글로 일지 안했다. 큰손녀 사우 니는 우째서 글로 일지 않느냐고 물으이께네 초립쟁이는 지는 사램이 아이라 캤다. 사램이 아이문 미냐 카이께네 금강산 어느 곳에 있는 못에 사는 용이라 캤다. 용이 우째 여기 왔냐 카이 금강산에 천 년 묵은 야시하고 하늘 올라가는 삼을 하는디 내 심이 좀 모지라서 선생임 심을 좀 도움받어서 먼저 올라갈라꼬 왔다 캤다. 그리서 큰손녀 사우는 금강산에 가서 용을 도와서 야시보다 먼저 하늘로 득천하게 해 주었다. 그라이 야시는 실피 움서로 "아이 금강산이서 천 년이나 살아서 이제 득천할라 카는디 선생님땜시로 득천 몬 하게 댔다. 이제 또 천 년을 우찌 살꼬"이라더이 어떠론가 가삐랐다.

하늘에 득천한 용은 큰손녀 사우에 보답해서 은공을 갚을라꼬 큰사우 사는 데에 비를 내리어 큰 시내물이 내려가게 했다. 그리서 이 사람 집 앞에는 시내물이 줄줄 내리갔는디 이 사람으 어머이는 시내물 소리로 싫어했다. 그리서 이 사람은 시내물 소리가 안 들리는 곳으로 이사했다. 이 사람은 호를 지었는지 물러갈 퇴(退)자하고 시내 계(溪)자하고 너서 퇴계라 캤다. 이 사람은 우리가 잘 알고 있는 이퇴계 선생이다.

1) 나이 많아서.
2) 낙향(落鄕).
3) 수수깡.
4) 기어들고.
5) 그 아이의 어머니.
6) 먹, 묵(墨).
7) 시집보낼 나이가.
8) 명령.
9) 집이니까.
10) 모두 다.
11) 다음.
12) 태자(太子).
13) 재주.
14) 백여우.
15) 큰 소리, 고함(高喊).

[출전] 『任晳宰全集 10-韓國口傳說話(慶尙南道篇Ⅰ)』, 평민사, 1993. 4. 17.

① 이 설화는 여러 삽화로 이루어졌다.

(a) 어머니가 방아품을 팔아 아들(퇴계 선생)의 공부를 뒷받침 하는 가난한 소년을 서당의 스승(은퇴한 재상)은 눈여겨 둔다.

(b) 스승은 이 소년(퇴계 선생)을 손녀사위로 삼는다.

(c) 스승은 자기의 둘째 손녀사위를 택하는데 관여하지 않는다. 그래서 그 아들(손녀의 아버지)은 태자를 사위로 맞는다. 여기까지는 평범한 일화로서의 삽화라고 할 수 있다. 그러나 다음부터는 설화성의 모티프가 삽입되었다.

(d) 스승이 시키는 대로 하자 둘째 사위의 정체가 들어난다. 백여우였다. 이 모티프는 설화에서 흔히 볼 수 있는 것으로 강감찬이 소년시절에 잔칫집에서 신랑으로 둔갑한 여우를 가려냈다는 이야기가 있다.(최인학·엄용희, 「133 구미호의 둔갑」, 『옛날이야기꾸러미 2』, 집문당, 2003)

(e) 여우는 둘째 사위가 혼례를 하러 갈 때 납치를 하여 옷을 벗겨 입고 신랑으로 변신한다. 그래서 스승은 금강산 숲속에 있는 신랑(태자)을 구출한다. 이 이야기처럼 결혼식날 신랑이나 신부를 해치고자 여우가 변신한다는 것으로 설화에 가끔 등장하는 모티프이다.

(f) 큰 손녀사위(퇴계 선생)가 금강산 못에 사는 용을 도와 천년 묵은 여우를 퇴치하는 모티프는 『삼국유사』의 거타지설화와 일치한다.

(g) 끝의 퇴계의 어머니가 시냇물 흐르는 소리가 듣기 싫어

서 시냇물 소리가 안 들리는 곳으로 이사를 했다는 대목은 강감찬이 부적으로 물소리를 잠재웠다는 일화와 연관 지을 수 있다.(손진태, 최인학 번역, 「강감찬설화(3)」, 『조선설화집』, 민속원, 2009)

(h) ATU 327A, 關敬吾 275B, 581

9-22. 이퇴계 선생 일화

조사자들은 용인 시외터미널에서 내려 인근의 마평동 노인정을 찾아갔다. 그곳에는 10여 명의 할아버지들 모여 화투치기와 담소를 하고 있어, 조사자가 찾아온 목적을 설명하자 제보자가 선뜻 나서 구술하여 주었다. 삼박골에 살고 계신 제보자는 '짐승 소리를 알아듣는 사람' 유형의 설화를 이퇴계 선생과 연관시켜 구술하여 주었다.

그전에 그 이퇴계 선생님이라고 있는데, 이퇴계 선생님의 서원이 경주에 있거든. 경주에. 그런데 그 분이 형제분이여. 형제분이 어디를 쓱 이리 가는데 응, 이 산기슭에서 말이지 까마구들이,

"다육, 다육!"

하거든. '많을 다자 그 육 육자'그 우리가 듣자면 '까욱 까욱' 소리지만, 그 사람들은 새짐승 소리로 알아듣는 걸로, 그 다육 고기가 많다. 많을 다자 그래 '다육 다육'하고 그랬나 봐. 그러니까 아우가,

"아유 형님! 저 까마구들이 저렇게 이야기하는 게 거기 좀 가보고 가십시다."

그러니까, 그 형이,

"아이 가 보기는 뭘 가봐."

"아이 가 봐요."

그래 가봤어. 갔더니만 저 뭐 산기슭이 좀 사람의 송, 송장이 하나 있더래, 시체가. 그래 마침 그때, 저 지금 같으면 잠복해 가지고, 형사들이 잠복해 가지고 그 범인을 잡을라고, 그 땐 사령이라고 형사가 아니라 이 잠복하고 있는거야. 형사들이 마냥 이렇게 살인범을 잡을라고 그저. (헛기침) 이때 마침 형제들이 붙잡혔단 말이야. 애매하게 붙잡혔지.

"너들 왜 사람을 죽였느냐?"

이러니께.

"우리는 사람을 살해한 게 아니라, 여기 까마구가 울고 새짐승소리를 알아들으니께, 참 '다육 다육'하길래 와 본 거라."

구. [청중 : 무슨 애기하는 거야?] 하니. 까짓게 알아. 알아듣지도 못하는게.] (웃음) 그래 저 그러니까,

"첨 여기 왔다 이렇게 됐노라구. 새짓는 소리가 알아듣는 걸로 까마구가 '다육 다육' 하길래 왔더니, 여기 송장이 있다."

고. 그러나 저러나 그냥 저 사람들이 그냥 잡아다가 원님한테 데려갔단 말이야. 애매하게 저기 잡혀간 거지. 그래 꿇어 앉혀 놓고,

"너, 왜 살인을 했느냐?"

그러니까. 마찬가지로 이 원보고 하는 애기가,

"저희가 새 짐승 소리를 알아듣는 걸로 지나다 보니까 까마귀가 '다육다육'하길래 갔다가 그렇게 애매하게 붙잡혀 왔노라."

구. 그래 그래 그러다가 덜컥 가두거든. 이퇴계 선생 형제를, 원이. 그러다 인제 이튿날 그 때부터 춘삼월이야, 봄. 봄.

삼월인데 제비가 인자 새끼를 쳤단 말이야, 집을 짓고 그 원이 새끼를 그냥 붙잡어다 그 도포자락 소매 속에다 넣고 있는 거야. 그러니까 애미 제비가 머리맡으로 돌아다니며 쓰러지고 야단이거든. 그때 원님이 이퇴계 선생 형제를 불렀어.

"그래 너 새 짐승 소리를 알아듣는다니, 저 제비가 저 뭐 하는 소리냐?"

그러니까,

"제비가 하는 말이, 우리가 비록 미물일망정 인간에 아무 해 미친 적이 없는데, 원님께서 왜 우리 자식을 잡아가십니까?"

이 말이야. 꼭 들어맞잖아. (기침) 그래 '아! 다행이라'고 원님이 속으로 생각하기를 그냥 석방을 시키는 거야. 그래 주안상을 차려서 인저 술하고 안주하고 한 상 잘 차려서 대접을 하매 먹으라고.

"먹고 가라."

인자 그 퇴계 선생이 아우는, 퇴계 선생이 대추 하나만, 그 좋은 안주에 고기 술도 많은데 그 대추 하나만 이렇게 집어먹고 그러니까, 그 아우가 형하는 대로 이저 그렇게 먹고서 가는 거야. 가는데 원이 그 사령을 시켜서 미행을 하는 거야.

"저 분네들 가다가 무슨 얘기를 하나 듣고 오너라."

그러니까, 인제 사령이 뒤에 미행하면서 쫓아가는데, 이 형제분이 가면서 하는 얘기가, 그 아우가 하는 말이,

"형님! 왜 그 좋은 안주에 좋은 술에 안 잡수셨어?"

그러니까,

"아 그거, 땅에서 나온 곡식이래서 전부 비린 내 나서 안 먹었어."

"아 저도 그래서 안 먹었어요."

그때 그런 얘기 저런 얘기하며 이러 가는데, 가다보니까 이

게 길바닥에 황금, 황금이 바가지 쭉 쪼개 있는 것마냥 두 쪽이 이렇게 있더래. 그래,

"아유, 형님! 저 금 봅시다. 금. 형님 한쪽 갖고, 나 한쪽 가즙시다."

"아유, 난 싫어, 그런 거 안 가져."

"아유, 형님도 안 가지면 나도 안 가질래요."

그냥 그걸 두고서 그냥 갔단 말이야, 그냥 가다가 뒤돌아보니까, 오다 보니까 웬 사람이 지나가던 거길 행인들 들여다보고, 그냥 딸기 샘구녁 들여다보듯 한참을 들여다보고 있거든. 그래 아우가 형보고 하는 얘기가,

"아 형님! 저 사람이 저 황금을 저렇게 들여다보고 있어요?"

그러니까 형님이,

"그 사람 눈에는 금으로 안 보일 꺼야. 반드시 구랭이로 보일 꺼야. 이따 오면 물어보게."

그래, 인제 천천히 형제들이 가는데, 그 사람이 빨리 와서 참 만났단 말이야.

"당신! 거 뭘 오다가 봤소?"

"아유! 황구렁이 두 마리가 그냥 소리소리를 하는데, 어떻게 징글맞은지 모르것다"고.

"거 보라구. 거 금이라는 게 이렇게 손톱 반만 해도 거 무령 보이지 않고 자고로 다른 것으로 보여."

금으로 보이지 않는단 말이야. 그냥 그래서 인제 그게 구랭이로 보였지. 인자 그래 인자 가는데, 가면서 가는데 쭉 얘기를 하는데 아우가 하는 말이,

"형님! 그저 원이 중의 자식입디다."

그러거던, 중의 자식이라고, 원이.

"아유, 아무 소리도 말어. 그런 쓸데없는 소리를 하고 그려."

그래 인제 사령은 인저 그걸 들었거든. 그 얘기를 듣고 인자 그렇게 가는데, 가다가 인저 어디 가서 이렇게 있는데, 날이 저물어 자는데 형제분이 가 앉았어. 그런데 초립동이가, 그 전에 왜 초립이라는 걸 쓰고 댕기지. 장가 안 간 사람은 그걸 쓰고 댕기는 거여. 그래 초립이라는 것이 퇴계 선생님한테 가서 절을 그냥 날라 가듯이 절을 한단 말이야. 가면서 하는 얘기가,

"선생님은 언찬 좀 해 주십시오."

언찬. [조사자 : 어느 창이요?] 말씀 언자 길 찬자. 칭찬을 해달란 말이야. 언찬을. 그래 벌서 퇴계 선생은 그 누군지 알거든, 벌써. 그래 그 다른 게 아니라 그 사람은 그 앞에 연못에 있는데, 거 저히 이무기가 있거든. 용이 있거든. 그런데 인제 그게 용이 되서 하늘에 올라갈라믄 군자의 언찬을 세 마디를 받아야 등천(승천) 한다는 거야, 용이. 그래서 그 연못에 용이 있는데

"그러라."

고 그 이튿날 갔더니 그 용이 냅다 그 꼬랑지를 하늘에 대고 있거든. 그래서 그냥 이렇게 이퇴계 선생이 보고서 그냥 왔어. 그래 그 이튿날 초립동이가 또 왔거든.

"아! 선생님 왜 오(가?)셨어요?"

"누가 뭐니? 꼬랑지 보러 왔어?"

"그럼, 낼 또 오십시오."

그래 그 이튿날 또 갔더니, 또 등허리를 남실남실하고 이러고 있거든. 또 이렇게 보다 그냥 왔어. 그래 또 와서,

"아! 왜 그냥 오셨어요? 언찬 좀 해 달라."고.

"누가 뭐 등허리 보러 갔어?"

"그럼, 낼 또 오십시오."

갔더니, 냅다 용이 머리를 하늘로다 뻗치고 있거든. 참 우리가 그림을 봐도 그게 아주 무섭잖아. 그 산(살아 있는) 용이 그러고 있는데 누구든지 놀랠 거야. 그런데 퇴계 선생이 이렇게 한참 쳐다보다가,

"아! 가히 용답다."

고. 이렇게 언찬을 세 마디 했어. 그러고서 그냥 왔거든. 그래 그 큰 짐승이라는 게 자기 모양을 보이려 들지 않는다고. 가령 저 그전에, 옛날에 그 어느 산골짜구니에 가면 그 호랭이들이 범이래도 그 자기 모양을 사람에게 보이지 않으려 든다고. 그래서 인제 그랬는데, 그 이튿날 자는데 꿈에 현몽을 해.

"아, 선생님 덕분에 등천(승천)을 하게 돼서 대단히 감사합니다. 그런데 무슨, 선생님 원이 계신지, 소원이 있으시면 이뤄들일테니 말씀 하십시오."

이라거든. 그래서 퇴계가,

"아유! 우리는 아무 소원도 없어. 그런데 밤에 잠을 잘라면 아 머리맡에 그 시냇물이 졸졸 흘러서 물 내려가는 소리에 단잠을 못 자겠어. 그러니까 그 시내나 좀 물려 달라."고.

"그라믄 아무 날 아무 시에 에 높은데, 저 산으로 피신을 하십시오."

이 말이여. 그래 그 날 좀 피신을 했더니, 그냥 그만 억수장마가 지는 거야. 그냥 그러더니 그 시냇물이 딴 데로 가더래. 그래 물러간 퇴자 시내 계자. 그래서 퇴계야. 퇴계. [조사자: 아!] 시내를 물리쳤다고 해서 퇴계 선생이라고. [조사자 : 예, 그렇게 된 거예요?]

그런데 이 원이 또 어 그저 사령이 애길 들었잖아. 중의 자식, 원이 중의 자식이라는 것을. 그래 인저 사령이 원한테 갔어. 원한테 갔더니만,

"너, 그 분네들이 무슨 얘기를 하대?"

그러니까 영 우물우물하고, 차마 '원이 중의 자식이더라'는 얘기를 할 수가 있어야지. 그래서 우물쭈물하고 있으니까.

"아 들은 데로 얘기해야, 상관없어."

그러니까,

"아유, 원님께서 절의 자손이라고 그럽디다."

아! 그래 그냥. 원이 그냥 얼굴이 빨갛게 그 챙피하지 뭐야. 그래 원이 중의 자식이라니! 그래 급급히서 칼을 갈아 가지고 자기 어머니한테 갔어.

"어머니!"

그 칼을 앞에다 놓고,

"어머니! 저 바른대로 말씀을 하셔야지. 만약에 추호래도 거짓이 있으면 불효나마 이 칼 갖고 찔러 죽겄다."

고요 이래거던. 그러니까 아 그 어머니가 기가 맥히지 뭐야. 내 그래 할 수 없이,

"그런게 아니라, 그 전에 손이 없어서 너를 낳을 적에 절에 가서 기도를 들였다. 그 신돈이,"

신돈이라는 중이 고려 말 때 중인데, 백자천손 시절에, 아들이 천이요, 백자천손 아들이 백이요, 손자가 천이라는 그 백자천손. 그 고려 말기에 그 신돈이가 그 저 역적이었었다고. 근데 이 사람이 절에 이렇게 있는데, 그 손 못 보는 사람들이 그 좀 많아.

그래 아들을 날라고 거기 가서 기도를 드리면 마루창이 툭 꺼지면서 떨어지는 거여, 거 기도 드리는 여자가. 그래 그냥 거기서 폭행을 해서 내보내면 자꾸 아들을 낳거든. 그래 원도 그렇게 해서 낳은 아들이야, 그게. (웃음)

그래서 원이 그냥 창피해서 그냥 그 고을 떠났더랴, 딴 데로

말이야. 그런 얘기야. [조사자 : 이게 끝이에요? 이 얘기가?] 끝이야.

제보자 : 이영재(83세, 남)
조사자 : 박종수, 강현모, 김은용, 김경화, 이민정
조사일 : 1995년 11월 4일
장 소 : 마평동T 1앞 노인정
[출전] 박종수·강현모, 『용인 중부지역의 구비전승』, 태학사, 2000. 7. 20, 268~274면.

① 이 이야기에는 〈새의 말을 알아듣는 형제〉(정인섭 지음, 강재철·최인학 엮편, 「55. 두 형제와 원님」, 『한국의 설화』, 단국대 출판부, 2007)와 용이 승천하는 모티프가 수용되어, 끝으로 퇴계라는 이름의 연유를 설명하는 형식으로 되었다.
② AT 670 671, Eberhard 8, 關敬吾 164A

9-23. 임란 예언한 퇴계

그거는 퇴계 같이가(같은 이가) 알았지. 임란(壬亂) 한 이십 년 전부터 하마 예언을 했어.

[조사자 : 퇴계가 예언을 했니껴?]

(목소리에 힘을 주어) 퇴계는 예언을 했는데 제자들이 말 안 들은(들었기) 때문에.

그 퇴계는, 저 저 서애나 학봉은 퇴계 수제잖다. 그른데 그 양반이 예언을 했는데 그 걸 안 들었다. 말 안 들었단 말이래.

[조사자 : 퇴계가 어떻게 예언을 했니껴?]

그 일본눔이, 북에서는 저 저 쳐들어오지 남에서는 일본눔 배가 노략질하고 뭐 이래하이 그르이 준비를 해야된다는 그를 (해야 된다는 것을) 예언을 했는데도 준비를 모했어.

제보자 : 김태한
조사일 : 2001년 4월 12일
장 소 : 안동시 송현동 종합사회복지관내 노인정
[출전]『퇴계학연구』 19집, 단국대학교 퇴계학연구소, 2005. 8. 30, 124~125면.

① 하루는 서산대사가 영규대사를 불러 "하늘에 이상한 별이 떴다. 아마도 곧 왜군의 침략이 있을 징조이니 때가오면 대전하여 싸우라"고 했다.(최인학,「167 영규대사」, 『朝鮮傳說集』, 日本放送出版協會, 1957) 퇴계 선생도 왜구가 있을 것을 여러 번 예언했다.

9-24. 퇴계

퇴계 선생이 어디를 갔다오다 보니까, 애들이 쪼그만 물웅덩이를 품어가지고 셋이 품어가지고 고기를 잡았는디, 이 하나 큰 놈 하나 있구선 나머지는 쬐그만 피래미만 있거든. 그런데 그래 인제 그걸 쳐다보니까, 아 그거 이거 논을(나눌)수가 없은께.

"이놈을 짤라서 놓자."

애들이 그러거든. 그래서 가만히 쳐다보니깨 그것이 용씨여.

"야, 그럴 게 아니라 내가 돈을 줄테니 너희들이 논아갔구 이건 내게다 팔으라."

이기여. 그놈 잘라서 갖는 거 보단 그게 날 것 아니여. 그래서 그 용씨를 사가지고 와서 내 집 앞에 거기 연못이 있어. 그 연못에다 갖다 늦씨. 느니까 좋다구 들어가서 거기서 사는디.

퇴계 선생이 매일 아침이면 가서 이렇게 쳐다봐. 이놈이 한 번 훌쩍 올라왔단 들어가구, 그 다음엔 안나와. 그래 매일 그렇게 하는디, 하루는 가본게 안나와, 그거 별일이다. 삼일째 가서 보니까 이놈이 이렇게 컸어. 뭐라 그러는가 하니 꼬리에다 글을 쓰는디,

"나는 아무날 아무시에 용이 되어 올라갑니다."

이러거든. 그러니까.

"자고 이래로 용의 머리를 본 사람이 없다. 그러니께 너 용 올라가기 전에 내게 머리 좀 뵈다오."

그러니께,

"죽으면 죽었지 머리는 못 뵈준다."

하더랴. 그러니께, 아무 날 아무 시에 간다고 하니까 대청에 가서 그걸 쳐다보고 있으니까, 청명한 날인디 그 시각이 되니께 구름이 덥씨 집을 위에 싸는 거여. 그러더니 얼마 있다서 거친다는 거여. 용이 저 하늘을 올라가면서 꼬리루다서,

"안녕히 계십시오."

하고 올라갔어. 그래서,

"올라갔는가부다."

하고서 있은께, 한 며칠 후에 꿈이 선몽을 해. 꿈이 꾸여진단 말이여.

"선생님 은공을 갚어야겠는디 무엇이든지 한가지만 말씀 하시유?"

그러니 가만히 생각을 해 보니까 다른 건 소용도 없구, 그

퇴계 선생네 집 옆에 집 근처에 물내려가는 소리가 굉장히 시끄러워. 그래서,

"나 아무 소원 없구서 저 개울을 좀 옮겨다오."

그러니까, 그러구선 올라갔어. 며칠 있다나서 냅데 노상벽력하고 비가 퍼붓는디,

"우르따!"

번개를 번쩍번쩍 하구 퍼붰어. 그 그런디 얼마 지나니께 개울 소리가 안들려. 그놈을 저리 풀려냈어. 용이, 다 그래서 호가 퇴계 선생이여. 개울을 물렸다 해서 퇴계 선생이여. 호가 그래 나오잖여.

제보자 : 익명(노인, 남)
조사일 : 1998년 6월 2일
장 소 : 청주시 중앙공원
[출전] 박종익,『한국 구전 설화집2』, 민속원, 2000. 8. 20, 276~277면.

① 설화에는 물고기를 구제하여 그 보답으로 용궁을 방문한다는 모티프가 많다. (최인학·엄용희,「265 구슬과 고양이와 개」,『옛날이야기 꾸러미 3』, 집문당, 2003) 한편 전설에는 역사적 인물이 등장한다. (최인학 편저,「24. 거북을 살리고 삼대 재상이 되다」,『조선조말 구전설화집』, 박이정, 1999)

② 퇴계 선생도 역사적 인물이기에 구연자는 응당 용씨를 구제하여 연못에 놓아 승천하게 한다는 모티프를 원용했을 것이다. 결말은 청천벽력으로 인한 퇴계의 이름의 연유를 설명하는 것으로 결말지었다.

③ AT 560 736A 948, Eberhard 13, 關敬吾 165 169

9-25. 이퇴계보다 나은 조남명의 도술

옛날 그 그 조남명(曺南冥) 선생, 이퇴계(李退溪) 선생 그 이애기 두 마디 하겠읍니더.

그 저 산청군(山淸郡) 거어, 산청군 저 거어 와(왜) 덕산(德山)이라 쿠는데 가마(가면) 조남명, 조씨, 조씨가 많이 삽니다. 조씨가. 그 조남명 선생 난 곳이 거겐데.

그 때 자기가 나가지고 서재에(서당에) 댕길 적에 나무를 거꾸로 심었어요. 소나무 꺼꾸, 거꾸로 심었는데, 지금 그냥 있입니다, 그 나무가. 거꾸로 서가 있어요. 살고 이써등예. 그래서 서재 공부를 마치고 할 짓이 없는 기라. 그 때부터는 쭉지게로[1] 인자 자기가……. 대지게 있어요, 대지게. 쭉지게라고 있어. 지게, 짊어지는 거, 대가 만들은 지게, 거어다가(거기다)마 마차가지고는(마추어서), 마차 가지고는, 숫틀(수돌)요, 낫 가는 숫틀, 숫틀 장사를 했어요, 그 분이.

그래 숫틀을 짊어지고 인자 거어서 인자 단성 문태[2]에 나와서, 문태에 나와서 숫틀로 사 짊어지고 이쭉을(이쪽으로) 나와요. 저 합천쪽으로, 의령쪽을 나와요. 여어(여기) 갖다 팔거등요. 그래 나오면은, 산청군 생비량면 고오 오면은 솟을령재라고 있입니더. 거게(거기에) 짊어지고 와서 인자 참 등더리(등에) 밥을 갖다 뭉치 달은(단) 거, 점심을 까 묵고 먼당아(山頂에) 쉰다 말이지. 쉬고 앉아서 땀을 쫙 흘리고 앉았는데.

이퇴계 선생은 그 때 뭐하고 있은 기 아이라(아니라) 솥장사를 했거등요. 솥장사를 했는데, 이 영, 이 양반이 올라오기 되니까네(힘드니까) 도술로 부리가지고 솥을 지아(지워) 올라오미성(오라오면서), 솥이 발이 서이(셋) 아입니꺼, 예, 발이 서인데, 밥이 펄펄펄펄 넘구로(넘게) 해 올라 오는 기라, 조남명 선생이 보이꺼네. 그래 가만히 쳐다본께네 '그기야, 참 고마, 저기 뭣이라고…….' 뭐 그, 그런 맘이 들거등.

그래서 올라와 가지고 인자 밥, 밥을, 솥을 갖다 떡 시우더랍니더(세우더랍니다.)

"어, 자네 어데 있는가?"

이란께 얼척(어처구니) 없거등. '나는 이만 하머(하면) 고마 세계를 통일하지.' 싶은 맘이 있었는데, 쪽지, 쪽지게쟁이 그 그 칸다 말이다, 쪽지게쟁이가.

"와 묻노?"

"그런 술(術) 갖고는 부리지 말아라. 그 고약한 놈들."

그 소리 들어 보인께 조남명, (말을 고쳐) 그마 저 이퇴계 선생이 들어본께 마 어뜨거라[3] 싶으거등. 그래 한참 있다가,

"니가 술로 볼라 커면(하면) 날로 함 봐라."

쪽지게, 대쪽지게 발 두 개 아입니꺼? 지게 목발 둘빽이 안되거등. 그 넘이 짜박짜박짜박 걸어서 그 뭐 [청중 : 웃음] 막해 니라는데(내리는데) 그마 허허허 쌓아미 가는 기라. 그래 그마 이퇴계 선생은 뒤로 마 자바지고 말아뿠단다. [청중 : 웃음] 그런 얘기, 얘기 들었어요.

1) 대[竹]으로 만든 지게를.

2) 산청군 단성면 문태리.

3) 아차.

[출전] 한국정신문화연구원, 『한국구비문학대계』 8-11(경상남도 의령군편②), 1984. 8. 30.

① 조남명과의 도술 시합과 퇴계 선생의 상여가 움직이지 않다는 두 편의 이야기로 구성되었다. 앞의 이야기에서 소나무를 거꾸로 세웠다는 모티프는 고승들의 지팡이를 가꾸러 꽂은 것이 싹이 나고 오늘날 거목이 되었다는 전설의 모티프를 수영한 것이며 퇴계 선생과 조남명 두분 모두 도통하신 도사이기 때문에 도술까지 경합을 했다는 것이다.

9-26. 남비수의 겉보리 송편을 제물로 받고 움직인 퇴계의 상여

퇴계 선생 죽고, 돌아가시고 행상이 뜰라 그이,[1] 글 때(그때) 예전에는 그른(그런) 양반 죽으마 몇 달만에 장사, 유상으로 지내. 유상으로 장의(葬儀)를 맞차가주고 전국을 다 알가가주고[2] 인제 뭐 글 가주 간 집에 연락 다 해 가주 이랬는데.

그래 인제 날 받아 장사 지낼라그이(지내려고 하니) 행상(行喪)이 뜨나. 발인을 하는데 행상이 안 떠나. 발인을 할라그이 [손바닥으로 딱딱 소리를 내며] 딱 붙어가주 안 떨어져. 동군[3]들이 돌라그이 안 떨어지이.

그래가주고 뭐 참말로 글튼동(그렇던지) 남비수 선생은 원캉(워낙) 못 사이(사니), 글은 남만 모하지 않고 글은 잘 짔시나, 만사(輓詞)는 잘 짓고 참 저거는 제문(祭文)은 잘 짔시나 뭐 해가주 간게 워낙 없으이 남사시러(부끄러워) 못 내나. 그래가주고 겉보리 빠가주(빻아서) 가루를 체로, 보드라운 체로 겉보리 송편을 해가주 가마 까맣단 말이래. 남사시러 그 여러이(여럿이) 보는데 놀라고(놓으려고) 제물 한 줄 가주(가지고) 갔는데 이를라 그이 하도(너무) 남사시러 못 놔. 그래가 참 쭈릿쭈릿해가주 오졸해서[4] 못 내 놓고 있으니 퇴계 선생 행상이 안 떠나.

이게 워찌 되가이 그래가 그 모두 여러분이 있다가 아이 저 남비수 선생은 그르마 여게(여기에) 뭐 저게 글을 한 줄 일러 줘도(읽어주어도) 일러 주고 뭐 그래지 그이. 뭐 내 놀게 있으이[5] 글을 내고 그걸 내 놓고 글 한 줄 읽으라 그이 남사시러서.

그래 그래마 하마 이 양반이 행상이 안 뜰 때는 불가불 내 때문에 그르이 내가 이거 여러분이 아라꼬(알라고). 나는 쌀이 없는 사람이고 이래서 내 성의대로 해 가주는[6] 겉보리를 빠가 주고(빻아서) 송편을 이걸 한 되를 이건따나고(이것이나마) 지금 끓어 앉아 이른다그이(읽는다고 하니) 그래 그 제문을 이르고 그랬다이(그랬더니) 행상이 고마 떠부래. 그랬단 말이 있지 왜.

1) 행상이 떠나려고 하니.
2) 전국에 다 알리고.
3) 행상을 메고 운반하는 사람들.
4) 부끄러워서 몸 둘 바를 모르는 처지를 말하는 것이다.
5) 내 놓을 것이 있어야.
6) 해서는.

제보자 : 황병학
조사일 : 2001년 7월 15일
장　소 : 풍산읍 서미 2리 제보자의 집
[출전] 『퇴계학연구』 19집, 단국대학교 퇴계학연구소, 2005. 8. 30, 135~136면.

① 퇴계 선생의 상여가 움직이지 않으므로 남비수가 겉보리 송편을 제물로 바치고 만사를 지어 읽으니 행상이 움직이

기 시작한다는 것은 퇴계 선생의 검소하고 청렴함을 의미하는 것이다.

② 闢敬吾 514

9-27. 구대손 구출한 퇴계 선생

퇴계 선생이 눈에 열이 많애 안광이 쌔가주고 평소에 눈을 만날 깜고 있었지 눈을 못 떠봤거던. 눈을 퍼떡 뜨만 그 앞에 떨어져 죽는 기라. 사람이, 그러인께네 퇴계 선생 사랑문 아캐[1) 대추낭기가 한 남기 있는데 대추가 오롱조롱 마이 열었는 기라. 이웃 아들이 와가주고 이 어른이 사라아서 눈을 지긋이 깜고 있으만 '저 어른 눈 깜고 있다.' 카미 대추를 자꾸 따 묵는 기라. 그래 보통으로 놔둤다는 기라.

놔둤는데, 한 날 오디마는 대추리 엄청시리 따는 기라. 이 어른은 아주 눈을 지긋이 깜고 있어도 안다 이기라. 그만 내려오만 싶은데 안 내려오고 자꾸 따는 기라. 눈을 퍼떡 떴뿌인께 아가 널쪄가 직사를 했뿌는 기라. 텅 널쪄 북었삐거던. 안광에 떨어져가주고, 이 어른이 가마이 생각하이 이기 살인죄거던 이거, 눈 안 떴으만 안 죽는데 눈을 떴이니 살인죄라 카는 기라.

이 죄가 어데 미치노 하면은 구대손에 가 미치는 기라. 그래가주고 이녁 죽을 유명시에 도각겉은 함을 요래 하나 짜가주고 요새 돈 천원짜라 돈짝만한 종우를 백장을 오렸는 기라. 오려가주 인자 뭐라꼬 썼노(썼냐)하면 '하당시자'라꼬 씨는 기라. [청중 : 하당?] 어, 하당시자라. 전부 하당시자, 구십여덟 장을 하당시라 썼다는 기라. 써놓고는 구십아홉 장째는 '오면여사'라

딱 씨는 기라. 백 장째는 '오출구대손하라'고 썼는 기라. 딱 피봉을 해놓고는 그래 명령을 하는 기라.

"야들아, 이건 언제든지 구대손까지 이 함을 전해좌래이."

[청중 : 열지 말고.] 하며 열지 말고, '전해좌라'이라고 명령하신 뒤에는 또 이 자손들이 나이 많아 죽을 제는 또 후손 또 전하는 기라.

"이걸 구대손까지 전해좌래이."

그럭저럭 흘러가 세월이 흘러나완 기 구대손까지 흘러나왔단 기라. 구대손이 참 나라 국법에 죄인이 되기 걸렸던 모양이라. 걸렸는데, 옥에 갇히가 있는데 내일곁이 사형받는 날짜가 딱 다가왔는 기라. 왔는데, 그 날 저녁에사[2] 가마이 생각을 하인께네, 우리 구대조가 도박곁은 함을 짜가 내리, 전해내리오는 함이 있는 기라. 내가 죽기어도 이 함 속에 뭐가 들었는 지 한 분 내보고 죽어도 여한이 없다는 기라. 그래 원님한테 상소를 했는 기라.

"원님요. 내가 오늘 죽어도 안 원통는데 우리 구대조가 여 도박함을 여짜가 전해내래오는 함이 있는데, 그 함에 뭐어 든지(들었는지) 안죽(아직) 모르는데 그 함을 열어보만 여한이 없읍니다."

"음 그래여."

이방을 씨기가주 거 도박함을 가주왔는 기라. 아하, 뚜께이를 딱 들씨 인께네 종우를 요렇기 독함에 오리 옇어났는 기라. 글을 써 났는 거 '하당시자'라. 이거뿌이라. 전부 하당시자이거던, 구십여덟 장째는 '오면여사'라 떡 써났는 기라. 어, 그래가주 백 장째는 뭐라 썼느냐 '오출구대손'이라고 떡 이래 써났는 기라.

'하당시자'라 카면 뜨럭 밑에 뛰보라 카는 기 있고, 그러이

'오면여사'라 카는 것은 '내가 너를 살려 주인께네, 저게 너 살리 준다 말이다.' [청중: 너도 저 사람 살리 주라.] 그래 '오면여사'라. 내가 너를 살려 주인께 '오출구대손하라.' 내가 너를 살려 주인께 구대손 살리 돌라 말이라 그기. 하당시자라, 이긴 끄트머리피이 봐라. 오면여사라, 내가 너를 살려 주인께네 오출구대손야라. 구대손 살래 돌라 말이라.

이래가주고, (무릎을 탁 치며) 야! 이거 참 의미있는 일이거든. 이 토박함을 쥐고 뜨럭 밑에 떡 나가인께, 대들보가 몽창 내리 앉았뿌는 기라. 자, 이거 없었던만 지가 대들보 밑에 내 찡기 죽어뿠는 기라. 이래가주고 지 원님 이녁 살고 구대손 죄허물을 벗고 살았다는 기라. 그런 논설이 있다 카는 기라. [청중들 : 그러이 인제 이퇴계 선생이, 그러구러 한 분 보자, 한 이백칠십년 뒤에 일을, '자기가 하매 다 알았구만', 그래 가주고서는 인자 그 했는기지. 만약에 원님이 그 뜯어보고 자기가 그걸 안 살리 줬더라시면은, 고거 보고 인자 뜨럭 밑으로 일로(이리로) 비껴라 칼 때 안 비꼈으면 대들보에 찡겨 죽었구만은 비끼라 마자 그 이 들보가 무너졌으이.]

1) 앞에.
2) 저녁에.

[출전] 한국정신문화연구원, 『韓國口碑文學大系』 7-11(慶尙北道 軍威郡篇), 1984. 7. 30.

① 퇴계 선생이 미래의 일까지 꿰뚫어 보았다는 것이 이 이야기의 주제이다. 9대손이 죄를 지어 죽게 된 상황에서, 퇴계가 함 속에 써놓은 글을 통해 대들보에 깔려 죽을 운

명의 원님을 구해주고 9대손이 살게 된다는 것이다. 주역에 통달했기 때문에 미래의 일까지 안다는 것이다. (최인학·엄용희,「283 도사가 준 선물상자」,『옛날이야기꾸러미 2』, 집문당, 2003)

9-28. 천기를 보고 임금의 목숨을 구한 퇴계

참 그랬든동 뭐 이퇴계 양반은 천기(天機)를 봤다는데. 천기를 봤거든. 일기를 다 보고 천기를 봤다는데. 명종 때 명종이 그르마 열 세 임금 째라? (손가락을 꼽아가며 확인한다.) 태정태세문단세 덕예성중[1] 인명. 열세 임금 짼데 [청중 : 저 양반들 책보마 더 아껜데.] 이십팔왕 열세 임금짼데. 퇴계가 그르이 이조중엽쯤 되지. 이조 중엽 이십팔 왕이께 이조 중엽쯤 돼. 그래서 인제 말은 참 그렇든동(그렇던지) 뭐 그 말이 있지 왜.

거 한날은 자고 일나(일어나) 세수를 하고 세수를 하고 인제 의관 수습 해가주(해서) 사다아(사당에) 드가서(들어가서) 조상 찾아보러 안묘하러, 일이 고마 그게라.[2] 아직에(아침에) 자고 일나마(일어나면) 우선에 사관 받은 뒤에는,[3] 메느리한테 사관 받은 뒤에는 그래 일기를 보이 하늘이 참 달라. 하늘이 구름 찐(낀) 것도 보이 다르고. '이상타. 이기 무신 이 나라에 편하지 모할(못할) 일이 있잖나.' 싶어.

그래가주고 그르키 알았든동(알았던지) 뭐 말하자이(말하자면) 그게 마쿠(모두) 전부 그래 보태서 꾸몄지(꾸몄지) 뭐 역사(歷史)를. 그래가주고 '나라 임금님이, 하늘을 보이 저렇고 구름이 지는 걸 보이, 국상(國喪)이 날 우려가 있다' 싶어 가주고 서울 올라가는데, 오백 오십 리를 새복(새벽)에 일나(일어나) 세수하고 사당 문 여고(열고) 사다아(사당에) 안 노이 노이(?) 그래가주고 그 질(길)로 고만 타골라(타고는) 서울 올라갔어. 오백 오십 리를, 서울을 마 축지법으로 질을(길을) 주름을 잡았지.

축지법으로 올라가이, 서울 동헌 뜨럭(뜰)에 들어서이 문지기들이 꼭 서며 웬 사람이 여 들어오거든. 못 들어오게 하이,

"아이 그런게 아이고 나는, 살기는 경상도 안동에 사는데 안동에서 아직 나절에(아침 무렵에) 이만츰(여기까지) 오자마 그 생각을 해봐라. 그 오백 오십 리를. 그이 상감님, 당신들은 날 붙들고 여 동헌 뜨럭에만 여쭈올 말이 있다고."

뭔 영문인동 몰래. 그래가주고 팔을 꼭 붙들고 동헌 뜨럭에, 그래 상감님 계시는 겉으마(계시는 것 같으면) 아침상을 딱 들어. 아침상을, 밥을 땡겨(당겨) 놓고 들라그이께네(들려고 하니),

"밥을 자시지 마시오."

"왜 말이오."

"밥을 자시면 안됩니다. 그 밥은 어차피 닭을 주만[4] 닭은 시(時)를 잡는 게고[5] 소는 주마, 소는 농사를 짓고 하는 농운데(農牛인데) 소도 주마 안 되고 그저 굵케가주고[6] 자먹는(잡아먹는) 돼지우리에, 돼지우리에 갖다 던져 줘 보시오."

카이, 돼지우리에 갖다 밥을 부 주이[7] 돼지가 그마(그만) 죽어부래. 그이 예전 이씨 조선 오백 년 이십팔왕 시절이 골육상장(골육상쟁, 骨肉相爭)이랬거든. 서로 숙질(叔姪)간에도 치고 단종이 안 그랬어.[8] 숙질간에도 치고 서로서로 형제간에도 서로 치고 닦고 이래. 거 인제 삼각산 맥이, 삼각산 맥이 골육상쟁 맥이라. 그래서 삼각산 맥이 골육상쟁 맥이기 때문에 그 자리를 서로 인제. 임금의 삼촌이 뭐가 나쁘며 임금의 백씨가, 형이 뭐가 나쁘오 말이래. 서로 인제, 서로 내가 그 옥새천수 할라고.[9]

그 그 글때는(그때는) 마이(많이) 그랬는 모양이래.

그래가주고 그르이 밥에다 그 사약(死藥)이 드간걸(들어간 것을) 퇴계 양반이 알고 '밥을 잡수지 마라' 그래가주고, 짐상(짐승)은 줘도 되나마나(아무렇게나) 주마(주면) 안되이[10] 짐상도 닭은 시를 잡고 개는 도둑을 지키고 소는 농사를 짓는 소이 농운데 그 막 굵케가주 자 먹는(잡아먹는) 돼지, 돼지 줘부래(줘버려). 돼지가 먹고 그만 거서 구부래져브래(나자빠져버려). 그래 비상(砒霜)이 섞인 사약이 그이(그러니) 그 임금자리 때문에 그렇거든. 그르이 그 말이 있지 왜.

그래서 대번에(단박에) 그제는 버선발로 참 임금님, 명종 임금님이 나와 가주고,

"그래 자네 어디 있는고?"

"내가 경상도 안동에 있습니다. 그래 안동에 이 아무갭니다. 안동 예안 도산 토계동에서 내가 이쯤 올라왔다."

카이 그래 깜짝 놀래며,

"나는 옥새천수를 해도 이걸 몰랐는데 참 장한 양반이구나."

버선발로 나와가주고 신발 안 신고 메셔드려(모셔드려).

"아이 내 앉는 자리……."

"아이구 내가, 지가(제가) 거는(거기에는) 못 갑니다."

카이,

"그래지 마구(그러지 말고) 여 마루엔따나(마루에나) 올라 앉으라."

그고, 그래가주고 그래 대븐(즉시) 금자광록대부를[11] 하고 그 양반이 그래. 그 말은 있어.

1) '예성연중'인데 연산군의 연을 빼고 덕종을 잘못 넣었다.

2) 아침에 일어나면 하는 일이 사당에 인사드리는 것이라는 말이다.

3) 시부모가 새 며느리에게 아침 문안 인사 받는 일을 일컫는다.
4) 닭에게 그 밥을 주면.
5) 닭은 시간을 알려주는 동물이고.
6) 굵게 해서, 살찌워서.
7) 부어 주니.
8) 숙질간에도 서로 싸우고 했는데 단종도 그래서 희생됐다는 말이다.
9) 임금 자리를 차지하려고.
10) 짐승에게 사약(死藥)을 주어도 아무렇게나 주면 안 되니.
11) 金紫光祿大夫. 고려시대 관계(官階)의 하나인데 제보자는 조선시대의 퇴계의 관직으로 말했다.

제보자: 황병학
조사자: 김재중
조사일: 2001년 7월 15일
[출전] 『국문학논집』 19집, 단국대학교 국어국문학과, 2003. 12. 30, 243~247면.

① 퇴계 선생은 천기도 볼 줄 알고 나라의 운명도 알고, 축지법으로 지리에도 능숙한 것은 주역에 능통하기 때문이다. 이러한 인식이 민간에 널리 보급되어 퇴계 선생과 관련된 이야기가 다양하게 전승하게 되는 것이다.(최인학·엄용희, 「372 축지법이 통하는 사람」, 『옛날이야기꾸러미3』, 집문당, 2003)

9-29. 임금을 살린 퇴계 선생

종묘공원에 할아버지나 할머니들이 많이 계셔서 녹음이 깨끗하게 되지 못할 정도였다. 두 분이 벤치에 앉아 말씀을 나누는 중간에 채록을 부탁드렸더니 흔쾌히 승낙하였다. 두 분이 먼저 고담을 하고 나중에 이영걸 할아버지가 퇴계 선생에 관한 설화를 구연하였다. 형식은 두 분이 이야기를 나누는 것처럼 하게 되었다.

이영걸 할아버지는 진성 이씨로 퇴계 선생의 15대 손이라고 하였다. 대화 내내 "우리 할머니, 우리 할아버지"라는 말씀을 하였으며, 고향도 안동이었기에 그 분 이야기를 집중적으로 채록하였다.

근데 도산서 서울 가믄 안동서 오백오십 립니다. 근데 고거는 암소를 타고 댕겼는데 축지법을 해요. 축지법 대충을 하는데 아침에 일라가지고 세수를 할라고 천기를 보니께네 큰 별이 떨어지니 금방 떨어징겠데. 떨어지게 됐는데 갔다 이 말이 아, 이거 클났다. 나라 임금이 마 저 금방 죽게 됐네. 이거 낭패다 싶어서 온 암소 타고 오백오십 리 서울 대궐로 왔단 말이다. 오니께네 아, 안문왔습니다. 나라 임금이 들려라 해라 카니께네, 왜여 일찍 이레 왔느냐. 아직 조레 시간도 마 못버렸고 아직도 안 묵었는데, 아직 상이 안 들어왔는데. 아직 상이 들어오믄 안되거든. 아침상이 들어오믄 들어가야 되는데 그래 바쁘게 갔다 이 말이야. 그래, 저, 가, 이, 가, 이놈아 이거는 모냐. 전하께서 아침 진지를 자시지 마세요, 이란다. 그하다가니께 진지상이 들어온다 이 말이야. 아침상이 들어오는데, 아, 저게, 이 사람아 왜 말이지, 너가 왜 아침을 굶으라 하느냐 이라니까, 안됩니다, 절대 수축되지 마시오, 큰일납니다, 안된다. 아이, 나라의 임금이 화를 낸단 말이야. 모, 이놈, 마, 저, 그따구 소리 할라구 마저, 오백오십 리 길을 이꺼정, 마, 좀, 왔나. 나 밥 몬 먹고, 나 굶길라꼬 완나. 니 무언살라카고, 막 모라카고, 예 그러며는 내가 신렴을 뵐무이까 신렴을 보고 마, 저, 마, 저기 죄를 주시오. 그 맞으면 마, 저, 내가 사고 안 맞으면 마, 내가 목숨을 바친. 이래 하이까모, 임마 니가 시험을 머, 어이 해본단 말이오. 여전히 마, 술 뜨지 마소. 속안을 속는 내가 들고 하이까 그래 문 열고 개를 불렀단 말이야. 개를 불러가지고 밥을 한 술 떼가 떤져가지고 개를 마 떤져줬더니 개가 버뜩 먹어불거던. 먹어뿔고 그 자리서 죽어뿐다. 이 말이, 이 보시오, 그래서 내가 왔잖습니까. 그래가지고 나라 임금이 선생임이라 했다 이 말이야. 선생임이라고 끌어안고 나 살려주소. 일개 나라 즉 대한민국, 뭐고 조선 나라 아입니까. 이 분이 나하고 하도 안 떼고 있었다. 지금을 갈렸지만 그래가지고 나라, 마, 저 선생이라고, 마, 저 우리 조선 날라 선생님이라고 이래 모셨단 이 말이요. 근데 그 어른이 그 먼저라도 뭐, 대신 뭐 했능가 하믄 오만 벼슬을 다 했으요. 다 했는데 그리 영웅이요. 근데 내가 또, 임마, 저 축지법 대충 하지. 육경신 믿제. 영웅이라요, 영웅. 어, 천하의 영웅이요. 그리니까 나라의 임금이 선생님이라고 모셨지. 마, 그래 모시고.

제보자 : 이영걸(72세, 남, 서울 동대문구 제기1동, 초중퇴)
조사자 : 남경희(사범대학 한문교육과), 정용은(사범대학 한문교육과)
조사일 : 2001년 11월 30일
장 소 : 서울 종묘공원
[출전] 『퇴계학연구』 16집, 단국대학교 퇴계학연구소, 2002. 8. 30, 201~202면.

9-30. 구슬을 삼킨 퇴계 선생

도산서원에서 버스를 기다리다가 입구에서 기념품가게를 경영하는 신옥행 아주머니에게서 우연히 설화를 채록할 수 있었다. 활달하고 말을 재미있게 잘 해주어 조사하는데 어려움이 없었다. 장사가 방해됨에도 불구하고 흔쾌히 끝까지 구연을 해주었다.

제보자는 마르지 않고 넓적한 얼굴에 안경을 쓴 모습이 억척스러워 보이면서도 항상 웃는 표정과 큰 목소리가 여유로워 보였다. 목소리가 크고 말이 빨라 조사하기에는 오히려 편하였다. 매우 긍정적인 성격으로 사람들과 쉽게 친해지게 보였다. 나이에 비해 젊어 보이고, 건강해 보였다. 기억력은 좋은 편이나 알고 있는 자료가 순수 구전된 이야기는 아닌 것으로 여겨진다. 가게에 손님이 몰려오는 통에 전제보자에 관하여는 조사하지 못하였다.

자— 퇴계 할배 얘기를 하자면은, 저 퇴계 할배가 옛날에 공부하러 다니다가 여여 주목골 앞에서 여시가 나와가주고 퇴계 선생이 입에다기 구슬을 여었다가 뺏다가 그래가주고 퇴게 선생이 고걸 늠가뿌렀어. 땅을 보니 지구를 다 가졌어.

제보자 : 신옥행(70세, 여, 경상북도 안동시 도산면, 초등학교졸, 상업)
조사자 : 남주영, 정나리, 김원복(문과대학 인문학부)
조사일 : 2002년 10월 30일
장　소 : 경상북도 안동시 도산면 도산서원 앞 기념품가게
[출전] 『퇴계학연구』 17집, 단국대학교 퇴계학연구소, 2003. 8. 30, 129~130면.

9-31. 퇴계 선생과 여수(여우)와의 한판 승부

퇴계 선생 종택을 나와 또 다른 제보자를 찾기 위해 길을 나

섰다. 물건을 사러 들어가 가게 주인아주머니에게 혹시나 하고 던진 물음에 뜻밖의 제보를 얻게 되었다.

경상도 사투리에 풍채가 좋았고, 활달하고 외향적인 성격의 소유자로 보였으며 짤막한 이야기를 재미있게 구연하였다. 퇴계 선생 일화는 주위에서 들은 것으로 선생에 관해서는 단편적인 사실들만 기억하고 있었다.

도산면 온계리가 생가거든. [조사자 : 예.] 생가에서 서당으로 공부하러 넘나들면서, 다니면서 여, 여수묵골이라고 있어. 요래 가다보면 옛날에 내려오는 그 고을이름. 여수묵골에서, 여수묵골. 여수가 나와가지고, 퇴계 선생님 입에다 구슬을 넣었다가 지(자기)입에 넣었다가 하거든. 퇴계 선생이 그만 그 구슬을 삼켜버렸어. 삼켜버리고, 땅을 쳐다봐가지고 지구가 둥군 걸 알아 가지고, 그래 지구를 요래(손으로 둥글게 표시) 해놨잖아.

제보자 : 신옥행(64세, 여, 경북 안동시 도산면, 초등학교 졸업, 상업)
조사자 : 박연우(사범대학 한문교육학과), 조정남(문과대학 인문학부), 전소라 (상경대학 경영·회계학부)
조사일 : 2002년 10월 26일
장 소 : 도산서원 앞의 상점
[출전] 『퇴계학연구』 17집, 단국대학교 퇴계학연구소, 2003. 8. 30, 142~143면.

① 여우구슬(여의주)모티프는 서당에 다니는 서생을 유혹하는 여우의 변신인 여인이 등장한다.(손진태 지음, 최인학 역편,「1-21 인지의 한계」, 『조선설화집』, 민속원, 2009) 또 하나는 상사병으로 죽은 원귀가 구렁이가 되었으나 소원이 이루어 구렁이의 탈을 벗는다. 대개 이 경우 여의주

모티프가 없는 것이 일반적이다.(최인학,「364 충무공 이순신」,『朝鮮傳說集』, 日本放送出版協會, 1977)

② 여의주를 빼앗아 삼킨 다음 땅을 내려다 봤기 때문에 하늘의 기밀은 모르고 지상의 기밀만 안다.(최인학·엄용의,『옛날이야기꾸러미 2』, 집문당, 2003, 336～337면)

③ Eberhard 180

9-32. 퇴계 선생과 곰·호랑이 이야기

제보자는 조사자의 외할머니로서 채록은 제보자의 자택에서 이루어졌으며, 참석자 모두 친척이거나 친분이 있는 분들로 편안하고, 화기애애한 분위기 속에서 이루어졌다. 제보자는 처음 마이크를 건네자 조금 당황하고 머뭇거리기는 하였으나 점점 이야기가 고조되자 긴장이 풀리는 듯 손동작과 모양을 흉내 내는 등 적극적인 구연의 태도를 보였다.

제보자 허기남 할머니는 73세로 돋보기를 착용. 푸근한 인상을 지녔으며, 앞니가 조금 갈려 있으나 다른 이는 튼튼하다. 경기도 장단군 대강면에서 성장, 장단군 진동면 사람과 혼인하여 줄곧 경기도에서만 생활한 관계로 경기도 사투리를 쓰며 말은 조금 빠른 편이다. 기억력은 이주지의 주소를 정확히 기억하고 있을 정도로 매우 좋다. 한 자리에서 이야기 다섯 편을 쉬지 않고 구연 할 정도로 이야기를 많이 알고 있다.

퇴계 선생의 이야기는 제보자의 증조모로부터 들은 이야기라고 한다. 경기도 장단군 대강면에서 유년시절을 보낸 제보자는 어느 날 밤, 제보자의 요청에 의해 증조모가 이부자리에서 들려주었다고 한다. 제보자는 이 밖에 〈장자못 전설〉 과 〈바보신랑 이야기〉 두 가지를 해주었다. 증조모는 1823년생으로 제보자

당시 12세 때 99세로 사망하였다.

옛날 옛날에 과거 보는 시절에 과거를 보러 퇴계 선생이 재를 넘는데 어느 큰 재를 하나 넘는데 아, 그냥 산이 깊어가지구 한참을 허다듬어 올라가는데 곰이 나타나 아니 호랭이가 나타났어. 호랭이가 나타나서 아 이 사람이 무서워가지구 숨어야 헐 텐데 도대체 어디로 숨어. 이리 저리 보니까 큰 느티나무가 하나 있는데 구녕이 가운데가 뻥 뚫어진게 있더래. 그래서 그냥 글루 옳다구나 글로 숨어야겠다 글로 기어들어가서 숨었대. 그래가지고 이렇게 숨어보니깐 우에도 구녕이 뚫어졌더래. 그래서 숨어서 있는데 아 이놈에 호랭이가 그냥 냄새를 쿵쿵 맡더니 사람냄새가 나 거기서 빙빙빙빙 도는데 곰이 하나 설렁설렁 내려 오드래. 그러더니 곰 보구 호랭이가 아 여기 사람 들어 있으니깐 우리 넌 위에 올라가서 저 구녕을 틀어막고 있어라. 내가 여기서 땅을 후벼서 팔 테니까 했대. 곰이 담배 먹던 호랭이가 담배 먹던 시절이지. 곰이 말을 하고 호랭이가 말을 하던 시절이니. (웃음) 그래가지고 그냥 올라가가지고 곰이 기어올라 가가지고 거 턱 깔구 앉았구, 호랭이는 땅바닥에서 죽갔다구 막 파가지구 파는데 아, 이렇게 그 사람이 큰일 났갔거덩. 파면 뚫어지면 나오면 잡아 먹갔으니깐 하 무슨 좋은 방법이 없나하구 궁리허다 쳐디보니깐 아, 곰에 그게 그냥 터억 늘어졌더래. 망태기가. (웃음) 숫놈이 되가지구 그냥 그게 큰게 그냥 곰 부랄 으.. 곰 부랄이 터억 늘어졌더래 (웃음) 옳다구나 하고 옛날엔 이 망근이라구, 망근이 이게 말총으로다 한거야 말총으로 한게 망. 망근을 말총으로 했었거덩. 그래서 이 사람이 얼른 이 말총을 망근을 끄내가지고 풀어가지구. 그게 아주 무척 질겨. 그 끈이 그 망근 끈이 말총이니깐 질기니깐 그걸 갖다가 살살 이제 곰 망탱이를 그냥 쓰윘어. 가만가만 씌우면서 막 곰을 살살 긁어주니까 고걸 이렇게 쓰우는거야. (씌우는 흉내를 내며) 아 곰이 배를 긁어주니깐 무척 시원하거덩. 시원해가지구 눈을 꿈지럭 꿈지럭 하니까 호랑이가 파다가 이렇게 보니까 눈을 껌벅껌벅 하거덩 너 왜 그러냐? 그러니까. 아니다 어서파라 그래서 곰은 시원해 가지구 배를 긁어주며 망탱이를 긁어주니까 무척 시원해서 그냥 아 이렇게 쳐다보니까, 고기다 홀딱 씌워버렸어 긁어주면서 홀딱 씌워버려 가지구선 이제 잡어다리는 일만 남았으니까. 이제 또 살살 긁어주는거야 긁어주면 이 곰이 시원해가지구 그냥 눈을 스르르 감꺼덩. 어 호랭이 파다가 겁이 나가지구 또 쳐다보면 곰이 어떻하나 쳐다보면 곰이 또 눈을 꺼뻑허구 어 너 왜 그러냐? 하면 아니다 어서파라. 그래서 그냥 이 사람이 그냥 망탱이를 그냥 그 부랄을 씌워가지구선 그냥 자기가 있는 힘껏 다해서 그냥 화악 잡어다렸어. (웃음) 확 잡어다리니깐 그냥 곰이 그냥 아파서 펄펄 뛰는거야. (웃음) 곰 부랄이 뚝 떨어졌으니 (웃음) 아 그러니까 뚝 떨어지니까 이 사람이 끈으로 잡아다니니까. 그냥 그 사람이 곰 부랄이 뚝 떨어지니까 곰은 뭐 낭구에서 떨어져서 죽었지. 뭐 그래가꾸 호랭이가 무서워서 막 도망을 가더래. 그래 그러니까 곰을 잡았잖아. 잡았으니까 이 퇴계 선생이 내려와서 그 곰을 가죽을 홀딱 베껴가지구 배가 고프니까 그냥 불을 장작불을 지피구 그냥 나무깽이가 많으니까 장작불을 놓구 구워먹구 앉았어. 구워먹으니까 그 냄새가 좀 진동 할 거야! 그러니까 호랭이가 이 냄새를 맡구 도루 오는거야 또 슬슬 오는거야. 오니까 "너 고기 한 점 줄랴?" 그러니까 아 호랭이가 그러라구 그러거덩 저기 와서 앉았거던. 게 그 사람이 고기를 한점 탁 던져 주니까 탁 받아 먹으니까 참 맛있거든. 그러니까 "또 한 점 줄랴?"

그러니까 아, 그러라구 또 한점 탁 던져 주니까 또 먹었어. 또 먹구 나중에 그 옆에 괴논대 돌맹이가 새빨간 돌맹이가 이글이글한 돌맹이가 있는데 그냥 "너 요번엔 내가 큰 걸로 고기점 큰 걸로 하나 줄테니까 눈을 꼭 감고 따악 벌려라." 그랬어. 그러니까 눈을 따악 감구 입을 따악 벌리드래. 호랭이가 그러니까 그냥 그러니까 그냥 그거를 그냥 막대기루 찝어서 얼른 확 쳐너어줬어. (웃음) 아, 그러니까 고긴 줄 알고 꿀떡 샘켰어 호랭이가 그 돌맹이를 세뻘건 돌맹이를 뚤떡 생켰으니 살아? 펄펄 뛰더래 그냥 턱 하구 나가떨어졌대. (웃음)

그래서 이 사람이 내려 와가지구 나와 가지구 호랭이 껍질 베끼구 그걸 갖구 해서 잔등해서 미구 그냥 과거보러 갔대. 과거 보러갔다 팔어가지구 아주 (웃음) 돈을 많이 맨들어서 여비를 쓰구 고기도 실컨 먹구 (웃음) 얘기를 했대 (웃음) 그랬던 얘기가 있잖아….

제보자 : 허기남(73세, 여, 경기도 고양시 일산구 탄현동, 소학교 중퇴, 무직)
조사자 : 김진경(문과대학 인문학부)
조사일 : 2002년 11월 4일 오후 9시
장 소 : 제보자의 집
[출전] 『퇴계학연구』 17집, 단국대학교 퇴계학연구소, 2003. 8. 30, 134~137면.

① 이 설화는 〈호랑이보다 무서운 곶감〉이라는 설화의 중간 부분 이후가 퇴계설화에 수용된 것이다.(최인학·엄용희, 「50, 호랑이보다 무서운 곶감」, 『옛날이야기꾸러마』, 집문당, 2003)

② AT 177, Eberhard 10, 關敬吾 33A 33B

9-33. 퇴계 선생과 말똥이 엄마

'퇴계 선생과 곰, 호랑이 이야기'의 조사자 김진경과 같은 곳, 같은 장소, 같은 시간에 같은 제보자로부터 채록하였다.

제보자는 김진경의 외할머니로서 조사자의 요청에 의해 채록이 이루어졌다. 제보자의 증조모로부터 들었던 퇴계 이황(여기서는 '학자'로 표현됨)의 설화 중 충청도 지방의 이야기이다. 제보자는 증조모의 이야기 전부를 변형 없이 그대로 구현하겠다고 했다. 채록은 제보자의 자택에서 이루어졌으며, 현장 분위기는 참석자 모두 친척이거나 친분이 있는 분들로 편안하고, 화기애애한 분위기 속에서 이루어졌다. 제보자는 처음 마이크를 건네자 조금 당황하고 머뭇거리기는 하였으나 점점 이야기가 고조되자 긴장이 풀리는 듯 손동작과 모양을 흉내 내는 등 적극적인 구연의 태도를 보였다.

제보자 허기남 할머니는 73세로 돋보기를 착용. 푸근한 인상을 지녔으며, 앞 이가 조금 갈려 있으나 다른 이는 튼튼하다. 경기도 장단군 대강면에서 성장, 장단군 진동면 사람과 혼인하여 줄곧 경기도에서만 생활한 관계로 경기도 사투리를 쓰며 말은 조금 빠른 편이다. 기억력은 이주지의 주소를 정확히 기억하고 있을 정도로 매우 좋다. 한 자리에서 이야기 다섯 편을 쉬지 않고 구연 할 정도로 이야기를 많이 알고 있다.

퇴계 선생의 이야기는 제보자의 증조모로부터 들은 이야기라고 한다. 경기도 장단군 대강면에서 유년시절을 보낸 제보자는 어느 날 밤, 제보자의 요청에 의해 증조모가 이부자리에서 들려주었다고 한다. 제보자는 이 밖에 〈장자못 전설〉 과 〈바보신랑 이야기〉 두 가지를 해주었다. 증조모는 1823년생으로 제보자 당시 12세 때 99세로 사망하였다.

[조사자 : 지금 하시면 되요, 할머니!] 지금 하라고? 옛날에, 들려? [조사자 : 지금 하시면 되요, 할머니!] 들려? [조사자 : 예 지금 하시면 되요, 할머니!] 옛날에 옛날 옛날에 저 과거하던 시절에, 과거를 허러 이제 서울을 가며는 기냥 뭐야 행장을 꾸려서 지치기도 해고 해서 내달고 글고 인제 걸어서 행보를 그르고 행보를 걸어 제꼈으니까 걸어가는데, 그냥 저 한번 경상남도 사람이었었나봐. 오다 오다가 그냥 너무 지쳐가지고 나중에는 이제 걸어서 오는데 너무 지쳐서 오다 오다가 배도 고프고 그냥 힘도 떨어지고 그랬는데 아이 저 충청도 땅에 들어섰는데, 충청도에 와가지고 오다 오다가 못해서 그냥 나가 고만 기진맥진해서 쓰러졌어. 한번 쓰러졌는데, 쓰러져서 한참을 있다가 그냥 정신을 잃고 있다가 눈을 떠보니깐 아 젊은 애기 엄마가 바구니를, 거기에는 인제 들판이니까는 그냥 사람들두 없고 순 들판이구 밥을 해서 한 오리씩 십리씩이고 댕기면서 인제 일꾼을 먹여서 인제 일을 시키는데 그 애기 엄마가 그 고개 넘어 그냥 한 오리나 되는 델 가서 일꾼들을 밥을 먹이고 오다가 이제 다 빈 그릇입에 하고 그걸 광주리를 이고 오는데 아 논두렁에 어떤 양반이 쓰러져 있드래. 그래서 아 이렇게 보니까 그 사람이 그때 마침 살려고 눈을 떠서 이렇게 보니까, 아 애기 엄마가 바구니를 이고 가거든. 그래서 여보셔요, 여보셔요, 그러니까, 그 애기 엄마가 이렇게 보니깐 나 물 좀 달라구, 그러니까 보니깐 아주 기진맥진해서 다 죽게 생겼어. 아 그래서 딱해서 그 바구니를 내려놓고 보니 일꾼들이다 먹고 아무 것도 없지 뭐야. 물도 없지 반찬도 없구 밥도 없구. 그러니까 어떡해. 그래서 그냥 할 수 없이 그 여자가 얼른 생각허기를 아, 내가 젖을 애기 젖을 맥이다가 왔으니까 젖이 불었거덩

그걸랑 짜서 대접을 해야겠다고 하고 그냥 그릇을 들구 밥구니에서 끄내 가지고 그냥 젖을 짰어. 돌아앉아서 젖을 짜가지고 한 대접을 짜가지고 아 일어나서 마시라구, 마시시라구 그러니까 아 학자(이황)가 그걸 마셨는데, 그거 마시고 나니까 그냥 눈이 다 번쩍 뜨고 그냥 힘이 솟는 거야. 그래가지고 그냥 이 사람이 그냥 얼마나 고마운지 애기 엄마한테다가 그냥 내가 인제 살았다고 젊은 애기 어머니한테서 살아서 애기 엄마한테 살았다고 그냥 고마워서 막 치사를 하면서 나는 인제 살았다고 그러믄서 관등성명이나 대라고 어디, 어디 사는 누군지 대라고 하니까, 그거 아실 거 없다고. 인제 부인이, 그걸 알으셔서 뭐하냐고 그러니까. 아니 대라고 이제 내가 은인인데 이럴 수가 있냐고 대라고, 그냥 그러니까 이제 그럼 충청도 아무 데 아무 데 사는 그냥 말똥이 엄마라고 그냥 그래주세요 그랬어. 인제 그래보니까 그냥 이 저기 학자가 이제 그냥 젖을 먹구서 기운이나 가지고 막 그냥 걸어서, 걸어서 그냥 와가지고 서울엘 당돌했어. 서울에 당도해가지고서는 이제 과거를 했는데 그냥 장원급제를 했어. 그 높은 벼슬을 했어. 그냥 아 그래가지고 이 양반이 그냥 높은 벼슬을 해서 그냥 너무너무 좋아가지고 그냥 다 죽다 살아나서 와가지고 그렇게 했기 때문에 너무너무 좋아가지고 그걸 잊질 못하는 거야. 그 애기 엄마를 잊지 못하고 인제 가가지고 인제 벼슬을 자기가 잘해 가지고 인제 높은 사람이 됐으니까. 그 사람이 그, 그 여자를 나한테 좀 불러오라고 애기 엄마를 불러오라고 그랬어. 나졸들을 시켜서 그러니까 인제 나졸들이 아 거길 충청도를 찾아갔어. 충청도를 찾아가지고 그 아무 데 아무 데를 가가지고 인제 말똥이 엄마를 찾았어. 그래 찾으니까 인제 그 이가 아 나라고 그러면서 나오거든. 그러니까 관아에서 나왔다고 좀 가셔야 한다고 하니까. 아우 나는 아무 죄도 없는 사람이라고 나를 왜 관아에서 보자고 하실까, 그러니까 죄진 게 아니라 한번 가보시면 안다구. 그래서 그 나졸들이 모시구 갔어. 인제 그 애기 엄마를 데리고 가 가지고 갑가기 앉혀놓고 저기 한번 바라다보시라고, 그러니까 그 여자가 이렇게 한번 쳐다보니까. 그 사람은 높은 데 앉아 있는데 이렇게 쳐다보니까 그냥 아 자기가 그 쓰러져 있던 사람 젖을 짜 맥인 사람이거든. 아, 어머나 그냥 깜짝 놀래서 (으웩, 가래침소리) 쳐다보니까 아 이렇게 깜짝 놀라서 보니깐, 당황해서 쳐다보니깐 그 높은 데를 앉아 있던 양반이, 여보시오 나를 생각하십니까 그러거든. 그러니까 아무 데 아무 때 어디서 그 논두렁에서 충청도 어디 논두렁에서 내가 쓰러졌던 사람이오. 그 때 내가 애기 어머니가 이렇게 나를 살려 주셨는데 애기 어머니가 날 살려 줬는데 너무너무 고맙고 내가 그러니까 너무 고마워서 내가 이렇게 충청도를 내려왔거든. 그러더니 아주 좋은 비단이랑 뭐 그냥 뭐 그냥 많이 주더래. 그냥 그래서 그냥 너무나 고맙다고 아주 한 보따리 한 보따리 실어서 그 사람을 데려다 주더래. 그래서 그냥 너무나 감사하고 그 벼슬하신 양반한테 너무 고맙고 그냥 그래가지고 와서 잘 살더래. 그래 그 애기 엄마는 그냥 좋은 일 해가지고선 잘 살았대요 아주. 이런 얘기가 있어. 다 됐어 인제?

제보자 : 허기남(73세, 여, 경기도 고양시 일산구 탄현동, 소학교 중퇴, 무직)
조사자 : 안지홍(문과대학 외국어문학부)
조사일 : 2002년 11월 4일 오후 9시
장 소 : 제보자의 집
[출전]
『퇴계학연구』 17집, 단국대학교 퇴계학연구소, 2003. 8. 30, 167~170면.

9-34. 퇴계 선생과 율곡 선생에 얽힌 이야기

제보자는 조사자인 권설희의 친할아버지로 설화채록을 위해 조사자들이 직접 방문을 하였다. 따라서 화기애애하고 훈훈한 분위기에서 채록이 이루어졌다.

제보자의 고향은 강원도 강릉시 왕산면 대기리이며, 1992년 2월에 강릉시 옥계면 금진초등학교 교장으로 정년퇴임을 하였다. 말씨는 강릉 방언을 사용하며, 강직해 보이는 인상을 주며 과묵한 성격이나 조사자들에 대하여는 매우 진진하고, 적극적인 태도로 응해주었다. 구연능력은 평소에는 좋은 편이다. 채록 시 녹음기 사용으로 약간 긴장되고 경직된 면이 있었으나 점차 자연스러워졌다. 건강 및 치아상태는 양호하였다.

제보자는 강릉 태생이라 구연한 이야기 외에 율곡 선생에 관한 탄생설화를 기억하고 있는 등 알고 있는 것이 많았으며, 이러한 이야기들은 주로 권한범(제보자의 선친)으로부터 10살 때 들었다고 한다.

퇴계 선생은 안동 분으로 학식이 많고 젊었을 때 과거에 급제하여 처음으로 의주 부윤으로 부임하게 됐어요. 옛날에는 오랫동안 걸려서 의주에 가서 무사히 6년 동안 근무를 마치고 집으로 돌아오는 길에 부임하러 가던 도중에 주막집에서 하룻밤을 자기로 하고 주인을 불러서 "집이 누추해서 주무시겠습니까?" 하고 주인이 말하기 "나 그전에도 자고 갔으니." 들어가서 보니까 과거에 자기가 자던 집 고대로 있고 앞에는 객실을 아주 잘 지어 한 칸 만들어져 있는데 그 앞에는 '여러 사람이 즐겁게 자고 가시오.'라는 말을 글을 써서 붙여놨는데 방에 들어가니까 아랫목에 진문둥이병이 걸린 사람이 누워 있었어요. 들어가자마자 그 사람에게서 아주 산송장 냄새가 나서 코를 막을 정도로 냄새가 심했는데 주인하고 잔다고 약속했기 때문에 윗목에 구석에 앉아서 담배를 피우고 시간을 보내고 저녁상을 가져와 노니 거기서 차마 밥을 먹을 수가 없어서 이럭저럭 그냥 내놓고 있는데 초저녁이 지나서 바깥에 말을 타고 온 손님이 주인을 불렀어요. 주인이 나가니까 "자네 이 말을 좀 마당에 매어 놓게." 하고 그 손님이 들어왔어요.

퇴계 선생을 보고 "자네 보아하니까 의주 부윤으로 부임했다가 돌아가는 길이로군" 하고 말했어요. 퇴계 선생은 의아하게 생각해서 "네." 이렇게 무의식중에 대답을 했지요. 그 담에 그 사람이 담배를 한 서너 대 피운 후에 "자네 바둑 떨(둘) 줄 아나?" 하고 퇴계 선생에게 물었어요. "네, 살고 죽을 정도 좀 떨 줄 압니다." "장기는 얼마나 뚜(두)는가?" 라고 물었을 때 "조금 배웠습니다."라고 했어요. 그러니까 그 나중에 온 나그네가 바깥에 나가서 바둑판과 바둑돌을 가지고 들어와서 "거저 떨 순 없으니까 뭔 내기를 하는데 만약에 내가 바둑에 지면은 이 바둑판과 바둑돌을 줄 것이고 만약에 자네가 지면 자네 목숨을 나에게 줘야 하네." 즉 자네를 죽인다는 얘기라구요. 그러나 퇴계 선생님은 "예." 하고 대답해서 안된다고 할 수 없이 두 사람은 바둑을 띠었는데 퇴계 선생님이 바둑돌을 노니까 죽는 자리고 이래서 어느 시간 띠니까 도저히 떨 수가 없어 앉아 있으니까 그 나중에 온 나그네가 내가 볼 일이 돼서 잠깐 밖에 나갔다 올 테니까 그 동안에 자네 바둑을 살릴 수 있는 걸 좀 생각해보라고 하고 나갔어요.

그래서 퇴계 선생님이 그 바둑을 디다(들여다)보고 있어도 도저히 궁리가 안 나는데 그 아랫목에 진 그 문둥병을 앓는 사람이 뒤에서 올라오면서 그 더러운 손가락으로 바둑판에다가

요 두 군데를 가리키며 여게(여기)를 노면은 이길 수 있다고 하면서 내려갔어요. 잠시 후에 그 나그네가 들어왔는데 띠면 그 손가락질 한데다 노니까 그 나그네가 의아하게 생각해서 고개를 갸우뚱거리는데 그 담에 두 번째 노니 도저히 나그네가 이길 수 없으니까 바둑돌을 던지고 "내가 졌네." 졌으니까 약속대로 바둑판하고 바둑돌을 준다고 이랬는데 거 바둑판하고 바둑돌은 신선이 가지고 노는, 판은 순금으로 만들어졌고 바둑돌은 옥돌로 맨든 그런 귀한 것이었어요. 게 조금 그 사람이 퇴계 선생이, 간 후에 퇴계 선생님이 잠을 이루지 못하고 하룻밤을 새운 후에 아침에 해가 동쪽에 올라오니까 그 어제까지 그 진문둥이었던 모습이 보통 사람처럼 얼굴이가 고대로 나타나서 말하기를 "자네 내가 누군지 아나?" 이렇게 퇴계 선생님에게 물었어요. 그러니까 모르겠다고 하니까 "어제 왔던 사람은 대구에 있는 봉평산의 신령이고 나는 백두산의 신령인데 자네가 어제 저녁에 죽을 사람이야. 그런데 왜서 죽게 됐냐면 자네가 학식이 있고 유명하니까 암살할라고 죽일라고 마음먹었는데 그것을 내가 백두산 신령으로서 그냥 있을 수 없어서 삼일 전에 이 집에 내가 문둥이로 변해서 와서 있었고 그 사람은 자네를 죽이려 그 신령이 신령이 시켜서 와서 죽일라고 했던 사람이야. 그러니까 이제 자네 그 죽을 운을 지났으니까 나는 내 일이 다 끝났으니 가겠네." 이래. 게서(그래서) 모습이 사라지고 없어서 집에 무사히 돌아갔지.

그 다음부터는 관가에 나가지 않고 지방에 안동에다가 서원을 채리고 후손들에게 글을 가르치는 서당을 만들어서 가르쳤는데 어느 해 유월 달에 퇴계 선생이 보니까 비상이 유월 달에 눈비가 내려서 곡식이 다 얼어서 못쓰게 되는 이런 걸 알게 됐어요. 게 있었는데 그걸 아는데 그걸 면할 방법을 생각이 안

났는데 정월 초하룻날 설에 마을에 있는 노인 한 분이 와서 인사를 하고 "선생님, 그 논을 저에게 좀 한 해 농사를 짓게 해 주시오." 이랬는데 퇴계 선생이 가지고 있던 논이 백마지기정도 됐답니다. 그래서 퇴계 선생이 생각할 때 그 논은 여름철에 서리가 와서 다 망가질 테니 그 사람이 어떻게 농사를 짓겠냐 이렇게 속으로 생각했지만 그 사람이 달라니까 그럼 그렇게 하자고 약속을 했어요.

근데 그 농부가 말로보단 뭔 문서로 계약하자 했는데 "남자가 한 번 언약하면 그만이지 문서도 필요 없으니 내가 뒤 훗말 안 할 테니 그대로 자네 농사짓게." 그 농부가 집에 돌아와서 농사를 지었는데 그 농부가 유월 달에 비상이 내린다는 걸 알고 있었기 때문에 논바닥 가운테(데)다가 논도랑을 한 질(길) 이상 물이 고이도록 했고 그 담에 그 옆에다가 모를 심었는데 잘 자랐는데 때가 돼서 유월 달에 날이 흐리더니 갑자기 쏟아져 그 벼 모심은 벼가 다 자란 우(위)에다 한 뼘 정도 물이 차도록 이 사람이 물을 댔는데 다른 사람은 걸 모르고 그냥 나둬서 다 얼어죽었는데 이 농부는 농사를 잘 지어서 보통 때보다 풍년이 돼서 한 삼년 먹을 양식을 마련했는데 가을철이 돼서 타작해서 그 율곡 선생 (퇴계 선생을 잠시 착각하신 듯함.) 불러서 그 곡식을 나눠 줄라고 불러서 극진히 대접하고 나중에 벼를 반을 나눠서 가져가라고 하니까 퇴계 선생이 자네 집은 가난하니까 난 이거 없이도 살 수 있으니까 자네가 다 양식을 쓰라고 하고 "자네는 날보다(나보다) 더 훌륭한 사람이야. 왜냐하면은 나는 유월 달에 서리가 온다는 것까지는 알았지만 내가 그 방법을 벼를 물을 채워서 얼지 않게 하는 방법까진 몰랐어. 그러니 나는 실지는(실제로는) 자네가 더 훌륭하네." 위인이라고 칭찬을 하고 자네가 지금 글을 못 배워서 무식해서 글자를 몰라서 그러니까 지금부터 내 밑에 삼년동안 내가 공짜로 글을 가르쳐 줄 테니까 공부하라고 게 이 사람이 식량을 삼년동안 먹을 것을 마련했기 때문에 자기는 가서 열심히 공부해서 글을 많이 배웠어요.

게 하루는 있더니까 퇴계 선생이 며칠 후에 동방의 명성이 오실 텐데 맺(몇) 번 혼잣말로 했는데 하루는 했었는데 강릉에 있는 율곡 선생님 당시 나라의 국사가 어지럽고 또 십년 후에는 임진왜란이 일어나서 나라 안이 시끄럽게 되고 국난이 있는 것을 미리 알았는데 누구하고 의논할 사람이 없어서 생각하다가 퇴계 선생하고 의논하겠다 이렇게 생각을 가지고 초행길에 며칠 동안 걸려서 안동에 있는 퇴계 선생님 댁에 찾아왔어요. 그 집까지 도달해서 모습이 나타나니까 퇴계 선생이 옛날에 버선발로 신도 신지 않고 문 밖까지 나와서 율곡 선생을 맞이하니 됐어요. 들어가서 앉은 후에 퇴계 선생이 제자들을 내가 귀한 손님이 오셨으니까 얘기 좀 할 테니 자네들도 소풍 겸 바깥에 나가서 좀 쉬라고 그랬어요. 내보내고 술상을 채리고 앉아서 몇 시간 동안 나라 일, 그 다음에 임진왜란, 다가올 걱정 여러 가지 의논한 후에 서로 조금 있다가 제자들이 들어왔는데 퇴계 선생이 제자들보다 귀한 손님이 오셨으니 인사를 하라고 했어요. 절을 다 했는데 그 농사꾼인 정씨가 나이 율곡 선생보다 몇 살 우(위)이 됐어요. 그래서 절을 하게 되니까 자기보다 나이 적은 사람에게 절을 하는데 마음속으로 꺼려서 절을 하다가 뛰쳐 나갔다가 들어와가지고 무릎을 꾸고(꿇고) 앉아서 퇴계 선·생님께 "선생님, 어떻게 나이 어린 사람에게 절을 하라 그럽니까?"하니 그러니까 퇴계 선생이 "이 분은 비록 자네보다 몇 살 아래 나이가 아래지만 동방의 명성, 훌륭한 분이다. 그러니까 우리가 비록 나이 적지만 인사를 하는기 당연하지 않느냐?" 그렇게 말했다 그래요.

제보자 : 권오찬(76세, 남, 강원도 강릉시 내곡동, 대학 졸업, 교장 정년 퇴임)
조사자 : 권설희, 황재성(문과대학 인문학부)
조사일 : 2002년 11월 24일
장　소 : 강원도 강릉시 내곡동 제보자의 집
[출전] 『퇴계학연구』 17집, 단국대학교 퇴계학연구소, 2003. 8. 30, 154~157면.

① 신선사상이 설화에 수용되어 신선설화를 풍요하게 해주었다. 백두산과 지리산에는 신선들이 사는 곳이 있다. 속세에서는 이 신선들이 사는 곳에 어떤 계기가 되지 않은 한 갈 수도 없고 볼 수도 없다, 퇴계 선생은 학문도 높고 위대하여 신선들을 만날 수 있었다.(최인학·엄용희, 「302. 신성세계의 방문」, 『옛날이야기꾸러미』, 집문당, 2003)
② AT 470, Eberhard 108, 稻田浩二 83

10. 기타

10-1. 퇴계묘장군석(退溪墓將軍石)

퇴계 선생이 돌아가시고 제자인 김취연(金就練)공이 왕명을 받고 치산도감이 되어 퇴계 선생 묘앞에 장군석을 세우게 되었다. 그 때 석공이 김공에게 얼굴 모양을 어떻게 하겠느냐고 물으니 공은 자기얼굴과 똑같이 만들라고 하였다. 석공은 공의 말대로 만들었다. 그런데 공의 얼굴이 타인과 특별히 달랐으므로 장군석의 얼굴의 조각이 괴이하게도 광대뼈가 튀어나오게 되었다.

조사자 : 지도교수 최진원〈1회〉・이우성〈3회〉, 학생 강석란・김영옥 외 8인
조사일 : 〈1회〉1964년 12월 17일~19일 / 〈3회〉1966년 7월 26일~29일
장　소 : 경북 안동군 도산면 토계동 / 안동군 예안면 오천동/ 안동군 임하면 천전동
[출전] 성균관대학교 국어국문학과, 『(제1차 3개년계획) 안동문화권학술조사보고서』, 1967. 2, 104~105면.

10-2. 퇴계 초상

퇴계 선생의 초상(肖像)이 전하는 것은 하나도 없다. 옛날의 유명한 사람들은 다 초상을 그렸다. 그런데 화가가 선생의 초상을 그릴려고 하니, 선생은 말하기를 “부모님께 받은 얼굴을 남이 함부로 그릴 수 없다. 만약 당신이 내 얼굴을 그릴려면 털 하나라도 빠짐없이 그려라”고 했다. 그 화가는 도저히 불가

능한 일이란 것을 깨닫고 그리지 않아 지금까지 퇴계 선생의 초상은 하나도 없다.

조사자 : 지도교수 최진원〈1회〉・이우성〈3회〉, 학생 강석란・김영옥 외 8인
조사일 : 〈1회〉1964년 12월 17일~19일 /〈3회〉1966년 7월 26일~29일
장 소 : 경북 안동군 도산면 토계동 / 안동군 예안면 오천동 / 안동군 임하면 천전동
[출전] 성균관대학교 국어국문학과, 『(제1차 3개년계획) 안동문화권학술조사보고서』, 1967. 2, 105면.

10-3. 보지호양동(步至華陽洞)

옛날에는 양반 자랑을 많이 했든 모양이죠. 서울에 사는 퇴계 슨생인가 율곡 슨생인가으 후손 한 사람이 옥천 보은 방면으로 여행 나갔다가 화양동에 이르렀는디 여기에 우암 송시열 슨생으 사당이 있으니까 참배나 하고 가겠다는 생각으로 그 사당을 관리하는 사람한테 찾으가스 인사를 하고 우암 슨생으 사당에 참배하고 싶다고 말했단 말이죠. 그르니까 사당 관리인은 송우암 같은 높은 으른을 지체 낮인 사람에게는 함부로 참배시킬 수 읎다고 참배를 시키지 않드래유. 그야 그르겠죠. 송시열이라는 분은 거유(巨儒)에다 벼슬이 영의정까지 이르렀으니 그 후손들이야 즈으들보다 드 큰 양반이라고 그만스릅게 자랑하고 있읐으니가 말이죠. 그래스 이 사람도 자기 문블이 높다는 긋을 말하고 참배하게 해 달라고 했는데도 이 관리인은 끝끝내 들으 주지 않드래유. 그래스 이 사람은 참배 못 하고 가게 됐는디 에잇 이놈 욕이나 하고 가야겠다 하고 종이에다 '보지화양동 불알송시열(步至華陽洞 不謁宋時烈)'이라고 쓰 놓고 왔대

유. 사당 관리인이 나중에 보니까 이릏게 쓰여 있으스 그만 내가 사람을 잘못 보고 잘믓 대즙했구나 하고 뉘우첬답니다.

보지화양동 불알송시열은 한문으로 읽으면, 화양동에 이르렀으나 송시열을 뵙지 못한다는 평븜한 글이지마는 우리 말 음으로 읽으면 아조 츤하게 들리여 욕하는 글이 되는 그죠.

제보자 : 김영돈(金永敦, 57세, 남)
조사일 : 1973년 9월 24일
장 소 : 논산군 양촌면 남산리
[출전] 『任晳宰全集 6-韓國口傳說話(忠淸北道 忠淸南道篇)』, 平民社, 1990. 5, 472면.

10-4. 퇴계 선생 이야기(1)

어느 산골에 노부가 부부가 살았는데 자식을 몬 나서 무척 애를 쓰다가 자식을 느즈막하게 자식을 두었어. 이러께네 늦게 주은 자식이 머스마카면 그참 금지 옥엽처럼 키워. 이러께네 어릴 때 인자 근게 인자 걸음도 하기 시작하니께네 여기서 저까지 걸어가고 요기서 여까지 걸어가고, 엄마가 모르는데 아버지 때려 돌라카면 와서 때리곤 거 엄한장 때린건데 엄마 땜에 아빠장 때리면 금방 이 만날 인제 장난 삼아 그래 하는거. 이것이 인자 장차 크면서도 자꾸 인자 아버지 때리주구 엄마 때리구 이 서당에 가서 갔다 오니깬 갔다오면 아버지 때리고 엄마 때리고 마라꼬 아무리해도 그냥 때려.

이럴 때 그 산골에 살면서 머슴애 중엔 나물로 불꾸덕에 꾸구 있었거든, 숯에서 숯장사 그 숯장사로 살면서 노인분과 댁이 이 숯장사는 뭔고 그 아들이 숯장사 팔러 서울로 가는 숯장사 팔아 가지고 들어오면 돈을 가지고 오너라. 양식도 사고 반찬도 사가지고 들어와서 들어와서는 또 아버지 한 장 때리고 엄마 한 번 때리고 이 때리는거 때리마 되는중 안 거께네 어릴 때부터 부모가 자식을 가르치길 잘 못 가르쳐 이래 큰 우환이 벙거덕되 인기랴. 아무리 아니라 케도 그 때 정 땜에 그래 잘 못되는께네 이래 감당을 몬했는데 한 번 이 사람이 숯을 팔러 큰 부잣집으로 숯을 팔기위해서 그래 인제 숯을 파는데 그 숯 가온데로 다 산다카니 그래 인자 그 사람은 점심으로 문간방에서 점심을 대접은 하는데 점심을 먹으면서 그 집을 딱 봤는데, 큰 옛날에 기름장. 옛날에 기름장 크기 모르지? 이제 나무를 가지고 쭉 해가지고 그 따가 개를 볶아가지고 찡어가고 그 따 삼지 삼지거 봉아리를 그 따가 이어가지고 기름을 짜고 있는기라. 기름을 짜니껜 엄청시리 많이 짜 그 대청마루에다 기름을 한 뭐 돼지기 있지? 돼지기 여기 사 너러 몇 년 걸리는 그 기름을 짜다 그냥 짜고 있는거야. 방문을 일단 누르고, 야, 과연 부자다 데 그 기름을 하루종일 짜내는기라. 어떤 한 노인이 딱 나오시러 그 기름 짜내기 손으로 헤집던기라. 그 얼마나 아가운 기름 그 짜가주고 참기름을 그 짜나가주고 그 놈마 자기 먹는다고 그래 그 종놈들이 기름을 내부렸다고 난리고 그래 본께네 사랑방이 주인하고 안주 인하고 그 내버린 어머니를 막 그러더니 고마 깨를 짜내는구 그 솥에다가 두 손을 모아서 막 안으로 숯쟁이가 가만히 보니께네 닭을 한 마리 넣고 명지들을 넣고 뭐 인삼을 넣고 이래가지고 고아버리는게라. 그래 논게 막 고아가지고 마 그 쏟아 내버린 그 방에 어머니에게 갖다 바친다.

그래 인자, 모르는기라 이 숯장사 그래 그 인자 바깥 노인이 어른이 그안 노인을 보고 기름 그 들어가고 내부린다고 새 집을 되가지고 힘을 도와준다고 다클 도와가지고, 엄마가 기름 짜가지고 그래 힘들다고 그래 그 얼마나 효자야 그 그런데 지금마다 이야기하는 노망기, 노망기 침체 노망기가 어디서 나는 거야. 그 힘이 부족하다고 힘이 없앴다고 그래 그 집에 마침 숯을 잘 팔았지. 그래 고기를 사 갖고, 큰 절을 해가지고 앞으로 효성을 하겠다고 그게 바로 퇴계 선생인기라. 퇴계 선생은 후에 그 효자가 되가지고 잘 살았어.

제보자 : 이병화(67세, 남)
조사일 : 1999년 3월 31일
장 소 : 경상남도 창녕군 길곡면 증산리 하내마을
[출전] 조희웅·조흥욱·조재현, 『영남 구전 자료집』7, 박이정, 2003, 34~36면.

10-5. 퇴계 선생 이야기(2)

퇴계 선생이 저저 폭포수 물 내려 가는 그 밑에 가면 그 퇴계 선생 글 새기난게 있구마는. 저기 보면 소소한 사람은 저기 가서 글을 못써. 그 왜냐카면, 아마 그 퇴계 선생 키가 그때 컸던가, 자기 무슨 붓으론가 했는가, 그건 몰라도 근데 평소 사람은 키가 안자라서 그 글을 못베낀다 이기라. 그리 그 인자 그 선생이 계실적에는 바로 요 밑에 요게 큰 깊은 소가 있었더라 이기라.

아주 그 낚시터가 유리하게 잘 되가 있었는데, 그 퇴계 선생이 여기 와서 낚시를 항시 거따 담가놓고 낚시질을 하고, 그 다음 또 소가 어딨었나 카먼은 가래 본부락에 거 시방 거 낙두

림이가, 황새 나무 밑에 거 보면 거 또 소가 있었더라요. 거서 인자 거 낚시질을 하고 이랬는데, 퇴계 선생이 인자 여기서 배가 고프면 이라먼, 고마 무슨 풀잎이라고 하던가, 내 이건 자세히 모르지만은 이야기만 들었는데, 하나 말아가지고 보내면은 그것이 물따라 내려 가가지고 자기집에 할멈한테 도착 돼가지고, 고따가 인자 점심밥을 싸 가지고 딱 달아놔면, 이 물이 내려가는 물에 저거는 다 흘러 내려가는데, 이거는 올라온다 이기라, 올라와서 인자 여기서 인자 받아 자시고 세월을 넘겼다 하는 이런 전설이 있더라고.

제보자 : 김석문(71세, 남)
조사일 : 2000년 4월 12일
장 소 : 가례면 괴진리
[출전] 조희웅·조흥욱·이선형, 『영남 구전 자료집 』8,(경상남도 의령군· 함안군) 박이정, 2003, 253~254면.

10-6. 하늘이 내려준 인물

도산서원 근처의 작은 마을을 돌며 이야기를 해 줄 제보자를 찾아다녔다. 그러다 안동군 도산면 은혜동 분천마을에서 마을 분들의 추천으로 김말순 할머니를 만나 이야기를 듣게 되었다. 제보자는 71세라는 연세임에도 흰머리 하나 없이 정정하였다. 또한 이야기를 또박또박 막힘없이 아주 잘 하셨다. 그리고 시종일관 미소를 띤 얼굴로 구연을 하였다. 그러나 경상도 방언인지라 알아듣지 못한 몇몇 단어 때문에 채록하는데 어색한 면이 없지 않았다. 또한 1차선 도로 바로 옆의 집이라 가끔씩 차가 지나가는 소리 때문에 못 듣기도 했다. 제보자는 도산가[1])를 안다고 했지만 창하는데 1시간이 넘게 걸린다고 하진 않고, 퇴계 선생에 대한 일화와 다른 노래를 해주었다. 언제 누구한테 전해들은 것인지는 정확히 모르겠고 어렸을 적에 어른들에게 들었다고 하였다.

이퇴계 선생님은 자기 모친이 그렇게 등신이고 그래도, 그 어머니가 그렇게 등신이었는데 이퇴계 선생이 그래 난다카요. 그래 인제 그렇게 등신인데 큰 사람이 나고 움집 밑에서 이인, 대인이 나고 그래요. 그래 집도 어려워 혼자 공부했다카요. 요새는 유학도 가야 그래 나는데, 이퇴계 선생님은 선생도 없이 공부했는데 그래 사람이 난다카요. 옛날에는 안 배워도 그래 났는데, 요새는 외국 유학까정 해야 학생들이 다 알게 돼 있지요. 옛날 예적에는 안 배워도 이인하고 대인하고 박사가 나왔거든요. 근데 씨가 드물어가지고 재주가 그렇게 나왔는데, 이 나라 생길 적에 내가 김해 김가씨더, 이 나라 생길 적에 치고 재앙이 먼저 생겨가지고 김해 김가도 어예 나오니까 저기, 내가 본거 아니고 과학책을 우리 예적에 내가 클 적에 책이 있어요. 책이야 뭐 말도 못하게 많지. 과학책을 보고 어른들한테 배워가 이래 아는 겁니다. 옛날에는 저기 안 배워도 이인하고 대인하고 그랬는데 요즘은 배워야 인제 박사가 나는데, 옛날에는 안 배워도 콩 한 되를 장수가 산에다 묻는데요. 그래 너가 아무 날 아무 적에 처음부터 미고 나온 날, 일 때가 되면 총을 다 매고 나와요. 그렇게 옛날에는 그렇게 이인, 대인 알고 그랬거든요. 고시란 성어는 경북서 나왔고요. 우리는 이 나라 생길 적에 제일 미리 나와 가지고 하도 해먹어 가지고요, 처막 밑에다 고마 막 묵는 사람도 까짓거 아무리 잡아다가 두드려 패도 죽어도 고마 해당이 없고 옛날엔 그랬다는 겨. 하도 해먹다가 이 나라 역경에 몰려가지고 요새 김해 김가는요 안동서 나가믄 이따 안동서 이리 들어오면 이퇴계 선생이 최고지요. 이퇴계 선생은 아전 밖에 몬 해 먹었다 이래요. 우리 김씨는 조선나라서 최고 왕질을 미리 해먹은 집에서 내려온 게 김해 김가고 그런데, 김해 김가가 관리에 하도 미리 나가지고 관리를 나가고 안동 관례에 가고 관리에 나가고 전부 다 관리에 다 나가부려요. 관리를 나가부려글치 안동 따라 들어서면 진성 이가가 최고치지요. 진성 이가고 김해 김가하고 적시부터 싸우면 진성 이가보다 김해 김가가 이긴다 카는거래요. 왜 이기느냐 너넨 아전 밖에 더 해묵었나? 우린 이 나라 와서 왕질했다. 이카믄 입도 못 떼는 거래요. 요새는 세월이 바뀌어서 돈이 양반이지. 그래 내 여기 와서는 도산가는 여기 와서 배워서 써먹는디요. 왜 써먹노카믄 우리 영감이 있을 적에 내가 열두 살 먹어서 도솔공부하고 대밀래 대밀래 해서 이양받아 왔거든요. 그래가지고 여기서 이 나이 되도록 사는데, 전부 우리 친정에 가면요 전부 과학책을 봐서 알지, 옛날에는 우리나라도 요새도 만주 같은 데 저리 가면 사람이 죽으면 그냥 꺼내다 내려버려요. 짐승이 막 뜯어먹으면 참 즐겁고, 짐승이 안 뜯어먹으면 고마 그 집 망한다 하는 거래요. 우리나라도 옛날 예적에는 하도 갔다 내버리니까 산에 짐승이 뜯어먹도록 내버려두니까 그래 보기 시래. 보기 싫어 가지고 이조음이라는 사람이 인제 중국으로 가서 감자도 가지고 나오고 고추도 가지고 나오고 목화도 가지고 나오고, 처음에 우리나라 나올 적에 목화를요 순구만요 남겨 올라갔다고요, 고추도 순구만 남겨 올라갔다고요. 요새 우리나라 와가지고 하도 자라누이. 그러케 작아졌더라고. 목화도 처음에 우리나라 나올 때는 남겨 올라갔다고요. 그러케 옛날 예적에는 사람이 그래 나오고 움집, 담집 그랬거든요. 옛날 예적에는 요새에도 한 이십오 년 전에도 산꼭대기에 가면 집이 이런 집이 아니고 빌어가지고 집지어 가지고 사는 데가 있었어요. 장수도, 이인 대인도 어디서 나나카믄 움집 밑에서 나요. 때떠미를 이제 떠가지고 움집을 이제 그렇게 져가지고 사람이 거기 들어가서 살아요. 돌무리에 달아놓고. 그래 살았는데. 시방에는 참말로 밝아지고 밝아지고 하다보니 이래 사는데, 움집 밑이라 카는 거는 거기서 그래도 이인, 대인이 나와요. 전부 박사도 그런 집에서 나고 이인, 대인도 그런 집에서 나고 그랬대요. 그랬는데, 시방에는 자꾸 갈춰하고 갈춰하고 외국유학도 하고 이래야 맥혀들지요. 우리는 옛날에는 저 병풍, 도산서원 이퇴계 선생 글로 영주 우리 아들한테 물려줘 부려가지고 거가 있어요. 거기에 이퇴계 선생 글이 병풍에 다 씌어져 있어요. 학생들 여기까지 왔으니까 요새 현대이야기를 한 곡 해주지요.

어머님은 무겁기는 태산같이 무겁고
아름답던 그 얼굴이
임신한지 열 달되면 해산날이 닥쳐오니
매일 같이 근심걱정.
중병치는 사람 같고 무겁고 겁난 마음
눈물만은 은은하여 죽지 않나
더욱더욱 겁이 나네.
자비하신 어머니는
애기 낳는 그 손안에 오장육부 벌어져서
고통이 심하여도 가난하이 충실하면
기쁜 마음 한량없고 여러 가지 아픔고통
기쁨으로 참아가네.
무겁고도 깊은 마음 부모님의 은혜로다.

귀하고도 사랑하신 그 마음이 한시라도 변치 않네.
사랑하는 그 마음이 태산같이 높아서라.
어머니는 주진자리 어린 나이 마른자리
젓을 먹여 배 채우고
온 손으로 사랑하여 온갖 정성 다 바쳐서
애기 편케 하느라고 자비하신 어머니는
밤잠조차 설치시네.
아버지는 하늘이요 어머니는 땅이로다.
높은 하늘 넓은 땅이
나를 낳고 기르셨네.
미운 생각 전혀 없고 사랑으로 키워서
나를 낳고 키우느라 어머니는 다 늙어서
거울에다 비춰보면 옛 모양은 전혀 없고
연꽃 같은 그 얼굴이 주름살만 늙었구나.
부정한거 씻어주면 알뜰살뜰 키워셨네.

부모님의 은혜는 하늘같이 높으건만
고이 키운 자식들은 효자 효부 떠들어라.
시집오는 며느리는 시부모를 싫어하고
장가드는 아들자식 살림나기 바쁘도다.
저 자식은 장난치면 싱글벙글 웃으면서
부모님이 훈계하면 듣기 싫어 성을 내고
버릇없는 자식소리 듣기 좋다 즐거워하나.
저 자식의 오줌똥은 맨손으로 주으나
부모님의 가래침은 더럽다고 밥 못 먹고
과자봉지 들고 와서 자식 손에 쥐어주나
부모님을 위해서는 고기 한점 사올 줄은 모르는구나.
배가 아파 누우며는 달려가나
늙은 부모 병이 나면 근심 걱정 아니하네.
열 자식을 키운 부모님은 하나같이 키웠거만

열 자식은 한 부모를 귀찮다고 내버리네.
저 자식의 열 푼 돈은 물 쓰듯이 쓰건마는
부모님의 한 푼 돈은 아까워서 못 쓰도다.
처자식을 데리고는 외출잠도 자건마는
부모님을 위해서는 외출 한 번 아니한다.
내 몸이 소중하면 부모님을 잘 섬겨라.
죽은 후에 후회 말고 살어 생전 효도하면
하느님께 효도 받고 부처님께 복을 받고
내 한마음도 효도하네.

1) 1792년(정조16) 3월 도산서원에 치제(致祭)할 때의 광경과 근처의 경치, 그리고 퇴계 이황의 덕을 그리워하며 읊은 노래이다.

제보자 : 김말순(71세, 여, 경상도 안동군 도산면, 초등학교중퇴, 농업)
조사자 : 조재희, 조희상(문과대학 인문학부)
조사일 : 2002년 11월 2일
[출전] 『퇴계학연구』 17집, 단국대학교 퇴계학연구소, 2003. 8. 30, 130~134면.

퇴계 이황 선생 연보

1501(연산군 7년) 11월 25일, 경상도 예안현 온계리(현재의 안동군 도산면 온혜리)에서 진사 이식(李埴)의 7남 1녀 중의 막내로 태어나다. 모친 박씨가 공자의 내임(來臨)하는 태몽을 꾸고 잉태했다 하여, 지금도 안동군 도산면 온혜동 노송정 생가에는 '성임문(聖臨門)'과 태실이 보존되어 있음.

1502년 6월 생후 7개월 만에 부친 찬성공(贊成公) 이식(李埴)께서 별세함.

1506년 편모슬하에서 농사와 길쌈을 도와가면서 6세 때부터 이웃 노인에게 천자문을 비롯하여 동몽선습, 명심보감, 소학 등을 배움.

1512년 12살 때부터 숙부인 송재공(松齋公) 이우(李堣)에게 논어를 배움. 이무렵 이마가 유난히 넓다하여 '광상아(廣顙兒)'라는 애칭으로 불리움.

1515년 15세 숙부를 모시고 청량산(淸凉山)에 가서 독서함. 이때 이미 시문에 능하여 게[蟹]를 보고 「負石穿沙自有家……」의 시를 지음.

1518년 18세에 「露草夭夭繞水涯」과 19세에 「獨愛林廬萬卷書」등의 대시인을 방불케 하는 철학적인 시를 지음.

1520년 주역(周易)을 탐독하느라 거의 침식을 잊어버리다시피 했음. 이로부터 몸이 파리하고 피곤한 병이 있게 됨.

1521년 진사 허찬(許瓚)의 따님 김해 허씨와 결혼함.

1523년 장자 준(寯) 출생. 이 해에 처음으로 상경하여 태학(성균관)에 들어가 본격적으로 학문을 연구함.

1527년 10월에 차남 심(寀) 출생. 동년 부인 허씨를 상배(喪配).

1528년 진사회시(進士會試)에 2등으로 합격함.

1530년 기묘명현(己卯名賢)에 안동 권씨와 재혼함.

1534년 문과에 급제하여 예문관검열(禮文館檢閱)이 되고, 춘추관(春秋館) 기사관(記事官), 경연시독관(經筵侍讀官) 등의 요직을 겸임함.

1537년 10월에 모친 박씨의 상(喪)을 당함.

1541년 정언(正言), 지평(持平), 교리(校理)를 역임함.

1542년 어사로서 충청도를 순찰하여 많은 오리(汚吏)들을 규탄, 징치(懲治)하면서 여가에는 학문 연구에 전념함.

1543년 종친부(宗親府) 전첨(典籤), 조봉대부(朝奉大夫), 사간원(司諫院) 필선(弼善) 등으로 제수되었으나 모두 사직하고 귀향. 11월에 예빈시부정(禮賓寺副正)으로 제수되었으나 역시 사양함.

1544년 홍문관 교리, 사헌부장령(司憲府掌令)으로 제수되었으나 역시 사퇴함. 중종이 승하하자 명나라에 보내는 부고와 시장(謚狀)을 집필하여 명나라 예부관(禮部官)을 크게 감탄하게 함.

1545년 홍문관 전한(典翰), 군자감검정 등등 많은 벼슬이 제수되었으나 모두 사양함.

1546년 뜻을 학문에 두고 귀향 「양진암(養眞庵)」이라는 초당을 짓고 제자들을 가르침. 7월에 둘째 부인 권씨 별세.

1547년 7월에 안동부사로 제수되었으나 사양함. 다시 홍문관 응교(應敎)로 제수되어 마지못해 일단 상경했으나 뜻을 이루지 못함.

1548년 외직을 자청하여 단양군수로 부임해서 많은 치적을 남기고 10월에 풍기군수로 전임함.「단양팔경(丹陽八景)」은 퇴계가 군수로 재임 시에 찬정(撰定)한 것임.

1549년 관내 백운동에 있는 서원의 기틀을 세우고자 상감께 상소하여 편액(扁額)과 서적을 청했던 바 모두 윤허되어「소수서원(紹修書院)」이라 개칭하여 서원의 효시를 이루게 했음. 9월에 신병으로 사퇴하고 귀향함.

1550년 예안하명동(禮安霞明洞)에 한서암(寒棲庵)을 짓고 학문에 전념하면서 제자들을 가르침. 경향각지에서 많은 제자들이 학문을 배우고자 모여듦.

1552년 7월에 대사성(大司成)에 제수되었으나 병을 칭탁(稱託)하여 사퇴함.

1553년 다시 대사성에 제수되었으나 또 사양하고 정지운(鄭之雲)의「천명도(天命圖)」을 개정하는 등 학문에 전념함.

1554년 동궁(東宮)과 사정전(思政殿)의 상량문을 짓고,「사정전대보잠(思政殿大寶箴)」을 지어 올림.

1555년 수많은 관직을 제수 받을 때마다 신병으로 사양했으나 윤허가 내리지 않아 마침내 상경하여 사은하고 향리로 돌아옴.

1556년 부제학에 제수되었으나 사양하고「주자서절요(朱子書節要)」을 완성함.

1558년 어필(御筆)로 가선대부(嘉善大夫) 공조판서(工曹判書)에 제수되어, 3차에 걸쳐 고사했으나 윤허가 내리지 않아 일단 상경. 이 해에「송계원명리학통록(宋季元明理學通錄)」을 저술함.

1559년 2월 휴가로 귀향 후 병으로 환조 못하고 사표를 올렸으나 윤허를 얻지 못함. 동지중추부사로 옮김.

1560년 이 해에 고봉(高峯) 기대승(奇大升)에게 답하는 편지 형식으로 철학적 대명제인 사단칠정론(四端七情論)을 저술함.

1561년 각처에서 모여든 기라성 같은 제자들을 가르치며 산수간을 주유하며 「도산기(陶山記)」 같은 명문을 남김.

1565년 제자들에게 「역학계몽(易學啓蒙)」, 「경현록(景賢錄)」 등을 강론함.

1566년 대제학으로 특별 소명이 내려 부득이 상경하다가 도중에 득병(得病). 다시 사양하고 귀향하니, 왕은 실망과 한탄을 마지않으며, 유신(儒臣)들과 화공들을 도산으로 내려 보내 「도산기」과 도산풍경을 그림으로 그려오게 하여 왕은 그것으로 병풍을 만들어 애용함.

1567년 7월에 예조판서에 제수되었으나 재차 사양, 그밖에도 지경연춘추관사(知經筵春秋館事), 지중추부사(知中樞府事) 등 수많은 특지소명(特旨召命)과 관직 제수가 있었으나 그때마다 사임을 간청함.

1568년 6월에 소명을 어기지 못해 상경하여 양관 대제학을 겸임. 재임 중에 저 유명한 「무진육조소(戊辰六條疏)」을 왕에게 올림. 12월에 「성학십도(聖學十圖)」라는 제왕학을 열장의 그림으로 그려 올리매 왕은 가납(嘉納)하여 병풍으로 만들어 대내(大內)에 애용함.

1569년 5월에 이조판서로 제수되었으나, 병으로 귀향함.

1570년 이 해에 제자들에게 심경(心經)과 역학계몽(易學啓蒙)을 강의하고, 기명언(奇明彦)에게 심성정도(心性情圖)를 논하고, 11월에는 격물치지설(格物致知說)을 개정하다가 신병이 심상치 않음을 예지하고 12월에는 봉화현

감으로 재직 중인 장자 준(寯)을 사직하고 귀가케 하여 장사준비를 갖추게 하며 「퇴도만은진성이공지묘(退陶晩隱眞城李公之墓)」라는 명문(銘文)과 자명(自銘)까지 몸소 써 놓고 이달 8일 유시에 한서암에서 앉아 있는 대로 고요히 세상을 떠남. 임종하기 직전에 시생에게 매화분에 물을 주라는 분부까지 내림. 이 한 가지 사실만 보더라도 선생이 얼마나 조용한 마음으로 세상을 떠나셨는가를 능히 짐작할 수 있음.

1571년 3월 예안(禮安)의 지산(芝山) 남록(南麓) 자좌오향(子坐午向)에 안장(安葬)함.

1573년 이산서원(伊山書院, 榮州)에 위판(位版)을 봉안하고 석채례(釋菜禮)를 봉행함.

1574년 도산서원(陶山書院)을 창건하고 익년 을해년에 낙성과 함께 사액(賜額)함.

1576년 문순공(文純公)의 시호(諡號)를 내림.

1610년(광해군 2년) 문묘(文廟)에 배향(配享)함.

참고 문헌

1. 퇴계 선생 문헌전승설화 수록문헌(편찬 연도별)

李中悅(1518~1547)의 아들 李士溫, 『乙巳傳聞錄』, 16世紀 후반

李珥(1536~1584), 『石潭日記』, 1565년(乙丑, 明宗 20)~1581년 (辛巳, 宣祖 14)

尹宣擧(1610~1669), 『混定編錄』, 1575년(乙亥, 宣祖 8)~1636년 (丙子, 仁祖 14)

權應仁(1517~?), 『松溪漫錄』, 1588년경(戊子, 宣祖 21)

朴東亮(1569~1635), 『寄齋雜記』, 1591년(辛卯, 宣祖 24)~1592년 (壬辰, 宣祖 25)

權鼈(1589~1671), 『海東雜錄』

李廷馨(1549~1607), 『東閣雜記』

申欽(1556~1628), 『象村雜錄』

柳成龍(1542~1607), 『雲巖雜錄』

尹根壽(1537~1616), 『月汀漫筆』

李德泂(1566~1645), 『竹窓閑話』

趙汝籍(?~?, 조선 明宗 때의 奇人), 『靑鶴集』

尹耆獻(1548~?), 『長貧居士胡撰』

朴鼎賢(1562~1637), 『凝川日錄』

柳夢寅(1559~1623), 『於于野譚』

尹斗壽(1533~1601), 『梧陰雜說』

鄭弘溟(1592~1650), 『畸翁漫筆』

아메노모리 호슈(雨森芳洲, 1668~1755), 『紀伊齋常談』
李瀷(1681~1763), 『星湖僿說』
任埅(1640~1724), 『水村集』
李德懋(1741~1793), 『士小節』,『靑莊館全書』
辛敦復(1692~1779), 『鶴山閑言』
盧命欽(1713~1775), 『東稗洛誦』
沈梓(1722~1784), 『松泉筆譚』
姜浚欽(1768~1833), 『三溟詩話』
編者 未詳, 『記聞叢話』
編者 未詳, 『靑邱野談』
李羲平(1772~1839), 『溪西野談』
李遇駿(1801~1867), 『夢遊野談』
李源命(1807~1887), 『東野彙輯』
趙在三(1808~1866), 『松南雜識』
李裕元(1814~1888), 『林下筆記』
徐有英(1801~1874), 『錦溪筆談』
編者 未詳, 『華軒罷睡錄』
編者 未詳, 『靑野談藪』
姜斅錫(?~?), 『大東奇聞』

姜浚欽 原著, 민족문학사연구소 한문분과 옮김, 『三溟詩話』, 소명출판사, 2006.
강효석 편, 『대동기문1—조선왕조 오백년의 선비정신』, 화산문화, 1995.
姜斅錫, 김성언 역주, 『大東奇聞』, 국학자료원, 2001.
고전 국역 총서 『성호사설 Ⅲ』, 민족문화추진회, 1978.
고전 국역 총서 『성호사설 Ⅳ』, 민족문화추진회, 1978.

고전 국역 총서『성호사설 XI』, 민족문화추진회, 1977.
畸翁漫筆,『국역 大東野乘』, 民族文化推進會, 1985.
寄齋雜記 3,『국역 大東野乘』, 民族文化推進會, 1985.
김동욱 역,『국역 東稗洛誦』, 아세아문화사, 1996.
김동욱 역,『靑野談藪 2』, 보고사, 2004.
김동욱 역,『국역 鶴山閑言 1』, 보고사, 2006.
東閣雜記 下,『국역 大東野乘』, 民族文化推進會, 1985.
象村雜錄,『국역 大東野乘』, 民族文化推進會, 1985.
徐有英, 錦溪筆談, 金鍾權 校註, 宋淨民 外譯, 明文堂, 1985.
石潭日記 上·下,『국역 大東野乘』, 民族文化推進會, 1985.
松溪漫錄 下,『국역 大東野乘』, 民族文化推進會, 1985.
辛敦復, 鶴山閑言,『韓國文獻說話全集』8, 太學社, 1981.
沈梓 原著, 신익철·조융희·김종서·한영규 공역,『교감역주 송천 필담』 권3, 보고사, 2009.
梧陰雜說,『국역 大東野乘』, 民族文化推進會, 1985.
雲巖雜錄,『국역 大東野乘』, 民族文化推進會, 1985.
月汀漫筆,『국역 大東野乘』, 民族文化推進會, 1985.
柳夢寅, 柴貴善·李月英 譯註,『於于野談』, 한국문화사, 1996.
乙巳傳聞錄,『국역 大東野乘』, 民族文化推進會, 1985.
凝川日錄 1,『국역 大東野乘』, 民族文化推進會, 1985.
李德懋 지음,『국역 靑莊館全書』, 民族文化推進會, 1980.
李遇駿 原著, 洪性南 編,『夢遊野談』下, 寶庫社, 1994.
李源命 原著, 鄭明基 編,『原本 東野彙輯』上, 寶庫社, 1992.
李月英·柴貴善 譯,『靑邱野談』, 韓國文化社, 1995.
李裕元 原著,『국역 임하필기(林下筆記) 2~8』, 민족문화추진회, 1999~2000.
李瀷 原著, 丁海廉 편역,『성호사설 精選 상·하』, 現代實學社,

1998.

李瀷 原著, 『국역 星湖僿說 Ⅳ·Ⅵ·Ⅹ』, 민족문화추진회, 1977.

李瀷 原著, 최석기 역, 『성호사설』, 한길사, 1999.

李錫浩 譯註, 『韓國奇人傳(華軒罷睡錄)』, 明文堂, 1990.

任埅 原著, 拙譯, 『水村集』 권3, 『韓國文集叢刊』 149집, 民族文化推進會, 1997.

長貧居士胡撰, 『국역 大東野乘』, 民族文化推進會, 1985.

鄭明基 編, 『韓國野談資料集成 4』, 啓明文化社, 1987.

정병설 옮김, 『조선의 음담패설(紀伊齋常談 기이상재담) 읽기』, 예옥출판사, 2010.

조재삼 지음, 강민구 옮김, 『校勘國譯 松南雜識』, 소명출판사, 2008.

竹窓閑話, 『국역 大東野乘』, 民族文化推進會, 1985.

海東雜錄 5, 『국역 大東野乘』, 民族文化推進會, 1985.

混定編錄 3, 『국역 大東野乘』, 民族文化推進會, 1985.

混定編錄 9, 『국역 大東野乘』, 民族文化推進會, 1985

홍성남, 「퇴계 선생일화자료선(7)」, 『퇴계학연구』 20집, 단국대학교 퇴계학연구소, 2006. 8.

홍성남, 「퇴계 선생일화자료선(8)」, 『퇴계학연구』 21집, 단국대학교 퇴계학연구소, 2007. 8.

홍성남, 「퇴계 선생일화자료선(9)」, 『퇴계학연구』 22집, 단국대학교 퇴계학연구소, 2008. 8.

강재철·홍성남, 「퇴계 선생일화자료선(10)」, 『동양학』 49집, 단국대학교 동양학연구소, 2011. 2.

2. 퇴계 선생 구비전승설화 자료 문헌

강재철 편, 『한국속담의 근원설화』, 백록출판사, 1980. 8. 20
강재철,「퇴계 선생일화자료선(1)」, 『퇴계학연구』 13·14·15합집, 단국대학교 퇴계학연구소, 2001. 8.
강재철,「퇴계 선생일화자료선(2)」, 『퇴계학연구』 16집, 단국대학교 퇴계학연구소, 2002. 8.
강재철,「퇴계 선생일화자료선(3)」, 『퇴계학연구』 17집, 단국대학교 퇴계학연구소, 2003. 8.
강재철,「퇴계 선생일화자료선(4)」, 『국문학논집』 19집, 단국대학교 국어국문학과, 2003. 12.
강재철,「퇴계 선생일화자료선(4)」, 『퇴계학연구』 18집, 단국대학교 퇴계학연구소, 2004. 8.
강재철,「퇴계 선생일화자료선(6)」, 『퇴계학연구』 19집, 단국대학교 퇴계학연구소, 2005. 8.
金振九 發表, 『朝鮮農民』 5권 5호, 1929. 8. 26.
김기빈, 『한국 지명의 신비』, 지식산업사, 1989.
김재중,「안동의 인물전설에 나타난 인물형상화와 전승의식」, 안동대학교 대학원 석사학위논문, 2002. 2.
김현룡, 『한국인의 이야기 3·7』, 자유문학사, 2001.
단국대학교 국어국문학과, 『국문학논집』2(안동·봉화지방 학술답사보고), 단국대학교출판부, 1968. 11.
단국대학교 국어국문학과, 『국문학논집』5 · 6합집(71·72년도 학술답사보고), 단국대학교출판부, 1972. 12.
단국대 어문학부 한국어문학전공, 『도솔어문』14집, 2000. 5. 15
박종수·강현모,『용인중부지역의 구비전승』, 태학사, 2000. 7. 20.

박종익, 『한국 구전 설화집②』, 민속원, 2000.

서해숙·이정덕·전정구·한미옥, 『우리 전주〈전주설화〉』, 신아출판사, 2001.

성균관대학교 국어국문학과, 『(제1차 3개년계획) 안동문화권학술조사보고서』, 1967. 2.

성균관대학교 국어국문학과, 『(제2차 3개년계획) 안동문화권학술조사보고서』, 1971. 11.

안동대학교 민속학연구소 편, 『경북 안동시 풍산읍 서미2리 민속지: 까치구멍집 많고 도둑 없는 목현마을』, 2002. 6.

임석재 편, 『임석재전집 —한국구전설화 3·4·6·8·10』, 평민사, 1987~1993.

정비석, 『퇴계일화선』, 퇴계학연구원, 1983.

조희웅·조흥욱·이선형, 『영남 구전 자료집 7·8』, 박이정, 2003.

한국구비문학회편, 『한국구비문학선집』, 일조각, 1977. 5.

한국정신문화연구원, 『韓國口碑文學大系 1-2·2-1·2-2·2-8·5-2·7-6·7-10·7-11·7-13·7-15·7-17·8-5·8-8·8-9·8-10·8-11』, 1980~1988.

香塘白 潤文(出典 :「每日新報」, 1928. 1. 1, 부록 其一 4쪽) 단국대학교 동양학연구소 편, 『(개화기에서 일제강점기까지 한국문화자료총서)구비문학 관련 자료집(신문편)』(동양학총서17집), 민속원, 2009.

3. 기타 참고 문헌

『한국민족문화대백과사전』 18, 한국정신문화연구원, 1991.

강재철, 『한국설화문학의 탐구-한국설화의 전통적 접근-』, 단국대학교출판부, 2010.

關敬吾, 『日本昔話大成 11』, 角川書店, 1980.

김현룡, 『한국문헌설화』 1, 건국대출판부, 2009.

稻田浩二, 『日本昔話通觀 28』, 同朋舍, 1988.

손진태 지음, 최인학 역편, 『조선설화집』, 민속원, 2009,

심의린, 『조선동화집』, 민속원, 2009.

유중선 편저, 『영남의 전설』, 형설출판사. 1971.

이강옥, 『조선시대 일화연구』, 태학사, 1998.

이영수, 「전승시기에 따른 설화의 변이 양상에 관한 연구-〈콩쥐팥쥐〉 설화를 중심으로-」, 『인하어문연구』 7호, 인하대학교 인하어문연구회, 2006. 2.

정인섭 지음, 최인학·강재철, 『한국의 설화』, 단국대학교출판부, 2007.

조동일, 「'1. 총론' 중 '1-3 현지조사방법개관'」, 『구비문학 조사방법』, 한국정신문화연구원, 1979.

조동일, 「'한국구비문학대계' 자료 수집과 설화 분류의 기본 원리」, 『대계-별책부록(1)』, 한국정신문화연구원, 1989.

최인학, 『朝鮮傳說集』, 日本放送出版協會, 1977.

최인학, 『구전설화연구』, 새문사, 1994.

최인학 편저, 『조선조말 구전설화집』, 박이정, 1999.

최인학, 「임석재 선생 구전설화 조사의 의의-『임석재전집: 한국구전설화』를 중심으로-」, 『비교민속학』 20집, 비교민속학회, 2001. 2.

최인학·엄용희, 『옛날이야기꾸러미』, 집문당, 2003.

황패강, 『新羅佛敎說話硏究』, 일지사, 1976.

Hans-Jörg Uther, The Types of International Folktales, FFC284 Ⅰ.Ⅱ.Ⅲ, 2004.

Stith Thompson, The types of the Folktale, FFC184 Helsinki, 1961.

Wolfram Eberhard, Typen chinesischer volksmärchen, FFC120 Helsinki, 1937.

찾아보기

〈ㄷ〉

〈ㄹ〉

〈ㅁ〉

〈ㅂ〉

〈ㅅ〉

〈ㅈ〉

〈ㅊ〉

姜在哲은 인천고등학교, 단국대학교 국어국문학과 및 동 대학원과 인하대학교 대학원 국어국문학과(문학박사)를 졸업하였다. 민족문화추진회 국역연수원 및 동일 Marburg대학 근대문학연구소에서 연수하였으며, 인천박문여자고등학교 교사, 단국대학교 동양학연구소 연구원 및 연구 간사, 단대신문사·방송국 주간, 단국대학교 학생지원처장, 단국대학교 출판부장, 단국대학교 퇴계학연구소 소장, 단국대학교 퇴계기념중앙도서관 관장, 단국대학교 대학원장, 한국고소설학회 편집이사 및 감사, 화경고전문학연구회 회장, 비교민속학회 회장, 동아시아고대학회 회장을 역임하였으며, 현재 단국대학교 문과대학 국어국문학전공 교수, 부총장으로 재직하고 있다. 2011년 제9회 월산민속학술상을 수상하였다.

저서로는 『한국속담의 근원설화』, 『역주 춘향신설·현토한문춘향전』(共譯註), 『김포의 설화』(主編), 『종로구 이야기판의 설화』(主編), 『기러기 아범의 두루마기-한국의 통과의례와 상징』, 『漢詩文學의 理論과 批評의 實際』, 『한국의 설화』(共譯編), 『한국설화문학의 탐구-한국설화의 전통적 접근』(대한민국학술원 선정 우수학술도서, 2010) 등이 있다.

洪性南은 한신대학교 국어국문학과, 단국대학교 대학원 국어국문학과(문학박사)을 졸업하였다. 단국대, 방송대, 경원대 국어국문학과 강사를 역임하고 현재 한신대, 경희대, 세명대에 출강하고 있다.

주요 논저로는 「金炳淵 小考」, 「춘향전의 근원설화」, 「動物寓言 硏究」, 「曺鳳默의 〈孔方傳〉 硏究」, 「≪夢遊野談≫ 異本 硏究」, 「燕行錄에 나타난 '幻術'과 '演劇' 硏究」, 「사금갑(射琴匣) 설화 연구」, 「1911년 판 ≪셩경젼서≫의 서지적 검토」 등이 있다.

崔仁鶴은 동경교육대학 대학원(문학연구과) 박사과정을 수료하여 1975년 동 대학에서 문학박사학위를 받았다. 관동대학교 조교수, 명지대학교 부교수, 인하대학교 교수를 거쳐 현재 인하대학교 명예교수로 있다. 비교민속학회 회장·명예회장·평의회의장, 한국아동문학인협회 회장을 역임 현재 고문으로 있다. 1974년 제6회 세계설화학자대회를 위한 헬싱키대회에 한국대표로 참석하여 *〈A Study of Korean Folktales – On Several Characteristics Appeared in the Korean Folktales–〉*를 발표했다. 1982년 1년간 일본 류큐대학(琉球大學) 교환교수, 1988년 미국 인디아나대학교 교환교수로 다녀왔다. 2003년 제1회 임동권한국민속학술상을 수상했다.

저서로는 『韓國昔話の硏究』, 『한국설화론』, *A Type Index of Folktales*, 『문화인류학』, 『한국민속학연구』, 『한국민담의 유형연구』, 『구전설화연구』, 『韓國昔話の比較硏究』, 『한국민속학의 이해』, 『한국민속학문헌총목록』, 『옛날이야기꾸러미』(전5권), 『한국의 설화』(共譯編) 등이 있다.

퇴계선생설화

펴낸이 _ 장호성
엮은이 _ 강재철·홍성남·최인학
기 획 _ 김남필
편 집 _ 성두현
마케팅 _ 박보혜
펴낸곳 _ nosvos
등 록 _ 1968.2.27 : No. 제03-00095호
주 소 _ 경기도 용인시 수지구 죽전로 152번지
전 화 _ 031-8005-2405 팩 스 _ 031-8021-7154

2011년 12월 26일 초판 인쇄
2011년 12월 30일 초판 발행

인 쇄 _ (주)네오프린텍

[값 40,000원]

Published by Dankook University Press

Printed in Korea

ISBN 978-89-7092-477-9 93810

nosvos는 라틴어 'Nos(우리가)'와 'Vos(당신을)'의 합성어로
지혜로운 삶을 지향하는 분들에게 유익한 도서를 펴내겠다는 의지를 담고 있습니다.